ТРОЦКИЙ

托洛茨基传

上

[苏]德·安·沃尔科戈诺夫 —— 著

赵永穆 张琳娜 徐燕霞 —— 译

上海人民出版社

毫无疑问,列·托洛茨基比起其他布尔什维克话,在各方面都比他们高出远远不止一头。当然,更为高大而坚强有力,不过托洛茨基更有天赋,而且

目 录

第三章 旺代的"九级浪"

第四章 "革命的催眠作用"

托洛茨基年谱

关于注释的几点说明

1. 所有注释都根据正文的位置,作为脚注,置于每页的下方。

2. 注释都用原文,只在第一次出现时,加入中译文。

3. 正文有中译文的,注释都用中文的出处。

4. 引用的俄国档案馆较多,也较频繁。注释中保留原文,档案馆名称的俄中对照表如下:

Архив ИНО ОГПУ(国家政治保卫总局外国处档案馆)

ЦГАОР(中央国家十月革命档案馆)

ЦГАСА(中央国家苏军档案馆)

ЦПА ИМЛ(苏共中央马列主义研究院中央党务档案馆)

5. 苏维埃政府于 1918 年开始采用公历,取代旧历,两者相差 13 日。本书中的日期,1918 年 10 月以前的,采用旧历,之后的采用公历。

代序
一个革命家的命运

> 托洛茨基也有他个人的命运，
> 而他却徒劳地希望掩饰它的辛酸。
>
> 尼·别尔嘉耶夫

深夜里，一列铁甲列车正驶向基辅。它朝乌克兰首都疾驰而去，一遇到铁轨的接头处以及稀疏小站的道岔，都会发出沉重的隆隆声。列车中部的一节车厢里，人们都没有睡。宽敞的车厢里放着几把皮扶手椅，还有一个同样的沙发。中央是一张长条桌，角上有一个小桌子，放着电话机。车窗旁，铁甲的缝隙里站着一个男人，中等身材，蓄一部小小的络腮胡子，上唇留着短髭，敞开了弗伦奇式军上衣，脚上穿一双高筒靴。高高的前额上耸起一头夹杂着几丝斑白的浓发。典型的罗马式高鼻头上戴一副精致的夹鼻眼镜，镜片后面闪烁着一双灵活的浅蓝色眼睛。他紧紧地盯着沉沉黑夜，试图发现一点生命的征候。这个饱经患难的大国，不仅遍地疮痍，而且一片黑暗。这是1919年……

桌旁坐着一个身穿法兰绒水兵服的年轻人，手上拿着一只蘸水钢笔。他身边是向托博尔推进的东部战线第3和第5集团军发来的几份电报。该战线南方集群正顺利地向土耳其斯坦前进。报告的简洁文字确认：海军上将高尔察克即将被彻底击溃。通向东方的道路将畅通无阻。不过车厢中的那个人关注的并不是这些问题。秘书迅速地记下这些句子："匈牙利共和国的覆灭，我们在乌克兰的失败，还有我们可能失去黑海沿岸地区，以及我们在东部战线的成功，正在很大程度上改变着我们的国际目标，将昨天还被置于第二位的问题提上了首位……"他停了停，意味深长地看了秘书一眼，接着说："如果我们面向东方，就是另一种局面了……"这些话出自一个自信的人之口，他仿佛是透过沉沉夏夜，看见了地平线外的远方："毫无疑问，在世界政治的亚洲战场上，比起欧洲战场来，我们红军是一支远为重要的力量。

在这里我们无疑可以长期等待欧洲事态的发展,而且可以对亚洲方向展开积极行动。就我们来说,通往印度之路,较之通往苏维埃匈牙利的道路,目前可能更易于通行,也更简短。我们的军队有能力打破亚洲殖民依附关系的脆弱平衡,直接推动被压迫群众的起义并保证亚洲这种起义的胜利,而它在欧洲的天平上目前却并没有多大分量。"

穿军上衣的男子很自信地在晃动的车厢里保持着平衡,走到车厢中间,在扶手椅上坐下。

"在最后一句话后面加上:'不消说,在东方开展行动的前提是在乌拉尔建立并巩固一个强有力的基地。我们准备用于顿河州居民点的全部工作力量都必须集中到乌拉尔来。应当把我们最优秀的科学技术力量、最优秀的组织干部和行政干部派到那里去……'"

庞大的计划让戴夹鼻眼镜的男子兴奋得满脸通红,他滔滔不绝地说着:"应当把乌克兰党内现在不是因为工作的缘故而无所事事的优秀干部派到那里去。既然他们丢掉了乌克兰,那就让他们为苏维埃革命赢得西伯利亚……"

"列夫·达维多维奇,请慢一点说,我跟不上,"有一对聪慧,但显得疲惫的眼睛的秘书抬起头看看电文的口述者。

"好吧,慢点就慢点。"

口授《呈俄共中央的报告》还在继续。它的作者不是简单地陈述令人震撼的总体革命战略思想,而且尽力使它具体化:应当建立一个"骑兵军(30 000—40 000骑兵),准备将它派往印度"。庞大的构想甚至超出了建议者本身的想象力:"通往巴黎和伦敦的道路要经过阿富汗、旁遮普和孟加拉的诸多城市。我们在乌拉尔和西伯利亚取得的军事成就必然会大大提高苏维埃革命在整个被压迫亚洲的威望。应当利用这个因素在乌拉尔或者土耳其斯坦某个地方建立革命讲习所,也就是亚洲革命的政治和军事司令部,它能够在最短期内获得远远超出第三国际执委会的效率……我们的任务在于及时转移我们国际目标的重心……"

"完了吗?"秘书询问地看一眼口述者。

"没有。补充一句:'本报告旨在引起中央对该问题的注意。'现在才完了。署名:'列夫·托洛茨基',1919年8月5日。"[1]

---

[1] ЦГАСА,Ф.33987,оп.2,д.32,л.279-280.

　　口述《呈俄共中央的报告》的是共和国革命军事委员会主席、陆海军人民委员、政治局委员列夫·托洛茨基。做记录的是他忠诚的秘书尼古拉·谢尔姆克斯。托洛茨基一生中书写和口述的大约有 30 000 份文件。其中绝大部分保存在各种档案馆里。我上面引用的这份《报告》的几个片段，也和大部分其余文件一样，鲜明地刻画了这位出类拔萃的人物。

　　托洛茨基书写的和口授的作品，几乎全都是关于俄国革命和世界革命的。他是革命的讴歌者和圣贤。"应当利用这个因素……建立亚洲革命的政治和军事司令部"。这样的一个人，俄国的雅各宾派认为，唤起革命并"鞭策"革命是正常的、自然的，而且是必须的事情。托洛茨基向党提出了共和国的新战略——"面向东方"，因为"通往巴黎和伦敦的道路要经过阿富汗、旁遮普和孟加拉的诸多城市"。他谈到必须建立一支 30 000 至 40 000 人的骑兵部队，以便"将其派往印度"，而当时俄国的西部和南部全都处于战火纷飞的状态。托洛茨基是知道这种情况的。他也知道，印度是英帝国主义"经不住打击的地方"。8 月 5 日，他建议"将亚洲变成起义的舞台"，次日他又用直达电报向人民委员会主席弗·伊·列宁报告了南部的危急局势，要求召开中央政治局会议，批准共和国革命军事委员会提出的消除"严峻危险"[1]的措施。

　　甚至在被赶进科约阿坎[2]的混凝土囚笼，处于几乎是走投无路的情况下，这个人依旧对"世界革命"念念不忘。给大地留下累累伤痕的革命小路上走过千千万万人，绝大部分人的足迹都被时间抹平了，永远消失了。而关于托洛茨基，一直都是众说纷纭，争论不休。有人满腔仇恨，有人心怀敬意，有人气愤难平，有人欢欣鼓舞。对一个命运多舛的人，没有人会漠然置之，视若无睹。我不打算一开始就告诉读者，本书将写些什么，不过可以断言：描绘列夫·托洛茨基的肖像既不能用蔚蓝色，也不能用黑色。描绘这位时间使之远离了我们的人物，必须使用色彩缤纷的全部色谱。对一位著名革命家的社会评价的变化，仿佛是一个摆锤，要画出一个完整的弧度：从对世界革命伟大领袖的热忱歌颂直到将他革出教门，最终它趋于平静而客观地接受一个在历史肖像的长廊中占有一席之地，鲜明、复杂而具有多种含义的人物。

---

〔1〕　ЦГАСА，Ф.33987，оп.2，д.32，Л.282.
〔2〕　墨西哥首都郊区的地名。

下面只是提供在不同时期反映这位革命家命运的重要历史阶段的一些评价，请读者自己判断吧。

1922年2月，"无产阶级诗人"H.B.扎尔尼琴从诺夫哥罗德给莫斯科的报纸和"红军和世界革命的领袖"托洛茨基寄去了以下诗句：

> 你的胸中，如同火热的大自然，
> 奔腾着沉吟的风暴，还有猛烈的巨浪。
> 你是愤怒的俄国无产阶级之子，
> 你的言辞中，听得见"公社"的轰鸣。
>
> 巴黎、伦敦、纽约和柏林，
> 所有的首都都能听到你的演说。
> 而在发生豪迈的殷红色革命的你的故国，
> 你的声音更为嘹亮。〔1〕

中央的、红军的，以及国外的报纸（这些报纸数不甚数）上发表的这类打油诗、文章和随笔反映了许多人对"革命领袖"的赞赏。

介绍这位俄国革命家的第一本传记大约要算他的老同学 Г.A.季夫的作品。他早在1921年就在纽约出版了一本小书《托洛茨基评述（根据个人回忆）》〔2〕。还有正式的传记。根据中央决定（1924年5月），编辑了"列夫·达维多维奇·勃朗施坦（托洛茨基），化名'李沃夫''Н.托洛茨基''雅诺夫斯基'，笔名'安季德·奥托''塔霍茨基''涅奥菲特'等的传记"。附有党内资料的五页半官方文字"托洛茨基同志传记及其文学作品目录，受党史委员会委托由波什同志编撰，归党史委员会机要处保存，并由该处分发给学术工作者"〔3〕。

最早的这些传记都写得心平气和，但很肤浅。只抓住了托洛茨基生活中外在的表现，而掩盖了他形象中的主要之点：沉湎于错误思想之中的强大智力。

---

〔1〕 ЦГАСА，Ф.33987，оп.1，д.482，л.614-615.

〔2〕 Г.A. Зив：Троцкий. Характеристика.（По личным воспоминаниям）[《托洛茨基评述（根据个人回忆）》]，Нью-Йорк；1921。

〔3〕 ЦГАСА，Ф.4，оп.14，д.55，л.8.

15 年后,托洛茨基的形象,尤其在官方文件中,已经变成凶险、血腥而令人厌恶的征兆了。斯大林在联共(布)中央 2—3 月(1937 年)全会上,将托派分子,也和托派的"头目"托洛茨基本人一样,说成是"一伙暗害分子、破坏分子、间谍和杀人凶手组成的寡廉鲜耻的匪帮"[1]。在那些年的苏联报刊上,托洛茨基被描绘成是集各种邪恶之大成者(从间谍直至腐蚀灵魂的人)。我想,没有一个人遭到过像托洛茨基在最近半个世纪中所遭受的那么多辱骂。

这片辱骂的乌云会逐渐散去。不足为怪的是出现一些新的凭空捏造和荒诞不经的说法来取代旧的,诸如托洛茨基是一个嗜血的躁狂症患者,一个只知追逐个人权势的人,他是斯大林的先行者。

人们许多年后才开始客观地谈论托洛茨基,认为他不仅体现了共产主义思想的激进性及其不容妥协性,而且反映了执行布尔什维克纲领的悲剧。托洛茨基处在苏维埃国家初创的年代,是苏维埃官僚体制的主要设计者之一。

命运的巧妙安排使托洛茨基得以在自己身上将对共产主义理想的坚定信仰和无产阶级专政的"绝对强硬"融汇在一起,他成了红色革命的策动者之一,又成了它的祭品。我想,托洛茨基是一个绝无仅有的个体,他在自己身上将俄国革命者的一些吸引人的特点,同布尔什维克那些令人避之唯恐不及的特点结合起来了。

早在 20 世纪之初,托洛茨基就读到了桀骜不驯的叛逆者克鲁泡特金的预见性文字:"每个革命者都梦想着专政,这将是'无产阶级专政',也就是马克思说的领袖专政,抑或是布朗基派说的革命司令部的专政……大家都梦想,革命就是借助革命法庭合法地消灭自己敌人的可能性……大家都梦想夺取政权,建立一个无所不知的,无所不能的,权力无限的国家,视人民为自己通过千百万各类官吏治理的臣民……所有革命者都梦想成立'社会拯救委员会',旨在清除任何敢于和当权者不一样思想的人……最后,人人都梦想限制个人和民众的主动精神……让民众选出代替他们思考,以他们的名义制定法律的领袖……这就是百分之九十九以革命者自诩的人暗自的梦想。"[2]在 A.布托夫为托洛茨基记录的书单中的这本克鲁泡特金的书里,

〔1〕《斯大林文集(1934—1952)》,人民出版社 1985 年版,第 143 页。

〔2〕Кропоткин, П. А. Речи бунтовщика(《一个叛逆者的话》).СПб.1906. С.85。

上面这一大段文字是画了着重线的,切口边还画了问号。这些符号有可能是托洛茨基画的。令人吃惊的是,他和其他布尔什维克领导层中的同事们口头上谴责与克鲁泡特金类似的结论,却始终按照这种办法行事。

我打算写三部曲《领袖们》,具体说,就是三幅政治肖像:列宁、托洛茨基、斯大林,我明白这三个人历史上是互相补充的。在俄国革命史上,列宁扮演的是策动者的角色,托洛茨基是煽动者,而斯大林是执行者。这几个人物命运的棱镜清晰地折射出俄国,甚至整个苏维埃历史的冲突、曲折和悲剧。我认为,在这种情况下用传记的方法是最有效的,因为通过人生的个性经历可以全面审视时代的整个历史层面。

按照普鲁塔克的说法,天意事先就决定了每个人的命运。人的活动,照这位古代思想家的理解,"都处于魔鬼或天才的监督和领导之下"。仿佛是说,神明的安排就是让托洛茨基命中注定既要听"天才",也要听"魔鬼"的意见。也许正因如此,被列宁(他自己也被认为是毫无争议的领袖)称为"两位杰出领袖"(斯大林和托洛茨基)之一的列夫·达维多维奇·托洛茨基,才会在自己身上结合了尖锐而博大的智力和对革命暴力的推崇,出奇的预见能力和在致命迷途中的坚持己见。托洛茨基的命运即使按最严格的标准来评判,也是非同寻常的。即使在今天,他的命运依然让人激动,让人焦虑,让人震撼。托洛茨基的才能很早就被人们发现了,他也获得了荣誉和声名。他有幸与同时代的知名人士交往,同他们争论,赞赏他们,如考茨基、普列汉诺夫、阿德勒、帕尔乌斯、马尔托夫、唐恩、阿克雪里罗得、列宁、伏龙芝、布哈林、加米涅夫,以及在历史进步的金字塔布满尘埃的台阶上,留下了自己长久不会消失的足迹的其他重要人物。

托洛茨基经历了许许多多凯旋仪式,几乎和神奇的恺撒不相上下,也许比他还要多些。正如盖伊·斯维托尼写的那样,"第一个,而且是最光辉的一个凯旋式就是高卢凯旋,紧接着是亚历山大城,然后是本都凯旋,下一个是非洲凯旋,最后是西班牙凯旋;每次都有它特殊的隆重和豪华。"托洛茨基取得的最大一次胜利是 1917 年 10 月。这位革命家对不断取得胜利仿佛已经习以为常,似乎永远,至少是长时间内都会是这样。可是内战结束后不久,托洛茨基在业已开始的平淡日子里,就感到自己几乎成了多余的人。种种迹象表明,这个人仿佛生来就是为了摧毁、爆破、推翻、焚烧,为了追求洲际荣誉。可是世界革命"绊了一跤",连"亚洲革命"也偃旗息鼓了。悲剧开始了,落到托洛茨基头上的悲剧如此之多,仿佛是专为整个革命军团定制的。

被撤销所有职务,流放,驱逐出国,在全球流亡指望摆脱斯大林的杀手,还有几乎所有亲人和至交、许多战友的暴卒。带着"托派分子"的烙印死去的不仅有托洛茨基真实的战友和伙伴,而且有仅仅被怀疑对独裁体制有某种程度不忠的几百万同胞。令人惊奇的是,尽管斯大林对他实施了大规模的围捕,托洛茨基本人却在被逐出国门之后,又活了整整十年。在他悲惨地死去前两个月,他写道:"我可以说,我至今活在世界上,不是由于规律性,而是一种例外。"〔1〕神奇地,这位革命家的命运急速地跃上世界荣誉的浪尖,又经历斗争、失望、希望的漫长的悲剧,而以墨西哥的最后一幕悲剧告终。

不错,托洛茨基本人始终在历史的镜子前审视自己,并不认为自己的一生是悲剧。至少1930年在普林吉坡岛上,这位革命家是这样写的:

"您的个人命运如何呢? 我听到过这个好奇,又夹杂着讽刺的问题⋯⋯我不能以个人的命运作为衡量历史进程的尺度⋯⋯我不知道个人悲剧为何物。我知道革命的两个篇章的更替。"〔2〕

我斗胆表示不同意列夫·托洛茨基的见解。托洛茨基作为一位杰出的历史人物,不过是体面地输掉了竞争,却不曾丧失希望。他早就明白,对历史而言,他的失败也许比某些胜利更为体面。

托洛茨基写了大量札记、文章、书籍、"政治剪影"、随笔、宣言、简讯、通讯。他为给他写传记的人留下了数量和层次都极其丰富的遗产。据娜塔莉娅·谢多娃·托洛茨卡娅回忆,她丈夫还打算写许多大部头著作。可是"日常事务⋯⋯将这件工作推迟了。写评论斯大林的书是迫于一些不相干的原因:缺钱和出版商的要求。列夫·达维多维奇不止一次打算写,按他的说法,'畅销'书,**挣些钱**,休息,然后再写他感兴趣的题材。不过没有做成,他**不会写**(黑体是我加的——作者注)畅销书"。〔3〕

托洛茨基是第一批国务活动家之一,他最大限度地使用了他为数众多的秘书的智能,这一点我们会在后面谈到。他的每一次演讲、即兴发言和指

---

〔1〕 Бюллетень оппозиции(《反对派公报》).1941. Август. № 87. C.5.

〔2〕 托洛茨基:《我的生平》,赵泓、田娟玉译,郑异凡校,上海人民出版社2014年版,第508页。

〔3〕 Бюллетень оппозиции. 1941. Август. № 87. C.8.

示都有仔细的速记、笔录和刊印本。难怪苏联 1927 年前出版的他的 21 卷文集(有几卷未出)包含的主要是他的报告、演讲和政论文。〔1〕在被驱逐出国之前国内出版的他的著作,是托洛茨基文字遗产的重要组成部分,它使我们得以描绘他的肖像。

帮助我们描绘托洛茨基面貌中难以"看见"的那些侧面的另一个资料来源,或许是更重要的源泉,就是各种档案馆。我可能是为数不多的研究者之一,有幸接触了不仅国外的托洛茨基档案(哈佛大学的霍顿图书馆有大约 20 000 份文件,包括 3 000 封书信;阿姆斯特丹社会史国际研究所拥有不同时期的 1 000 多封书信,包括列宁和托洛茨基之间的通信;胡佛研究所档案馆中 Б.尼古拉耶夫斯基丰富收藏中的部分文件),还有苏联各种档案馆的专库中直到不久前还是完全封闭的大量文献。这首先就是前中央党务档案馆、十月革命中央国家档案馆、苏军中央国家档案馆、国防部中央档案馆、国家安全委员会中央档案馆和其他一些档案馆的全部卷宗。本书引用的绝大部分文件都是初次发表。此外,我还阅读了托洛茨基一些书的手稿,使我得以较深入地进入他文字创作的实验室。

描绘肖像的另一个重要源泉是列·达·托洛茨基的亲属,还有会见过这位俄国革命者,或者认识他的人给我提供的、在斯大林噩梦的氛围中奇迹般保存下来的资料。因此我要向托洛茨基的侄女 A. A.卡萨季可娃、他的侄孙子 B. Б.勃朗施坦、小儿子谢尔盖的妻子——奥·爱·格列布涅尔和其他亲属表示谢意。生活中有意思的细节和片段、性格和人物的特点有助于更完整地介绍人物。托洛茨基的一位女速记员娜·亚·马莲尼科娃、斯大林的一位秘书 A. П.巴拉绍夫、那些不同程度上接触过托洛茨基的家人及他本人的人——Н. Г.越飞、Д. Т.谢皮洛夫、А. К.米罗诺夫、B. M.波利雅科夫、Н. Г.杜布罗文斯基、大·谢·兹拉托波尔斯基、菲·米·纳扎罗夫;存活下来的最后一个"托派分子"——И. И.弗拉切夫、英国人斯图亚特·基尔比、伊萨克·多伊彻(我认为是托洛茨基传记最重要的作者)不久前去世的妻子塔玛拉·多伊彻和其他一些人为本书和历史提供了极其珍贵的资料,谨向他们表示衷心的感谢。

〔1〕 苏联出版托洛茨基著作的"禁令"直到 60 多年后才取消。1990—1991 年间出版了:《俄国革命史》(莫斯科,政治书籍出版社)、《政治剪影》(莫斯科,知识出版社)、《斯大林》(莫斯科,政治书籍出版社)、《斯大林伪造学派》(莫斯科,科学出版社)、《我的生平》(两卷本)(莫斯科,书籍出版社)、《文学与革命》(莫斯科,政治书籍出版社)。希望这份书单还会继续下去。

我还结识了一些并非凭道听途说来了解这位革命者命运的、苏联国家安全机关的重要干部，首先就是帕·阿·苏多普拉托夫、E. П.皮托弗拉诺夫、A. H.谢列平等。自 20 世纪 20 年代末至 1940 年 8 月 20 日托洛茨基按斯大林的命令被消灭，苏联的特务机关（国家政治保卫局、国家政治保卫总局、内务人民委员部）始终将他置于严密监视之下。内务人民委员部对被驱逐者了解的程度远远超出被驱逐者本人的想象。斯大林定期获得第四国际领袖采取的所有步骤的报告，总书记的办公桌上常常出现托洛茨基正打算发表的材料！

我还看到了安插在托洛茨基身边的内务人民委员部人员之间传递的行动谍报材料。我在本书中首先引用了这些迄今为止都是绝密的文件，它们揭示了他经历中的许多不为人知的片段。写作过程中，我和执行联共（布）中央消灭托洛茨基任务的人们有过多次交谈。

在描绘这幅肖像时，我自然要阅读最近半个世纪中欧洲和美国出版的有关托洛茨基的众多文献。给我留下最深刻印象的是伊萨克·多伊彻的大作，我认为，他写出了这位俄国革命家最客观的传记。尤利·费尔施经斯基的努力和学术著作也令人惊喜，他为了让学术界了解托洛茨基的作品，做了许多工作。英国学者巴鲁赫·克奈伊-帕茨写了基础性的学术专著。德伊尔·里德、迈克尔·雅科布逊、佐尔·卡尔迈克尔、伊萨克·列文、东坎·哈拉斯、赫罗德·纳尔逊、罗伯特·塔克尔、哈里·舒曼等学者也都为"托洛茨基学"作出了贡献。我国对作为政治活动家和革命者的托洛茨基的生活和活动的研究开展得比较晚。Ю. И.科拉布廖夫、B.И.斯塔尔采夫、H.A.瓦谢茨基、Ю. A.波利亚科夫、П. B.沃洛布耶夫等学者对这个进程有显著贡献。

我想强调一点：我早就开始思考三位俄国"领袖"在俄国革命和世界革命中的命运和角色，逐渐投入收集国内外鲜为人知的事实、出版物和个人资料的工作之中。三幅肖像的写作顺序是随意安排的。如果遵循科学的方法，那就应当先写列宁，然后是托洛茨基，而以斯大林结束。实际结果却恰好相反。这并非偶然。关于斯大林的那本书现在成了我国历史性失败的象征，它早在 1985 年就完成了，而当时对列宁作用的切实的批判分析在我国简直就是不可能的事，而且这样的书籍绝对不会有机会出版。我以为，不论读者对本书的评价如何，他不会不看到，这是同时使用苏联和国外的档案文件撰写的第一本关于托洛茨基的书。

苏维埃社会对这个人先入为主的看法直到今天也还是很强烈的。虽说我历来奉行的只有一条原则：讲真话，描绘客观情况，仅仅遵循真理和历史的逻辑，许多人仍然认为，我打算写一本讨论托洛茨基的书是开倒车。多年来对社会意识的加紧引导，用"托洛茨基主义"的陈词滥调大大搅乱了许多苏联人的思想，应当说，斯大林逝世后苏联当局采取的"沉默的立场"助长了这种情况。及至1987年，再度出现了以斯大林为首的党的最高领导层为"战胜托洛茨基主义"做出了重大贡献的公式。

并非所有的人都明白，俄国的马克思主义本体有三个支派：列宁主义、托洛茨基主义和斯大林主义。不过它们全都长在同一条根上，它们全都有（尽管存在重大差异）某种共同之处：指靠社会暴力、相信只有一种意识形态是绝对正确的、坚信有权支配各族人民的命运。

我要指出，这本关于托洛茨基的书不是政治传记，而是一幅政治肖像。我认为，这两种体裁之间的主要区别在于：虽然严格遵循历史事实，"肖像画作者"有权自行决定对真实的事件和过程做出不仅是学者，而且是艺术家都能够看得见的诠释。简单说，政治肖像同政治传记的区别就像艺术画像同照片一样。两者的相同之处是无需争辩的，但这种相同是通过不同手段而取得的。顺便说一句，托洛茨基是一名原本意义上的优秀肖像画作者。他曾经用笔（铅笔）对他身边的人物、朋友和亲人画过几十张速写。例如，党的第十次代表大会前的一次"枯燥的"政治局会议上，他在几个小时内，在笔记本上画下了十来张身边人物的草图。[1]它们都各具特色，突出而准确。握在他手里的确实是一支万能笔。

在本书中，我首先想展示，当年整个社会思想从自由转为不自由的变化过程究竟是怎样的。所有俄国革命家，包括托洛茨基在内，在十月革命完成之前都鼓吹，比如说，言论自由。尔后，在布尔什维克和左派社会革命党人掌权之后，看来也应当是这样。不过……仅仅是看来。马·高尔基刚一宣称，布尔什维克的暴力就是"无产阶级和革命走向无政府主义，走向死亡之路"[2]，接踵而来的就是胜利者不仅对刊登高尔基"呼吁民主"的孟什维克报纸《新生活报》，而且对整个自由派报刊实施严厉制裁。1917年12月，在一次列宁主持，泰奥多罗维奇、斯维尔德洛夫、叶利扎罗夫、施利希特尔、斯

---

〔1〕 ЦГАСА，ф.33987，оп.2，д.118，л.385.

〔2〕 ЦПА ИМЛ，ф.325，оп.1，д.11，л.1.

大林、格列博夫、邦契-布鲁耶维奇、拉齐斯出席的人民委员会会议上,托洛茨基提议更严厉地"监视资产阶级报刊,监视对苏维埃政权的卑鄙诽谤。"[1]托洛茨基及其战友似乎是在为自由而斗争,仿佛并没有察觉是越来越将自由赶进隔离区,等待出现将其完全消灭的条件。

许多年后,尼·瓦连廷诺夫在国外写了几本关于列宁的书,轰动一时。他给托洛茨基写了一封大胆的信,言之有据地批评了他以及列宁,认为他们在国家和军队的命运问题上搞得乱七八糟。[2]反应立即就来了,尼·瓦连廷诺夫被打入冷宫。

托洛茨基政治肖像中的这些细节反映了布尔什维主义的整个历史悖论。布尔什维克宣称"自由"是自己革命的全部目标,可是却并没有察觉,也没有意识到,他们不仅剥夺了那些"旧人物",也剥夺了他们承诺要使其成为"天下主人"的那些人,还有曾经信赖过他们的人民的自由。他们将这件永恒的珍宝转交给了作为国家化身的党,然后再给了官僚主义的机关,最后交给了独裁者。托洛茨基至死都不明白,他从未怀疑过的、马克思主义理论的许多出发点,如若脱离实际,都是空洞乏力的。然而恰恰是关于无产阶级专政和阶级斗争的这个学说,其基本思想构成了托洛茨基未来命运走向的基础。这些公式(而托洛茨基始终都是忠于它们的)的绝对化最终只能导向巨大的历史性失败。因此托洛茨基政治肖像画就试图看一下"自由"在俄国的命运,毫无疑问是悲惨的命运。

为此我想说说本书中使用的艺术手段和哲学手段。每一章,以及全书前面都有一个眉题,选自俄国思想家尼古拉·亚历山德罗维奇·别尔嘉耶夫的著作、讲话和思想。而且在正文中,读者也会一再见到这位优秀哲学家和历史学家的预言。我尽力用这种方法将两位完全不同,但智力都很出众的人物的观点,就一个共同的、相互关联的问题:革命—道德—人,加以对比。在这场缺席辩论中,确切些说,是思想对比中,可以看到两种基本因素:阶级-政治因素和人道主义因素的斗争。未必还需要说明,历史的真理最终,而且将永久站到哪一边。我相信,别尔嘉耶夫能帮助我们更好地理解托洛茨基和布尔什维主义现象。

出现了一个问题:托洛茨基和别尔嘉耶夫是否互相认识? 要知道他们

---

〔1〕 ЦПА ИМЛ, ф.130, оп.1, д.3, л.24.

〔2〕 ЦГАСА, ф.3, д.60, л.106.

是生活在相同的时间。我们没法用文献的记录来确定这两位完全不同的杰出人物之间的接触。不过,托洛茨基曾经在基辅同别尔嘉耶夫的远亲见过面。但是这两个人彼此之间的关系是众所周知的。

托洛茨基在 1911 年写的随笔《梅列日科夫斯基》中,将尼·亚·别尔嘉耶夫描绘成"倾向半神秘主义和神秘主义"的"好打扮的哲学闲人"[1]。让人难堪,却又显得大度的类似修饰语在托洛茨基的其他许多文章中也能见到。

别尔嘉耶夫也不含糊,以牙还牙。不过他并没有沉醉于旨在颠覆的革命狂热之中,而且在对托洛茨基的准确评价中用词也温婉优雅。

别尔嘉耶夫在革命中经受了痛苦。也许这就使他有根据地宣称:"俄国革命令人厌恶。不过任何一个革命都是令人厌恶的。良好的、优雅端庄的、漂亮的革命从来就没有过,也不可能发生……被认为是'伟大的'法国革命,同样是令人厌恶的、失败的……革命用凶狠毒害了俄国,用鲜血浇灌了它……与其仇视革命和布尔什维克分子,毋宁更热爱俄国和俄国人民。"[2]别尔嘉耶夫认为,这样做就能够克服革命的后果。他直觉地感到,20 世纪只有改革,而不是革命,才能取得积极的成果。

我只想说,为了了解布尔什维主义和很快就在俄国出现的官僚专制制度,为了了解托洛茨基本身,重要的不仅是别尔嘉耶夫关于俄国革命的思想,还有他对列宁最亲密的战友之一的评论。为此我想引用别尔嘉耶夫对这位俄国革命"圣哲"的一些评价。

1930 年,柏林出版了列·托洛茨基的自传《我的生平》,别尔嘉耶夫已经定居在巴黎,他立即写了一篇短小但极其深刻的文章作为回应。这篇文章能够帮助我们更好地认识托洛茨基以及俄国大动乱的原因。

"写这本书是为了歌颂作为伟大革命家的列·托洛茨基,更是为了贬低他的死敌斯大林,把他说成一个微不足道的小人物、可怜的鹦鹉学舌者……毫无疑问,列·托洛茨基比起其他布尔什维克来,如果不算列宁的话,在各方面都比他们高出远远不止一头。当然,列宁是革命的领袖,更为高大而坚强有力,不过托洛茨基更有天赋,而且灿烂夺目……"读者可

〔1〕 Троцкий Л. Соч. Т. XX(《托洛茨基文集》第 20 卷).С.316, 318。

〔2〕 Бердяев Н. Новое средневековье. Размышления о судьбе России и Европе(《关于俄国和欧洲命运的思考》).Обелиск. Берлин, 1924. С.59。

能并不同意别尔嘉耶夫的所有评价,可是我认为,这些评价有利于将这位革命家"推荐"给世界。尼古拉·亚历山德罗维奇写道,"托洛茨基的一生是很有意义的,它提出了一个非常严肃的题目——关于革命者个人的悲惨命运,关于推翻并消灭了自己声誉卓著的创建者的任何革命的骇人听闻的忘恩负义。"

别尔嘉耶夫为了突出托洛茨基形象的乖僻,使用了一些怪诞的论断:"布尔什维克走进俄国的生活,从一开始就是畸形的,表情是畸形的,手势是畸形的,他们带来了畸形的生活。这种畸形表明他们本体就是受到损伤的……列·托洛茨基是为数不多的希望保持革命者漂亮形象的人之一。他喜欢舞台的手势,喜欢革命的雄辩术,他的风格有别于他的大部分同志……"〔1〕

别尔嘉耶夫的论断在某些地方可能过于绝对,可是不能不承认,托洛茨基在最高层的"领袖"中是鹤立鸡群的。别尔嘉耶夫通过托洛茨基深入探寻了人类骚乱、思想惶悚和革命震荡的奥秘。这位俄国革命家用他自己的整个生命,却又违反了他的意愿,证明了希望依靠暴力去赢得宇宙的、全球的幸福的努力都不过是昙花一现。这个人将永远在人民的记忆中占有显著的地位,也不会被历史的深渊所吞没,不仅因为他的命运不同凡响,还因为他智慧、意志和感情的离奇、罕见、别具一格。

托洛茨基仍然是历史上反对斯大林主义的第一个共产党"领袖"。他在历史上也仍旧是共产主义理念毫不妥协的先知和终生沉湎于它的人。最后,无论人们怎样看待托洛茨基,他都用自己的生命证明了拥有自己理想的个人的价值。在20世纪的沉沉黑夜,当一个大国距离摆脱对斯大林的迷醉还很遥远的时候,这个人的暴卒有助于我们认识苏联人的许多悲剧的根源。托洛茨基主义作为马克思主义的一个流派,它本身还不能被认为是完全错误的思想和政治潮流。这股潮流的积极部分是毫无疑问的:它一贯拒绝作为现代专制主义的一种形态的斯大林主义。从另一方面说,托洛茨基主义作为极左翼马克思主义的表现,从根本上就是错误的,它过去和现在都没有前途。

德米特里·梅列日科夫斯基的一段话很适用于他的命运:"俄国解放的伟大之处恰恰就在于它没有成功,正如过分的事物几乎永远也不会成

---

〔1〕　Новый град(《新城》).Париж. 1931. № 1. С.91-94.

功一样……"[1]可是无论托洛茨基的追求以多么悲惨的结局而告终,他直到生命的最终时刻依旧密切地注视着未来模糊不清的远方……直到生命的最后时日,他仍旧执着地相信,世界革命的红色战车必将驶来。

---

〔1〕 Мережковский Д. С. Полн. Собр. Соч. Т. XV(《梅列日科夫斯基全集》第 15 卷).M.：Типография Т-ва И. Д. Сытина，1914. С.23。

第一章
在世纪奠基时

> 革命再一次证实了
>
> 俄国命运之痛
>
> 尼·别尔嘉耶夫

十月革命的主要领导人出生在沙皇亚历山大二世统治时期。也许正是在那时开始了可以隐隐约约察觉到的专制制度的痉挛。典型的征候就是"民意党""炸死"了沙皇——"解放者"。俄罗斯帝国迟到了,在发展上落后于欧洲各国,这更鲜明地映衬出这个庞然大国的诸多矛盾。为数不多但精神上强大的知识分子率先对君主制感到失望。还不曾割断与土地之间的脐带的工人、愚昧的农民依旧没有丧失对"仁慈沙皇"的希望和信仰。那是多少世纪以来俄国的错觉。[1]在关于最后一个俄国独裁者的书中,И. М. 瓦西列夫斯基写道:"人民始终是受压迫的。国家也始终管理得糟糕透顶。官员都在盗窃,昏聩无能而又刚愎自用的高官横行霸道。"[2]

20世纪之初的俄罗斯帝国是摇曳动荡的:早已度过了自己强盛顶峰的贵族权势衰落了,日益壮大的工人阶级萌发了革命的不满,沉默无声的农民因被压榨得走投无路而孕育着自发暴动的力量。知识分子的先进部分越来越经常地在社会中引发动乱性的自由思想。它试图代表生计无着的贫民讲话,要么呼吁开明的改革,要么鼓吹极端的激进主义,直至个人的恐怖行动。教会、警察、监察机关竭尽全力企图稳住王座。但是敏锐的人们从当代历史隐隐约约的地下震动声中感觉到了大变化、大震动即将来临。正如2月可以嗅到似有若无的春的气息,在世纪之交时,俄国也模模糊糊地感受到了暴

---

〔1〕 这种错觉直到今天还保留着。我们今天还在说斯大林时代、赫鲁晓夫时代、勃列日涅夫时代,习惯于不按照成就、时间顺序、社会参数,而是按照"沙皇"来确定时代。一如既往,将成就或者成功(虽说极其稀少)同某个领袖联系在一起。唉,沙皇时期的心理依然存在。

〔2〕 Василевский И. М. Николай II(《尼古拉二世》).Пг.-М.: Петроград, 1923. С.2。

风雨前的气氛。

当时谁会料到,继列宁、普列汉诺夫、马尔托夫之后,新的革命的年青一代正在崛起,他们注定将在俄国革命悲剧的每一幕中扮演特定的角色吗?列夫·托洛茨基和约瑟夫·斯大林迎接新的20世纪时,都是20岁左右,他们的生日相距只有一个半月。当革命处于十字路口时,时候一到,他们两人都将向列宁呼吁并寻求支持——先是在世的列宁,后来是已经辞世的列宁。托洛茨基宣称,社会主义要在俄国取得胜利,必须要有世界革命。而斯大林相反,他说:为了完成世界革命,必须在一个国家内建成社会主义。这一切都会发生,都是后来的事,眼下我们要探寻的,就是被列宁在1922年末称为"杰出的领袖"的人的遥远的来源。托洛茨基在撰写一篇文章时,强调了他写的一句话:"如果说个人不能创造历史,那么历史则是通过个人来创造的。"[1]他本人就将是这样的人物之一。过去并不是永远都具有说服力,可是它往往有助于认识现在和未来。

勃朗施坦一家

犹太人在俄国的命运很大程度上是由"定居的界线"规定的。不错,这条界线是有些相对的。亚历山大一世和尼古拉一世时而放宽,时而收紧这条界线。收紧时,有些犹太家庭就向南方迁移,用苏联时代的话说,就是去"开垦荒地"。19世纪时,政府鼓励到黑海北岸的沃土地带去定居。除了俄国人、乌克兰人、希腊人、保加利亚人之外,这里也有为数不多的犹太开拓者。这不是常规,而是一件奇怪的事情,因为犹太人从事种植业和畜牧业的,极为罕见。未来的俄国革命领袖之一的勃朗施坦一家来自波尔塔瓦附近一处普通的犹太人聚居区。

托洛茨基的父亲——大卫·勃朗施坦(他活到了儿子大功告成的时候,1922年死于伤寒)是一个坚毅顽强、精明强干的当家人。他在赫尔松省一座小镇波布里涅茨边上,从一个退休上校雅诺夫斯基手中购买了大约100

---

〔1〕 ЦПА ИМЛ, ф.325, оп.1, д.229. л.20.

俄亩土地，通过坚韧劳动、精打细算逐渐上升为富裕的农民。他不停地购买土地、租赁土地，成了一名大土地占有者。在俄国革命的烈火中，大卫·勃朗施坦仿佛是两面受气：白军认为他是革命领袖的父亲，而红军又认为他是大私有主、剥削者。现在还保存着当时的几封电报，从中可以看到，无论红军还是白军都不曾怜惜过托洛茨基的亲属。父亲被红军剥夺了田庄后，他又通过红军给儿子发去了电报：

> 莫斯科。致革命军事委员会主席托洛茨基（驻地）根据邓尼金的命令，你叔叔格里高里、他的妻子和堂兄弟列夫·阿布拉莫维奇·勃朗施坦作为人质被拘捕并押往新罗西斯克。他们的处境非常困难。请尽一切努力将他们释放，并将结果告知敖德萨。回电请通过风暴14。勃朗施坦。[1]

父亲被剥夺了财产之后，托洛茨基帮助他担任了莫斯科附近被征用的一家磨坊的管理员。老勃朗施坦至死都十分赞赏自己的儿子，不过他始终闹不明白，他的家里怎么会生出一个革命者。大字不识的一家之主只是到了生命行将结束时，才好不容易学会了数着音节阅读，目的只有一个：搞清楚小儿子写的书籍、小册子和文章的标题。

托洛茨基的母亲——安娜是一个来自敖德萨近郊的典型犹太小市民，她只接受过简单的教育。出于爱情，她嫁给了不识字但仪表堂堂的大卫，甘愿过起了农妇的生活，这对一个世世代代的城里人并不是一件容易的事。可是她适应了农民的生活，给这个移民家庭带来了与农村迥然有别的精神文化因素，这就不能不影响到她的子女。安娜·勃朗施坦按自己的能力读书，邮购一些书籍，坚持让孩子们受教育。她的八个子女中，除列夫之外，存活下来的只有两个姐妹和一个兄弟。

列巴·勃朗施坦生于1879年10月25日（公历11月7日）。在托洛茨基1919年因职务关系填写的简历中，我们读到："我出生在赫尔松省伊丽莎白格勒县雅诺夫卡村，在我父亲——土地占有者的一个小庄园里。"[2]托洛茨基这里说的不准确：当时他们家已经拥有100多俄亩，租赁了200多（后

---

[1] ЦГАСА, ф.33987, оп.3, д.60, л.21.

[2] ЦПА ИМЛ, ф.325, оп.2, д.14. л.1.

来还要多得多)俄亩土地,一台蒸汽机,许多牲畜。勃朗施坦家的庄园里有几十个雇用的农工。托洛茨基本人关于童年写得很简练,但很生动。"我的童年没有饱受饥寒之苦。我出生时,家庭已经很富足了。"他强调说:"但这是从贫穷往上爬,并且不愿意中途停步的那种人的多苦多难的富足。所有的筋肉都高度紧张,一切打算都为着劳动和积蓄。孩子们过着简朴的生活。我们不觉得短缺,但生活也没有给我们以慷慨和爱抚。我的童年既没有洒满阳光的林中绿地,就像极少数人的生活那样,也不像许多人的童年,大多数人的童年那样挣扎在充满饥饿、暴力和屈辱的黑暗深渊之中。这是在农村,是在偏僻角落里的一个小资产阶级家庭里灰色的童年,这里有辽阔的大自然,但是风尚、眼界、兴趣却是贫乏而狭隘的。"[1]

我想,一个人身上的许多东西正在形成,而将影响他一生的童年时代一定会给这个男孩的思想留下自己的印记。列夫·勃朗施坦自童年时代起就看见了从事极其繁重劳动的人们之间的关系。幼年的勃朗施坦按父亲的指点,记下卖小麦收入多少钱(顺便说说,粮食通过尼古拉耶大的商人出口到国外。是售出,而不是几十年后的购入),农民为磨面付出多少普特粮食,几十个雇农得到多少钱,他不经意间就明白了严峻的实际生活。

童年的另一个侧面同母亲紧密相连,她顽强地(而且颇有成效)试图培养孩子们对知识、文学、学习的向往。托洛茨基回忆道:"漫长的冬日,草原上的雪从四面八方封住了雅诺夫卡,积雪超过了窗户,这时母亲喜欢读书……她常常把词句搞混,遇到结构复杂的句子就结结巴巴地读不出来。有时孩子们向她提示一下,就会使她对读过的东西作全然不同的理解。但她顽强地、不知疲倦地读着,在冬天宁静的日子里,在外屋就可以听到她有节奏的低低的读书声。"[2]谁知道呢,也许就是这些夜晚母亲播撒了那些精神文化的种子,使它们得以在智力的沃土里迅速长出苗壮的幼苗? 也许是来勃朗施坦家收庄稼的几百个短工的生活让这个未来的马克思主义者受到了震动?

他们光着脚,衣衫褴褛,为挣几个铜板而工作。午饭是素的甜红菜汤和稀饭,晚饭是粟米粥,从来不给肉吃,也不给脂油。托洛茨基回忆说:"他们露宿田野,雨天则以干草垛为家。"这些衣食无着,脚上伤痕累累,眼神悲哀的人不能不对这个善于观察的男孩产生影响。也许,他产生了负罪情结:无

---

〔1〕 托洛茨基:《我的生平》,赵泓、田娟玉译,郑异凡校,上海人民出版社 2014 年版,第 7 页。
〔2〕 托洛茨基:《我的生平》,赵泓、田娟玉译,郑异凡校,上海人民出版社 2014 年版,第 21 页。

情地剥削雇农的是他的父母。谁也回答不了这个问题。只有各种情况的复杂综合、环境的影响、直接接触的人和事，以及精神食粮才能推动人的思路朝一定方向发展，推动个人信念的形成。

对勃朗施坦家这个年轻人的成长产生了特殊影响的当然是学校。起初是犹太男子初级宗教学校（赫德尔）。廖瓦学习不好，他并不喜欢宗教书籍（在他们家，宗教只有象征意义），而且他对赫德尔教学用的现代希伯来语也不熟悉。当时这个男孩已经学会用俄语阅读和书写。他刚刚掌握了基本知识，就对写诗入了迷。这些诗很受家里人的欢迎。托洛茨基童年的诗歌体验，好像有别于斯大林，并没有保留下来。随着时间的推移，诗歌的音乐终于完全让位于革命的音乐了。

由于母亲的坚持，1888年男孩被送到敖德萨去学习。得到勃朗施坦家一位亲戚莫·菲·什宾采尔（他已经是南方一名大出版商了）的帮助，列夫被安排进了一所很有威望的公办中学。这是很不简单的事情，因为接受犹太孩子入学是有限额的。托洛茨基自己在简历中写道："我上的是圣保罗实科中学，而且始终是第一名。"[1]当时，实科中学和古典中学的区别在于实科中学的人文学科比较少，比较重视自然科学和数学。不过这名实科学生在学校里还是读了托尔斯泰、莎士比亚、普希金、涅克拉索夫、狄更斯、魏列萨耶夫、乌斯宾斯基的许多作品。

后来，托洛茨基在撰写自传时，将学校里发生的一起冲突，几乎说成是（显然夸大其词）自己的第一次社会抗议行动。说的是他同自己并不喜欢的法语教员、瑞士人贝尔南德的一次冲突。勃朗施坦被暂时开除出学校。直到革命之后，托洛茨基还认为这件事十分重要，以至在自传中这样写道："因为反抗法语教员，被暂时开除出二年级。"[2]

才能和勤奋占了上风：列夫·勃朗施坦始终是班上各门功课最优秀的学生。为了掌握科学，他放弃了运动、嬉戏、消遣。轻而易举地成了班上的第一名不知不觉地给托洛茨基的性格留下了烙印，这在他以后的一生中都显露出来。他习惯于对同事们怀有某种优越感，十分自信而且固执地突出自己第一的地位。

在这方面，对列夫·勃朗施坦的少年和青年时期都很熟悉的季夫的观

---

〔1〕〔2〕　ЦПА ИМЛ，ф.325，оп.1，д.14. л.1.

察很有意思。早期的相识使季夫日后得以出版一本关于托洛茨基的小书。他在其中这样写着："无处不在，而且处处第一，这始终是勃朗施坦个性的主要特征；他心理的其他方面仅仅是一些职务上的增高和接续。"〔1〕季夫的这个结论，我先插一句，正如托洛茨基的生活证实的那样，并非没有根据。

列夫·勃朗施坦生来就一表人才：一双活泼的蔚蓝色眼睛，一头浓密蓬松的黑发，面貌端正，举止得体，衣着有品位。许多人赞赏他，也有许多人不喜欢他——很少有人会体恤别人的天分。托洛茨基逐渐认识到自己的出众之处，形成了自私和以我为中心的鲜明特点。很可能，这也造成托洛茨基虽然是知名人物，却没有推心置腹的朋友。要知道，在人类的友谊中重要的是平等，友谊中不可能有受惠者和施恩者。托洛茨基早在童年时期就不打算承认智力平等。他也许承认，只有列宁才具有较高的智力。不过那也是在十月革命之后。我想，他的这个特点是他个人悲剧的原因之一：托洛茨基只能接受历史中第一的角色。

不过，我们还是先回到求学的年代。甚至对于通常给人留下阳光灿烂回忆的学校，托洛茨基也记不得有什么好事情。他写道："总的来说，对于中学所留下的记忆如果不是黑色的，也是灰色的……很难叫出哪怕是一位我能真正怀着爱戴之情去回忆的教师。"〔2〕托洛茨基一再说过，我们这个世界上庸碌之辈太多了。这始终使他气愤，从而加强了他的优越感。

不过，与托洛茨基的牢骚相反，他在童年和求学的年代，在校外仍然遇到了许多很有意思的聪明人。这里有勃朗施坦家雇佣的能工巧匠伊万·瓦西里耶维奇（托洛茨基不记得他的姓了）、记者兼出版商莫伊塞·费里波维奇·什宾采尔、记者谢尔盖·伊万诺维奇·瑟切夫斯基，还有其他一些人。譬如说，什宾采尔就培养了青年托洛茨基对语言的爱好，使他了解了写书的秘密和创作的神奇之处。托洛茨基还在少年时期就知道编辑、排版、校对是怎么回事。他看到了印刷的过程，爱上了印刷油墨的清香，知道一个人手里拿着一本新书的样本（暂时还不归他所有）时激动的心情。他后来承认，这种"神秘感"从未让他平静过。他日后的一生都是手握笔杆度过的，笔杆始终是他的主要武器。几十本书、几百篇甚至上千篇文章提供了丰富的材料，供我们为这位出类拔萃而又复杂的人物绘出一幅肖像。

---

〔1〕 Зив Г. А. Троцкий. С.12.

〔2〕 托洛茨基：《我的生平》，赵泓、田娟玉译，郑异凡校，上海人民出版社2014年版，第70页。

学习文学和新闻学培养了年轻的托洛茨基不仅对俄国古典文学,而且对西方文化和文明的兴趣。这方面托洛茨基算不上有什么独到之处。彼时的俄国在许多方面按惯例说都落后了,它已不再是当年那个具有强大的力量令欧洲和亚洲的君主国和政府都刮目相看的大国了。首先痛苦地体验到这种历史性落后的就是憧憬资产阶级民主自由、自由的规则和文化成就的进步知识分子。对于犹太知识分子而言,这就是没有"黑色百人团"、种族歧视和"迁移限制"的世界。托洛茨基还没有到过西方,但特别喜爱欧洲的文化和珍品。他日后形成的观点,诸如不断革命论、俄国革命的命运取决于世界的烈火是否及时燃起、坚信必须将欧洲文化的某些方式转移到俄国来等,都受到其欧化观点的影响。

先是敖德萨,然后是托洛茨基读完实科中学最后一年的尼古拉耶夫,逐渐不可避免地使他越来越远地脱离自己的故乡。每到假期,他回到赫尔松草原,看着父亲如今已是蒸蒸日上的家业,就深深感到始终限于为发家致富、利润、利益而奋斗的这个渺小世界是多么狭隘。城市印象和农村印象的综合(用托洛茨基喜爱的话说,"观点的杂烩"),加上天生的巨大才能和为掌握一切新的、未知的、难以猜测的事物的顽强努力,促使他形成了强大、广泛而敏锐的智慧。托洛茨基很早就相信自己的智力了。

托洛茨基的童年和少年是在小资产阶级的环境中度过的。后来他迅速摆脱了信奉发财致富、追求奢侈的心理,可是产生于这种环境中的某些特点,许多年后依旧强烈地表现出来。

托洛茨基正如许多初出茅庐的小资产阶级革命者一样,善于迅速改变目标。他观点的摇摆往往幅度很大。例如,在他猛烈地否定了马克思主义之后,很快又转向了马克思主义。他一度同孟什维克合作而且支持他们,而革命后,他很快就坚决主张对他们采取最强硬的措施。托洛茨基或许是红色恐怖的首创者之一,后来他又坚决谴责红色恐怖。作为马克思主义者,托洛茨基终其一生都保留着小资产阶级革命性、自发性,有时甚至是狂热性的许多成分。而直至生命的最后时日他都始终保持一贯的则是绝对不接受斯大林主义,其主要原因在于个人恩怨。

勃朗施坦的家庭当然不可能把他培养成一名革命者。可是家庭让他认识了小资产阶层的本质,接受了初始的教育,而且直到革命发生之前(也包括在国外)都给了他物质上的支持。在这方面,他的境遇比其他大部分革命者都要好得多。更何况托洛茨基发挥了自己的精明才干,利用了各种渠道来保障自己一家的生活:努力从事新闻报道,发表演说,获取许多慈善基金会的帮助。托洛茨基的文件中保存着不少金钱方面的文件和凭据,譬如下面这一份:

> 1914 年 2 月 25 日。维也纳。
>
> 兹证明,我从文学基金会财务处借到一百五十(150)卢布。
>
> 列夫·勃朗施坦[1]

　　随着托洛茨基日益融入革命,他和亲属之间的关系逐渐疏远。正如托洛茨所写的那样,父亲"变得严厉起来。原因是生活艰辛,随着事业的扩大,操心事也不断增多,特别是在 19 世纪 80 年代的农业危机下,再就是孩子们使他感到失望。"[2]而失望在于,四个子女中谁也不肯继承父亲的事业。长子亚历山大·勃朗施坦受了教育,在一家糖厂任工程师,而且在苏维埃时代依旧任职。托洛茨基被驱逐出国后,他公开同兄弟划清界限,但是他还是被流放了,后来又被捕了,最后,亚历山大·勃朗施坦的悲剧性道路以 1938 年 4 月 25 日被枪决告终。托洛茨基的姐姐丽莎消失在家庭生活中,1924 年去世;妹妹奥尔加成了列·波·加米涅夫的妻子。托洛茨基当年在苏联时,同她保持着最密切、最温暖的关系。然而几乎是头号"人民公敌"的妹妹这个烙印不可能给她活下去的机会。1935 年她被逮捕,于 1941 年被枪决。她活得比自己的两个儿子要长一些,两个儿子早在 1936 年就被枪决了……

　　母亲在 1910 年去世,她仿佛在给儿子的一封信中就有了预见——"看来,我再也见不到你了"。当时托洛茨基正在国外流亡,连回去参加殡葬都不可能。托洛茨基多数家庭成员的命运也和他本人一样,都是悲惨的。托洛茨基的幼子谢尔盖的妻子奥尔加·爱德华多夫娜·格列布涅尔告诉我,他仿佛是一个麻风病人:"无论碰上谁,都给人造成痛苦。"1938 年 8 月 24 日,托洛茨基就列夫·谢多夫(他的长子)之死发表的补充声明中这样写道:"亚戈达造成了我的一个女儿早逝,另一个女儿自杀。他逮捕了我的两个女婿,两人后来都消失得无影无踪。国家政治保卫局逮捕了我的小儿子谢尔

---

　　〔1〕 ЦПА ИМЛ, ф.325, оп.1, д.8, л.1.
　　〔2〕 托洛茨基:《我的生平》,赵泓、田娟玉译,郑异凡校,上海人民出版社 2014 年版,第 21 页。

盖……他随后也失踪了……"〔1〕谢尔盖死于1937年,他的哥哥1938年死于巴黎,甚至远亲也有许多被消灭。是的,这就像一次麻风病,不过是斯大林的麻风病。奥·爱·格列布涅尔说得对:列·达·托洛茨基的亲属和亲近的人被涂上了斯大林驱逐政策的不祥色彩。幸免的人数大大少于屈死的人数。

革命的小径

　　托洛茨基不仅喜欢文学,而且喜欢数学。他曾经梦想实科中学毕业后,进新罗西斯克大学数学系。他原本可以成为一名学者,很可能是一名大学者。我想,他可以成为一位优秀的专家;人们很早就注意到,人文因素和数学因素的结合通常会出现在一些杰出人物身上,他们能够掌握科学的抽象以及道德和美学的珍品。可是对他而言,在尼古拉耶夫实科中学毕业之后,开始的却是"监狱大学"。好在流亡期间,托洛茨基通过勤奋自学,在历史、政治、经济、哲学、文学等领域都达到很深的造诣。

　　我在前面已经说过,列夫·勃朗施坦1896年毕业于尼古拉耶夫实科中学。从这一年起,17岁的勃朗施坦开始了革命生涯。他寄居在熟人家里,这家有两个成年的儿子,醉心于社会主义思想。这在当时是一个新事物,唤起了人们的兴趣,激发了想象力。最初的几个月,年轻的房客,按他自己的说法,对"理论上的乌托邦"相当冷淡。听了两弟兄彼此"有益于社会主义历史的"争论,他一笑置之,回自己房间去,坐下来读书。他被数字、公式和缺乏热情的、冷冰冰的真理的魅力深深吸引住了。数学的抽象世界用自己的深奥难测、逻辑和无穷无尽的可能性引诱着他。

　　有一天他卷入了持民粹派观点的青年社会主义者之间的争论,他已经再也不能摆脱或者摒弃这场思想比赛了。从那时起,思想斗争和政治斗争就成了年轻的勃朗施坦的生活意义。列夫结识了一个捷克人弗兰茨·什维

---

〔1〕　Троцкий Л. Дневники и письма(《日记和书信》). Тенафлай. Нью-Джерси; Эрмитаж. 1986. С.154。

戈夫斯基,他不知怎么被命运抛到了俄国,在这里租赁了一个果园,赖以维持生计。勃朗施坦的意识形态化进程从此加快了。什维戈夫斯基的果园中有一间更房,形成了一个仿佛是不公正和暴虐的"推翻者"的公社。在这些"果园"辩论会上占上风的通常是民粹派的论据。这个小组里只有一个人持不同立场,她就是亚历山德拉·利沃夫娜·索科洛夫斯卡娅,一个青年妇女,读过马克思和恩格斯的著作,捍卫马克思主义。关于这段时期,托洛茨基本人后来在致弗·伊·涅夫斯基的信中是这样写的:

> 我是一个七年级生,常到捷克人弗兰茨·弗兰采维奇·什维戈夫斯基那里去。他是一个有知识的园丁。我们认真研读了米哈伊洛夫斯基的文章、卡列耶夫的《历史哲学》、穆勒的《逻辑学》、戈尔宁格的《心理学》、里佩尔特的《文化史》,总之,拿到什么读什么。《共产党宣言》我们只有一个糟糕透顶的手抄本。我们只有亚历山德拉·利沃夫娜·索科洛夫斯卡娅(她是读完敖德萨的产科训练班回来的)一个人读过《资本论》第一卷。建立了一个小组来散发有益的刊物《苗圃》。1896—1897年,我是反对马克思的(没有读过他的书)。[1]

向勃朗施坦有根有据地介绍马克思主义的第一个人的确是亚历山德拉·利沃夫娜·索科洛夫斯卡娅。她是一个民粹派的女儿,开明的青年妇女,几年之后成了这位青年革命者的妻子。列夫·勃朗施坦加入争论后,不想,也不能被击败。尽管他没有什么具体的东西来反对索科洛夫斯卡娅平稳而有分量的论据,可是也不甘心在辩论中沦为一个配角。

正像伊·多伊彻说的那样,托洛茨基有"虚张声势的神奇天赋"。他能够卷入辩论,却并不准确地了解争论的题目,仅仅依靠逻辑,而且显得胸有成竹。索科洛夫斯卡娅面带微笑,听着年轻的勃朗施坦热情洋溢地证明"马克思主义站不住脚"。很可能当时只有她一个人明白,托洛茨基在科学上是站不住脚的,可是又不能不佩服他思想的活跃、议论的奇特和结论的匪夷所思。看来,索科洛夫斯卡娅已经感觉到民粹主义和人民党更接近这个青年社会主义者的思想,因为他的思想中并没有马克思主义那种不可动摇的"决定论"。自信的勃朗施坦更倾向于将主观因素,如"有批判思维的个人"、高

---

[1] ЦПА ИМЛ, ф.325, оп.1, д.17. л.1-2.

踞于群众之上的杰出英雄、有能力发动群众完成伟大事业的偶像,置于第一位的那种理论。他对马克思主义的攻击只是一个年轻人对于干巴巴的理论的仓促袭击,而他并不知道,自然也不懂得这个理论。

在这个实科中学毕业生的身上可以感觉到一个开拓者激进的浪漫主义、个性因素占主要地位和道德动机。不管怎么说,正是多亏了索科洛夫斯卡娅,这个一知半解的年轻人的自信心才被智力的惶恐取而代之。可是,突然发生了不曾料到的情况。什维戈夫斯基果园里的辩论会很快就染上了年轻的勃朗施坦和比较老成的索科洛夫斯卡娅(她比他大六岁)之间爆发的情感色彩,尽管在"教条"的冲突方面,他们有最严肃的争吵。聪明的列巴紧张地思考着:他越来越相信亚历山德拉是正确的。的确,出于虚荣心和"作对"的想法,托洛茨基甚至决定公开"打垮马克思主义",写出了几乎是自己的第一篇文章。不过,据作者后来回忆,包含了许多题词、引文和毒辣语言的这篇文章,"幸好没有发表。没有人因此而蒙受损失,我自己则受的损失最小"。曾经想按这个思路写一出戏剧,勃朗施坦打算同索科洛夫斯基两弟兄合作。戏剧冲突的主线应当是马克思主义者和民粹派之间的冲突。可是,几个年轻人的激情只够写完它的序幕。

及至父母来到尼古拉耶夫时,他们的小儿子收下了来自家乡的礼物,却说出了要对沙皇家族造反的话,令勃朗施坦老两口大惊失色。

"爸爸,你明白吗,在第一次接待名门望族的隆重宴会上他声称:'我要坚决,而且始终如一地保卫君主专制制度的根基,犹如我业已仙逝,但令我永志不忘的先皇一样……'"

"说得对……"父亲立即插话。

"可是,你听下去,沙皇接着高声喊道(非常激动),老百姓应当'抛弃自己毫无意义的幻想'!你明白吗,'毫无意义的',而讲稿里写的是'毫无根据的'。"

"那又怎么啦?"

"'毫无意义的幻想'那句话,沙皇是高声喊出来的,不太懂俄语的皇后亚历山德拉·费多罗夫娜问站在她身边的公主:

'他说什么?'

'他向他们说明,他们全都是白痴',公主不动声色地回答说。"

列巴接着说道:"有一个高官,特维尔省的首席贵族乌特金,被沙皇的喊声吓得一哆嗦,把盛着面包和盐的金盘子掉在地上……'这在登基时是个凶兆,'大臣们悄悄议论着,一面看着沃龙佐夫-达什科夫跪在地上,归拢地上的礼品。"[1]

讲完这个绘声绘色的故事后,列巴宣称:

"你们也和整个社会一样,生活在一个发臭的世界里。一切都应当改变。推翻沙皇,获得自由! 就是这样!"

"你说什么! 趁早回头! 再过一百年也不会有这种事! 你想到哪儿去啦! 你再也别跨进这个游手好闲的什维戈夫斯基的门槛!"

同父母的争吵以暂时的决裂而告终。小勃朗施坦因为感到独立和自主而兴奋不已,拒绝了他们的物质支持。在什维戈夫斯基的公社里坚持了几个月之后,"叛逆者"走向和解了。说句公道话,从这时起,父母就失去了对儿子的控制:进入新罗西斯克大学数学系(他几乎立即抛弃了这个系)、散发传单、结婚——这些都是违反奉公守法的父母的禁令的行为。

这时年轻的勃朗施坦及其朋友们的激进主义日益加深。报纸上关于1897年一名女大学生维特罗娃在彼得保罗要塞自焚的报道对他们产生了巨大影响。惨祸的起因并没有彻底查清,但是在"果园"公社的成员看来,一切都是明白的:这是对君主专制制度不受限制的权力的抗议!

据 Г. А.季夫回忆,一天,勃朗施坦以最秘密的方式建议他加入一个由他和朋友们创立的工人协会,[2]民粹派的思想已经被他们坚决抛弃了。

"完全是真正的社会民主主义",秘密工作者宣称。

"参加的都是什么人?"

"社会中的先进青年:有革命思想的大学生和工人!"

列夫·勃朗施坦继续介绍说,《南俄工人协会》的首要任务是对工人进行革命的启蒙。组织的名称则是为了纪念 25 年前存在过,但被宪兵破坏了的一个协会。

这时,勃朗施坦(他已经有了地下活动的代号:利沃夫)及其友人确实在尼古拉耶夫造船厂的工人中建立了几个小组,阅读报纸和小册子,以及启蒙性的革命宣传品。这个《协会》存在的时间不长,积极参与它的活动的有青年技工伊万·安德列耶维奇·穆欣、索科洛夫斯基家的几个兄弟和姐妹、工

---

〔1〕 前引 И. М.瓦西列夫斯基的书《尼古拉二世》讲述了这件事,第 45—46 页。

〔2〕 Зив. Г. А. Троцкий. С.18.

人科罗特科夫、巴宾科、波利亚克等。主要工作就是用胶印机誊写和加印社会民主派的文字材料,在船厂及其他企业的工人中散发。

《协会》的领导缺少经验。保密也处于原始阶段。组织中自然就混进了奸细。其中之一,托洛茨基后来回忆说,姓施里采利。1898年1月28日,勃朗施坦、什维戈夫斯基和《协会》的其余组织者都被逮捕了。1921年8月5日,托洛茨基本人给弗·伊·涅夫斯基关于这首最初的革命史诗的结局是这样写的:"我们的组织缺乏严格的地下工作制度。我们全体很快就被捕了。出卖我们的是奸细施里采利。我是在监狱中被工人,首先就是伊万·安德列耶维奇·穆欣,改造成马克思主义者的。牢房中一度和我同住的是装订工雅维奇。冷得要命,我们只能有什么就往身上盖什么……从尼古拉耶夫,我被转到赫尔松监狱,然后又转到敖德萨。"[1]有关监狱生活中日后的各种变化,托洛茨基都记载在自传的札记中。

在敖德萨监狱里勃朗施坦关押了大约两年,直到侦查结束。没有经过法庭审判。他和其他三名"案犯"经过行政程序被判处四年流放,其余人的刑期较短,包括索科洛夫斯卡娅。

他在日后作为《我的生平》一书基础的札记中回忆说,从敖德萨被送走后,在莫斯科解犯羁押监狱中度过了大约五个月,在伊尔库茨克监狱关了三个月。应当指出,蹲监狱的每一天托洛茨基都不是白白度过的。他有令人吃惊的自学能力。他在成熟后的年代回答喜欢做什么事情的问题时,自信地说:"脑力活动:阅读、思考,也许还有写作。"[2]

在布特尔监狱,他和索科洛夫斯卡娅决定结婚,获得监狱当局批准,通知了父母。当局没有阻碍婚姻,索科洛夫斯卡娅的父母也同意。而勃朗施坦一家则坚决反对。托洛茨基当时给索科洛夫斯卡娅的一封信保存下来了。但是,在向读者介绍这封信之前,我想先谈谈以下情况。托洛茨基曾经坚决反对发表他和第一个妻子之间的书信来往,甚至威胁要向政治局呼吁。托洛茨基的档案中有他为此而写给《无产阶级革命》杂志编辑部的一封信:

> 我坚决反对发表属于私人性质的信件,哪怕其中也含有一些社会-政治成分。我还没有死,和我通信的那些人也都还活着,所以请不要把

---

[1]　ЦПА ИМЛ, ф.325, оп.1, д.14. л.4-8.

[2]　Троцкий Л. Дневники и письма. С.43.

我们变成党史委员会的历史资料。如果党史委员会持不同意见,我就将问题提交政治局。至少在政治局审议之前,请不要发表。

致共产主义敬礼

1922 年 7 月 31 日

列·托洛茨基[1]

威胁奏效了,托洛茨基的信件没有发表。现在,在作者致《无产阶级革命》的信将近 70 年之后,我想,禁令已经被时间自身撤销了。何况托洛茨基和索科洛夫斯卡娅已经去世半个多世纪了……托洛茨基通常是鼓励公开发表有关自己的信息的;不过这里涉及的是在第二个妻子尚存的条件下,公开和第一个妻子的私人来往信件。

下面是列·达·托洛茨基在结婚前夕给亚·索科洛夫斯卡娅信的摘录:

舒罗奇卡! 我要向你转告一大堆(尽管不是特别有趣的)消息。前天我见到了妈妈。会见以彻底破裂而结束——这样更好些,是吗?我这次做了反击,于是出现了很糟糕的场面。我拒绝了帮助。现在我收到了你父亲的来信:他是一个非常可爱的人! 父亲并没有为我同亲人的决裂而生气,反而好像很高兴……说是,消除了财产不平等的问题……

我现在就坐在你身边,紧靠着你,仿佛能感觉到你的存在。假如你下楼去散步,一面喃喃自语,我就一定能够听到。萨申卡,你不妨试试看! 我很难过……我想听到你的声音,看到你……唉,如果不让我们结婚呢? 这是不可能的事! 我曾经遇到过这样的时刻(好多天,好多月,好多年),似乎自杀是最体面的结局。可是我没有这样做的勇气。

西伯利亚的大森林会抑制我们公民的责任感。不过我们在那里会感到幸福的! 就像奥林匹斯山上的神灵! 永远永远在一起,永不分离!这话我已经重复过多少次,可是我还想一再重复下去……[2]

---

〔1〕 ЦПА ИМЛ, ф.325, оп.1, д.1. л.1.

〔2〕 ЦПА ИМЛ, ф.325, оп.1, л.2.

托洛茨基连自己也不知道,过了不到三年,他就会抛弃索科洛夫斯卡娅和两个襁褓中的女儿,而且后来再也不曾回过第一个家庭……肇事者本人极力想使这种情况下的分手显得较为高尚一些。许多年后,他这样写道:"命运让我们永远分手了,但我们依然是好朋友。"

研究了托洛茨基的个人书信后,我倾向于认为,他结婚是出于爱情,尽管他后来在《我的生平》一书中,试图将它说成几乎是一次出于革命需要的行动。他总共只用了几句话来谈这件事:"我记得在水上航行了三个星期左右才到达乌斯季-库特村。我和一位与我关系密切,因尼古拉耶夫案而被流放的女犯(不是妻子,而是'关系密切,因尼古拉耶夫案而被流放的女犯'!——作者注)在这里登岸。亚历山德拉·利沃夫娜在南俄工人协会中位居首位。她对社会主义十分忠诚,大公无私,这使她享有无可争议的道德威望。共同的工作把我们紧密地连接在一起。为避免流放时被分开(那'永远永远在一起,永不分离!'又怎么解释呢?——作者注),我们在莫斯科解犯羁押监狱里结了婚。"[1]为什么托洛茨基要把他苦苦追求的婚姻说成几乎是虚假的呢?要知道,在他写回忆录时,他由这次婚姻而得到的女儿已经成年了。也许,这一切都是由于托洛茨基在他写的书籍和文章中常常提到道德箴言、高尚、品行端正,而他的第一次婚姻却偏偏是短暂的。在自传中对此保持沉默是不可能的,那么恰当的说法就是"为了工作"而必须在一起,何况是同一个"大公无私"的人。

无论我们如何看待托洛茨基,他和第一个妻子的关系中总有一股简单的实用主义的味道,在恰当的时候,为了实现自己的崇高目标而尽力摆脱"羁绊"。不过,说句公道话,托洛茨基还是长期试图维持同妻子和女儿的精神联系,只是相当微弱。

在长女季娜伊达去君士坦丁堡投奔父亲时,亚历山德拉·利沃夫娜·索科洛夫斯卡娅指望,唯一活着的女儿(妮娜死于1928年)会得到父亲的关爱。可是,亲密并没有出现,季娜在父亲的第二个家中俨然是一个外人。季娜的精神疾病需要到柏林去治疗,已被驱逐出境的托洛茨基尽其所能,以求减轻她的痛苦。经过一段治疗,托洛茨基给莫斯科的第一个妻子写信,请她"考虑给即将到来的女儿准备一间屋子"。但是,过了几个星期,托洛茨基不得不自己承担一个伤心的使命:给索科洛夫斯卡娅写信,告诉她女儿的凄惨

---

〔1〕　托洛茨基:《我的生平》,赵泓、田娟玉译,郑异凡校,上海人民出版社2014年版,第109页。

死亡。这一切都发生在第一次婚姻的三十年后。

我就托洛茨基对他第一个妻子的态度谈了我的意见,也许我对托洛茨基有失公允?可能是这样。何况当索科洛夫斯卡娅,仅仅因为她是斯大林个人的主要敌人的前妻而落难(1935年)并被流放时,托洛茨基在他的新家庭中,一再回忆起她、两个女儿、几个外孙,为他们的命运担忧。1935年4月2日,托洛茨基写下了这样一段日记:"刚刚收到巴黎来信。我的第一个妻子、带着孙儿们住在列宁格勒的亚历山德拉·利沃夫娜被流放到西伯利亚了。国外收到了她从托波尔斯克寄出的明信片,她是在前往西伯利亚更遥远的地区途中作短暂停留的……我不认为亚历山德拉·利沃夫娜·索科洛夫斯卡娅近年来从事过什么积极的政治活动:年龄已不复当初,还要照顾三个孩子(外孙——作者注)。几周前,《真理报》发表过一篇谈同'残余分子'和'败类'作斗争的文章,其中也提到了(以惯用的流氓方式)亚历山德拉·利沃夫娜的名字,仅仅是一笔带过,而且对她的指控是对一些好像是林学院的大学生(在1931年!)造成了有害的影响。《真理报》揭发不出更晚时期的'罪行'。但是仅仅'点名'就确切无疑地表明,应当等待来自这方面的打击。"[1]

三天后,托洛茨基在日记中补充道:"最近两天,娜·(娜塔莉亚·伊万诺夫娜·谢多娃,被驱逐者的第二个妻子——作者注)更多挂念的是亚·利(亚历山德拉·利沃夫娜——作者注),而不是谢廖沙:也许谢廖沙最终不会有什么事,而亚·利六十岁的年纪,却被流放到遥远的北方。"[2]

看来,不妨这样说,虽然"命运将他们永远分开了",但是谁也不能从记忆中将一切抹掉。当记忆和良心结成同盟时,就会在道德的普世要求和个人本身之间出现一个不偏不倚的中介。最后,良心谴责我们每个人时所依据的不是行为,而是行为的动机。一个人的自我意识中最"了解情况的"是良心,它熟悉一个人的一切。多亏了这个内在的法官,托洛茨基才能比其他人更知道自己与自私和虚荣的表现相关的缺陷。可是……良心的话语总是无声的,而且几乎永远不会出差错。我想,托洛茨基是始终忠于自己的革命义务的。可是他未必也能同样对待不同时期在他身边的某些人。不过,我有点跑题了……

---

[1] Троцкий Л. Дневники и письма. С.90.

[2] Троцкий Л. Дневники и письма. С.98.

托洛茨基在《我的生平》中生动地描写了自己被押解流放的过程。下面就是他回忆录中的一个小片段。

"村里约有百来家农舍。我们住在村边,四周全是森林,下面是一条河。沿勒拿河往北有金矿,整条勒拿河都闪耀着黄金的光辉。从前乌斯季-库特的最好时光是以疯狂的酗酒、抢劫和掠夺著称的。但在我们那个时候,村子已经寂静了。只是酗酒依然存在,我们那家农舍的房东夫妇就经常喝得烂醉如泥。生活愚昧,缺乏生气,与世隔绝。夜里尽是讨厌的蟑螂的沙沙声,它们爬满桌子、床铺,甚至爬到脸上……春天和秋天村里一片泥泞。然而自然风光却很美。不过那些年里我对它十分冷漠……书籍和处理人际关系几乎耗去了我的全部时间。我研读马克思的著作,把蟑螂从书页上赶走。"[1]然而,恰恰是可怜的现实生活激发了托洛茨基丰富的想象力。就在新世纪即将来临时,浪漫主义的梦幻夹杂着对自己历史使命的模糊预感就已经触动了这名流放者。

托洛茨基积极好动的性格立即为自己的工作确定了范围。他花了很多精力进行自学,而且在新闻园地里初试牛刀,取得了无可争议的成功。继利沃夫这个党内代号之后,他又为自己起了一个代号安季特·奥托。署这个名字的文章经常出现在当地的报纸《东方评论》上。他可以写任何题材:西伯利亚的乡村和西伯利亚的妇女地位、地方当局和地方自治机构的作用。托洛茨基评论了尼采、果戈理、乌斯宾斯基、赫尔岑等的著作。他的文字都是斩钉截铁的,判决似的。例如,他在《文学史,博博雷金先生和俄国评论》一文中,狠狠批评了当时的著名作家。托洛茨基一上来就语出惊人:"博博雷金先生写了一本评论欧洲长篇小说的书(《十九世纪的欧洲长篇小说》,圣彼得堡,1900 年)。而这本书却引起了完全出乎意料的事件:除了作者本人之外,谁也读不懂它……"[2]接下去也都是这种语气。托洛茨基终其一生都保持着这种气概:评论都不容反驳,而且毫不妥协;无论对谁都不怯于说出自己"特殊的"见解;准备反对业已固定了的标准和秩序。由于这种气势,他赢得了不少支持者,但更多的是反对者。

他有几篇文章发到了国外,发到了西方。俄国侨民发现了这名不为人知的通讯员显而易见的文学才能。国外并不知道,这些文章不是反复推敲

---

〔1〕 托洛茨基:《我的生平》,赵泓、田娟玉译,郑异凡校,上海人民出版社 2014 年版,第 109 页。

〔2〕 ЦПА ИМЛ, ф.325, оп.1, д.178. л.9.

的结果,而只是一瞬间的即兴之作,某种灵感一闪而过,于是思如泉涌,一挥而就。作家和记者都知道,想得到一句话、一个词有时是极其困难的。关于这种折磨,托洛茨基欣赏的、英年早逝的诗人谢苗·纳德松是这样说的:"世间没有比语言更残酷的折磨了。"而托洛茨基却很少受到折磨:他落笔迅速,鲜明,果断。只是往往失之肤浅。他青年时期的文章明显地表现出炫耀知识渊博的愿望,常常并非出于必需而援引最流行的文学和科学权威、古典作品。顺便插一句,流放西伯利亚为他的文学创作提供了丰富的机会。

勃朗施坦的回忆录、书信和许多自传札记都表明,对他而言,乌斯季-库特和上连斯克这两个地方是他为革命事业服务的个人"巅峰"之一。再说一句,如果要同日后在苏维埃时期来到此地的流放犯的生活、生命和生存条件作对比,那就自然会得出结论:它们就严酷程度而论无法相比。俄罗斯帝国宪兵的残忍远远落后于斯大林的惩罚机关!而日后积极参与创建这种新制度的也有这个来自乌斯季-库特的流放犯。

1923年2月,托洛茨基应国外友人伊斯特曼之请,为他写下了自己的第一次流放。他是这样描绘流放犯的生活的:"在西伯利亚,在乌斯季-库特我和一个波兰鞋匠米克沙住在一起。他是一个很好的伙伴,很细心,关怀别人,还是一个出色的厨师,可是爱喝酒,而且越喝越多。我的时间就用于为生存而干活以及阅读。我劈木材,打扫卫生,洗餐具,在厨房里给米克沙打下手。阅读是非常广泛的:马克思、社会主义的材料、世界文学的作品。新闻工作是开始给《东方评论》写通讯。文学写作通常是在夜间。往往直到清晨五六点钟。这个习惯,我后来在维也纳生活期间也保持着……

有一次,邮局不肯把我的邮件给我,我大发雷霆。我被判罚三个卢布。我收到这个通知时已经在上连斯克县了。我很快就从上连斯克逃走了,因此在我对沙皇制度欠下的许多债务中不包括支付这笔罚款……"[1]

乌斯季-库特甚至有一个由流放犯建起的图书室。在阅读过的书中,对托洛茨基影响最大的就是格列布·乌斯宾斯基的两卷集。起初,他对这位作家的小说和随笔怀着一些不信任。但后来就爱不释手了。每当煤油灯里燃油将尽,开始闪烁时,他放下书,想象自己刚才就去过俄国痛苦、艰辛而愚昧的农村。后来,即便他在文学爱好中也成了坚定的"西化派",但仍旧给予乌斯宾斯基特殊的地位。这个流放者在阅读作家的农村日记时,有一次特

---

〔1〕 ЦПА ИМЛ, ф.325, оп.1, д.18. л.19-20.

别标出："整个村子为一个老爷的庄园而劳作。村子应当日复一日、年复一年,毫无保留、毫无怨言地劳作。占有这个村子的老爷,可以更换,可能是善良的,也可能是凶恶的,但对村子而言,各种变化都没有任何意义:所有的人,无论是保守派,还是自由派,甚至激进派,总之,只要是住进老爷庄园的任何人,对村子的要求只有一个——'劳作',占据每天、每年,以至终生大部分时间的劳作,不是为了自己的劳作……这一切为被称作'庄稼汉'的生物培养了十分明确的理想……"[1]

乌斯宾斯基的札记对托洛茨基产生了极其巨大的影响,以致他自己也写了十几篇文章,谈西伯利亚的农村,从中可以明显地看出这位俄国大作家的影响。流放者深刻地进入普通人的生活,很快就感受到了难以忍受的痛苦。他生命力旺盛的本性渴望有广阔的空间来表现自己,获得肯定和知名度。

乌斯季-库特和上连斯克很快就让好冲动的流放者感到厌倦了。在泥泞街道旁的这些简陋房舍里他感到憋屈。被社会发现的、他的文学和新闻尝试获得了初步成功,这让托洛茨基感到,他需要一个空间、广大的舞台。他从别人处获悉,偶然得到他的两三篇文章的《星火》杂志编辑部对它们也有好评。流放者再也不能在西伯利亚继续受煎熬了。他应该到彼得堡、莫斯科、西方的首都去。那些地方需要他!经过内心的斗争,他把想法告诉了索科洛夫斯卡娅,她沉默了一会儿,并没有反对他逃跑。不难设想,她将承受多重的负担。一个年轻妇女,带着两个褴褓中的婴儿,孤独地待在这蛮荒之地,对团圆不能抱太大希望。在她眼中,列巴几乎就是一个天才,他很快就会让所有人,让全世界都把他挂在嘴边。索科洛夫斯卡娅正如她自己想的那样,忠于革命道德:为了理想,能够牺牲最珍贵、最亲密的一切。这名妇女终其一生都将做出牺牲:丈夫、两个女儿、女婿、外孙,最后是她自己。

总的说来,托洛茨基的名字是非常紧密地同牺牲联系在一起的。有许多牺牲是按他的意志才发生的。这一点我在后面再谈。他自己也做出了许多牺牲,而且并非出于自愿。实际上他的两个家庭都是牺牲品。最后,连他自己也被献上了报复和恐怖的祭坛。当这些牺牲品能够证明他的事业、光荣和追求都正确的时候,他认为这些牺牲都是自然的、必须的。最终,他为之奉献了自己一生的残酷斗争,也剥夺了他除了历史地位之外的一切。

---

〔1〕 Соч. Глеба Успенского(《格列布 · 乌斯宾斯基文集》). СПб: Типография 《Общественная польза》, 1889. Т. II. С.139-140。

早在 1902 年冬末,托洛茨基就进行了一次"侦察":去了一次伊尔库茨克,会见他认识的流放犯,估计一下逃跑的可能性。为此,即使是离开仅仅一天,也必须向上连斯克县的警察局长呈请批准。结果如下:

通行证

发给受警察局公开监视的行政流放犯列巴·达维多维奇·勃朗施坦。伊尔库茨克省厅本年 2 月 20 日批准去伊尔库茨克市一天,必须径直来回,无正当理由不得在途中作任何停留……[1]

1902 年夏天,流放犯逃跑了。原来这是一件并不困难的事情。他坐上大车,盖上干草,就往伊尔库茨克去了。他一生中这最后一次西伯利亚的路途给他留下的记忆仅仅是不停地颠簸着他的无数坑坑洼洼。伊尔库茨克的朋友们给他预备了体面的衣服和一本护照。他在护照上填写了自己的新姓名。他为什么选择了托洛茨基这个姓?很难说……不过这个姓确有其主,是敖德萨的一名狱卒,一个体格健壮的魁梧男人,是那种在男子汉选美大赛上能拿奖杯的人。勃朗施坦不曾料到,他会以这个偶然挑选的姓氏永远留在人们的记忆中。

上连斯克县的一名宪兵走进流放犯居住的农舍,是每日的例行检查。他朝顶棚上看了一眼,看见那里睡着一个人,盖着农家自织的粗麻布,于是扭头走了。他不曾料到,那是列巴做的假人……可是索科洛夫斯卡娅不可能长时间隐瞒丈夫失踪一事。而这时她丈夫已经乘上特快列车,在横贯西伯利亚大铁路上飞驰,一面读着由格涅季奇翻译的、荷马六音步诗的俄文本。两天以后,从上连斯克发出一封电报:

报省长

抄送警察厅长

昨天列巴·勃朗施坦(现年 23 岁,身高 2 俄尺半,栗色头发,双下巴,戴眼镜)擅自离开,据其妻称,勃朗施坦前往伊尔库茨克。

县警察局长路德维格[2]

---

[1] ЦПА ИМЛ, ф.325, оп.1, д.2. л.1.

[2] ЦПА ИМЛ, ф.325, оп.1, л.3.

不久后,保卫科里勃朗施坦的登记卡片上出现了一条补充记载:

> 勃朗施坦(列夫)达维多夫,即尼古拉·托洛茨基,又名雅诺夫斯基,被剥夺一切财产权,殖民者之子,俄罗斯族(原件如此——作者注),文学家。1898年,勃朗施坦作为敖德萨《南俄工人协会》一案的被告被起诉。被处在公开监视下流放四年。8月21日从上连斯克市潜逃,已被列入1902年9月1日第5530号搜捕令。[1]

托洛茨基顺路去萨马拉,拜访了克尔日扎诺夫斯基,在那里住了一周,然后前往伦敦,去《火星报》编辑部。他在那里以笔名"笔杆子"而为人们所知。关于具有社会民主主义倾向的天才青年记者的传言早已飞到了泰晤士河边。托洛茨基手持一本假护照,半合法地越过边境去迎接命运。他后来在简短的自传札记中这样写道:

"非法越过奥地利国境后,我找到,而且结识了奥地利社会主义党的创始人。"[2](托洛茨基一贯以自己同许多知名人士的私交而骄傲,他具有人类虚荣心的这种永恒的标志)。后来,在发表于《基辅思想报》的一篇文章中,他这样描述了这次会见:

"我是第一次有幸会见'博士',这是他当时流行的名字。1902年10月,我从一个东方色彩非常浓厚的省份路过这里。我的钱只够买到维也纳的车票。经过长久考虑,我去了《工人报》编辑部……

'可以见见阿德勒吗?'

'今天吗?不可能!'

'可是我有要事。'

'那您也只好推迟到星期一……'

最终我总算打听到了博士的地址,径直去他家拜访。出来接待我的人中等身材,驼背,接近于佝偻,眼睑下垂到疲惫的脸上,脸上非同一般的表现力说明,这个人十分聪明,不仅是单纯的'善良',可是他仍旧是非常善良的,以至找不到减轻您罪责的情节。

'我是俄国人。'

---

〔1〕　ЦПА ИМЛ, ф.325, оп.1, л.8.
〔2〕　ЦПА ИМЛ, ф.325, оп.1, д.14. л.3.

'嗯,这您倒不必专门告诉我,我已经猜到了……'"〔1〕

举凡托洛茨基参加过的会见、谈话、演说和各种事情,他几乎都作了描述。难怪克尔日扎诺夫斯基给它起了个代号"笔杆子"。托洛茨基有罕见的才能,不仅能融入整个结构,囊括千变万化的社会事态,而且将这一切都记录在文章、小册子、书籍和报告中。我不知道还有哪一个俄国革命家关于自己写过那么多详尽而色彩斑斓的资料。很难相信托洛茨基在自传性回忆录的《序言》中所说的:"我已习惯于不从个人命运的角度来观察历史前景。"〔2〕相反,托洛茨基作为一位革命家,他极其丰富的文学创作,其特点正是他力求(虽说他往往又看不到这一点)通过自身的折射来观察多种多样的历史事件。托洛茨基发现,"谁要是不谈自己,就不曾写成过自传"。这话正确。可是,托洛茨基在不是写自传的时候,也大谈特谈自己。

1902年10月伦敦的一个清晨,托洛茨基按帕维尔·阿克雪里罗得在苏黎世给他的地址,找到了目的地,而且按照教他的方法,敲了三下门环。这是一套一居室的小住宅,列宁和克鲁普斯卡娅住在里面。他在这里第一次同列宁见面(还在莫斯科羁押解犯监狱时就第一次听到他的姓名了)。伊·多伊彻在他的著作中是这样描述的,克鲁普斯卡娅在门口就嚷起来:

"笔杆子来了!"

而托洛茨基还得付车钱。然后他就对列宁滔滔不绝地说了一大堆来自祖国的新闻。从这时起,在二十多年里他们的道路将经常交叉。从相互赏识转为直接为敌,又转回协调。在意见分歧的时候,两人用词都很放肆:尖刻,有时令人气恼,粗鲁,让人难堪,但往往是一针见血。比托洛茨基年长将近十岁的列宁听着托洛茨基热忱地,上气不接下气地谈着西伯利亚、萨马拉、苏黎世,然后又回到上连斯克,认为这个热情洋溢的革命者是能揭开俄国革命运动新篇章的人物之一。

托洛茨基不让列宁从床上抬起身子,把座椅拉近床边,不停地挥动双臂,做出各种手势,一口气说着,说着,说着……只有获得了自由的鸟儿才会这样歌唱……

这时,托洛茨基未必还记得亚历山德拉·索科洛夫斯卡娅临别时十分艰难,但是真诚地说出的最后一句话:

"走吧,你前途无量……"

---

〔1〕 Троцкий Л. Соч. Т. VIII(《托洛茨基文集》第8卷).C.14-15。

〔2〕 托洛茨基:《我的生平》,赵泓、田娟玉译,郑异凡校,上海人民出版社2014年版,第6页。

欧洲的"栖身之地"

1929 年 9 月,托洛茨基在爱琴海的普林吉坡岛上,因前途未卜而苦恼,着手写名为《我的生平》的回忆录。他在这两卷文集的序言中写道:"我在这里栖身(这不是第一次),耐心地等待着事态的发展。"这样的"栖身"在他一生中将会一再发生。第一次被迫的"栖身"是在 1902 年。区别在于,托洛茨基当时是第一次来到欧洲,与其说是在等待,不如说是在行动:写作,争论,东奔西走,手握笔杆子战斗,用一双深邃的湛蓝色眼睛聚精会神地观察着过去仅仅是凭书本和报刊文章才知道的生活。不过,他当然也在等待。等待什么? 革命……后来,所有为他写传记的人一致指出,托洛茨基是一个"有深厚欧洲文化底蕴"的人。不错,比如说,被命运所迫来到西方,在欧洲的屋檐下寻求避难的那些人,都是同样杰出的俄国文化的代表人物,不过这种文化只为狭窄的社会智力阶层所掌握。托洛茨基的生命有三分之一以上是在流亡中度过的。每一次"栖身"都在他生命中扮演了自己的角色,被染上了独特的政治和道德色彩。如果说,第二次"栖身"是"长久的等待",而第三次是"冷酷无情的驱逐",那第一次"栖身"对年轻的革命者而言,则是"令人兴奋的启示"。俄国革命的"杰出领袖之一"的这三个生命中的驿站、路途中的里程碑为他后来不断革命和对第四国际作用的观点奠定了基础。他是一个流亡者,可是在流亡的田野上长出的禾苗却各种各样,而并非只有一种。

在俄国的政治生活和精神生活中流亡始终扮演着显著的角色。当尼·别尔嘉耶夫被驱逐后,他问自己:"我是带着哪些俄国思想来到西方的?"他回答说:"我带来的是历史命运的末世论的感觉……我带来的是产生于俄国革命的灾难之中,在提出了基督教不能解决的问题的俄国共产主义终止了,而后又越出了自己的范围之后的思想……带来了对于在历史范围内不能解决的个人与世界和谐之间的冲突、个体与总体之间的冲突的认识。"[1]

---

[1] Бердяев Н. *Самопознание. Опыт философской автобиографии*(《哲学自传试笔》). Париж: ИМКА-ПРЕСС, 1949. С.275。

那么,年轻的勃朗施坦带到西方的又是什么呢?目前是渴望认识、了解丰富的欧洲文化。他当时是一个顽强、英勇的学生。而这个革命者第三次,也就是最后一次被驱逐时,他带走的仅仅是个人悲剧的痛苦、对斯大林的仇恨和希望新的无产阶级革命到来⋯⋯

总之,勃朗施坦处于流亡之中,他需要保存他自己的"我",同时适应新的社会和精神环境。那些年里,俄国知识分子仿佛是生活在两个环境中。一个是祖国的环境,就在身边,也很熟悉,不过对实现自由思想的理念是较为严酷的。另一个是欧洲的环境,有在政治上和精神上对不同见解持宽容态度的较为丰富的传统。它在俄国知识分子看来,不仅仅是高雅文化的发源地。将这个环境萌生的思想引入俄国是希望在俄国完成革命的变革。俄国的知识阶层历来具有高尚的精神,崇高的情操和对永不消逝的理想的信念。赫尔岑、巴枯宁、克鲁泡特金、拉夫罗夫、特卡乔夫,以及其他许多人都去过欧洲,与其说是出于保护自己,毋宁说是为了在特殊条件下为祖国服务。

在世纪之交时去往海外的是分外强大的革命者-知识分子阶层:列宁、普列汉诺夫、马尔托夫、波特列索夫、唐恩、阿克雪里罗得、查苏利奇和俄国社会民主派的其他代表人物。这是在1917年2月和10月爆发革命的思想和理论准备中发挥了特殊作用的一支大军。其中独领风骚的是列宁,他既是积极参与准备未来革命的理论家,又是组织者。1902年秋天,托洛茨基来到伦敦这个俄国革命者的圣地麦加。当时他才23岁。

吸引这个有虚荣心的年轻革命者的是在全俄国社会民主派的报纸编辑部工作的机会。《火星报》的编委会里有6名才智出众的人,其中每一个都在革命运动中留下了显著的痕迹。"老头子们":普列汉诺夫、查苏利奇、阿克雪里罗得,他们同"年轻人":列宁、马尔托夫、波特列索夫比肩而立。列宁很快就看上了托洛茨基,对他作出了很高的评价:"毫无疑问,他是一个才华出众的人,一个有信念、有干劲的人,这个人是有发展前途的。在翻译和写通俗读物方面,他能做不少工作。"[1]1903年3月,根据列宁的提议,托洛茨基作为有发言权的成员被接受加入报纸编委会。从刚到西方起,他就写了许多文章。早在1902年11月,《火星报》就发表了他的第一篇文章。他谈到了罢工和革命传统,流放和第二国际。他不仅为《火星报》,也为其他报

----

〔1〕《列宁全集》第44卷,中文第2版,第234页。

纸写作。"笔杆子"涉猎的范围非常广阔,仿佛是一个浅尝辄止的人。托洛茨基的档案里保存着他许多文章的手稿:不曾发表的和已经发表的。甚至还有一篇这样的手稿——《浅谈梦游症》。

同这个受过高深教育的卓越群体的交往对托洛茨基的精神世界留下了无法磨灭的痕迹。特别是他对阿克雪里罗得、查苏利奇和马尔托夫的仰慕。那时,托洛茨基对帕·波·阿克雪里罗得崇拜得五体投地。为他写了一篇激情四射的文章,不过在苏维埃时代并没有将它收入自己的文集。然而,他在自己的第一部大作《我们的政治任务》的结尾,写下了献词:"献给亲爱的老师帕维尔·波利索维奇·阿克雪里罗得。"

那时,托洛茨基和列宁之间已经有了隔阂。这在书中也有反映。他在谈到列宁时的不屑,和谈到阿克雪里罗得时的赞赏恰成对比。他对这个社会民主派是怎样评价的呢?

阿克雪里罗得是"无产阶级运动利益的一个忠诚而敏锐的捍卫者";"他是真正的无产阶级思想家";"阿克雪里罗得写的不是'文章',而是简练的数学公式,据此其他人,包括列宁在内,可以写出许多文章……"[1]

托洛茨基就安顿在马尔托夫和查苏利奇居住的房子里。他们每天都可以见几次面,讨论为《火星报》准备的新闻、文章和随笔,争论很多,也很激烈。编委会的年轻成员并不掩饰自己对维·伊·查苏利奇的赞赏。查苏利奇在托洛茨基出生之前就参加了恐怖行动,当她被迫出庭为自己辩护时,整个俄国都为对她的审判而闹得沸沸扬扬。女虚无主义者卓越而叛逆的头脑,她的回忆录搅动了正在为自己寻找出路的青年革命者的思想。查苏利奇所属的那一代俄国革命家,他们本能地喜欢作出决定和采取行动时的激进主义。托洛茨基宣称,查苏利奇在他看来就是"革命的传奇"。这不仅是说说而已。在托洛茨基的世界观里,激进主义的成分始终占据主要地位。他不喜欢半途而废,中途止步。托洛茨基当时就是按激进主义的方式思考的。

起初,托洛茨基和马尔托夫的关系也是非常融洽的。马尔托夫是优秀的新闻记者,善于既形象又深刻地分析各种复杂问题。托洛茨基真诚地佩服马尔托夫的才干。当时,世纪之初,他未必会想到,1919 年 3 月,他会对自己的偶像写下完全不同的东西!托洛茨基在十月革命后立即写下的对马

---

〔1〕　Троцкий Н. Наши политические задачи(《我们的政治任务》). Женева. 1904. С.25。

尔托夫的评论如下：

> 马尔托夫无疑是革命运动中最具悲剧性的人物之一。马尔托夫是有天赋的作家，机敏的政治家，有洞察力的聪明人，受过马克思主义的培育，可是他却将作为一个大大的负数而载入工人革命的历史。他的思想缺乏勇气，他的远见缺乏毅力。尖刻不能代替它们……未必会有，将来也未必会有另一个社会主义政治家，像他那样巧妙地利用马克思主义来为背离马克思主义和直接背叛它辩护。在这方面，可以毫不挖苦地说，马尔托夫是技艺超群的顶级高手……非同一般的纯猫爪的尖利（就是意志薄弱者的意志，优柔寡断者的坚持）使他成年累月都处于最矛盾，最走投无路的境地……最终，马尔托夫成了智力低下、庸俗、胆小如鼠的小资产阶级知识分子最敏锐、最善于捕捉猎物、最难以捉摸、最有远见的政治家。[1]

我援引这样一大段摘录不仅是为了显示托洛茨基对自己起初很赞赏的马尔托夫的评价，而且也是为了展示，我打算为之作肖像画的人善于对自己的情之所钟作出根本转变，对任何人给予毫不留情的评论。从他往往是极其尖刻（有时是没有道理的）的议论中，可以看出托洛茨基的坚决和独立性，不畏惧"损害关系"，将自己见解的独立性置于其他任何考虑之上。这一点很快就被《火星报》的所有编辑，特别是在党的第二次代表大会上，感觉到了。

如我在前面说过的那样，处于对他而言是"令人兴奋的启示"的第一次"栖身"时，托洛茨基粗鲁地紧紧盯着那些当时在许多革命者眼中就已经是传奇人物的历史巨人。格·瓦·普列汉诺夫就是其中之一。普列汉诺夫虽然寓居瑞士，但常去伦敦。他在西方生活了几十年，显然脱离了俄国的土壤，尽管如此，在革命的圈子中，尤其在流亡者中，他早已赢得了俄国马克思主义"长老"的声誉。坚实的理论、严谨的逻辑、渊博的知识、出色的文笔使普列汉诺夫成了马克思主义名副其实的泰斗。可是，他对托洛茨基心存戒备，如果还不算是敌意的话。起初的戒备很快就转变成了普列汉诺夫直至生命终结都保持着的对托洛茨基的厌恶。他坚决反对让"笔杆子"加入《火

---

〔1〕 Троцкий Л. Соч. Т. VIII. С.66-68.

星报》编辑委员会。在私下见面时,也分外冷淡,毫无热情。伊·多伊彻对普列汉诺夫的反感是这样解释的:"两人都是富于想象力的作家,而且都是机敏的辩论家,两人的言谈举止都有舞台效果,两人都充满自信,坚信自己的观点和自己的所作所为。但是当这个后起之秀初露头角时,那个前辈的光芒已经开始衰退。托洛茨基充满着虽未成熟,但感染力很强的热情,普列汉诺夫则逐渐变成怀疑论者……当普列汉诺夫到达伦敦时,查苏利奇当着他的面兴高采烈地称赞托洛茨基的才干:'这个小伙子无疑是个天才!'普列汉诺夫阴沉着脸,转过身去说:'我永远不会饶恕他这一点。'"〔1〕

普列汉诺夫在编委会上一再宣称,托洛茨基的文章没有分量,夸夸其谈,辞藻华丽,因而降低了报纸理论和政治的总水平。我想,普列汉诺夫是正确的:托洛茨基当年写的许多材料深度不够,于是他代之以大量警句、格言、古怪的引证、公然的说教和华丽的辞藻。对于托洛茨基的文章,列宁也发表过同样关键性的意见,只是较为谨慎。很可能是这些批评帮助托洛茨基修正并校准了自己独特而鲜明的风格,虽然他至死也没有学会平静而实事求是地接受射向自己的批评之箭。他过早确立了对自己出类拔萃,以及智力超群的信心,所以才听不进批评。如果人们常常夸赞一个人的禀赋,甚至是天才,尤其是当面夸赞,那么他对待自己的批判态度就会在不知不觉中被虚荣心腐蚀掉。

总之,托洛茨基虽然也做了种种努力,但他却未能建立与普列汉诺夫之间亲密的关系。"父亲—奠基人"接受不了青年革命者敢于就任何问题都不容分说地立即说出自己意见的放肆的机敏。据说,1917 年,普列汉诺夫在小范围内对托洛茨基做过冷嘲热讽,说他是"革命的情人"。托洛茨基很快就用同样难听的话回敬了他。在他日后写的许多评论普列汉诺夫的文章中,"革命的情人"十分严厉地对付了马克思主义的这位台柱。

在发表于 1922 年的《战争与革命》第一卷里,托洛茨基写道:"战争总结了社会主义的整整一个时代,掂量并评价了这个时代的领袖。它毫不怜悯地消灭了他们,其中也有格·瓦·普列汉诺夫……普列汉诺夫的不幸和他不朽的功绩一样,来自同一个根源:他只是一个预言者。他不是行动中的无

---

〔1〕 〔波〕伊·多伊彻:《武装的先知:托洛茨基》,施用勤等译,中央编译出版社 2013 年版,第 59—60 页。

产阶级的领袖,而仅仅是它理论上的先驱。"〔1〕我想,这个结论并非空穴来风。常常有这种情况,托洛茨基在谈到他本人1902年结识的某个人时,用词较为生硬、尖刻。1915年10月14日《我们的言论报》发表了他的一篇文章《别来打扰我们吧》。其中有这样的句子:"普列汉诺夫现象不仅是一出个人悲剧,而且是一个政治现实。既然普列汉诺夫身边都是些微不足道的人,那就不会有人使他明白,他的演讲不仅断送了他自己,而且无可挽回地抹黑了作为党史中一份财产的形象——我们没有义务,也没有权利采取宽容的态度。"普列汉诺夫去世时,托洛茨基在1918年6月4日讲话中说:"没有,也不可能有比这个政治家更大的悲剧了,他几十年来孜孜不倦地试图证明,俄国革命只有作为工人阶级的革命才能够发展并走向胜利,对于这样的活动家来说,最大的悲剧莫过于在最关键的历史时期,在革命取得胜利的时代拒绝参加工人运动。"〔2〕

列宁吸收托洛茨基参加报纸工作,不久以后就开始利用他演说家、辩论家的才能,出席各种辩论会、见面会。托洛茨基同社会民主派柴可夫斯基、无政府主义者切尔克佐夫,以及马尔托夫本人激烈的语言搏杀,给人们留下了深刻的印象。许多居住在国外的俄国人,以及不少英国人、法国人、德国人、瑞士人,他们都很关心马克思主义理论、俄国的政治形势、社会主义的前景。按照列宁的建议,托洛茨基没有将自己的活动局限于新闻工作和辩论会,他开始在伦敦、布鲁塞尔、巴黎、苏黎世演讲。青年马克思主义者与知名革命者的经常接触,不但迅速扩展了"笔杆子"的眼界,而且加强了他对自己的才干、特殊的禀赋以及优越感的信心。后来,在第二次流亡期间,托洛茨基的这类演讲成了惯例。列·达·托洛茨基的档案里保存着一张巴黎关于他演讲的海报。

1912年1月6日,星期六

Н.托洛茨基

作报告,题目是

刻不容缓的问题,包括

振兴贸易-工业。活跃阶级斗争。重建党的组织。旧派别的瓦解。

---

〔1〕 Троцкий Л. Соч. Т. VIII. С.56.

〔2〕 Троцкий Л. Соч. Т. VIII. С.65-66.

摆脱派别。派别划界是无原则的。第四届杜马选举。为党的统一而斗争。

只邀请俄国社会民主工党党员。

入场票价——50 生丁。晚 8 时半开始。[1]

很多人都知道自己聪明，这很自然。托洛茨基无疑是一个很有天资的人，杰出的政论家和演说家，不过他特别关心别人如何评价他。他并不回避手势的舞台效果和乖僻的表述，指望它们可以加深他演说的印象。托洛茨基爱自己的事业，但是始终也爱自己。他会从旁观察而且欣赏自己。托洛茨基几乎就像奥维德的《变形记》中孤芳自赏的那尔基索斯一样自恋。通常自恋并不会引起其他人的嫉妒，但是托洛茨基却是一个特例。他心里是爱自己的，可是别人感觉到了，而且认为这表现了他的优越感。

托洛茨基还在很年轻的时候就坚信，他将在历史中留下（一定会留下！）深刻的痕迹。作为一个证明，他很早就细心地保存下自己公开发表的口头和书面讲话的痕迹。档案中不仅有文章、讲话的草稿，各种决议的草案，还有请柬，报纸和日历牌边上简短的批注，各种期刊的剪片，哪怕其中只是提到了他的姓名。他将成为一个知名人物，这一点他并没有搞错，因为这是他的目标。我这么说，并不是要贬低作为革命家的托洛茨基的作用，可是我有把握地说：革命对于他就是表现自我的基本方法。个人的"我"在他眼中的价值要高于除了斯大林之外的其他许多领袖和领导人的认定。斯大林披着谦虚的外衣，终生都在无止境地追求权力和荣誉。不能将托洛茨基和斯大林并列，因为他从青年时代起追求的首先就是智力上的超群。权力和荣誉对于他，不像对斯大林那样是一种渴望，而只是智力优势的一个标志物。

我说这些题外话是为了强调托洛茨基的志向高雅，在他看来，智力得到承认，其价值远远高出占据官方的职位，拥有高级的政治地位。

第一次流亡中的伦敦时期，托洛茨基多次出行，前往其他城市和国家。对他而言，这的确是"令人兴奋的启示"：人们对谜一样的俄国的巨大兴趣、对他这样一个青年革命者显而易见的关注、同在祖国的知识界中流传着各种神奇传说的名人的交往机会，以及和西欧社会民主派的著名领袖比，俄国社会主义者在智慧、文化和大胆的计划方面并不亚于他们的信念。由于列

---

〔1〕 ЦПА ИМЛ, ф.325, оп.1, д.5. л.1.

宁的坚持，托洛茨基去了巴黎。他有幸听到了让·饶勒斯的谈话，逐渐融入法国的生活并感受到不同于英国的另一种议会文化国家的心脏跳动。不错，托洛茨基在佩服西方各国文明水准的同时，也一定指出俄国的落后。从这个意义上讲，他并不怜惜自己的祖国。

甚至在谈到法国人的演说艺术时，他也不顾自尊心地写道："有些精力旺盛的人即便从饶勒斯身上也只能学到一些技巧和伪经典的腔调。但是这个评价表示的仅仅是我们本族文化的贫乏。"[1]托洛茨基对西方文化及文明，对资产阶级民主水准的崇拜是完全有道理的，看来，这也就让他当时得出结论：社会主义在俄国的最后胜利必然取决于西方革命烽火的力量。托洛茨基的祖国在东方，而他心底里始终是一个"西方派"。这不仅表现为他恶意地嘲笑斯拉夫主义者，也在于他强调所有"重大发现和发明都诞生在西方"。有时候会形成一种印象，托洛茨基羞于承认自己出生在俄国。的确，他引用其他俄国文化人士称赞欧洲文明的言论，巧妙地掩饰了自己的"西化"。

第一次流亡"令人兴奋的启示"还出于纯属个人的原因。同带着两个孩子留在西伯利亚的亚·索科洛夫斯卡娅之间的邮电联系很快就减弱了。对第一个女人的青年人的迷恋很快也过去了。他还不曾真正品味过做父亲的欢乐、苦恼和忙碌，妻子和两个襁褓中的女儿便离去了，按托洛茨基的说法，"一去不复返了"。

1903年，托洛茨基的父母来巴黎看望他，有意同心底里为之骄傲的儿子和好。母亲试图提醒儿子他对索科洛夫斯卡娅和孩子的责任。托洛茨基委婉但明确地请求双亲再也不要提起这个问题。母亲不作声，而老勃朗施坦则私下高兴：他确信，正是这个女人"让他们的儿子误入歧途"。列巴向母亲展示了登载着他文章的剪报、公告 H·托洛茨基演讲的海报，讲述了在知名人士中他广泛的交往。母亲兴奋的眼睛透露了她对儿子现在生活的态度。母亲大声念出了列巴文章的题目，父亲毕恭毕敬地听着。最终，日渐衰老的勃朗施坦明白了，儿子如今不可能接受另一种生活：谁知道呢，他没准能成为一名大作家？

离开巴黎时，来自遥远的赫尔松地区的殖民者给儿子留了些钱，而且答应帮助他留在俄国的两个女儿。他们不能允许他们天赋非凡的儿子成了名

---

[1] Троцкий Л. Соч. Т. VIII. С.19.

（现在老勃朗施坦对此深信不疑），而孩子却依旧受穷。这有悖于犹太人的传统。

顺便说几句托洛茨基的犹太出身和"犹太复国主义"。他的敌人，从黑色百人团到今天的排犹主义，始终极力强调勃朗施坦的犹太出身。他的活动往往被直接同"犹太复国主义的阴谋"、"犹太人的诡计"、共济会等挂在一起。我以为，没有比指责托洛茨基的犹太复国主义离真相更远的了。领袖-犹太人……在许多人眼中这就很可疑了……托洛茨基有过由于自己的犹太出身而吃苦头的时刻。他在列宁的政府中放弃了内务人民委员的职位，声称"人们不能理解任命一个犹太人担任这个职务"。看来，他指的是社会思潮中的成见，认为这个职位首先就是惩罚职能。而亨利希·亚戈达，也和任命他担任这个职务的斯大林一样，就没有这种想法。托洛茨基往往不能忘记自己是犹太人，因为敌人就一直向他暗示这一点。可是无论人们对托洛茨基怎样议论，他完全不能被指责为民族主义、犹太复国主义，或者种族主义。有无数证据肯定他的世界观是国际主义的。

1932 年 2 月，他回答自己的拥护者克林格说：

"您问我对犹太语的态度吗？"

我的回答是："和任何其他语言一样。如果我在我的《自传》中使用了'土语'，那是因为在我的青年时期，犹太语不像现在这样被称为'意第绪'语，而是'土语'，犹太人，至少在敖德萨地区，就是这样称呼自己的语言的，并没有赋予这个词不体面的含义。"

"您说，我被叫作同化者。"

"我完全不知道这个词是什么意思。我当然是反对犹太复国主义，以及犹太工人自我孤立的其他形式的……"[1]

1932 年 5 月，来自美国的犹太工人在普林吉坡告诉托洛茨基，说他们创立了一张犹太报纸《我们的斗争》，失宠的革命者回答说："独立的犹太出版物不是为了让犹太工人与世隔离，相反，是要让他们获得那些把所有工人团结成一个革命家庭的思想。你们自然是坚决而且不可调和地拒绝陈旧的、各种民族组织联合会的崩得原则的……"[2]我想，这些话无须再加说明

---

〔1〕 The Houghton Library. Trotskii coll（霍顿图书馆馆藏《托洛茨基文集》）. bMS Russ 13.1
（8680—8683）。

〔2〕 The Houghton Library. Trotskii coll. bMS Russ 13.1(10634—10641).

了：它们反映了托洛茨基终生坚持的立场。

已经担任革命军事委员会主席和军事人民委员的托洛茨基，1919 年收到了朝鲜族共产党员尼盖发自弗拉基米尔省穆罗姆的一封信。信中说，俄国正传播着一些含混不清的流言："祖国被犹太政治委员占领了"。人民把一切不幸都归罪于犹太人。说是，支撑苏维埃政权的是"犹太人的头脑，拉脱维亚的射手和俄国的傻瓜"。为了挽救祖国免于灭亡和背叛，尼盖向托洛茨基建议，"建立一支强大的犹太军，把它从头到脚武装起来……连鞑靼人和拉脱维亚人都有自己的团，犹太人哪点比他们差……"[1]

托洛茨基把信拿在手里掂了掂，请布托夫给尼盖寄去他谈俄国革命的国际主义性质的几篇文章，作为回答。

置身政权峰顶时，他感觉到了反犹太主义的成见颇为流行。当他的地位发生动摇时，他的感受就更深了。这方面很典型的是他 1926 年 3 月 3 日给尼·伊·布哈林的一封短信。下面是摘录：

尼·伊万诺维奇，

这封信我是用手写的（虽说早已不习惯了），因为不好意思把我想写下的内容口授给速记员……

支部书记（我已经谈到过他）写道，而且又一次不是出于偶然，"犹太人在政治局里胡闹"。又一次没有人敢于到外面去说，还是由于那个正在形成的公式：谁说就赶出工厂。

我引用的这封信的作者是一个犹太族工人。他也不敢写"鼓吹反对列宁主义的犹太人"。原因是："既然其他非犹太人都不说话，那我就不便……"换句话说，共产党员害怕向党组织报告黑色百人团的宣传，认为被赶出去的将是他们，而不是黑色百人团员……

您会说：夸大其词！我也愿意这样想。所以我建议：我们一起去支部核实一下……

您的托洛茨基[2]

可是布哈林当时已经是斯大林的同盟军了，所以没有随托洛茨基去任

〔1〕 ЦГАСА，ф.33987，оп.1，д.21，л.35-41.

〔2〕 The Houghton Library. Trotskii coll. bMS Russ 13. T. 868，3 S.

何地方……

已经被驱逐之后,对记者提出的问题:他怎样看待在比罗比詹建立犹太自治州?托洛茨基在一封信里回答时,一如既往仍旧持革命者-国际主义者的立场(他终其一生都持这种立场),普林吉坡的这个隐居者说,"犹太问题现在是世界无产阶级革命的一个组成部分。至于比罗比詹,它的命运是同苏联今后的整个命运联系在一起的。犹太问题,由于犹太人的全部历史命运已经国际化了……犹太人民的命运只有在无产阶级取得最后的完全胜利后,才能够解决……"〔1〕不论托洛茨基完全指望依靠阶级斗争和无产阶级革命来解决"犹太问题"是多么错误或幼稚,但它们却令人心服地证明了这位革命家对犹太复国主义的深刻敌视。而且让人更感到奇怪的是,时至今日还能听到从属于"犹太复国主义全球战略的"、"恐怖的托洛茨基计划"之类的语言。

在几度流亡中,托洛茨基锤炼出了对来自排犹主义的攻击、影射和中伤的免疫力。他早已超越历来被保守势力和反动势力利用的种种古老成见。可以说,托洛茨基有许多弱点和缺点。但是,指责他暗地里同情犹太复国主义就有失公允了。是的,我稍稍偏离了主题。

在巴黎的俄国侨民中,托洛茨基认识了聪明、美丽的年轻妇女娜塔莉娅·伊万诺夫娜·谢多娃。托洛茨基和她进一步的结交是他在俄国侨民协会的一次演讲之后,她自愿陪他参观罗浮宫。他们穿过一个个展厅,经过许许多多传世珍品。戴着夹鼻眼镜,有一头浓密蓬松黑发的年轻人得知,谢多娃是一对富裕夫妻的女儿,在哈尔科夫贵族女子中学上过学,因为自由思想和阅读激进书籍而被开除了,现在在索邦艺术史班做研究……相互的爱慕极其强烈,谢多娃很快就离开了自己的丈夫,投向托洛茨基。列夫·托洛茨基和娜塔莉娅·谢多娃以后的全部生活都表明,陪伴了两人整整一生的这次婚姻的情感有多么强烈。谢多娃是这样回忆的:"1902年秋天,巴黎俄国侨民协会举办过许多报告。我所属的《火星报》小组起初见到了马尔托夫,然后是列宁……后来发言的是一名从流放中逃出来的年轻同志。他的发言非常成功,侨民协会沸腾了,年轻的《火星报》成员大大出人意料。"

应当说,谢多娃在丈夫日后登上革命荣誉的浪尖时,分享了他的光荣,同时又和他一起经历了被放逐和追踪的痛楚。托洛茨基一再说,在最艰难

---

〔1〕 The Houghton Library. Trotskii coll. bMS Russ 13.1(8680—8683).

的岁月里,帮助他挺过来的首先就是谢多娃。他感谢巴黎,因为在这里遇见了她。我要提前说一句,在他分几次写完的遗嘱中那些最温情、最回荡婉转的段落都是献给妻子的。

好了,还是回到欧洲来吧。托洛茨基第一次在欧洲的"栖身"从1902年秋季起到他1905年初返回俄国,可能是他个人生活中最幸福的时期。虽然据娜·谢多娃说,托洛茨基曾经说过,他"完全投身于政治生活,而别的事情只有在它们强迫他去注意时,他才把它们当作摆脱不了的某种令人讨厌的东西去接受"。[1]甚至当有人问他对巴黎的印象如何时,他也用他典型的调侃方式,笑着答道:"很像敖德萨,但敖德萨更好一些。"

日后就这个问题他是这样说的,"开头我'否定'巴黎,甚至企图不予理会。实际上这是野蛮人自我保护的斗争。我感觉到,为了接近巴黎并真正理解它,需要耗费我太多的精力。而我有自己的领域,非常苛刻的、不允许进行竞争的领域,这就是革命"。[2]是的,革命曾经是,而且一贯是他终身的迷恋。

第一次流亡是托洛茨基肯定自我,领悟,受到启发和广泛交往的时期。来自俄国南部,上过短期监狱和流放大学的革命乡巴佬,几乎自命为英雄。当列日的俄国侨民协会在例行的演讲会前发表公告,宣布演讲的题目是《俄国社会民主运动的现状》,报告人是不久前从西伯利亚的流放地挣脱出来的列夫·托洛茨基时,他感到自己几乎就是刺杀特列波夫将军前夕的维拉·查苏利奇的同伙了。

托洛茨基的悖论

俄国的激进分子是很固执的。1898年3月在明斯克召开的俄国社会民主工党第一次代表大会,也许只具有象征性。尽管大会已经宣布成立俄国社会民主工党,但是党并不存在。大会之后不久,中央委员们就被捕了,

---

〔1〕〔2〕 托洛茨基:《我的生平》,赵泓、田娟玉译,郑异凡校,上海人民出版社2014年版,第128页。

而且各个马克思主义小组也没有履行入党的组织手续。历史年鉴中只留下一份鲜明的代表大会的文件:《俄国社会民主工党》宣言,起草人是彼得·司徒卢威。

经过列宁和《火星报》编委会的筹备,1903 年 7—8 月召开了俄国社会民主工党第二次代表大会。起初,代表们聚集在布鲁塞尔,可是沙皇的暗探也将魔爪伸到那里,于是代表大会迁到伦敦。出席大会的有俄国社会民主派的 43 名代表,代表 26 个马克思主义团体。托洛茨基持的是西伯利亚社会民主主义组织的代表证。在俄国革命的侨民协会会员中,他虽说年轻,却已经赢得经历过监狱和流放的地下工作者的声誉。

和列宁的弟弟德·伊·乌里扬诺夫一起从日内瓦来到布鲁塞尔后,托洛茨基立即投入了代表大会的工作:报告、争论、讨论决议、发言……代表大会在一间被称为"人民之家"的库房中举行。大会议程上有近 20 个问题:代表大会的设置、崩得在俄国社会民主工党中的地位、党的纲领、民族问题、游行示威、起义、党的中央机构和委员会等。

情况就是这样:提供讨论的众多问题中,日后产生影响的只有两三个关键性问题。起初,没有爆发风暴的任何预兆。可是崩得问题几乎使大会分裂。社会民主派的犹太团体要求给自己即便不是超出常规的,也是特殊的地位:不仅是业已规定了的平等权利,还要求"文化自治"。出席大会的有许多犹太人,因此决定问题在很大程度上就看哪种因素占上风:民族主义因素,还是国际主义因素。大会代表有幸的是,在这个问题上火星派的犹太人自己采取了国际主义立场。几天之后就和列宁坚决分手的马尔托夫和托洛茨基,在这个问题上保卫了《火星报》的立场。托洛茨基以他特有的激情和炽热,展示了不允许在多民族国家建立一个统一的强大政党的崩得纲领的民族主义局限性和狭隘。托洛茨基在崩得在俄国社会民主工党中的地位问题上如此慷慨激昂地捍卫国际主义立场,以致被称为"列宁的棍子"。托洛茨基一个接一个地举出了许多论据,证明如果崩得取得了在党内的特殊地位,其他派别就会提出同样的要求。而为民族团队创造特殊条件无异于埋葬全俄团体这个思想本身。托洛茨基作为社会民主派的天空中一颗冉冉升起的星辰,认为崩得的要求就是分离主义,它想先在党内站稳脚跟。然后再一跃而成全国性机构。

列宁的路线取得了胜利,代表大会的决议中记下了:"代表大会坚决摒弃在俄国社会民主工党和党的一个组成部分即崩得之间有任何联邦制关系的可能，认为这在原则上是不能容许的，并决定：崩得在统一的俄国社会民主工党中的地位是一个自治的组成部分……"〔1〕但是，"犹太工人总同盟"不希望以这样的条件参加党。

爆炸仿佛是突然发生的。代表已经着手讨论党章。掀起这场大风波是由于党章的第一节。初看起来，列宁和马尔托夫建议的表述几乎是一致的，除了貌似细微的差别。列宁建议：党员有义务不仅在物质上，而且以本人的参与来支持党；马尔托夫则主张用"个人的协助"来支持。〔2〕用词上的争论体现了新党对党员的两种不同态度。大家知道，列宁的表述是要努力创建一个严格集中制的团体，只有符合十分明确的要求的人，且主要是直接参加革命活动的人才能参加。马尔托夫则希望民主地敞开党的大门，建立同情人士的联合会。马尔托夫及其支持者借口党员资格问题，向列宁展开猛烈的批评，以求澄清社会民主运动中积累的各种争论问题。调门特别高的是"受了委屈"的人。事情起于列宁建议将《火星报》编辑的人数缩减至三人，仅留下他自己、普列汉诺夫和马尔托夫。这有一定的根据。在已经出版的45期《火星报》（很快它就被称为《"老"火星报》了）中，马尔托夫写了39篇文章，列宁是32篇，普列汉诺夫是24篇，而不很积极的编委就少了许多：波特列索夫是8篇，查苏利奇是6篇，阿克雪里罗得是4篇。列宁不过是希望在报纸编委会中留下最精力充沛的成员，因为三名"出局者"写得很少，而主要是列宁认为写作水平低。

因此，当提出党章第一条的问题时，托洛茨基突然激烈反对。他不能理解，也不能原谅从《火星报》中拿掉他极其尊重的人，尽管列宁在发言中也对他们使用了最温暖的话语。马尔托夫和托洛茨基指责列宁篡权和粗暴。两个昨天的同盟者和同志——列宁和马尔托夫——开始起劲地互相揭露在矛盾的表述中隐藏的含义。两人都有自己的拥护者。两个词："参与"和"协助"，在试图将它们铸成混合物时，仿佛爆炸了，使代表大会分裂了。在这种情况下，普列汉诺夫跟着（的确，时间不长）列宁，而托洛茨基选择了马尔托夫。后来，托洛茨基这样叙述当时这支巨擘的大军中力量的配置情况："在代表大会上列宁争取到了普列汉诺夫，但并不可靠；与此同时，他失去了马

---

〔1〕《苏联共产党代表大会、代表会议和中央委员会决议汇编》第1卷，人民出版社1964年版，第47页。

〔2〕《苏联共产党代表大会、代表会议和中央委员会决议汇编》第1卷，人民出版社1964年版，第45页。

尔托夫,而且永远失去了他。看来,普列汉诺夫在代表大会上感觉到了什么。至少,他那时对阿克雪里罗得谈到了列宁:'他是罗伯斯庇尔一类的人物。'"〔1〕我想,这个评论是有预见性的。

列宁被托洛茨基的立场搞得不知所措,他曾指望获得他的坚定支持,何况原先(甚至就在这次代表大会上)年轻的革命家还明白无误地表示赞成创建一个坚强的、集中制的党。而且在代表大会的会上会下,列宁和弟弟一起一再诚恳地、善意地找过托洛茨基,试图向他证明,他的立场没有经过仔细掂量和深思熟虑。不过,喜欢和厌恶,个人关系和狂妄自负已经多少次在政治中起了决定性作用! 过去如此,今后大约也会一再是这样。当时,马尔托夫和阿克雪里罗得在托洛茨基心中,比列宁更为亲切。

列宁仅仅能够批判地对待别人,却很少这样对待自己。在一封给亚·尼·波特列索夫的信中,他问道:"我常常问自己:究竟为什么我们要各奔西东,成为永远不共戴天的仇人呢? 我反复回想代表大会上的所有事件和印象,感到自己的行动常常过于激动,'狂热'。如果应当把当时的环境、反应、责备和斗争等等引起的那些东西叫作过错,那我愿意向任何人认错。"〔2〕在布尔什维主义曙光初现的时候,列宁还能够作自我批评。

和列宁比,托洛茨基当时采取的立场较为正确。1929 年,在被驱逐出苏联后,托洛茨基写道:"我觉得他的做法是不能容许的,可怕的和令人愤慨的……因此我和列宁的分手似乎是在'道德的',甚至是在私人的基础上发生的。但这只是表面现象。实际上分歧的基础具有政治性质,它不过是在组织领域暴露出来。"接着托洛茨基做出结论:"不管怎样,第二次代表大会是我一生中一个重要路标,仅就它使我和列宁分手好多年来说,也是如此。"〔3〕我想,这些评价是诚实的。可是,无论是托洛茨基本人,还是他传记的许多作者都没有看出这名青年革命家的举止完全是一种悖论。

在尝试着回答托洛茨基的悖论实质是什么这个问题之前,我先谈谈另一个问题,我觉得它对于了解俄国和苏联的哲学史,以及本书所描绘的人物的政治肖像都有很大意义。

长期以来,诸多学者在揭示俄国社会民主工党第二次代表大会的历史

〔1〕 托洛茨基:《我的生平》,赵泓、田娟玉译,郑异凡校,上海人民出版社 2014 年版,第 142 页。
〔2〕 《列宁全集》第 44 卷,中文第 2 版,第 360 页。
〔3〕 托洛茨基:《我的生平》,赵泓、田娟玉译,郑异凡校,上海人民出版社 2014 年版,第 141、143 页。

意义,涉及关于入党条件的斗争发生突然转折时,都认为这首先就是组织问题:党应当是什么样的——一座堡垒还是一个联合会? 我想,问题不仅在这里,而且,可能主要不在这里。据我看,争论和冲突的实质要更为深刻一些。从马克思主义开始在俄国传播时起,思想家、社会活动家、革命者,也就是赞同它的主要理论的、为数不多的知识分子,对它就有多种理解。一些人认为,马克思主义的主要环节仅仅是它和打碎旧的国家机器,建立无产阶级专政,消灭剥削阶级相关的那些激进成分。另一些人则在马克思主义中看到的首先是社会民主主义因素[1],它们不仅仅通过革命途径,而且也可以经过改革途径得到保证和确认。所以,引证马克思主义的既有希望达到崇高的目标,认为允许使用恐怖手段、暴力、剥夺的那些人,也有打算通过协议和妥协迫使资本家让步的另一些人。因此,可以有把握地说,在俄国社会民主工党第二次代表大会上,一个新创建的党的分裂,不是因为组织问题(这是表面现象),而是由于思想和行动的革命方法论问题。代表大会上形成了两种平行的战略趋向:激进的、革命的、毫不妥协的趋向以布尔什维克为代表,和改良的、渐进的、议会的趋向,从这时起,它在俄国社会民主主义运动中的代表就是孟什维克。或许这种状况在更广泛的意义上反映了任何革命运动中都存在的两翼:激进派和温和派。

在俄国,这两种倾向的斗争起初是戏剧性的,后来就演变成悲剧性的了。我认为,假如在总的革命浪潮中两翼并存,彼此用民主的方法进行斗争,用社会实践来证明自己观点和纲领的优越性,那就太好了。我觉得,双方都追求一元化最后吃亏的是革命运动自身。尽管列宁当时表面上并没有提出一党制国家的问题。可惜,多元化的思想直到今天实际上仍旧被许多人视为异端。在这里我们忘记了自己喜欢自诩为辩证论者,可是谁都知道,辩证法认为社会运动的主要动力是对立面的斗争。放弃了革命的多元论是日后,尤其在 1917 年的十月之后,许多灾难的根源。我看,列宁和马尔托夫在代表大会上斗争的时候,就已经明白事情远不是组织问题。马尔托夫1919 年撰写的,去世后出版的未完成著作《世界布尔什维主义》中,这名孟什维克的领袖在揭示布尔什维主义的根源时,敏锐地写道,列宁从一开始就"对是否能用民主方法解决社会政治问题,持怀疑态度,指望依靠'经济上蛮

---

〔1〕 在第一个党纲中,这些因素表述为人民权利、"秘密"投票、议会、个人不受侵犯、信仰自由、言论自由、出版自由、集会自由、罢工和结社自由、迁徙自由、接受使用本族语的教育的权利等。

干'和'军事暴力'"。〔1〕

那么,托洛茨基行为的悖论究竟在哪里呢? 我认为,细心的读者已经明白了。托洛茨基既然按信念、本性、世界观的取向都是明显的激进分子,简单说,就是"左撇子",却突然支持了改良派,而且是温和的改良派! 表面看来这确实匪夷所思。托洛茨基日后是而且终生都是世界的、不断的、社会主义革命的歌手,却突然支持而且是坚决支持了马尔托夫,日后却又对他写下了那些置人于死地的文字:"可是,从**政治上**(黑体是我加的——作者注)篡改马克思主义时,在各自的领域受过比他更多教育的希法亭、鲍威尔、伦纳和考茨基本人(就是改良主义者——作者注)同马尔托夫比起来,不过是些笨拙的帮手……"〔2〕

其实这只是貌似悖论。托洛茨基尽管有非同一般的智力光环,能够用格言的形式,极其雅致地阐述复杂的思想,可是在许多问题上,他还是很肤浅的。表面的学识渊博往往得不到深刻的分析做支持。托洛茨基看不到,他支持马尔托夫及其拥护者,并不单纯是投票赞成他们的措辞,而是反对他自己。托洛茨基后来明白了这一点,但是斗争的惯性还会长期将他牢固地置于列宁的反对派之中。"革命的情人"力求用自己特殊的方法(采取中派立场)尽快改正或缓解自己的历史性失策。后来他自己也坦然承认,"在组织上我没有参加任何一派。我继续同克拉辛合作,那时他是布尔什维克调和派分子,由于我当时的立场,这使我们更加接近。与此同时,我与孟什维克地方小组保持联系,这些小组推行非常革命的路线。"〔3〕

可是,那时托洛茨基已经不能停止反对列宁了:思想斗争的逻辑起作用了。代表大会后不久,托洛茨基写了一篇文章《西伯利亚代表团的汇报》,其中宣称:"大会认为正在进行建设性工作,其实进行的是破坏性工作……谁能料到,由《火星报》召开的大会毫不留情地践踏了《火星报》编委会? ……哪一个政治预言家能预卜到马尔托夫和列宁会……作为两个敌对派别的敌对领袖出场呢? 所有这一切都无异于晴天霹雳。这个人(列宁)以其特有的能力和才干承担了瓦解党的角色……"〔4〕

---

〔1〕 Мартов Ю. О. Мировой большевизм(《世界布尔什维主义》).Берлин,1923. С.25-35。

〔2〕 Троцкий Л. Соч. Т. VIII. С.67。

〔3〕 托洛茨基:《我的生平》,赵泓、田娟玉译,郑异凡校,上海人民出版社2014年版,第149页。

〔4〕 〔波〕伊·多伊彻:《武装的先知:托洛茨基》,施用勤等译,中央编译出版社2013年版,第80页。

托洛茨基在《汇报》中不无根据地指责列宁企图在党内搞"热月政变"[1]，"夺取"党权，努力以"铁拳"行事。那时，托洛茨基更倾向于民主主义的"西化"。也许，托洛茨基批评的最高潮就是1904年8月在日内瓦出版的他那本小册子《我们的政治任务》。我在前面已经说过，托洛茨基把这本书献给了"亲爱的老师帕维尔·鲍里索维奇·阿克雪里罗得"。顺便说说，1927年10月23日，在联共（布）中央委员会和中央监察委员会联席会议上，这个题词被斯大林抓住大做文章，将托洛茨基置于有口难辩的境地。[2]

托洛茨基在小册子中指责了列宁的种种罪恶：将革命的先行者驱逐出社会民主运动，"不能容许地粉碎了"经济派分子，篡夺党权。他预言，赋予中央委员会特殊的权力可能为个人独裁开辟道路……托洛茨基甚至不惜以"马克西米利安·列宁"（影射罗伯斯庇尔——作者注）、"干巴巴的统计员"、"粗枝大叶的律师"、"蛊惑者"、"恶人"等等来称呼列宁。

阅读这本小册子给人的印象是托洛茨基和列宁决裂不是因为"个别问题"，而是全面决裂。而且采用了粗暴的形式。青年革命者写道："列宁同志将策略问题淹没在'哲学'问题中，为自己取得了混淆党的实践的内涵和党的纲领的内涵的权利。他不想知道，我们需要的不是'深层次的哲学根源'（完全是废话！），而是活生生的政治根源、和群众活生生的联系……"接下去我们看到，列宁"用同间谍的斗争掩盖了同专制制度的斗争，以及另一种更为伟大的斗争——争取工人阶级解放的斗争！"[3]

也许从来就没有一个以马克思主义者自诩的革命家对列宁发起过如此凶狠的攻击。最让人感到震动的是攻击俄国社会民主党公认领袖的，竟然是列宁发现的优秀人物之一，而且实际上是他亲自带上广阔的政治活动舞台的。托洛茨基攻击列宁时，顾不上证据（往往根本就没有证据），只是出于青年人的激愤。我想，这一次托洛茨基没有充分估计到列宁的政治能量。可能，他以为斗争的辩证法将最终而且绝不更改地夺走列宁在这出历史大戏中的首要角色。可是他大错特错了，而且既不是第一次，也不是最后一次，尽管托洛茨基比起斯大林甚至列宁来，有更大的预见禀赋。

托洛茨基一生中不得不为自己的"非布尔什维主义"一再辩解。甚至在

---

[1] 法国共和历2年热月9日（1794年7月27—28日）推翻雅各宾派专政的政变。
[2] Сталин И. В. Соч. Т. X（《斯大林全集》第10卷）.С.205。
[3] Троцкий Л. Наши политические задачи. С.55.

世纪之初的十五年里,许多人就提醒过他。最后一次被驱逐时,他收到一封自己追随者的来信,信中说,他的一名前追随者托尔海默揭发他的"反列宁主义"。托洛茨基回答说:

> 1917 年之前,托洛茨基不是布尔什维克。是的。1917 年之前,我站在布尔什维克派之外。不过我想,即便在我同布尔什维克发生分歧的时期,我也比现在的托尔海默站得更靠近列宁。如果我走近列宁比其他许多布尔什维克要晚一些,这也并不意味着我对列宁的认识不如他们。弗兰茨·梅林走向马克思主义,要比从青年时期就受到马克思和恩格斯直接影响的考茨基和伯恩斯坦晚得多。可是这无碍于弗兰茨·梅林终生都是一名革命的马克思主义者,而伯恩斯坦和考茨基最后却以可怜的机会主义者结束自己的一生。列宁确实在许多重大问题上反对过我,可是为什么据此就得出结论说,托尔海默反对我是正确的呢?这我不明白。[1]

总之,托洛茨基自己就是"雅各宾派",却指责列宁在世纪初是激进主义;自己是"集中派",却又指责列宁努力将党权集中于中央机关;自己拥护罗伯斯庇尔,却指责列宁是潜在的独裁者。我再说一遍,托洛茨基的这个悖论一方面和人们偷换思想有关系。在他看来,阿克雪里罗得和查苏利奇退居次席几乎就是一场悲剧,而这次更换的"罪人"列宁就是篡位者。另一方面,托洛茨基这段时期的结论有许多都不是理智的,而过多地凭直觉和情绪化。托洛茨基鲜明的想象力那时还没有以深刻的理性认识为依据。

我已经提到过,托洛茨基的著作中有针对列宁的许多恶毒的、不友好的,尽管实际上是貌似有理的言论。而且令托洛茨基非常气恼的是,列宁对于托洛茨基针对自己的那些尖酸刻薄的滔滔雄辩置若罔闻,不予回应。只是在辩论中,偶尔给托洛茨基一些致命的评价。对他在布尔什维克和孟什维克之间的反反复复、他的前后不一致、酷爱华丽的辞藻和姿势,列宁在给伊·阿尔曼德的信中都有一些评价:"好一个托洛茨基!! 他总是搞他那一套:摇摆,欺诈,装成左派,其实一有可能就帮助右派……"[2]

〔1〕 The Houghton Library. Trotskii coll. bMS Russ 13.1(10872—10873).

〔2〕 《列宁全集》第 47 卷,中文第 2 版,第 550 页。

我在上面引用了托洛茨基早期的文章和小册子中对列宁的一些评价。而大家对他晚些时候在书信中的评价则不熟悉。譬如,他在给国家杜马议员尼·谢·齐赫泽的信中是这样写的:

> 列宁是不断扇起庸俗的钩心斗角的老手,最善于利用俄国工人运动中的种种落后之处……如今列宁主义的整幢大厦都是建筑在谎言和伪造的基础上,而且包含着自行解体的毒素……

> 1913 年 3 月 24 日
> 列·托洛茨基
> 地址:维也纳,罗德勒胡同 XIX,25.11,　列·勃朗施坦[1]

也许,这是托洛茨基就列宁发表的最尖刻的长篇大论。1917 年之前,他们的关系是剑拔弩张的。但是,只要托洛茨基在那一年暴风骤雨的时期,相信了列宁在政治和社会实践中由于采取了强硬行动而得以巩固的强大智力优势,他就承认了他的领袖地位。直至生命的最后岁月,他始终认为列宁是一位真正的领袖,因而崇拜他。这是不可能从历史中抹掉的,尽管过去曾经试图这样做。从十月的那些日子起直至列宁逝世,他俩的合作是紧密的、亲近的、建设性的。我想,托洛茨基不仅在俄国革命中是第二号人物,而且就其宗旨和决心的激进程度而言,比其余所有人都更接近列宁。这是布尔什维克体制的主要建筑师。1935 年 4 月 10 日,托洛茨基在回忆自己和弗拉基米尔·伊里奇的关系时写道,"我和列宁有过尖锐的冲突,因为我和他在重大问题上有严重分歧,而我要斗争到底。这种情况自然就铭刻在所有人的记忆中,后来追随者们就这些情况也议论纷纷。可是比它们多上百倍的是另一种情况:我和列宁之间只消一开口就彼此心领神会,而我们的团结保证了许多问题在政治局不经争议就顺利通过。列宁非常珍惜这种团结"。[2]

我想再一次强调,托洛茨基早期对列宁的评价是比较正确的。托洛茨基曾经认为列宁是一个强硬、不宽厚、不容分说的人,这个评价在一定程度上是正确的。我们被培养成惯于将列宁的一切都视为典范。但事实并非如

---

[1] ЦПА ИМЛ, ф.325, оп.1, д.6. л.1.

[2] Троцкий Л. Дневники и письма. С.103.

此。列宁说,在哲学和政治经济学方面,对这些教授中"任何一个人说的任何一句话都不可相信"〔1〕。有人早就察觉了列宁的这个"荒唐否定"的局限性。例如,著名的俄国社会民主党人尼·瓦连廷诺夫就谈过列宁这种个性的界线:"列宁宣称,马克思的理论是客观真理,而除它以外的一切都是愚钝和招摇撞骗。"〔2〕无须证明,列宁的这个结论并不符合实际。

实际上,俄国社会民主工党第二次代表大会之后,特别是 1905 年革命之后至 1917 年 2 月,托洛茨基将自己充沛精力的大部分都用在了派别斗争上。他是一个能够化友为敌的人。可是这种情况往往使他自己腹背受敌。正如伊·多伊彻说的那样,他往往是"虽与他的政治朋友绝交,但也没有多少机会跟他的对手取得一致"。〔3〕他政治上的猛然一击往往将自己的朋友置于难堪的境地,他们经过一番曲折,成了他的前朋友。只消回忆一下他和马尔托夫、帕尔乌斯、阿德勒和其他许多人的关系就清楚了。不过,这不仅是托洛茨基个人的,也是他那个时代的悖论。

"阿尔布卓夫准尉"

是的,托洛茨基正是拿着一张退伍准尉阿尔布卓夫的护照,于 1905 年 2 月来到基辅的。他已经习惯了在祖国经常变更自己的姓名和党内代号:利沃夫、雅诺夫斯基、维肯季耶夫、彼得·彼得罗维奇、雅诺夫、阿尔布卓夫……就在一个月前,他都没有想过回国,而是全身心投入阅读摘要简报,写文章,同昨天的朋友们辩论,和最有意思的人交往。但是,彼得堡发生流血星期日的消息搅动了俄国革命者在国外的整个聚居地。连布尔什维克和孟什维克之间有时采取了不体面方式的争论也减弱了。孟什维克的(如今的)《火星报》曾经同列宁的《前进报》战斗过。就在不久前还同列宁合作的普列汉诺夫,也在自己凶狠的文章中企图更利害地刺痛他,因为自信能够从政治上消

---

〔1〕《列宁全集》第 18 卷,中文第 2 版,第 359 页。

〔2〕 Валентинов Н. Встречи с Лениным(《同列宁的会见》).Нью-Йорк,1953. C.338。

〔3〕 [波]伊·多伊彻:《武装的先知:托洛茨基》,施用勤等译,中央编译出版社 2013 年版,第 93 页。

灭"俄国的雅各宾党人"。不过这都是1905年1月9日之前的事情。现在大家都怀着希望和惊恐不安的心情,将思想的目光转向了东方。日益激烈的事态发展表明,争论双方的预见要么被肯定,要么被推翻。

我现在就应当说明,大部分侨民,哪怕生活拮据也不想回俄国去,因为那里的无产阶级好像认真打算推翻君主专制制度富丽堂皇的宫殿。侨民都变成了"吮吸奶汁的孩子"。许多人习惯于"从国外"观察国内的事情。不少革命者满足于这样的生活:从远处观察,有分析地评论各种罢工,愤怒地揭露专制制度的罪行,但是……这一切都是旁观者的看法。如果置身于普梯洛夫工厂的车间里,莫斯科铁路机务段里,"波将金"战舰上,大学讲堂里,或者同格奥尔基·加邦一起走在去冬宫的路上,那就会对事态采取完全不同的态度。

托洛茨基精力充沛,喜爱活动。他一贯热衷于置身事件的中心,出席辩论会,游行,参加大会,去前线……要想让这名俄国的大革命者不做这些事是不可能的:他不是历史的见证者,而是历史最积极的参加者、创造者。所以,对托洛茨基而言,一月事件后立即非法回国就是自然而然的行动。

我不打算分析第一次俄国革命的种种事件。对它的研究有许多,而且是长期研究。我只想涉及在这场未来的1917年的预演中,托洛茨基活动中的一些侧面。何况苏联历史学界在不得不提到彼得堡工人代表苏维埃的这名委员,并很快就当上了主席的姓名时,并不吝啬使用阴暗的色彩。几十年来,托洛茨基在我国历史中都处于古罗马"记忆审判法"管辖之下。人人都有责任要么忘记他,要么众口一词地谴责他。

"退伍准尉"是以一名成功的、有声望的企业家的身份来到基辅的。较早出发的谢多娃找到了一处住宅,和地下组织取得了必要的联系,随后介绍到达基辅的丈夫认识了著名的布尔什维克青年工程师列·克拉辛。列宁与这位青年工程师也很熟悉。托洛茨基实际上是利用在基辅的停留时间,更细致地了解国内和各个社会民主主义团体的情况,以及人们的情绪。他的笔也在不停地工作。托洛茨基什么都写:关于罢工在革命形势增长中的作用、自由主义的两面派本质、对马克思主义的背叛。例如,在一份寄给《火星报》的标题为《谈谈熟练的民主派》,署名为涅奥菲特的材料中,托洛茨基写道:"民主派人士中,最有害的类型就是早先的马克思主义者。他们的主要特点是：对社会民主主义者的那种宛如牙疼一般不停的、令人感到钻心的敌视。他们向我们党报复是由于'过去'，也可能是由于……'现在'……马克思主义'害苦了'他们……有些人是终生。如果说他们和无产阶级及其政党曾经有过道义上的联系，那么现在是完全决裂了……熟练的民主派老爷们不得不承认政治上的教训：可以欺骗自己，但欺骗不了历史。"[1]托洛茨基就这样清算了彼·司徒卢威和其他社会民主派，因为他们在决定性的考验时刻寻求同君主专制制度妥协。

在克拉辛帮助下来到彼得堡后，托洛茨基一头扎进了革命工作，参加罢工委员会的日常会议，起草供满城张贴和在企业中散发的鲜明的公告……而当谢多娃在秘密集会上被捕，他也有被捕的危险时，托洛茨基就只好从他非法落脚的利特肯斯上校家逃往芬兰隐蔽起来。在孤独、偏僻的"世界"公寓里居住的三个月内，托洛茨基写下了几十篇文章、传单、公告，寄往彼得堡。我想，读者会兴致勃勃地了解他这段时间的革命创作活动的。

尽管罢工的组织者尽了力，1905 年 5 月 1 日，游行还是减弱了，托洛茨基对彼得堡的工人发出了呼吁：

同志们，请听我说。你们被沙皇的士兵吓坏了。可是你们并不害怕每天走进工厂，让机器吸干你们的血，摧残你们的身体。

你们被沙皇的士兵吓坏了。可是你们并不害怕把自己的弟兄交给沙皇的军队，让他们牺牲在满洲无人祭奠的大坟场上。

你们被沙皇的士兵吓坏了。可是你们并不害怕日复一日地生活在强盗般的警察和兵营里的刽子手的权力之下，在他们眼里，工人无产者的性命比干活的牲口还要贱。[2]

托洛茨基的每张公告中都在解释，说服，向人们呼吁，号召，吸引他们，描述前途。例如，他对俄国军队的士兵和水手的呼吁书：

士兵们！你们长期以来并不了解人民的要求。你们的长官和牧师

---

[1]　Искра(《火星报》).1905. No 92. 10 марта。

[2]　Троцкий Л. Соч. Т. II. Ч. I(《托洛茨基文集》第 2 卷第 1 部分).C.246。

说假话,挑唆你们反对人民。他们撺掇你们用工人的鲜血染红你们的双手。他们把你们变成杀害俄国人民的刽子手。他们把母亲和孩子、妻子和老人让人不寒而栗的诅咒统统倾倒在你们头上……

士兵们!我们的国家是一艘庞大的战舰。舰上有沙皇的官吏们残暴施虐,也有受尽折磨的人民在呻吟。能拯救我们的只有一个办法:像"波将金"战舰那样,把统治我们的一小撮人全部推下海,把管理国家的权力掌握在自己手中。我们自己来规定被称为俄国的这首战舰的航程!

士兵们!在遇见人民时,枪口朝上!把第一颗子弹送给胆敢下令向群众开枪的军官。让刽子手死在正直士兵的手中![1]

1905年5月14日,由季·彼·罗日杰斯特文斯基海军中将率领的俄国舰队在对马岛附近与东乡平八郎海军上将率领的日本舰队交战。谁也不曾料到,结果会如此可怕。沙俄的舰队遭到毁灭性失败。俄国震惊了。托洛茨基当即写下了一长篇公告:《打倒可耻的屠杀!》。这张传单不仅在彼得堡,而且在俄国的许多城市迅速传递。它大致是这样的:

罗日杰斯特文斯基的舰队被彻底消灭了。几乎是全军覆没,舰只几乎全被击沉,官兵几乎全被击毙、击伤或被俘。军官们被击伤或被俘。沙皇政府再也派不出舰队,为一再的失败而向日本寻求复仇了。俄国舰队不复存在了。不是日本消灭了它。不是,毁灭了它的是沙皇政府……全体人民并不需要战争!需要战争的是政府那伙人,他们梦想占领新的土地,用鲜血扑灭人民的愤怒火焰……打倒可耻屠杀的罪魁——沙皇政府![2]

托洛茨基就在彼得堡郊外,也知道沙皇暗探局在找他。可是当十月政治总罢工爆发后,托洛茨基忍不住了,就返回了首都。与布尔什维克的预测相反,革命高潮到来了。布尔什维克原先认为,高潮将在冬宫旁血腥屠杀一周年时到来,但是它提前了三个月。人民集体智慧、意志和感情的力量形成

〔1〕 Троцкий Л. Соч. Т. II. Ч. I. С. 248-249.
〔2〕 Троцкий Л. Соч. Т. II. Ч. I. С. 251-254.

了人民的创举,成立了俄国的"国民公会"——彼得堡工人代表苏维埃,赫鲁斯塔廖夫-诺萨尔是它的首领,托洛茨基是他的副手。革命机构的威望迅速增长。苏维埃的第一次会议是 10 月 13 日召开的,15 日托洛茨基出现在会场上,而且立刻以他充沛的精力、炽热的演讲和激进的提案吸引了全体委员的注意。充满活力的年轻革命家精力集中,朝气蓬勃,无处不在,引人瞩目。在托洛茨基参与下,通过了决议,出版《消息报》作为苏维埃的机关报;要求实行八小时工作制,承认新的革命机构代表劳动者的利益。在苏维埃驻地理工学院,首都不同地区的代表团等待着命令和指示。到处是一派斗志昂扬的情绪。在苏维埃内部组成了执委会,其中除其他团体的代表外,还有三名布尔什维克,三名孟什维克和三名社会革命党人。布尔什维克中突出的是斯韦尔奇科夫,孟什维克中是托洛茨基,社会革命党人中是阿夫克森齐耶夫。赫鲁斯塔廖夫-诺萨尔的党派属性不明确。

罢工的浪潮日益漫延。专制政权惶惶不可终日。不过它还是采取了一个步骤,仿佛是刹住了革命的火车头:10 月 17 日,沙皇颁布《宣言》,向人民承诺立宪、公民自由。10 月 17 日深夜,人群打着红旗走上街头,要求撤换可恶的执政官员,实行大赦,惩办 1 月 9 日血色星期日的组织者。人民把沙皇被迫采取的措施视为自己的胜利。

苏联史学界一贯将沙皇的《宣言》仅仅看成是被迫采取的一种狡猾的权宜之计。可是让我们认真地思考一下《宣言》的词句。

　　……朕责成政府执行朕不可动摇的旨意:

　　1. 赐予居民不可动摇的公民权利:切实保障人身自由、信仰自由、言论自由、集会和结社自由……不受侵犯……

　　3. 作为一项不可动摇的规则,规定:未经国家杜马批准,任何法律都不能生效;保证人民选出的成员能够切实参与监督由我任命的当权者的举措是否合法……[1]

这份由"神的慈悲、朕、尼古拉二世、全俄国的皇帝和专制君主、波兰的沙皇、芬兰的大公……等等、等等"颁发的最高《宣言》,并非如《联共(布)党

---

　　[1]　Полный сборник Платформ всех Русских политических партий(《俄国所有政党纲领总汇》). СПб.; 1906. С.1-2.

史简明教程》说的那样，只是一纸空文。这是向立宪君主制迈出的重要一步，因此也是向资产阶级民主制迈出的重要一步。

托洛茨基和布尔什维克一样，认为《宣言》是不彻底的胜利。《宣言》仿佛是迫使自由派，还有资产阶级，以及知识分子中起初反对专制制度，如今却被"危险的无政府主义"吓坏了的很大一部分人改变初衷。

维特伯爵在呈沙皇的一份报告中是这样谈论这次俄国骚乱的起因和根源的："它们破坏了俄国思想界的理想追求和它生活的现有形式之间的平衡。俄国已经超越了现有制度的形式。它正在走向以公民自由为基础的法治体制。"[1]说得很有先见之明："……超越了现有制度的形式……"。伯爵建议争取使"理想追求"同"新形式"相适应，而不采用"镇压措施"。不管我们怎样看待沙皇的王公大臣和专制制度的整体，但维特的纲领反映了俄国国家体制几个世纪的经验。

正是被罢工推上内阁总理职位的维特，后来在《回忆录》中这样写道："10月17日迫使许多人冷静下来，组成了政党，爱国主义、所有权的观念也抬头了，于是俄国这辆大车开始慢腾腾地向右转……"可是具有改良思想的人并不是很多。占上风的是用武力平息骚乱的愿望。何况内务大臣特列波夫将军已经下令"消除混乱"，而且要"不吝惜子弹"。在日内瓦的列宁，以及彼得堡的苏维埃都感到，摇摇晃晃的君主专制大厦还能站住脚跟，能够被发动起来反对沙皇制度的只有城市，只有工人。政府仍旧可以依靠愚昧的广大农民，特别是身穿军装的士兵。俄国的雅各宾派明白了，不仅最高纲领：建立无产阶级专政，镇压剥削者的反抗现在不可能实现，而且连最低纲领：推翻沙皇制度，建立临时革命政府，也实现不了。顺便插一句，俄国社会民主工党的领导人中，谁也不曾怀疑过无产阶级专政的历史合法性。立宪君主制作为当时可行的历史步骤被摒弃了。正如著名的俄国政治活动家维克多·切尔诺夫指出的那样："大家都知道，俄国革命的精神就是极端主义的精神。"[2]

10月17日，在彼得堡大学旁聚集了大量群众。各种人物都从阳台上发表演说。多数人认为《宣言》是一个伟大的胜利。托洛茨基也挤到了革命的讲坛上。他被介绍为雅诺夫斯基。不过也可以说是阿尔布卓夫——托洛

---

〔1〕 Полный сборник Платформ всех Русских политических партий. СПб.；1906. С.3.

〔2〕 Чернов В. Рождение революционной России(《革命俄国的诞生》).Прага，1934. С.31.

茨基有两本护照。一头浓密蓬松的黑发,夹鼻眼镜遮挡着的一双火辣辣的眼睛,托洛茨基迅速掌握了群众,掷下了演说中几乎是最主要的词句:

> 公民们! 现在,当我们一只脚踩住了一小撮当权者的喉咙时,它承诺给我们自由。不要急于庆祝胜利,它还是不彻底的。难道说期票等于真金白银吗? 难道承诺自由就等于自由吗? 从昨天起,发生了什么变化呢? 我们监狱的大门敞开了吗? 我们的兄弟从荒凉的西伯利亚回来了吗?

托洛茨基掌握了群众,将火爆的词句扔向了激情的火药库,将激动的群众推到了沸腾的高温。结束自己漂亮的演说时,他又扔出了几句话:

> 公民们! 我们的力量在我们自己手中。我们应当手持利剑保卫自由。沙皇的《宣言》只不过是一张纸……今天把它给了我们,明天就可以将它撕得粉碎,就像我现在要做的一样!

托洛茨基挥舞着《宣言》,然后夸张地将它撕碎。碎纸片随风飘洒而去了……[1]群众向革命讲坛上目前还不认识的新人热烈鼓掌。

农村并没有支持工人。而且也没有人去发动农民。军队仍旧忠于政府。罢工者没有武器。自由派知识分子被工人发动起来之后的革命气势吓破了胆。俄国社会民主派的希望是不可能实现的。托洛茨基不容分说,强硬地,但远不是公正地"奚落"了俄国社会的智力阶层,特别是教授们。

"我们知道,教授们是最因循保守、没有个性、什么都做得出来的俄国知识分子群体。教授们从来不曾打算拒绝任何奴才型的事情。为了官职和报酬,他们扮演着官方科学的巴儿狗的角色。没有一项警察的镇压措施不是由教授们执行的。"[2]

托洛茨基以他常见的毫不妥协的精神(这在政治上往往导致错误,而在人民群情激昂的革命气氛中却相反,能给人留下深刻印象)鞭挞了庸俗的小市民、自由派分子、御用教授们和革命的同路人。他那时写的文章不惜使用

---

[1] Trotsky L. Die Russishe Resolution 1905(《1905 年的俄国革命》).Munchen. 1907. S. 93-96。

[2] Троцкий Л. Соч. Т. II. Ч. I. C.128.

这样的标题："作为清理庭院工人的教授"、"教授的报纸在诽谤"、"作为农民代言人的立宪民主党教授"。[1]革命的波涛将真正的领袖推上了浪尖,也把庸才推下了职位,并不是因为他只会扑灭这种波浪。托洛茨基写道:"革命拿走了他(市侩)的报纸,熄灭了他家里的电灯,而且在黑黢黢的墙上用火辣辣的文字写下了一些含含糊糊的,但是伟大的新目标。他打算相信,可是没有胆量。他想腾空而起,但是又没有能耐……"[2]

托洛茨基和自由派之间的战争表现了他往往显然过分的激进主义。有时候他甚至断言,自由主义实际上也和沙皇制度一样可恨。这个特点(不信任,甚或是敌视知识分子),日后也为许多布尔什维克所共有,这也是他们悲剧性的谬误的远因之一。在谈第一次俄国革命的书(德文版)的序言草稿中,托洛茨基写着:"作者丝毫也不打算向读者掩饰自己对沙皇反动派这个亚细亚的皮鞭和欧罗巴的交易所的卑鄙结合的仇恨,或者自己对在世界政党的陈列馆中最渺小、最缺乏个性的俄国自由派的蔑视。"[3]在托洛茨基看来,自由派教授的危险性并不亚于宪兵……这就是俄国的雅各宾派。

托洛茨基看出革命运动正在走向低潮,根据他的提议,苏维埃决定终止十月罢工。着手训练战斗队,其任务是防止洗劫,保护游行、工人的报纸和工人代表苏维埃。托洛茨基很快就在苏维埃中起到了领导作用,而他和赫鲁斯塔廖夫-诺萨尔之间也出现了不露声色但激烈的竞争。苏维埃主席的职业是律师,但在许多问题上没有明确的政治立场。后来,托洛茨基在《光线报》上发表了两篇关于格奥尔基·诺萨尔的一击致命的短文,甚至提到了资产阶级报纸说,他在巴黎曾因盗窃被捕……

托洛茨基写道:"赫鲁斯塔廖夫闪耀着两层光辉:党的和群众的。可是两者都不过是反射,也就是说,是别人的光辉。赫鲁斯塔廖夫本人的成长同他不得不扮演的外部角色完全不相适应,也不,甚至更不同资产阶级报刊加在他头上的神奇知名度相适应……格奥尔基·诺萨尔的个人遭遇是非常悲惨的。历史轧死了这个道德上不坚定的人,将他不能承受的负担一股脑儿堆在他头上。在舆论的推动下,小市民的幻想造就了赫鲁斯塔廖夫的浪漫

〔1〕 Троцкий Л. Соч. Т. II. Ч. I. С.307, 309, 311.

〔2〕 ЦПА ИМЛ, ф.325, оп.1, д.201. л.15.

〔3〕 ЦПА ИМЛ, ф.325, оп.1, д.211. л.1.

主义形象。格奥尔基·诺萨尔将这个形象击得粉碎,也……击毁了自己。"〔1〕是的,从档案中可以看出,赫鲁斯塔廖夫-诺萨尔在某种意义上是一个"可疑的"革命者,足以说明这一点的是他在法庭上,在流放中,在流亡中,以及十月革命后的行动。生活毫不吝惜地将他从革命的浪尖上扔下来了,而托洛茨基表现了对自己的对手毫不留情,而且还要心满意足地给失败者几次白纸黑字的打击。

托洛茨基在革命中一帆风顺。他改变了孟什维克的报纸《开端报》的方向,使它开始反映工人的利益并支持苏维埃的活动。连实际上从来不曾对托洛茨基有过真正好感的格·季诺维也夫,后来也说:"当《开端报》归他们(指托洛茨基和帕尔乌斯——作者注)领导后,他们在很大程度上赋予了它布尔什维克的性质。"〔2〕

托洛茨基在报刊上的宣言透出一股自信、强硬和坚决的气息:"……代表苏维埃宣布:彼得堡的无产阶级同沙皇政府的最后决战将不在特列波夫选定的日子,而在有组织的、武装起来的无产阶级认为有利的日子里进行。"〔3〕托洛茨基的一举一动,就像他已经有了不只一次的革命经验似的……而这很受工人欢迎。青年革命家的声望与日俱增。

或许应当在这里写一个插曲。第一次俄国革命之后过了 30 年,托洛茨基已经被驱逐出国,而贝利亚的人正在四处追杀他的时候,根据斯大林的指示,有关部门曾经试图抹黑托洛茨基的早期革命活动。为此把已经被忘却了的赫鲁斯塔廖夫-诺萨尔又翻了出来。我在档案中发现的这样一份文件可以为证。1938 年 10 月 28 日由叶若夫和贝利亚签名(看来这是叶若夫签名的最后几份文件之一),呈送斯大林和伏罗希洛夫的这份文件中说:

> 1905 年担任过彼得堡工人代表苏维埃前主席的赫鲁斯塔廖夫-诺萨尔在苏联内务人民委员部出版了一本书,书名是《不久前的历史片段》,该书的序言中说托洛茨基-勃朗施坦自 1902 年起是沙皇暗探局的奸细。同时我们得知,1919 年,赫鲁斯塔廖夫-诺萨尔正是按照托洛茨基的直接命令,在彼得堡被枪决的,其目的在于甩掉他在暗探局供职的

〔1〕　Луч(《光线报》).1913. № 67. 21 марта。

〔2〕　Зиновьев Г. История Российской Коммунистической партии(большевиков)〔《俄国共产党(布尔什维克)的历史》〕.М., 1924. С.198。

〔3〕　ЦПА ИМЛ,ф.325,оп.1,д.195. л.12。

证人。

我们采取了措施,查找能证明托洛茨基从事奸细活动的文件。结果在高尔基市发现了一份下诺夫戈罗德执行委员会 1917 年 3 月 30 日的会议记录⋯⋯

报告接着说,"曾在前宪兵局供职,已'被解除职务的奸细'名单中有列巴·达尼洛维奇·勃朗施坦、格奥尔基·斯捷潘诺维奇·诺萨尔、安纳托里·瓦西里耶维奇·卢那察尔斯基等人。"这份文件似乎是呈送给亚·费·克伦斯基,抄件送弗·李·布尔采夫的。

这份报告中还有这样的附言:

我们发现了一份沙皇军队总参谋部军需官 1917 年 3 月 30 日发给临时政府的第 8436 号报告,说驻美国的军事谍报员发来电报:3 月 14 日,列夫·托洛茨基乘克里斯提安尼亚–费欧德号轮船从纽约启程返回俄国。据英国间谍机关说,托洛茨基曾领导由德国人及其同情者资助的在美洲鼓吹和平的社会主义宣传。[1]

斯大林认为,叶若夫和贝利亚炮制的这份文件粗制滥造,没有说服力,因此后来从未使用过它来指控托洛茨基。诺萨尔的书遍寻不得。不过,我们知道,他和托洛茨基之间个人的不友好关系早在他们认识之后不久就已经开始了。我想,内务人民委员部的人利用了布尔什维克确实怀疑赫鲁斯塔廖夫–诺萨尔在暗探局供过职,因而现在企图假诺萨尔之手将托洛茨基和卢那察尔斯基也卷入此案。对档案和其他文件的分析使我们有根据判定叶若夫—贝利亚文件是明显的粗劣伪造。

在领导彼得堡苏维埃的 52 天内,托洛茨基得以表明自己是一名领袖,体现了毫不妥协的革命精神。在苏联时期,对第一次俄国革命进行历史分析时,托洛茨基的名字被完全排除在外,把各种罪过都归咎于他:"分裂工人运动"、"不依靠农民"、"对军队的工作软弱无力"等等。可是我们早就知道,应对局势永远要比分析和评价局势复杂得多。社会生活的各种事态都有种种冲突、曲折、转折、喜剧和悲剧,不可能被概括成一种生硬的纲领。只是到

---

〔1〕 ЦГАСА,ф.33987,оп.3,д.1103,л.146-149.

了后来,一切才逐渐清晰。而在时间紧迫,必须当机立断时,决策者往往没有时间对一切进行比较,权衡,估算和试验,更不会考虑几十年后历史学家会怎么说。历史的潮流不可逆转。应当受到谴责的与其说是那些力求达到崇高目的而走出了一步错棋的人,毋宁说是那些为规避历史责任而一步都不肯走的那些人……在这方面托洛茨基是不该受到指责的。他是在行动中犯了错误。后来,这位俄国革命家高度赞扬了"俄国的第一次爆发",认为它为1917年做了准备,而且形成了未来领袖的"雏形"。1919年4月,托洛茨基(就德国局势)发表文章《爬行的革命》,其中说:"俄国工人阶级完成了自己的十月革命后,从之前的时代获得了价值无限的遗产,即集中制的工人党。民粹主义知识分子的走进农民、民意党人的恐怖主义斗争、第一批马克思主义者的地下鼓动、本世纪初年的游行示威、1905年的十月总罢工和街垒战、斯托雷平时期同地下活动有最紧密联系的革命的'议会派'——这一切都锻炼了为数众多的革命领袖……"[1]

1905年11月末,赫鲁斯塔廖夫被捕。彼得堡苏维埃的会议选出了由三人组成的主席团,托洛茨基名列其中,实际上成了苏维埃主席,其余两人是斯韦尔奇科夫和兹雷德涅夫。不过已经很清楚,当局业已转入反攻。革命的浪潮迅速减退了。苏维埃的最后决定之一是号召人民不向沙皇政府纳税,直到劳动者的经济和社会要求全部得到满足。这是号召进行"经济抵制"。

1905年12月3日,宪兵逮捕了苏维埃全部领导成员,其中也包括托洛茨基。从这一天起,开始了革命家又一次长达十五个月的审判、监狱和流放的史诗。在斯韦尔奇科夫、沃伊京斯基、加尔维的回忆录和多伊彻的书中都写了苏维埃最后一天的工作。我利用这些材料,以及档案资料尝试着恢复一下彼得堡工人的革命机构最后时刻的情况。

12月3日,俄国的"国民公会"在托洛茨基主持下召开了例行会议。托洛茨基向苏维埃委员们通报了沙皇政府旨在加紧镇压工人的革命行动的最新举措。会议开始讨论宣布新的总罢工的建议,但这时宪兵进入了会场。苏维埃正在开会的大楼已被警察包围。戏剧的最后一幕快要结束了。在这紧急时刻,托洛茨基表现出高度的自我控制能力和勇敢精神。一名宪兵军官,皮靴蹬得咔咔响,走到大厅中央,高声宣读对苏维埃委员的逮捕令。主

---

〔1〕 ЦГАСА, ф.33987, оп.1, д.178. л.287.

席坚决打断了军官：

"请不要妨碍苏维埃的工作。如果您想讲话，必须报上姓名，我要询问会议，是否愿意听您讲话！"

宪兵语塞了，一声不响，犹豫不决地环顾四周，托洛茨基就利用这个机会，让下一个人发言。最后，托洛茨基先面向大厅，再让军官讲话。在死一般的沉寂中，大家听完了逮捕令的简短内容，于是彼得堡苏维埃主席用平静的，甚至是日常的语调说：

"有人提议宣布已经收到了宪兵军官先生的通知。现在请大家离开工人代表苏维埃会议的会场！"

当局的代表在原地倒腾了一下双脚，茫然无措地走出了大厅。托洛茨基建议为被捕做准备，销毁可能被当局利用来反对苏维埃的文件、材料，然后损毁随身携带的武器。大家刚按托洛茨基的指示做了一些事情，苏维埃委员就看到，一大群宪兵闯进了大厅。主席在未被逮捕前，还来得及高声喊道：

"请看！沙皇是怎样履行自己的十月宣言的！请看吧！"

托洛茨基在第一次俄国革命中和在法庭上的举动令人信服地表明，以革命为最高价值的又一个杰出人物已经登上了历史舞台。强调下面这一点是很重要的：托洛茨基的行动比危险局势的形成更加难以预测，更坚定，更富于崇高精神。

每一个个人都是极其复杂的。一个人身上可以同时存在崇高的和卑贱的动机、社会的和个人的追求、失望和希望。杰尔查文关于个性的"多层面"说得非常精彩："我是沙皇，我是奴隶，我是蛆虫，我是上帝！"不过，托洛茨基当然从来不曾认为自己是"奴隶"或者"蛆虫"。他从来没有怀疑过自己肩负的崇高使命，也没有怀疑过自己会选错道路。在他逝世前半年，他写下了遗嘱："假如我还需要从头开始，我自然会力求避免这样或那样的错误，但是我生活的总方向仍旧是不会改变的。"[1]托洛茨基乐观地接受了革命的第一次失败。他相信，这只是一次历史的彩排。

在著名的"十字架"监狱、彼得保罗要塞、看守所里所受的种种折磨，都被托洛茨基充分利用于自学，写许多文章和宣言。托洛茨基的囚室，据目击者说，简直就像一个学者的书房，到处是书籍、杂志和报纸。他的妻子、父母

---

〔1〕 Троцкий Л. Дневники и письма. С.165.

和未被逮捕的同志每周两次来探访他。他从监狱里也给索科洛夫斯卡娅写过几封信,维持着和第一个家庭之间微弱而纤细的联系。例如,1906 年 5 月 17 日,托洛茨基给索科洛夫斯卡娅写道:

> 亲爱的朋友
>
> 难道你没有收到我的最后一封信吗? 我是按你父亲的地址寄出的。信里我主要写了对两个派别的态度(这是你问我的)……
>
> 我的处境同过去一样。庭审被推迟到 10 月 19 日。我住单人牢房,每天放风 3—4 小时……
>
> 父母给我带来了两个小姑娘的照片——这我告诉过你。小姑娘都非常漂亮,各有风格! 尼努什卡是一张受了惊吓的小脸,却又带着几分诡谲的好奇! 而季努什卡则面带沉思! 不知是谁触到了这张照片,所以在季努什卡的脸上留下了一个黑点。如果你还有富余的照片,请给我寄来吧。
>
> 总之,杜马被驱散了。我曾经打过赌,说未来的部将是流氓的部,我赢了……[1]

沙皇的监狱对于政治犯已经放宽了许多限制。托洛茨基几乎是公开地将在囚室中写成的文章交给妻子,然后这些文章就在合法的和非法的印刷厂中印刷。一篇讽刺性小品文《政治中的彼得·司徒卢威》引起了巨大反响。作者在文章中鞭挞了自由派分子,认为他们只是革命的暂时同路人,而不是同盟军。但这段时期的主要作品是一篇长长的文章《总结与展望》。托洛茨基在文章中第一次以相当完整的形式阐述了自己的不断革命论。后来这篇文章出了单行本,再往后又出了书。托洛茨基提出了一个命题,为了这个命题他将终生受到抨击:"在民族的框架内完成社会主义革命是不可能的……社会主义革命在更广泛的意义上正在变成不断的革命:它在新社会在我们整个星球上取得最终胜利之前是不能完成的。"[2]是谬误,还是浪漫主义? 也许,是想用乌托邦来点亮心灵? 系统的观念最终凝聚而形成是以后的事了。我稍后再对它作分析,眼下只想指出一点:对这种远非没有争议

〔1〕 ЦПА ИМЛ, ф.325, оп.1, д.3. л.1-2.
〔2〕 Троцкий Л. Перманентная революция(《不断革命》).Берлин. Гранат, 1930, C.167。

的理论采取片面的、传统-批判的、鄙视的态度未必持之有据。托洛茨基认为，没有一个社会能够"单独"走进文明世界，或许他在这一方面是正确的？至于说这个理论今天听起来有点像是"古董"，但在当时它集聚了革命的思想动力，扩展了运动狭窄的民族框架，向无产阶级提出了崇高的目标，那就是另一回事了。

托洛茨基可能早于许多人认识到，第一次俄国革命是撞上了君主专制制度几个世纪的基础而被击碎的。它动摇了这种基础，可是没能推翻它。在囚室中描述的那些宛如狂风暴雨横扫了彼得堡、莫斯科和许多城市的革命事件，却并没有取得全俄的规模，被幽禁的托洛茨基依然认为，这场彩排是成功的。用书法家中规中矩的笔法写下的那些文字，即使在几十年后也仍旧是清晰可辨的："1905 年是以在过去和现在之间划下了一条决定命运的界线的那些事件开始的。它们在春天的时代，在政治思想的童年时代的下方画了一条血腥的线条……"〔1〕没有童年，也就没有成熟。托洛茨基日后终其一生都十分推崇第一次俄国革命这堂政治课，在它的推动下，不仅仅是他一个人走出了"童年"。

托洛茨基非常重视法庭审判，认真做了准备，希望利用它作为一个对全俄国的讲坛。托洛茨基的档案里保存着他发言的许多草稿，他企图广泛地涉及能说明工人起义失败原因的各种问题。草稿中有许多地方谈到军队，为什么士兵群众没有支持工人？

托洛茨基写道："25 天里，先后召开士兵大会的有格罗德诺、罗斯托克、萨马拉、梯弗里斯、库尔斯克、哈尔科夫、基辅、维堡、里加、斯塔夫罗波尔、高加索地区、别尔哥罗德……走在前面的是'技术熟练的'士兵：工兵、炮兵，大多数情况下是城市之子。军队的农村部分，即主要的群体，吸收新感情较为缓慢。不过，归根结底，无论我们还是当局都很清楚，这只不过是时间问题。"〔2〕

在羁押期间，受侦讯人利用了制度的弱点，商量好采用挑战的姿态，更多揭露现存制度，谈苏维埃追求的是社会公正，关注劳动者的利益。他们商量好必须谈的一点：苏维埃的举措中并没有用武力改变现存制度的意图，因为 1903 年 3 月 22 日通过的刑法典第 126 条中说：

---

〔1〕 ЦПА ИМЛ, ф.325, оп.1, д.190, л.55.

〔2〕 ЦПА ИМЛ, ф.325, оп.1, д.213, л.1.

对共同参与以使用爆炸物或炮弹为手段，以推翻现存制度或制造严重罪恶为目的的行动之罪犯，处以：

不超过 8 年的苦役或流放移居。[1]

他们决定，在揭露沙皇制度时，要排除指控被告"使用爆炸物或炮弹"的可能性。这样就可以避开服苦役。托洛茨基在发言中一方面努力证明苏维埃没有起义的具体计划，另一方面则说明沙皇政府的腐朽性和反人民性。他的发言，就像在高潮时期那样，令人振奋："无论武器具有多大意义，法官先生们，它并不是一支伟大的力量。不是！不是群众有能力杀死其他人，而是他们准备牺牲的伟大意志，法官先生们，在我们看来，这才是决定人民起义取得胜利的因素……"[2]

托洛茨基的父母亲在整个审判过程中都坐在大厅里。犯人日后这样写道："在我讲话时，我讲的意思她无法完全听懂，她只是在无声地哭泣。当20 个辩护人来和我一一握手时，她哭得更厉害了……母亲相信，我不仅会被宣判无罪，而且还能获得什么嘉奖呢。"[3]

政府和法庭不敢将罪犯发送去服苦役。法庭判决，对苏维埃的 14 名成员，其中包括列·达·托洛茨基，处以终生流放。流放地规定为鄂毕河上秋明以北北极圈内的奥布多尔斯克村（距铁路约 1 000 俄里，距最近的电报局800 俄里）。发送前一昼夜，给流放犯发了灰色的囚徒长裤、厚呢上衣和皮帽子。而且允许他们保留自己的衣服和鞋子，我们将会看到，这对托洛茨基来说有多么重要。在列·达·托洛茨基名下的"路条"中记载着，除上述物品外，还发给了："带皮衬垫的镣铐一副、一件短皮外衣、一条长裤、一副连指手套和一个背囊。1907 年 1 月 10 日"。[4]镣铐不过是"例行公事"。流放犯只是在企图逃跑之后，才被戴上镣铐。

在被押解前，托洛茨基写了并交出了"告别信"，供非法印刷和出版。"告别信"是这样结束的："我们离开时，对人民即将战胜他世世代代的仇敌满怀信心。无产阶级万岁！国际社会主义万岁！"[5]

---

〔1〕 Уголовное Уложение Российской Империи（《俄罗斯帝国刑法典》）. Петербург. 1903。

〔2〕 ЦПА ИМЛ, ф.325, оп.1, д.212. л.12.

〔3〕 托洛茨基：《我的生平》，赵泓、田娟玉译，郑异凡校，上海人民出版社 2014 年版，第 165 页。

〔4〕 ЦПА ИМЛ, ф.325, оп.1, д.24. л.2, 3.

〔5〕 Троцкий Л. Соч. Т. II. Ч. I. С.478.

1907 年 1 月 5 日在这封信上签名的是：Н. 阿夫克森齐耶夫、С. 瓦因施泰因-兹维兹金、И. 格雷斯基、П. 兹雷德涅夫、М. 基谢列维奇、Б. 克鲁尼扬茨-拉金、Э. 柯马尔、Н. 涅姆佐夫、Д. 斯韦尔奇科夫-维坚斯基、А. 西马诺夫斯基、Н. 斯托戈夫、Л. 托洛茨基、А. 费特、Г. 赫鲁斯塔廖夫-诺萨尔。

后来，托洛茨基在《往返》一书中讲述了这次流放的行程。而且的确是有得可讲的。还在被押送去终生流放地时，托洛茨基就决定一有机会就逃跑，何况虽说押送 14 名流放犯人的是 50 多名宪兵，但管理制度比起后来斯大林时期来，还是很宽松的。每名押送人员的背囊里都有罪犯的"特征表"。警察局对托洛茨基的这些数据是这样的：

身高——2 俄尺 5/8 俄寸[1]。

眼睛——蓝色。

脸部肤色——无血色。

右耳——轮廓圆形。耳壳深浅中等。

前额——垂直扁平。

眉弓——短小。

发色——黑色。胡须——黑色。

鼻梁——小而突起，底边下垂。

种族——犹太人。外观约 30 岁。生于 1878 年（原件如此——作者注）。赫尔松省伊丽莎白格勒县移民之子。判处前是新闻记者。有何种手艺——无。

宗教信仰——犹太教。毕业于敖德萨（原件如此——作者注）实科中学。

被判刑情况——由圣彼得堡高等法院判刑，系初犯（原件如此——作者注）。

判刑依据：因参加使用暴力，组织武装起义，企图改变根据主要法律确立的俄国治国制度，建立民主共和国为行动宗旨的团体（根据刑法典第 14102 条，第 14101 条）。判决日期 1906 年 11 月 16 日。[2]

---

[1] 一俄尺等于 0.71 米；一俄寸等于 4.4 厘米。
[2] ЦПА ИМЛ，ф.325，оп.1，д.24，л.7-8。

在长长的雪橇滑木的咯吱声中，托洛茨基产生了在抵达目的地之前就逃跑的想法。到达小城市别廖佐沃（就是彼得二世将彼得大帝的宠臣缅什科夫流放之地）后，一名宪兵军官允许运输队休息两天。托洛茨基决定假装坐骨神经痛发作，在这里多待几天。托洛茨基的"同案犯"A.费特是医生，告诉同伴这种病的症状和假装的方法。当悲伤的大队离开，向北方行进后，托洛茨基按照和当地一个外号"小羊腿"的居民的商定，骗过了漫不经心的宪兵，逃跑了。这次逃跑极其大胆而果断——沿着索西瓦河，穿过寂静荒僻的茫茫雪原，径直奔向乌拉尔。所冒的风险是极大的。更何况已经到了冬末春初，持续不断的暴风雪即将来临。不过，还是让我们再度回头看文件吧。

在别廖佐沃建立苏维埃政权时，俄共（布）中央收到过一封公文，附有这样的一份报告：

> 俄罗斯联邦。北方远征队司令部向布尔什维克党中央报告。
>
> 随此附上在攻占托博尔省别廖佐沃市时获得的、托洛茨基同志1907年在别廖佐沃县从流放中脱逃的案卷，作为北方远征队献给革命博物馆的礼物。
>
> 北方远征队司令勒帕幸
> 副官 M. 鲁德尔-格里格[1]

档案馆的卷宗里有一段共和国革命军事委员会秘书处的决定摘录："政治性案件的档案对于撰写无产阶级革命领袖托洛茨基同志的传记具有重大历史价值。"[2]令人瞩目的一个细节：勒帕幸和鲁德尔-格里格建议将发现的文件转交给革命博物馆，而托洛茨基的秘书处却是另一种处理办法："撰写无产阶级革命领袖的传记……"。托洛茨基早已开始从历史的镜子中观察自己了。

我还找到了从第一次流放中逃脱的痕迹。1922年夏季，谢尔姆克斯在向人民委员呈送例行的文件时，在上面放了一封短信：

> 托洛茨基同志！
> 今天在翻阅旧尼古拉暗探局的档案时，我们发现了一张就您在西

---

〔1〕 ЦПА ИМЛ，ф.325，оп.1，д.24. л.1.
〔2〕 ЦПА ИМЛ，ф.325，оп.1，д.24. л.1.

伯利亚逃跑和流浪而写的便笺。一张便笺和……一张您的照片。我们当然很感兴趣,所以决定将照片送给您,作为一份证明而且生动地让人回忆起那段痛苦而壮烈雄伟,永远消逝了的过往岁月。

有意思的是,您是否会接受它?

致共产主义敬礼

上连斯克政治局干部伊帕洛夫、盖施涅茨

1922 年 6 月 28 日

伊尔库次克州上连斯克,县政治局[1]

这样的信件,只要几分钟就足以让托洛茨基陷入对往昔的沉思。对了,不能不指出当年还存在过"县政治局"……让我们再回到第二次逃跑吧。

档案里有几封电报,透露了托洛茨基逃跑的"技巧"。

乌斯季瑟索利斯克。沃洛格达省。致县警察局长。

从别廖佐沃逃跑了列巴·勃朗施坦,30 岁。知识分子,戴夹鼻眼镜,头发浓密。他经利亚平-谢谷尔前往沃洛格达省和阿尔汉格尔斯克省。请将其扣押。

警察局长叶夫谢耶夫

调查情况后,乌斯季瑟索利斯克警察局长又通知另一个警察局长、别廖佐沃警察局长:

致别廖佐沃县警察局长阁下

报 告

兹向阁下报告,对自别廖佐沃市至利亚平的路线进行了仔细搜索,表明流放犯列夫·勃朗施坦在逃跑时,乘坐鹿橇沿瓦古尔卡行至舒明的帐篷。勃朗施坦在那里喝了茶,用两个卢布购买了两头鹿,行至欧稜的帐篷,和异族人谢苗·库兹明·库里科夫一起提前发出了自己的行李;雇用农民瓦尼法廷·巴特马诺夫为翻译和向导。在欧稜的帐篷中一头鹿被偷走了,另一头以八卢布的价格卖给了异族人,留下了第三

---

[1] ЦГАСА, ф.33987, оп.1, д.528. л.101.

头。花三十卢布一直走到博戈斯洛夫斯基的矿场。[1]

在冻结了的雪原上走了约 800 公里后，托洛茨基好不容易抵达了乌拉尔。他自己后来回忆说："一路上我提心吊胆。但当我一昼夜后来到彼尔姆铁路舒适的车厢里时，我立刻感到，我逃跑成功了……最初几分钟，在宽敞的、几乎是空荡荡的车厢里，我还是觉得拥挤和气闷。于是我走到车厢的平台上，那里寒风呼啸，夜色朦胧，我情不自禁地大喊一声——这是欢乐和自由的呼喊！"[2]

果断的逃跑成功了。在谢多娃的帮助下，托洛茨基躲藏到芬兰。他在那里见到了列宁，也见到了马尔托夫，他们两人住在邻近的村子里。托洛茨基感觉到了"孟什维克为 1905 年的疯狂行为而忏悔"，而布尔什维克则认为，应当行动得更坚决一些。马尔托夫一如既往，"有许多很敏捷、很出色的思想，可是缺乏一个最主要的思想……"而列宁，据托洛茨基说，"对我在监狱中的工作表示赞许，但责备我没有作出必要的组织上的结论，也就是没有转到布尔什维克方面来。他是对的。"[3]

应当指出，托洛茨基在撰写自传的时候，尽力想缩小他和列宁之间当时存在的分歧，翻来覆去地说，虽然他那时不在布尔什维克阵营中，可是他也已经脱离了孟什维克阵营。其实并不是这样的。1917 年以前，托洛茨基几乎经常是列宁的对立面，有时甚至对他展开一场名副其实的战争，而且往往出言不逊。同列宁争论时，托洛茨基使用的是俄国社会民主工党的领袖对自己的论敌使用的腔调。托洛茨基运用"思想缺乏灵活性的"列宁使用的"辩论大墩布"，嘲笑"列宁的咒骂"、他的"吆喝"和他"随心所欲的蛊惑性文字"。用托洛茨基的话来说，列宁不是"用完整的这种哲学来说服读者，而是折磨他"，有时甚至给他"当头一棒……"托洛茨基在分析领袖的哲学著作时，甚至不惜声称："辩证法不值得对列宁同志下功夫。"[4]辩论中使用庸俗腔调的不仅仅有托洛茨基，而且还有列宁（使用得更多）和俄国其他革命家。

虽然按世界观的取向而言，托洛茨基是"左撇子"，可是他也具有改良主义的思想，这在很大程度上是由他在西方所处的环境、他的爱好和关系所决

〔1〕 ЦПА ИМЛ, ф.325, оп.1, д.24. л.4-6.
〔2〕 托洛茨基：《我的生平》，赵泓、田娟玉译，郑异凡校，上海人民出版社 2014 年版，第 171 页。
〔3〕 托洛茨基：《我的生平》，赵泓、田娟玉译，郑异凡校，上海人民出版社 2014 年版，第 173 页。
〔4〕 Троцкий Н. Наши политические задачи. С.68, 69, 73, 75, 78.

定的。在时机恰当时，他能将激进主义和改良主义两者捏合在一起。这种政治上和思想上的二元论作为革命家肖像的特征，在托洛茨基身上一直保持到1917年风雷激荡的那些日子。

在同列宁相当冷淡、为时不长的会见之后，托洛茨基藏身于一个鲜为人知的地点奥格尔比。逃亡者利用列宁给他的赫尔辛福斯的地址，安排了前往斯德哥尔摩的行程。被捕后保留下来的一双靴子给了他很大帮助：鞋掌里保存着一张假护照，鞋跟里有父亲给的金币。只是我不能确定，这是不是那张退伍的"阿尔布卓夫准尉"的护照。

"维也纳篇章"

此后十年，托洛茨基都在国外度过。这是他的第二次流亡，第二个"栖息地"。其中有七年，托洛茨基一家住在维也纳。革命家有时就称这段时期为"维也纳篇章"。作为这个篇章"附件"的是后来被迫居住在瑞士、法国、西班牙，最后是美国的时期。

当时，他写了许多作品，不过通常都是诠释自己的经历；出行和讲话也很多，但是报告还是过去的那些；同奥地利的社会党人合作，继续认为社会民主派是半个革命者……

维也纳成了不断革命的歌手风雨人生中一个长久的停顿。不过维也纳时期为了解托洛茨基的性格提供了许多材料。斯大林在一定程度上是正确的，他断言托洛茨基的力量在革命走上坡路、处于高潮时，是特别显而易见的，而他的弱点在革命退却、遭到失败时，也是显而易见的。托洛茨基是一个不断要求行动的人。而注定要作长期消极等待时，他就集中精力于新闻活动，保持同俄国侨民、西方的社会民主派、马克思主义著名的实践者和理论家之间的积极联系。就连形式上将布尔什维克和孟什维克联合起来的俄国社会民主工党第五次（伦敦）代表大会也没有给托洛茨基注入新的动力。

在这里托洛茨基第一次"接触式"会见了来自梯弗里斯的布尔什维克斯大林（代表大会上的化名是伊万诺维奇）。

后来托洛茨基回忆说,我完全没有注意到这个沉默寡言的高加索人。代表大会开了三个星期,他没有一次请求发言,尽管当代表们正在讨论游击行动和抢劫问题时,出现过这样做的直接机会。尽管代表大会"禁止党员参加任何游击发动和剥夺或协助这些行动",〔1〕不过列宁和其他领导人不仅知道这些抢劫,而且使用过用这种犯罪方法获得的金钱。而据许多证据显示,斯大林和抢劫有直接关系。后来,托洛茨基一再坚持这一点。1930 年,托洛茨基已经被驱逐之后,在一篇长文《关于斯大林的政治传记》中写道:"1907 年,斯大林参加了抢劫梯弗里斯银行……不过令人惊异的是,为什么这件事被胆颤心惊地从各种官方的斯大林传记中删除了?"〔2〕看来,一个庞然大国未来的总书记对抢劫有自己的认识。总之,无论当时,还是后来,他都不曾就这个问题公开谈过自己的见解。

斯大林当然注意到这个有一对蓝色眼睛,一头浓密头发,戴着夹鼻眼镜,发言时总是充满自信的瘦削的年轻人。斯大林不可能不察觉,会间休息时托洛茨基身边总是聚集着一些人;仿佛是他一面争论着或者讲述着,吸引了通常被称为"社会的中心人物"的这种人。

托洛茨基在大会上陈述了自己不断革命论的一些设定,特别强调指出,革命的成功必须有无产阶级和农民的联盟。尽管在一些根本问题上,托洛茨基实际上和列宁的立场非常接近,但同俄国社会民主派右翼的旧关系仍旧牢牢地抓住了他。投票时,托洛茨基对许多问题,有些赞成布尔什维克的方案,有些则支持孟什维克,不过始终让人觉得,他同列宁和解了。顺便说说,多次出席会议的高尔基曾经试图促成和解,只是都徒劳无功。似乎是托洛茨基陶醉于自己的独立性、非正统性和特立独行,他已经体验了光荣和声望,已经懂得,如果他能和党的路线分庭抗礼,表现出自己的独立性,他将取得更大的成功。他的声明、插话、立场往往是出于个人的考虑,无怪列宁在第五次代表大会后给高尔基的信中说,托洛茨基的举止在很大程度上是"装腔作势"。〔3〕

从伦敦返回时经过柏林,娜·伊·谢多娃在那里等他,于是托洛茨基一家人就一同前往维也纳住下了。这段时间里,他结识了许多政治上和思想

---

〔1〕《苏联共产党代表大会、代表会议和中央委员会决议汇编》第 1 卷,人民出版社 1964 年版,第213 页。

〔2〕 Бюллетень оппозиции(《反对派公报》).Август. 1930. № 14. С.7。

〔3〕《列宁全集》第 45 卷,中文第 2 版,第 176 页。

上的新交,恢复了和老朋友的联系,深入了解了欧洲的社会主义运动。也许,当时的俄国革命者中没有比托洛茨基更地道的"欧洲人"。他精通德语和法语,英语略逊一筹。"革命的情人"在德国、法国、瑞士和英国的社会民主派中都被视为自己人。到处都有他的知己、报刊事业的伙伴、出版书籍的计划。

首先他恢复了同帕尔乌斯的密切联系。帕尔乌斯是来自俄国的一名社会民主派,他同托洛茨基一样,"赶来"参加了1905年的革命,也和他一样,被判处流放西伯利亚,帕尔乌斯也逃跑成功。这是一个受过良好教育的马克思主义者,提出了不断革命理论的基本要素,而这些理论被他的朋友扎扎实实地借用了(详情我们在第四章里再谈)。托洛茨基并不掩饰自己在青年时期从帕尔乌斯那里学到了很多东西。

直至帕尔乌斯去世(1924年),托洛茨基都对他怀着个人的深情。这个人在1907年介绍他认识了第二国际的"教皇"卡尔·考茨基。托洛茨基是这样描述同他的第一次见面的:"这位白皙、快活的小老头,长着一对明亮的蓝眼睛,用俄语问候我说'您好'。这加上我从他的书中所了解的考茨基,形成了一个非常有魅力的形象。他的不慌不忙,从容自若特别博得我的好感,后来我明白了,这是那时他的无可争辩的威望以及由此产生的内心的平静造成的……他的头脑死板,态度冷漠,缺乏机智,不善于揭示人的心理,所作的评价公式化,开玩笑也平淡无味。"[1]可是考茨基思想的开阔让他吃惊。向考茨基告辞时,托洛茨基觉得,所有的人都比这位小老头矮一头。

后来托洛茨基关于这位理论家所写的就完全是另一回事了。对他的赞赏已经不见踪影:"考茨基的权威完全是以调和政治上的机会主义和理论上的马克思主义为基础的……战争有了结局,它从第一天起就揭开了考茨基主义的全部虚伪和腐朽……""国际是和平的工具,而不是战争的工具",考茨基把这种庸俗论调视为救命的锚链。托洛茨基继续毫不留情地写道,这个人"按照公谊会[2]的方向来提炼马克思主义,在威尔逊[3]面前爬行……"[4]

这种侮辱性的评价符合托洛茨基的风格。通过同许多社会民主派人士的结识和交往、记住谈话中最典型的东西、在自己的笔记本中记下最有意思

〔1〕 托洛茨基:《我的生平》,赵泓、田娟玉译,郑异凡校,上海人民出版社2014年版,第184页。
〔2〕 公谊会是基督教的一个教派,主要流行于英、美等国。
〔3〕 威尔逊,民主党人,1913—1921年任美国总统。
〔4〕 Троцкий Л. Соч. Т. VIII. С.47-48.

的内容,经过一段时间,如果有合适的机会,他就可以三笔两划勾勒出某个人肖像的素描。在描绘与之交往了十五年的社会民主派的朋友和同志时,他往往只使用阴暗的色彩。在这里,我并不认为有什么原则性,从另一面说,也不认为就是无情无义。令人遗憾的是,那时布尔什维克和孟什维克的许多(即便不是大多数)领导人都不太讲究策略。他们全都是彻头彻尾的"政治人物"。甚至在私人关系中,道德的行为准则始终处于完全从属的地位。

在第二次欧洲"栖身"时期,我在前面称之为"长期的等待",托洛茨基与之频频交往的有:克拉拉·蔡特金、罗莎·卢森堡、卡尔·李卜克内西、弗兰茨·梅林、奥古斯特·倍倍尔、维克多·阿德勒、麦克斯·阿德勒、鲁道夫·希法亭、爱德华·伯恩斯坦、詹姆斯·麦克唐纳、奥托·鲍威尔、卡尔·伦纳、克里斯蒂安·拉柯夫斯基、弗里茨·普拉滕、茹尔·盖得、埃米尔·王德威尔得、菲力普·屠拉梯及当时著名的其他社会民主派。即便是简单的列出这些思想家、实际工作者、政治家和社会活动家的姓名就足以表明,托洛茨基当年已经是这个人物圈子中的"常客"了。他们知道,而且看重托洛茨基敏锐的思想,充沛的精力,别具一格的议论,开阔的视野,大胆的预测,而且明显地亲近欧洲文化。维也纳的"暂住户"成了这些圈子中的自己人。

托洛茨基把很多时间用于写作、阅读、去图书馆,应当指出,这些年里托洛茨基在普通教育方面大有长进。他甚至有过参加维也纳大学入学考试的念头,可是他不想用一些繁琐小事来加重自己的负担。他的知识已经超过了许多教授。对于托洛茨基来说,这是他积累知识、能力和经验的时期。有时,这个俄国侨民也会顺便去参加各种学术团体的讨论会,例如,齐格蒙特·弗洛伊德追随者的团体。顺便说说,他1924年1月给伟大的生理学家伊·彼·巴甫洛夫的信中就谈到了这件事:"我在维也纳停留的几年中,相当深入地接触了弗洛伊德学派的人,阅读了他们的作品,甚至有时参加了他们的会议……实际上,精神分析学说的基础是精神过程——居于生理过程之上的一种复杂的上层建筑……您关于条件反射的学说,在我看来,已经囊括了弗洛伊德的理论,视其为个别情况。性本能的升华(弗洛伊德学派酷爱的领域)只是条件反射以性欲为基础的一种创造……"[1]读着这封信,人们会以为它出自一位专家之手……在维也纳,托洛茨基还极大地扩展了自己

---

[1] ЦГАСА, ф.4, оп.14, д.30. л.8.

在哲学、历史、语文学、博物学等领域的知识。这位革命家具有罕见的终生学习的能力。

确定托洛茨基的外貌和智能的是一个不容置辩的事实：俄国横亘在欧亚大陆上。当年的俄国人，大多数承载着较多的亚洲和斯拉夫族的因素，而不是西方的、欧洲的因素。这里的问题不在于文明层次的高低，而是将各种文化加以综合的能力。对于常年生活在西方的那些人，如阿克雪里罗得、唐恩、帕尔乌斯、普列汉诺夫，意识中世界主义的元素逐渐占据了更大的位置，而排挤了民族主义的元素。他们可以"四海为家"，到处都如鱼得水。这种人接受全人类的价值观可能较为容易，可是他们同时就丧失了某种东西，没有了它就不可能充分认识自己祖国的痛苦、悲哀和希望。对托洛茨基而言，曾经将他"煮熟熬透"的这口欧洲"大锅"意味着获得了从与社会主义运动的国际性紧密的相互关系中，审视自己祖国的革命问题和任务的能力。假如托洛茨基不曾遇见帕尔乌斯，不曾吸取当时西方的社会民主主义思想的成果，不曾在欧洲长期居住，他未必会产生不断革命的思想。

托洛茨基的"维也纳篇章"的特点在于，他一面积极同孟什维克合作，而在自己西方的朋友眼中却极力做出中派的姿态。在考茨基的《新时代》杂志月刊上，托洛茨基发表的著作比任何一个俄国社会主义者都要多，他按自己的理解来诠释布尔什维克和孟什维克之间争论的实质。西方的社会民主派对俄国社会民主工党内分歧的由来和形成过程并不很清楚，所以也不太愿意介入。在这种情况下，他们觉得，托洛茨基的政治和思想行为很有魅力，有联合的意图，而且合情合理，例如，1912 年 8 月在维也纳召开的俄国社会民主党代表会议。托洛茨基和他设立的组织委员会邀请了许多社会民主团体的代表出席大会。最后与会的有 18 名有表决权的代表，10 名有发言权的代表和 5 位客人。代表会议并没有将自己设定为全党的代表会议，而只是作为俄国社会民主工党一些组织的代表会议。如今来看，参加会议的人中可能有一名密探，因为在莫斯科暗探分局 1912 年 10 月 8 日第 107232 号文件中，有通过的几个决议，还有与会人员的详细名单。其中的某些人应当在这里提一下，因为托洛茨基日后的道路和许多人都一再交叉。去维也纳的有：米哈伊尔·阿达莫维奇、盖克·阿扎吉阳茨、帕维尔·波里索维奇·阿克雪里罗得、格里戈里·阿列克辛斯基、彼得·勃朗斯坦、西玛-索菲亚·勃朗斯坦、米哈伊尔·霍尔德曼、哈伊姆-扬克尔·赫尔丰德、弗拉基米尔·

梅登、安德烈·彼得松、拉法伊尔-伊才克·列恩、亚历山大·斯米尔诺夫、莫伊塞·乌里茨基、尤利·策杰尔包姆等。托洛茨基主持了会议。可是和解的主题被淹没在相互指责之中。代表会议没有取得预期的结果。[1]

托洛茨基历来以革命的激进分子自诩,可是在组织上和私人关系方面却又接近民主-改良派。他那些最要好的友人也不一定能理解他这种怪异立场。也可能一切都恰好相反:他心里认为他认识的社会民主派都是激进的革命派,而他们却将他看作改良派-调和派?

在德国的社会民主党人中,最接近布尔什维克的要算罗莎·卢森堡、卡尔·李卜克内西和弗兰茨·梅林了。托洛茨基一面和他们保持着亲密关系,可是同时又和他们思想上的敌人交往。这让德国的激进派警觉起来。然而居住在维也纳的这名俄国社会主义者太看重个人的好恶了,不肯为了"统一"、"团结"、"联合"而舍弃个人的好恶。1916 年,弗·梅林年满 70 岁。托洛茨基在公开发表的贺词中认为有必要将罗·卢森堡同弗·梅林并列在一起:"我同梅林和卢森堡在穿过整个资本主义世界的堑壕中是站在同一边的。我通过弗兰茨·梅林和罗莎·卢森堡向革命的德国反对派的精神核心致敬,将我们联系在一起的是牢不可破的战友情谊。"[2]

关于卡尔·李卜克内西,托洛茨基则是另一种说法:"他性格外向,容易冲动,在循规蹈矩、毫无个性而冷漠的党内官僚阶层的背景上,他显得非常突出……在德国社会民主党的大厦里,李卜克内西以他的慢慢腾腾、随时准备妥协而始终被认为是半个异类……他真诚而深邃的革命本能始终指引他(经过这样或那样的动摇)走上正确的道路。"[3]

实际上他对每一个与之结识,会见,争论,斗争过的知名革命家,都留下了文字记录。这不是干巴巴的、毫无激情的政治鉴定。"政治剪影"(这是托洛茨基文集第八卷的书名)让读者看到的不仅是个人的思想轮廓,读者还能知道,罗莎·卢森堡"身材矮小,体质单薄,多病,面庞轮廓端正,一双漂亮的眼睛闪烁着智慧的光辉";而"李卜克内西的家是柏林俄国侨民的总部",他的妻子是俄国人;梅林则是"德国社会民主党内战史的专家"。

---

〔1〕 Большевики. Документы по истории большевизма с 1903 по 1916 год бывш. Московского Охранного Отделения(《前莫斯科暗探分局关于 1903—1906 年间布尔什维主义历史的文件》).М., 1918. C.111-112.

〔2〕 Троцкий Л. Соч. Т. VIII. С.71.

〔3〕 Троцкий Л. Соч. Т. VIII. С.71-72.

托洛茨基对自己交往圈子中的人所持的态度,常常是形象性的分析,有时也是批评性的,这不能不培养他的智能和政治敏锐性,以及渊博的知识。认识托洛茨基的人,听过他讲话的人,都对他演讲中发挥思想、一瞬间描绘形象、指明方向、突出重点的能力十分钦佩。他从不讲背得滚瓜烂熟的话,而是在讲话过程中创造某种独特的新东西。兴致勃勃地听他讲话的既有第二国际的导师,也有彼得堡的工人,还有尼古拉耶夫斯克二团光脚的红军战士。这份才情并非仅仅靠"上帝所赐"。它也是集聚精神文化成果的惊人能力,也是善于抓住听众心理的本事。无论人们怎样看待他,有人赞赏,也有人仇视,可是没有人能够漠然视之,置若罔闻。大家都看得出来,他们面前是一位非同寻常的大人物。

俄国第一次革命后直到 1917 年,这段时间托洛茨基在欧洲中部度过,他的兴趣主要在于党团、欧洲议会制、德国社会民主的新风尚,等等。不过,托洛茨基有将近 10 年的时间处于革命的"外地"。托洛茨基成了资产阶级议会制的职业批评家,他仿佛不曾察觉,俄国的议会制也在第一次俄国革命的影响下出现了。布尔什维克对第一届和第二届国家杜马的抵制,也像对第四届杜马的积极参加一样,为思考工人阶级利用议会形式开展斗争提供了丰富的材料。这一切不曾引起托洛茨基的注意,与其说是由于事实上的远距离,毋宁说是他对俄国的议会制总体上持怀疑态度。这方面他并不是孤零零的一个人。布尔什维克也鄙视议会。列宁 1920 年在共产国际第二次代表大会上就说,共产主义向自己提出的任务是"摧毁议会制"。

插一段题外话。托洛茨基对俄国杜马的漠不关心,让斯大林有机会狠狠地刺痛了托洛茨基,指责他似乎对合法工作持取消态度。1913 年 1 月 12 日,斯大林在《社会民主党人报》上宣称:"有人说,托洛茨基的'联合'运动给取消派的旧'行当'注入了'一股新风'。不过这还没有看到。尽管托洛茨基'英勇无畏'的努力和他'令人害怕的威胁',他最终不过是一个吵吵嚷嚷,却没有真正肌肉的冠军,因为他'工作'了五年,却除了取消派之外,没能联合任何人。新的吵吵嚷嚷却依旧是老行当!"[1]—— 这就是托洛茨基未来死敌的结论。斯大林走在了托洛茨基前面。托洛茨基对斯大林还毫无察觉,而斯大林却已经着手给他摘除桂冠了。

〔1〕 Большевистская фракция IV Государственной думы(《第四届国家杜马中的布尔什维克党团》). М., 1938. C.28-29。

总之,托洛茨基的第二次流亡使他明显地脱离了俄国的革命事务——合法的和非法的事务。

在维也纳,托洛茨基一家居住在一套有三个房间的简陋住宅里。他们家最吸引眼球的就是凌乱地塞满各个角落的大量书籍、报纸合订本、手稿、杂志。托洛茨基养家糊口主要靠文字创作的收入。他和相当进步的《基辅思想报》长期合作。不过,直到革命发生之前,老勃朗施坦也给了许多物质资助。因此,前彼得堡苏维埃主席的境遇比那些生活拮据、经常为饭食操心,只能靠偶尔得到的一点微薄工资糊口的其他政治流亡者要优越多了。相对顺心的物质境况使托洛茨基得以更多地投入创作活动,生活较为自主,比其他人更多地行走于各个首都之间,参加各种大会、讨论会等等。1906年托洛茨基被关押在监狱时,他的大儿子列夫出生了。1908年在维也纳时,小儿子谢尔盖出生了。两个儿子的命运也将和父亲本人的命运同样凄惨。

托洛茨基是不得不在维也纳住下的,柏林当局拒绝让他在德国首都生活。这名俄国的流亡者当时除了新闻和政治活动外,还对美术表现出浓厚的兴趣,参观过许多画廊。这就使他得以为《基辅思想报》撰写很有专业水准的文章,介绍欧洲艺术。尽管他和妻子有时也去著名的维也纳歌剧院,可是据他自己说,他的音乐欣赏水平还处于十分原始的层次上。整个说来,第二次流亡("长时间等待"时期)对托洛茨基更像是一次漫长的间歇,其间他不无成就地成长为理论家、新闻记者、作家和政治家。

在"维也纳时期",托洛茨基和许多同他一样处于流亡之中的同胞建立了联系。这首先就是阿·阿·越飞、卡·伯·拉狄克、C. Л.克里亚奇科、马·伊·斯科别列夫、达·波·梁赞诺夫、亚·米·柯伦泰、阿·瓦·卢那察尔斯基。他同越飞直至他惨死(1927年在莫斯科自杀)始终是亲密的朋友;他视斯科别列夫为自己的学生,对他依恋难舍,可是当他加入了克伦斯基的政府后,就对他十分敌视。他不喜欢柯伦泰,认为她在和列宁的私人通信中说了他的坏话。托洛茨基对拉狄克的看法直到20世纪30年代初都是摇摆不定的,从高度赞扬到极端否定。不过总的说来,在国外,他和同胞的联系不如同西方的社会民主派那样密切。

在分析托洛茨基在国外发表的所有文章和讲话时,我忽然得出一个令人难以置信的结论:这个被驱逐者对祖国、故乡和一个人随着母亲的血液一起汲取的一切没有怀念之情。被切断了血肉之根,又被扔到了异域他乡的人,成年累月地受到无法治愈的一种灵魂疾病,就是思乡病的折磨。种种回忆、来自故国的零碎信息、旧照片、一个小盒子里保存着的几片价值无限的家乡土块——这一切都具有了特殊的意义。当然,今天由于有了能够将最遥远的大陆也拉到跟前的电视、广播、多种多样的接触、各种交通工具,这种病"发作"的形式较为轻松。而在世纪之初,情况就完全不同了。无论是列宁,还是托洛茨基,抑或其他许多革命者,都不可能踏上故乡的土地,而不冒被流放西伯利亚或者服苦役的风险。不过,直到不久之前,我们的情况也是这样。

在莫斯科暗探局的档案中,对托洛茨基早在 1898 年就已经立了案。档案里说:"勃朗施坦,列巴(列夫)·达维多夫(尼古拉·托洛茨基、托洛茨基、雅诺夫斯基)是赫尔松省伊丽莎白格勒县移民之子……信奉犹太教……俄国臣民,文学家,生于 1877 年(原件如此——作者注)。1898 年,勃朗施坦作为'南俄工人协会'一案的被告受审……被流放到西伯利亚四年,处于警察局的公开监督之下……1902 年 8 月 21 日潜逃。1906 年……被判处流放……1907 年 2 月 20 日从当地潜逃……现住在维也纳……"[1]拿着这样一张履历表回国是不可能的,何况警察局的附注十分坚决:"一旦在帝国境内出现,立即押解服苦役。"

当年许多革命者的回忆录都表明,思乡病因故乡村子里积雪融化时的一丝似有若无的气味、栅栏上的一只红腹灰雀、农民雪橇滑木的吱咯声、在世的和已逝的亲人的面容而发作时,有多么折磨人,耗尽了精力……

但托洛茨基没有怀念过。或者说,几乎没有怀念过。也许,他是第一批"世界公民"中的一个,对他们来说,现在的住地就是他们的家园?心灵和智力的欧洲化、对旧大陆许多首都的访问、逐渐吸收各种文化的元素、内心里回顾着他与之斗争过的祖国的君主专制制度——这一切培养了托洛茨基对思乡病的免疫力。我想,即使在日后,也是最后一次被驱逐时,对祖国的怀念也不是尖锐得难以忍受的。有过由于跌落,由于丧失了"杰出领袖"的地位而产生的、永远不能忘记的悲哀,有过对掺和着对斯大林的仇恨的权力的不能释怀。托洛茨基过早了解了外国,在那边停留了太长时间。而主要的

〔1〕 Большевики. Документы по истории большевизма с 1903 по 1916 год бывш. Московского Охранного Отделения. С.194-195.

是,他也和当时的其他许多革命者一样,是以斗争为生命的、彻头彻尾的"政治人物",在斗争中几乎丧失了全部同自己先辈的土地、耳熟能详的歌曲和风俗习惯、赋予了自己生命的那些人的坟茔有机联系在一起的那种细腻而独特的情感。

不过,我们在托洛茨基的《巴尔干来鸿》中的一篇找到了他乡愁极其罕见的文字表述。托洛茨基乘马车途经多布罗加时,他深深地感到它同赫尔松的草原、故乡雅诺夫卡的相似之处。他母亲就在此前两年,即 1910 年在故乡去世,而他却不能回去奔丧。"道路和俄国的一样。一样的尘土飞扬,就像我们赫尔松的道路。鸡群也像在俄国一样,从马蹄下纷纷逃走,而驾在矮小的俄国马匹脖子上的是俄国的轭套,连车夫的背影看起来也像是俄国人……一片静寂。两条腿麻酥酥的,好像我们是从新布格站出发去雅诺夫卡村度暑假。"[1]不过,这是极为罕见的,几乎就是唯一的一次托洛茨基承认自己的乡愁。

1912 年 9 月,《基辅思想报》请托洛茨基就业已形成爆炸局势的巴尔干问题写一组文章和报道。提供的物质条件很优越,欧洲的政治气候似乎是风平浪静,于是安狄德·奥托(托洛茨基在基辅报纸发表文章的署名)就同意了。他将分析两场民族战争,说明其中的失败者都是用自己的双手进行战争的各族人民。

我先来说说这两场战争的诡谲之处。交战各国的背后自然是几个大国:俄罗斯帝国、奥匈帝国、英国和其他一些国家之间的利益冲突。战争的起因源于马其顿(当时是土耳其的一个省),对它怀有野心的是塞尔维亚、保加利亚和希腊。但只有三国共同努力,才能解放它。于是出现了矛头针对土耳其的巴尔干同盟。[2]开战的借口是在马其顿居民区伊什基普和康卡纳的屠杀。1912 年 10 月 13 日,保加利亚以同盟国的名义,向土耳其提交了一份类似最后通牒的照会,土耳其置之不理,战争行动就开始了。12 月,保加利亚人、塞尔维亚人和希腊人几乎占领了马其顿全境。土耳其请求停战,但当时并未签订和约。直到 1913 年 5 月 30 日,才在伦敦签订了和约。大国的使节们帮助瓜分了胜利果实,可是对此谁都不满意,大家都彼此提出了新

---

〔1〕 Троцкий Л. Соч. Т. VI. С.415-420.

〔2〕 См.: Гешов И. Балканский союз. Воспоминания и документы(《巴尔干同盟:回忆和文件》).Петроград. 1915。

要求,结果在 1913 年 6 月,昨天的盟友之间又爆发了第二次巴尔干战争。发起反对保加利亚行动的是塞尔维亚、黑山和希腊,追随他们的有罗马尼亚和奥斯曼帝国。一个月后,保加利亚就屈服了。1913 年 8 月,在布加勒斯特又签订一个和约。根据这个和约,塞尔维亚和希腊瓜分了马其顿,保加利亚的新多布罗加省则转归罗马尼亚所有。战争没有使任何人和解,所有的疙瘩也都不曾化解,而只是形成了紧张局势的新策源地。这种种问题,将由托洛茨基介绍给乌克兰和俄国的读者。

从巴尔干战争前线,他发出了 70 多篇通讯和报道,构成了日后他的文集第六卷。这些文章几乎全都写得非常出色,精湛而鲜明。我以为,《巴尔干来鸿》以特殊的力量展示了托洛茨基的文学功力。不过他常常不是一名不偏不倚的记事者。借用他的说法,在巴尔干这个"欧洲的潘多拉盒子"中,在他看来,起负面作用的是"沙皇主义之手"和泛斯拉夫主义意识形态。在巴尔干,托洛茨基正确地察觉了大国之间的利益冲突,然而从来没有想过,他恨之入骨的沙皇主义在这个"盒子"中也会拥有自己的合法利益。起初,他发自前线的通讯表现出对南方斯拉夫人的同情,可是在逐渐确信他们对来自沙皇的帮助寄予很大希望之后,他的语调开始转变了。他突然开始捍卫遭到失败的土耳其人。这立即在索菲亚、贝尔格莱德、基辅、彼得堡引起了反对的浪潮。当他报道了同盟国对土耳其人的"暴行"后,保加利亚甚至禁止他去前线访问。托洛茨基日益猛烈地抨击斯拉夫主义,认为这就是彼得堡君主专制制度主要影响之所在。在致诗人佩特科·托多罗夫和米留可夫教授的"公开信"中,托洛茨基捍卫自己对战争全局的看法,按他自己的说法,是站在国际的,而不是民族的立场上。可是托洛茨基对许多问题的见解很肤浅,不明白这场毫无意义的屠杀有深刻的社会-经济原因。

第二次巴尔干战争开始后,托洛茨基又一次来到了战场上,他的同情再一次落到了失败者一边,不过现在已经是……保加利亚人了。现在他报道新胜利者的"暴行"……《基辅思想报》的记者作为彻头彻尾的政治家,认为战争是一种反文明的行为,试图为巴尔干未来的格局拟出一张药方。早在1909 年,托洛茨基就写道:"只有巴尔干的一切民族在民主-联邦制的基础上,仿照瑞士或北美共和国的形式,建立统一的国家,才能给巴尔干带来内部的和解,并为生产力的强劲发展创造条件。"[1]后来,已经是在开战后,他

---

[1] Троцкий Л. Соч. Т. VI. С.10.

一再重复这个几乎是乌托邦的思想。的确,战争及其制造的死亡和破坏,这幅场景往往使人怀疑在概念化和抽象设定基础上产生的不切实际的计划。我们在《基辅思想报》记者冷嘲热讽的文字中找到了这样的词句:"我们已经习惯于使用背带,写一些聪明的社论,做一些'心上人'巧克力,然而当我们需要认真地解决若干个种族共同生活在欧洲肥沃的半岛上的问题时,我们除了大规模的互相消灭之外,找不出其他办法。"〔1〕不过,托洛茨基主要的死对头在1947年也曾经试图在巴尔干建立联邦……不妨回忆一下,第二次世界大战之后不久,斯大林打算重新拾起这个思想,结果除了搞僵同保加利亚和南斯拉夫之间的关系之外,自然是一无所成。

托洛茨基发自巴尔干战场的那些通讯,无论我们当时和今天怎样看待它们,总是带有明显的和平主义印记,尽管他几年之后很起劲地反对和平主义。仅仅两三年后发表的文章中,他将和平主义说成是深刻的幻想。托洛茨基借用齐美尔瓦尔德决议(1915年9月)的思想,写道:"工人应当摒弃资产阶级的或者社会主义的乌托邦要求。和平主义者用新幻想取代了旧幻想,而且企图让无产阶级为这些幻想效劳……"〔2〕

可是,安狄德·奥托(又名列·雅诺夫)的笔下描绘的战争画面一再制造这些"幻想"。不过,不能要求托洛茨基提出超越时代的见解。只是他的抽象公式毕竟和他亲眼所见大相径庭:"在塞尔维亚的邱普林车站,我们见到了运送俘虏——190名土耳其人和阿尔纳乌特人〔3〕。他们被带下车,运往郊外,去军营或者监狱。这并不是我一生中,特别是在这里,在巴尔干,见到的第一张人的悲哀和屈辱的画面。可是我从来不曾见过这样的画面。190个人,满身伤痕,受尽折磨,疾病缠身,衣不蔽体,拿一些破烂布条,胡乱捆绑在不幸的躯体上。有些人脚上还保留着破旧的鞋子,另一些人用破布包裹着脚掌……寒冷、潮湿,可是有三分之一的人完全光着脚。

邱普林的这些俘虏是战争最真实的图画,无论是防御战还是进攻战,无论是殖民战争还是民族战争。这幅图画应当由正直的、聪明的大画家转移到画布上。它将比韦列夏金或者列昂尼德·安德列耶夫〔4〕对应的惨烈图

---

〔1〕 ЦПА ИМЛ, ф.325, оп.1, д.229, л.42-43.

〔2〕 Троцкий Л. Соч. Т. IX. С.240.

〔3〕 俄国对从阿尔巴尼亚迁入的人的称呼。

〔4〕 韦列夏金(1842—1904)俄国画家;列·安德列耶夫(1871—1919)俄国作家。

景强百倍。"〔1〕

前中央党务档案馆的特别卷宗里保存着托洛茨基的手稿,其中有许多关于巴尔干战争、谴责暴力的材料。"我去报道巴尔干战争,认为它不仅是可以设想的,而且是可能的。可是当……我得知,好几个我非常熟悉的人、政治家、编辑和教授已经手握枪杆,站在国境线上,站在火线上,而且他们不得不首先杀人和牺牲时,战争(它的抽象概念我曾经在思想中,在文章中轻松地使用过)变得对于我不可思议,不堪设想的了。"〔2〕对事件的具体见识往往会摧毁抽象和逻辑结构及公式,尤其当你看到"战争在不断吞噬活生生的力量,而将消耗殆尽的人的材料:受伤的、被俘的,频频抛给我们的时候"。〔3〕

托洛茨基善于细腻地发掘迅速流逝的生活中一些足以鲜明地映衬他文章主题的细节:战争暗无天日的痛苦、人们变得残酷无情、民族主义的狂热和令人震撼的承受能力……他的《在巴尔干》一文手稿落款为"贝尔格莱德,9月28日。列·亚诺夫",文中是这样写的:"东方的妇女简直就像干活的牲口,手上抱着孩子,肮脏的乳房从衬衣里垂下来,背上背着,胳膊上挽着大包小包,好不容易挤进了车厢门,一面用膝盖推着身前的行李。她们身后是农民,由于土地和阳光而永远是黑黢黢的,皮肤粗糙,罗圈腿,被沉重的负担压得弯了腰。少妇们穿着沾满跳蚤屎的长袍。弯腰驼背、大脖子的老年妇女戴着黑色头巾,拄着一根拐杖,一连三、四、五个钟头坐在长凳上,一句话不说,一声不响。多么可怕的忍受力啊!"〔4〕

托洛茨基的《巴尔干来鸿》是一个探察过"潘多拉盒子"的政治家和记者的来信。他当然不知道,过不了十年他还要见证一场战争,不过不是作为一场漫长的、流血的戏剧的记录者,而是作为出场的主角之一。我再说一遍:安狄德·奥托用他作家的微型作品撕下了战争令人恐怖的脸上的面巾,可是与谴责战争同时,他又在自己的理论见解中继续谈论"人道主义者和道德说教者对战争的死气沉沉的观点"。托洛茨基仍旧相信,战争可以用战争来杜绝。也许,当时谁也不知道,这就是令人胆战心惊的乌托邦。将永远受到历史贬责的不是将要成为全球趋势的和平主义,而是用暴力改变人们理智

〔1〕 ЦПА ИМЛ, ф.325, оп.1, д.243. л.9.

〔2〕 ЦПА ИМЛ, ф.325, оп.1, д.229. л.1.

〔3〕 ЦПА ИМЛ, ф.325, оп.1, д.234. л.1.

〔4〕 ЦПА ИМЛ, ф.325, оп.1, д.229. л.11.

的战争。

追随阿格斯菲尔的足迹

我在前面提到同奥尔加·格列布涅尔——一个矮小、亲切、有知识分子气,在一所名称响亮的养老院"舞台老演员之家"安度晚年的老太太的交谈,她一再称自己的公公列·达·托洛茨基为阿格斯菲尔。我想,这是相当准确的。按照古代的传说,犹太人阿格斯菲尔由于拒绝帮助耶稣基督在前往各各他途中稍事休息,而被罚终生流浪。托洛茨基在青年时期成为流浪者之后,不想背负起一个移民命中注定的十字架,可是却背上了另一个十字架:饱受折磨和享受光荣,失望和永不消逝的希望。这是由于他热爱革命而受到的惩罚。

结束了巴尔干的远征之后,托洛茨基还不知道,不久以后他在维也纳会有一次同奥地利政治警察总监盖尔的谈话。那是在 1914 年 8 月 2 日。盖尔谨慎地推测,明天早晨就可能下令逮捕俄国人和塞尔维亚人。

"这么说,您建议离开?"

"越快越好。"

"好,明天我全家去瑞士。"

"嗯,⋯⋯我倒希望你们今天就走。"[1]

这都是 1914 年 8 月的事情,托洛茨基不得不再一次走上阿格斯菲尔的道路,从一个国家去往另一个国家。他永远告别了维也纳。的确,几年之后,他飞上了历史知名度的顶峰,他还要一再处理涉及共产主义运动,也包括奥地利在内的种种事务。1919 年 1 月,他作为共和国革命军事委员会主席这样重量级的人物,要签发这样一封电报:

> 莫斯科,停房和难民事务中心。
>
> 我收到一封来自查列沃的电报。(阿斯特拉罕省查列沃营中等待

[1]　托洛茨基:《我的生平》,赵泓、田娟玉译,郑异凡校,上海人民出版社 2014 年版,第 203 页。

遣返的奥匈战俘,无人照管,十分疲惫。请您吩咐俄国有关当局尽快予
以遣返。俘虏营代理司令米茨。)

革命军事委员会主席 列·托洛茨基[1]

那时他签署过多少各种各样的电报、命令、指令啊!他的权力有多大
啊!托洛茨基仿佛永远扔掉了阿格斯菲尔的破衣烂衫,来到了自己神赐的
领地——革命,有能力帮助奥地利人回家。而当时,1913年,托洛茨基从巴
尔干不是返回祖国,而是回到奥地利,他的家人和朋友在那里等候他。

托洛茨基拥有许多景仰者和崇拜者,已经成了知名人士,不过特别亲近
的人和朋友并不很多。其中之一就是谢苗·利沃维奇·克里亚奇科,一个
在国外居住了四十多年,俄国二月革命前不到一年才去世的俄国社会主义
者。这个人在革命运动中没有留下特别的痕迹,因为,据托洛茨基说,"他有
成为一名杰出政治家的所有条件,就少了一些为此所必需的缺点。"[2]托洛
茨基喜欢这个一生都在被放逐中度过的人,不仅因为他秉性温和善良,智慧
超群,而且因为他有世界主义的属性。克里亚奇科在纽约、维也纳、伦敦、巴
黎、柏林、罗马等地的社会民主主义团体中都被认为是自己人。如果没有
1917年的俄国革命,托洛茨基本来也可以成为这样的"世界公民"……克里
亚奇科世界主义的兼收并蓄很让托洛茨基佩服:因为他本身就喜欢用世界
革命的尺度来思考问题!安娜·康斯坦丁诺夫娜·克里亚奇科(她丈夫已
经去世)是托洛茨基被驱逐出国之后第一批写信的人之一。信中说:"我们
现在住在普林吉坡岛上,这就是我曾经准备接受劳合·乔治的邀请,前往参
加一个国际会议的地方。虽说劳合·乔治的意愿没有实现,可是从地理上
说,他的选择是很不错的:与外面的世界完全隔绝和优美的自然环境。从我
们的窗口望出去,四面的景观美得难以名状。唯一的欠缺就是白蛉子,虽然
还是春寒料峭,它们却一到晚上就搅得人难以入睡……"[3]

回到维也纳后,托洛茨基再次被卷入党派之间分歧的氛围中,这种分歧
最终导致了布尔什维克和孟什维克分成不同的阵营。托洛茨基一如既往,
被布尔什维克的激进主义所吸引,但对孟什维克的个人喜爱却使他保持了

---

[1] ЦГАСА, ф.33987, оп.2, д.86. л.6.

[2] 托洛茨基:《我的生平》,赵泓、田娟玉译,郑异凡校,上海人民出版社2014年版,第200页。

[3] The Houghton Library. Trotskii coll. bMS Russ 13.1(8675-8679).

原先的立场。托洛茨基相信革命的新高潮必将到来,力求维持和前彼得堡工人苏维埃的一些委员的联系。例如,他同经过几年流放和苦役之后被特赦的孟什维克德米特里·费多罗维奇·斯韦尔奇科夫建立了通信往来。原苏维埃主席在信中详细打听了新闻,甚至还突发奇想,要和彼得堡的同志杀一盘象棋:

> ……我建议和你下一盘象棋的通讯赛。现在就开始:
>
> 第一步,e2—e4,如果你第一步走e7—e5,那我第二步就走马g1—f3,如果你第二步走王b8—c6,那我第三步就走象f1—c4。我等你回答。
>
> 你的列夫[1]

借此机会,我要说,托洛茨基是一名优秀的象棋手,他不止一次和列宁对过局,不过我不知道他们之间的胜负如何。莫斯科军区普训处处长听说了托洛茨基的高超棋艺,于1921年7月给人民委员发出了一份邀请:

> 得知您过去对象棋艺术的兴趣,我认为有责任向您报告,在位于侍卫官胡同5号,99号住宅的列宁中央军事体育俱乐部里,普训处组织了一次莫斯科象棋冠军赛,参加的人有:象棋大师杜兹-霍吉米尔斯基、В. И.涅纳罗科夫、Н. И.格列科夫、Н. Д.格里戈里耶夫、Н. М.祖巴廖夫、А. Ф.伊里因-热涅夫斯基、Н. М.巴甫洛夫、Н. И.楚科尔曼、М. Г.克里亚什金、Н. П.策里科夫等……
>
> 我不敢用直接的参赛邀请打扰您的公务,如果您能光临上述俱乐部,我将非常高兴。
>
> 特此送上欧洲和美洲最近一段时期的象棋简讯。拉斯克和卡帕布兰卡对局的棋谱将按照您的意愿立即送上……[2]

不知道托洛茨基是否和斯韦尔奇科夫下完了那局棋,也许是第一次世界大战不仅搅乱了棋子,连整个国家都被分散到看不见尽头的铁丝网两边

---

〔1〕ЦПА ИМЛ, ф.325, оп.1, д.388. л.1.

〔2〕ЦГАСА, ф.33987, оп.1, д.409. л.691.

去了,将这个流亡者的神奇幻想推到了再也无法拾起的远方。我也不知道,十月革命之后他是否去过俱乐部参加象棋比赛。重要的是:这个革命者始终能找出时间来分析一次引人入胜的对局。

不错,几年之后,连斯韦尔奇科夫也将向那时已成了政治局强有力的委员和共和国革命军事委员会主席的托洛茨基寻求庇护和帮助。我想,这次来往的一些细节会引起读者的兴趣,因为它显示了当时的政治气候。1922年5月他收到了斯韦尔奇科夫的一封信,告诉他1917年夏季,临时政府逮捕了托洛茨基之后,"报纸都声嘶力竭地叫嚷要严加惩罚,我于是担心你将被枪决。当时我是孟什维克,站在右翼的立场,强烈反对布尔什维克。

早在1909年,在巴黎举行的中央全会期间,我就听马尔托夫、唐恩等人谈过布尔什维克独占工厂主施密特留给俄国社会民主工党的遗产的故事。当时,在1917年,我对马尔托夫还是绝对信任的,他谈到布尔什维克中央使用了欺骗手段,目的在于使用遗产,而不分给当时还是统一的社会民主党内的其他派别。当时,在孟什维克党团的会议上,就梯弗里斯的抢劫和布尔什维克在国外兑换从这次抢劫中获得的500卢布问题谈了许多,而且很激烈。我对这一切都相信了,因为马尔托夫及其一伙,还有我在巴黎认识的施密特的妹妹和妹夫都斩钉截铁地谈到这一点……"

斯韦尔奇科夫接着写道,这一切他都在1917年给克伦斯基政府的司法部长的信中讲了,而且作为交换条件,"请求释放你,而由我担保。在这封信里,我将你同布尔什维克中央对立起来,指望保护你,而且恢复克伦斯基政府对我的完全信任,更加严厉地回应布尔什维克"。随后,斯韦尔奇科夫指出,正准备发表有关布尔什维克在1917年7月3日至5日活动的一大批文件,同时也发表他致克伦斯基政府的这封信:

> 随着这封信的发表,我的工作将极其困难(如果不说是完全不能进行的话),因为这封信将被用来诋毁我的讲话,损害我的声望……
>
> 1922年5月20日
>
> 彼得堡铁路分局铁路人民委员部副全权代表
>
> 德·斯韦尔奇科夫[1]

---

〔1〕 ЦГАСА, ф.33987, оп.2, д.141, л.274.

　　这已经是政治棋局了。公开发表这种前孟什维克的困境,对于正处在荣誉和自负顶峰的托洛茨基而言,已经是小事一桩了。他记得,共和国革命军事委员会秘书处的工作人员布托夫和谢尔姆克斯当时受他的委托打过几个电话。至于遗产、金钱、抢劫,那就让历史学家去考证吧!关于鲜为人知的、党在革命前活动的那一页,托洛茨基了解得并不亚于斯韦尔奇科夫。

　　从1871年到1914年,如果不算巴尔干的几次战争的话,欧洲没有发生过重大的动荡。看起来,资本主义自身正在走进自由主义的航道。社会主义者逐渐巩固了自己的地位。第二国际不无根据地认为,改良有可能帮助达到马克思主义宣布的目的。并非所有的人都感觉到了,在欧洲屋檐下,资本主义的矛盾在悄悄地增长。工厂里,工人生产越来越多的火炮、臼炮、齐柏林式飞艇、刺铁丝,而在暗中则生产毒气。1914年的夏季非常炎热。只需要一粒火星,就足以在欧洲的地下室里点燃熊熊大火。

　　这粒火星被凿出来了。当年电报是如此稀罕,就像20世纪中叶的电视一样。欧洲各国的首都在讨论一出悲剧:一名排字工加布里洛维奇对奥地利王储法兰西斯·斐迪南大公和他的妻子霍亨贝格大公妃行刺。幸运的是王储夫妇都还活着……过了几小时,传来了新消息:19岁的塞尔维亚青年普林西普用勃朗宁抵近射击,两发子弹让王储夫妇双双毙命。

　　“这是战争”,托洛茨基放下报纸,对妻子说。

　　托洛茨基走到街上,看到从未有过的喧嚣,聚集了许多人。他后来在《基辅思想报》上写道:“我漫步在维也纳街道上,观察着游行的人群。国防部门前宽阔的广场被人群挤得满满登登的。而且不是‘公众’,而确实是民众,穿着粗糙的鞋子,手上的皮肤也是粗糙的。有许多少年人和学生,而且也有许多成年人,还有不少妇女。挥舞着黑黄两色的小旗子,唱着爱国歌曲,有人喊道:‘Alle Serben mussen sterbent!’(让所有塞尔维亚人都去死!)”[1]托洛茨基敏锐的智慧明白了:民族主义的、沙文主义的、爱国主义的激情将推翻理智、道德和单纯自我保护的理由。可是当时连他也不曾料到,1914年8月初,欧洲的大部分社会民主党会向军国主义投降。托洛茨基回忆说:“我并不期望在发生战争的情况下,第二国际的正式领袖们能够表现出认真的革命首创精神。但与此同时我也万万没有想到,社会民主党

_____

〔1〕 Троцкий Л. Соч. Т. IX. С.3.

会拜倒在民族军国主义之脚下。"[1]托洛茨基有先见之明地写道:"动员和宣战仿佛将国内的种种民族和社会矛盾统一笔勾销了。然而这不过是历史的一次延期支付,某种政治上的延期付款。期票被修改了日期,可是债还是要还的……"[2]他准确地察觉到:战争初期到处都会加强国家机器,然后再使它们摇摇欲坠。从这时起直到去世,托洛茨基保持着敌视社会民主党的态度。他后来说:"历史就形成了这种状况:在帝国主义战争时代,德国的社会民主党才表明自己原来是世界史上最反革命的一件事。"[3]托洛茨基只有一条路可走——投向社会主义的激进派。布尔什维克就是这种人。

战争迫使托洛茨基带着一家人几乎是逃到瑞士去的,因为奥地利当局开始逮捕俄国流亡者了。"维也纳篇章"结束了。现在他和一家人将为它写几个流亡的"附录":法国的、西班牙的和美国的。俄国社会民主党人从维也纳出走是很迅速的。起初大家都转到了瑞士。去那里的有列宁、季诺维也夫、拉狄克、布哈林和另一些流亡的社会主义者。托洛茨基对那些在自己国家的议会中投票赞成军国主义计划的社会民主党人的决定印象深刻,于是在三天之内写成了一本小册子《战争与国际》。托洛茨基在其中坚决贯彻列宁的思想(尽管一如既往,和他处于"战争"状态):没有赔款和兼并的和平、劳动者的和平只有拿起刺刀反抗自己的政府才能够取得。托洛茨基在这里也提出了被普遍认为是乌托邦的思想:为了根除战争,无产阶级应当建立欧洲联邦,然后再争取建立世界联邦……

托洛茨基喜欢预测。可是,不妨先插一句,远非所有的预测都得到了证实。例如,他曾经相信,在十月革命之后,在近年内,即便不能完成世界革命,欧洲革命是一定会发生的。他关于世界革命的前景和命运、第四国际的作用、弱小民族国家的消亡的预测,以及掀开未来的面纱的一些尝试都错了。但是,后来涉及自己的祖国、蜕化变质的危险、斯大林主义的演变及其后果的许多推测都是有先见之明的。托洛茨基不畏惧做预测。还在1915年,他就预言,俄国只有借助革命才能退出战争。他以革命为生命,期待革命,而且促进这个"被压迫者的节日"的到来。

托洛茨基很像那个没有革命就活不下去的米·亚·巴枯宁。俄国革命

---

〔1〕 托洛茨基:《我的生平》,赵泓、田娟玉译,郑异凡校,上海人民出版社2014年版,第204页。

〔2〕 Троцкий Л. Соч. Т. IX. С.6.

〔3〕 ЦГАСА, ф.33987, оп.1, д.178. л.286.

者 B. И.科尔西耶夫在《忏悔录》中回忆了赫尔岑和巴枯宁的一次谈话,当时他也在场:

"波兰到处都在游行,"赫尔岑说,"或许波兰人会醒悟过来,明白既然国王刚刚解放了农民,那就不能搞起义! ……"

"那意大利呢?"

"很平静。"

"奥地利呢?"

"也很平静……"

"土耳其呢?"

"到处都很平静,什么都难以预料。"

"既然如此,那该怎么办呢?"巴枯宁困惑地问道。"难道去波斯或者印度,在那里把事情发动起来! 这真是让人发疯了,我不能无所事事地待着……"[1]

憧憬着俄国革命、欧洲革命和世界革命的托洛茨基也同样是急性人。

托洛茨基在瑞士只待了两个半月。《基辅思想报》建议他以该报记者的身份前往巴黎,从"埃菲尔铁塔的高度上"观察欧洲的这场大火。这张基辅报纸的老熟人欣然同意。前往巴黎所必须的各种手续很快就办完了。托洛茨基当时还没有想到,十五年后,为了进入法国,他和他的朋友们需要付出长期而艰巨的努力。直到 1933 年 4 月,他才从法国首都自己的追随者莫里斯·巴里扎宁那里收到一封电报,说他和妻子前往巴黎的问题看来可以解决,他回答说:"收到您的电报,我感到十分惊奇……我很难设想,正在寻求斯大林的友谊的法国政府会发给我签证。"[2]那时,托洛茨基成了几乎所有国家的大门都向他关闭的人。托洛茨基的这封信是好几十封被国家政治保卫局——内务人民委员部从他那里偷出,并呈送到斯大林桌上的信件之一……

我们还是回过头来吧。在法国待了两年后,托洛茨基最终同马尔托夫、帕尔乌斯和普列汉诺夫分了手。托洛茨基一面向《基辅思想报》发出通讯稿,一面积极与站在反军国主义立场上解释战争的巴黎俄文报纸《我们的言

---

〔1〕 Архив русской революции, издаваемый Г. В. Гессеном(《俄国革命档案》).Берлин, 1923. Т. XI. С.200。

〔2〕 Архив ИНО ОГПУ, ф.17548, д.0292, т. 1. л.262.

论报》合作。

在巴黎，他结识了安东诺夫-奥弗申柯，他们的友谊维持了很长时间，而且很牢固。更深入地认识了卢那察尔斯基、梁赞诺夫、洛佐夫斯基、曼努伊尔斯基、索柯里尼柯夫、契切林。现在他结交的那些人在不久之后都将处于俄国革命的中心。列宁的《社会民主党人报》，以及托洛茨基实际上已经成了头号主持人的《我们的言论报》不仅越来越经常地报道不断搜罗血淋淋的牺牲品的大战之神，而且也介绍那些着手摇撼被战争拖得疲惫不堪的俄罗斯帝国的潜在力量。

在长时间的中断之后，托洛茨基1915年9月在齐美尔瓦尔德又见到了列宁。这是瑞士一个小小的村子，聚集了来自交战国以及中立国的38名代表——社会主义者，为的是制定一个对待持久的屠杀的共同立场。实际上，代表们是跨越了带刺的铁丝网和堑壕，为的是在对战争的仇恨中团结起来。

列宁的立场是最革命的，而且像日后所表明的那样，就其后果而言：变帝国主义战争为国内战争。托洛茨基对自己立场的表述有所不同，"战争应以没有胜利者与被征服者而告终"。虽然列宁的建议没有获得多数的支持，但齐美尔瓦尔德会议见证了社会主义运动中的激进派，即第三国际先驱的兴起。

托洛茨基继续写作。他有些文章引起了不小的反响。例如，《带着斯拉夫族的口音，在斯拉夫的嘴唇上挂着微笑》、《手足无措，软弱无力的议会》、《战争周年祭》、《战争的心理之谜》[1]等等。是的，托洛茨基不得不表现出最大的灵活性，因为《基辅思想报》是赞成战争的，主张继续战争直至胜利。它心甘情愿地发表对德国的批评性文章，却勉为其难地发表涉及协约国的文章，而且加以删节。在《我们的言论报》上则可以写得随意一些。托洛茨基每天都去"罗通达"咖啡店，那里可以读到欧洲所有的大报。他还常在那里会见马尔托夫、梁赞诺夫、卢那察尔斯基……有关欧洲事件的信息比起廉价的战时咖啡来要昂贵得多。战争和对战争的态度越来越多地将社会主义者分到了街垒的两边。当托洛茨基得知，查苏利奇、波特列索夫和普列汉诺夫"赞成战争"时，他简直惊呆了。确实，对一个人政治观念的最好评价是由他自己的具体行动做出的。

在这段时间里，托洛茨基加强了自己和许多法国社会主义者的老关系。

---

〔1〕 См.：Троцкий Л. Соч. Т. IX.

他特别接近的是罗斯默,终生都和他保持着联系。甚至在国内战争的前线,托洛茨基还在 1919 年 9 月向巴黎寄出了一封信:

> 洛里欧同志,罗斯默同志,多纳特同志
>
> ……尽管存在着克雷孟梭和劳合·乔治等人企图借以把欧洲拖回到中世纪野蛮时代的封锁,我们仍然密切地关注着我们的工作,关注着法国革命的共产主义思想的成长。每当听到你们站在那个应当使欧洲和全人类复兴的运动的前列时,我本人都很高兴……
>
> 资产阶级法国的军国主义、野蛮举动和社会背叛行为的胜利越是粗暴,无产阶级的奋起就越严峻,它的策略就越坚决,它的胜利就越完美……我们知道,共产主义的事业掌握在可靠的、坚定的手中。
>
> 法国革命的无产阶级万岁!
>
> 世界社会主义革命万岁!
>
> 列·托洛茨基[1]

而这时托洛茨基的事情却逐渐复杂化了。运送俄国"炮灰"的新列车不断抵达马赛,有一支穿军大衣的农民暴动了。暴动被毫不留情地镇压了。从几个被捕士兵身上搜出了《我们的言论报》,登载着托洛茨基写的反对战争的材料。法国当局立即做出了反应:查封了报馆,而且决定托洛茨基必须离开法国。流亡人士和友好的社会党人的种种抗议都无济于事。按当局给他戴上的帽子,"危险的挑唆者"请求准许他前往瑞士或者瑞典。他担心,出于同盟国的义务,有可能将他直接交给沙皇当局。托洛茨基的档案里有一张法国报纸的剪报,上面说:"星期一,10 月 30 日,通知托洛茨基说,他必须立即离开。自签发将他驱逐出境的命令时起,他被置于最严厉的警察监视之下……傍晚,被派来监视他的两名警察来到他家,带走了他,并遣送往西班牙边境……"[2]

1916 年末,托洛茨基一家被强制遣送到西班牙,几天之后,他作为"著名的无政府主义者"在马德里被捕,蹲了几个星期监狱。托洛茨基对西班牙当局这种胡作非为不断提出抗议,他最终得到的是:他和妻子及孩子一起被

---

〔1〕 ЦГАСА, ф.33987, оп.2, д.32. л.341-344.

〔2〕 ЦПА ИМЛ, ф.325, оп.1, д.10. л.5.

送上一艘旧客轮"蒙谢拉特",遣送去北美合众国。他在日记中写道:"再见吧,欧洲! 不过还不是整个欧洲,西班牙的轮船是西班牙的一部分,它的乘客也是欧洲的一部分;而主要是,它的垃圾。"[1]在船上,被驱逐者给各国的许多友人,其中包括亲密的朋友阿尔弗雷德·罗斯默写了信:"我长久地目送着在雾中逐渐隐去的这个老下流胚——欧洲……"

1917年的新年前夕,托洛茨基和妻子带着两个年幼的儿子,紧紧地相互偎依着,站在二等舱的甲板上,注视着慢慢消失的直布罗陀陡峭的崖岸。直到20年后,1937年前夕,托洛茨基才带着妻子,不过已经没有了孩子(一个留在了巴黎,很快就死去了;另一个这时已经在苏联被枪决,只是母亲和父亲还不知道而已),再一次越过大洋,驶向美洲的海岸。到那时,被驱逐者才永远告别了欧洲。而现在,流浪的阿格斯菲尔是前途未卜。船尾上方,飞翔的海鸥嘎嘎叫着。托洛茨基想起古罗马的传说,有一种凭鸟的飞翔姿态来解释上帝旨意的占术士……今天海鸥是想向他传达什么呢? 今天上帝的旨意是什么呢? 在新大陆等待他的又是什么呢? 身边没有鸟占术士。托洛茨基翻开了自己命运中难以预测的一页。

---

〔1〕 Троцкий Л. Соч. Т. IX. С.321.

第二章
革命的疯狂

在革命中要对恶势力进行审判，
可是审判的力量自己也在制造恶。

尼·别尔嘉耶夫

老旧的"蒙谢拉特"在浩瀚无边的大西洋的波浪中颠簸着，一面发出吱吱嘎嘎的响声。将近十五年后，托洛茨基是这样写的："在一年中这最坏的季节里大海特别汹涌狂暴。轮船从各个方面向我们提示生命的脆弱……但在战争时期中立的西班牙国旗降低了被击沉的危险。由于这个原因，西班牙公司船票昂贵，设备却很差，伙食也不好。"[1]

托洛茨基原先就已经察觉到：大海的喧嚣声、波浪的怒号声和大自然的隆隆声给人的印象是仿佛存在一个虚幻的庞然大物，可是它不知道什么是痛苦，什么叫欢乐，它不因过去而耿耿于怀，也不为未来而忧心如焚。海洋，宛若繁星点点的天空、雄伟耸立的群山和丛林中的篝火，让人产生一种需求：不仅要思考今天，而且也要关注人生的转瞬即逝。托洛茨基的思想可以飞向关于生存的遥不可及的哲学观念，但必然会回到难以预测的、触手可及的未来。

被驱逐者站在甲板上，注视着灰蒙蒙的地平线，一面想着：两个新年，他们一家都是在巴黎过的，而第三个新年怕是要在辽阔的海洋上迎接了。在即将到来的 1917 年里，等待他的是什么？托洛茨基回忆起他喜爱的格列布·乌斯宾斯基的一个形象的片段："遥远的大海中的岩石上，耸立着一座巨大的雕塑'自由女神'。法国将这座雕塑赠送给美国。在巨大的底座上竖立着一个妇女将电火炬举过头顶的雄伟形象。这位妇女将火炬高高举起，几乎达到了云端……"接着乌斯宾斯基写道："遭遇了风暴、雨雪的可怜鸟儿

---

〔1〕 托洛茨基：《我的生平》，赵泓、田娟玉译，郑异凡校，上海人民出版社 2014 年版，第 233 页。

扑向光明,却撞上了巨大的火炬,碰得头破血流……"[1]他是否也会在新大陆陌生的巨大岩石上碰得头破血流呢? 按他的说法,在这个"只将金钱奉为道德哲学"的国家里,他能做些什么呢?

在美国,托洛茨基只待了两个月,从一开始就在纽约、费拉德尔菲亚和其他城市中作报告。在美国他见到了尼·伊·布哈林、亚·米·柯伦泰、格·伊·丘德诺夫斯基和其他一些革命者。但是托洛茨基还来不及切实熟悉自己的同胞和当地的社会主义者,就从海外不断传来有关俄国事态的激动人心的,起初是不很明确的消息。托洛茨基搞来了许多报纸,激动地读呀读……记者从彼得堡报道说:3 月 2 日,国家杜马的成员亚·伊·古契柯夫和瓦·维·舒利金前往普斯科夫晋谒了沙皇尼古拉二世,接受了他让位给弟弟米哈伊尔·亚历山德罗维奇的诏书。资产阶级的杜马成员竭尽全力,以求挽救君主制。帕·尼·米留可夫对政府成员讲话时,就坦率地谈到这一点:"对于国家制度的形式问题,我们不可能不作出答复,也不能不予解决。我们自己设想的是议会和立宪的君主制。"读完这些文字,托洛茨基把报纸扔在地上,气愤地说:"立宪民主党已经钻进了提台词的小棚子,唠叨他们的路线了!"

"廖瓦,可是这原本就是大家期待的呀,"娜塔莉娅·伊万诺夫娜·谢多娃安抚丈夫说。

后来,已经回到俄国之后,托洛茨基才得知,那些日子里,政府成员格·叶·李沃夫、帕·尼·米留可夫、亚·费·克伦斯基、尼·萨·涅克拉索夫、米·伊·捷列先科、И. B.戈德涅夫、亚·伊·古契柯夫,还有杜马临时委员会委员米·弗·罗将柯、瓦·维·舒利金、伊·尼·叶弗列莫夫、米·亚·卡拉乌洛夫在接受米哈伊尔的逊位时,建议他采用给保留君主制留有余地的文字。经过他们修改后,主要思想听起来是这样的:"我坚定不移地决定,只有在下述情况下,才能接受最高权力:如果它是我们伟大人民的意志,必须经过全体人民的投票,通过自己在立宪会议中的代表规定俄国国家的治理形式和新主要法律……"[2]若干年后,他也和其余的政治局委员一样,收到来自国外的流亡者的文件,再次读到了这一切。

社会主义者又怎么样了呢? 列宁现在在哪儿? 布尔什维克和孟什维克

[1] Соч. Глеба Успенского(《乌斯宾斯基文选》). B 2 т. Спб. 1889. Т.2. С.1208。

[2] Милюков П. Н. История второй русской революции(《第二次俄国革命史》).Париж. 1924. С.87。

之间的关系会是怎样的呢？会不会借德国人之手将新的革命淹没在血泊中呢？一个个问题、问题……太阳穴隐隐作痛，头昏沉沉的，伴随着快乐的是隐约的、模糊的惴惴不安……冬宫上空飘扬着革命红旗的消息听起来仿佛是一个甜蜜的神话。托洛茨基回忆说，在美国的群众大会上，人们总是发出兴高采烈的叫嚷。他几乎不在家里待着。两个男孩子上学，很快就掌握了英语。此前在法国，他们学会了法语，更早一些，在奥地利学会了德语。革命的阿格斯菲尔的孩子是在世界主义的环境中长大的，而且分享了父亲的命运。托洛茨基在得到第一批关于二月革命的消息后，就坚决而且义无反顾地认为：他的位置在祖国，那里已经燃起了革命的火炬。1917 年 3 月 27 日，他们一家和其他一些同胞一道，乘挪威轮船"克里斯蒂安尼亚峡湾号"启程前往欧洲。他当时还不曾料到，二十年后，他一生中最后一次海上航行还是穿越大西洋，而且乘的也是挪威轮船，只不过方向相反，是前往墨西哥。

在加拿大港口哈利法克斯对轮船进行检查时，托洛茨基一家和其他几名俄国乘客被拘捕了。在羁押所里，他们得知，英国大使馆发了通报，说托洛茨基前往俄国是"拿了德国大使馆的津贴去推翻临时政府"。应当指出，在托洛茨基抵达彼得格勒之后，俄国报纸还在继续发表这样的文章。推波助澜的是关于德国政府从财政上支持布尔什维克的种种传闻，而且以其真实性并未得到完全证实，但也不足以推翻的文件为依据。直到今天，这个问题也没有完全澄清，尽管后来国外就这个问题发表过许多文章。其中最著名的要算《往事之声》杂志原编辑，1920 年被布尔什维克判处死刑，然后又被驱逐出境的谢·彼·梅利古诺夫写的一本书。[1]多次蹲过彼得保罗要塞的三角堡的老革命家 В. Л. 布尔采夫对这个问题进行了专门研究。他在自己已经发表的许多著作中声称，布尔什维克同德国政府之间的金钱关系是真实可信的。[2]

在《真理报》几次就英国政府的胡作非为作出评论后，临时政府才不得不给哈利法克斯发电报，请求释放被扣押的俄国公民。三星期后，托洛茨基抵达斯堪的纳维亚，然后乘火车到彼得格勒。他还不知道，现在他将同谁站

─────────

〔1〕 Мельгунов С. П. Золотой немецкий ключ большевиков（《布尔什维克手中的德国金钥匙》）.2-е изд. Нью-Йорк: Телекс. 1989。

〔2〕 Бурцев В. Л. Проклятие вам, большевики!（《布尔什维克，你们该死!》），Стокгольм. 1918。

在一起:同布尔什维克,还是孟什维克? 不过,他坚定不移地相信:他将同革命站在一起!

革 命 的 洪 流

经过十年的间隔后,托洛茨基再度踏上了祖国的土地。1917 年 5 月 5日,在彼得格勒的芬兰火车站上迎接来自新大陆的俄国革命家的是他的朋友们。莫伊塞·索罗蒙诺维奇·乌里茨基甚至发表了简短的演讲。自俄国社会民主工党成立后,他长期和托洛茨基一起,走在孟什维克的行列中,在《我们的言论报》中共同工作时,两人相知甚深。两个男孩子已经在异国他乡长大,惊喜地环顾四周,到处听到的都是俄语,车站上是罕见的热闹,甚至是亢奋,许多人的大衣翻领上缀着红色的蝴蝶结……托洛茨基是国外著名的俄国活动人士中"直接投入革命"的最后几个人之一,我们知道,这是由于加拿大的扣押。托洛茨基来到俄国的首都,这里他在十年前就担任过该城市最高革命机构的主席。托洛茨基草草在"基辅旅馆"找了一间房安顿下来后,立即前往斯莫尔尼宫,参加彼得格勒苏维埃的会议。

会议正在进行。主持会议的是他非常熟悉的尼古拉·谢苗诺维奇·齐赫泽,孟什维克主要领导人之一。苏维埃对托洛茨基相当冷漠。无论是在苏维埃中构成多数的孟什维克和社会革命党人,还是布尔什维克都还不知道,新来者是谁的"援军"。托洛茨基近些年来通常采取中派的立场,因此他自己当时也不能明确地陈述自己的观点。不过,大家还记得托洛茨基在第一次俄国革命中的功绩,所以就在这次会上吸收他参加苏维埃执行委员会,拥有发言权。托洛茨基就在边上一把空着的椅子上坐下,他惊奇地听着他的新同事们怎样分配被报刊说成是"十个资本家和六个社会主义者的共生体"的克伦斯基政府中的职位。

尽管托洛茨基一直很注意观察俄国的事态变化,但长期的流亡还是使他脱离了祖国的现实,现在立即向他提出了许多问题,而他又不是始终都能作出清晰的回答。应几名部长:古契科夫、策列铁里和他从前的学生斯科别列夫之请,托洛茨基也在会上讲了话。苏维埃的新委员仿佛是处在岔路口上,只能用最一般化的词句表达自己对革命的态度。他仔细地看着听众的脸色,说道,我们看见俄国"打开了一个新纪元、血与铁的纪元,不再是一个国家反抗另一个国家的斗争,而是被压迫阶级反抗他们的统治者的斗争"。[1]主张将战争进行到"最后胜利"的策列铁里和切尔诺夫抬起了头。他们从托洛茨基的话里听出了对他们的方针明确表述的危险。

托洛茨基已经知道了列宁在《真理报》(1917 年 4 月 7 日)上发表的、业已成为笑柄的文章《论无产阶级在这次革命中的任务》,其中包括他以社会主义革命取得胜利为方针的《四月提纲》。在这篇文章中列宁恶狠狠地批评格·瓦·普列汉诺夫,说他在孟什维克的《统一报》上歪曲了自己的观点,主张沙文主义的"护国主义"。但是,就在这篇文章中列宁也表述了俄国还没有准备好的立场:"不是议会制的共和国,(从工人代表苏维埃回到议会制共和国是倒退了一步),而要从下到上遍及全国的工人、雇农和农民代表苏维埃共和国。"[2]在一个民主主义刚开始萌芽的国家里摒弃议会制,日后将使社会主义思想本身遭到残酷的报复。托洛茨基对列宁不妥协的腔调早已习以为常,可是普列汉诺夫却让他吃了一惊。托洛茨基对普列汉诺夫那种尖刻的、粗暴的、毫不妥协的语气感到吃惊,他除了发出许多正确的议论之外,还说了不少简直就是辱骂性的语言。只消看看这篇文章的题目就一目了然了:《评列宁的提纲,兼评为什么痴人说梦有时也会娓娓动听》[3]。托洛茨基读着这篇文章,几乎认不出这是普列汉诺夫的风格。他觉得奇怪,普列汉诺夫居然会用这样的词语来"装饰"自己的文章:"列宁从来就不是一个懂得逻辑的人","《统一报》的记者称列宁的讲话是痴人说梦是完全正确的","列宁的第一个提纲是在一个既没有日期,又没有月份,而只有鬼才知道是什么东西……的幻想世界里写成的"等等。

托洛茨基在不同时期写过几篇评论普列汉诺夫的文章,包括 1918 年的悼念文章(其中称他为"调和分子"和"民族主义者",但对这位理论家保持着应有的尊重),此时却被老马克思主义者的毫不留情所震惊了。因为普列汉诺夫早就体现了最完整的社会民主主义的理想。普列汉诺夫评论"列宁的

〔1〕 Троцкий Л. Соч. Т. III. Ч.1. С.45-46.

〔2〕《列宁全集》第 29 卷,中文第 2 版,第 115 页。

〔3〕 См.: Плеханов Г. Б. Год на Родине(《归国一年》).Полн. Собр. Статьей и речей 1917—1918 гг. Париж: Издательство Поволоцкого, 1921. Т.1.

提纲"的这篇文章是这样结束的:"我坚信……列宁号召同德国人结拜弟兄,推翻临时政府,夺取政权等等,等等,从中我们的工人能够看到的恰恰是提纲究竟是什么货色,也就是,疯狂地、极其有害地企图在俄国的土地上播下无政府主义骚乱的种子。俄国的无产阶级和俄国的革命军队不会忘记,假如这种疯狂的、极其有害的企图不立即遭到他们严厉的反击,那它就会连根拔起我们政治自由这株稚嫩的幼苗。"托洛茨基当时并不同意普列汉诺夫的见解。

托洛茨基感到,革命的竞技场不仅能够团结人们,也能分裂他们。往往还是永久性的。他也须确定自己的立场:革命容不得模棱两可。

托洛茨基中派的方针起初将他导向所谓的"区联派",这是 1913 年在社会民主党内出现的一个团体,对孟什维克的护国主义持批判态度,但并未失去和他们的思想联系。这个社会民主党人中人数较少的团体越来越倾向于布尔什维克。托洛茨基抵达彼得格勒后,"区联派"中他的许多昔日老熟人和朋友:弗·亚·安东诺夫-奥弗申柯、莫·马·沃洛达尔斯基、德·扎·曼努伊尔斯基、阿·阿·越飞、阿·瓦·卢那察尔斯基、莫·索·乌里茨基、康·康·尤里耶夫和其他一些人,通常是一些有社会民主主义倾向的知识分子,接受过西方社会主义运动的"教育",正在布尔什维克的激进主义和孟什维克的议会主义之间作痛苦的抉择。在他们中间,托洛茨基还见到了两年前在巴黎《我们的言论报》中积极合作过的一些人。

彼得格勒沸腾了。群情激荡的大规模集会仿佛是春汛的洪流淹没了街道。托洛茨基大清早就离开旅馆,整天生活在政治中:各种会议、群众大会、会见、讨论、讲话。一两个星期托洛茨基都用于审视环境,确定取向,观察人们及其领导者。他看到,在力量的政治分配上,布尔什维克缓慢地,稳步地走向前列。因为他们是反对帝国主义战争的。可是几年来同列宁和布尔什维克的思想和报刊战争,暂时还让托洛茨基紧紧抓住欧洲燕尾服的后襟。5月 10 日,"区联派"在代表会议上讨论该派的政治取向问题,托洛茨基在发言中仍旧说:"我不能自称布尔什维克……要求我承认布尔什维克是不行的。"[1]

列宁注意到托洛茨基的到来,看到他的声望在增长,不过他可能感觉到这件事情表现了部分居民的小资产阶级革命性,他们喜欢鲜明的左派词语,

---

〔1〕 Ленинский сборник(《列宁文集》). M., 1925. T. IV. C.303。

激进的结论和迅速取得预期结果的承诺。在起草关于俄国社会民主工党(布)第四次(四月)代表会议总结的报告时,列宁并非偶然地在一个地方写下了几个字:"小资产阶级的动摇:托洛茨基、拉林及宾什托克,马尔托夫,《新生活报》",[1]他将这些人归入小资产阶级。同时,列宁还仔细观察托洛茨基,阅读他的文章,观察他对自己讲话的反映。

在这些"观望审视"的日子里,在取向各不相同的《真理报》《前进报》《新生活报》的编辑部里都可以遇见托洛茨基。他的道路在回国后的最初几个月里常常和阿·瓦·卢那察尔斯基、马·高尔基、尼·尼·苏汉诺夫、马·伊·斯科别列夫、列·波·加米涅夫交叉。这出俄国戏剧的演员们都在自行确定出演的角色。

加米涅夫娶了托洛茨基的妹妹奥尔加·勃朗施坦为妻。可是他同妹夫的关系从来就不亲密。这些日子里,托洛茨基在自己家和加米涅夫家不止一次会见过加米涅夫,一步一步地"摸索过"布尔什维克的立场,试图搞清楚列宁现在对他怎么看,因为他知道,列宁对加米涅夫分外亲近。(这种政治上的亲近最明显地表现在列宁十月革命后患病时,将很大一部分私人档案交给了加米涅夫,以便为文集提供材料)。托洛茨基认真听着加米涅夫的谈话,心里却摆脱不了对妹夫的某种不快。这在他对加米涅夫的书面评价中也能感觉得到。他在《二月革命》一书中给他作了一个不太中听的鉴定:"加米涅夫几乎从布尔什维主义刚诞生时起,就是一名布尔什维克,始终站在党的右翼。他不缺少理论准备和政治嗅觉,有在俄国进行派系斗争的经验和在西方做政治观察的储备,加米涅夫比其他许多布尔什维克更善于抓住列宁的整个思想,不过在实践中又尽可能对它们作出缓和的解释。不能指望他在作出决定时会有独立性,在行动中会有主动性。加米涅夫是一名杰出的宣传家、演说家、记者,虽不是光芒四射,但深思熟虑,在同其他党派谈判时,以及打探其他社会团体的信息时,能起很大作用,但每次回来时,都会带来一些同党格格不入的情绪。加米涅夫的这些特点十分明显,所以谁也不会对他的政治身影作出误判……"[2]

从与加米涅夫的谈话中,托洛茨基得出结论,列宁和布尔什维克的中央委员会目前对他的态度是颇为警惕的。不久托洛茨基本人也感觉到了这一

---

〔1〕《列宁全集》第30卷,中文第2版,第421页。

〔2〕 Троцкий Л. Февральская революция(《二月革命》). Берлин; Гранат, 1931. C.321。

点。他在布尔什维克和"区联派"就后者加入党的问题举行的联席会议上见到了列宁。列宁是公认的党的领袖，是俄国革命者中最激进核心的领导人，他明白社会巨变即将到来，看到了布尔什维克难得一见，而他也不打算放弃的历史机遇。在这种情况下，列宁想把几个著名的、公众认可的政治家：马尔托夫、普列汉诺夫、托洛茨基吸引到自己这边来。但是，前两个人立刻就被排除了；他们早就成了坚定的社会民主派，不适合做布尔什维克。剩下一个托洛茨基。而俄国的这位阿格斯菲尔也明白，国内正在掀起一股他期待已久，而且和巨大的希望联系在一起的新的革命浪潮。他不仅是"革命的情人"，还是革命的浪漫主义者。的确，时间一到，这种浪漫激情会变成不可避免的，有时甚至是凶险的征兆。

随着托洛茨基和布尔什维克逐渐接近，不久以后他和列宁的私交也逐步改善了。他日后是这样写的："在 1917 年间，列宁对我的态度经历了几个阶段。起先列宁对我有点冷淡，七月事变立即使我俩接近起来了。当我反对大多数布尔什维克领导人，提出抵制预备议会的口号时，列宁从他的避难所里写道：'好样的，托洛茨基同志！'"[1]

托洛茨基抵达彼得格勒一个月后，他就已经成了革命五光十色的政治背景上最耀眼的人物之一。这位革命家熟悉了环境，权衡了各种取向之后，义无反顾地投入了人类激情、争论、辩论、政治要求的汹涌澎湃的洪流中。1917 年的夏季和秋季，托洛茨基成了"抢手货"：波罗的海的水兵、普梯洛夫工厂和电车机务段的工人都邀请他参加集会。大学生请他参加社会革命党人和布尔什维克的大会，应邀参加部队士兵委员会的会议。革命的讴歌者几乎从不拒绝。有时，他和也是优秀演说家的卢那察尔斯基一起参加集会。这种串联式出场，确切地说，是革命鼓动家的二重唱，在彼得格勒那些遥远的日子里曾经风靡一时。

托洛茨基最喜欢去的地方就是喀琅施塔得的水兵那里。他的言谈播撒到了肥沃的土壤里，水兵是革命群众中情绪最激进的那部分人。他们对托洛茨基充满善意的态度尤其表现为他们不仅在喀琅施塔得，而且在彼得格勒也主动承担了保卫托洛茨基的任务。托洛茨基特别接近的一名水兵是尼·格·马尔金。日后，托洛茨基是这样写的："关于他我们应当谈谈，因为通过他，通过一批马尔金，十月革命才取得了胜利。

---

〔1〕 托洛茨基：《我的生平》，赵泓、田娟玉译，郑异凡校，上海人民出版社 2014 年版，第 297 页。

马尔金是波罗的海舰队的一个水兵、炮手，又是布尔什维克……马尔金不是个演说家，说起话来很费劲。再说，他是个腼腆和忧郁的人——内心充满了忧郁。马尔金是用整块材料，并且是真正的材料铸成的人。他开始照料我家的时候，我根本没有料到他的存在。他结识了孩子们，在斯莫尔尼宫的小食部里，用茶和夹肉面包招待他们，他使孩子们得到了小小的欢乐，在那严酷的年代里，这样的欢乐是不多的。"[1]

得到马尔金的帮助，娜塔莉娅·伊万诺夫娜·谢多娃总算安排好了家务，送两个孩子上了学，一步一步将生活安排妥当。顺便说说，70 年后，亚·费·克伦斯基的儿子格列布·亚历山德罗维奇回忆说，他和列夫、谢尔盖上的是同一所学校，同学中除了托洛茨基的两个儿子外，还有德米特里·肖斯塔科维奇和加米涅夫的儿子亚历山大。据格列布·亚历山德罗维奇回忆："托洛茨基的儿子刚从美国回来，我们老挖苦他们，称他们是'美国佬'，我们不喜欢他们优雅的举止，精心细致和特立独行。"我想现在就插一句，托洛茨基仅仅在流亡期间才能有点时间关照家庭。而在俄国，革命几乎吞噬了整个托洛茨基，给孩子们只留下了一点点剩余的精力。对他们的教育主要由娜塔莉娅·伊万诺夫娜来管。

而当时，群众正在迅速地"向左转"。原因之一就是二月革命摆脱了君主专制，带来了自由，可是既没有给人民带来和平，也没有带来土地。而工人和农民最渴望的就是和平和土地。布尔什维克细致地抓住了大量群众的情绪，并不断推动他们去领悟必须采取新的激进步骤。大家特别深刻地感受到这一点是在 7 月 4 日，发生了大规模的反战游行，它实际上是对临时政府虚弱的制度挥起的一次大棒。这时从前线传来了俄军六月攻势失败的消息。右翼报刊和资产阶级政党一起扑向布尔什维克，认为他们是这次军事溃败的罪魁祸首。再度出现了许许多多"证据"，说是列宁"勾结德国总参谋部"，说布尔什维克推翻沙皇君主制"别有用心"，是同德国皇帝"一唱一和"。现在档案中还保存着一份托洛茨基的文章《有远见的政策》的手稿，其中他谈到当时的事件，有这样一些文字："1917 年 7 月，反动派极力想证明布尔什维克同德国帝国主义者结盟。克伦斯基、布尔采夫、唐恩'证明说'，布尔什维克即使不是为了金钱，不是出于预谋，不是自觉地，那至少在'客观上'帮助了，促进了霍亨索伦王朝的期望……然而布尔什维克在七月里小市民

---

[1]　托洛茨基：《我的生平》，赵泓、田娟玉译，郑异凡校，上海人民出版社 2014 年版，第 257 页。

见解的狂轰滥炸中,并没有动摇,也没有低头,不让自己被卷入诽谤、谣言和污蔑之中……他们瞄准远方的目标,缩短了期限,推动了事态……"〔1〕

可是,社会舆论却"上钩"了;在这种气氛中,关于布尔什维克"背叛","搞间谍活动",给柏林"帮助"的任何神话,都在以某种方式在向小市民说明俄国军队长期以来屡屡失败的原因。于是人们指责布尔什维克是"前线失利的罪魁祸首"。而布尔什维克甚至在十月革命之后,也在试图驳斥这种指控,不断收集有利于自己的证据。例如,早在1919年1月,托洛茨基就收到了契切林的一封电报,其中说道:"1918年1月,俄国的反革命分子给罗宾斯上校送去了证明德国政府同托洛茨基之间关系的许多文件。罗宾斯上校进行了研究,而且询问了加尔佩林,后者承认,许多文件曾经在克伦斯基政府中见过,毫无疑问是伪造的……《世界主义文萃》的原出版人希松同意罗宾斯的见解,认为这些文件不值得信任,不过希松后来改变了看法。"〔2〕可是布尔什维克在十月革命之后认为无须再回到这个话题,何况谁也不敢谈论这个题目而不冒生命危险……而当时,十月革命前夕,则完全是另一回事:指控是严重的,辩护是很困难的。关于布尔什维克"搞间谍活动""背叛"的问题,许多报纸都发表过文章。援引过许多证据,表明布尔什维克同德国人之间有秘密关系。后来发表的一些文字至少证明,德国政府是很关注于激化布尔什维克反对临时政府的斗争的。德国著名的军事家、政治家埃里希·鲁登道夫写道:"帮助列宁前往俄国(从瑞士经过德国去瑞典——作者注),我国政府承担了特殊的责任。从军事观点来说,这个行动是有道理的。俄国应当立即垮台。"〔3〕可是,当时,1917年夏季,围绕这些问题社会上曾经有过激烈的争论。

在流亡人士中很快就出现了一个人,他将成年累月地寻找足以证明布尔什维克和德国人之间关系的文件、论据和证据。这个人就是布尔采夫。下面这句话就是他说的:"我历年来始终坚持同一件事情:必须驱逐并痛击布尔什维克。"由肃反工作人员从巴黎发往莫斯科的、他为数众多的文章之一《我向叛徒及其辩护者提出挑战》中说:"从1914年8月起,德国人给了布尔什维克至少7 000万马克。早在1917年夏季,我就公开在报刊上自己署

〔1〕 ЦПА ИМЛ,ф.325,оп.1,д.360.л.1-5.

〔2〕 ЦГАСА,ф.33987,оп.2,д.79.л.90.

〔3〕 Ludendorff E. Meine Kriegserinnerungen. 1914—1918〔《我的战争回忆(1914—1918)》〕. Berlin, 1919. S.47。

名,指名道姓举报过列宁和他的几十名同志:托洛茨基、加米涅夫、季诺维也夫、加涅茨基、柯伦泰、卢那察尔斯基、纳哈姆基斯、拉柯夫斯基等,指控他们背叛俄国,在战争期间勾结德国人,要求将他们立即逮捕并交付法庭审判。"〔1〕我想,这一切构成了历史的秘密之一,或者说,一个重大骗局。足以肯定或者否定秘密关系的决定性证据,可能还没有找到。

我们还是回到1917年7月吧。临时政府发出了对列宁、季诺维也夫、加米涅夫和一大批布尔什维克的逮捕令。反动派企图遏止革命的洪流。在这场闹剧的高潮中,托洛茨基见到了列宁,大约是在1917年7月4日召开的俄国社会民主工党(布)中央委员会和彼得格勒市委员会的联席会议上。在讨论是否应当出庭应诉的问题时,托洛茨基的意见是,应当将它变成一座革命的讲坛。加米涅夫支持这个提议。可是列宁和他的大部分支持者不无根据地认为,当局可能用干脆砍掉革命首脑的办法来加速洪水的消退。何况军官团已经捣毁了《真理报》编辑部,逮捕了布尔什维克的领导人,报刊上在诋毁革命的领袖。不过应当说,列宁是一个谨慎小心的人,从来不曾像其他革命家那样,拿自己的生命去冒险。

就在列宁避入地下的三四天后,托洛茨基发表了经过反复考虑的、致临时政府的公开信。信中说:

部长-公民们!

我知道,你们已经决定逮捕列宁、季诺维也夫、加米涅夫三同志。可是逮捕令里没有我。因此,我认为必须提请你们注意以下事实:

1. 我原则上赞同列宁、季诺维也夫和加米涅夫的立场,而且在自己的《前进报》上,以及我的各种公开言论中捍卫了这种立场。

2. 我对7月3—4日事件的立场和上面提到的几位同志的立场是一致的。〔2〕

当时,只有英勇无畏的人才敢做出这样的声明。他继续在群众集会上发表演说。他高声宣布,他也和列宁一样,是临时政府的死敌,而那些自称为革命领导者的人,则是"德国间谍"——最名副其实的坏蛋。群众往往是

〔1〕 Архив ИНО ОГПУ, д.501, т. III, л.469-470.

〔2〕 Троцкий Л. Соч. Т. III. Ч.1. С.165-166.

激愤躁狂:大多数支持托洛茨基,而许多人却用凶狠的吼叫和威胁来表明自己对这种声明的态度。托洛茨基继续处于自由状态,他仿佛是在对政府挑衅,公开指责政府继续进行帝国主义战争,企图取消人民从二月资产阶级革命中获得的果实,在纠缠不休的攻击中保卫列宁。这样持续了大约一周半至两周,直到对彼得格勒苏维埃委员的正式逮捕令送到托洛茨基的居住地(这时他们一家已搬到一名自由派记者寡居的妻子家中)。

托洛茨基被押解到早已人满为患的、著名的"十字架监狱"。十年以前,他曾经在这里蹲过。他在这里见到了自己演说的搭档卢那察尔斯基,还有拉斯科尔尼科夫、加米涅夫、德宾科、安东诺夫-奥弗申柯,以及布尔什维克、孟什维克、社会革命党人中他认识的其他几个革命者。第二天,托洛茨基非常熟悉的、孟什维克的著名理论家尼·尼·苏汉诺夫在摩登马戏场(人们原本是期待托洛茨基在这里演讲的)宣布,托洛茨基被临时政府逮捕了。作为回答,会场上掀起了一阵愤怒的喊叫声。据苏汉诺夫说,他和马尔托夫好不容易才控制住了群众,"让他们释放了怒气",通过了抗议的决议。顺便插一句,苏汉诺夫后来写道,群众中传播着右派散布的风言风语,说是列宁、托洛茨基和卢那察尔斯基打算建立独裁的三头政治,篡夺政权。[1]这就更激起了民愤。稍后,革命的彼得格勒已经得知了托洛茨基被捕的消息。报纸上,群众集会上都议论纷纷。这一切都证明,那个目前还不能回答他现在究竟是布尔什维克,还是孟什维克的人,其威望正在迅速增长。

托洛茨基还记得自己在第一次革命失败后,在彼得堡监狱中的经历,再一次拿起笔来,从事写作。在"十字架监狱"的这段时间里,他就当前紧迫的问题写了许多色彩鲜明的文章;他的立场更加具有革命性了。拉斯科尔尼科夫后来《在克伦斯基的监狱里》一文中回忆:"每当放风时,托洛茨基总是身披外国的斗篷,头戴柔软的细毡帽,立即就会有几个同志围上去,热烈地谈论政治……而在牢房里,托洛茨基从早到晚都在奋笔疾书……"[2]托洛茨基依旧奉行早先的监狱"行动路线"。

托洛茨基又一次被关押(我们知道,这几乎正是他指望的)大大提高了他的威信。托洛茨基被捕几天之后,7月末,俄国社会民主工党(布)第六次

---

〔1〕 Суханов Н. Н. Записки о революции. Сочинения. В 7 т(《革命札记。七卷本文集》). Берлин—Петербург—Москва, 1922. Т.4. С.511。

〔2〕 ЦПА ИМЛ, ф.325, оп.1, д.19. л.36-37.

代表大会在半合法的情况下开幕。起初的几次会议是在维堡区开的,后来转移到了纳瓦尔哨所一带。党的许多领导人或者被迫转入地下,或者被投入临时政府的监狱而不能出席大会。但列宁的思想和政治影响仍旧非常强大。实际上,大会依据的是列宁对时局的基本评价:由于反革命暂时占了上风,用和平方法夺取政权的可能性消失了。大会议程上提出了武装起义的问题。从这时起,布尔什维克的激进路线就越得更加突出。按克伦斯基日后的说法,布尔什维克的领袖选择了一条悲剧性的发展道路:将各族人民之间的帝国主义战争变成了不同阶级之间的国内战争[1]。从那时起,这种战争(尽管形式有所不同)在俄国辽阔的大地上延绵了好几十年……

这次代表大会对托洛茨基的革命生涯具有重大意义。他甚至当选为主席团的名誉委员。经过谈判和协调,一大批(将近4 000人)“区联派”被接受入党。这就是所谓的孟什维克-国际主义者、中派人士、布尔什维克-调和派人士(托洛茨基组织上也参加了该派)。这样一来,托洛茨基虽然身陷囹圄,却用新办法解决了他的党派属性问题。和托洛茨基一起成了布尔什维克的还有莫·马·沃洛达尔斯基、阿·阿·越飞、阿·瓦·卢那察尔斯基、德·扎·曼努伊尔斯基、莫·索·乌里茨基,以及他们的许多伙伴。托洛茨基的威望非常之高,因此在代表大会选举中央委员会时,他立即入选。而且他的得票只比列宁少三票!

监狱当局虽然竭尽全力,却找不出对托洛茨基任何有分量的指控。他的演讲很难被认定为国家罪行。何况托洛茨基还威胁要宣布绝食,并拒绝回答检察官的问题。按照彼得格勒苏维埃的要求,1917年9月2日他被保释出狱,保证金是3 000卢布。而实际上,只有借助布尔什维克才能击退以科尔尼洛夫为首的军方威胁的克伦斯基已经感到,强化规章制度只会削弱他临时政府首脑的地位。可以有根据地认为,正是科尔尼洛夫的八月冒险巩固了布尔什维克的地位,并促成了十月政变。[2]托洛茨基和卢那察尔斯基、加米涅夫、柯伦泰,以及其他革命者一起,以英雄的身份走出监狱,并全身心地投入了党的事业。对这些事件,反动阵营中的人是这样反应的。

鲁科姆斯基将军(时任阿·阿·布鲁西洛夫总司令的参谋长,后为拉·

---

[1] Керенский А. Издалека(《来自远方》). Париж,1922. C.11。

[2] Мельгунов С. Как большевики захватили власть(《布尔什维克怎样夺取政权》). Париж,1953. C.12。

格·科尔尼洛夫的参谋长）后来回忆说：七月事件之后"临时政府镇压了布尔什维克的行动,而对普遍的愤怒情绪表现出的软弱无力,简直如同犯罪。逮捕列宁原本是轻而易举的事,却让他躲藏起来。按照临时政府的命令逮捕的托洛茨基（勃朗施坦）,又从监狱里放了出来。拿德国人钱的卖国贼和叛徒公然要求终止战争和签订'没有领土兼并和赔款'的和约,他们不但没有受到法律的严惩,实际上反而终止了对他们案件的审理,让他们得以在彼得格勒和军队中再度开始破坏活动"。[1]临时政府当局仿佛成了一个不伤害人的稻草人,连乌鸦也敢成群结队地聚集在他头上。

顺便说说,20 世纪 20 年代在国外出版的许多回忆录（米·弗·罗将柯、瓦·维·舒利金、帕·尼·米留可夫、安·伊·邓尼金、М. И.斯米尔诺夫、谢·彼·曼瑟列夫和其他"前任"）,将因种种事件（包括君主专制的、资产阶级的和其他反革命计划）的失败而产生的怒火一股脑儿全喷向了临时政府。

1917 年 9 月中旬,彼得格勒召开了民主会议。这是各个政党试图用对话的办法来确定国内政权未来走向的某种自成一格的论坛。这次会议原本可能使革命重新走上和平发展的道路。可是经过激烈的犹豫动摇后,孟什维克和社会革命党人宁肯同立宪民主党人联合,而不愿和布尔什维克妥协。对托洛茨基而言,这次会议意义重大:党中央委员会首次委托他陈述布尔什维克的立场。据同时代人的回忆,他的发言对与会者产生了巨大影响。托洛茨基对发言作了精心准备,因为他明白,在新层级上初次"出场"具有何等的价值。据前面已经提到过的苏汉诺夫回忆,事情大致如下:"那无疑是这位令人惊叹的演说家最光芒四射的演说之一……一提到托洛茨基的名字,亚历山大剧院的听众就为之一振……这一次他是和听众谈话,有时他向前走一两步,用肘部靠在讲坛上。这次演讲完全没有嗓音清晰、穿透力强、词句精妙等托洛茨基的典型特色。"托洛茨基要求采取措施武装"赤卫队"。只有这样,"我们才能建立起对抗反革命的名副其实的堡垒"。而"我们的和平建议"一旦被否决,"彼得格勒和全俄国的武装工人将以俄国历史上闻所未闻的英雄气概,起来抵抗帝国主义的士兵,保卫革命的祖国"。[2]演讲结束时,演说家谴责了代表会议关于席位分配数字弄虚作假的情况,作为抗议,

---

〔1〕 Архив русской революции. Берлин, 1922. Т. II. С.89.
〔2〕 Суханов Н. Н. Записки о революции. Т.5. С.306-307.

他和布尔什维克一起昂首阔步退出了会场。这是一个不寻常的兆头：布尔什维克采取了武装起义的方针。

列宁高度评价了托洛茨基在这个论坛上的演讲和立场。革命家的权威快速增长。因此，9月25日，在改选彼得格勒苏维埃执行委员会时，布尔什维克提议由列·达·托洛茨基担任主席。选举后，新任主席在全场热烈拥护的高呼声中发表了演说，他相信，自己将努力使自己的再度（继1905年之后）被选入苏维埃"取得一个较为成功的结局"。他的演说中有两句名言：我们"将按照法制和所有党派一律平等的精神开展彼得格勒苏维埃的工作。主席团之手将永远不会用于镇压孟什维克。"[1]请注意："……将永远不会用于镇压……"不过，恰恰是专政将在随后的几十年内决定国家的命运。被选入苏维埃主席团的布尔什维克是加米涅夫、托洛茨基、柯伦泰、越飞、布勃诺夫、索柯里尼柯夫、叶夫多基莫夫、施略普尼柯夫、费多罗夫、扎鲁茨基、尤列涅夫、克拉西科夫、卡拉汉；社会革命党人有切尔诺夫、沃隆科夫、卡普兰、西林、科柳辛、泽曼；孟什维克有李伯尔、布罗伊多、瓦因施泰因。[2]虽然这一次在苏维埃和主席团里席位是按比例分配的，可是十月武装起义取胜后不久，托洛茨基本人就支持了布尔什维克消灭革命的多元化因素的措施。而他信誓旦旦地保证少数权利的承诺又在哪里呢？这些承诺是托洛茨基力求要"忘记"的。他还不知道，在他隆重的十月凯歌仪式之后，又过了十年，他将成为他亲自推行的那种党的垄断制度的祭品。托洛茨基是未来的布尔什维克体制的建筑师之一，但却认为自己从夺得的权力顶峰跌落下来的悲剧性结局，主要应归罪于斯大林。他还是不明白，极权体制一旦出现，它总会找到自己的"斯大林"的。而托洛茨基却为建立和加强这种体制付出了非常之多的精力。

总之，托洛茨基完成了向布尔什维克的转变。多年以来孟什维克所说的中派仿佛转瞬间就被坚决地扔在一边。一方面倾向于左翼的激进主义，另一方面又赞赏西方社会民主主义的政治文化，长期困扰着托洛茨基的这个矛盾由于投向了前者，似乎顺理成章地解决了。托洛茨基应对骚乱时期的挑战时，是以一名左派革命家、激进的布尔什维克的姿态出现的。

---

〔1〕 Суханов Н. Н. Записки о революции. Т.6. С.188.

〔2〕 Владимирова В. Революция 1917 года（Хроника событий）Август—сентябрь［《1917 年革命（大事记）8—9 月》］. Л.：Госиздат. 1924. Т. IV. С.269。

神 话 的 权 力

我想,谎言是一种包罗万象的恶。种种不幸、悲剧、人类生活中的大动乱往往都同谎言有关,而且通常就是从谎言开始的。任何一种不公平,它最早的祭品历来就是真理。而谎言感觉到最自信,最坦然,有时甚至是最怡然自得的时候,就是被写进了历史。

被斯大林说成是"间谍""恶棍""两面派""杀人凶手""伪造者""帝国主义代理人"的托洛茨基,直到生命的最后时刻都在同这个谎言作斗争,虽说他自己也是它的制造者。他写道:"革命是社会谎言的断裂。革命是实事求是的。它从使用其自身的名字来指称事物及其相互关系开始……可是革命本身并不是一个完整而和谐的过程。它自己扶植了一个新的统治阶层,这个阶层力求巩固自己的特权地位,并认为自己不是历史暂时的工具,而是历史的完成和圆满结束。"托洛茨基总结他的思想说,反对他的谎言就是这样制造出来的。[1]我要补充一句,还有反对历史的谎言。但是,托洛茨基从来也不曾哪怕是暗自承认过,他自己就是让谎言感到如鱼得水的那些条件的创造者之一。

在阅读有关十月革命的著作时,我不由自主地想到:教科书、各种专著、百科全书的众多作者都一贯遵循着前面提到过的一条古罗马"记忆审查法"。根据这条法则,凡当前的统治者不以为然的一些人物、事件和事实统统都应当被遗忘掉。我在前面已经说过,托洛茨基就完全受到这条法则的制约。我面前放着一本有分量的百科全书:1987年出版的《伟大的十月社会主义革命》。今天未必还会有人一本正经地否认,托洛茨基是这场革命中知名度位居第二的人。更确切些说,在这场伟大的人类戏剧中,他扮演的也是第二位的历史角色。而当年托洛茨基在百科全书中被提及,只是为了表明,他如何阻碍了革命……问题并不在于各位尊敬的作者;而是还不曾"取

---

〔1〕 Троцкий Л. Сталинская школа фальсификаций(《斯大林伪造学派》). Поправки и дополнения к литературе эпигонов. Берлин; Гранат, 1932 С.5-7.

消"这条倒霉的法则。斯大林造假的作风有强大的生命力。它们控制了许多正直历史学家的头脑,让他们无力从《简明教程》那张造假的蛛网中挣脱出来。不受这条法则制约的人们很早就诚实地讲到了革命,以及参与革命行动的所有人物。我们只消指出由牛津大学教授·舒曼编纂的《俄国革命百科全书》[1]就足够了,虽然还有更早的研究成果。

我无意复述1917年10月的那些事件。这方面的著述已经很多了。确实,有许多东西正在改写。不过我想依据档案和其他文件来展示,彼得格勒苏维埃主席在十月武装起义中的真实角色。

直到今天,托洛茨基依旧被指控,说是他极力不让在苏维埃第二次代表大会开幕之前,举行彼得格勒的武装起义。在关于十月革命的百科全书中说,"他们(布尔什维克领导者——作者注)之中的某些人,打算将夺取政权推迟到召开苏维埃第二次代表大会(10月25日)。他们的立场是受到了主张推迟起义(而这将使起义有失败的危险)的彼得格勒苏维埃主席列·达·托洛茨基的影响。"[2]

实际情况又是怎样的呢?托洛茨基并不曾反对列宁一再敦促的武装起义。因为,谢·梅利古诺夫写道,"十月起义对于列宁来说,已经是挥之不去的思想了"。[3]托洛茨基全力以赴,为实现这条路线而奋斗。他仿佛一下子就成了"虔诚的"列宁主义者。但是他实际表达的思想是:起义应当不仅服从布尔什维克党中央的庇护和领导,而且要服从苏维埃代表大会的意志。布尔什维克的口号"全部权力归苏维埃!",其目的在于为革命和起义创造广泛得多的社会基础,对此未必能够表示不同意见。不妨说,这个口号具有人民的因素。不难设想,在这种情况下,对起义的"祝福"(看代表的组成就可以毫不怀疑)将不是来自一个政党,而是来自俄国革命力量的整个联合。就是"整个"! 托洛茨基认为,世界舆论得以亲眼目睹,革命的改变不是某个激进政党"阴谋"的结果,而是俄国广泛的进步团体实现其决定。

某些人十分惧怕的、立即出现反革命行动和迎面扑来强大的反革命浪潮的危险,当然是存在的。托洛茨基的档案里有在那些转折点的日子里发

〔1〕 The Blackwell Encyclopedia of Russian Revolution(《俄国革命百科全书》). Harold Schuman. London,1988。

〔2〕 Великая Октябрьская социалистическая революция. Энциклопедия(《伟大的十月社会主义革命》). M.,1987. C.18。

〔3〕 Мельгунов С. Как большевики захватили власть. C.15.

给彼得格勒、各家报纸和政府的一份总司令部参谋长的声明"前线要求服从临时政府！"这份文件说：

> 我们代表前线军队要求布尔什维克立即停止暴力行动，放弃武装夺取政权，无条件服从完全按照民主机关赋予的权力行事的、唯一能够将国家引向俄国土地的主人——议会的临时政府。
>
> 作战部队将以武力支持这项要求。
>
> 最高司令部参谋长杜鹤宁
民事副参谋长维鲁勃夫
全军委员会主席皮列克里斯托夫〔1〕

强大的反布尔什维克浪潮的威胁的确存在过。但是杜鹤宁自信的声明："作战部队将以武力支持这项要求"，却不曾估计到部队的士气低落和军纪涣散的程度，以及军队机体赖以维持的种种关系迅速破坏必然导致的军队无可挽回的衰落。军队当时的要求只有一个：和平。只有一条路可走，用革命的办法退出战争。妥协分子不敢走出这一步。克伦斯基依旧对盟国保持忠诚。因而当时只有革命才能提供和平。

托洛茨基在多次讲话中精彩绝伦地说明了这个思想。10月21日，在"人民之家"对士兵和工人演讲时，托洛茨基"鼓动"群众说："苏维埃政权将消灭堑壕里的苦难。它将给与土地，并治愈国内的创伤。它将把国内所有的一切交给贫苦农民和堑壕里的战士。你，资产者，有两件毛皮大衣，那就把一件交给士兵……你有暖和的鞋子吗？那就在家里待着吧。工人需要你的靴子……"会场简直就要疯狂了。"仿佛群众立刻就要不约而同地齐声高唱一曲革命的颂歌……提出了决议：为保卫工农的事业流尽最后一滴血……谁赞成？上千群众一致举起了手……"〔2〕

令人费解的是，仍旧处于地下状态的列宁，却在24日晚致党中央委员的信中要求："我力劝同志们相信，现在正是千钧一发的关头……无论如何必须在今天晚上，今天夜里逮捕政府成员，解除士官生的武装（如果他们抵抗，就击败他们），如此等等。

---

〔1〕 ЦПА ИМЛ, ф.325, оп.1, д.11. л.10.

〔2〕 Суханов Н. Н. Записки о революции. Т.7. С.91.

不能等待!! 等待会失去一切!!"接着是:"政府摇摇欲坠,必须不惜任何代价,彻底击溃它!"[1]

现在,有些研究十月革命历史的史学家不无根据地认为,列宁显而易见是夸大了事态,把一些报纸对新的科尔尼洛夫事件的危险性的议论,当成了既成事实。而早先关于民主的种种见解都宛如枯萎了的秋叶,纷纷被扔在一边。

"彻底击溃",这语气本身表示了从和平途径直接转到了战争手段。这个方针很快就在布尔什维克的思想情绪中占据了统治地位。孟什维克曾经试图用自由主义的方法改变这个方针,但是他们软弱无力的尝试只不过为他们自己招来了激进的布尔什维克分外强烈的愤怒。不久之后,就连托洛茨基也号召"让无产阶级革命的铁碾压机碾过孟什维克的脊梁骨"[2]。从起初的不容忍社会民主主义、寄希望于靠武力解决问题逐渐变成了将十月革命转移到暴力的轨道上。的确,在这方面帮助了布尔什维克的既有"前任",也有武装干涉者。

对于胜利者通常是不加以指责的。可是托洛茨基将起义开始的时间同苏维埃代表大会的召开联系在一起,而且偏偏要求让苏维埃通过关于消灭临时政府制度并建立革命政权的决议,他是否犯了错误呢? 在我国的文献中,经常而且长期断定托洛茨基主张"拖延起义"。这样说不对。他是希望使起义合法化,使它建立在更为广泛的人民基础上。他认为,只有代表大会才能够使动摇分子转移到革命这边来,在国外创造对变革更为有利的态度,更积极地向农民和士兵群众灌输革命的理想。

在彼得格勒苏维埃下面建立准备和开展十月武装起义的领导机关——军事革命委员会并保证其运转,托洛茨基在其中的作用是毫无争议的。我要强调的一点是:军事革命委员会是隶属于彼得格勒苏维埃的,因此彼得格勒苏维埃的主席自然在其中占有领导地位。在他也许是最优秀的著作、两卷本的《俄国革命史》中,托洛茨基写道:

"关于成立军事革命委员会的决议最初是9日(1917年10月——作者注)作出的,一个星期之后才得到苏维埃主席团批准。苏维埃不是政党,它的机构比较沉重……团队委员会会议证明了自己的生命力,武装工人一事

---

[1] 《列宁全集》第32卷,中文第2版,第430—431页。
[2] ЦГАСА, ф.33987, оп.3, д.76. л.24.

顺利推进,因此军事革命委员会虽然只是在 20 日,即起义发动之前 5 天,才着手工作,却立即获得了相当精良的设备和物资。尽管委员会中的妥协分子极力抵制,但加入委员会的只有布尔什维克和左派社会革命党人:这就减轻了,并简化了委员会的任务。社会革命党人中只有拉基米尔一个人参加工作,他甚至担任了常委会的领导,为的是更鲜明地突出这是苏维埃的,而不是党的机构。而实际上,委员会的主席是托洛茨基,主要工作人员有:波德沃伊斯基、安东诺夫-奥弗申柯、拉舍维奇、萨多夫斯基、梅霍诺申,倚仗的全是布尔什维克……这就是起义的指挥部。"[1]实际情况就是这样的。

可是列宁逝世后,历史就迅速被改写了,被置于首位的是纸面上成立的、领导起义的党的军事革命中心,其成员有:安·谢·布勃诺夫、费·埃·捷尔任斯基、雅·米·斯维尔德洛夫、约·维·斯大林、莫·索·乌里茨基。这个中心在组织上是从属于彼得格勒苏维埃下属的军事革命委员会的,它只不过是表示联合的一个象征性符号。的确,就是这么回事。它的活动在档案中没有留下,也不可能留下任何痕迹,因为实际的准备工作是军事革命委员会做的,它的档案文件中,有许多是托洛茨基签字的。关于托洛茨基在十月武装起义中的领导作用,列宁有一段精彩的证词:"在彼得堡苏维埃转入布尔什维克手中后,托洛茨基就被选为它的主席,而且以这个身份组织并领导了 10 月 25 日的起义。"[2]列宁的这段话说得斩钉截铁:"……组织并领导了 10 月 25 日的起义。"

可是,列宁逝世后,斯大林对托洛茨基在革命中的作用作了完全不同的评价;"但是必须说,托洛茨基在十月起义中并没有起而且也不可能起任何特殊的作用,他当时担任彼得格勒苏维埃的主席,只是执行了领导他的每一个行动的相应的党机关的意志。"就在几乎是同一个地方,还有一个类似的评价:"托洛茨基在十月革命时期是我们党内比较后起的人物,他无论在党内,或在十月起义中都没有而且不可能起什么特殊作用。"[3]实际上斯大林的这些评价在我国历史学界一直维持到现在,只是不久前才开始逐渐改变。斯大林作出判决后,那条"记忆审查法"又发挥了作用:托洛茨基从我国的历

〔1〕 Троцкий Л. История русской революции(《俄国革命史》). В 2 т. Берлин; Гранат. 1933. Т. II. Ч.2. С.121-122。

〔2〕 Ленин Н. (В. Ульянов). Собр. Соч(《列宁著作选》). М.-Пг., 1923. Т. XIV. С.482。

〔3〕 《斯大林全集》第 6 卷,人民出版社 1956 年版,第 284—285 页。

史中长期"脱落"了。就像乔治·奥威尔[1]说的那样：他曾经存在过，可是又仿佛不曾存在过。

至于我们如何看待革命本身，那就是另一回事了。随着教条主义、公式化和伪造理论的垃圾从我们的思想中被清洗出去，今天可以越来越清楚地看到，正是在那个时期可能犯下了最具悲剧性的错误之一。布尔什维克还没有完成资产阶级民主革命的任务，就宣布革命转入了社会主义阶段。一颗生涩的果实被当成了成熟的果实。这才发现，这种情况下要想推进革命，只能急剧地采用各种畸形的、令人恐怖的专政形式……不过事已如此。对我们而言，今天重要的是强调，恰恰在一场"不成熟"的革命中，像托洛茨基这样的人是不可替代的。

根据为数众多的文件、目击者的证词，以及对列宁那个时期著作的分析，可以得出结论说，托洛茨基在十月时期是革命的主要领导人之一，是一个欣逢称心如意环境的人。我桌上放着党史委员会于1924—1926年间（也就是托洛茨基已经走过了自己声望的顶峰，开始承受机构的压力的时期）编纂的五卷本《1917的革命》（6月至10月）的第三、第四、第五卷。这几卷书中，斯大林的名字仅仅被提到10次，而托洛茨基却被提到109次！这个证明是很有说服力的，它让我们可以判断许多东西。

十月社会主义革命十周年前夕，党史委员会曾向当年那些事件的许多参加者散发过一份"十月变革的参加者调查表"。经过长时间的犹豫动摇之后，调查表也发给了已被废黜的托洛茨基。那时已经完全停止了出版他的著作，而只是日益猛烈地咒骂他，诽谤他，迫害他。已经受到压迫，但并没有投降，也没有屈服的托洛茨基决定详细地回答调查表中的众多问题。1927年10月21日，他给党史委员会随调查表一起寄出了一封信。他是一个明察秋毫的人，他明白，他的回答在最好的情况下就是长期被搁置在党史委员会的档案馆中，不过他也知道，历史有一个根本的特点：它归根到底只尊重真理。即使斯大林的追随者们得以暂时埋葬他的回答，历史总会保留着揭开覆盖在任何秘密之上的帐幕的机会。

托洛茨基直到临终都希望从历史上恢复他的名誉，相信人的智慧是不可战胜的。托洛茨基从来没有怀疑过社会主义革命的及时性，以及它的规

---

[1]　乔治·奥威尔（1903—1950），英国作家、政论家，著有《动物庄园》《1984》等作品。

律性。或许他比任何人都更早地坚信,历史的洪流将揭下斯大林的面罩。托洛茨基在致党史委员会的信中,以及对调查表的回答中所说的一切,在我看来都是真实的,而在某些情况下则是主观的,却又并不同历史真理背道而驰的观点。早在流亡中,托洛茨基就将这封信和这些回答作为《斯大林伪造学派(对追随者著作的修改和补充)》一书的基础。我想,这是他的优秀著作之一,给斯大林造假的厨房射进了一丝光线。读完这本书,才会明白,一个当时毫不起眼的党的工作人员朱加施维里-斯大林,一个在党的革命纵队中排在第十几二十排的人,一个在十月的芭蕾舞中几乎不为人知的群舞演员,要执拗地,不停地改写历史,创立十月的"双领袖"理论,削去许多列宁主义者的桂冠,而且,在他看来,将他们永远抛进了忘川。不过好在历史和记忆有它们自己的、独裁者对之无能为力的生存规律。我想引用托洛茨基致党史研究委员会信的一些段落,做一些我自己的评论。

全部文件有大约 900 页,虽说信件本身是很简短的。

关于伪造十月政变史、革命史和党史。

尊敬的同志们!

你们给我寄来涉及我参加十月政变的详尽调查表,并要求我回答……不过,我想请问你们:既然整个官方机构,也包括你们的机构,都在为掩盖,消灭,或者说至少是歪曲这种参与的一切痕迹而工作的时候,询问我参与十月政变的情况,还有什么意义呢?

已经有几十位、几百位同志问过我,为什么对于针对我的、有关十月革命史和我们党的历史的种种令人齿冷的伪造,我始终保持沉默,一言不发,拒绝回答。我根本不打算在这里详详细细地谈论这些伪造的问题:因为那就必须写出好几卷书来。不过请允许我作为对你们问卷调查的回答,举出那种故意而且恶毒的歪曲昨天(这是正在最广泛地进行着,而且由各种机构的权威人士执笔,甚至写进教科书的事情)的十来个例子。[1]

话说得简单明了。昨天的"杰出"领袖甚至为在历史中保存十月革命的真相而操心。我要举出托洛茨基关于 1917 年 10 月那些日子的几个证据。

---

[1] Троцкий Л. Сталинская школа фальсификаций. С.13.

他伤心地写出，某些布尔什维克根据政治行情而迅速地改变了自己对托洛茨基评价的角度。

托洛茨基写道，这就是费·拉斯科尔尼科夫起初对他的判断：

> 托洛茨基非常尊重弗拉基米尔·伊里奇。他将他置于所有在俄国和国外见到过的同时代人之上。从托洛茨基谈论列宁的语气中就能感受到一个学生的忠诚……战前时期的那些分歧的痕迹早已被抹平了。列宁和托洛茨基在策略路线上没有分歧。战争时期就已经出现的这种接近，从列夫·达维多维奇回国时起，就极其鲜明地确定了（原文如此——作者注）；在他最初的几次演讲后，我们这些老列宁主义者都感到，他是我们的自己人。[1]

托洛茨基接着写道，在对他的文集第三卷的评论中，他是这样写的：

> 拉斯科尔尼科夫问道，1917年时，托洛茨基本人是什么立场呢？
> 他回答说：
> 托洛茨基同志当时还自认为是和孟什维克分子、策列铁里和斯科别列夫一样，属于同一个共同的政党。托洛茨基同志还没有明确自己对布尔什维克和孟什维克的态度。那时托洛茨基同志本人还持动摇的、不确定的、模棱两可的立场。[2]

托洛茨基以他特有的尖锐刻薄的风格，巧妙地运用事实、数据、引文、文件，令人信服地展示斯大林造假的贫乏简单，往往使其作者处于可笑的境地。托洛茨基接着说，今天的斯大林坚决要将列宁对彼得格勒苏维埃主席作为十月武装起义的组织者和领导者的评价据为己有。可是对斯大林本人1918年11月6日就这个问题的声明又该怎么办呢？

"起义的全部实际组织工作都是在彼得格勒苏维埃主席托洛茨基的直接领导下进行的。可以有把握地说，党应当将卫戍部队迅速转投到苏维埃一边，以及顺利地安排军事革命委员会的工作，首先而且主要归功于托洛茨

---

〔1〕　Пролетарская революция（《无产阶级革命》）. 1923. № 10(22). С.150-152。

〔2〕　Троцкий Л. Сталинская школа фальсификаций. С.18, 19, 20.

107

基同志。"〔1〕斯大林的这段话是在一篇预防夸大托洛茨基的作用和功绩的文章里说的。而被罢黜的领导人本身仅仅在斯大林的这段引文后面补充说：

> 人们早就察觉到，一个诚实的人，他的优点是即便记忆力差，也不会自相矛盾；而一个不忠诚、不认真负责、不诚实的人却应当始终记住自己曾经说过什么，免得丢人现眼。〔2〕

不要忘记，托洛茨基写下这些话是在 1927 年 10 月，当时斯大林已经是重权在握，而前政治局委员却相反，被挤到了墙角，沦为政治和宣传中经常被诽谤的对象。在这种情况下托洛茨基以大无畏的政治勇气和知识界的尊严恢复了 1917 年 10 月真实事件的场景。被罢黜的领袖对斯大林在那些日子里的角色做了一个让人尴尬的评价：

> 无论翻垃圾堆多么让人厌恶，可是请允许我，作为那个时期亲历过各种事件的参与者和见证人，现在是作为一名证人来说明以下情况。列宁的作用是无需解释的。和斯维尔德洛夫我那时是经常见面的，向他征询建议，请他给予人力支援。加米涅夫同志，大家知道，当时采取了特殊的立场，他自己也早已认识了错误，但是他积极参与了政变的各种事件。在具有决定意义的那一夜，25 日至 26 日，我和他两个人待在革命军事委员会的屋子里，回答电话传来的各种咨询，发出种种命令和指示。可是我绞尽脑汁也回答不了这个问题：在具有决定意义的那些日子里，说实话，究竟斯大林起过什么作用？我一次也没有向他征询过意见，也没有向他请求过协助。他也从来不曾表现过主动性。〔3〕

接着，托洛茨基阐明了革命军事中心的问题。斯大林的辩护士们，如雅罗斯拉夫斯基之流，之所以要公开这个中心，仅仅是因为斯大林也名列其中。托洛茨基简直就是当场抓获了造假分子：

---

〔1〕 Троцкий Л. Сталинская школа фальсификаций. С.25.

〔2〕 Троцкий Л. Сталинская школа фальсификаций. С.18，19，20.

〔3〕 Троцкий Л. Сталинская школа фальсификаций. С.26.

由于斯大林的史学家们明显的疏忽，《真理报》1927年11月2日（也就是在托洛茨基的信已经写成之后——作者注）发表了1917年10月16(29)日中央委员会记录的一段准确的摘录。下面就是摘录的原文：

"中央设置军事革命中心，由以下人员组成：斯维尔德洛夫、斯大林、布勃诺夫、乌里茨基和捷尔任斯基。该中心隶属于革命苏维埃委员会。"

请注意，"隶属于"！换句话说，托洛茨基粉碎了斯大林关于未来的总书记也列名其中的这个军事中心发挥过特殊作用的神话。所有五名成员都仅仅是补充实际上由托洛茨基领导的军事革命委员会。他的结论是，托洛茨基"显然没有必要再度被列入他已经担任主席的那个机构的成员。唉，原来事后修改历史真是一件难事！"[1]

我担心，大量的引文让读者感到疲倦了。不过我还要再引用几段。托洛茨基在《斯大林伪造学派》一书中用几页的篇幅谈到了斯大林用来伪造十月革命史的几个人。在一大群斯大林的党史编撰者中，他只提到了两个他非常熟悉的人：雅罗斯拉夫斯基和卢那察尔斯基，向读者展示，总书记的这些思想侍卫们早先是怎样写他的。革命和国内战争之后，雅罗斯拉夫斯基是这样评论托洛茨基的：

托洛茨基同志光辉的文学-政论作品给他带来了"抨击性文章之王"的世界性声誉……我们面前站着一位最深沉的天才……我们面前站着一位为讲坛而生，语言如钢铁般尖刻灵巧，善于击败敌人，一支笔又能将思想的宝藏、艺术的珍品大把大把地撒播到人间的最忠诚于革命的人。[2]

卢那察尔斯基也不甘落后。请看他关于托洛茨基的一个片段：

在列宁受伤卧床时，我们都担心他会死去，至于我们对他的感情，

---

[1] Троцкий Л. Сталинская школа фальсификаций. С.27.

[2] Троцкий Л. Сталинская школа фальсификаций. С.33，34.

没有人比托洛茨基表述得更好的了。经历了世界种种事件的风暴,俄国革命的另一位领袖托洛茨基完全摆脱了多愁善感的情调,他说:"一想到列宁会死去,就会觉得,我们的所有生命全都没有意义了,而且不打算活下去了。"〔1〕

就是这样一些人在改写历史。托洛茨基写道,雅罗斯拉夫斯基的伪造中,"十分之九是针对这几行文字的作者的"。而卢那察尔斯基"在完成社会的,要么是书记的订货时,善于左右逢源"。所有这些人——他们为数众多,甚至成群结队——都在制造新的神话,让它的感召力逐渐使全国都臣服于斯大林及其亲信。不能不替列·达·托洛茨基说句公道话:他,也许只有他才丝毫没有抛弃自己的原则,没有在斯大林面前弯腰屈膝。同时也不应该忘记,斗争的主要原因之一与其说是布尔什维主义的一般方法论问题,不如说是相互之间深刻的私人恩怨。

托洛茨基的辉煌时刻是革命和内战年代。而那个即使用高倍放大镜也难在 1917 年 10 月的那些日子里找到其身影的人,竭尽全力首先是掩盖,然后是淡化,最后是从人民的记忆中清除出去的正是托洛茨基生命中的这段岁月。

革命的启迪者

任何一次革命都要制造幻想,这样就可以一举而消灭原先的生活,并为新生活敞开大门。不过我们这样看待的不仅是十月革命,还有用民主主义的方式改造官僚制度国家的尝试。在全国范围内一举改变社会生活是不可能的。过分的期待很快就产生了巨大的失望。通常反革命势力总是会利用革命高潮之后很快就出现的这种失望。历史上不曾有过,现在也没有一根魔杖,只要挥动它,就能够像木偶剧院里那样,把恶棍扔进历史的臭水沟里,而使好汉的善得以充分发挥。可是人们早就发现,革命时机的高峰、革命大

---

〔1〕 Троцкий Л. Сталинская школа фальсификаций. С.37-38.

爆炸的群众狂热,不仅是由潜在的社会、经济和政治进程决定的,而且还是煽起这股高潮的人物所创造的。尼·别尔嘉耶夫认为,归根到底,"革命是各民族命中注定了的,而且是一场重大的灾难"。"任何革命都是一场骚乱"[1],这话也是他说的。支持并煽动这种"骚乱"的是一些认为革命是奉行命运指示的人,这就是革命的演说家。托洛茨基也可以被称为革命的启迪者。

不是每个聪明人,甚至是天才都能在群众中摩擦出火星来,迫使群众相信提出的口号,用几句慷慨激昂的话吸引成百上千的人,让他们跟着理念前进。托洛茨基具有这种禀赋。没有人向他传授过演说艺术的入门知识;看来,就是在他身上幸运地结合了各种必要的成分:渊博的知识、本人真诚的喜爱和对理念的坚信不疑,善于做出非同寻常的奇谈怪论,善于迅速和听众、红军队伍、群众大会的参加者建立起最亲密的交往。他的演讲中有许多影片的、舞台的元素,但它们并非目的之所在:托洛茨基借助鲜明的词语、格言、容易记住的形象将革命最基本的道理灌输到人们的思想中去。他的演讲中不乏化复杂为简单,也不乏化简单为复杂。无论我们如何看待托洛茨基,站在已逝去年代的高度上,我们今天都不能不承认,他是一个伟大的革命鼓动者。他当时还不曾料到,几年之后,别尔嘉耶夫会写下这样的词句:"在革命中牺牲的永远是那些发动革命,而且对革命怀着梦想的人。"[2]我要补充一句:还有那些最激情的革命启迪者。

最主要的是:人们期待从托洛茨基那儿获得启示。哪怕几乎是重复昨天、前天说过的话,革命的演说家也能从新的环境中找到能够吸引听众的新的细微差别、新的界限、非同一般的方方面面。今天,仔细观看遥远年代的纪录片中那些罕见的镜头,仔细阅读无数的文件、速记记录、托洛茨基的演讲提纲,倾听记录着他的演讲的唱片,只能得出结论:问题不仅仅在于演说家的"上帝之恩赐",而且在于罕见的激情和他对灌输给人们的错误理念的崇敬。几十年后,重读托洛茨基在"混乱"年代的讲话,不由得相信他的演讲具有某种磁性引力。在那些今天看来已经是遥远的年代里,有幸看见过托洛茨基,听过他演讲的 Д. Т.谢皮洛夫、А. И.库普佐夫、М. М.博罗杜林和奥·爱·格列布涅尔向我讲述了托洛茨基讲话对人们思想的控制力。我甚

〔1〕 Бердяев Н. Новое средневековье. С. 61.
〔2〕 Бердяев Н. Новое средневековье. С. 62.

至觉得,当革命的讴歌者讲话时,他自己也陶醉于所讲述的理念,欣赏这些思想,体验自己智力权威取得的胜利。托洛茨基在演讲时,似乎同时也在倾听理性的"音乐"。可是,唉,这首"乐曲"中不久以后就出现了悲剧性的音符。

托洛茨基本人对那段革命的岁月有很温馨的回忆。"生活在群众大会的漩涡之中。我到彼得格勒时,发现所有革命演说家都嗓子嘶哑,或者完全失声。1905年革命教会我要注意保护自己的嗓子,多亏这个经验,我几乎没有脱离队伍。工厂、学校、剧院、杂技场、街头和广场,到处举行集会。我经常半夜后才筋疲力尽地回家,常常在半睡半醒的状态中突然发现对付政敌的最好论据,约莫早上七点钟,有时更早一些,讨厌的、难忍的敲门声就把我从睡梦中唤醒,叫我去参加彼得戈夫的群众大会,或者是喀琅施塔得的水兵们派了一只快艇来接我。每一次都觉得无法再把这次新的集会坚持下来。但是神经中的某种潜能突然涌出,于是我讲上一小时,又是两小时,并且在讲话的时候,其他厂或区的代表已经把我团团围住。原来,有数以千计的工人分别等候在三个或五个地方,等了一小时、两小时、三小时。在那些日子里,觉醒的群众多么耐心地等待着新的演说。"〔1〕

苏汉诺夫在谈到作为一名革命演说家,又担任了彼得格勒苏维埃主席的托洛茨基所起的作用时,这样写道:"他脱离了革命司令部的工作,从奥布霍夫工厂跑到制管厂,从普梯洛夫工厂跑到波罗的海舰队,从驯马场到军营,仿佛同一个时间,在所有地点演讲。彼得堡的每个(原文如此——作者注)工人和士兵都认识他,听过他的演讲。他的影响,无论在群众中,还是在司令部里都是压倒一切的。"〔2〕

真是一件怪事:到处(在水兵的船舱里、大学的讲堂里、兵士的军营里、工厂的车间里)都在听托洛茨基演讲。一个对工人生活了解得极其肤浅的人,却能够用自己的热忱、自己的信仰拨动他们深深埋藏着的心灵的琴弦。一个从来没有穿过一条士兵军裤的演说家,却能够吸引身穿灰色军大衣的人。一个从来不曾真正了解过学生生活的革命家,却能够让青年人苦闷的心灵振奋起来。显然,正是"混乱"时期促成了这个决心把整个生活搅它个底朝天的人的演讲艺术。托洛茨基的敌人中有些人甚至指责托洛茨基和群

〔1〕 托洛茨基:《我的生平》,赵泓、田娟玉译,郑异凡校,上海人民出版社2014年版,第259页。

〔2〕 Троцкий Л. История русской революции. Т. II. Ч.2. С.84-85.

众"调情",利用了"工人"托洛茨基这个假面具。例如,社会革命党人米·雅·亨德尔曼就断定,"同样的一些工人,既能把'工人'托洛茨基抬在肩上,也能把知识分子勃朗施坦踩在脚下。"[1]

托洛茨基把自己发表演说的主要地点选在了摩登杂技场。他把杂技场的观众席变成了几千人的"心理按摩中心",将他们从精神上推向革命。彼得格勒苏维埃主席回忆说,只要他在这里安顿下来,他的敌人就不打算走进杂技场,因为在直接的、面对面的争论-辩驳中没有人战胜过托洛茨基。声名鹊起的演说家通常在晚上到达杂技场。有时也在夜里发表演讲。托洛茨基在最后一次流亡中这样写道:"听众是工人、士兵、勤劳的母亲、街头的少年、首都被压迫的下层人。那里没有一点点空地,人们挤成一团。男孩子骑在父亲的肩上,婴儿在母亲怀中吃奶。没有人吸烟。由于人多超重,看台每分钟都有坍塌的危险。我穿过狭窄的人体巷道走向讲坛,有时候是被人们用手举过去的。人们屏声静气地听着,突然会迸发出喊声和摩登杂技场特有的狂热的尖叫声。"[2]

托洛茨基站在高处,目光炯炯,不停地做着手势,说出简单的、人人都能听懂的话语。他不是专注地盯住一点看,而是转动着身躯,试图看着杂技场中每个人的眼睛。旁边的角落里,一名托洛茨基的新助手-志愿者,波兹南斯基,在人群中弓着背,迅速记下他的演讲。有一天,托洛茨基开完群众大会后,夜里往家走,他听见身后有脚步声。这就是昨天,还有前天的同一个人。托洛茨基手持勃朗宁,转过身去对着陌生人:

"你为什么跟着我?你是什么人?"

"我是大学生。波兹南斯基。请让我陪伴你,保护你。除了朋友,你还有许多敌人。"

"谢谢……可是……我不习惯身边有保镖。我想,革命自己会保护我的!"

"我就是代表革命来保护你的。"

从那时起,直到托洛茨基被逐出国门,波兹南斯基始终待在托洛茨基身边,不仅表现出义无反顾的忠诚,而且善于抓住他随意说出的,偶然流露的思想,迅速记录下来,整理成文件、文章、札记。多亏了波兹南斯基、谢尔姆

---

〔1〕 ЦПА ИМЛ, ф.325, оп.1, д.11. л.5.

〔2〕 托洛茨基:《我的生平》,赵泓、田娟玉译,郑异凡校,上海人民出版社2014年版,第260页。

克斯、格拉兹曼、布托及其他助手，托洛茨基才能从革命刚开始起，就搞起了自己的"档案库"，出版了许多往往是以他在群众大会上的演说、报告和讲话为内容的小册子、书籍。顺便说说，他在流亡期间，特别关注的就是保护好自己的档案。但是即便在最可怕的梦境中，他也不会料到，在他仔细收集的档案中，也包括他长子的文件中，居然常常会有内务人民委员部的奸细在活动。例如，1937年末，叶若夫的部门向斯大林报告了这样的细节：谢多夫手边的托洛茨基文件的"目录"，是"1937年11月7—10日，在巴黎通过特工拍摄下来的"。[1]所以，早于历史学家，早于所有人就开始对托洛茨基的档案感兴趣的是克里姆林宫的独裁者……但是，我们还是回过头来谈启迪者和演说家的事情吧。

托洛茨基现在也能看到，而且感觉到，会场上穿军大衣的士兵和短呢上衣的水兵大都在谈论怎样结束战争的话题："战争要了我们的命啦。战争每天都给我们带来新的悲惨创伤。没有面包，没有柴火，没有煤。而且越来越糟糕。前线的局势简直不能忍受。士兵在战壕里没有衣裳，没有靴子，而且饿着肚子。他们也看不到战争的结果，看不到出路。"

托洛茨基环顾一下安静下来的士兵群众，他们紧盯着他，身上散发出军营特有的浓浓的烟草气味、肮脏的身体气味和牛皮靴气味。接着说道："前线来的代表说，战壕里越来越广泛地传播着一个想法：'如果11月1日之前不能缔结和约，那士兵们就用自己的手段来取得和平……'"

托洛茨基以无名无姓的"代表们"的名义规定了时间的边界、士兵群众忍耐的极限——"11月1日"。不过当即说道："我们需要和平。当今的政府不能带来和平……关于战争的第四个冬季和俄国士兵的鲜血问题依旧要由伦敦和纽约的交易所，而不是俄国人民来决定。"

站在会场里的所有士兵和水兵都在等待最重要的答案：出路何在？他们应当做些什么？怎样取得和平？你说吧！我们做好了准备！你说吧！"我们需要和平。可是应当通过最直接的、革命的道路走向和平。应当直接向人民呼吁，向军队呼吁，并且向他们建议立即在所有战线上停火。"

可是怎样做到这一点呢？大家又在等待托洛茨基回答。托洛茨基停了下来，用他蔚蓝色的眼睛环顾了挤得满满登登的会场：

"谁应当提出这样的建议呢？革命政权，依靠军队、海军、无产阶级和农

---

[1]　Архив ИНО ОГПУ—НКВД, Ф.17548, д.0292, т. II, л.159.

民的、真正的革命政府——全俄国工人、士兵和农民代表苏维埃。"[1]托洛茨基接着说,如果士兵和水兵希望尽快回到他们的村庄,回到自己的家里,同父母和妻子团聚,他们就应当支持,坚决地支持俄国社会民主工党,支持它成立真正的人民革命政权的纲领。不要相信妥协分子、伪装的革命者,形形色色的罗将柯之流、里亚布申斯基之流、米留可夫之流、捷列先科之流、斯科别列夫之流、马克拉科夫之流。和平、土地、面包只有布尔什维克才能带给你们……

离开群众大会时,托洛茨基可以相信:现在他听众的大部分都明显地倒向了布尔什维克。的确,他这样努力地为布尔什维克进行鼓动仅仅是从1917年夏季才开始的。波兹南斯基把他说的话记录在两三页纸上,晚上,经过托洛茨基修改,他只是划掉几句话(因为权力暂时还在临时政府手中),包括他的署名,然后转交给某张报纸的编辑部。

发表完演讲,托洛茨基在身体上也能感觉到士兵和水兵群众对他的赞同和兴奋。握着从四面八方向他伸来的友好的手,革命的演说家只能看一眼在人群中两个女儿——季娜和妮娜,大的已经16岁了,小的比姐姐小一岁——兴奋得闪闪发亮的眼睛。两个女儿已经成了父亲狂热的崇拜者,可是他们只能在这里,在群众大会上见到他,因此他们很少错过他在摩登杂技场大获全胜的演讲的机会。托洛茨基正艰难地从杂技场往外挤,只能偶尔握一握她们少年稚嫩的手,说一两句鼓励的话。在他回国后的整个时期(直到1929年被驱逐出国)托洛茨基和亚·利·索科洛夫斯卡娅仅仅见过两三次面。不过在最困难的饥馑和短缺时期,他也曾试图帮助一下第一次婚姻留下的两个女儿。昔日分离的悲哀已经被他为之献出了全部精力的革命事业严实地屏蔽了。其中也包括这里,他作为演说家的堡垒的摩登驯马场。

应当说,托洛茨基将自己演说的武器不仅在无穷无尽的群众大会上,而且也在责任重大的政治论坛上:各种苏维埃和委员会的代表大会、全会、会议上,都发挥得淋漓尽致。他在这些场合也始终用激情和出色的演讲来充实论据的逻辑。在主持彼得格勒苏维埃的一次会议时,托洛茨基提出了军事革命委员会的问题。作报告的是非常年轻的左派社会革命党人拉基米尔。关于建立委员会的原则决议是早先就通过了的。决定在委员会下设立

---

[1] Рабочий и солдат(《工人和士兵》). 1917. No 3. 19 октября.

防务处、供应处、通讯处、工人民兵处、情报处、报告处、卫戍处。[1]准备关于军事革命委员会草案的拉基米尔认为,这个机构应当规定在彼得格勒保留一定数量部队的办法(政府坚持撤出有革命情绪的部队,借口是前线需要这些部队),同首都以外许多地区的武装力量保持联系,采取措施保障革命部队的武器和给养供应,保卫居民不遭抢劫,保证城市的革命秩序。

在拉基米尔之后发言的是孟什维克布罗伊多和阿斯特罗夫,还有社会革命党人奥古尔佐夫斯基。他们对成立这个机构是否恰当表示怀疑。布罗伊多(革命后一段时间曾担任过民族事务人民委员斯大林的副手)直截了当地宣称,布尔什维克成立军事革命委员会是为了夺取政权。如果布尔什维克的这次发动得以成功,它"将埋葬革命"。布罗伊多最后声称,孟什维克不参加军事革命委员会。

托洛茨基在发言中简短而明确地回答了孟什维克分子:"我们从来不曾同布罗伊多和他的党有过这样遥远的距离,而孟什维克的策略也从来不曾像今天这样危险……有人对我们说,我们准备成立司令部是为了夺权。我们并不把它看作什么秘密,在这里发言的有许多前线的代表,他们一致宣称,如果不立即停火,前线就将冲向后方。"[2]托洛茨基在这里说得斩钉截铁,而且明白无误。大家看到,他不仅能使用形象化的词语、文字和革命的口号"进行战斗",而且毫不妥协、绝对明确地阐述自己的激进立场。他在十月的其他日子里,也保持着这种状态。

在彼得格勒苏维埃的紧急会议上,托洛茨基作了关于军事革命委员会活动的报告。他指出,由于大家的努力,得以阻止了政府从前线抽调部队来镇压革命群众的企图。接着托洛茨基断然说明军事革命委员会的立场:"'全部权力归苏维埃'——这就是我们的口号。在不久的将来,在全俄苏维埃代表大会上,这个口号应当得到实现。这将导致起义或者是一次发动,这与其说取决于苏维埃,倒不如说决定于那些不顾人民一致的意志,而仍旧把持国家政权的人。"

军事革命委员会实际上的主席用他的全部姿态让人们明白,他绝对相信,即将来临的革命发动会取得成功。托洛茨基简直就是以革命为生了,而他的讲话表达了设想的计划必将实现的信心,起到了最大限度的动员作用。

---

〔1〕 См.：Троцкий Л. Соч. Т. Ⅲ. Ч.2. С.380.

〔2〕 Рабочий путь(《工人之路》). 1917. № 39. 18 октября。

托洛茨基接着说,"我们有个半政权,人民既不信任它,它自己也缺乏自信,因为它内部已经死亡了。这个半政权在等待着历史大扫帚的一记挥舞,为的是给人民革命的真正政权清理场地。"根据有力的手势和高亢的嗓音,可以相信,托洛茨基手里握着这把"历史的大扫帚"。他接着说:"如果虚假的政权想用复活自己这具僵尸来赌一把,那么有组织,有武装的人民群众将给予坚决打击,而且反动派的进攻越是猛烈,反击也会越强烈。如果政府想利用它手里还握有的 24 或 48 小时来从背后给革命捅上一刀,那我们就要声明,革命的先锋队伍将以牙还牙,以钢拳回击铁掌。"[1]托洛茨基不容反驳的气势给大家留下了深刻的印象。可以认为,他简直就是在安排一次总彩排,而且早就知道这出历史大剧的结局。听众纷纷向托洛茨基提出问题:

"彼得格勒苏维埃的主席如何看待军事革命委员会中有左派社会革命党人?"

"军事革命委员会的常委由五人组成,其中有两名左派社会革命党人,即拉基米尔同志和萨哈尔科夫同志。他们工作得很好,我们和他们之间没有任何原则分歧。"

"如果市自治机关的立场和军事革命委员会的打算出现矛盾,苏维埃将怎样对待?"

"那我们就解散市杜马,"彼得格勒苏维埃主席不假思索地回答说。

对他来说,好像不存在不清楚的和没有解决的问题。

但是,那些历史时刻有远见卓识的见证者一面为托洛茨基回答问题时的坚定不移和政治明确性感到欢欣鼓舞,同时又不能不察觉到,彼得格勒苏维埃主席在业已形成的革命局势中对一般问题容易决定取向,同时又感到不少困难而不能回答某些具体问题:是否要断绝一切关系,如何看待搜捕士官生,谁具体负责保证向彼得格勒提供粮食,前线是否会支持发动,等等。托洛茨基有时会虚张声势,有时又信口编造,而且令人奇怪的是他往往能够得手。

他是那种类型的革命家,他们对一些直接的组织工作问题、具体的行政性问题试图用精神动员,号召开展社会性创造,大胆地承担历史责任的办法来加以解决(有时就是这样解决的)。列宁很赞赏托洛茨基的这种才干,后来也曾经给予他最出其不意的委托,指望他能够用伟大的理念来吸引、鼓舞

---

[1] Троцкий Л. Соч. Т. III. Ч.2. С.52-53.

人们,发动他们内在的潜能,进行革命的创造。演说家的这种品质帮助他在社会思想中迅速取得了重大进展。彼得格勒苏维埃主席本能地理解了心理灌输和作用对大量群众的重大意义。他具有这种禀赋。

武装起义越是逼近,托洛茨基就越经常地被邀请发表演讲。我想,没有一名十月革命的领导人,像托洛茨基那样在十月的日子里发表过如此之多的演说,同人们有过如此之多的交流。那真是俄国革命的启迪者。托洛茨基对人们心理影响的一个秘密,看来就在于:心存疑虑的公民(这种人是很多的)对狂热执着的人总是这样看待的:要么恨之入骨,要么奉若神明。因为怀疑始终就是不相信。而执着正是精神上的不屈不挠。这样的人对于那些下意识地希望自己有一个精神主宰的摇摆不定的人往往有一种吸引力。

托洛茨基总是不断给自己的演说注入加强其效果的新成分。10 月 22日,在人民之家有一次大型群众集会。据苏汉诺夫回忆,"群众兴奋到了极点"。托洛茨基为了给彼得格勒苏维埃的路线争取更多的支持,向与会者保证说,如果革命取得胜利,那人民保证能得到土地、面包和和平。

"如果你们支持我们的方针,将革命进行到胜利,如果你们将自己全部力量都贡献给这项事业,如果你们无条件地支持彼得格勒苏维埃这项伟大的事业,那就让我们大家一起来宣誓效忠于革命。赞成这项神圣誓言的请举手……"

一大片手的树林就是对托洛茨基的回答。[1]他是有如洪水泛滥的群众大会的偶像。当然,托洛茨基的语言"焰火"让反动派、温和派、自由主义分子和革命的同路人感到吃惊、害怕和愤怒。高尔基的报纸《新生活报》1917年 10 月 31 日这样描述托洛茨基的演讲:"托洛茨基在彼得格勒苏维埃的不像话的讲话……"[2]后来,帕·尼·米留可夫回顾过去时写道,革命者总的说来,"是适用国家罪犯概念的一群人"。[3]托洛茨基也被米留可夫归入这一类人。对此能说些什么呢? 站在被革命者推翻的旧政权的立场上,所有革命者都是罪犯。而他们究竟是些什么人,历史却要到许多年后才会作出判决。

谁也不能否认,托洛茨基本人,还有他对公众发表的演讲、表述和口号

---

〔1〕 См.: Суханов Н. Н. Записки о революции. Т.7. С.81.

〔2〕 ЦПА ИМЛ, ф.325, оп.1, д.11. л.14.

〔3〕 Милюков П. Н. Воспоминания (1859—1917)[《回忆录(1859—1917)》]. Нью-Йорк; Издательство им. Чехова, 1955. С.391。

产生过巨大影响。那都是散落在一堆干柴上的一颗颗火星……很有象征意义的是,托洛茨基在那些日子里取得了群众对苏维埃的支持,却很少引人关注布尔什维克党。他明白(后来他为此始终遭到指责),苏维埃比任何一个政党都拥有广泛得多的社会基础。他这样做仿佛是在不经意间提出了将"党的"革命转变为真正人民革命的问题。

托洛茨基是为执行俄国社会民主工党(布)中央委员会秘密会议于10月10日通过的,确定了列宁关于武装起义方针的决议而真诚奋斗的人之一。正是从这时起,(这可以被认为是历史的证明,也可以被视为历史的指控)他成了"忠诚的列宁主义者"。对托洛茨基而言,那次秘密会议值得记忆的不仅是他的主要目标——新的俄国革命——日益临近,而且还有其他两个因素。他在布尔什维克党内待了才不到两个月,却在起义前两周同列宁、季诺维也夫、加米涅夫、斯大林、索科尔尼科夫和布勃诺夫一起,成了党中央第一届政治局委员。最后还有,托洛茨基看到,在布尔什维克的最高层人员中并不是一致的:季诺维也夫和加米涅夫投票反对武装起义的方针。

中央这次著名的会议是在绝对反对起义的孟什维克苏汉诺夫家里召开的。问题是苏汉诺夫本人不在场,而他的妻子——布尔什维克——却主动承担了漫长的十小时会议的全部生活保障工作。苏汉诺夫本人有这样的回忆:"啊,历史快活的缪斯开了些新的玩笑!这次具有决定性意义的最高层会议是在我家举行的,还是那个卡尔波夫卡胡同32号第3住宅。不过我对此毫不知情……"[1]几天之后,不同意中央决议的季诺维也夫和加米涅夫公开了自己的意见。今天我们未必会称这个举动是投降。很可能它比其他意见经过更仔细的权衡。他们在《新生活报》上发表了一个声明,其中说:"不仅是我(加米涅夫——作者注)和季诺维也夫,还有一些做实际工作的同志认为,在现在,在当前社会力量的对比情况下,而且不顾苏维埃代表大会过几天就要召开,主动担当武装起义的发起者是一个不能容许的、对无产阶级和革命都是致命的举动……将一切……都押在不日即将发动这张牌上,就意味着一次绝望的行动。可是我们的党十分强大,它有极其远大的未来,足以完成类似的行动。"[2]后来,季诺维也夫和加米涅夫都一再为自己的错误公开忏悔。1917年10月的这份声明成了对他们的诅咒。不过我想,今

---

〔1〕 Суханов Н. Н. Записки о революции. Т.7. С.33.

〔2〕 Троцкий Л. История русской революции. Т. II. Ч.2. С.177.

天历史会对列宁战友的这些怀疑做出另一种评价。那不过是一种直觉的警告而已。

托洛茨基绝对不能理解这些动摇。他认为这些动摇是精神软弱,害怕承担历史责任,而不是分析具体情况中的失误。我阅读过季诺维也夫的档案,特别是他被处决前不久给斯大林的几封信,我敢断定:这个人(而加米涅夫几乎一生都追随着他)的"神经支柱"一贯是软弱的,而他别出心裁的思想缺乏英雄气概。季诺维也夫也不曾想过要为自己的十月声明辩解……他仅仅是忏悔。季诺维也夫一生都是这样的。无论在他幼稚的知名度的高峰期,还是在他悲惨一生的最后岁月,他意志的"肌肉"都是松弛无力的。例如,在距被枪决前的一年多时,季诺维也夫给斯大林写信说:"我心里只燃烧着一个愿望:向您证明,我已不再是敌人。为了证明这一点,我准备满足任何要求……我甚至走到了这一步:长时间盯着报纸上您和政治局其他委员的肖像,心里想:亲人们,请你们看一看我的内心吧,难道你们就看不到,我已经不再是你们的敌人,我全身心地和你们站在一起,我明白了一切,也准备做任何事情来证明,为的是得到你们的谅解和宽恕……"[1]能够这样说,这样写的,只有一个被斯大林的监狱折磨得完全无可奈何的人。而托洛茨基是用革命意志的酵母发酵的材料塑造的另一类人。

他只有在"时代交替"时期才可能动摇,不过,绝不是在听到命运号角的召唤(对他而言,这只能是革命的召唤)的那一刻。托洛茨基依旧一如既往,参加众多的群众集会,参加彼得格勒苏维埃或军事革命委员会的例行会议和紧急会议,他几乎是直截了当地,仅仅用最微弱的词语做掩护,执行准备武装起义的路线。可是后来,二十年后,他的活动却被斯大林评价为背叛:"托洛茨在彼得格勒苏维埃会议上通过吹嘘,向敌人泄露了起义的日期,泄露了布尔什维克预定开始起义的日子。"[2]

实际上,托洛茨基向起义的祭坛献上的与其说是文字和组织才能,毋宁说是自己演说家的思想影响。他是旧国家机器最积极的"撼动者"之一,也是时代的新革命气氛的创造者;实际上帮助实现了德·谢·梅列日科夫斯基的箴言:"任何国家体制都是凝固了的革命;任何革命都是熔化了的国家体制。"[3]

〔1〕 Известия ВКП(б)〔《联共(布)公报》〕. 1989. No 8. С.89。

〔2〕 《联共(布)党史简明教程》,人民出版社 1975 年版,第 230 页。

〔3〕 Мережковский Д. С. Полн. Собр. Соч. Т. XV(《梅列日科夫斯基全集》第 15 卷). М.; Типография товарищества И. Д. Сытина, 1914. С.21。

托洛茨基演说的特制桂冠是其价值难以估价的确认革命取得胜利这一历史事实。《工人之路报》是这样报道托洛茨基在彼得格勒苏维埃紧急会议上的演说的:

> 我代表革命军事委员会宣布,临时政府已经不复存在了。(鼓掌)有些部长已经被捕。(好样的!)其余的也将在最近几天或几小时内被逮捕。(鼓掌)
>
> 受革命军事委员会调遣的革命卫戍部队解散了预备议会[1]的会议。(掌声雷动。高呼:"革命军事委员会万岁!")
>
> 有人对我们说过,一旦卫戍部队起义,就会立即引发抢劫,并将革命淹没在血泊中。眼下一切都在不流血地进行着,我们也不知道有牺牲者。我不知道历史上有过卷进革命运动的群众如此之多,而革命运动开展得不见血迹的例子……
>
> 我们在这里彻夜不眠,而且守在电话线旁时,也在关注着革命士兵的队伍和工人赤卫队毫不声张地履行自己的职责。平民百姓安安心心地睡觉,并不知道这时一个政权正在被另一个政权所取代……冬宫还没有被拿下,不过它的命运在最近期内就会决定。(鼓掌)
>
> 我们有弗拉基米尔·伊里奇·列宁,他由于许多条件的限制,至今都不能出现在我们中间……回到我们身边的列宁同志万岁![2]

托洛茨基当然知道自己演讲的巨大声望,他知道,自己的主要工具是钢笔和文字。不过他认为,必须高度评价(而且多次这样做过)列宁作为政论家和演说家的威望。而且他着力描绘一个真正的,而不是"抛光过的"形象。例如,1920年4月,他是这样写的:"列宁的著作家和演说家的风格,如同他的整个气质一样,是非常朴实无华、讲求实际、清淡淳朴的。可是在这种清淡淳朴中没有丝毫道德说教的因素。这不是原则,不是凭空捏造的体系,当然,也不是卖弄炫耀——这仅仅是准备行动的内在力量汇聚的外部表现……这是一个当家人、一个农夫的才干,只是具有庞大的规模。"[3]托洛

---

〔1〕 预备议会是俄罗斯共和国的临时机构,临时政府的咨询机关,成立于在1917年9月14至22日(公历9月27日至10月5日)举行的民主会议1917年9月20日(公历10月3日)的扩大会议上。

〔2〕 Троцкий Л. Соч. Т. III. Ч.2. С.55-56, 57.

〔3〕 ЦПА ИМЛ, ф.325, оп.1, д.282. л.2-3.

茨基"拒绝承认"列宁具有演说家的效果,可是绝对承认他对听众影响的深度和扎实程度。

许多年来,我们忽略了一个事实:在两次俄国革命中,最初担任彼得堡苏维埃主席,后来又担任彼得格勒苏维埃主席的是列·达·托洛茨基。按照斯大林的意志,他仿佛是淡出了历史的记忆,或者说是被遗忘了。但是历史珍惜的仅仅是真理,而真理或迟或早总是会成为社会思想的共识。可是这完全不是说我们知道,已经永远逝去的早先的现实或者具体事件将获得怎样的评价。

十月高潮之前,两个阵营内发生过激烈的争论。彼得格勒苏维埃在进行推翻临时政府的最后准备工作。布尔什维克的领导人中最著名的人物之一就是苏维埃主席。

政府阵营中不仅采取了镇压日益成熟的起义的本能行动,而且对广泛代表各个政党(除了托洛茨基发表了正式声明之后,离开了这个机构的布尔什维克之外)的预备议会寄予很大希望。

10月24日中午一点,克伦斯基在预备议会作了长篇演说。党史委员会在革命后不久编纂的大事记中是这样叙述他的演讲的:"我应当向俄罗斯共和国临时委员会完整、鲜明而清晰地确认彼得格勒市部分居民的状态是起义的状态。实际上就是企图发动平民百姓,起来反对现有的秩序,破坏立宪会议,向威廉皇帝紧密团结的部队敞开俄国的前线。我这样说是完全带着'庶民'的意识。"[1]

经过四小时休息后,会议复会了。会上各党的代表阐述了各自的立场。左派社会革命党人卡姆柯夫提出了对临时政府不信任的问题。孟什维克格沃兹杰夫声称,工人阶级将不参加起义。另一名孟什维克的代表唐恩说:我们反对起义,可是也反对镇压起义。代表孟什维克-国际主义者的马尔托夫一如既往,文绉绉地说:赞成签订和约,反对流血和暴力。哥萨克党团严厉谴责布尔什维克并呼吁政府采取坚决行动……我们看到,"权力的玩物"只给了临时政府极为有限的支持。布尔什维克阵营自然十分了解在软弱的政府周围"五光十色的"力量的分布情况。列宁催促,要求,恳请,号召立即采取坚决行动。

---

〔1〕 Рябинский К. Революция 1917 года. Хроника событий(《1917 年革命大事记》). М.-Л., 1926. Т. V. Октябрь. С.168。

事态迅猛地发展着,特别在 10 月 24 日晚,列宁抵达斯莫尔尼宫之后。尽管政府还在开会,它的时间已经屈指可数了。24 日深夜到 25 日,赤卫队已经占领了邮政总局、尼古拉耶夫火车站、中央电话局。阿芙乐尔号巡洋舰停泊在尼古拉耶夫桥畔。10 月 25 日清晨,军事革命委员会批准了列宁起草的呼吁书《致俄国公民们》,其中有著名的词句:"临时政府被推翻了。国家政权已转入彼得格勒工人和士兵代表苏维埃的机构军事革命委员会手中……"

冬宫中,临时政府在仍旧忠于它的最后一些部队的层层保护下继续开会,10 月 25 日晚 10 时 40 分,第二次全俄国工人和士兵苏维埃代表大会开幕了。10 月 25 日深夜至 26 日凌晨,根据列宁的报告通过了关于和平和土地的一些具有历史意义的法令,宣布了新政权的成立。几乎与此同时,就在夜间冬宫被攻陷了。起义,按照当时通常的说法,"十月政变"以完全胜利而结束了。立宪民主党的著名活动家之一亚·索·伊兹哥耶夫回忆说:"10 月 25 日布尔什维克夺取了政权,起初对彼得格勒各阶层的居民没有产生什么影响。由于酒馆被捣毁、街头出现许多醉汉、枪声不断、担心抢劫,人们的情绪激动起来。很少有人相信,这出悲剧将持续两、三个星期以上。许多掠夺者本身也被自己的行为吓得要死……可是列宁、托洛茨基和军事革命委员会中的军人并没有动摇……"[1]托洛茨基和列宁并肩工作,为历史留下了许多重要文件,其中包括就孟什维克和社会革命党人退出代表大会准备的决议草稿。托洛茨基用因激动、疲惫和欣慰而变得沙哑的嗓子宣布:"起义不需要辩解;既成事实不是阴谋,而是起义……我们要对那些离去的和提出建议的人说,你们是些可怜虫,是孤家寡人。你们是破产者,你们的戏已经演完了。到你们从现在起应该待的地方,也就是历史的垃圾堆去吧……"[2]

冷酷无情、毫无怜悯之心的言辞扔向了那些就在不久前,三四个月之前还和他十分亲密的人。在十月里,托洛茨基结束了我在第一章中已经提到过的悖论。自今而后,他将永远和社会主义运动中的社会民主主义、孟什维主义、自由主义一刀两断。这不是一次转变,而是作为一名革命者的托洛茨基的真实本性:不屈不挠、冷酷无情、毫不妥协的表现。他成了真正的布尔什维克。

〔1〕 Архив русской революции(《俄国革命档案》第 10 卷). Берлин, 1922. T. X. C.20。

〔2〕 Троцкий Л. Соч. T. III. Ч.2. C.61, 391.

许多人并不接受托洛茨基关于不存在阴谋的断言。这一点无论在当时，还是稍晚些时候，以至于今天，成年累月都是十月革命的反对者不无根据地辩驳的对象。因为就在这个断言之前的几个小时，托洛茨基还说："平民百姓安安心心地睡觉，并不知道这时一个政权正在被另一个政权所取代……"

托洛茨基后来一再回忆说，在开始讨论土地法令时，突然冒出了被逮捕的临时政府成员的问题。被捕的人中有尼·米·基什金、П. M.鲁滕贝格、彼·伊·帕尔钦斯基、米·弗·别尔纳茨基、亚·伊·科诺瓦洛夫、谢·列·马斯洛夫、С. С.萨拉兹金、库·安·格沃兹杰夫、П. Н.马良托维奇、А. М.尼基京、德·尼·韦尔杰列夫斯基、米·伊·捷列先科、А. В.里维罗夫斯基、阿·阿·马尼科夫斯基、С. Н.特列季亚科夫、С. А.斯米尔诺夫、安·弗·卡尔塔舍夫。好几个社会革命党人在代表大会上坚决要求释放被捕的部长-社会主义者。特别引人注目的是一名士兵代表-社会革命党人歇斯底里的发言：

"你们坐在这里，高谈阔论将土地交给农民的问题，同时你们又对由选举产生的农民代表采取暴虐和强制的举动。我要告诉你们，即使他们的一根头发受到伤害，你们就将面对一场起义。"[1]

士兵讲完话，回到自己的座位上，会场上鸦雀无声，许多人都在等待，看托洛茨基怎样回答。他立刻明白了，当即说道：

"军事革命委员会已经决定，社会主义者-部长们将被软禁在家。对普罗科波维奇已经这样做了，对马斯洛夫和萨拉兹金也应当这样做……"接着他说出了一句今天听起来是很凶险的话：

"第二个问题是市民对这次逮捕的印象。同志们，我们在经历一个新时代，**通常的观念都应当被抛弃**（黑体是我加的——作者注）……"[2]"通常的观念"是怎样被抛弃的呢？从前部长、立宪民主党人安·伊·盛加略夫和费·费·科科什金的命运中可以窥见：他们在医院的病床上被枪杀了……[3]

我想，在已经知道了许多遥远的社会转折时期的事情之后，我们今天应当理解托洛茨基这个讲话中的凶兆。我并不刻意要从这句话中直截了当地

〔1〕 Троцкий Л. Соч. Т. III. Ч.2. С.56, 391.

〔2〕 Троцкий Л. Соч. Т. III. Ч.2. С.62, 63.

〔3〕 Архив русской революции. Т. X. С.25.

引出有关未来"斯大林的指示"的结论,可是却不能摆脱一种感觉:俄国革命中历史悠久的激进主义从一开始就不容置疑地昭示了自己。许多人很快就会知道,革命的手段是沉重的。1917 年 12 月,成立了全国肃清反革命和怠工特设委员会(全俄肃反委员会)。从这时起,这些机构在几十年内都几乎是业已诞生的布尔什维克体制实质的主要体现者。很快全俄肃反委员会的各级机构就将获得不经法庭审理,就能判处各种罪行,直至"就地枪决"的权力。人民委员会 1918 年 2 月 21 日的法令中说:"敌方的代理人、投机犯、抢劫犯、流氓、反革命的鼓动者、德国间谍就地枪决。"根据对一个人的行为作出的不同解释,许多人都可能被列为上述罪犯。这样一来,革命就宣布了恐怖主义。革命的面目将由托洛茨基这样的人物来确定。

革命的大潮将托洛茨基举上了声誉的顶峰。也许,从取得权力那一刻起,他就无条件地成了俄国继列宁之后的第二号人物。俄国从 1917 年 10 月 25 日后的好几年,陷于混乱、自相残杀、极度的贫困艰难之中。这些年代的痕迹直到今天还可以察觉到。就像叶·尼·特鲁别茨科伊公爵在《逃亡者札记》中写的那样:"道德法则的沉沦、放肆的专横武断、对偷窃习以为常、残酷无情——这就是混乱时期长期积累的有毒遗产,它将在许多年内遗留在人们心中。"[1]

和列宁肩并肩

即使在今天,这个小标题本身也可能引起一些人的某种不快。多少年来,要将任何人置于和名副其实的"第一领袖"列宁并排的位置都是不可能的。只有斯大林经过多年的伪造历史之后,才敢于这样做。实际上,列宁身边有过许多杰出的政治家,其中在那些年代最显眼的就是列·达·托洛茨基。只消读一读十月革命时期、社会主义建设和国内战争初期的文件,就可以明确无误地断定:当时他是列宁最亲密的战友,一个具有俄国革命的种种优点和过失的人。无论是革命的创造者,还是对革命满怀恶意的人都谈到

---

〔1〕 Архив русской революции. Берлин, 1926. T. XVIII. C.205.

过托洛茨基是当时俄国的"二号"人物。《工人报》(孟什维克的机关报)1917年11月6日发表了一篇没有署名的短文,标题是"结束的开始",其中说:

"强化恐怖行动和深化国内战争——这就是列宁和托洛茨基的纲领。回归自由和民众的和平——这是昨天的朋友和今天的敌人的口号。列宁和托洛茨基的'社会主义'依靠的是'军事革命委员会',以及彼得格勒和喀琅施塔得卫成部队的刺刀……"[1]这样的说法并不是个别的。例如,高尔基和他的报纸《新生活报》对列宁和托洛茨基的革命二重唱作出过尖锐的批评。例如,《新生活报》1917年11月7日在一篇短评《谈民主》中写道:

> "列宁、托洛茨基和伴随他们的人已经受到政权的腐朽毒药的毒害,足以为证的是他们对言论和人身自由的可耻态度,以及对民主思想为之奋斗过的种种权利的可耻态度。盲目的狂热分子和丧尽天良的冒险分子拼命沿着仿佛是'社会革命'的道路狂奔,而实际上这是通向无政府主义,通向无产阶级和革命死亡的道路……"[2]

总的说来,《新生活报》坚信,布尔什维克执政是一个令人沮丧的历史插曲。说是很快就会一切回归原位。例如,俄国哲学家、经济学家弗·亚·巴扎罗夫就在报上这样写过。他警告说,布尔什维克正在准备撕毁民主力量之间达成的协议,而这就会断送革命。作者断定:"可是无需多说,斯莫尔尼共和国威严的总统列宁永远也看不到这个最起码的真理,因为他顽固地追求'苏维埃国家'这个躁狂症的思想。杰出的列·托洛茨基和附和他的那一群在现代布尔什维主义中扮演着首要角色的革命的劫掠者,也永远不会承认这条最起码的真理。至于劫掠者……他们正在创造的那些机关的命运和他们毫无关系;这里的心理是再简单不过的了:哪怕只有一天,那也得听我安排,哪怕只有一个小时,那也要额头上带着罗伯斯庇尔悲剧性的印记,以经典的革命姿态炫耀一下……"[3]

孟什维克和资产阶级自由派拒绝了布尔什维克的意图,起初他们认真地相信,新领袖们的日子不会太长久。当时也确实以为,夺取政权未必能够

---

[1] ЦПА ИМЛ, ф.325, оп.1, д.11. л.19.

[2] ЦПА ИМЛ, ф.325, оп.1, д.11. л.19. л.1.

[3] ЦПА ИМЛ, ф.325, оп.1, д.11. л.19. л.16.

得逞。可是列宁和他的亲信,现在也包括托洛茨基在内,比"劫掠"的批评者看得远些。在不流血的变革后的最初几天,资产阶级的和自由派的报刊还能够就布尔什维克的激进主义在字面上发点脾气。因此巴扎罗夫的文章就是自由主义反对派的一个典型。

这不是一个插曲。社会革命党人、孟什维克的革命党、许多其他政治小组和团体谴责了驱散预备议会,逮捕部长-社会主义者,采用执政的独裁方法。在政权转入彼得格勒苏维埃手中,实际上是转入布尔什维克手中的两天之后,《工人报》发表了以下呼吁书:

> 致全体! 全体! 全体!
>
> 俄罗斯的公民们!
>
> 俄罗斯共和国临时会议,迫于刺刀的压力,不得不在10月25日宣布解散并暂时停止了工作。篡夺政权的人们嘴上喊着"自由和社会主义",却在施加暴力和胡作非为。他们逮捕了临时政府的成员,其中包括部长-社会主义者,并关押在沙皇的囚室里……流血和无政府主义有扼杀革命,淹没自由和共和国,在高潮中复辟旧制度的危险。这样的政权应当被认为是人民和革命的敌人。[1]

对,失败者就是这样说的。而且他们还采用了诞生于法国革命时期的、不吉利的词汇"人民公敌"。不过胜利者对自己的敌人也毫不留情。我想,布尔什维克同立宪民主党人及其他资产阶级政党反正不可能是同路人。

我稍稍提前说几句,1917年11月28日,在由列宁主持的一次人民委员会会议上(据记录记载,出席的有托洛茨基、斯图契卡、彼得罗夫斯基、明仁斯基、格列勃夫、克拉西科夫、斯大林、邦契-布鲁耶维奇)通过了人民委员会主席提出的一项法令"关于逮捕人民公敌的政党(立宪民主党——作者注)最有影响力的中央委员,并交付革命法庭审判"。顺便说一句,在这份第13号记录里,记下了斯大林非同寻常的一个动作:他是唯一对这项议案投反对票的人。[2]我已经就这位民族人民委员的不一般的举动说过一些想法。彼时的斯大林还没有达到独裁者毫无怜悯之心的程度:他是后来随着权力的

---

〔1〕 ЦПА ИМЛ, ф.325, оп.1, д.11. л.19. л.11.

〔2〕 ЦГАОР, Ф.130, оп.1, д.1, л.20.

增长才走到这一步的。投"反对票"是突出自己非同寻常和独立性的一种方法。处于纵队深处的一个默默无闻的人,他需要某种标志、信号、姿态。

顺便说说,在人民委员会的同一次会议上,托洛茨基作了一个目前形势的报告。记录中记载,他评价了彼得格勒的局势,陈述了顿河流域和乌拉尔反革命活动的发展,关于立宪民主党人和卡列金[1]分子之间直接联系的事实。托洛茨基在结束报告时,作出结论:"立宪民主党中央委员会是反革命的策源地,是暴动的策源地。"报告人就此建议通过"致全体劳动者和被剥削者的呼吁书"。呼吁书通过了,只有彼得罗夫斯基一人投了弃权票。[2]立宪民主党人的政治"国家生活"就此结束。

看来,左派社会革命党人、孟什维克-国际主义者今后还可以在革新社会方面同布尔什维克积极合作下去。例如,同社会革命党人的这种合作就持续到1918年夏季,可是,无论布尔什维克,还是社会革命党人都不曾尽最大努力来巩固这种联合。布尔什维克对思想一致、垄断政权的向往占了上风。我想,这"坚如磐石的"统一、不容选择,正是最终导致恺撒制度的远因之一。

列宁反对"妥协政党"加入苏维埃政府,尽管他就在不久前还声称,"少数的利益不会受到侵犯",托洛茨基毫无保留地支持列宁的立场。可是权力是会改变人的。在挫败了克伦斯基10月30—31日调动克拉斯诺夫将军的部队进入彼得格勒的企图后,俄国社会民主工党(布)彼得格勒委员会召开了有纪念意义的一次会议。反对过武装起义的"异端分子"季诺维也夫和加米涅夫提出了一项建议:成立所谓"清一色的社会主义政府",参加的除了布尔什维克外,还可以有社会革命党人和孟什维克。诺根和卢那察尔斯基认为应当成立一个各社会主义政党的联合政府。孟什维克和右派社会革命党人估计到这一点,指望他们在联合政府中占据多数。列宁坚决反对,他得到了托洛茨基的热烈支持,列宁对此有很高的评价。两人都没有表现出妥协的意向。这可能是又一次错过了历史的机遇。自1918年年中起,陷入孤独的布尔什维克,从此将自己置于历史性的隔绝状态。

托洛茨基的《斯大林伪造学派》一书中,有一个很有意思的插页:上述俄国社会民主工党(布)彼得格勒委员会会议记录副本的影印件。[3]会上发言

---

〔1〕 阿·马·卡列金,沙俄将军,顿河哥萨克反革命首领。

〔2〕 ЦГАОР, Ф.130, оп.1, д.1, л.20.

〔3〕 Троцкий Л. Сталинская школа фальсификаций. С.116.

的有法尼施泰因-达列茨基、卢那察尔斯基、格列博夫、诺根、斯卢茨基、博基,托洛茨基几次发言。关于同社会革命党人和孟什维克妥协(吸收他们参加政府)的问题,既没有获得列宁的支持,也没有托洛茨基的支持。记录的影印件中有列宁娓娓动听,却并没有被收入 1929 年和 1958 年出版的《俄国社会民主工党(布)中央委员会记录汇编》的名言。为什么没有收入,不言自明。列宁的话是这样的:

"我甚至不能认真地谈论这个问题。托洛茨基早已说过,联合是不可能的。托洛茨基明白这一点,自此之后就没有更优秀的布尔什维克了。"[1]不过,我们现在明白了,对待联合的这种立场的历史论证未必是准确的。对社会主义的多元论,布尔什维克说了"不"。

这句话(未经修改的文件的影印件,其真实性是毋庸置疑的)后来被托洛茨基一再引用在自己的著作中,不仅为了证明彼得格勒苏维埃主席在"清一色政府"问题上的立场正确,而且也想说明列宁对他政治面目的总评价。直到今天,有时还能听到这样的说法,托洛茨基转向布尔什维克之后,从未承认过,而且至今"不承认在过去同他的争论中,布尔什维主义是正确的"。这话并不准确。在上面提到的托洛茨基的书里:"我已经不止一次声明,在我同布尔什维主义在一系列原则问题的分歧中,**错误在我这边**(黑体是我加的——作者注)。"[2]而且,托洛茨基公开承认自己"错误"的证据还有不少。换句话说,这就是重复旧的错误见解。如"至于托洛茨基及其某些亲密朋友,正如后来所证明的,他们入党不是为了进行有益于党的工作,而是为了动摇党和从内部炸毁党。"[3]不过,直至今日,还有不少人依然遵循斯大林的这种说法。

是不是所有的人都承认托洛茨基是主要的革命领导人之一呢?在自己的圈子中,他是不是有过反对者呢?有过。主要来自那些不能,也不希望宽恕他那段孟什维克历史的人。在市民圈子中人们特别渲染他的犹太出身。有时,不怀好意的人指指点点,说列宁身边"多数是犹太人"。列宁并不理睬这些小市民的议论,认为这些议论是觉悟低的表现。他当然接到过下面这样的信件和电报:"为了挽救布尔什维主义,必须牺牲几个相当受人尊敬,而

〔1〕　Троцкий Л. Сталинская школа фальсификаций. С.119.
〔2〕　Троцкий Л. Сталинская школа фальсификаций. С.97.
〔3〕　《联共(布)党史简明教程》,人民出版社 1975 年版,第 221 页。

且名望很高的布尔什维克：苏维埃政府理应督促并支持季诺维也夫、托洛茨基和加米涅夫立即提出辞职，他们待在手握重权的高位上不符合民族自决的原则。"电报的作者还要求"斯维尔德洛夫、越飞、斯杰克洛夫自行离职，而代之以俄罗斯出身的人……"落款是同情布尔什维主义的老民意党人马佳里·尼古拉耶维奇·瓦西列夫。[1]

不过这样的呼吁并没有得到领导人的回应，因为革命的国际性因素（这是不能否认的）十分强大。可是反犹太主义是存在的。就此鲍里斯·萨温科夫在华沙写道："有些农民敌视犹太人，因为个别犹太族委员征用了他们的牲畜和粮食。有些农民敌视犹太人，因为个别犹太族委员赶他们去送死。有的志愿兵（转投白军的军官——作者注）仇视全体犹太人，因为犹太族的中央委员枪杀了他们的家人……可是反犹太主义只有当俄国获得重生，成为真正的民主国家之后才会消失。我是俄罗斯人，我为犹太人的痛苦感到痛心……"[2]

托洛茨基一生中从未对任何事物像对革命那样孜孜不倦地追求过，只有革命才能为他提供自我表现的种种机会。革命和托洛茨基是彼此爱慕的。两次俄国革命中彼得格勒苏维埃的主席对破坏性的社会运动从来不曾"心怀叵测"，而且当然也不曾希望十月革命失败。他视革命为自己生命的最高境界。我想，列宁在1917年10月的那些日子里相信了这一点，所以才给了托洛茨基许多令人愉快，而且当之无愧的赞美之词。在草拟布尔什维克参加立宪会议的候选名单时，列宁写道：

完全不能容忍的是，经过考验较少、不久前才加入我们党的人（如拉林）被提为候选人的过多……必须刻不容缓地重新审议和修改名单……

不言而喻……提托洛茨基这样的人当候选人，谁也不会提出异议，因为第一，托洛茨基一回来就采取了国际主义的立场；第二，他在区联派为争取合并进行过斗争；第三，在七月事变那些艰难的日子里他能胜任工作，是革命无产阶级的忠诚拥护者。[3]

---

〔1〕 ЦГАСА, ф.33987, оп.2, д.47, л.21.

〔2〕 Савинков Б. В. Накануне новой революции（《新革命的前夕》）. Варшава, 1921. C.19-20。

〔3〕 《列宁全集》第32卷，中文第2版，第338页。

　　可以肯定,列宁从十月的那些日子起,深刻地明白了托洛茨基作为推翻者和破坏者的真正角色,不过永远也不会忘记他早先的"非布尔什维主义"。

　　十月革命后的第二天,《真理报》呼吁:"同志们,你们用自己的鲜血保证了俄国土地的主人——全俄立宪会议按期召开。"可是,11月举行的选举中布尔什维克并没有占据多数。而列宁已经宣称:"苏维埃共和国是比立宪会议的资产阶级共和国更高级的民主形式……"[1]1917年11月23日,根据布尔什维克党中央的决定,逮捕了选举和召开立宪会议委员会的成员。其中著名的人士有:М. М.维诺维尔、马·文·维什尼亚克、В. М.盖森、В. Н.克拉赫马尔、Г. И.洛德基帕尼泽、瓦·阿·马克拉科夫、弗·德·纳博科夫、Б. Э.诺里德等。对委员会的抗议,受委派处理此事的斯大林不容置辩地宣称:"布尔什维克并不关心这些人如何看待人民委员会。选举委员会造了假……"[2]

　　经过多次耽搁后,列宁推荐了托洛茨基与会的立宪会议终于在1918年1月5日开幕了。一幅凄凄惨惨的场景:会场上的人来自不同党团,彼此互不相识。昏昏欲睡、一片嘈杂,高声叫嚷。被推举为俄罗斯议会主席的切尔诺夫提高了嗓门,试图压制住会场的混乱:"立宪会议第一次会议开幕这件事本身就宣布了居住在俄国的各民族之间的内战结束了。"[3]这次会议的参加者马克·维什尼亚克回忆说,"主席台上是发号施令的最高层和苏维埃士兵。一个高大的黑发男子,胸前交叉绑着武装带,就像一个浴室的老板。德宾科、斯切克洛夫和科兹洛夫斯基。主席左边的厢座里是列宁,他起初还认真听着,后来就心不在焉地一会儿斜倚在座椅上,一会儿靠在台板的阶梯上,不久就完全消失了。"[4]大家心里都清楚,布尔什维克早就对自己不占多数的这个全俄论坛不抱什么希望了。讨论就在这种情况下进行到凌晨五点。一名水兵(后来才知道是安纳托里·日列兹尼亚科夫)出现在主席的位置上。他碰了碰切尔诺夫的衣袖,对静默的会场高声喊道:

　　"德宾科委员要求在场的全体人员离开会场。"

〔1〕　Мельгунов С. Как большевики захватили власть. С.268.

〔2〕　Известия Всероссийской по делам о выборах в Учредительное Собрание комиссии(《全俄立宪会议选举委员会公报》). 1917. No 16—22. ноябрь。

〔3〕　Анин Д. Революция 1917 года глазами ее руководителей(《1917年革命的领导者眼中的革命》). Рим,1971. С.463。

〔4〕　Анин Д. Революция 1917 года глазами ее руководителей. Рим,1971. С.457.

"对不起,这只能由立宪会议自己来决定……"切尔诺夫试图保持自己的身份。

门口出现了赤卫队员和水兵,手里拿着枪。安·日列兹尼亚科夫补充说:

"我建议所有的人离开塔夫利达宫,因为时间太晚了,卫兵也累了……"

支持布尔什维克的是左派社会革命党人。自今而后的几十年内,俄国的议会制度就完结了。从现在起,权力的最高层中响起的不是合唱,而是单一的政治力量的独唱。报刊当初说,立宪会议的选举根据的是克伦斯基时期通过的一项旧法律,也许它还不无根据地断定,这项法律向俄国的基本居民群众——农民提供了特权。然而,事情却并非如此:布尔什维克在各级苏维埃中拥有优势,不打算同他们只占少数的立宪会议分享权力。为了保证完整无损,十月革命不得不在各级苏维埃和立宪会议之间作出选择。选择是早已作出了的。在这个问题上托洛茨基毫不动摇地支持列宁。群众的感情表面上是倾向于苏维埃的,因为实权掌握在布尔什维克手中。立宪会议的口号已经"黯然失色",因此它的解散并没有引起大规模的抗议行动。

这是一个特殊的题目。布尔什维克在立宪会议中占有四分之一的席位,如果和占有将近一半席位的社会革命党人一起,就可以建立一个有威望的联合政府,可是,1918年初,获胜者已经不想和其他人分享权力了。恰好右翼的社会革命党人也不急于同布尔什维克合作,他们也要负很大的历史责任。托洛茨基是坚决主张一党制领导的布尔什维克领导人之一。列宁是这样解释社会革命党人在立宪会议选举中的优势的:"农民在拟定10月17日的候选人名单和参加11月12日立宪会议选举时,还不可能知道土地问题和和平问题的真相,不可能分清谁是朋友,谁是敌人,谁是披着羊皮的狼。"[1]回顾那些日子时,摆脱不了一种感觉:1918年1月,错过了社会主义多元化的一次最重要的机遇。为了公正,我要再说一遍,社会革命党人也并不想利用这次机遇。他们追求领导权,不想满足于长期和布尔什维克结盟,在其中充当一个小伙伴的角色。

总的说来,在分析托洛茨基从1917年10月开始的活动时,会感到有些奇怪,为什么彼得格勒苏维埃主席当年并不掩饰的、同列宁的许多分歧会立即消失殆尽。而且并非出自妥协,而是由于托洛茨基同列宁对革命的许多

---

〔1〕《列宁全集》第33卷,中文第2版,第159页。

重大问题实际上完全一致。不仅如此,可以断定,他们之间从政变的那个值得记忆的深夜开始,确立的不仅仅是同志关系,而且是友好关系。托洛茨基成了"最好的布尔什维克"。

后来,在极其不幸的被放逐中,他回忆说,10 月 25 日夜间,在等待第二次苏维埃代表大会开幕时,他和列宁一起在会议厅旁边的一间空屋子里休息。有人关心地为他们拿来了毯子和两个枕头……"我们并排躺着,躯体和精神都累极了,好像绷得过紧的弹簧那样……我们悄悄地交谈起来……他的声音里包含着少有的诚恳的语气。他向我详细地打听由赤卫队员、水兵和士兵混合组成的,配置在各地的纠察队的情况。他怀着深厚的感情一再重复着:'多壮丽的情景:持枪的工人与士兵并肩站在篝火旁!''士兵终于同工人结合在一起了!'然后他突然想起来了:'冬宫呢? 它至今尚未攻占? 不会出什么问题吧?'我起身要打电话询问作战行动的进展情况,但他阻止了我。'躺下,我马上派人去打听。'"〔1〕不过也不能躺很久:苏维埃代表大会开始了。

《新生活报》暂时还未被查封。它每天都要发表一些有关"布尔什维克政变"的、令人担忧的预测。遭到特别严厉谴责的是他们的暴力。每篇文章行文的政治语气,即便是没有署名,也显然同马尔托夫、唐恩、阿布拉莫维奇的风格相似。例如,10 月 29 日报纸发表了一篇文章《布尔什维克执政》,它主要的打击对象就是列宁和托洛茨基:"10 月 25 日的政变有它自己的前台人物列宁和托洛茨基,但是它真正的制造者却是克伦斯基和策列铁里……政变的前台人物如今'执政'了。如果仅仅是一名浮皮潦草的观察者,就会感到他们上演的是一出轻歌剧。实际上摆在我们面前的却是一场给国家造成无数灾难,使革命成果丧失殆尽的大悲剧……我们也从根本上否定布尔什维克陷于孤立的力量借助军事'行动'夺取政权的方法。现在,在布尔什维克所取得地位的基础上出现最巨大震荡已经是无法避免的了……"〔2〕列宁和托洛茨基的主要反对者就是这样写的。

十月武装起义和国内战争时期,列宁和托洛茨基之间几乎在所有问题上(也许只有布列斯特和约是例外)都是完全相互理解的。具有典型意味的是,托洛茨基在他颇有分量的两卷本《俄国革命史》和一系列文章中始终在

---

〔1〕 托洛茨基:《我的生平》,赵泓、田娟玉译,郑异凡校,上海人民出版社 2014 年版,第 286 页。

〔2〕 ЦПА ИМЛ, ф.325, оп.1, д.11. л.9.

维护着列宁。"最杰出的领袖"之一直到去世,从未同列宁——无论在他生前,还是辞世之后——发生过认真的争论。不妨提出一个问题:为什么呢?

我认为,这种情况可以有几种解释。首先,托洛茨基明白,如果他再一次更换政治方位,那他就在思想上死亡了。历史经验已经证明,在政治上只能容许一次根本改变自己的立场。否则,由于不断地见风使舵,不仅在老朋友中,而且在新朋友中将丧失信用。再则,在十月的那些日子里托洛茨基懂得了,列宁的立场和方针和他的观点是非常接近的。最后,托洛茨基再也不曾和俄国革命的真正领袖发生过争论,也是想借此抹去"斯大林是今天的列宁"这个神话的光环。托洛茨基用他全部理论和政论的活动证明了,从1917年10月起,只有他才始终懂得列宁,而且忠于他的思想和方针。

人总是要为自己寻求庇护者的。上帝、某种思想或是一个伟人。列宁是十月革命的领袖。在他去世后,斯大林和托洛茨基在彼此的生死搏斗中,都想利用他为自己寻找论据。

甚至在谈到列宁由于某种原因而不曾获得中央委员会支持的一些举措和决定时,托洛茨基也没有责怪领袖。例如,1932年时,他写道,"列宁坚持要在民主会议期间举行起义;没有一个中央委员支持他。一星期后,列宁向斯米尔加建议在芬兰组织起义司令部,并使用水兵的力量从那里对政府实施打击……列宁在9月末认为,将起义推迟到苏维埃代表大会召开,即推迟三个星期的做法是致命的。可是,推迟到代表大会前夕的起义却在代表大会还在开会时就结束了。列宁提议在莫斯科开始斗争,认为在那里无须战斗就能解决问题。实际上,莫斯科的起义虽然有彼得格勒获胜的先例,却持续了八天,承受了许多牺牲。"[1]

托洛茨基详细地列举了列宁不曾得到支持,也没有实行的种种建议,却并没有将其归入他的过失。反而说:"列宁不是一架不会作出错误决定的自动装置,他'仅仅'是一名天才,一个人所具有的一切,他也都具有,其中包括犯错误的本性。"[2]我以为,托洛茨基对列宁具有一个非常合适的立场:他承认他的天分,却又毫不客气地反对将他神化,而神化正是几十年来,在我国社会思想中实际贯彻的东西。将列宁圣像化导致了他的思想被腐蚀,产生了教条主义者,他们同官僚主义者沆瀣一气,做了许多连他本人都永远不

〔1〕 Троцкий Л. История русской революции. Т. Ⅱ. Ч.2. С.385-386.
〔2〕 Троцкий Л. История русской революции. Т. Ⅱ. Ч.2. С.386.

会同意的事情。托洛茨基把列宁看成一个人，而不是上帝。就在 1927 年，当失宠的"杰出领袖"头上已经隐隐约约地出现了斯大林迫害的危险时，托洛茨基勇敢地起来保卫列宁，使他免被列为圣人，受教条主义的推崇而变得死气沉沉，不至于变成来自马克思主义的又一个圣者。托洛茨基的档案中，有他的一篇短文手稿《论伪君子》，其中特别引人注目的是下面这几行文字：

> 逝去的列宁仿佛又复活了：请看，这就是基督复活神话的谜底。他对我们而言是再度出现，摆脱了日常琐事，却又拥有支配一切的权威……然而危险就是从对列宁推崇的官僚化和对列宁及其学说态度的自动化开始的。针对这两种危险，娜·康·克鲁普斯卡娅不久前说得非常好，而且一如既往，使用了最普通的语言。她说，不要为列宁建造毫无用处的纪念碑，也不要用他的名义设立用不着，也没有益处的机构。[1]

经过斯大林对托洛茨基档案的清理后，这些话自然被认为是企图"贬低列宁"，"削弱他在革命中的作用"。同时，我再说一遍，应当承认，这样大胆而明确地反对将十月革命的领袖奉为神明是需要很大勇气的。

列宁去世后三个月，在他的生辰日举办了一个"追思会"。讲话的有加米涅夫、拉狄克，托洛茨基也发表了长篇讲话。我想从他的讲话中摘取两三个片段，证明托洛茨基有能力理解另一个人物的内心深处，看到他的生存哲学，发现在另一些人看来是藏而不露的东西。在谈到行动坚决的人时，托洛茨基不由自主地让人感到，他比认识列宁很久的许多人看得都要远些，而且深刻些。起初他仿佛是漫不经心地说到，艺术家和作家都在试图谈论列宁，例如高尔基。可是，"他并不了解伊里奇，而是带着高尔基在生命的最后年代中日益显著的那种知识分子的、小市民的过分热情来看待他……"托洛茨基是对的：关于列宁写了许多书，画了许多画，但是其中往往只有神像，而看不见人。关于列宁的实事求是的书籍在我国还没有写出来。

托洛茨基说，列宁身上"有一种受意志和意识控制的、内在的革命焦急情感的强劲喷发……对人的信任深深地嵌入列宁心中：从道德意义上说，他是最伟大的理想主义者，相信人能够攀上我们只会怯生生地幻想的高峰。"托洛茨基还在列宁身上看到了信赖专政的力量的特征。"弗拉基米尔·伊

---

〔1〕 ЦПА ИМЛ，ф.325，д.365，л.78-79.

里奇说过:主要的危险在于俄国人民的善良……当人们打算在发誓后释放克拉斯诺夫的时候,好像只有列宁一个人反对释放,可是,他向其他人让步了,甩了甩手……当有人在他面前谈起无产阶级专政时,他总是有意夸大教育的目的,说:我们这算什么专政! 这是一锅粥,'一个软弱无力的拳头'(弗拉基米尔·伊里奇喜欢的说法)……一般说来,他的情绪是平稳的,可是内心并不平稳,只是由于非同寻常的自制力,他的表现才始终是最持重的……"托洛茨基仿佛在沉思中,说出了一句极其深刻的话,"研究我国领袖人物的心理将来会有助于理解这个时代。"

甚至托洛茨基议论的一些小片段也表明他较为深入地走进了列宁的内心世界。从托洛茨基所处的"高度上"更便于观察俄国革命领袖更高的"巅峰"。

托洛茨基尽管自己有强烈的虚荣心,却真心实意(我对此深信不疑)地承认:列宁比他拥有更强大的智能力量,享有更高的威望。托洛茨基非常自豪的是,在革命的、反革命的和资产阶级自由派的报刊上,他的名字通常总是和列宁的名字并列在一起。我们不止一次提到过的孟什维克苏汉诺夫认为,对俄国的"崩溃"、"大动乱"和"民主希望的失败",托洛茨基应当和列宁承担相等的责任。1917 年 11 月,苏汉诺夫在当时已经成了专门批评布尔什维克的《新生活报》上发表了一篇文章《公民列宁的专政》。他就像一个赌局中的输家那样,凶狠而且满怀恶意地声称:"谁不知道,我们面对的不是什么'苏维埃'政权,而是受尊敬的公民列宁和托洛茨基的专政,而且这个专政依靠的是受他们欺骗的士兵和武装的工人的刺刀,向他们发放了实际上自然界中并不存在的、神话般的财富,然而不能兑现的期票……"[1]

托洛茨基承担了革命的"二号人物"的角色后,经常(特别在较晚的时候)将自己与列宁并列,毫不含糊地让别人明白,这不是偶然的。他在一篇随笔《彼得格勒》中写道:"在斯莫尔尼宫,在列宁同志和我参与下,(我不记得准确的时间了)召开了卫戍部队会议。"[2]出席会议的还有布尔什维克其他领导人,可是托洛茨基突出的只有两个人。"在我和列宁主持彼得堡卫戍部队军官会议时,那里聚集了反对克伦斯基的指挥人员……"[3]这里已经是"我和列宁"了。托洛茨基在自己的回忆录中经常讲到同列宁的会见、谈

〔1〕 ЦПА ИМЛ, ф.325, оп.2, д.11. л.21.

〔2〕 Правда(《真理报》). 1919. No 250. 7 ноября.

〔3〕 Пролетарская революция(《无产阶级革命》). 1922. No 10. C.52-64.

话,和列宁的相互信任关系,不无根据地认为,在普通人眼中,和当今世界的伟人交往仿佛会自动提高交谈者的地位。"10月25日,第二次苏维埃代表大会开幕了。当时唐恩和斯科别列夫来到斯莫尔尼宫,穿过我和弗拉基米尔·伊里奇休息的房间。他脸上好像牙疼那样,裹着一条头巾,戴着一副大眼镜,一顶旧的大檐帽,样子相当奇怪。但是唐恩目光老到,这边看看,那边看看,用手肘碰了碰斯科别列夫,眨了一下眼睛,就走过去了。弗拉基米尔·伊里奇也用手肘碰了碰我:'认出来了,这个坏蛋。'"〔1〕

当然,托洛茨基描写的是真实的事件。可是他特别将听众和读者的注意力引向个别细节、插曲和瞬间。有一点是无可争议的:在十月革命和内战时期,列宁和托洛茨基之间确立了只有在干同一件大事的志同道合者之间才有的那种高度的相互信任。不过也不应当忘记,像列宁和托洛茨基这样的人物都是各有主见,保持着自己的个性的。列宁在1917年时,看到的是一个完全不同的托洛茨基:精力充沛、积极活跃、对革命理念十分执着,而主要的是,通常毫无保留地接受他的观点、立场和方针,而且这不是一种政治上的盲从,而是彼此的追求相同。这也许就是托洛茨基光芒四射的时刻,是历史和政治环境在他个人身上极其幸运而成功的巧合,使他得以最大限度地表现自己个性的实质、自己最深沉的愿望和梦想。在他看来,革命能够证明你的任何举措都是正确的,能够改变整个世界。他那时还不知道,革命能够让人产生希望,而希望却可能导致痛苦的失望。列宁也许就是比其他人更深刻地认识到了托洛茨基的革命-破坏现象的那个人。因此我以为,托洛茨基在《我的生平》一书中的讲述是真实可信的。

政治局的会议正在进行,这好像是1919年的事。托洛茨基得知,有人在大肆渲染他1918年8月在东部战线枪毙了将部队撤出战场,并企图带往下诺夫哥罗德的一名团长和政委的谣言。他明白,政治局委员们也知道这件事。托洛茨基回忆道,"于是我说:如果不在斯维亚日斯克采取严酷的措施,我们现在就不可能在这里召开政治局会议了。"

据托洛茨基说,列宁当即回应道:"绝对正确!"并拿起一支红笔来,在人民委员会主席的标准信笺上迅速地写着,过了两分钟,列宁把一张信笺〔2〕交给了托洛茨基,上面有他亲笔写下的:

---

〔1〕 Троцкий Л. Соч. Т. III. Ч.2. С.94.
〔2〕 有列宁手书的信笺保存下来了。

同志们！

　　我知道托洛茨基同志命令的严厉性，但我相信，而且绝对相信托洛茨基同志所下命令是正确的、恰当的，对事业的利益是必要的，因此完全支持这项命令。

弗·乌里扬诺夫-列宁

　　列宁说，"这样的信笺，您要多少我都会给您……"

　　托洛茨基接着写道："列宁在我认为将来有必要采取的任何一个决定上事先签上字。而这些决定都是关系到人的生死存亡的。一个人对另一个人的信任有大过于此的吗？列宁之所以会产生给我这种不平常的文件的想法，是因为他比我更了解或者怀疑阴谋的来源，并认为必须给以狠狠回击。"[1]关于信任的话是正确的。可是，是将人的命运托付出去吗？……任人支配吗？列宁和托洛茨基都认为，为了革命一切都是允许的。这就是俄国的雅各宾派。

　　熟悉内情的人都知道，关于在前线根据托洛茨基的命令枪毙人的信息（可信度很高）是斯大林和伏罗希洛夫散布的。例如，1927 年的一次中央全会上，伏罗希洛夫发言，指责托洛茨基毫无根据地镇压了指挥员和政委。托洛茨基当即打断了伏罗希洛夫，高声喊道：

　　"你说我枪杀了共产党员，你这是故意撒谎，你这个不知羞耻的骗子！"

　　"你才是骗子，是我们党臭名远扬的敌人！"伏罗希洛夫恶狠狠地回答说，"得了吧。真见鬼……"

　　"怎么啦，有人指责我，说我枪杀了共产党员，我就应当一声不吭？"托洛茨基忍无可忍。

　　波德沃伊斯基立即甩出一句：

　　"你枪杀了共产党员。我可以提供被枪杀者的名单……"[2]

　　关于国内战争年代的镇压和恐怖行动（托洛茨基是其倡导者之一）我们先放一放，以后再谈。现在要紧的是强调，列宁本人在原则上始终主张最"极端的措施"，以保证前线部队的战斗力。共和国革命军事委员会主席的"严厉性格"，准备整顿前线的秩序，制止临阵脱逃、惊慌失措和游击习气让列宁十分满意。托洛茨基通过这类事情，看到了公认的革命领袖对他的高

---

〔1〕 托洛茨基：《我的生平》，赵泓、田娟玉译，郑异凡校，上海人民出版社 2014 年版，第 409、410 页。
〔2〕 ЦПА ИМЛ，ф.17，оп.2，д.317，вып. 1，ч 1. л.81.

度信任。

我想，列宁细致入微地察觉到，无论托洛茨基待在什么岗位上——外交人民委员、交通人民委员、陆海军人民委员——他都将宣传工作视为主要任务之一。是的，就是宣传工作：外交宣传、生产宣传、军事宣传。列宁提出一个问题："托洛茨基的好的方面是什么呢？"他回答说："毫无疑问，生产宣传是好的和有益的。"[1]

托洛茨基对列宁的态度也表述得非常明确："我非常清楚地意识到列宁对于革命，对于历史和对我个人来说，意味着什么。他是我的导师。但这并不意味着，我只要事后重复他的话和他的手势就行了。我从列宁那里学会了独立地作出与他相同的决定。"[2]

我认为，革命和国内战争的年代是作为一名政治活动家、政论家和作家的托洛茨基一生中事态变化最丰富的时期。这是他个人命运的巅峰。之所以如此，在很大程度上不仅因为时代将他造就成俄国激进的、远非单纯的变革的积极创造者，还因为他和十月革命的"一号"领袖比肩而立。直到列宁去世，他们都是实际上的志同道合者。腾空而起、种种成就、失误、暴力行为、希望（实现了的和不曾实现的）都属于他们共同所有。智力的和政治的紧密结合是基于他们对革命和激进地改造俄国的理念狂热而执着的追求。他们不明白，在俄国这样一个落后且民主传统又极其薄弱的农民国家发生革命而引发的全部悲剧。两人都认为，资产阶级民主阶段可以跨越，而立即进入科学社会主义阶段，顺便解决民主阶段的任务。两人都对历史"快马加鞭"，实际上是粗暴地鞭笞了历史。

布列斯特-里托夫斯克的公式

史无前例的"十月政变"没有流血而取得成功，其秘诀之一在于饱受战乱之苦的人民极为强烈地要求和平。体现在苏维埃政权的第一个法令中

---

〔1〕《列宁全集》第42卷，中文第2版，第295页。

〔2〕 托洛茨基：《我的生平》，赵泓、田娟玉译，郑异凡校，上海人民出版社2014年版，第344页。

的、布尔什维克的和平方针受到千百万普通人的热烈欢迎。因此，获胜之后，就应当兑现承诺并退出战争。历史上这往往和决定开战同样困难。

1917 年 11 月初，通过相应的使馆，托洛茨基签署的一份电报-照会发向俄国各个盟国的首都，内容如下：

> 我荣幸地通知您，大使先生，工人和士兵代表苏维埃全俄代表大会 10 月 25 日建立了俄罗斯共和国以人民委员会为形式的新政府。该政府的主席是弗拉基米尔·伊里奇·列宁，委派我以外交人民委员的身份主持外交工作。请您注意工人和士兵代表苏维埃全俄代表大会通过的、关于停火和在各民族自决的基础上签订没有兼并和赔款的民主和约的建议[1]文本。我荣幸地请您阅读上述文件，视其为立即在各条战线停火，并立即开始和谈的正式建议……[2]

所有的使馆都忽视了这份文件和苏维埃政府及其外交部门随后的呼吁书。迄今为止一直蹲在满是泥水和血污的战壕里，饱受虱子叮咬之苦的士兵再也不想忍受了。如果布尔什维克能够给予历尽苦难的人民以和平和土地，革命就能够站稳脚跟。而首要问题是和平。

托洛茨基写道，他不想担任官方的职务。"从相当早的年代起，确切些说，从童年起，我就梦想成为一名作家。在以后的年代里我把自己的创作活动和所有其他活动都服从于革命的目标……革命后我试图不在政府部门任职，提议让自己领导党的出版工作……但是列宁连听都不想听这个意见"。[3]据托洛茨基说，他要求，"我担任内务人民委员。可是我提出了在俄国生活中关系重大的民族因素，从而如愿以偿。但是我立即被任命为外交人民委员，不过，说实话，只待了三个月……"

托洛茨基虽然加入了第一届苏维埃政府，可是在任命之后好几天，都不能在前外交部的大楼里安下身来，因为他被彼得格勒苏维埃和军事革命委员会的日常事务缠住，无法脱身。可是，10 月 29 日，他在彼得格勒苏维埃的会议上，作了总结发言后，人们向他提出了许多问题：

---

〔1〕 指工农政府向各国人民和政府发出的立即签订没有兼并和赔款的和约的呼吁书。

〔2〕 Троцкий Л. Соч. Т. Ⅲ. Ч.2. С.157.

〔3〕 托洛茨基：《我的生平》，赵泓、田娟玉译，郑异凡校，上海人民出版社 2014 年版，第 298 页。

"托洛茨基作为外交人民委员,过去三天都做了什么事?"

"关于议和的事,进展得怎么样了?"

"什么时候公布秘密条约?"

托洛茨基明白了:外交人民委员的岗位要求做出具体的工作,而最主要的是将和平问题转入实施的层面。在当时,10月29日,他只能说:

"过去三天的工作只能概括为在部里待了一个半小时。我认为需要和原有的职工告别。至于秘密条约,我还来不及研究呢。"

而真实的情况是这样的。当托洛茨基初次来到原外交部大楼时,迎接他的塔季谢夫公爵对他说,没有人来工作。托洛茨基讲述说,当我要求召集所有的人时,才发现那里有许多人。我用几句话向官员们说明了新任务并宣称:"愿意勤勤恳恳服务的人,可以保留原有的职位。"人们神色阴郁地听着新人民委员的讲话,可是没有人交出钥匙,也没有交出公事。次日,托洛茨基派去了一名水兵马尔金。他不假思索就逮捕了塔季谢夫公爵和陶贝男爵,向其余人员发出了警示,于是一切都顺理成章了……交出了钥匙,呈上了公文卷宗。马尔金找到了几名年轻专家,好像是波利瓦诺夫和扎尔金德,他们着手分析秘密文件并整理准备公布的秘密条约。不过只是在契切林被任命加入外交人民委员部之后,才着手挑选新的工作人员并开展无产阶级方式(按当时的说法)的工作。

我想,高级宫廷侍从、五等文官、俄国外交部总务厅厅长弗拉基米尔·鲍里索维奇·洛普欣给外交人民委员托洛茨基描绘的一幅肖像画是很有意思的。洛普欣在回忆录中是这样描写托洛茨基去外交部的:

> 门开了。走进来一个身材不高、干瘦、黑发、其貌不扬的人……脸色微黄。一个鹰钩鼻子下面是稀稀疏疏的上髭,末端下垂。一双犀利的黑色(!?——作者注)小眼睛。一头很久没有理过的、脏兮兮的蓬乱黑发。宽阔的颧骨把沉重的下颌抻得远远的。一张大嘴和薄薄的嘴唇构成了一条狭长的剖面。还有令人难以置信的怪事! 太阳穴上方过于发达的额骨给人的感觉像是刚长出的犄角。两个犄角样的突起、一对大耳朵和下巴上一撮小山羊胡子使向我走来的人同魔鬼、人们的幻想所创造的面孔惊人地相似。他穿一件破旧上衣。浆过的衣领和衬衫都穿脏了……裤子皱皱巴巴的,膝盖处被抻大了,裤脚已经磨破了。[1]

---

〔1〕 Минувшее. Исторический альманах(《历史丛刊》). Париж. 1986. T.1. C.17-18。

沙皇的厅长不惜笔墨,用讽刺的笔调直截了当描绘了人民委员。这倒并不奇怪。因为像洛普欣这样的人是被托洛茨基掐断了前程的。

十月革命胜利的轮廓刚开始显露,就立即发现,停战问题首当其冲,刻不容缓地亟待解决。布尔什维克在夺取政权时,曾经保证给予人民土地、面包、和平。土地已经开始分配,它,就是土地,可以提供面包。可是和平并不仅仅取决于布尔什维克。大家都在看着新政府,看它是否能履行自己的承诺。而政府每天要花许多时间开会。列宁主持会议,每次审议许多问题。下面仅仅是 1917 年 11 月和 12 月提交人民委员会审议的部分问题:

1. 关于具保释放马鲁舍夫斯基将军和马尼科夫斯基将军问题。

2. 关于征用黄金和规定对找出黄金者给予奖金问题(由托洛茨基同志和邦契-布鲁耶维奇同志提出)。

3. 托洛茨基建议必须对资产阶级报刊进行监督,监督其对苏维埃政权的卑劣造谣和诽谤并加以驳斥。

4. 就吸收社会革命党人参加各部工作(原文如此——作者注)问题交换意见。

5. 关于任命尤利安·列辛斯基为波兰事务人民委员,卡基米尔·策霍夫斯基为其副职。

6. 神甫加佩英的来信,提出在宗教和国家分开方面为人民委员会提供服务,[1]等等。

人民委员会的每次会议都要审理 5—20 件事情,往往要召开不是一次,而是两次会议,总时数 6—8 小时。这实际上是在摸索着制定治国规程。有过许多随机处置、主观主义、偶然性和微不足道的细枝末节。有些问题的处理仅仅是为了"历史",因为它们的实际遗迹已经很难找到,当然,解决的基本上都是为新的、布尔什维克国家体制奠定基础的重大问题。特别是与粮食、交通运输、燃料相关的许多问题。国际事务很快也提上了议事日程。人民要求士兵从火线上回家。德国人会立即签订没有兼并和赔款的和约,这种希望落空了。过了一个月,德国才表示同意进行谈判。

1917 年 11 月 27 日,人民委员会召开会议,由列宁主持,出席的有:托洛

---

〔1〕 ЦГАОР, ф.130, оп.1, д.3, л.21-30.

茨基、格列勃夫、斯大林、叶利扎罗夫、彼得罗夫斯基、埃森、捷尔任斯基、科兹明、布哈林、乌里茨基、施略普尼柯夫、加米涅夫、博哥列波夫、施利希特尔、斯图契卡、阿克雪里罗得、斯维尔德洛夫、明仁斯基、邦契-布鲁耶维奇。会上审议了"同德国谈判及停火的和谈代表团人员名单","关于谈判的指示"问题。同一次会上决定:"任命由三人:越飞、加米涅夫和毕岑科组成代表团。对谈判的指示——以和平法令为基础。"[1]

托洛茨基的部门将苏维埃代表团派往布列斯特-里托夫斯克。在那里于1917年12月2日签订了停火协议,而在同月9日开始了和平谈判。

托洛茨基每天都要分析形势并向列宁报告。起初一切都仿佛在按计划进行。德奥集团的代表屈尔曼声称:四国同盟同意俄国代表团的建议,签订没有兼并和赔款的普遍和约。不过为此必须履行一个条件,即协约国各方也必须同意这个原则。托洛茨基再一次向各盟国政府发出呼吁加入苏维埃的这个公式:没有兼并和赔款的和约。回答是一片沉默。不过这也是理所当然的。而这时苏维埃政府已经开始复员俄国军队。

由于协约国没有回答苏维埃俄国的呼吁,屈尔曼12月27日宣称,德国和奥匈帝国同意签订和约,条件是兼并俄国15万平方公里以上的土地。德国狂妄地利用苏维埃政府宣布的各民族自决权,提出和平的条件是乌克兰独立,割占波兰、立陶宛、白俄罗斯、部分拉脱维亚包括里加。此外,按照德国代表团的要求,除了上述领土外,还应当将蒙海峡群岛割让给德国,而布列斯特以南的陆地边界要经过同乌克兰中央拉达的协商确定。

托洛茨基得知这条消息时,他已经到了布列斯特。他是按列宁的嘱咐,12月24日出发的。在接近谈判地点时,他不止一次下车会见地方苏维埃机构的领导人和居民。他们都希望尽快签订和约,讲到俄国的战壕里已经几乎没有人了。托洛茨基不信,出去看了前线的一两个地段,于是他自己也相信了:实际上没有什么人在抗击德国人。奥地利外交部长奥托·切尔宁后来这样写道:"带领托洛茨基及其随行人员穿过战线的一名德国军官报告说,苏维埃的政委看到空荡荡的俄国战壕,脸色越来越阴沉。"[2]托洛茨基明白了,他今后为和平而斗争时,不能从实力地位出发。

---

[1] ЦГАОР, ф.130, оп.1, д.3, л.18.

[2] Czemin O. ImWeltkriege(《在世界大战中》). Berlin. 1919. S. 232。

在他向人民委员会主席列宁报告了局势后，列宁当即毫不犹豫地坚持签订，用他的话来说，"强盗的和约"。不过特别强调，这一决定应当同中央委员会和人民委员会商议。我们都非常清楚，这个问题在取得了胜利的十月起义的领导人中引起了多么尖锐的分歧。我没有必要让读者重温这一出历史戏剧。我想尽力关注当时的局势和托洛茨基立场中的一些细节。布尔什维克和社会革命党人中毫不妥协的一派坚决反对"强盗的和约"（他们立即被称为"左派共产主义者"），他们坚信：革命的俄国能够借国际无产阶级的力量回击德国帝国主义。欧洲革命的熊熊烈火即将到来的幻想十分强烈。由于"左派共产主义者"的坚持，人民委员会决定拨出两百万金卢布，用于对国外进行宣传。顺便提一下，托洛茨基本人来布列斯特-里托夫斯克时，就带来了好几捆传单和小册子。为此他还带着卓越的宣传家和笔锋犀利的政论家卡·拉狄克来参加谈判。托洛茨基不仅相信德国和其他国家的革命高潮触手可及，而且试图尽其所能发动这个进程。难怪霍夫曼将军和屈尔曼 1918 年 1 月 9 日在各代表团的全体会议上对"苏维埃政府的鼓动性号召"提出抗议。次日，托洛茨基坚决驳斥了这个抗议。"我们，俄罗斯共和国的代表，为自己和我们的同胞保留宣传共和及革命社会主义信仰的充分自由。"[1]

傍晚，托洛茨基和加米涅夫、波克罗夫斯基、卡拉汉一起沿着代表团驻地的旧城堡卵石马路散步时，痛苦地思考着，怎样才能让俄国退出战争，而又不损伤它的革命声誉。他明白，俄国代表团如果进行单独谈判，势必为四国同盟提供有利的口实。屈尔曼蛮横地，尽管有所掩饰地暗示，俄国代表团是来签订投降书的，托洛茨基关于公正、各族人民对和平和自决的权利的高尚议论只不过是革命的化妆品而已。发号施令的是有实力的人。屈尔曼未必觉察到，德奥集团的中央大国在将奴役性的条件强加给俄国时，自己也处在一场惨祸的边沿。托洛茨基一边沿着围绕在城堡四周的铁丝网漫步，一边思考着，他压低了声音对代表团人员说：

"我们要拖住谈判。我在谈判休息期间在彼得格勒会见弗拉基米尔·伊里奇时，他指示说：把废话尽可能地抻长了说。如果德国人发出最后通牒，那就只好照德国人的条件签订和约。"

"可是不可能没完没了地拖下去……德国人绝对不会容许的。"加米涅

---

[1] Троцкий Л. Соч. Т. XVII. Ч.1. С.5.

夫反对说。

"我们这个讲坛有望推动四国同盟内革命的紧张局势。革命的波浪正在走向高潮……"

开始讨论和约的德国方案时,托洛茨基几乎就和约的每项条款都进行了争辩。

奥托卡·切尔宁后来写了一本书《在世界大战中》,其中他用了很多篇幅介绍谈判和评价托洛茨基。引用他的一些观察还是颇有意思的。奥·切尔宁写道,"托洛茨基无疑是一个很有意思、天赋极高的人,也是一个可怕的对手。他有突出的演说天赋,善于迅速而机灵地做出应对,而且带着他那个种族所固有的放肆。这我已经多次见识过了……"我们姑且把反犹太主义的攻击留给切尔宁去扪心自问吧,不过要指出他对托洛茨基智慧的高度评价。作者指出,苏维埃代表团团长在某些时刻会坦率得肆无忌惮。奥地利外交部长说,对于我的问题:怎样的条件俄国才能接受,托洛茨基回答说,"他并不像大家认为的那样幼稚。他确实知道,力量才是最有分量的论据,中央大国有能力夺走俄国的外省……"[1]

这份文件的序言中冠冕堂皇地宣称,缔约各方"希望生活在和平和友谊之中"。托洛茨基语含讽刺,嘲笑了这个论题:

"友谊真是再好不过了:朋友之一打算掠夺另一个……为的是让友谊变得更亲密些。就是缺少一个词'永恒的'……"

托洛茨基坚决摒弃了这句话。大家想必记得,20年后,不是在布列斯特-里托夫斯克,而是在莫斯科,斯大林批准了苏联和法西斯德国之间的"友谊"……

托洛茨基定期向列宁、党中央、人民委员会报告谈判的进程。这种电报联系形成的一些文件保存下来了,而我打算介绍给读者的是我对其绝对真实性有怀疑的一份文件,尽管它已经被选入列宁文集。我怀疑的不是文件本身的真实性,而是其中被突出的重点。我指的是列宁同在布列斯特-里托夫斯克的苏维埃和谈代表团团长托洛茨基之间经过直达电报线的一次谈话,从电文看,这次谈话是1918年1月3(16)日进行的。这次谈话,据注释说,是根据"电报纸条的文字"刊印的。谈话的完整内容如下:

---

〔1〕 Czemin O. ImWeltkriege. S. 319,335.

1.

——我是列宁。我刚刚收到你们的专信。斯大林不在,信还没有给他看。你的计划我认为可以讨论。不过最后执行是否缓一步,等这里的中央执行委员会召开专门会议后再作出最后决定?斯大林一回来,我就把信给他看。

列宁

2.

——在答复你们的问题之前,我想先同斯大林商量一下。哈尔科夫乌克兰中央执行委员会的代表团今天出发去你们那里,他们使我深信,基辅拉达已经奄奄一息。

列宁

3.

——现在斯大林来了,我和他商量一下,马上把我们的答复告诉你们。

列宁

4.

——请转告托洛茨基。请他把和谈中断一下,到彼得格勒来。

列宁　斯大林[1]

这份文件初次发表在 1929 年第 5 期《无产阶级革命》杂志上,那时托洛茨基已经被驱逐出苏联。《年谱》显示,列宁同斯大林讨论问题是在 1918 年 1 月 3 日 22 时 50 分至 23 时 30 分之间。[2]让人有些奇怪的是,列宁在同民族事务人民委员斯大林"商量"之前,居然不能答复托洛茨基。可能,当时托洛茨基在谈判中遇到了有关民族自决的问题?何况在 1918 年 1 月 11 日的例行全体会议上,屈尔曼曾经问过托洛茨基:"像这样一个新出现的群众整体……用什么办法来表述自己的意愿,借以实际上表明自己独立,尤其是分离的意志?"[3]据文件记载,托洛茨基回答说,自决的各个地区(乌克兰、波兰、立陶宛、库尔兰——作者注)必须在充分的政治自由和没有任何外来压

---

[1]　《列宁全集》第 33 卷,中文第 2 版,第 231—232 页。

[2]　Владимир Ильич Ленин. Биографическая хроника(《弗·伊·列宁年谱》). M. 1974. C.176.

[3]　Троцкий Л. Соч. Т. XVII. Ч.1. C.18.

力的条件下来决定。但是"投票应当在撤出外国军队和难民及移民回国之后进行"。[1]也许,托洛茨基是想就这些举措征询列宁的意见,而列宁在答复之前,一定要同斯大林"商量"一下?然而斯大林是一个再平凡不过的人,他未必能在这个复杂问题上对列宁有所裨益……

我为什么怀疑这份文件的绝对真实性呢?令我感到不安的是下面这个情况。当托洛茨基被彻底革出教门,开始了"时代的深夜"(致命的1937—1938年)时,在苏联大地上出现的不仅是"长刀"之夜,也是斯大林的伪君子们着手伪造昔日事件的一幕幕阴暗戏剧的时刻。改写历史的这些人中有时也会出现颇为知名的人物。E.斯塔索娃和B.索林给中央写报告,认为必须将中央关于布列斯特和约的记录"确切化"并改正"对斯大林在这个问题中的角色的不正确阐述"。他们写报告是否出自自愿,我不得而知。不过,我想引证写成于1938年5月7日,经斯大林过目,而且看来是批准了并发送给莫洛托夫、伏罗希洛夫、日丹诺夫、卡冈诺维奇、安德烈耶夫的这份大文件的若干摘录。

在呈联共(布)中央的报告中说:

> 1917—1918年间中央的历次会议都不曾做过速记记录。记录草稿就在中央会议进行中由以下三名中央委员:斯塔索娃、斯维尔德洛夫、越飞中的一人匆匆写成。他们自己也要参与讨论,因此不可能多少是客观地做记录……由秘书记录的列宁2月23日(1918年——作者注)在中央会议上的讲话中有这样的句子:"斯大林说,可以不签字,这是不对的。"("记录",第249页,《列宁文集》,第XXII卷,第277页),可是斯大林同志在同一次会议上的讲话记录中又有这样的句子:"可以不签字,但是开始和谈"("记录",第248页)——这同众所周知的、斯大林同志就布列斯特和约问题的所有讲话都是明显的误解,明显的矛盾……2月23日的会议记录是越飞手写的,而当时他是狂热的托洛茨基分子,竭尽全力反对签订和约,自然毫不关心是否细致而准确地记录自己对手——列宁和斯大林的讲话……[2]

---

[1]　Троцкий Л. Соч. Т. XVII. Ч.1. С.31.

[2]　ЦГАСА, ф.33987, оп.3, д.1075, л.36-42.

接着,索林和斯塔索娃建议在新版的列宁著作中,就所有这些问题"作出修改"。

不难设想,对涉及斯大林或者托洛茨基的所有地方做事后"修改"会遵循什么方向。布尔什维克党日后的第一任总书记在布列斯特和约问题上原本采取的是消极的、等待的、中派的立场。而在他成了"泰斗"之后,就要求他具有较为明确的、列宁的立场,而托洛茨基的路线自然就是背叛的路线了。虽然列宁本人早在1918年3月8日,在党的第七次代表大会的总结发言中就十分明确地评价了苏维埃代表团团长的立场:"我应当说一说托洛茨基同志的立场。他的活动应当区分为两个方面:当他在布列斯特开始谈判时,他杰出地利用谈判开展了宣传鼓动,我们大家都赞成托洛茨基同志的做法。他引证了部分和我的谈话,可是我要补充说,我们之间曾经商定,我们坚持到德国人提出最后通牒,一旦提出最后通牒,我们就投降……托洛茨基的策略,因为旨在拖延,是正确的;策略错误是宣布了战争状态已经终结,却并没有签订和约。"[1]

这就是列宁对托洛茨基的评价。插一句,斯大林甚至没有出席这次紧急代表大会,所以对最后解决问题并没有产生过任何影响。因此我才产生了怀疑,特别是对1938年将记录和列宁的文件"确切化"后,说是革命领袖在1918年1月3日同斯大林"商量过"。不过我要声明,我的推测有许多间接的设想,如斯大林在驱逐了托洛茨基之后,要准备一条必需的"电报纸条",或者"修订"某些文件是不费吹灰之力的。可是我走得太远了。

1918年1月30日(新历)开始的第二轮谈判之前,托洛茨基已经非常清楚,人民委员会、彼得格勒苏维埃、中央和党内强烈地爆发了在战争及和平问题上的分歧。他记得,1月8日,宣读了列宁的提纲后,在布尔什维克领导人和一些前来参加全俄第三次苏维埃代表大会的代表之间出现了激烈的争论。辩论之后决定进行表决:赞成列宁立场(单独媾和、带兼并的和约)的有15票,赞成同德国进行"革命战争"的是32票,赞成托洛茨基立场("不战不和")的是16票。次日在中央委员会讨论了同一个问题。结果却并不相同。赞成"革命战争"的是2票,反对的有11票,弃权的1票。赞成拖延与

---

〔1〕 VII Съезд Российской коммунистической партии (большевиков). Стенографический отчет(《俄共(布)第七次代表大会速记记录》). М.-Пг., 1923. С.128-129。

德国谈判的是12票,反对的1票。赞成托洛茨基的公式的是9票,反对的也是9票。也许当时只有列宁和季诺维也夫比其他人更深刻地了解了形势。托洛茨基则沉醉于自己的不断革命论。1月13日召开了俄国社会民主工党(布)中央委员和参加苏维埃政府的左派社会革命党中央委员的联席会议;会上多数人赞成托洛茨基的公式"既不进行战争,也不签署和约",并准备将其推荐给第三次苏维埃代表大会。托洛茨基的公式完全是以对国际形势的"革命"估计为基础的。不过,当时欧洲革命烈火发生的概率比苏维埃外交人民委员的估计要低得多。我认为,托洛茨基在第三次苏维埃代表大会的最后发言中,集中陈述了自己对形势的看法。下面是他最原则性的一些观点:

> 真正民主的和总体的和平只有在战无不胜的世界革命爆发时,才是可能的。我们对这场革命深信不疑……
>
> 我们今天深夜来到布列斯特-里托夫斯克时,条件比我们离去时要好多了。我们能够对屈尔曼说,他打算用来将库尔兰的地主同革命的瘟疫隔绝开的军国主义检疫已经不起作用了,足以为证的是维也纳和布达佩斯(那里革命的骚动正在增长——作者注)。我们也不会在那里会见拉达的代表,因为乌克兰苏维埃的中央执行委员会承认人民委员会是进行和谈的唯一全权代表……他们不可能用战争威胁来和我们作对,因为他们自己也不相信德国的士兵会投入进攻。我们将毫不动摇地继续复员军队,因为我们在继续组建社会主义的赤卫队。

托洛茨基一如既往,动人心弦地结束了自己的发言:"如果德国军国主义企图将我们钉死在自己战车的车轮上,我们就会像奥斯塔普向自己的父亲呼吁那样,向我们西方的兄长发出呼吁:'听见了吗?'国际无产阶级一定会回答说:(我们对此坚信不疑)'听见了!'"[1]

信念也和思想的预测那样,始终推动着托洛茨基走向极端左倾的立场。他曾在西方待过那么长时间,并且不断批评过社会民主派的优柔寡断和醉心于改良,在十月革命取得成功后,更加相信欧洲革命爆发的可能性,甚至

---

〔1〕　Троцкий Л. Соч. Т. XVII. Ч.1. С.65.

是必然性。据他的看法，这场"政变"的爆发将使四国同盟立即失去力量而土崩瓦解。

托洛茨基在自己的著作中断言，1918年1月25日的布尔什维克党和社会革命党的中央联席会议上，他的观点占了上风。可是我并没有发现这次会议的相应文献记载。

回到布列斯特-里托夫斯克后，托洛茨基感到，德方急剧提高了自己的要求。从伊·多伊彻掌握的文件中可以看出，托洛茨基向列宁报告了自己的最后立场："我们应宣布结束谈判而不签订合约。他们不能对我们发动进攻。即使他们进攻我们，我们的形势也不会比现在恶化……我们必须得到您的决定。我们还能拖延谈判一两天或三四天。以后他们一定会停止谈判。"[1]

托洛茨基依然和过去一样，陶醉在梦幻之中。他不怀疑欧洲的革命爆发就在眼前，而且不顾自己军事顾问瓦·阿尔特法特海军少将、亚·萨莫伊洛将军和里普斯基大尉的警告，不相信德军进攻的真实性。托洛茨基受到他在自己的思想中制造的神话的控制。甚至在奥匈帝国代表团团长切尔宁伯爵私自登门拜访了他，并警告说："德国人在准备进攻。他们将发动进攻！可别迷了路！"之后，苏维埃代表团团长依旧坚持己见。这是怎么回事？过高估计了自己的预测，不相信德国进攻的可能性，极力想震惊世界，激发欧洲革命情绪的人为增长，还是思想的一时糊涂？对这些问题如今未必有人能回答得准确可信。不过有一点是毫无疑问的：布列斯特-里托夫斯克的这出戏显示了托洛茨基在评价具体形势时的鲜明个性，还有他的自信心。这样的人物是非常难以预测的，他们过于孤芳自赏。例如，季诺维也夫看透了人民委员性格和智能的这个特点，写道："托洛茨基往往搭建起这样一个平台，上面只能容下一个人：就是托洛茨基本人，因为在这个平台上甚至没有为自己志同道合的人留下容身之地。"[2]托洛茨基喜爱的不单单是革命，他喜爱的是处于革命的中心。不过我们还是回到布列斯特-里托夫斯克这出戏剧中来吧。

1918年2月10日，霍夫曼将军命令自己的助手在墙上挂起一幅政治地图，上面标明苏维埃俄国的哪些领土将被兼并。托洛茨基必须作出一个悲

---

[1]　[波]伊·多伊彻：《武装的先知：托洛茨基》，施用勤等译，中央编译出版社2013年版，第334页。
[2]　Правда. 1924. 30 ноября.

150

剧性的选择。德方暗示，它将不再容忍拖延谈判并"将根据民族利益而采取行动"。在2月10日这次值得纪念的会上，托洛茨基发表了饱含革命信念和悲情的最后声明。下面是这次讲话的一些片段：

> 作出决定的时刻来到了……我们希望，我们所期待的那个时刻，也就是各国被压迫的劳动阶级也像俄国的劳动人民一样，把政权掌握在自己手中的时刻就要来临了，我们将我们的军队和我们的人民撤出战争。我们的士兵-农夫应当回到自己的耕地上去，明年开春就和平地耕种革命从地主手中转交给农民的土地。我们的士兵-工人应当回到作坊里去，生产建设性的工具，而不是破坏性的工具，和农民一起建设社会主义新家园……
>
> 我们拒绝批准德国和奥匈帝国主义用利剑在活生生的各个民族身上写下的那些条件……全世界没有一个正直的人会说，德国和奥匈在这样的条件下继续战争行动是为了保卫祖国。我深信，德国人民和奥匈人民是不会容许这样做的……我们退出战争……我们发布命令完全复员我们的军队……[1]

通常讲话不用讲稿的托洛茨基，这次却一字不差地念事先写成的文件。念完之后，用他蔚蓝色的眼睛环顾了会场。会场上一片了无声息的寂静。大家都震惊了：战争停止了，军队在复员，却又不签署和约！谁也不知道历史上有过这样的先例。霍夫曼将军终于高声说道：

"闻所未闻的事！"

托洛茨基停顿了一下，仿佛是在思考，接着又说了几句话：

"我们履行了全部权力，要返回彼得格勒。这里是俄罗斯联邦代表团关于停止战争的正式声明文本。"

托洛茨基在桌子上放下一页纸，上面总共只有两句话：

> 俄罗斯联邦共和国谨以人民委员会的名义知会与我们交战的、结盟的和中立的各国政府和人民，俄国拒绝签订兼并性的和约，单方面宣布终止同德国、奥匈、土耳其和保加利亚之间的战争状态。

---

[1]　Троцкий Л. Соч. Т. XVII. Ч.1. С.103-105.

同时,向俄国部队发出各条战线全面复员的命令。

布列斯特-里托夫斯克 1918 年 2 月 10 日

俄国和谈代表团团长:

外交人民委员

列·托洛茨基

代表团团员:

国家产业人民委员 B.卡列林

A.越飞、M.波克罗夫斯基、A.比岑科

全乌克兰中央执委会主席梅德韦杰夫[1]

刚读完这份简明扼要的文件,各代表团的团员就纷纷站起身来。前卫戍区军官食堂,如今作为谈判会场的这间屋子变得晦暗一些了。德国代表团团长屈尔曼伯爵高声威胁道,鉴于已发生的情况,将恢复作战行动。正率领代表团退场的托洛茨基头也不回就对屈尔曼甩出一句:

"没用的威胁!"

回到彼得格勒后,托洛茨基深信,他不仅保证了俄国退出战争,而且用出人意料的一步棋"羞辱了"帝国主义。他怎么也闹不明白,他主要依据道德标准的立场全然没有顾及政治的不知羞耻。2 月 16 日,托洛茨基在彼得格勒苏维埃讲话时,还陶醉于自己谈判中意外的"成功",宣称:

> 就让屈尔曼回到德国去,向工人们展示自己的和约,并向他们解释,为什么没有我们的签署。我认为,德军向我们进攻是最不可能的,如果用百分比来计算进攻的可能性,那百分之九十是不可能,只有百分之十的可能性……现在如果把德国士兵派来同大声宣布已经退出战争的俄国作战——那就必然引发德国工人的强大革命抗议行动……所以在当前情况下,我们这步棋是保卫我们国家再好不过的了。[2]

深刻的失望犹如惨重的失败一样,很快就到来了。2 月 18 日,即托洛茨基令人欣慰的讲话之后两天,德奥军队开始全线进攻,而不曾遇到抵抗。

---

〔1〕 Троцкий Л. Соч. Т. XVII. Ч.1. С.106.

〔2〕 Троцкий Л. Соч. Т. XVII. Ч.1. С.115.

大吃一惊的托洛茨基立即发出紧急质问：

> 柏林。德意志帝国政府。
>
> 今天，2 月 17 日，我们收到……萨莫伊洛将军的报告……自 2 月 18 日 12 时起，德国和俄国之间恢复战争状态。俄罗斯共和国政府设想，收到的电报并非来自签署者，而具有挑衅的性质……请通过广播澄清这个误会。

外交人民委员列·托洛茨基[1]

可是不存在什么误会。德国军队开始全线进攻。德国的军靴很快就践踏了德文斯克、文登、明斯克、普斯科夫及其他几十座俄国的城市和乡村。就这样，"百分之九十"的"不可能"恰恰翻了个个儿。托洛茨基的自命不凡、冒险主义和外交上的革命坦率受到了严厉惩罚。2 月 18 日晚，经过和"左派共产主义者"的激烈斗争（7 票赞成，5 票反对，1 票弃权），党中央委员会在列宁的坚持下决定签署"可耻和掠夺性的和约"。第二天，1918 年 2 月 19 日，托洛茨基草拟了一封由人民委员会主席和外交人民委员署名的、致德意志帝国政府的无线电报。电报说："鉴于业已形成的局势，人民委员会看到自己不得不宣布同意按照四国同盟代表团在布列斯特-里托夫斯克建议的条件签订和约。人民委员会声明，对德国政府提出的和约的确切条件将立即作出答复。"[2]同时，托洛茨基受列宁委派起草了一篇人民委员会的呼吁书《祖国在危急中》，由人民委员会主席署名，发表在 1918 年 2 月 22 日的《消息报》上。

托洛茨基后来回忆说，"呼吁书的草稿是同左派社会革命党人一起讨论的。他们对标题很不满意。列宁则相反，非常赞成：'痛快地表明我们对待保卫祖国的态度发生了 180 度的大转变。这正是我们需要的。'

草稿最后的段落中，有一段讲到就地消灭帮助敌人的任何人。左派社会革命党人施泰因贝格（不知道是一股什么邪风把他刮进了革命，而且卷到了人民委员的职位上）反对这种威胁，认为它破坏了'起义的热忱'。

'恰恰相反！'列宁嚷道，'这才是名副其实的革命热忱（他故意移动了重

---

［1］ Троцкий Л. Соч. Т. XVII. Ч.1. С.116.

［2］ Троцкий Л. Соч. Т. XVII. Ч.1. С.111.

音）。未必您会认为，我们打算做不采用最严厉的革命恐怖行动的胜利者吗?'"[1]

稍晚一些，人民委员会的确通过了《关于红色恐怖》的决定（1918 年 9 月 5 日），根据这个决定，阶级敌人应当被关押在剥夺自由的地点，而对反革命活动被当场查获者或被怀疑者处以枪决[2]。并非人民委员会的所有决定都得到执行。不过这项决定无疑是执行了的。

布尔什维克党中央、人民委员会、全俄中央执行委员会当时的活动有两个方向：尽快签订极不公正的和约和组建红军部队，组织游击队，以抗击武装干涉者。这些事件的整个场景读者都已经很熟悉了。我只想谈谈托洛茨基的立场和他为挽救自己的声望而采取的做法。

2 月 21 日收到德国的答复—最后通牒，可以看出条件将更加苛刻。柏林给出的答复最后通牒的时限是 48 小时。2 月 23 日召开了俄国社会民主工党（布）中央委员会会议。投票支持列宁的提议：立即签订"掠夺性和约"的是 7 人，反对的 4 人，弃权的 4 人。我想，起了很大作用的是列宁声明，如果不接受他的提议，他将辞去人民委员会主席的职务。列宁获得了多数票，仅仅因为托洛茨基及其追随者放弃了投票权。

同一天召开了全俄中央执行委员会，一直持续到凌晨。列宁在这里也取得了胜利，获得 126 票赞成，85 票反对，26 票弃权。列宁和托洛茨基立即电告柏林，苏维埃政府同意接受和约条件并派遣一个新的代表团前往布列斯特-里托夫斯克。费尽周折总算确定了签约代表团的人选：代表团团长格·索柯里尼柯夫，团员有：格·彼得罗夫斯基、格·契切林、列·卡拉汉，顾问：阿·越飞、瓦·阿尔特法特、B.里普斯基。困难的是，谁也不想获得这个既是致命，又能救命的签署和约的"荣誉"。苏维埃代表团是 2 月 24 日清晨出发的。道路已经遭到破坏，部分路段代表团不得不乘坐检道车，甚至是徒步前行。同 2 月 21 日的最后通牒相比，和约的条件更为苛刻（土耳其要求兼并外高加索的一些州）。索柯里尼柯夫拒绝对和约作任何讨论，立即在 3 月 3 日签署了和约，声称，就让全世界都在这份文件中看到帝国主义的暴力行动吧。

我想，无论托洛茨基事后怎样说，他在那些日子里的立场和列宁相比是

---

[1] Троцкий Л. Соч. Т. XVII. Ч.1. С.659.

[2] Известия ЦК КПСС（《苏共中央公报》）. 1989. No 10. С.80。

有明显缺陷的。不过,好在近在咫尺的未来证明了列宁是正确的,还证明了托洛茨基也是正确的:1918年还没有走到尽头,霍亨索伦王朝和哈布斯堡王朝就一起崩溃了,于是导致了废除布列斯特和约。列宁仿佛预见到了这个条约不可能长期存在。结果发现他是正确的。托洛茨基稍后总体说来承认列宁在这个问题上的远见卓识,只是认为,他自己的观点也不全是错误的。

为了更好地理解托洛茨基对布列斯特和约的立场,应当回想一下他在俄国共产党(布)第七次紧急"秘密"代表大会(1918年3月6—8日召开)上的讲话。出席这次代表大会的只有约40名有表决权的代表。列宁在会上总共做了18次发言,而最终这次党的论坛支持了他对布列斯特和约的立场。

3月7日,托洛茨基做了将近一个小时的发言(3月8日他又发了一次言,发表了声明)。这篇发言十分坦率而系统地讲到了自己的错误和偏爱、意图和评价。下面我引他长篇发言中的一些论点。

在描绘俄国的总体形势时,发言者说,"无论我们怎样挖空心思,无论我们发明怎样的策略,但能够彻底拯救我们的只有欧洲革命"。以不断革命的各种公式为基础的这个观点是托洛茨基始终坚持的。

谈到他为什么在2月23日的中央会议上投了弃权票时,托洛茨基坦然宣称,"在哪一边:是那边,还是这边的机会更多些的问题上,我想,更多的机会**不在**列宁同志主张的**那一边**(黑体是我加的——作者注)"。然后,托洛茨基实际上是想说,他履行了党的指示。"所有的人,包括列宁在内,都说:'你去吧,要求德国人把他们的目的说清楚,揭露他们,一旦有可能,就中断谈判返回来。'我们大家都认为这就是谈判的实质……中央委员会里只有一票,就是季诺维也夫,主张立即签署和约……他说,拖延只能使和约的条件更加恶化,应当现在就签约。"接着托洛茨基坚持认为,他的"不战不和"策略是正确的。"假如要求我再同德国人谈判一次,我2月10日依然会重复我已经做过的事情。"

他接着指出:"我们后退并进行防御,因为这是我们力所能及的。我们是在执行列宁同志预见的那种前景:我们向奥廖尔方向撤退,疏散彼得格勒、莫斯科。我要说,列宁同志讲到,德国人希望在彼得格勒签订和约——几天以前我和他还是这样想的……占领彼得格勒是一件危险的事,对我们是沉重的打击……一切都取决于欧洲革命觉醒和发展的速度。"

在这次发言中,托洛茨基涉及了一个问题,不妨看作是一个假定性问题(马后炮)。他强调,他的一票"左右了中央对这个问题的决定,因为有些同志赞同我的立场。我放弃了投票,以此表明对未来党的分裂我无需承担责任。我认为,较为恰当的做法是后退,而不是签订和约,制造一种虚假的喘息气氛,不过在这样的条件下,我不能承担**党的领导责任**(黑体是我加的——作者注)"。

托洛茨基关于他承担**党的领导责任**的这些话是什么意思呢?这是否意味着他个人有可能领导党(因为列宁声明,如果在就和约问题的表决中,他处于少数,他将退出政府),或者指的不是个人领导,而是集体领导?未必有可能准确无误地回答这个问题,不过有一点是清楚的:如果列宁退出了,政府首脑职位的主要候选人也许就是托洛茨基。鉴于这种情况,虽说他的立场和列宁不同,他却(和他的拥护者越飞、捷尔任斯基和克列斯廷斯基一样)明智地在投票时弃权,而让列宁取得了优势。这一次不能不承认托洛茨基有远见,他虽然不同意"不惜一切代价换取和平"的立场,可是采取了一个避免党内分裂的举动。

同时,布列斯特-里托夫斯克戏剧的主角尽了一切努力,维护了尊严和自己的革命荣誉。当党的第七次代表大会最终批准了列宁的建议后,托洛茨基在简短的声明中说:"党的最高机构,党代表大会间接地否定了我和其他人在我们布列斯特-里托夫斯克代表团内执行的政策……无论党代表大会是否愿意,它用自己最终的投票肯定了这一点,因此,我辞去党迄今为止赋予我的所有负责岗位[1]。"[2]顺便插一句,从那个遥远的时刻起,苏维埃领导人自愿辞职就不再是一种时尚了。机关"直至最后一人",都要抓住自己最高级的职位。

从当时的讲话和日后的回忆录来看,托洛茨基在1918年1—3月期间是真诚地认为,"可耻的对德和约"不是革命的一次道德失败,而是它的投降。他觉得,党跨过了界线,使得革命生存下去的机会变得微乎其微。在那些戏剧性的日子里,他从精神上说,当然是接近"左派共产主义者"的,尤其在德国不断提出越来越严厉的要求时。有过这样的时刻,托洛茨基看见了

---

〔1〕 托洛茨基还在1918年2月22日就提出辞去外交人民委员的职务。

〔2〕 Троцкий Л. Соч. Т. XVII. Ч. 1. С. 134-144.

革命彻底失败的严酷现实日益迫近。他在第七次党代表大会上的发言中，也鲜明地表露了这种思想："我们不仅在地理上，而且也在政治上作出了让步……如果我们容许这样的退让发展下去，仅仅是为了前景难测的喘息，那么……俄国无产阶级就不可能将阶级的政权保持在自己手中……现在喘息的期限充其量只有两、三个月，更准确地说，是以星期，甚至日期来计算的。在此期间必须弄清楚一个问题：要么局势的发展对我们有利，要么我们宣布，我们来得太早了，现在要退出去，要转入地下……不过我认为，如果不得不退出，就应当像一个革命政党那样，也就是为保卫每一个阵地战斗到流尽最后一滴血。"[1]显然，托洛茨基在布列斯特和约中看到了自己最钟爱的产物——革命死亡的幽灵。

由于对德国的意图和能力估计失误，托洛茨基从谈判的"英雄"一天之内就变成了历史的失败者。载入声名狼藉的《简明教程》中的斯大林编造的谎言以各种形式反复传唱了几十年：

"虽然列宁和斯大林代表党中央坚决主张签订和约，但是托洛茨基作为驻布列斯特的苏维埃代表团首席代表，却叛卖性地违背了布尔什维克党的直接指示……这真是骇人听闻。德帝国主义者所能要求于苏维埃国家利益的叛卖者的，无过于此了。"[2]可是，历史终究会将一切都安置在它们应有的位置上。托洛茨基的失误仅仅在时间上。欧洲的革命高潮还是到来了！不妨回忆一下，德国的11月革命倾覆了霍亨索伦王朝，而且作为它的后果，导致了废除布列斯特和约。托洛茨基是革命的"浪漫主义者"，将革命进程过分"程序化"了，而革命进程往往是跌跌撞撞地朝前走的。他有足够的意志力为了革命而跨越"自我"。他在第七次代表大会上的发言中谈到了这一点："我们投了弃权票，这是一个重大的自我克制的举动，因为我们为了挽救党的统一，牺牲了自己的'我'……你们应当对另一边说，他们选择的道路有一些现实的可能性，然而这是一条危险的路，它可能导致拯救了生命，却放弃了生命的意义……"[3]

托洛茨基在布列斯特想立即获取的东西太多了：让俄国退出战争，发动德国的工人阶级，维护革命俄国的声誉。当时要同时完成这些任务是不可

〔1〕　Троцкий Л. Соч. Т. XVII. Ч.1. С.141-142.

〔2〕　《联共(布)党史简明教程》，人民出版社1975年版，第239页。

〔3〕　VII Съезд Российской коммунистической партии(большевиков). Стенографический отчет. С.86.

能的。这不是他的过错，而是不幸。托洛茨基再次表明，一个革命者不应当仅仅是执行者。他的布列斯特-里托夫斯克公式是错误的，而"主题"却是他从革命的"音乐"中汲取的。

而托洛茨基感到更可怕的是，在德国士兵的军靴践踏下俄国革命的火炬可能熄灭。他从俄国革命中看见了自己终生为之赞颂的一场世界烽火的伟大序曲。他是一个罕见的人，直到生命的最后时刻都执着于一个理念。为了实现这个理念，需要暴力、暴力、暴力。

在血腥的界线边上

过去的所有革命最终都是流血的。不错，十月革命完成了而没有流血。可是那仅仅是开始。例如，莫斯科的政权转归苏维埃就已经是另一种情况了。政治的爆炸往往伴随着国内战争。阶级仇恨在同胞之间画了一条血腥的界线。俄国的知识分子特别害怕，而且避开这条界线。梅列日科夫斯基在《患病的俄国》一书中，早在1917年的事件之前好几年就写道："任何革命都会有一个决定性的时刻，那时某些人必须枪杀另一些人，而且是带着泰然自若的心情，犹如猎人射杀松鸡一样……关于暴力的问题，形而上学的、道德伦理的、个人的、社会的，在一切革命中都出现过。"接着在议论俄国历次革命（早先的、1905年的、还有他感到即将来临的）的命运时，他预言："谁知道呢，也许俄国解放的伟大之处恰恰在于它没有成功，就像一切过分的东西几乎永远都不可能成功一样；不过今天的过分，明天就是一切事物的尺度。"[1]梅列日科夫斯基感觉到革命临近了，实际上他说的是革命超前了。这是怎么回事？是一个知识分子面临社会大动荡时的非理性恐惧，抑或是阴暗的预见？可是被带来，借用他的话说，"国家-革命的屠杀"的大震荡吓坏了的这名作家并不是一个孤证。

连普列汉诺夫也被在革命背后若隐若现的暴力幽灵吓坏了。这就是他明确地谴责十月革命的原因之一。按他的意见，假如无产阶级占到俄国人

---

〔1〕 Мережковский Д. С.Полн. собр(《梅列日科夫斯基全集》).Соч. Т. XV. С.22-23。

口的大半,那社会主义革命就是有道理的。实际上,他是把它推到了朦朦胧胧的遥远的未来。就在去世前不久,俄国科学社会主义的泰斗普列汉诺夫被彼得格勒的许多报纸辱骂为"资产阶级蜕化变质分子"、"反革命分子",他为此深感痛苦,但他仍然决定对自己要正直诚实,并直截了当地说出对既成事实的看法。在《致彼得格勒工人的公开信》中他断言:"俄国无产阶级是在并不恰当的时刻夺得政权的,它不可能完成社会革命,而仅仅是引发国内战争。这次战争最终将迫使它后退到远离它今年二、三月占领的阵地的地方。"普列汉诺夫由于常年生活在西方而成了典型的社会民主派,他绝不能同意或容忍已经策划好的事态进程。他在《公开信》里写道:"它们的后果现在就已经够悲惨的了。如果工人阶级的自觉分子不能坚定而断然地反对一个阶级,或者更糟糕些,一个政党夺取政权的政策,那么后果将更为悲惨得多。政权应当依靠国内一切有生力量,也就是不打算恢复旧秩序的一切阶级和阶层的联合……我国无产阶级的自觉分子应当告诫他们,要预防对他们可能发生的最大不幸。"[1]

在窥伺俄国的其他危险中,普列汉诺夫(和马尔托夫、唐恩、阿布拉莫维奇以及其他孟什维克)认为国内战争是最可怕的危险之一……对国内战争的态度是划分国内政治势力的主要界线之一:以布尔什维克和其他激进政党为一方,以孟什维克团体和首先看重民主——即使是赤裸裸的资产阶级民主的政治势力为另一方。列宁认为:"在任何阶级社会里国内战争都是阶级斗争的自然的——在一定情况下则是必然的——继续、发展和尖锐化。"[2]他觉得,国内战争是必然的,旧主人、旧老爷、高级官员不会那么轻易就让位的。托洛茨基完全支持列宁的观点,不过这一观点在历史进程中已经不再被认为是毋庸争辩的了。

政敌在批评布尔什维克的坚决措施时,往往挑选列宁-托洛茨基这对搭档作为攻击目标,这也在客观上证明了彼得格勒苏维埃主席巨大的政治分量。例如,马克西姆·高尔基在《请工人注意》一文中这样写道:"弗拉基米尔·列宁按照涅恰耶夫的办法:'全速前进穿越沼泽',在俄国建立了社会主义制度……迫使无产阶级同意取消出版自由后,列宁及其拥护者借此将民

---

〔1〕 Плеханов Г. В. Год на Родине(《归国一年》). Полн. собр. статей и речей 1917—1918 гг. Париж: Издательство Поволоцкого. 1921. Т. II. С.75。

〔2〕《列宁全集》第28卷,中文第2版,第88页。

主的敌人、扼杀言论自由的权力合法化了,对那些不同意列宁-托洛茨基专制主义的人以饥饿和掠夺相威胁;这些'领袖'为遭到国内全部优秀力量长期而痛苦地反对的权力专制制度正了名。"[1]关于列宁-托洛茨基"专政"、"专制主义"的说法成了攻击布尔什维克主义必然使用的词语。

任何社会革命必然会潜在地包含着内战。严格说来,俄国的内战始于1917年10月(有些历史学家不无根据地从科尔尼洛夫叛乱算起),但全面展开是在1918年夏季到1921年初。它深层次的原因是为改善自己的社会地位而奋斗的各个阶级之间存在尖锐的矛盾。但外部的矛盾有时也很重要。列宁认为,俄国的内战是国际帝国主义发动的。不过这个看法未必正确。卡列金、杜托夫、阿列克谢耶夫、科尔尼洛夫、克拉斯诺夫、邓尼金都不是依照外国资本家的指挥,而是独立地发动的。

我已经说过,国内战争实际上是政变之后立即开始的。亚·费·克伦斯基就讲到了这一点。他在《来自远方》一书中就提醒读者,1917年10月24日至11月1日,他曾经采取一切措施,试图扼杀布尔什维克政权。"实际上,我们向彼得堡进军的那些日子,就是国内战争爆发并向全国和前线蔓延的日子。29日士官生在彼得堡的英勇起义,莫斯科、萨拉托夫、哈尔科夫等地的巷战,忠诚于革命(指二月革命——作者注)的部队同前线起义的部队之间的战斗——这些都足以证明,我们并不是完全孤立的……"克伦斯基感到遗憾的是,率领水兵前来的德宾科说服了哥萨克,于是他无法实现自己武装镇压布尔什维克起义的计划。

德国人开始进攻后,国内局势更加紧张了。在德国占领区内,那些指望借助德国的干涉扼杀革命的反革命势力开始活跃起来。那些年代的文件和目击者的回忆都证明,德国人自己并不在意是否推翻苏维埃政府。可是德军的推进不能不激起国内战争。这时,托洛茨基的命运发生了重大变化。我们知道,1918年3月初举行的俄共(布)第七次代表大会后,托洛茨基就"失业"了。

在索柯里尼柯夫签署了布列斯特和约之后不久,列宁就面临着一个问题:让谁来领导军事部门。谁有能力在旧军队的一片废墟上创建一个新的、足以抗击敌方正规军的军事机构? 谁能够给这个机构注入生命? 1918年2月的进攻表明,军事人民委员部的三人领导小组:尼·瓦·克雷连柯、尼·

---

[1] ЦПА ИМЛ, ф.325, оп.2, д.11, л.25.

伊·波德沃伊斯基、帕·叶·德宾科没有能力领导像创建一支正规红军这样复杂的工作。而且他们对军事机构的性质持列宁并不赞同的左派共产主义者的观点。同时,列宁又下不了决心让一名旧式的大军事专家来领导即将创建的红军和红海军。因为这可能令人民和军队难以理解。经过长时间考虑,加以斯维尔德洛夫的建议,列宁把人选最后确定为托洛茨基这个对军队建设、军事策略和战略的"操作规程"都很陌生的人。怎样解释在我看来是布尔什维克历史上非常成功的这项决策呢?我想,对革命领袖而言,要在短时间内解决这项重大任务:大胆吸收旧军队的军事专家参与其事,利用资产阶级军事科学的成就和经验,创建共和国的一支新武装力量并组织保卫共和国,可供选择的大人物为数很少。我在写下这几行文字时,感到会有不少读者将同我展开争论:"不是一直都在写,都在说是列宁、党和国家创建了苏联军队和海军吗?这和托洛茨基有什么关系?"不错,是列宁,是党,是国家创建了军事机构。可是在类似的机构身后,总是隐藏着每一个现实机构的具体创建者、执行者和"设计师"。主要领导人之一无疑就是托洛茨基。为什么列宁恰恰选中了这名候选人,我们留到下一章里再谈。现在我要提醒读者,1918 年 3 月 14 日,即第四次紧急苏维埃代表大会开幕那一天,《消息报》发表了一则官方通告称,根据托洛茨基本人的申请,人民委员会解除他外交人民委员的职务并任命为军事人民委员。同一个决定还根据本人的申请,解除了尼·瓦·克雷连柯军事人民委员和最高总司令的职务(废除最高总司令一职)。签署决定的是人民委员会主席弗·伊·乌里扬诺夫(列宁)、国家产业人民委员弗·亚·卡列林和民族事务人民委员约·维·斯大林。

就职和苏维埃政府迁往莫斯科恰好在同一时间。托洛茨基抵达新首都比列宁晚一个星期。新军事人民委员在莫斯科的第一个夜里就召开了军事委员会会议,意在确定军事建设的主要方向。次日他就签署了自己的第一号命令:"建议营房建设总局局长最紧急地着手修缮前亚历山大军事学校,并改做军事人民委员部之用。"[1]

革命不仅是计划,意图,密谋,而且还有无边无际的自发势力。看来,安·伊·邓尼金在很大程度上是正确的,他将 1917—1922 年间的事件称为"俄国的大混乱"、"社会纷争",这也是克柳切夫斯基对混乱的称谓,表现为

---

[1] ЦГАСА,ф.1,оп.1,д.37,л.212.

自发的暴力行动、为所欲为、侵犯他人、群众的无理要求。布尔什维克的领导人很快就感受到了；中央收到了许许多多申述，涉及未经任何人批准的"征用"、"剥夺"、"革命的惩罚"。有时这表现为贪得无厌。例如，托洛茨基收到政委波泽尔恩的一封电报，称"彼得格勒红军战士第二次代表会议通过决定：必须规定红军战士的薪水为 300 卢布……"

托洛茨基懂得，如果作出一次让步，那就永远会被自发势力牵着鼻子走。不过他有坚强的性格：

> 彼得格勒，斯莫尔尼。波泽尔恩。
> 我拒绝为您违反苏维埃政权的法令而承担责任。
>
> 1918 年 5 月 21 日
> 军事人民委员托洛茨基

然后，在电文背面向红军战士群众作补充说明："红军战士的薪水问题不是由彼得格勒的红军战士，而是由全俄工人、农民和红军战士代表苏维埃决定的……规定的薪水是 150 卢布。我认为那些在共和国困难的时候要求提高薪水的人是坏的革命士兵……"[1]

不过并非所有人都敢于对抗怀着远非革命理想的动机走进革命活动的群众自发势力的压力。

关于陆海军人民委员的军事活动我在下一章里再谈。我们现在需要明确的是，在两三个月后即将分裂俄国的俄国旺代爆发的前夜，托洛茨基的主要思想方针和政治方针。毫无节制的暴力行为很快就将占据上风。通常不会再有俘虏。高尔察克的士兵将在军医院里用刺刀挑起受伤的红军战士，红军也不甘示弱，充分展示自己的残忍。托洛茨基将发布命令，枪决那些表现出胆怯、临阵脱逃、被查获进行抢劫的红军士兵，等等。而且他以枪决相威胁的首先就是那些擅自撤出战斗阵地的部队的指挥官和政委。伤寒将在所有的战线上肆虐。山谷里，白军和红军都将杀死人质。生命从来就不曾像现在这样一文不值。盲目的阶级召唤原来比同情、怜悯、英明、理性更强烈些。历尽苦难的俄国将洒满自己同胞的鲜血……

托洛茨基在国内战争前夕的政治观点在他 1918 年春俄共(布)莫斯科

---

〔1〕 ЦГАСА, ф.1, оп.1, д.123, л.100-101.

市代表会议上的报告，以及在工作会议上的两次讲话："我们的朋友和敌人""苏维埃政权的内部任务"中都有极为鲜明的表述。托洛茨基很重视这几篇讲话，在自己文集的第 17 卷中将它们收入专辑"1918 年春季苏维埃政权的主要任务"。这段时间被托洛茨基形容为"内部停顿时期"，而有些人则认为十月革命"要么是冒险行动，要么是错误"，托洛茨基在描绘这次社会"停顿"时，甚至将它说成是沙皇主义的遗产、专制制度的罪行、米留科夫和克伦斯基的失算。托洛茨基甚至断言，"布列斯特和约也是沙皇的官僚和外交家的过错，因为他们将我们投入一场可怕的战争，盗窃了人民的财产，掠夺了被他们置于愚昧和奴役之中的人民……这个和约是沙皇开出的一张期票、克伦斯基及其一伙开出的期票！这就是最难以忍受的罪恶，它将国际帝国主义者及其仆从对罪孽应当承担的责任强加给工人阶级。"[1]

新的领袖们几乎从来（至少在俄国）都是这么说的，将一切都归咎于沙皇制度和临时政府。不过，托洛茨基这样说确实有他的理由，因为布尔什维克执政毕竟还不到一年……

现在来谈谈权力。人民委员是这样叙述自己对权力的本质、实际和性质的观点的："从政治和直接的战斗意义上说，十月革命的发生是突然的，而且取得了无可比拟的胜利。"[2]我们说，阶级与阶级之间不可能有任何妥协："要么是资本和土地占有制度专政，要么是工人阶级和贫苦农民专政"，而立宪会议不过是"俄国革命的一间重要的调和暗房、一个重要的妥协机构。"[3]接着，托洛茨基花了很多时间谈立宪会议，认为立宪会议的用处仅仅在于让大家"都喘一口气"——谁支持谁。而对于创造性的革命工作毫无意义。我们不打算和任何人分享权力。假如半途而废，托洛茨基形象地说道，"那就不是革命，而是，请原谅我的用词，一次流产。这是一次虚假的历史生育。"[4]当时，托洛茨基和其他激进分子都觉得，取代专制制度，然后是资产阶级政府的新式权力只应当唤起历史惊喜赞叹的愿望。因为就在革命前夕，伶牙俐齿的人就在复述弗·亚·吉利亚罗夫斯基[5]的话：

---

〔1〕　Троцкий Л. Соч. Т. XVII. Ч.1. С.213.

〔2〕　Троцкий Л. Соч. Т. XVII. Ч.1. С.157.

〔3〕　Троцкий Л. Соч. Т. XVII. Ч.1. С.160.

〔4〕　Троцкий Л. Соч. Т. XVII. Ч.1. С.201.

〔5〕　弗·亚·吉利亚罗夫斯基(1853—1935)，苏俄作家，有反映俄国风尚习俗的作品。

> 俄国有双重灾难：
>
> 上层是黑暗[1]的权力，
>
> 下层是权力的黑暗。

　　不过在生活中一切都比思辨的公式要复杂得多。托洛茨基不希望民主制度流产，而是盼望布尔什维克专政诞生。

　　苏维埃政权未必会给黑色百人团人士、十月党人[2]、立宪民主派、其他资产阶级政党和团体提供议会中的席位，这是可以理解的。因为夺取政权不是为了同被战胜者一起分享权力。可是还有待在统一的革命潮流中，却主张用其他方法解决社会、经济和国家问题的左派社会革命党人、孟什维克-国际主义者和其他团体呢？原来，在革命的俄国最高权力集团中也没有他们的席位。思想的单维性、对革命真理的垄断、唯我独尊从一开始就使布尔什维克激进派，也包括托洛茨基在内，变得贫乏，苍白无力。早在1918年4月，托洛茨基就提出了一个同斯大林在20世纪30年代初提出的凶险公式极其相似的论题。当时托洛茨基是这样说的："无论在我国，还是在国外，只要革命运动向前发展，而且日益壮大，各国资产阶级就会越来越紧密地团结起来。"[3]斯大林则将这个公式归纳为阶级斗争尖锐化，不过是"在个别国家内"。

　　1917年春季，托洛茨基在自己的纲领性讲话中声称："是的，我们是弱者，而这正是我们主要的历史性罪过，因为在历史中是不能做弱者的。谁是弱者，他就是强者的猎物。"[4]可是，力量如果不依靠人道主义原则，不和道德结成同盟，它自身并不是一件善事。

　　1918年，在撰写小册子《十月革命》时，托洛茨基在序言中强调："只要如实讲述十月革命是怎样发生的，就是对研讨班上的形而上学毫不留情的批驳。可以随心所欲地议论，工人阶级较为合适的夺得政权的方法是经过普选制……然而历史并不是按照烹饪手册调制的，哪怕是存在用餐厨拉丁语写成的这样的书……无产阶级掌握政权是凭借革命力量的权利。如果马克思主义的理论家惊慌失措，在它面前踟蹰不前，工人阶级就会跨过这个理

---

〔1〕 "黑暗"一词在俄语中有双重含义：黑暗、阴暗；以及愚昧、无知。

〔2〕 黑色百人团和十月党是十月革命前俄国存在过的反动保皇团体。

〔3〕 Троцкий Л. Соч. Т. XVII. Ч.1. С.205.

〔4〕 Троцкий Л. Соч. Т. XVII. Ч.1. С.214.

论家,就像跨过许多其他事物一样……"〔1〕遗憾的是,不久以后,"跨过许多
其他事物"的能力和意愿就成了许多布尔什维克领导人的方法和风格。

在托洛茨基1918年春季的讲话中,谈的主要是社会劳动组织问题,以
及强调社会必须有革命的秩序和纪律。托洛茨基将他在莫斯科市党代表会
议上的报告出了一本小册子,用了一个醒目的名字《劳动、纪律和秩序将拯
救苏维埃共和国》。

作者认为,革命期间社会的"松弛散漫",其原因在于备受折磨的个性的
自由意识的觉醒。个性曾经(托洛茨基在这里引用了他喜爱的格列勃·乌
斯宾斯基的话)是"里海中的鲤鱼","朦胧地生活,又朦胧地死去,宛如成群
结队的蝗虫,生生死死"。昨天还是"群氓中的一个,一钱不值,是沙皇、宫廷
贵族、官僚主义制度的奴隶,工厂主的机器的附属物",却突然感到自己是个
人物了。托洛茨基认为,"由此而使得破坏者的情绪、以自我为中心的趋势、
无政府主义的倾向、贪婪的欲念风靡一时,这一切我们尤其在广大的无业游
民中,在旧军队中,还有工人阶级的某些人身上都可以看到。"〔2〕

怎样处置破坏、怠工、无政府主义、专横跋扈、不负责任、许多人的不懂
行,托洛茨基拿出了自己的建议。首先,托洛茨基建议严格限制"集体制原
则"。确实,在巩固苏维埃时期,在国家和经济的各级阶梯上都建立了委员
会。无边无际的民主制和无人负责的后果大家很快就体验到了。1918年4
月29日,全俄中央执行委员会例行会议通过了决定,要求加强单一首长制,
加强集中,更积极吸收资产阶级专家参加工作。此前,3月31日召开了有
托洛茨基、斯维尔德洛夫、列宁、克列斯廷斯基、弗拉基米尔斯基、索柯里尼
柯夫、斯大林参加的中央委员会会议。会上讨论了"中央的总政策问题"。
会议指出,"夺取政权的时期结束了,现在进行的是基础建设。必须吸收懂
行的、有经验的、务实的人参加工作。知识分子圈的怠工已经被摧毁了,技
术人员正在向我们靠拢,应当使用他们……"〔3〕实际上,托洛茨基在几次讲
话中向听众宣传和解释的是党中央的决定。许多左派社会革命党人和普通
苏维埃工作人员(恩·奥新斯基、弗·斯米尔诺夫、安·布勃诺夫、米·托姆
斯基、阿·李可夫)都从中看到了对民主制的危险和官僚主义复活的条件。

---

〔1〕 ЦПА ИМЛ, ф.325, оп.1, д.270, л.1-4.

〔2〕 Троцкий Л. Соч. Т. XVII. Ч.1. С.164-165.

〔3〕 ЦПА ИМЛ, ф.17, оп.2, д.1, л.5-6.

托洛茨基也和列宁一样,主张在国内执行铁的纪律,必要时对怠工者、强盗、伪装的敌人进行镇压。托洛茨基下面的这些话听起来令人忐忑不安:"农村资产阶级正在成为工人阶级的主要敌人,它想用纠缠不休的办法拿下苏维埃革命……我们要警告富农,对待他们我们绝不会心慈手软。"[1]斯大林不会引用托洛茨基的话,也不会警告富农,他会采取行动,而且"绝不心慈手软"。

托洛茨基相信,开启智慧能够改造人。"有许多崇高而又美妙的精神财富:科学、艺术,这一切对劳动群众却是可望而不可即的,因为工人和农民不得不被捆绑在自己的独轮小手推车上,像苦役犯那样生活。"托洛茨基继续发挥自己的思想,而"有坚韧精神"的人应当对自己说:"是的,在目前进行的斗争中,我可能不得不死去。可是,在压迫者践踏下、暗无天日的奴隶生活同一名战士的光荣牺牲比起来,算得了什么呢?"[2]托洛茨基,就像一个坚定的激进分子应当做的那样,提倡走自我牺牲的道路,后来这条道路按照别人的意志,导向了自我牺牲的社会主义。

军事人民委员在自己纲领性的讲话中,用了许多篇幅谈军事建设问题。他说:"建军问题现在对我们来说就是生死问题"。后来,好像是四五年后,在整理早先写的文章,为《文集》准备材料时,他想起了瓦·瓦·舒利金关于历史转折期中军事力量的议论。

逃亡的俄国政治家在彼·伯·司徒卢威的《俄国思想》杂志上发表了自己的随笔(后来出了单行本《日子》)。舒利金(他将革命称为"魔鬼的游戏")在其中的一篇里说:"输掉的战争总蕴含着革命的危险……可是革命比起输掉的战争来还要糟糕得多。因此,近卫军必须保留,其唯一而受尊敬的责任就是对抗革命……"[3]托洛茨基认为,赤卫队,现在则是红军,是必需的,用于同反革命和外国干涉作斗争。没有军事力量,革命是站不稳脚跟的。不过这留到下一章再谈。

托洛茨基身上结合了实用主义者和幻想家的品质。他能够将当前的日常琐碎任务(对军事专家的监督、规定面包的固定价格等)加以抽象,然后在云端里海阔天空地胡思乱想一通,从那里遥看"共产主义的远方"。他善于

---

〔1〕 Троцкий Л. Соч. Т. XVII. Ч.1. С.183-184.

〔2〕 Троцкий Л. Соч. Т. XVII. Ч.1. С.207.

〔3〕 Февральская революция. Революция и гражданская война в описаниях белогвардейцев(《二月革命:白卫分子笔下的革命和国内战争》).М.-Л.: Госиздат, 1925. С.121.

煽动人们,使他们相信他所说的一切都是实际存在的。1918 年 4 月 14 日,托洛茨基在工人集会上描述应当为之奋斗,经受苦难,作出牺牲的将来的愿景时,会场上一片寂静。人们都相信,不对,是被说服,一切都会是这样的。演说家的词句撒播了伟大希望的种子:"我们要在自然界赐给我们的这块土地上建立一个统一的兄弟国家(托洛茨基谈的是'世界劳动共和国')。我们按照合作经营的办法开垦和耕耘这片土地,将它变成一座繁花似锦的大花园,就让我们的子子孙孙生活在这座天堂里。过去大家都相信过关于天堂的传说;那都是昏暗、模糊的幻想,是被压迫人民对优越生活的渴望。希望生活得更加虔诚,更加纯净,所以人们说,应当有这样的天堂,哪怕是在彼界,在大家不知道的、神秘的地方。可是我们说,我们就用劳动的双手来为大家,为我们世代相传的子孙建设这样的天堂,而且就在此界,就在这片土地上。"[1]那些获得了"天堂"保证的人们用一阵暴风雨般的掌声作为对演说家的回答。

革命的演说家谈到了在这片被将近四年的帝国主义战争和两年革命折腾得接近破产的土地上的"天堂"。当时有多少人能够料到,战争之神将在长达三年的时间内从祖国的田野上取得令人痛心的收获? 关于"天堂"的梦想被各条战线上的铁甲列车屏蔽了,自由的音乐被骑兵部队的刀剑撞击声淹没了,和平的希望将被伤寒和饥饿击碎……在俄国的旺代这片令人恐惧的苍穹上,托洛茨基的星辰将迅速升起……

---

〔1〕 Троцкий Л. Соч. Т. XVII. Ч.1. С.187-188.

第三章
旺代的"九级浪"

当理念在广场上、在街头、在大路上、
在田野和森林中开展着血腥厮杀的时候，
真理本身就已经不再有人关注了；
顾不上它了。

尼·别尔嘉耶夫

巴黎郊外有 处俄国人的墓园圣 热涅维耶夫，它让我想起国内战争令人恐惧的创伤。随同一位年长的俄国神甫索鲁扬缓步走过在异域他乡找到了永恒避难所的德罗兹多夫分子、阿列克谢耶夫分子、卡列金分子为数众多的坟茔时，我站在今天的高度上，特别尖刻地感到，国内战争是毫无历史意义的。同胞们彼此凶狠地互相杀戮，个个都认为自己正确，往往是兄弟相残，父子互伤。好像让·饶勒斯笔下不是1793年的旺代，而是俄国平原上长期的血腥拼杀："几乎在心脏边上就能感受到尖锐刀锋的这些城市中爆发了多么亢奋的激情！明天还会迸发出多么强烈的仇恨！有多少敌人，还有多少被怀疑积极帮助过，甚至是以自己的无动于衷帮助过敌人的人遭到镇压！"[1]

索鲁扬神甫就那些在这场相互残杀中丧命的人说的话在历史上是公正的：

"时间和永恒应当使同胞们和解了。当时以为，只要消灭了白军（或者红军），幸福就到手了！用兄弟的死亡既不能换来和平，也不能获得幸福……但愿时间会使他们和解！"

今天，索鲁扬神甫的话让人觉得是接近真理的。然而当时呢？革命有

---

〔1〕 Жорес Ж. Социалистическая история французской революции（《法国革命中的社会主义史》）. М., 1983. Т. 6. С. 208-209。

它自己铁一般的逻辑。它既不可能凭空创造，也不会从别处借来。1917年人民的愤怒是帝国主义战争、革命、对旧事物闻所未闻的破坏，还有那些从历史舞台上被抹去了的，被推下来的人的拼死反抗所激起的。起初革命的怒火还遵循着反对专制独裁的方向。在轻而易举地废除了沙皇制度的各种标志物后，俄国的各个阶级、政党、社会势力在惊悸不安中看到：各方的目的是不同的！一些人希望在二月的成果上止步；另一些人被毫无节制的破坏吓坏了，宁愿再将专制独裁制度请回来；第三种人则认为必须将前两种人从自己的道路上赶走……自己是否正确，则要在国内战争的各条战线来证明。

经过了三年的帝国主义战争之后，俄国儿女的鲜血还要再流淌将近五年。内战时期，祖国的各处公墓里、战场上、城市和农村的墓地里，甚至就在小山岗边的洼地里埋葬了几百万人。如此重大的"革命代价"使其进步性受到历史的质疑。死亡的不仅是戴着布琼尼式军帽的或是身着旧军官大衣的人；大部分牺牲的、死于饥饿和伤寒的都是和平居民。革命的血腥还在继续。对此"表示关注的"不仅有被安排了"前"字命运的那些人，不仅有激进而毫不妥协的布尔什维克，还有各国首都中视俄国革命为危险"瘟疫"的那些人。俄国的盟友起初并不相信忙于自相残杀的布尔什维克能够长久维持下去，不久这些前盟邦就竭尽全力来扑灭俄国革命的火炬了。弗·伊·列宁指出，"造成我国国内战争并使它拖延下去的真正祸首——世界帝国主义……"[1]如果这样说是正确的，那也只是一个方面。向国内战争的熊熊烈火投入自己的"一捆柴薪"的既有布尔什维克，也有被他们剥夺了一切的那些人。于是，按托洛茨基的说法，一阵"九级浪"就扑向了革命。

插一句题外的话，当托洛茨基流亡到土耳其时，他曾经打算写一本关于俄国国内战争和创建红军的书。可是不承想，他居住的别墅一场火灾烧掉了有关这个题目的大部分手稿和书籍。内务人民委员部的档案馆里保存着20世纪30年代从托洛茨基处偷窃的信件。其中有一封致托洛茨基分子伊斯特曼居住在巴黎的妻子、苏联司法人民委员的姊妹叶莲娜·瓦西里耶夫娜·克雷连柯的信，被放逐者是这样写的："特别可惜的是，我有关红军的书籍，以及准备用来写一本关于国内战争的书的资料全被毁了。"[2]确实，特种部门的档案馆不会回答：究竟火灾是一次意外，还是出自明仁斯基下属之

---

〔1〕《列宁全集》第37卷，中文第2版，第335页。

〔2〕 Архив ИНО ОГПУ, ф.17548, д.0292, т. 1, л.106-107.

手？不管怎么说，反正托洛茨基关于国内战争的专著没有写成……

自 1918 年至 1922 年，大炮的轰击声、马刀砍杀的碰撞声、饱受残酷战争折磨的人们的呻吟声将盖过祖国辽阔无垠平原上的一切声音。同胞们将恶狠狠地、毫不留情地、疯狂地自相残杀。日后对此会有不同的评价。布尔什维克著名的活动家之一安·谢·布勃诺夫称国内战争是"将资产阶级民主革命转变为无产阶级社会主义革命的范例"。他在 1928 年写道，正是国内战争"实际上推动了这个转变"。〔1〕在这场"转变"的血腥漩涡里，托洛茨基的星辰将更高地升起。他欢迎这场战争，按他的说法，从其中看到了机会，不仅可以一举而解决消灭俄国所有剥削阶级的问题，而且可以发动其他国家的无产阶级，点燃世界革命的烈火。1918 年秋季，莫斯科建议，为了保证安全，运粮船只在伏尔加河上航行时，悬挂红十字会的旗帜。托洛茨基在致列宁的电报中提出抗议："我认为不能容许悬挂红十字会旗帜的船只通过，获得粮食会被招摇撞骗分子和愚蠢的人解释为可能妥协和**不需要**（黑体是我加的——作者注）国内战争……"〔2〕这场自相残杀是俄国的"雅各宾派"，为达到自己的"伟大目标"所必需的。

革命的"法律"

托洛茨基在卸下外交人民委员的职务后，却出乎许多人的预料，突然于 1918 年 3 月 14 日被任命为军事（后为陆海军）人民委员。同时他又兼任共和国最高军事委员会主席。这是怎么回事？为什么列宁会选择托洛茨基？

我的看法是，列宁比任何人都更明白，现在在这个问题上起主要作用的将是必须从政治上重视创建作为革命得以生存下去的最重要因素的军事机构。为此需要革命的激情，再加上坚定的性格、本人影响群众的才干，以及以铁腕制止游击习气、松弛散漫和随波逐流的能力。当时这个部门的领导

---

〔1〕 Гражданская война 1918—1921（《国内战争 1918—1921》）. М.；Военный вестник. 1928. Т. 1. С.15。

〔2〕 ЦГАСА，ф.4，оп.14，д.7，л.79。

人必须具有很高的知名度、党内的威望和政治分量。列宁认为，托洛茨基正是这样的人。

影响列宁作出决定的还有另一个非常重要因素。他很清楚，没有军事专家、旧军队的将校军官的帮助，要创建一支有战斗力的红军是不可能的。可是却有许多布尔什维克，其中包括党的一些领袖认为，这是不能容许的。在这个问题上托洛茨基毫不犹豫地站在列宁一边。在托洛茨基受命去军事部门之前，他就建议设立由同意与苏维埃政权合作的旧将军组成的、领导国防和红军建设的最高军事委员会。最高军事委员会归人民委员领导，但起主要作用的是以沙皇军队总司令部原参谋长米·德·邦契-布鲁耶维奇将军为首的军事专家。

革命领袖在人事任命上很少出错。历史将会证明，这次任命托洛茨基为军事人民委员也没有错。列宁是"以己度人"的。

列宁深刻地看到，当革命处于一发千钧的时刻，军事部门的领导者可以不是一名行家里手，但必须是一个精力充沛，能够用自己对成功的坚定信念去感染身边所有人的人。托洛茨基在十月革命中，在粉碎克拉斯诺夫将军叛乱中都没有辜负列宁的期望。

我再谈一个设想。列宁相信世界社会主义革命，他知道，如果发生世界革命，它必然也会将俄国纳入自己的范围。在这种情况下，托洛茨基将分外有利于这个进程。而他也并不掩饰，创建红军的目的不仅是为了保卫苏维埃俄国，而且是坚决支持国际革命的进程。1918 年 3 月 19 日，在莫斯科市工人、士兵、农民代表苏维埃会议上讲话时，新任军事人民委员宣称："借助这支军队，我们不仅能够保卫自己，防护自己，而且能够促进国际无产阶级的斗争。"他继续发挥这个思想，说得更肯定一些："只要世界革命一声炮响，我们就应当准备好给我们起义的外国弟兄送去军事援助。"结束讲话时，他说得更具体了："那时，当比任何其他人都更接近革命的德国无产阶级……走上街头时，我们这支组织优良、训练有素的战斗队伍就应当出动去帮助他们。"[1]所以说，任命托洛茨基担任国内的军事职务是有长远考虑的。托洛茨基起初对这项意外的建议感到惊奇。

后来，托洛茨基是这样回忆的："由于国内敌人从搞阴谋活动转入建立集团军和方面军，列宁希望我来领导军事。这次列宁把斯维尔德洛夫争取

---

〔1〕　Троцкий Л. Соч. Т. XVII（《托洛茨基文集》第 17 卷）.Ч.1. С.228-229。

过来了。我没法推辞。列宁逼问我：'那究竟谁来承担？您提。'我想了想，同意了。

我是否受过军事工作的训练呢？当然没有。我当年甚至不曾在沙皇军队中服过役。我的应征年龄是在监狱、流放地和国外度过的。1906 年法院剥夺了我的公民权和服役权……

我绝不认为自己是一个什么战略家，不过我对那些在革命中大批涌进党内的一知半解的战略家也毫不迁就。诚然，我曾在三种场合，即在同邓尼金作战，在保卫彼得格勒，在同皮尔苏茨基作战中采取了独立的战略立场，并为这一立场而进行了斗争，有时是反对指挥机关，有时是反对中央委员会的多数……"〔1〕

列宁不得不在军事领域做出重大的人员调整，也是因为尼·瓦·克雷连柯、尼·伊·波德沃伊斯基、弗·亚·安东诺夫-奥弗申柯、康·亚·梅霍诺申，以及另一些著名的革命军事家不支持列宁吸收许多军事专家建设红军和组织保卫共和国的意图。从他们的革命观点看，不能放弃指挥人员的选任制，也不能限制士兵委员会的角色，而只有在严格监督下，才可以使用前将军和军官做"顾问"。但是德军的进攻证明，遵行这些原则的那些赤卫队是不堪一击的。

是的，列宁的选择没有错。托洛茨基并不具备战略、战役、战术方面的深刻军事知识，可是他用对防卫和军事建设的广泛政治角度、令人惊异的精力、鼓动和激励人们的能力弥补了这些欠缺。

领导军事部门后，托洛茨基还在第一次巡视前线之前，就不断出席各种会议，争取吸引所有的政权机关和居民阶层参与建设红军。1918 年 3 月 19 日他在莫斯科苏维埃会议上讲话，3 月 22 日在阿列克谢耶夫人民大厦，同一天还在全俄中央执行委员会上作了长篇报告。〔2〕托洛茨基辛辣地批评了自己的政敌——孟什维克分子伊林、唐恩、马尔托夫，以及其他不希望看到"布尔什维克专政"的革命者。

"唐恩公民在这里向我们讲述了'拿破仑是怎样形成的'，有些军事委员们往往不能看透彻。不过我记得，科尔尼洛夫暴乱并不是发生在苏维埃制

---

〔1〕 托洛茨基：《我的生平》，赵泓、田娟玉译，郑异凡校，上海人民出版社 2014 年版，第 306—307 页。

〔2〕 Известия ВЦИК(《俄国中央执行委员会公报》).1918. 23 и 24 апреля。

度下,而是在克伦斯基制度下(马尔托夫:'会有新科尔尼洛夫暴乱的')……新的还没有见到,眼下我们是谈旧的,就是已经发生,而且在某些人的额头上永远留下了鲜明痕迹的那一次。(鼓掌)"〔1〕

托洛茨基还在人民委员会、全俄人民委员第一次代表大会、莫斯科市第四次工厂委员会和工会代表会议、苏维埃第五次代表大会,以及其他许多会议上讲了话。题目只有一个:军队。它应当是怎样的队伍? 应当怎样来建设它? 托洛茨基在致人民的呼吁书中是这样表述这项任务的:"政府认为,建军的基本原则是:在学校、工厂、农村中实行普遍的义务军训制度;立即从最有献身精神的战士中选拔、建立团结的骨干队伍;以顾问的身份吸收军事专家……委任军事委员作为革命和社会主义的最高利益的维护者。"〔2〕

托洛茨基热情而执着地着手处理他的新工作:讲话,写作,发指示,接见许多人。他的办公室位于原亚历山大武备学校大楼,是由谢尔姆克斯迅速布置起来的,进出这间办公室的人中有赤卫队的指挥员、军需部门的旧官吏、新任命的军事委员、尼古拉军事学院的旧将军和军官、水兵和新闻记者。几乎每天托洛茨基都要和列宁面对面地讨论军事问题。不过 1918 年 3 月,政府成员几乎全都住进了克里姆林宫〔3〕,从那时起,每天同列宁交流的就不仅仅是托洛茨基了。后来他这样回忆这段时间:

"游戏宫对面的骑士楼革命前住着克里姆林宫的官吏。整个底层曾被一个宫廷卫队长占用。现在他的住房分成几个部分。我和列宁分别住在走廊两端的房间里,合用一个餐厅。当时克里姆林宫的伙食很差,没有鲜肉,只供应腊肉。面粉和粮食都掺有沙粒。只有红鱼子酱是充足的,因为已经停止出口。这种天天供应的鱼子酱赋予革命最初年代的某种特色,当然不仅仅留在我一个人的记忆之中……

我每天总要在走廊里同列宁遇上十来次,我们互相探访,交换意见,有时谈十来分钟,甚至一刻钟,这对我俩来说已经是很长的时间了……布列斯特-里托夫斯克分歧的那片乌云早已烟消云散。列宁对我和我全家都非常亲切,非常关心。他常常会在走廊里拦住我的孩子们,和他们一

---

〔1〕 Троцкий Л. Соч. Т. XVII. Ч.1. С.256.

〔2〕 Троцкий Л. Соч. Т. XVII. Ч.1. С.233.

〔3〕 让人惊奇的是:革命的领袖们昨天还在诅咒旧政权的奢侈浪费,一转眼自己就享受起来了。雅致的豪华套房、高级轿车、郊区的别墅、专门配备的医生……权力总是不道德的,所以它通常会使最上层的多数人变形。只有民主制度才能够"终结"这条规律。

起玩耍。"[1]

在创建红军的过程中,新任人民委员首先看到的是穿军大衣的人,而且认为自己应当关注的主要是对士兵群众的"革命教育"。那些他只是一知半解的问题:战略问题、战役问题、战术问题、司令部问题等等,现在都退居次席了。托洛茨基一边听取部里工作人员关于部队组建情况的汇报,一边在寻找一种思想的"溶剂",凭借它来将昨天的农民、工人、平民知识分子,还有前军官结合成一个战斗的革命家庭,而且不仅用道义责任,还有法律责任将他们结合在一起,不执行命令的将受到革命的惩罚。

四月中旬,从人民委员部回来之后,托洛茨基坐下来,一口气写成了"社会主义军人誓词"。誓词共六条,讲到了军事勤务的意义、军人的责任和荣誉、"勤奋钻研军事"的义务、准备一有号召就挺身而出保卫苏维埃共和国,不惜精力甚至生命等等。誓词的最后一条宣称:"如果我心怀叵测,违背这一庄严的保证,我甘愿遭受全体人民的唾弃,甘受革命法律的严厉制裁。"[2]

誓词于1918年4月22日经全俄中央执行委员会批准。几十年来,苏维埃战士在朗读这份誓词(仅仅有一些不大的修改)的时候当然不会想到,这份誓词的著作权属于(借用《简明教程》的说法)"法西斯分子的可恶奴仆和走狗"托洛茨基。无论我们如何看待前军事人民委员,都不能不承认只用二十来行文字就表达了这些历经时间的检验而不"褪色"的思想的人的才华。

托洛茨基在1918年时特别注意的问题中,有一个军事委员和军事专家的关系问题。托洛茨基思想敏锐,视野开阔,能够评价苏维埃共和国局势的主要危险性。他明白,大规模发动工农群众是绝对必要的步骤,但是还不够。对群众必须团结,加以教导和鼓励,并率领他们前进。被选拔为指挥员的、来自人民的有天赋的人显然不足以将一支无定型的、组织涣散的军队改造成正规军。必须要有军事委员,作为这些部队的组织者和鼓舞者;必须要有旧军官中那些没有投向白军,而正在痛苦地举棋不定的那些人的经验和知识。

按照托洛茨基的建议,1918年6月召开了第一次全俄军事委员代表大

───────────────

　〔1〕 托洛茨基:《我的生平》,赵泓、田娟玉译,郑异凡校,上海人民出版社2014年版,第308—309页。

　〔2〕 Троцкий Л. Соч. Т. XVII. Ч.1. С.686-687.

会。他 6 月 7 日在会上讲了话,十分明确而坦率地说明了军事委员在军队中的两项主要职责:对战士进行政治教育和对军官的行为进行监督。托洛茨基承认,组建部队的自愿原则只有"三分之一"的正确性,因为部队中"有许多不合适的人——流氓、懒汉、社会渣滓"。因此,军事委员的"职责就是在军队内部毫不放松地开展提高觉悟的工作并坚决清除混进军队的不良分子"。托洛茨基断然宣称,"军事委员是苏维埃政权在军队中的直接代表者,是工人阶级利益的捍卫者……如果军事委员发现军事领导人对革命构成威胁,军事委员有权毫不留情地处置反革命分子,直至枪决。"[1]就这样,托洛茨基奠定了布尔什维克思想的残酷性,日后又转变成了对无数敌人的残忍无情。

当时,除了布尔什维克外,担任军事委员的还可能是左派社会革命党人。例如,托洛茨基本人就曾经称呼左派社会革命党人克里沃舍因是库尔斯克的"优秀省级军事委员"。可是布尔什维克很快就不仅在政权,而且在军事委员方面也都拥有了不容分享的垄断权。按照党的方针,军事委员是"工人阶级利益的捍卫者",对此,托洛茨基和所有布尔什维克领导人都并不觉得有什么不妥,虽说军队基本上是一支农民军队……当年未必有人会想到,一个阶级(和农民比处于绝对少数)的专政是反民主的这种异端邪说。今天看来,军事委员"毫不留情地处置"的权力是后来群众性无法无天的源头之一。

也许谁也没有像托洛茨基这样系统而坚决地捍卫过广泛使用军事专家来建设军队和保卫祖国的思想。1918 年的夏秋季,尽管许多著名的革命家对这个问题持否定态度,托洛茨基却在中央报刊上发表了许多有关这个问题的材料。《全俄中央执行委员会消息报》和《真理报》上的文章、许多讲话都鲜明地表示了他对使用军事专家的态度。《军官问题》《论受到克拉斯诺夫欺骗的军官》《处于指挥岗位上的士官》《士官》《红色军官》《论前军官》《军事专家和红军》,还有托洛茨基的许多文章和讲话都是讨论正在建设中的红军的主要问题,即骨干问题的。

写成于最困难的 1918 年的最后一个夜晚的《军事专家和红军》这篇文章大概最完整地阐述了托洛茨基关于使用军事专家的立场。托洛茨基写道,他作为一贯支持在红军中使用军事专家的人,经常不得不听取同志们就

---

〔1〕 Троцкий Л. Соч. Т. XVII. Ч.1. С.267-268.

这个问题提出的责难和反对意见。他接着说,"当吹毛求疵越来越纠缠不休的时候,只好求助于经验的根据,而不是逻辑的道理:

托洛茨基问道,你们能今天就向我提供 10 名师长、50 名团长、两名集团军司令和一名方面军司令吗?而且全都要共产党员?

对此,'批评者们'尴尬地笑了,于是将谈话转到另一个题目。"[1]

军事部门的这名领导人议论说,当然,如果其他条件都相同,苏维埃政权自然更喜欢用共产党员担任指挥员,而不是非党员……可是没有人建议我们在党员指挥员和非党员指挥员之间作出选择。后者根本就不存在。托洛茨基感觉到了对列宁-托洛茨基广泛使用军事专家的原则路线存在极其强烈的反对意见,因此他举出了一个又一个有说服力的例子来捍卫自己的观点。

他写道,"经常有人引证指挥人员的叛变投敌。叛变投敌确实不少,而且主要是占据高位的军官。可是我们却很少讲到,由于团长不会架设联络线路,没有布置好岗哨和游动巡逻哨,不明白命令,或者看不懂地图,致使整个团被消灭。如果有人问我,迄今为止,给我们带来更多危害的是旧军官的叛变,还是许多新军官的缺乏训练,我本人确实不好回答。"[2]

为了巩固自己必须使用前士官、尉官、校官和将军的路线,托洛茨基写道,"广大群众知道的几乎全是指挥人员叛变投敌的例子,让人感到遗憾的是,不仅广大群众,而且亲密的党的圈子里也很少有人知道,那些骨干军官为了俄国工农的事业忠诚而自觉地牺牲的事例。就在今天,一名军事委员对我讲了一名大尉的事情。他指挥的仅仅是一个班,可是他拒绝担任更高的职务,因为他和战士相处得非常亲密。这名大尉近日在战斗中牺牲了……"[3]如果涉及具体的叛变事实,托洛茨基则是坚决果断,而且毫不留情的。有 A. M. 沙斯特尼一案可以作证。

波罗的海舰队长官、海军上校 A. M. 沙斯特尼根据军事人民委员列·达·托洛茨基的决定(次日经全俄执行委员会主席团批准)于 1918 年 5 月 27 日被捕。指控沙斯特尼准备举行反革命政变一案由共和国最高军事审判庭于 6 月 20—21 日开庭审理。指控的唯一证人是托洛茨基。他在法庭

〔1〕 Троцкий Л. Соч. Т. XVII. Ч.1. С.362.

〔2〕 Троцкий Л. Соч. Т. XVII. Ч.1. С.363.

〔3〕 Троцкий Л. Соч. Т. XVII. Ч.1. С.369-370.

上的证词中引用了沙斯特尼准备在水兵代表大会上宣读的一份政治报告的提纲,作为波罗的海舰队长官犯罪的主要事实。托洛茨基说,"提纲从头到尾,尽管十分谨慎,但毫无疑问是反革命阴谋的一份文件……这是确定无疑的政治赌博,一场大赌博,目的是夺取政权。而只要将军老爷们在革命中开始个人的政治赌博,一旦失败,他们就应当为这场赌博承担责任。海军上将(托洛茨基误称沙斯特尼为海军上将——作者注)的赌博失败了。"〔1〕

法庭审理很快就结束了。不过这毋宁说是一次不公正的审判。好像对前沙皇海军上校的判决——枪毙,依据的仅仅是怀疑他的不忠诚并且企图建立"波罗的海舰队的专政"。没有任何具体的罪证。应当指出,审理沙斯特尼一案的法庭(如果可以将只有一名证人-起诉人,却没有辩护人的审判称为法庭的话)是苏维埃俄国的第一个作出死刑判决的政治法庭。还有,是在这方面违反法律的初步尝试。可是,革命有它自己的"法律",往往是违反法律的法律。不受限制的暴力是对无法无天的颂扬。革命法律的非同一般之处在于能够在反对恶的同时,制造新的恶,而且是比从前规模更大的恶。托洛茨基是这些"法律"的理想执行者。

托洛茨基的这种品质分外鲜明地表现在镇压党的第十次代表大会前夕发生的喀琅施塔得暴乱(1921年3月)中。当托洛茨基得到暴乱的消息后,他当即口授了呼吁书:

致喀琅施塔得和暴乱要塞的驻军和居民

我呼吁:

所有企图加害社会主义祖国的人立即放下武器。

将负隅顽抗者解除武装并交付苏维埃政权。

立即释放被拘捕的军事委员和政权的其他代表。

只有无条件投降的人才能指望获得苏维埃共和国的宽恕。

同时,我已下令做好一切准备,以铁腕粉碎暴乱和暴乱分子……

签署这份呼吁书的是:人民委员托洛茨基、总司令加米涅夫、第七集团军司令图哈切夫斯基、工农红军参谋长列别杰夫。〔2〕今天我们知道,无产阶

---

〔1〕 Троцкий Л. Соч. Т. XVII. Ч.1. С.329.

〔2〕 ЦГАСА, ф.33987, оп.1, д.329, л.106.

级专政的"铁腕"处决了喀琅施塔得事件的领导者和最积极的参与者。

多年以后,当西方回想起了托洛茨基在镇压暴乱中的血腥角色时,他既在自己的《反对派公报》中,也在致自己的拥护者的信中长期为自己辩解。这些信件(好几百封)很快就到了内务人民委员部手里……托洛茨基在解释残酷镇压起义的原因时,写道:"革命有它自己的法律"。它只承认强者,而不问对手是谁。"革命年代中,我们曾经有过许多次冲突:同哥萨克、农民,甚至同工人群体(几群乌拉尔工人在高尔察克军队中组成志愿团)……在国内不同地区活动过的有所谓'绿色'农民队伍,他们不想承认'红色',也不想承认'白色'。往往有这种情况,'绿色的'在同'白色的'冲突中受到重创;可是他们当然不会得到来自'红色的'宽恕。"[1]换句话说,按托洛茨基的见解,残酷、不受限制的暴力及其坚定不移的使用就是最重要的"革命法律"。

《俄国革命档案》中发表了双方放肆地使用暴力的许多证据。前白军军官 B. Ю. 阿尔巴托夫回忆说:"叶卡捷琳诺斯拉夫尔市肃反委员会领导人瓦里亚夫卡每天晚上都要将 10—15 名被逮捕者带进一个被高高的栅栏围住的小院子。瓦里亚夫卡本人带着两三个同志走到院子中间,朝完全没有保护的人们开枪。他们的叫喊声在五月的夜晚传遍了全城……白军的行动也不亚于他们;一进入城市,他们就抢劫了一整天……"[2]

担任军事人民委员后,托洛茨基特别关注红军的组建工作,同时也越来越多地被卷入清除在国内广袤的原野上逐渐猖狂的反革命的日益激烈的斗争。如果说从十月革命至 1918 年 3 月这段时间被列宁称为"布尔什维主义的胜利进军"[3]的话,那么,从 3 月起(托洛茨基领导军事部门)反革命就开始了长期反扑。而且苏维埃政权的"胜利进军",借用列宁的说法,"与其说是采用军事行动,还不如说是靠了宣传鼓动"[4],那么反革命的浪潮则是遍地血痕。托洛茨基清晨来到办公室后,立即查阅来自全国各地的一大摞电报、消息、报告,其中讲到反革命分子的暴乱、暴动和行动,干涉者的登陆,整支部队的投敌。托洛茨基的文集中有专门的一卷是涉及国内战争的。从1918 年 3 月起的这个时期被托洛茨基称为"反革命的第一波巨浪"。

卡列金在顿河的暴乱、杜托夫在南乌拉尔的暴动、多夫波尔-穆斯尼茨

〔1〕 Архив ИНО ОГПУ, ф.17548, д.0292, т. II, л.202-218.

〔2〕 Архив русской революции(《俄国革命档案》).Берлин, 1923. T. XII. C.89-93。

〔3〕 《列宁全集》第 34 卷,中文第 2 版,第 74 页。

〔4〕 《列宁全集》第 34 卷,中文第 2 版,第 88 页。

基在白俄罗斯的暴乱、德国和奥匈军队在乌克兰的进攻、土耳其军队在外高加索的推进、亚美尼亚达什纳克党人和阿塞拜疆木沙瓦特分子的暴动……托洛茨基办公室里一幅巨大的作战地图上不断出现新的蓝色小旗子,标示出反革命的新源头。这些蓝色斑点继续增加,扩展,连接成片,把标注着城市、地区和省份的红色小旗子拔掉……

最高军事委员会主席经常听取各条战线代表的汇报,邀请军事专家,和列宁通电话,努力采取一些措施,改善迅速急剧恶化的局势。托洛茨基每天都要发出许多指令,有成功的,也有不成功的,有恰当的,也有值得怀疑的。根据军事专家的建议,决定组建掩护部队之后,立刻就要关注彼得格勒和莫斯科的防御圈是否得到加固,设置乡、省和区人民委员会的决定是否得到执行,从有被占领危险的地区运出设备、军用财产、粮食的情况如何。

托洛茨基试图在军事建设方面采取激进措施。设立了由他主持的航空总局事务委员会,向革命军事委员会提出了组建空军的问题。[1]托洛茨基也很关心陆军。通过斯克良斯基,人民委员发出电报:"必须立即着手在乌拉尔或其他工厂生产坦克,如有可能,不妨使用部分拖拉机。在南部战线上如果有一定数量的坦克,将具有很大的心理意义。"[2]

托洛茨基的工作能力是惊人的。他能够及时完成各种各样的工作:起草对公民进行普遍军训的法令,接见新任命的红色指挥员训练班的领导人,校订吸收军事专家加入红军的通知书,同康·康·尤列涅夫(1918年4月设立的全俄军事委员局主席)讨论军事委员的工作问题,审查与成立全俄总司令部有关的实际事项……几百件、几千件事情都要经过托洛茨基的办公室。他的签署出现在那个时期的众多文件上,重要的和次要的,紧急的和看不明白的。我只是举出几个例子,让读者对最高军事委员会主席(自1918年9月苏维埃军事委员会撤销后起是共和国革命军事委员会主席)的工作范围有一个大致的了解:

1. "军事伪装技术委员会"发展"军事伪装艺术"条例……[3]

2. 关于改进苏维埃机构的清理工作和执行抓捕逃兵的命令给沃罗涅日市执行委员会的指示……[4]

---

〔1〕 ЦГАСА, ф.33987, оп.2, д.361, л.170.

〔2〕 ЦГАСА, ф.33987, оп.2, д.85, л.29.

〔3〕 ЦПА ИМЛ, ф.325, оп.1, д.40, л.9.

〔4〕 ЦГАСА, ф.33987, оп.2, д.41, л.2.

3. 发往阿尔扎马斯,关于伏罗希洛夫必须绝对服从瑟京的电报。[1]

4. 致交通人民委员涅夫斯基的信,关于向奥尔纳特同志拨付(从原沙皇列车中)一节汽车修理车厢……[2]

5. 致中央执行委员会主席的电报。抄件送人民委员会主席列宁。"坚决要求召回斯大林。察里津战线上形势不好,尽管有充足的兵力……"[3]

6. 将胆小鬼和自私自利者驱逐出军队的命令……[4]

几百份、几千份文件……直到共和国革命军事委员会中托洛茨基的副手斯克良斯基将苏维埃的工作安排妥当之前,托洛茨基的活动都带有自发,甚至紊乱,经常不得不即兴发挥的痕迹。不难设想托洛茨基的处境:他一面要经常听取涉及许多刻不容缓的、迫在眉睫的、推脱不开的事情的报告,而在他的办公桌上不断增加着新的、令人胆战心惊的电报:德国人占领了塔甘罗格;一支哥萨克部队袭击了奥伦堡;右派社会革命党人在萨拉托夫搞了暴动;最高纲领派社会革命党人在萨马拉暴动;芬兰的白卫分子在斯维阿堡枪杀了一大批革命者;捷克人占领了奔萨、塞兹兰和莫尔尚斯克;克拉斯诺夫将军开进了利斯基……这仅仅是 1918 年 5 月的几天之内发生的事情。

年中时,苏维埃共和国的局势大约是最严重的,处于绝望的边沿。我想,这样的致命危险还会又一次威胁到我国,那就是 1919 年,邓尼金逼近图拉的时候。而眼下则是英国人、法国人、美国人、日本人在摩尔曼斯克、阿尔汉格尔斯克、土耳其斯坦、外高加索、符拉迪沃斯托克的武装干涉,被协约国宣布为自己的突击战斗力量的捷克军团叛乱……在各种战报中不断闪过新出现的政治团体:萨马拉立宪会议成员委员会、叶卡捷琳堡社会革命党政府、乌法执政内阁、斯科罗帕茨基的盖特曼政权……多年以后,托洛茨基这样描述这段时期:"在那些日子里,要推翻革命,难道还缺很多东西吗? 它的地域已经缩小到古代莫斯科公国时的范围了。它几乎没有军队。敌人从四面八方包围着它。喀山沦陷后,下一个该是下诺夫哥罗德了。那里有一条几乎是畅通无阻的通往莫斯科的大路。"[5]

根据列宁的提议,1918 年 7 月 29 日召开了全俄中央执行委员会和莫斯科苏维埃的紧急联席会议,会上列宁发表了讲话《苏维埃共和国的局势》,然

---

〔1〕〔3〕 ЦГАСА, ф.33987, оп.2, д.40, л.29.

〔2〕 ЦГАСА, ф.33987, оп.2, д.41, л.7.

〔4〕 ЦПА ИМЛ, ф.325, оп.1, д.40, л.19.

〔5〕 托洛茨基:《我的生平》,赵泓、田娟玉译,郑异凡校,上海人民出版社 2014 年版,第 347 页。

后托洛茨基作了报告《社会主义祖国在危急中》。列宁第一次宣布：苏维埃共和国再度被拖入内外反革命强加给我们的战火之中。从现在起，祖国和苏维埃政权的命运取决于谁将在这次战争中获胜。因此，"一切为了前线"的口号应当成为我们每个人的基本守则。大家都明白：国家正处于悬崖的边沿上。如果不采取非常措施，共和国将崩溃，而反革命将庆祝胜利。托洛茨基比其他人更明白这一点。我想，在1918年危急的几个月中，也如这次会议上一样，人民委员表现了他最优秀的品质：罕见的坚定性、奋斗到底的决心和并非一切都已经失去，革命仍有获救机会的信心。应邀与会的不仅有全俄中央执行委员会和莫斯科苏维埃的委员们，还有首都党、工会和军事骨干。会上的发言都充满了信心、力量和历史的正确性。托洛茨基讲的是严峻，甚至是残酷的真理，同时他又强调指出：有出路，局势并非是绝望的，革命的能量还没有枯竭。但是许多结论和建议是严厉的，甚至是残酷的。主要的是，托洛茨基的声音变得十分清脆响亮，必须向人们的思想中灌输对胜利的信心。

"我们的红军部队缺乏必须的精神和战斗团结，因为还没有经受过战斗的锻炼……这里，在这个会场上，我们有将近两千人，也可能还要多一些，而且我们绝大多数，即便不是全体的话，都赞成同一个革命观点。我们大家并没有组成一个团，可是，如果现在把我们变成一个团，武装起来并派往前线，我想，这将不会是世界上最糟糕的一个团。为什么呢？因为我们是训练有素的士兵吗？不对，是因为我们是由一定的理念团结在一起，受到坚定认识的鼓舞，在我们被派往的前线历史尖锐地提出了问题，在那里要么取胜，要么牺牲。"[1]托洛茨基当即将这个思想转换成具体的建议：为了在每一个班、每一支部队都有一个坚强的共产党的核心（托洛茨基称之为"团和连的心脏"），必须从莫斯科、彼得格勒，以及其他城市向前线派出最有觉悟的工人、共产党员和鼓动员。托洛茨基宣布："彼得格勒苏维埃已经决定派出自己人员的四分之一，大约是200人，去捷克斯洛伐克前线，担任鼓动员、指导员、组织员、指挥员和战士。"托洛茨基也同列宁一样，深刻地看到，"自觉的革命纪律"可能就是得救的最后机会。日后的事态证明了他是正确的。

当他谈到叛变投向白军的军事专家时，举出了马辛、博戈斯洛夫斯基、维谢拉格作为例子。托洛茨基的语调变得更加严厉，他宣称："对那些表示

---

〔1〕 Троцкий Л. Соч. Т. XVII. Ч.1. C.507-508.

不满的军官应当严加管制。"应当将不愿意为我们工作的全部旧军官登记在册,而且"强制送往集中营"。如果发现被授予指挥权的军官有可疑行动,"那么罪犯,不用多说,因为问题明确而简单,当然要枪决"。[1]

这是俄国革命的雅各宾派借托洛茨基之口在讲话。"在我们最高司令部里,没有一个人的身边是没有军事委员的,如果我们不知道一名专家是否忠诚于苏维埃政权,那军事委员就应当打起精神,每时每刻都要紧盯着这名军官。如果这些手里有枪的军事委员,"托洛茨基接着说,他的话听起来就像是俄国的罗伯斯庇尔说的一样,"看见军事专家摇摆不定,打算叛变,他就应当及时被处决。"[2]托洛茨基呼吁坚定无产阶级的意志,因为在今天,意志就是"半个胜利"。

列宁和托洛茨基讲话之后,通过了由共和国最高军事委员会主席起草的决议。决议反映了报告中提出的所有结论和建议。残酷的时代是这些人称心如意的环境。革命正命悬一线。托洛茨基多年后说,挽救了革命的只有意志。是革命的和残酷的意志。再往后,这同一种意志实际上将扼杀革命。按托洛茨基的说法,"军事委员们的'开枪权'仅仅是'无产阶级专政的冷酷无情'的必然表现而已。"[3]

领导革命军事委员会

当革命"处于最低潮"(按托洛茨基的说法)时,1918 年 9 月 2 日全俄中央执行委员会以专门法令宣布社会主义祖国在危急中,同时宣布苏维埃共和国是一座军营。同一个法令宣布设立最高军政机构——共和国最高军事委员会,由党的著名军事干部组成。根据斯维尔德洛夫的提议,列·达·托洛茨基被任命为最高军事委员会主席。此前几天,托洛茨基率领一批莫斯科的共产党员-鼓动员前往局面接近崩溃的东部战线。国内战争的烽火熊

[1] Троцкий Л. Соч. Т. XVII. Ч.1. С.509-510.

[2] Троцкий Л. Соч. Т. XVII. Ч.1. С.511.

[3] Архив ИНО ОГПУ, ф.17548, д.0292, т. II, л.212.

熊燃起,仿佛有人向隐隐约约燃烧着的篝火中扔进了一束干柴。交战双方都期望用猛烈的打击迅速取得胜利。

仿佛是杜鹃的咕咕声宣告了革命的终结。起初是辛比尔斯克,然后是喀山陷落了。因此而使闻名于世的托洛茨基的列车不得不停靠在喀山前面的一处大站斯维亚日斯克。

托洛茨基在莫斯科至斯维亚日斯克途中,先后在列车中召见了一些领导人,发出了执行必需的军事和组织措施的命令。有一次,一名莫斯科的工人党员在接受命令时,向托洛茨基提出了一个问题:

"怎样处理左派社会革命党人中的军事委员,总的说来应当怎样对待他们?"

托洛茨基一本正经地看着这名工人,不假思索地重复了自己1918年7月9日在第五次全俄苏维埃代表大会上说的那些话:

"一个以一小撮人为首的党,狂妄到胆敢反抗绝大多数工人和农民的意志和思想,这样的党已经在7月6日和7日杀死了自己。这个党要想复活是不可能的!"

"就是说,统统搞掉?"鼓动员继续追问道。

"只留下那些谴责暴乱,并且和冒险分子断绝关系的人!"

发完指示,托洛茨基仰靠在圈手椅上,在均匀的车轮隆隆声中陷入沉思。西方的革命推迟了。俄罗斯苏维埃共和国辽阔的领土两三个月内缩小了许多。不怀好意的人、反对者、敌人到处兴风作浪。而这里又出现了这场暴乱……

托洛茨基还记得,是列宁在镇压了左派社会革命党人的暴乱后,建议他在第五次全俄苏维埃代表大会上作报告的。人民委员手里拿着几页写有提纲的纸,描述了事情的真实情况。

托洛茨基说,左派社会革命党人自称"苏维埃党",固执地要求"立即向德国宣战"。为了能确实引发战争,他们杀害了德国大使米尔巴赫。这是谁的过错呢?托洛茨基称该党的领导是"狂妄分子、可疑的人"。托洛茨基列举了"左派社会革命党著名的活动家"——亚历山德罗维奇、卡列林、卡姆柯夫、斯皮里多诺娃、切烈潘诺夫,问道:为他们的举动是不是应当全党负责呢?如果左派社会革命党人要跟着自己的中央走,那就是说,反抗政权,反之亦然。托洛茨基提醒听众,"列宁在这里说过,斯皮里多诺娃是一个诚实的人、真挚的人。然而,这个党可悲的是,它最诚实的人在斗争中不得不采用造谣诽谤,蛊惑宣传的手法!"托洛茨基宣称,这些人"戴上一顶知识分子的圆顶帽,四边挂着表示部分群众不满的小铃铛",要求立即和德国开战。但是,"苏维埃政权是一个政权……目前政权面临的最尖锐问题是战争与和平的问题。假如这个问题政权不能解决,而要由一小撮无赖汉来解决,那我们就没有政权。"

举行代表大会的大剧院里鸦雀无声,托洛茨基描绘了暴乱的真实画面。左派社会革命党人纠集了一支大约 2 000 人的队伍、几门大炮和 50—60 挺机枪,从三圣胡同出发,沿着他们的路线前进,占领了电报局,劫持了邮电人民委员波德别尔斯基,扣押了捷尔任斯基,朝克里姆林宫开了一阵乱枪。"我们在克里姆林宫室内观察了进攻院子的人,好在只有几发炮弹,于是我们说:人民委员会现在成了左派社会革命党人攻击的天然目标。"

托洛茨基接着说,我们的部队布置在救世主大教堂附近,受难广场上普希金纪念碑旁边,阿尔巴特广场上和克里姆林宫里。在波德沃伊斯基、穆拉洛夫和瓦采季斯采取积极行动之后,7 日午间,社会革命党人向库尔斯克火车站方向慌乱地撤退了。从彼得格勒和西部边境地区赶来支援左派社会革命党人的部队被轻松地缴了械。只是在贵族子弟军官学校中收缴左派社会革命党一支战斗队的武器时,发生了一场小冲突:我们有 10 个人牺牲,10 个人负伤……事态的实际情况就是这样。[1]

布尔什维克和左派社会革命党人的短暂联合就这样令人伤心地结束了。全俄第五次苏维埃代表大会接受了托洛茨基提出的决议草案,其中说,从现在起左派社会革命党人"不能在工人和农民代表苏维埃中占有席位。"[2]无论在当时,还是后来;无论是左派社会革命党人,还是布尔什维克都不明白,1918 年时,他们错过了一次多么重大的历史机遇。左派社会革命党人的这次冒险行动是有利于布尔什维克的,可是后者不打算和任何人甚至是象征性地分享权力。托洛茨基就是一贯遵循这条路线的人之一。

应当指出,在左派社会革命党人暴乱的故事中还有许多模糊不清的地方。布柳姆金是按照谁的直接命令开的枪?这方面左派社会革命党中央是否有过决议?为什么不曾进行过详细的调查?只有一点是明确的:1918 年

〔1〕 Троцкий Л. Соч. Т. XVII. Ч.1. С.451-476.

〔2〕 Троцкий Л. Соч. Т. XVII. Ч.1. С.476.

7月6日的事件对于列宁是处置左派社会革命党的一个很好的借口。在列宁致察里津的斯大林的电报中,有对左派社会革命党人开始大规模恐怖行动的命令,这是执行了的。

不过这一切都已经过去了。托洛茨基本人眼下要么扭转局面,要么等待最坏的结果,在最后的战斗中牺牲。而最坏的结果却是迫在眉睫的。关于这些日子托洛茨基在回忆录中是这样描述的:"驻守在斯维亚日斯克的军队是由辛比尔斯克和喀山撤下来的部队或从各方面来的增援部队组成的。每支部队都独立存在。但他们有一个共同点,就是希望撤退。敌人在组织上和经验上所占的优势大大超过我们。一些完全由军官组成的白军连队打起仗来勇猛得出奇。连土地本身都染上了恐惧症。来时斗志昂扬的红军生力军,也很快就受到退却的消极情绪的影响。农民里的革命分子纷纷隐藏起来,一切都在分崩离析,什么也抓不住,局势似乎已经无法扭转。"[1]还在抵达斯维亚日斯克之前,托洛茨基就口授了贯穿着雅各宾派精神的第10号命令:

致全体、全体、全体……

同捷克-白卫分子的斗争拖延得太久了。我们队伍中的粗枝大叶、不忠诚踏实和意志薄弱是我们敌人的最好同盟军。在书写这条命令的军事人民委员的列车里,被赋予无限权力的军事革命法庭正在开会。

由我任命的莫斯科—喀山铁路防卫司令卡缅希柯夫同志已经下令在穆罗姆、阿尔扎马斯和斯维亚日斯克建立集中营,用于关押可疑的鼓动员(原文如此——作者注)、反革命军官、怠工者、寄生虫、投机商人,除了那些在犯罪现场被处决者,以及被法庭判处其他刑期者之外……

1918年8月8日

列·托洛茨基[2]

列宁在致东部战线革命军事委员会的电报中指出:"现在革命的整个成败就在此一举:在喀山—乌拉尔—萨马拉战线上迅速战胜捷克斯洛伐克

---

〔1〕　托洛茨基:《我的生平》,赵泓、田娟玉译,郑异凡校,上海人民出版社2014年版,第346页。
〔2〕　ЦПА ИМЛ, ф.325, оп.1, д.40, л.21.

军。"〔1〕那时最高军事委员会把一切可以动用的部队全都派去了东部战线：莫斯科第一和第二革命团、彼得格勒第二和第六团、几个拉脱维亚团、波罗的海的几艘军舰。应当说，最高军事委员会中的前将军们积极投入了保卫共和国，抗击外部敌人的斗争；不过对于组织东部战线的反击，抵御内部敌人的斗争并不是很热心。列宁指责东部战线在这个问题上行动迟缓，并要求将一切有作战能力的部队派往东方。托洛茨基抵达这条战线时，中央已经派去 11 500 人、19 门大炮、136 挺机枪、16 架飞机、6 列铁甲列车和 3 辆装甲车。〔2〕这已经是失血过多的共和国能够向东部战线提供的极限了。可是，托洛茨基明白，在这里革命军队面对的是敌人明显的优势兵力：50 000名步兵和骑兵，将近 190 门大炮和 20 艘武装船只。〔3〕托洛茨基支持军事专家将组建集团军的支队体系改为经典体系，即一个集团军下辖三个师、一个骑兵军和一队空军的建议。至 8 月末，东部战线共组建了 5 个集团军，总人数约 70 000 人，250 多门大炮和 1 000 多挺机枪。〔4〕

在东部战线司令瓦采季斯和司令部积极准备反攻的紧张时刻，由卡佩尔上校指挥的一个白卫军旅突然袭击了第五集团军后方并攻击了斯维亚日斯克，因为那里有一条通往内地的大道。这里还停靠着军事人民委员的列车。托洛茨基回忆说："我们给打了个措手不及。为了不惊扰不坚固的战线，我们只从那里撤下两三个连队。我的列车长再次动员了列车和车站上他手边的一切力量，甚至连炊事员也动员起来了。我们有足够的步枪、机枪和手榴弹。列车小分队是由优秀战士组成的。离列车大约一俄里的地方有一条散兵线，战斗持续了大约 8 个小时，双方都有伤亡，最后敌人精疲力竭，只好撤退了。就在那时，外界与斯维亚日斯克的联系中断，莫斯科和整个战线都极为不安。"〔5〕

托洛茨基在这里说的并不准确。参加反击卡佩尔的进攻的也有第五集团军的部队，其中包括不曾经受过战争考验、跟着团长和军事委员从战场逃跑了的彼得格勒第二工人团。根据托洛茨基的指示，第五集团军野战军事

〔1〕《列宁全集》第 48 卷，中文第 2 版，第 261 页。

〔2〕ЦГАСА, ф.4, оп.1, д.16, л.239.

〔3〕ЦГАСА, ф.176, оп.3, д.171, л.2.

〔4〕Директивы командования фронтов Красной Армии(1917—1922)[《红军各条战线司令部的指示汇编(1917—1922)》].M., 1978. T. 4. C.38.

〔5〕托洛茨基：《我的生平》，赵泓、田娟玉译，郑异凡校，上海人民出版社 2014 年版，第 351—352 页。

法庭判处枪决逃跑者的十分之一，包括团长和军事委员。托洛茨基后来（直到1927年）被指责枪杀了共产党员，他在回答时一再声称，他们被处决不是作为共产党员，而是作为逃兵。中央的一个专门委员会证明了托洛茨基的处置是正确的。可是，在国内战争的年代及其后，他的反对者却一再渲染托洛茨基本人枪杀军事委员和指挥员的神话。

托洛茨基向中央报告了为什么他的列车同莫斯科的联系中断了。列宁当即用密码电报回答了托洛茨基，这封电报还保存在他的档案中：

斯维亚日斯克，托洛茨基

收到了你的来信。既然具有优势，而且士兵都在战斗，那就应当对最高指挥层采取特殊措施。是否对他们宣布，从现在起，我们将采用法国大革命的模式，如果拖延和行动失败，则将瓦采季斯、喀山城的集团军司令和高级指挥员交付法庭审判，甚至处决？建议从彼得格勒和战线的其他地方召集许多精力充沛、有战斗性的人。是否现在就让布洛欣及其他人准备接任最高职位？

1918年8月30日　第111/Ш号

列宁[1]

看来，托洛茨基感到如此激烈的电报首先就是他关于卡佩尔突袭的报告引起的。他大约不得不忍受令人不愉快的几分钟，让理智和良心去交锋，不过我要说，他并没有由于卡佩尔事件而追究瓦采季斯或者第五集团军司令的责任。何况第二天他的助手格拉兹曼就在他的办公桌上默默地放下了一封来自莫斯科的电报：

斯维亚日斯克，托洛茨基

速回。伊里奇受伤，伤势待查。局势平静。

斯维尔德洛夫[2]

托洛茨基的列车立即启程。"莫斯科广大党员的情绪忧郁，然而坚定。

---

〔1〕　ЦПА ИМЛ，ф.325，оп.1，д.403，л.84а.
〔2〕　ЦПА ИМЛ，ф.325，оп.1，л.86.

这种坚定性在斯维尔德洛夫身上得到充分体现。医生认为列宁没有生命危险，并担保他很快就会康复。我用东线即将取得胜利来使党放心，随即返回斯维亚日斯克。"[1]他返回时已经是共和国革命军事委员会主席了。而他是用9月2日在全俄中央执行委员会上的发言，来使党和共和国领导"放心"的。托洛茨基的发言一如既往，是很形象的：

"我们有多条战线，现在又开辟了一条新战线——在弗拉基米尔·伊里奇的胸腔里，那里正在进行生与死的搏斗，而且，如我们所希望的那样，将以生的胜利结束。在我们的各条军事战线上，胜利和失败是交错出现的；有许许多多的困难，可是全体同志都毫无疑问地承认，这条战线，克里姆林宫的战线，现在是最令人担心的……

说到我所在的那条战线，我应该承认，很遗憾，我不能向大家报告决定性的胜利，不过我有充分的信心表示，这些胜利即将到来；我们的局面是坚定而稳固的；已经出现了决定性的转折；我们现在有了保障——在可能的范围内——不会发生突发事件，我们每个星期都得到加强，而敌人则日益削弱。"[2]托洛茨基一贯如此：即使只有一线希望，他也会始终乐观地对待它。不过在这次全俄中央执行委员会上开出的支票（承诺东部战线的胜利）却让他很快就付出了代价。根据战线司令员的决定，并经共和国革命军事委员会主席批准，两个集团军的部队于1918年9月5日转入反攻。

而莫斯科这时开展了红色恐怖行动，作为对暗杀列宁的报复。枪杀了好几百人。有时甚至是当众处决。据前革命法庭工作人员 C.科比亚科夫回忆，列宁被刺后不久就开始了"处决的浪潮。白天在彼得公园里，当众枪杀了前司法大臣舍格洛维托夫、前内务大臣赫沃斯托夫、前警察厅长别列茨基（他逃跑了，被追上之后，就地处决）、前大臣普罗托波波夫、大司祭沃斯托尔戈夫和其他几十个人……"[3]就这样，在国内战争的烈火和恐怖主义的血腥中诞生了布尔什维克体制。

在攻占喀山之前不久，托洛茨基亲自参加了一次在拉斯科尔尼科夫指挥下，几艘驱逐舰（它们从波罗的海顺着马林斯克水系进入伏尔加河）和几条武装江轮对喀山市地区的袭击。他们的驱逐舰被炮火击伤，可是总算闯

---

〔1〕 托洛茨基：《我的生平》，赵泓、田娟玉译，郑异凡校，上海人民出版社2014年版，第356页。

〔2〕 Троцкий Л. Соч. Т. XVII. Ч.1. C.519.

〔3〕 Архив русской революции（《俄国革命档案》）. Берлин，1923. Т. XII. C.273。

过来了。托洛茨基回忆说,当他们受伤的舰只被一条运载石油的驳船燃起的熊熊大火照亮,从岸上可以看得清清楚楚时,形成的印象是"犹如光亮的盘子里的一只苍蝇。现在我们受到上乌斯隆和码头上的交叉火力的袭击,真叫人不寒而栗。"[1]苏维埃共和国军事部门的领导人有幸体验了一次火线上的士兵在敌人交叉火力的射击中的种种感受。第五集团军的部队同第二集团军的部队和江上的登陆小队配合作战,在托洛茨基特别喜爱的尼·格·马尔金指挥下,于9月10日解放了喀山。实际上,这是红军在东部战线的第一个大胜仗。共和国革命军事委员会主席在回忆录中是这样叙述这次胜利的实质的:"在部队中军事委员被看作是革命的领袖和专政的直接代表。法庭告诫大家,在革命的危急关头要求人们作出最大的牺牲。鼓动、组织、革命者的榜样以及镇压措施互相配合,在短短的几个星期里使部队发生了必不可少的转变。一批动摇的、不坚定的、涣散的人群被改造成一支真正的军队。"[2]

托洛茨基一接到第五集团军革命军事委员会的电报,报告喀山已经攻克,当即口授了以下命令:

第33号命令
致红军和红海军

1918年9月10日

9月10日这一天将作为一个节日载入社会主义革命史。喀山被第五集团军的部队从白卫分子和捷克斯洛伐克人手中夺回来了。这是一个转折点……

第五集团军的士兵和水兵们!你们收复了喀山。这计入你们的功绩。那些表现特别突出的部队和战士个人将得到工农政权的相应嘉奖……我代表人民委员会向你们说一声:同志们,感谢你们!

共和国革命军事委员会主席
列·托洛茨基[3]

---

〔1〕 托洛茨基:《我的生平》,赵泓、田娟玉译,郑异凡校,上海人民出版社2014年版,第354页。

〔2〕 托洛茨基:《我的生平》,赵泓、田娟玉译,郑异凡校,上海人民出版社2014年版,第356页。

〔3〕 ЦПА ИМЛ, ф.325, оп.1, д.40, л.29.

第二天,9 月 11 日,在市剧院召开群众大会,出席的有解放喀山的部队代表、当地的布尔什维克和该市居民。因胜利而振奋激昂的托洛茨基发表了长篇演讲。他说:"立宪会议!昨天资产阶级还打着这个口号企图在喀山城下抵抗为反对这个口号而濒临死亡的工人和农民。立宪会议是一切阶级和政党的综合体,也就是说,是由一切政党的代表,从地主到无产阶级的代表组成的。现在我们要问一问:谁将主持立宪会议?会不会向我们建议成立联合政府,而且这是可能向我们提出的唯一建议,也就是以列别杰夫为一方,而以列宁同志为另一方的联合政府呢?我想,同志们,在我们的历史纲领中,搞这一套是不行的。"[1]革命军事委员会主席指出了喀山胜利的军事意义,但是在这里讲话,却是作为布尔什维克的政治领袖之一,断然拒绝与任何人分享夺得的权力。

在伏尔加河上取得九月的军事胜利后,托洛茨基总算可以从东部战线的地图上抬起头来,观察一下国内战争的全景了。根据人民委员会和党中央的指示,共和国革命军事委员会着手协调并指导各条战线和各个方向的行动。在革命军事委员会中,托洛茨基同东部战线军委委员伊万·尼基季奇·斯米尔诺夫的关系是最接近、最密切的。他后来是这样描述这名军委委员的:"斯米尔诺夫是个最完满、最彻底的革命者,三十多年前他就加入了革命队伍,从不知道休息,也没有寻求过休息。在反动统治最黑暗的年代里,斯米尔诺夫坚持地下活动。当地下活动遭到破坏时,他从不灰心丧气,而是从头再来。伊万·尼基季奇永远是个责任感很强的人。在这一点上,革命者与优秀的士兵是很接近的,正因为如此,革命者可以成为一名杰出的士兵。"[2]他确实成了一名杰出的士兵,然后又成了苏维埃的大干部。的确,他同托洛茨基的亲密关系是人所共知的,所以在 1936 年因托洛茨基-季诺维也夫联合中心一案而被处决。

托洛茨基对军事干部的任职、提拔和调动起很大作用。最后,进入共和国革命军事委员会的基本上都是他提名的人。那么,在共和国革命军事委员会中同托洛茨基一起工作,在他身边的都有谁呢?成员是经常变动的,不过,举例来说,在斗争中的一个危急时刻,1919 年 4 月,革命军事委员会的

〔1〕 Троцкий Л. Соч. Т. XVII. Ч.1. С.525.

〔2〕 托洛茨基:《我的生平》,赵泓、田娟玉译,郑异凡校,上海人民出版社 2014 年版,第 356—357 页。

委员是埃·马·斯克良斯基、约·约·瓦采季斯、彼·阿·科博泽夫、谢·伊·阿拉洛夫、K. X. 达尼舍夫斯基、亚·米·阿尔特法特、康·亚·梅霍诺申、阿·巴·罗森霍尔茨、伊·尼·斯米尔诺夫、康·康·尤列涅夫、尼·伊·波德沃伊斯基、约·维·斯大林、阿·伊·奥库洛夫、弗·伊·涅夫斯基、弗·亚·安东诺夫-奥弗申柯。各条战线上组建的超过15个集团军,其成员是很庞杂的。如果说参谋长按惯例是由军事专家担任,则集团军革命军事委员会的委员往往是托洛茨基本人推荐的。这里有谢·伊·古谢夫、伊·阿·泰奥多罗维奇、帕·卡·施特恩贝格、И. С. 基契尔施泰因、O. M. 别尔津、阿·巴·罗森霍尔茨、亚·米·奥列霍夫、彼·巴·波泽尔恩、约·伊·霍多罗夫斯基、格·亚·索柯里尼柯夫、И. Э. 亚基尔、波·瓦·列格兰和其他共产党员。[1]几乎所有在国内战争中幸存下来的人,都和伊·尼·斯米尔诺夫一样,死于致命的20世纪30年代。个人档案中有任何同托洛茨基的姓名相关的记载,都是处死的罪证。

托洛茨基很快就同各条战线的司令、革命军事委员会的委员、集团军司令都建立了业务上的联系。但是由于他的性格,从未有过特别亲切的关系。也许大家都看重革命军事委员会主席的智慧、精力和政治上的坚定,可是又都感到:托洛茨基从不隐讳自己对他们智力上的优势。因此在军事领导干部中,他本人亲密的拥护者并不很多。这也可能是因为红军中军团和集群的指挥员不会看不出主席在军事上只是一知半解,所以他本人才很少发出战略和战役性的命令。

同时,托洛茨基几乎是无处不去的:他的列车跑遍了前方战线;对部队的供应问题毫不放松;在前线广泛使用军事委员而发挥的巨大作用使他得以处置局势。加之各条战线的领导人都认为托洛茨基是苏维埃共和国列宁之后的"二号人物",是一名大政治家和国务活动家,一个拥有巨大个人威望的人。因此共和国革命军事委员会主席、陆海军人民委员在政治战略,而不是军事战略方面发挥了极大作用。国内战争时期,他是苏维埃政权活生生的主要象征之一,是它的代表者和杰出的积极捍卫者。

托洛茨基从国内战争一开始,就同一些政治家"搞不好关系"。其中一个就是斯大林。1917年10月,托洛茨基还几乎不认识斯大林,几乎不曾和他有过接触,简直就没有察觉到这个十分努力地执行列宁、斯维尔德洛夫、

---

〔1〕　ЦГАСА, ф.33987, оп.1, д.573, л.111–114.

季诺维也夫和加米涅夫的指示和命令的高加索人。他不曾听过他的发言，不曾见过他的主动精神，可是看到这个人经常进入中央委员会，以及党和国家的其他最高机构。1918年5月末，约·维·斯大林和亚·加·施略普尼柯夫被任命为俄国南部粮食问题的总领导人，托洛茨基只是从人民委员会的决定中才得知的。后来，斯大林在担任民族事务人民委员时，成了南部战线军事委员会委员。不久托洛茨基就对斯大林多次越过他这名共和国革命军事委员会主席，就军事问题直接请示列宁的做法感到不快。有时斯大林简直就无视托洛茨基的命令。

列宁很快就对此有所察觉。我找到了他对斯大林无视革命军事委员会主席一事反应的"痕迹"，表现在一封电报里：

> 托洛茨基同志。如果你没有及时收到这一封，以及其他一切解密的电报，那就以我的名义给斯大林发密码电报：请将所有军事报告同时发给托洛茨基，否则可能误事。
>
> 列宁[1]

对列宁的一封必须援助高加索战线的电报，斯大林答复说："我不明白，为什么关注高加索战线的事首先落到我头上……据我所知，关注巩固高加索战线应当完全由其成员全都身体健康的共和国革命军事委员会，而不应由工作原本就繁重的斯大林负责。"[2]列宁的答复简练而坚定：

> 由西南战线加速向高加索战线调派增援部队一事由你负责。应当尽一切努力实施援助，而不是为部门的职权范围争吵。
>
> 列宁[3]

托洛茨基和斯大林之间的关系不止一次尖锐到双方都向最高层次的列宁求助。托洛茨基不能容忍民族事务人民委员的独立性和明显地瞧不起共和国革命军事委员会，况且斯大林一到前线，就会传来对于他的决定和结论

---

〔1〕 ЦГАСА，ф.33987，оп.3，д.46，л.301.

〔2〕 Директивы командования фронтов Красной Армии(1917—1922). М.，1978. Т. 2. С.790.

〔3〕 Директивы командования фронтов Красной Армии(1917—1922). М.，1978. Т. 2. С.410.

粗暴、任性和苛刻的抱怨。托洛茨基一再试图撤销斯大林的军事职务。

> 莫斯科。中央执行委员会主席。抄件送人民委员会主席列宁。
>
> 我坚决要求召回斯大林。察里津战线的形势不妙,尽管有充足的兵力。伏罗希洛夫有能力指挥一个团,但不是一个拥有 5 万士兵的集团军。可是我仍然保留了他察里津第十集团军司令的职务,条件是他必须服从南部司令瑟京(指南部战线司令帕·巴·瑟京——作者注)。迄今为止,察里津人连战报也不曾提供给科兹洛夫(托洛茨基的列车所在地——作者注)。我要求他们每日两次提供战报和侦查报告。如果这一要求明天还不能执行,我就将伏罗希洛夫和米宁交付法庭审判,并在向全军发布的命令中予以宣布……察里津(指集团军领导——作者注)必须要么服从,要么被撤职。我们的各个集团军都取得了成绩,除南部的,尤其是察里津的集团军之外,我们在察里津有巨大的兵力优势,可是在上层却完全是无政府主义。这件事我们可以在 24 小时内妥善处置,如果能得到你们断然而坚决的支持。至少这在我看来是唯一的出路。
>
> 托洛茨基[1]

列宁怎样对待托洛茨基的要求? 他作出怎样的反应? 他是一个明智而又洞察一切的人,他比其他人更早就察觉了斯大林和托洛茨基之间深刻的个人嫌恶。俄国革命的领袖对这个早在 1918 年就已经形成的冲突,采取了"以大局为重"的立场。当然,列宁作为一个实用主义者,不会对任何一方当面说出全部实情。不过他起初试图使他们和解。可以作证的是 1918 年 10 月 23 日列宁给托洛茨基的一封电报。列宁在电报中叙述了自己同斯大林谈话的内容,南部战线军事委员会委员对察里津局势的评价,以及他搞好与共和国革命军事委员会主席关系的愿望。电报末尾,列宁建议:

> 我将斯大林的全部讲话都告诉您,列夫·达维多维奇(原件如此——作者注),是想请您认真考虑这些话并作出回答,第一,您是否同意本人和斯大林当面解释清楚,为此他同意前来,第二,您是否认为有可能在某些具体的条件下,消除过去的摩擦,共同做好工作,而这是斯

---

[1]　ЦГАСА, ф.33987, оп.2, д.40, л.29.

大林所期望的。

至于我自己,我认为必须尽一切努力来处理好同斯大林合作共事。[1]

然而,列宁使几年之后被他称为"杰出领袖"的两个人之间的关系正常化的尝试并没有取得预期的结果。双方都自尊心太强,任性,爱面子,尽管国内战争时期两人之间的冲突基本上是由斯大林挑起的,他不执行命令,自作主张,而且公然无视革命军事委员会主席的指示、命令和指令。

整个战争期间,斯大林经常越过共和国革命军事委员会主席,直接向列宁请示。这就使已经出现的不愉快变得更加执拗。列宁看到了这一点,在一定程度上甚至同情托洛茨基,因为他明白,托洛茨基具有更大的创造潜能,影响力要广泛得多。

1920 年 7 月斯大林从前线给列宁写了一封信,实际上是提出了一个要求"或者同弗兰格尔达成真实的停火,从而可以从克里米亚前线腾出一两个师,或者放弃同弗兰格尔的一切谈判,不等弗兰格尔得到加强,现在就对他实施打击,击溃后,腾出力量用于波兰前线。目前的局势不能对克里木问题作出明确回答,让人难以忍受。"[2]

列宁直接在这封信上写下了给托洛茨基的批示,证明对他这名政治战略家和战友的巨大信任:"这显然是空想。要付出的牺牲不是太大了吗?我们将使无数的士兵丧失生命。应当反反复复地考虑和斟酌。我建议这样答复斯大林:'你进攻克里木的建议事关重大,我们必须深入了解情况,极慎重地加以考虑。请等待我们的答复。列宁 托洛茨基'。"[3]

得到托洛茨基的答复后,列宁再次注意到:革命军事委员会主席托洛茨基又对斯大林违反了军队中的等级服从制度表示不满。按托洛茨基的意见,这类向共和国革命军事委员会的建议应当由西南战线司令亚·伊·叶戈罗夫报告。列宁同意,在信上批示:"这里面大概有点任性。可是要尽快讨论,有哪些非常措施?"[4]

斯大林只在最不得已的时候才同托洛茨基交往。而且是官方的形式,没有个性的特色。而托洛茨基作为上级,也从不放过向斯大林就他担任革

---

〔1〕 Ленинский сборник(《列宁文集》).М.,1970. T. XXXVII. C.106.

〔2〕 ЦГАСА,ф.33987,оп.2,д.289,л.19-20.

〔3〕 《列宁全集》第 49 卷,中文第 2 版,第 398—399 页。

〔4〕 《列宁全集》第 49 卷,中文第 2 版,第 401 页。

命军事委员会委员的那条战线的部队中出现的问题发出指示的机会。下面就是一封这样的密码电报：

> 南部战线革命军事委员会。让谢列布里亚科夫或斯大林前来并要求立即解译密码，做出答复。
>
> 关于布琼尼军的材料让人不安。据皮达可夫的详细报告，布琼尼军的部队抢劫居民，在司令部里酗酒，这使该军有瓦解的危险，犹如马蒙托夫军的瓦解一样。在该军瓦解的基础上，也可能产生政治上的严重事态。因此，看来必须让伏罗希洛夫和夏登科特别关注此事，采取最严厉的措施，对军委委员们加以整顿，检查党的各个支部，追究某些在抢劫和酗酒中犯有过失的指挥员和军事委员的责任，在该军中建立相应的制度，挽救该军以免瓦解。或许应当将最涣散的部队调为预备队，予以整顿，否则一旦与马赫诺分子接触，骑兵部队就可能完全解体。请告知，你们采取了或准备采取哪些措施。
>
> 革命军事委员会主席托洛茨基[1]

我在档案中没有找到谢列布里亚科夫或斯大林的答复。不过，托洛茨基发出这样的密码电报显然不仅仅是因为关心部队的状态，而是要刺伤那个顽固地无视共和国革命军事委员会主席的权威和意志的居心不良的人，让他服从命令。

至于说托洛茨基同斯大林之间的原则分歧，那自然首先就是对待军事专家的态度。我们知道托洛茨基的立场，它是列宁式的。斯大林的态度则是绝对的不信任，怀疑他们搞背叛和阴谋。他有两次（一次从察里津，伙同伏罗希洛夫和米宁，一次从彼得格勒，和季诺维也夫一道）向中央提出要求修改对军事专家的政策，指责托洛茨基"纵容"叛变。在党的第八次代表大会上出现的"军事反对派"肇端于察里津，而在代表大会上斯大林是它的幕后鼓动者。在国内战争年代几百名无辜军事专家的辞世应当归咎于斯大林。在党内和国内建立了自己的专政制度后，他从 20 世纪 30 年代初开始，打着"清除'人民公敌'"的旗号，毫不留情地彻底将出自前军事专家的司令员和军事委员消灭殆尽。

---

〔1〕 ЦГАСА，ф.33987，оп.2，д.32，л.533.

革命军事委员会是一个领导总司令和共和国革命军事委员会野战司令部的战略行动的军事-政治机构。托洛茨基本人很少介入战役-战略问题,依靠约·约·瓦采季斯,后来是谢·谢·加米涅夫[1],以及其他军事专家。可是他密切地关注着前线的实际行动是否贯彻了俄共(布)的总路线、中央的指示和列宁的指令。从1918年秋季起,托洛茨基作为一名精力充沛而又严厉的组织者,就尽力使军事行动,尤其是战役和战略层面的军事行动,具有计划性。例如,根据他的指示,总司令瓦采季斯拟定了1918/1919年度秋冬季的作战计划。托洛茨基批准了瓦采季斯的战略构想,并报告了列宁。这个计划的实质是加强共和国的防卫能力,集聚战略预备队并彻底粉碎乌克兰、顿巴斯、高加索、乌拉尔和西伯利亚的国内外反革命势力。托洛茨基对这个计划,其后又对类似的计划作出了硬性的修改,然而档案文件使我们可以肯定,托洛茨基和在他领导下的共和国革命军事委员会的行动并不是自发产生的。革命领袖们要学习的不单单是管理十月革命唤起的社会和政治进程的艺术,还有组织保卫布尔什维克国家的艺术。

所以,就整体而言,托洛茨基在很大程度上是担任创建正规红军和保卫国家,然后又粉碎苏维埃政权的武装敌人的最高军事职务的最恰当人选。列宁还在世时,高尔基就曾回忆起列宁如何评价托洛茨基:"请问,您还能指出能够在不到一年之内建立起可以说是模范的军队,而且还赢得了军事专家的尊敬的另一个人来吗?我们有这样的人……"[2]托洛茨基努力向自己神奇的光辉历史靠拢。他的名声早已远远地跑在了往返奔驰于被白卫军的绞索紧紧缠绕着的俄国中部平原的几条战线之间的共和国革命军事委员会主席的著名铁甲列车的前面。

白 卫 运 动

1918年,马·茨维塔耶娃还在她去往西方之前,就写下了有预见性的

---

〔1〕 谢·谢·加米涅夫(1881—1936),军事活动家。1919—1924年任共和国武装力量总司令。

〔2〕 Русский современник(《俄国现代人》).Пг.,1923. C.243。

诗句：

> 白卫军——你的道路崇高；
>
> 面对黑色枪口的——胸膛和额头。
>
> 你白色的神圣事业，
>
> 你白色的躯体——被掩埋在沙丘。[1]

这些人在我们许多人眼中不过是反革命分子、"白卫分子"、"沙皇的军官"。我们很少看见其中的普通人，我们的同胞，他们在库班河上的"严冬行军"中或是在君士坦丁堡、贝尔格莱德、哈尔滨、上海的小客栈里结束了生命。革命后举着象征"合法的法律体制"的白色旗帜起义的俄国人，其遗骸如今不仅安放在圣-热涅维耶夫墓园里，而且分撒在全世界。

我们积累了国内战争的可怕经验，应当记住这一切，才能永远不再犯无法弥补的错误。1918年时，我们没能避免一场流血的悲剧。

国内战争中对立阵营的一面就是白卫运动。在我国的历史中，它并不被看重，尽管关于国内战争的著作写了许多。而在西方，当年出版过许多著作，其作者都是白卫运动的直接参加者：Н. А. 达尼洛夫将军、彼·尼·弗兰格尔将军、А. П. 鲍加耶夫斯基将军、А. С. 卢科姆斯基将军、Н. Н. 格洛温教授的四卷集，以及在同布尔什维克的斗争中的其他失败者。其中基础最雄厚的要算白卫运动的主要领导人物之一安东·伊万诺维奇·邓尼金将军的五卷著作。我们要仔细考察一下这个人物，因为我认为，在他身上最强烈地体现了白卫运动和国内自相残杀的悲剧。

不过，我想先回答困惑的读者可能提出的一个问题：为什么我要在一本谈论另一个阵营的领袖的书中专门谈谈白卫运动和它的一位领袖的命运？我想，如果不介绍那些反抗过布尔什维克的人，托洛茨基在国内战争的血腥杀戮中的肖像将是不完整的。这都是同胞，因为世界观致命的敌对而被分割开，却企图用暴力证明自己正确。历史证明了这种对抗毫无意义。

白卫运动的奠基者是米·瓦·阿列克谢耶夫将军、拉·格·科尔尼洛夫将军和阿·马·卡列金将军。

事情的缘起是这样的。1917年11月，阿列克谢耶夫向全国各地的军

---

[1] Русская мысль（《俄国思想》）.1922. Кн. VIII. С.243。

官、战士和一切不愿意接受"布尔什维克桎梏"的人发出呼吁,号召他们到打算建立志愿部队的新切尔卡斯克来。起初,响应号召的只有大约 200 名军官,他们好不容易从彼得格勒、莫斯科、基辅来到南方,被安置在棚户街的一家小军医院里。不久后,来自罗马尼亚前线的一队军官,由德罗兹多夫斯基上校率领,几经周折也来到这里。接着抵达的还有科尔尼洛夫的涅任突击团,在博加耶夫斯基、马尔科夫、埃德里、博罗夫斯基、卡扎诺维奇、皮萨列夫、纳扎罗夫、波克罗夫斯基、库杰波夫、费里莫诺夫、乌拉加将军和上校及其他军事领导人率领下的为数不多的几批人。起初,志愿军团不过只有4 000 人,邓尼金被委任为志愿兵师师长。

受到布尔什维克的打击,白卫军不得不后撤到库班河(第一次"严冬行军")。卡列金抑郁症发作,自杀身亡。行军中,科尔尼洛夫被一发炮弹命中而殉命。自 1918 年 4 月 13 日起邓尼金进入志愿军团的指挥部,很快就成了俄国南部白卫运动的领导人。

白卫分子的政治纲领是什么? 或许,从邓尼金 1918 年 11 月 1 日在库班拉达开幕典礼上的讲话能够看出。俄国南部部队司令专程从前线赶来参加大会,他宣称:"布尔什维主义应当受到镇压。俄国应当得到解放……不应当有志愿军团、顿河军团、库班军团、西伯利亚军团。应当是一支统一的俄国军队、统一的战线、统一的指挥,拥有充分的权力,仅仅向俄国人民负责,代表他未来合法的最高权力……"[1]

白卫军官都赞同的、邓尼金的主要思想就是"尽快恢复伟大的、统一的、不可分割的俄国"。很有意思的是,德国人眼下还占领着这个战火遍地的国家的乌克兰及其他一些州的时候,邓尼金却支持这个口号:"同德国人不和,也不战"。他认为,驱逐德国人的问题将在白卫运动站住脚跟之后才提上议事日程。

安·伊·邓尼金在米·瓦·阿列克谢耶夫将军逝世后,于 1918 年 10 月出任志愿军团总司令,他密切地关注着组成反对苏维埃政权的白卫统一战线。同在俄国东部自己的旗下聚集了大约 40 万兵力的海军上将亚·瓦·高尔察克、俄国西北方的尼·尼·尤登尼奇将军、北方的 E. K. 米勒将军建立了不稳定的作战关系。但是,大家知道,联合战线并没有搞成。1919

---

〔1〕 Головин Н. Н. Российская контрреволюция 1917—1918 гг[《俄国的反革命(1917—1918)》]. Париж, 1937. T. V. C.129, 131。

年 5 月,邓尼金违背自己的愿望,承认了高尔察克海军上将的领导地位,身份是"俄罗斯国家的最高统治者和俄罗斯军队的最高总司令"。作为回报,高尔察克当即委任邓尼金为自己在南部俄国的副职……尽管高尔察克在去世前不久发布过"最高统治者"最后几项命令,其中之一通告说,"提前解决将全俄罗斯最高统治权移交给南部俄罗斯武装力量总司令邓尼金中将的问题"[1],但邓尼金总司令的职务却并没有当多久。

在精神和道德方面,志愿军团究竟是什么情况? 邓尼金和白卫运动的其他将军对它如何评价? 反对红色部队的又是什么人?

"认为它是为了建立功勋而备受折磨,历尽苦难的那些人是正确的,"尼古拉皇家军事学院前教授 H. H. 格洛温写道,"而认为它是玷污了圣洁旗帜的污泥浊水的那些人也是真实的。"用邓尼金的说法,功勋和污泥浊水并存,英雄主义和残酷无情同在,同情和仇恨兼而有之。残酷无情总的说来笼罩着俄国广袤无垠的大地。最伟大,但大约又是最不幸的国家正经历着自己历史中又一个悲惨的时期。

邓尼金将国内战争的血腥屠场称为"俄国的乡村墓地",按他的说法,在这里无论是红军,还是白军都搞得血流遍地。"区别在于杀戮和折磨俄国人的方法,不过不变的是公开,并以胜利者的姿态张狂地宣扬的恐怖制度。在高加索,肃反工作人员用钝马刀在被判处死的人自己挖掘的墓穴上方砍人;在察里津,在驳船阴暗发臭的货舱里将人扼死……布尔什维克的恐怖活动摧残了多少生命,我们永远也不会知道了。"(不过,他自己当即说,根据"白色"委员会的资料,仅仅 1918—1919 年间,这个数字大约是 130 万人——作者注)但是,这名将军承认,"哥萨克和志愿部队的这股迎面扑来的施暴、抢劫和摧残犹太人的浪潮留下的是一片肮脏的污泥"。[2]据历史学家的估算,在自相残杀的血战中、在白色和红色的恐怖行动中、死于饥饿和疫病的,以及逃离祖国的,总计有 1 300 万我们的同胞。白卫将军写道,俄国的道德沦丧了。托洛茨基也承认那些年里道德急剧下降。不过他对此作出了几种解释:"在饥饿和投机倒把基础上的道德败坏到国内战争末期时确实是大大加剧了。所谓'倒卖商品'已经成了一种危及革命成败的社会灾难。"[3]

---

〔1〕 Архив русской революции. Т. X. С.183.

〔2〕 Деникин А. И. Очерки Русской смуты(《俄国动乱札记》).В 5 т. Берлин. Медный всадник. 1929.Т. V. С.136。

〔3〕 Архив ИНО ОГПУ, ф.17548, д.0292, т. II, л.208.

国内战争的隆隆炮声尚未沉寂下来,它的许多参加者就已经着手分析事态了。波·维·萨文柯夫称"俄国的旺代",即国内战争,是白卫分子为保存陈旧的、已经过时的,因而是没有前途的事物而进行的斗争。"赤色分子则发动,征用一切,白卫分子也这样做。无论是列宁、托洛茨基的名字,还是克里沃舍因和格林卡的名字都令人生厌。只要白卫分子的事业不能成为农民的事业,它就不可能取胜。谁能将反对布尔什维克的斗争转变成争取建立新的农民俄国的斗争,他就能战胜布尔什维克。"[1]萨文柯夫本人没能做到这一点。

今天,如果相信并同意,为了建立无论是白色的,还是红色的一种理念,就必须付出那么多的生命和鲜血,那会让人不寒而栗。一条致命的分界线将俄国分割了将近5年。各方(白卫分子、赤色分子、外国干涉者)都为这场血腥的对抗出了一份力。

志愿行动从一开始就具有在俄国这张大桌面上没有自己一席之地的那些阶级鲜明的反抗性质。为此很难责怪他们:因为革命的爆炸将他们置于最悲惨的境地,虽说二月革命时,大部分未来的志愿者即便不是欣欣鼓舞地,至少也是满怀希望地接受了它。但是迎面扑来的一场动乱(无法无天、暴力和命运难卜)让许多人清醒了。

起初,这支军队是怎么回事呢? 它是一个五花八门拼凑而成的联合体:卡尔尼洛夫团、格奥尔基团、三个军官营、一个士官生营、罗斯托夫大学生团、两个炮兵营……不过,在顿河和库班的哥萨克村镇里得到加强,不断获得人力和物资的补充,其中包括沙俄的前盟国的支持后,邓尼金玩起了一场巨大的赌博……他的军队已经有好几万兵力了。

德国发生十一月革命后,莫斯科废除了用列宁的话来说"屈辱的"布列斯特和约,于是德国人从俄国南部退出去了。可是,现在手脚被松绑了的不仅有布尔什维克政府,让它获得了喘息的时间,而且还有决定帮助白卫运动,结束"俄国动乱"的协约国。在那几个月里,一个前庞大帝国的领土就像一个被掀翻了的蚂蚁窝,其中不停地出现,又湮灭了各种政党和政府,谁也不知道明天会发生什么事情,生活汹涌着,冲破了法律的框架(旧法律被废除了,新法律则无人知道),千百万惶惶然不知所措,精神颓废,往往是暴躁而气恼的人打算要么支持红色,要么支持白色,或者试图离开祖国,在迫在

────────────

〔1〕 Савинков Б. В. Накануне новой революции(《新革命的前夜》).С.24。

眉睫的袭击中保住性命。

这时，叶卡捷琳诺达尔白卫运动的领袖邓尼金没有浪费时间。当"俄罗斯最高统治者"高尔察克一再被击败，最终以他的殒命而结束时，邓尼金却取得了巨大的胜利。难怪1919年12月7日，在工人、农民、红军战士和劳动哥萨克代表苏维埃第七次全俄代表大会上作报告时，托洛茨基会宣称："毫无疑问，对我们来说，邓尼金要比高尔察克危险得多。"高尔察克"命悬在西伯利亚大铁路这一根纤细的绳子上"，而邓尼金用骑兵的散兵线横扫了俄国大地。[1]1919年的夏季和秋季是俄罗斯南部武装力量总司令取得最大成绩的时期。1919年6月末，他的部队占领了察里津，他发出指示，要求三个主力军团"攻占俄国的心脏莫斯科……"邓尼金的军队战胜了稀稀拉拉的红军队伍凌乱的抵抗，迅速向首都推进。总司令外表装得很平静，却满心欢喜地读着骑兵军长马蒙托夫的报告，他的部队用勇猛的奔袭突破了敌方防线，冲到了遥远的北方。

1919年10月，邓尼金司令部里人人都感到，他们的期盼很快就可以实现。剩下的只有区区200俄里……沃罗涅日、奥勒尔已经攻占，图拉眼看着就要被拿下……

在没有了高尔察克的时候，谁能成为俄国的"最高统治者"？在这种情况下，不言而喻，大家都盯着胜利者……

邓尼金早就成立了日后改组为政府的"特别会议"。邓尼金陶醉于指日可待的胜利，却未能察觉到，布尔什维克的领导改编了自己的力量，组建了骑兵的大部队，准备实施强大的反攻。

1919年7月29日，托洛茨基在奔萨党的干部会上讲话时，正确地指出："南方的撤退是由于邓尼金的兵力比我们多。现在不同了，我们的兵力多于邓尼金。邓尼金没有后备军，而我们的后备军数不甚数。我们的骑兵比敌方多，因为我们用最紧张的速度组建了骑兵……邓尼金做得太过分了。他占了一大片土地，本应当建立政权来保护这片土地，可是整个俄国分裂成了两个阵营，因此邓尼金不得不号召那些旧地主、前省长和地方自治官吏来支持政权……这恰恰是反对邓尼金的再好不过的宣传……要想巩固拉得很长的战线，邓尼金仅仅依靠骑兵是不够的，于是他只好强制动员工人和农民，这样就为瓦解他自己的军队创造了条件。我想，秋天我们就能给邓尼金沉

---

〔1〕 Троцкий Л. Соч. Т. XVII. Ч.2. С.349.

重的打击。"〔1〕不能不说,托洛茨基在公开讲话中作出的分析和预测是准确的。

A. C.鲁科姆斯基将军后来在柏林回忆说,谁也没有注意到邓尼金军队的后方不满情绪在增长。他写道:"抢劫和强行征用、返回的旧主人的胡作非为、最贫困阶层的生活条件日益恶化都在侵蚀着邓尼金的后方。"关于"军需自筹"的命令促使各部队纷纷追求"军事缴获"。根据侦查部门的报告,托洛茨基也知道,邓尼金的局面并不稳固。1919 年 6 月末,托洛茨基在沃罗涅日写道:"正在从南面推进的邓尼金匪帮已经不是英法军队的前锋了,不是的,这是现时反革命势力能够用来反对我们的全部军队了。邓尼金背后什么也没有了,除了敌视他的后方之外。"〔2〕小市民心惊胆战地看着"救世主",而他们往往更像一些普通的强盗兵。志愿军的部队在辽阔的战线上被拉得很长,抵抗不住好几个红军师的强大打击。邓尼金的队伍朝南撤退的速度比他们进攻莫斯科的速度要快得多。总司令坐立不安,一再发出命令,向受威胁最严重的方向派去最后的预备队,号召保持军官的荣誉——这一切都不过是枉费心机……

1919 年末,红军已经占领罗斯托夫、新切尔卡斯克,逼近新罗西斯克。在失去罗斯托夫前不久,邓尼金感到白卫运动不会宽恕他这次失败(唉! 一切失败都必须有过失者,通常最高领导者就是这样的人),准备了一份类似政治遗嘱的《给特别会议的训示》。邓尼金口授了 11 条。由于文件冗长,以下我只是列举"训示"的一些思想:

统一的、伟大的、不可分割的俄国。保卫信仰。建立秩序。同布尔什维主义斗争到底。军事专政。严惩一切对抗政权的行为,无论来自左方或右方。治国形式问题是将来的事情。俄国人民建立最高政权时,不得有压力和强制。对外政策只能是俄国民族的。争取援助不得付出一寸一分俄国土地。关心全体居民,不得有差别。制止反对国家的行为,不惜采用极端措施。对赞同的舆论给予帮助,对不同意的给予宽容,对破坏性的给予消灭。严厉的惩罚只能经过司法局……〔3〕

邓尼金的《训示》在不小程度上反映了很大一部分人的情绪,不仅有被

〔1〕 Троцкий Л. Соч. Т. XVII. Ч.2. С.196-197.

〔2〕 Троцкий Л. Соч. Т. XVII. Ч.2. С.189.

〔3〕 Воспоминания генерала А. С. Лукомского(《鲁科姆斯基将军回忆录》).Берлин: Книгоиздательство «Отто Кирхнер и Ко», 1922. С.165-167。

苏维埃政权搞成了"前任"的那些人,而且有忐忑不安地注视着伟大震荡后果的俄国政治势力中的自由民主派。

邓尼金在自己的五卷回忆录里谈的正是这个主题。俄国国内战争的隆隆炮声还没有最后沉寂下来时,1921 年秋季,邓尼金就在布鲁塞尔"决定出版自己的札记,尽管在逃亡的环境中有种种困难,工作条件也不充分,没有档案,没有材料,也不可能同事件的参与者直接交流"。昨天的武装力量总司令在《札记》的序言中写道:

"在俄国大动乱的血腥雾霭中,许多人死去了,历史事态的真实轮廓也被掩盖了……在布尔什维主义被推翻后,俄国人民为复兴自己的精神和物质力量要进行巨大的工作,同时他还要面对祖国历史上从未见过的尖锐问题:保持它大国的地位。因为在俄国境外,已经响起了掘墓人铁锨的嚓嚓声……他们等不来那一天的。俄国人民将从血腥、污浊、精神和身体的贫困中,强有力地,理性地站立起来。"[1]

在写下这几行文字之前仅仅一年半,邓尼金经历了他个人的种种希望和追逐功名计划的彻底破灭。将军眼前还浮现着挤满了军队的新罗西斯克,不断涌来的是在红军打击下后撤的部队。当时新罗西斯克的警备司令库杰波夫将军向邓尼金报告说,他精神崩溃了的部队支持不了一昼夜。必须当天就退出……邓尼金永远不会忘记,在超载船只舷梯边的推搡中他的"志愿兵"是怎样死去的,对于在船上获得一处栖身之地绝望了的军官们是如何开枪自尽的,面临死亡的威胁时,卑劣的感情是如何复苏的。这是绝境。他回忆说,"面对悬在头顶上的危险,种种兽性的情感迸发出来了,赤裸裸的欲望扼杀了良心,于是人和人全都成了死敌……"邓尼金和他的参谋长罗曼诺夫斯基将军在最后一批中登上了萨肯大尉号驱逐舰。

得以渡海来到克里木的大约有 40 000 名士兵。邓尼金试图改编部队,恢复精神颓废部队的战斗力,但是,对总司令的不满情绪迅速增长着。几乎打到了莫斯科城下,现在却流落到这座半岛上,失败的命运不可避免——对这一切总该有什么人来负责吧。俄国的优秀军官一贯认为军人的荣誉高于一切。当军事委员会对他表示了不信任后,邓尼金没有犹豫,提笔给军事委员会主席亚·米·德拉戈米罗夫将军写了一封信。

---

[1] Деникин А. И. Очерки Русской Смуты. Т. I. С.1.

深受尊敬的亚布拉姆·米哈伊洛维奇!

俄国大动乱的三年,我都在进行斗争,为之付出了精力,承接了政权,视其为命运赐给我的一副沉重的十字架。上帝没有眷顾我领导的部队,让它获得成功。虽然我对军队的生命力及其历史使命并没有丧失信心,但是领袖和军队之间的内在联系被割断了。我不能继续率领军队了……

尊敬您的亚·邓尼金

邓尼金在他最后一份命令中任命彼·尼·弗兰格尔中将为俄国南部武装力量总司令。命令的第二和最后一段说:"我向同我一起忠诚地经历了惨烈斗争的所有人深深地鞠躬致敬。愿上帝赐给军队胜利,拯救俄国。"〔1〕

1920年3月22日晚,邓尼金乘英国驱逐舰永远离开了故土。

邓尼金至死都是布尔什维主义和十月革命的顽固敌人,他不明白,准备了革命的与其说是"社会主义者",不如说是将一个庞然大国拖入毫无意义的战争的沙皇制度本身。正是这场战争使人民疲惫到了极限,给革命提供了难以置信的机遇。二月革命"未能成功",因为它虽然宣布了自由,却没有向人民提供土地及和平。十月革命考虑到了这一点,实际上剥夺了"赏赐的"自由,却给了人们和平及土地。然而没有了自由,土地及和平的价值就完全不同了……邓尼金不明白这个大悖论,将俄国的悲剧及其"动乱时期"仅仅说成是由于克伦斯基的纵容和布尔什维克的奸诈……

白卫运动的挣扎还持续了很久。邓尼金认真地注视着它的变化。他得知,1921年和1924年中央执行委员会对普通人员的两个特赦法令颁布后,不少士兵回国了。那些不能忍受去国之痛的军官也回国了,等待他们的却是悲惨的命运。例如,1921年末,志愿回到苏维埃俄国的有前克里木军司令斯拉舍夫中将、炮兵监察官米尔科夫斯基少将、基尔比赫上校、米泽尔尼茨基上校、沃伊纳霍夫斯基大尉。在经托洛茨基校订并签署、供报刊使用的通报中说:"如果有人企图利用劳动者政权的宽宏大量来反对苏维埃共和国,将严惩不贷……苏维埃共和国必须保持警惕性……"〔2〕是的,其他的不知道,警惕性可是绰绰有余。

---

〔1〕 Деникин А. И. Очерки Русской Смуты. T. V. C.357-358.
〔2〕 ЦГАСА, ф.33987, оп.1, д.475, л.350-354.

20 世纪 30 年代,在恐怖的大清洗时期,回国的俄国军官中最后的一些人也都被清洗干净了。不过在国外仍然有许多经历过志愿行动的人。1925 年,弗兰格尔的"俄罗斯委员会"做过统计,认为在德国、法国、南斯拉夫、希腊、土耳其、中国、拉脱维亚、捷克斯洛伐克和保加利亚的俄国难民中,可以"扛枪的"还有 115.8 万人。[1]据工农红军侦查局获得的一份文件中说,他们大家都认为自己对"白卫思想"是忠诚的。这大约是夸大其词了。不过,前"志愿者"的"俄罗斯军人总联盟",以及各种联合会和委员会都长期存在过,他们还出版过反映域外复杂生活的报纸和杂志。

大部分被迫离开祖国的"志愿者"的命运是极其艰辛而且往往是悲惨的。尽管这些远离祖国的俄国人保留着固执的反共观点,但他们并没有将祖国和制度等同起来。20 世纪 30 年代后期,第二次世界大战的乌云日益浓重,许多流亡者开始明白,德国和西方的民主制度企图牺牲苏联,来解决它们之间的尖锐矛盾。根据帕·尼·米留可夫的建议,在巴黎出现了建立所谓"护国运动"的倡议小组,其成员有:阿列克谢耶夫、格列科夫、列别杰夫、皮里彭科、斯洛尼姆、西林斯基、彼得罗夫。邓尼金也支持他们。这个运动的宗旨是"联合侨民,尽可能促进保卫俄国的事业"。可是,莫斯科不能理解自己前同胞的爱国主义激情。工农红军侦查局局长、军级司令员莫·索·乌里茨基在给最高领导的报告上加了附注:"该运动可视为侨民中出现分化的因素……"[2]在希特勒入侵的动乱年代,只有个别人为法西斯主义服务:П. Н. 克拉斯诺夫、А. Г. 施库罗、М. В. 韩任……

国内战争中遭遇失败的邓尼金,在《札记》中力求证明"白卫事业"的正确性,几乎完全忽略了俄国"社会纷争"的深层次原因。可是,将军-作家有勇气承认君主专制制度是永远也不可能回来了,而俄国在不久的将来必然出现民主制。很有意思的是他说,"革命不能解决俄国的众多问题。需要的是进化……"邓尼金说出了进步思想家早就在宣扬的思想:经过改革较之通过革命的爆炸可以取得不可估量的成就。

无论我们怎样看待邓尼金,我们都不能不承认,他是俄国的一个了不起的爱国者,可是并不是托洛茨基对之崇拜得五体投地的、"被革命激励得昂首挺胸"的俄国,而是那个受到"前任们"推崇的、永恒的,并非转瞬即逝的俄

〔1〕 ЦГАСА, ф.33987, оп.2, д.682, л.57-59.

〔2〕 ЦГАСА, ф.33987, оп.3, д.864, л.408-410.

国。许多年来,他们朝思暮想的就是那个俄国,那个过去的、永远离去了的俄国。是的,并非所有的人都这样想。尼古拉·亚历山德罗维奇·别尔嘉耶夫在他的著作《自省》中这样说:"我不相信白卫运动,对它也没有好感……我仅仅是指望从内心里战胜布尔什维主义。俄国人民将自己解放自己。"[1]白卫运动在我们看来不过是抛弃布尔什维克的十月,而投向资产阶级的二月的一次不成功的尝试。

在异国他乡去世的这名俄国将军,他最后的话是:"唉!我永远也见不到被拯救过来的俄国了……"

在几条战线中挣扎

1919年6月2日,在托洛茨基的列车上出版的报纸《路途报》刊登了一篇共和国革命军事委员会主席的文章《九级浪》。其中写道:"我们正在经历的是反革命势力的一次九级大浪。它在西部和南部战线上挤压我们。它威胁着彼得格勒。不过我们坚信:反革命现在搜罗到的是它最后的力量,投入战斗的是它最后的预备队。这是它最后一个九级大浪。"[2]托洛茨基承认,由于"英法强盗用杀人武器武装俄国的反革命……后者在最近一年内大大加强了"。但是托洛茨基一如既往,依然不屈不挠:"我们现在确切地知道:既然我们对付得了高尔察克和邓尼金,我们就同样能够保证苏维埃共和国完全不受侵犯,并且强有力地推动欧洲和世界革命。反革命势力手中没有,而且也不会拥有比邓尼金、高尔察克、爱沙尼亚白卫分子和芬兰白卫分子用来反抗我们的,更多的力量了。在南方战线,在东方,在彼得格勒城下,俄国的,还有和它一起的世界反革命势力将自己的命运整个都押上了。"[3]托洛茨基没有说,不仅反革命,而且革命也"押上了"自己的命运。我们知道,在国内战争的年代里,托洛茨基在自己的列车上奔驰过多少公里,写过多少文

---

〔1〕 Бердяев Н. Самопознание(《自省》).Париж, 1949. С.269。

〔2〕 Троцкий Л. Соч. Т. XVII. Ч.2. С.182.

〔3〕 Троцкий Л. Соч. Т. XVII. Ч.2. С.184.

章、命令、传单,多少次对部队、被动员起来的农民、内河舰队做过演讲,我们只能感到惊奇:一个人怎么会有这么多的精力? 能够这样做的只有将自己的整个命运毫无保留地"押在了"革命身上的人。而且,这样做不仅是在"九级大浪"扑过来,几乎淹没了年轻共和国的时候,并且是在大浪还在逼近的时候。

托洛茨基在前线表现如何? 为什么他的名声不断增长? 怎样解释他一旦到达,就能够提高部队的士气? 我想,只消读一读《东部战线第四集团军司令部副官关于 1918 年 9 月军事人民委员列·达·托洛茨基造访部队的笔记》,许多问题就清楚了。

司令部副官长萨文(笔记中没有留下名字和父名的缩写)详尽无遗地描述了迎接托洛茨基和他在部队的活动,这有助于了解人民委员的工作作风、他名声远扬的原因、影响群众的方法、造访部队的政治和军事效果。对在档案馆中找到的《笔记》,我引用时做了许多删节,不过尽量保持司令部副官长萨文的语言和书写法。

9 月 16 日夜间,集团军司令部收到来自托洛茨基列车的通知,说他明天,即 9 月 17 日,将抵达萨拉托夫,并询问了赫瓦伦斯克城下我军的情况,以及该城是否已被占领。

集团军临时司令员赫维辛……及(第四集团军——作者注)军委员林多夫乘轮船从波克罗夫斯克出发,前往萨拉托夫,径直去客运车站迎接托洛茨基同志。早晨 9 时 37 分,在管乐队演奏的人民赞歌声中,托洛茨基的列车抵达萨拉托夫。月台上卫戍部队已经列队等候。托洛茨基同志走出车厢,迎接他的是雷鸣般的欢呼声:乌拉! ……来迎接的人作了自我介绍;托洛茨基巡视了队列,对大家的欢迎表示感谢(地方执行委员会的代表没有来)。

……一行人乘汽车前往码头。乘船离去的有托洛茨基同志、赫维辛、第四集团军军委委员林多夫、副官长萨文、萨拉托夫执行委员会主席茹科夫、两名卫士和托洛茨基同志的两名秘书。12 时 15 分,轮船抵达波克罗夫斯克……码头上仅仪仗队排成夹道欢迎。参谋长布尔加科夫向托洛茨基报告。在司令部里,托洛茨基巡视了各科。集团军司令报告了情况(指出供应很差)。托洛茨基当即下令改善对部队的供应。在司令部停留了1小时45分钟。然后去码头。码头上以"马赛曲"欢迎。托洛茨基在船上发表了讲话。回答他的是齐声高呼"乌拉"。

然后托洛茨基离开，前往沃利斯克。那里也用人民赞歌欢迎他。托洛茨基讲了话。希望尽快拿下萨马拉。回答的是齐声高呼"乌拉"。来到巴拉科沃。又讲了话。感谢大家的欢迎。部队再次夹道欢送。从汽车里讲了话。命令给每个参加欢迎的红军战士发一个月的工资（250卢布），作为他的礼物。抵达赫瓦伦斯克。部队再次夹道欢迎。托洛茨基讲了话。去往前线沃利斯克师（波波夫卡村）。国际团列队欢迎。托洛茨基用俄语，林多夫用德语讲了话。

托洛茨基的指示：

1. 师长加夫里洛夫松松垮垮，像一名不守纪律的士兵。

2. 各团驻地没有宿营警戒。

3. 国际团集合缓慢——必须有试验"警报"。

4. 通讯情况很差。

5. 各部队有许多擅自行事之处，不执行司令部的命令。

6. 各司令部距离部队太远。

7. 部队需要汽车和冬季服装。

但就整体而论，沃利斯克师革命精神和自觉纪律很坚强，没有松松散散的部队。

沿伏尔加河顺流而下，抵达波克罗夫斯克（9月19日晨9时）托洛茨基用直达电报同阿尔扎马斯通了话。1时45分，托洛茨基同赫维辛和林多夫抵达萨拉托夫。托洛茨基在人民大厦群众大会上讲了话。听取了军事首长沙尔斯科夫的报告。在省军事委员会解决了供应问题。然后前往尼古拉耶夫斯克（9月20日上午11时15分抵达）。仪仗队。夹道欢迎。"乌拉"。

决定建立另一个师，称尼古拉耶夫斯克第二师，任命恰巴耶夫为师长。第一旅旅长恰巴耶夫倔强地不同意接任第二师的指挥职务："习惯了。处熟了。"人们说："应当说，恰巴耶夫同志是一只草原上的雄鹰，他从战线建立时起，就完全用游击队的办法进行活动。"不服从司令部的命令。有过这样的事情：恰巴耶夫率领着他的小队走掉了，失踪了。过几天他又回来了，带着战利品和俘虏。据目击者说，恰巴耶夫所到之处的居民都被吓坏了。许多人都知道他的残酷无情。他是一个传奇人物。托洛茨基说服了他。

晚上在剧院的群众大会上讲了话。在拉耶夫斯克村给每个战士发了250卢布。号召他们："前进，向萨马拉前进！"。给优秀者还发了烟盒。

在博戈罗茨克村，团里传说有逃兵。他们被找出来了。托洛茨基同志当即下令，24小时内组成军事法庭，并将逃兵交付审判："被揭发临阵脱逃的人，一律就地枪决"。第三、四两团在村外列队。全体人员都穿着五花八门的衣裳，有一个人甚至戴着高筒礼帽。还有老头儿。

"怎么样，想打仗吗？"托洛茨基问一个人。

"对呀，我想！"

托洛茨基讲了话，发出了号召："向萨马拉前进！"讲到一团和二团的逃兵，讲到今天就将处决！

问到了战斗中表现突出的人。回答说有20个人。让他们出列。可是礼品只有18份。托洛茨基摘下自己的手表，送给了一名红军战士；而将自己的勃朗宁手枪送给了最后一名战士。命令给每个人发250卢布。人们高呼"乌拉"。一天内乘汽车跑了200俄里。

谈了自己的意见：该师很稳定，有攻占萨马拉的愿望。不过执行命令的情况不好。恰巴耶夫说：我不信任司令部，也不想承认它的文件……

托洛茨基同志出行期间始终有一名摄影记者和一名纪录片的摄制者，他们记录了出行的重要场景和俄罗斯苏维埃共和国很有意思的人物，这将成为世界各国的政治范例，看戴着资本主义镣铐的无产阶级是怎样斗争的。

副官长萨文
1918年9月22日萨马拉省波克罗夫斯克村[1]

我希望，读者会带着好奇心和兴趣感阅读有相当文化水平的副官长萨文的笔记。这份文件在许多方面都是引人注目的。乍看起来，托洛茨基如此绘声绘色地展示自己可以被视为沽名钓誉，招摇过市。有人会说，一个像

---

〔1〕　ЦПА ИМЛ, ф.325, оп.1, д.12, л.1-10.

托洛茨基这样的聪明人,怎么能容许别人像接待王室成员那样接待自己? 他是否仅仅出于狂妄的自尊心和过分的虚荣心呢? 我想,不仅仅是这种原因。托洛茨基是希望利用一切机会来强调新的中央政权的重要性、共和国最高军事司令部的重要性,以及对革命必将取胜的信心。

每一次在部队中和阵地上的停留,托洛茨基都用于同红军战士的交往。他简短的(每次 20—30 分钟)讲话都是对战士的教育并向听众提出具体的军事-政治目标("向萨马拉前进!")。昨天的农民今天手握枪支,他们不仅认为托洛茨基是"首长",而且是新政权最高的代表者之一。萨文的笔记表明,托洛茨基是一个不错的心理学家:革命军事委员会主席将所有的银质烟盒(其实都是从沙皇的仓库里没收的)都分送出去了,在还缺两份礼品时,很快就找到了摆脱尴尬的出路:摘下自己的手表,取出枪套中的手枪,分别送给了最后两名表现突出的战士。事情不仅限于爆发出的一阵欢呼,而且在于将要从伏尔加河畔博戈罗茨克村口流传出去的议论,它将传遍前线各个部队,而且不断增添新的细节。神话就是这样诞生的……

托洛茨基是使事务通俗化的高手,他懂得知名度的价值,也明白名望能让他对那些粗通文墨的红军战士的讲话增值十倍。他发钱(大约只够买一瓶家酿的烧酒和一包马合烟)时漂亮的手势同时也表现出一些商贩的,而远非革命的味道……但是托洛茨基知道,他面对的是农民,是贫农,他们知道劳动所得的每一个戈比有多大价值。萨文的笔记是坦率的,秉笔直书的。关于枪决的命令(既然托洛茨基本人已经下了命令:"被揭发的逃兵就地枪决!"那还有军事法庭什么事呢?)说得也同分送银烟盒,以及托洛茨基关于改善供应问题的指示一样通俗易懂。这就是说,并不仅仅是战争,而且以布尔什维克的领袖们为代表的新政权都在教会人们使用暴力和镇压。

托洛茨基越来越认真地从历史的镜子里审视自己。我想,布尔什维克的领导人中,还没有人想到要随身带着两名秘书,而最重要的是还有"摄影记者和纪录片的摄制者",他们当然应该为后世永远记录下人民委员的形象。

托洛茨基还在世时,就有人试图将他描绘成"伟大的统帅"。不过大家都知道,他不仅不是统帅,而且连一个中等的军事专家都算不上。对军事问题只是一知半解。工人运动的一名积极分子、芝加哥的亚瑟·布里兹本试图将托洛茨基描写成"最伟大的统帅之一"(进入最优秀的十强),一位女士

Ж.阿兰给他回了信,并抄送给托洛茨基。她公正地指出:"俄国的国内战争,从双方来说,主要都是旧军官打的。而托洛茨基是一个鼓动者,但不是统帅。"〔1〕革命军事委员会主席在自己的文件中保存了这份对自己并不光彩,但却公平的评价。

托洛茨基领导着背负保卫苏维埃共和国这副重担的部门,每天都要处理许多事情。他的决定对于那些没有执行他的指令和命令的人而言,都是简练、刚毅而且毫不留情的。托洛茨基的所有命令都带有一个拥护布尔什维克领导路线的政治家的印记。革命军事委员会主席对民族之间的冲突反应特别强烈。当他获得报告,说巴什基尔出现了红军部队抢掠当地居民的一些事件,他立即通过直达电报,用威严的命令作了回答。

<blockquote>

辛比尔斯克,革命军事委员会

抄件送萨兰斯克巴什基尔革命委员会

看来,不容争辩的材料证实了东部战线的一些部队对待巴什基尔居民和已经转而支持苏维埃政权的巴什基尔部队的罪恶的、野蛮的态度。而且事情至今仍仅仅限于口头训诫。我认为,对巴什基尔人民犯有可耻暴力行为的人,都应当受到严厉的、示范性的惩处。已采取的措施和惩罚向我报告。

1919 年 7 月 3 日

革命军事委员会主席托洛茨基〔2〕

</blockquote>

因为不执行命令而以镇压相威胁是人民委员托洛茨基的领导风格。1918 年 11 月托洛茨基给第九集团军军事委员会电报,抄件送列宁和斯维尔德洛夫,其中说:"应当用铁腕迫使师长和团长不惜一切代价转入进攻。如果局面在最近一周内不能改变,我将不得不对第九集团军的指挥人员采取严厉的镇压措施……我要求 12 月 1 日将没有执行作战命令的所有部队的准确名单报来。"〔3〕

革命指望用"铁腕"迫使所有公民支持布尔什维克的秩序。认为夺得了

---

〔1〕 ЦГАСА, ф.33987, оп.1, д.475, л.178.

〔2〕 ЦГАСА, ф.33987, оп.1, д.195, л.73.

〔3〕 ЦГАСА, ф.33987, оп.2, д.41, л.5.

政权的人就可以决定千百万人的命运,这种最深刻的谬误长出了幼苗。从这方面说,托洛茨基是一个极端、激进措施的支持者。

还有,哥萨克阶层对新政权是什么态度?哥萨克阶层由于自己的特殊地位,对苏维埃自然是怀着戒心的。很大一部分哥萨克支持邓尼金。苏维埃政权对哥萨克阶层的恐怖政策也起了助推作用。苏维埃政权认为哥萨克阶层是"反革命的社会基础"。中央有过"完全、迅速、坚决消灭作为特殊经济群体的哥萨克阶层,破坏其经济基础,从肉体上消灭哥萨克的官员和军官阶层,以及哥萨克阶层的全部上层"的直接指示。[1]

根据这类指示的精神,开展了"清除哥萨克行动"。作为它的回声是哥萨克暴动。这是那些有作战能力的人,因为在俄罗斯帝国中他们曾被赋予保卫祖国的特殊任务。列宁要求采取最迅速而毫不留情的措施来消灭苏维埃军队后方的暴动。托洛茨基发布了专门的命令:"毫无信义的背叛者和卖国者的巢穴必须彻底摧毁。杀人凶手必须处决,对胆敢抵抗的村镇不得有丝毫怜悯。宽恕只给予那些自愿交出武器并转投我方的人……几天之内,你们必须将顿河地区反叛的污迹清除干净……"[2]

采取的措施达到了"平息"的目的。在清除哥萨克阶层的社会恐怖浪潮中,造成了与托洛茨基有直接关系的"米罗诺夫案件"。

菲利普·库兹米奇·米罗诺夫自愿站在红军一边,被任命为顿河哥萨克骑兵军司令,作战勇敢。他会见过列宁,指望就哥萨克阶层的需求获得党内当权人士的理解。可是,在顿河地区开始了布尔什维克的镇压行动后,米罗诺夫坚决抵抗。特别是1919年6月,他给"托洛茨基公民、列宁公民、加里宁公民"发了一封电报,其中报告了军事委员们和特科的胡作非为。密码电报中说,当"从一个12口之家的农民那儿没收了他的公牛时,他反抗了,当即被枪杀"。米罗诺夫举出了例子,特科在莫罗佐沃枪杀了67个人。他指出,军事法庭的一名主席科姆拉科夫的所作所为"令人发指"。有意思的是,这封致列宁和托洛茨基的电报,经斯克良斯基的秘书处解密之后,转给了全俄肃反委员会的特科[3]……而在特科,军长米罗诺夫早已被视为"巧妙伪装的敌人"。骑兵军的组建尚未完成,米罗诺夫就不顾南部战线军事委

---

〔1〕 ЦПА ИМЛ, ф.17, оп.65, д.34, л.163-165.

〔2〕 ЦГАСА, ф.100, оп.3, д.192, л.277.

〔3〕 ЦГАСА, ф.33987, оп.3, д.2, л.11-12.

员会的命令,擅自率领哥萨克去往前线,同邓尼金作战。米罗诺夫在呼吁书中声称,他是"去同邓尼金和资产阶级进行严峻的斗争",号召俄国人民"将全部权力、全部土地、所有工厂都抓在自己手中"。有一份呼吁书中说:"打倒专制制度、军事委员,以及断送了革命的共产党员的官僚主义……"[1]这就被判定为旨在"发动反对苏维埃政权的暴动"的反革命擅自行动。1919年9月,米罗诺夫根据托洛茨基通过斯米尔加转达的命令被逮捕,并交付军事法庭。[2]还在拘押"反叛者"之前,托洛茨基就在自己的列车上发出了一份传单,标题是"米罗诺夫上校"。革命军事委员会主席在传单中承认,"红军在向顿河推进时,苏维埃的个别代表和最差的红军部队无疑曾经在不同地点对当地的哥萨克居民有过不公正,甚至是残酷的行动"。但是,托洛茨基接下去却指责米罗诺夫企图当上"顿河派任的阿达曼"[3],而目前,"米罗诺夫是在帮助邓尼金"。最后两行文字是用经典的国内战争语言写成的:"历史将给米罗诺夫的坟墓钉上一个短木桩,作为一个遭众人唾弃的冒险分子和可怜的背叛者罪有应得的墓碑,让他再也不能兴妖作怪。"[4]这里托洛茨基显然太过分了。

　　1919年10月初,军事法庭判处米罗诺夫及其同伙枪决。但是,俄共(布)中央委员会于1919年10月23日撤销了判决。过了差不多10个月后,即1920年9月,原死刑犯被任命为骑兵第二集团军司令。这支部队在粉碎弗兰格尔时表现突出。1920年11月25日,米罗诺夫被授予当时最高的战斗奖励:荣誉革命武器(一把刀柄镀金的军刀和一枚红旗勋章)。1921年1月,米罗诺夫接受了新任命:工农红军骑兵部队总监,前往莫斯科。插一句,米罗诺夫被授予的荣誉革命武器和被任命为骑兵最高职务都是布琼尼垂涎三尺的,只是许久之后他才得到。这表明,托洛茨基改正了自己对米罗诺夫的态度。

　　不过大家知道,米罗诺夫在公开讲话中并不"怜惜"托洛茨基,表示对他不信任。有一个瓦库宁写信举报集团军司令,控告他企图在顿河地区造反。1921年2月13日,米罗诺夫再次被捕并押解到布特尔监狱。盛名远扬的司令员从囚室里写了几封信,要求公正审判并释放他。他在信中几次提到托

---

[1]　ЦГАОР, ф.1235, оп.82, д.15, ч.2, л.17, 400-401.
[2]　ЦГАСА, ф.33987, оп.2, д.32, л.407.
[3]　旧俄时代哥萨克军队的最高首领,有别于选任的阿达曼。
[4]　ЦГАСА, ф.33987, оп.2, д.3, л.108.

洛茨基时,都用词激烈。可是没有回答。于是集团军司令又写了一封信:

致共和国革命军事委员会副主席斯克良斯基同志
第二骑兵集团军司令米罗诺夫
声明

报告如下:我被诬陷了。请您和托洛茨基同志干预我的命运。在社会(原件如此——作者注)共和国处于困难时刻,我准备贡献出自己,却被关进了布特尔监狱。

18年的革命斗争。注意到我的战斗功绩(尤其在克里木战役中,共和国革命军事委员会20年12月4日第7078号命令),我请求对我要有社会公正。

我痛心不是因为我自己,而是因为不能拯救我免遭诽谤的红旗勋章。

布特尔监狱21年3月16日
原第二骑兵集团军司令米罗诺夫[1]

两星期后,囚犯再次给斯克良斯基写信,其中有这样几句话:"痛心呀,什么时候才会相信我呢! 请您报告列夫·达维多维奇·托洛茨基同志,我在白白遭罪。生命在慢慢消逝。我饿呀。请您看在我的战功面上,干预一下。快点审判吧,不要折磨我了!"[2]

一名勇敢的哥萨克司令员,已经不年轻,快50岁了,在被囚于布特尔监狱的三个星期里回忆并反复思考了种种经历:自己出生的村镇乌斯季梅德韦基茨卡亚、士官学校、他参加了的俄日战争和第一次世界大战。早在1906年就因为革命言论而受到冷遇。在德国战线上,以勇猛善战的军官而声名鹊起,获得哥萨克中校的军衔和几枚乔治十字勋章。指挥过骑兵军、集团军。受过革命的褒奖:三级红旗勋章、金表、银鞘的军刀……而如今,确实是生命"在消逝"。

应当指出,托洛茨基对"米罗诺夫案件"的立场不是一成不变的。他呼吁过宽恕米罗诺夫和米罗诺夫分子,后来又向中央建议,给予米罗诺夫新的

〔1〕 ЦГАСА, ф.33987, оп.3, д.61, л.525.
〔2〕 ЦГАСА, ф.33987, оп.3, д.61, л.524.

军事职位。为了理解托洛茨基对哥萨克和菲利普·库兹米奇的态度,应当考虑到,他从顿河局、南部战线革命军事委员会不断收到片面的、有倾向性的信息,往往还是公开的假信息,这就挑起了中央机关反对米罗诺夫的举动(突然从军队集群司令员的职位上被召回,调往西部战线)。而从那里又传来诽谤和要求清除米罗诺夫的最后通牒。

托洛茨基知道米罗诺夫的信件。但是,可能将永远成为一个秘密的是:他本人是否直接参与了杀害米罗诺夫。我想,他没有。尽管围绕米罗诺夫形成的那种氛围,他还不至于堕落到报私仇的地步。我要再说一遍:共和国革命军事委员会主席对菲利普·库兹米奇·米罗诺夫的态度随着收到的客观信息而有所改变。可是,不管怎么说,1921 年 4 月 2 日,原集团军司令米罗诺夫被(单独)带出囚室到监狱院中放风,被岗楼上的哨兵击毙。是谁下的命令?是谁吩咐在审讯前除掉米罗诺夫?对枪杀事件是否进行过调查?档案馆里没有这类文件。可是米罗诺夫的信件却在托洛茨基的档案中保存下来了。

在处理对反革命势力和武装干涉者的反击和镇压的同时,托洛茨基作为一名政治家,对在一定程度上反映了苏维埃共和国总的严峻形势的社会问题也作出了尖锐的回应。在这方面引人瞩目的是托洛茨基的一封信《致各战线和集团军的革命军事委员会》,对象是"致红军和红海军全体负责干部"。醒目的标题是"多一些平等!"革命军事委员会主席用六页信笺发挥了军队中社会公正的思想。恕我在这里引用托洛茨基的一些思想。

"我们现在正处于过渡时期……我们不得不在分配资金和人力方面采用重点制度,即首先保证国家工作最重要的各部门对干部和物资的需求。"信里接着说,而这就意味着"我们在将一切送往前线的同时,搁置了教育、饮食、保证男女工人的最起码需求。这都是可以理解的。然而有些人却将这些优先地位用于私人目的。不仅应当想到,我们军队所获得的一切全都来自人民,而且军队内部也应当更注意平等。"托洛茨基接着写道:

"第一双靴子、第一件军大衣应当给予指挥员,对此任何一名士兵都能够理解……可是当疲倦的红军战士眼看着汽车被用于令人愉快的游玩,或者当服饰豪华的军官出现在衣着寒酸的战士面前时,这类事情不可能不引起红军战士的气愤和牢骚。特权本身在某些情况下,我再重复一遍,是必然的,也是现在无法消除的一种恶。但是,显然过分的特权就已经不再是一种恶,而是犯罪行为了……尤其是违背现行规则、指令和命令而利用优先地位具有损伤士气,瓦解军队的性质。这里首先,而且主要就是指大摆酒宴,酗酒,搞女人等等。"然后托洛茨基指出,"乖乖地听话,不发怨言的士兵并不是最优秀的士兵。而机敏,善于观察,而且敢于批评的则是最好的士兵,他看到,凭借非法的特权取得的优先地位会损毁红军的战斗力。"[1]托洛茨基开列了一长串对各条战线和集团军军事委员会的要求,履行这些要求就能够导致社会平等,不仅可以保证军队的战斗力,而且保证年轻共和国的生命力。

按照托洛茨基的要求,早在 1918 年 9 月就任命 1917 年成立的第一个军事委员部原部务委员埃弗拉伊姆·马尔科维奇·斯克良斯基为副军事人民委员兼革命军事委员会副主席。这名年轻军医早在 1913 年就加入了布尔什维克,他同托洛茨基一样,对战略和战役问题只是一知半解。他是以充沛的精力、杰出的执行能力、高度的组织性和办事干练吸引了托洛茨基。实际上,斯克良斯基是一名模范的受委托者。托洛茨基从自己的列车上用直线电话、电报,甚至用无线电向斯克良斯基发出指示、命令和设想,由斯克良斯基传达给执行者。斯克良斯基有时将这些指示变成命令和指令,所以他往往是托洛茨基和共和国政治的、党的、经济的机关之间的联系环节。例如,下面就是托洛茨基 1919 年 5 月,在他的列车停靠在哈尔科夫和利斯基期间给斯克良斯基发出的指示:

——如果乌克兰并不需要奥库洛夫,那就立即将他派往西部战线,让他参加革命军事委员会并率领自己的委员会巡视战线并整顿部队。

——诺夫哥罗德省和普斯科夫省已动员的人可以转交给西部战线,但不是交给季诺维也夫……

——我本打算反对温什利赫特的任命,担心这会被认为是降级。如果他同意,我不反对他的任命……

——5 月 16 日,在叶卡捷琳斯克铁路纳斯维亚杰维奇站发生了我的第一列专车倾覆事件。无人员伤亡。必须严格巡视线路。

——向察里津集团军供应汽油的问题是否已解决。

——必须为使用窒息性毒气创造机会。必须找到负责人来领导相应的工作。

---

[1] ЦГАСА,ф.33987,оп.1,д.306,л.85-87.

——最后，我的车厢是否已经准备好。继续住在这节车厢里不行了，因为除去其他原因之外，它漏水……[1]等等。

托洛茨基每天都要向斯克良斯基发出几十份这类吩咐和指示。收到革命军事委员会主席的指示后，斯克良斯基通常会把共和国革命军事委员会野战司令部的战报转给他，然后回答早先提出的问题，向托洛茨基通报莫斯科对当前军事形势的看法。例如，斯克良斯基1919年5月19日向托洛茨基报告：

> 斯大林通知：前线正在整顿，已派出三个惩戒连，分别去卢加、加特契纳和红村；动员了一切进步力量并派往前线。季诺维也夫去了卢加，斯大林去了旧鲁萨，溃散的第六师已被截住，正在进行整顿，第六师师长因怯弱而不知所措，已被撤职。需要骑兵部队。对于海军斯大林有很好的评价。谢马什柯已解职。西部战线革命军事委员会任命了夏托夫。被任命的补充人员都在努力追赶。据斯大林的意见，需要有一名新的战线司令……[2]

托洛茨基阅读没完没了的报告、密码电报，接见许多人，召开紧急会议，而且几乎每天都在讲话，讲话……当然，这样紧张的活动需要付出巨大精力。我不禁想，托洛茨基对有些问题决定得过于匆忙，没有深思熟虑，有些则过于自信，因为他终究不是职业军人。但是，革命军事委员会主席在决定任何问题时，都遵循一条标准：某个步骤、某项措施是否对革命有利……在他身上理想主义和实用主义最奇妙地结合在一起。他甚至主张使用"窒息瓦斯"，如果它能够推进革命事业。我有一次突然想到，假如托洛茨基活到了出现原子弹的时代，而且手里握有原子弹，他是否会为了"世界革命"而使用它呢？我明白提这个令人恐惧的反诘性问题是不得体的。可是假如呢？我想了想，而且比较了我所知道的有关托洛茨基的一切之后，得出的结论是：是的，这名革命的赞颂者、辩护士、理论家、魔鬼、最后是偶像，为了达到他坚信不疑，而且为之贡献了终生，直至最后一口气的政治目标，他是不惜使用最恐怖的武器的。可是一想到托洛茨基及其志同道合者心甘情愿地成

---

[1]　ЦГАСА，ф.33987，оп.1，д.146，л.111、125.
[2]　ЦГАСА，ф.33987，оп.1，д.146，л.72.

了一个被错误理解的理念的人质时,又令人不寒而栗了。这些人为了理念,认为牺牲真理,玩弄两面派手法都是可以的。1920年1月,托洛茨基收到马赫诺的一封电报,为自己拒绝开赴波兰前线做解释。托洛茨基一面同乌克兰无政府主义者的首领继续"和平"谈判,同时与南部战线革命军事委员会委员斯大林取得联系:

"你是否认为有可能立即着手包围并彻底消灭马赫诺? 如果派去完全靠得住的群众,假扮成无政府主义分子,大约有可能捣毁他的军械基地。因为马赫诺分子几乎完全不采取警戒措施,销毁他的弹药储备大约是可能的……"[1]

斯大林当即回答:"几天前就已经开始的包围马赫诺行动,9日可以结束。让他出动攻击波兰人的命令是故意发给他的,为的是获得搞掉马赫诺的新材料……"[2]目前马赫诺还是盟友,可是已经在采取措施了。混合着鲜血和暴力的革命不可避免地要改变一切道德取向,而政治欺骗和奸诈可以被视为军事上的随机应变。

看来我又跑题了,不过,要揭示托洛茨基声名远扬的谜底,就必须看到,这个人能够为了理念而将自己焚烧殆尽。犹如他享受生活的种种美好事物一样。可是,人们、群众看到的是第一点:他的积极行动、坚定不移、不停地活动、慷慨激昂的演说、毫不妥协。他不寻常的行动、出乎意料的决定令许多人刮目相看。例如,当各条战线套在苏维埃共和国脖子上的绞索日益收紧的时候,被动员起来的专家、教练员申请返回原先工作岗位的数量增多了,因为缺了他们,那些机关、工厂、办公室仿佛"都将瘫痪"。托洛茨基对没完没了地拒绝这些数量巨大的申请感到厌烦,终于在1919年6月末签署了第118号命令,其中说:"我要预告在先,今后任何人都不得向我提出这类申请,否则,申请人将作为企图通过合法途径使自己成为逃兵的公民,其姓名将公之于众。"[3]申请立刻就停止了。

国内战争年代里,他在军内、党内和国内的权威如日中天。有许多关于他的议论、争论和文字。下面举一个例子。这是第七集团军政治部的红军报纸《红色刺刀》的定期专栏"革命领袖们"刊登的一篇文章:"很短时间内他

---

[1] ЦГАСА, ф.33987, оп.2, д.89, л.375.

[2] ЦГАСА, ф.33987, оп.2, д.89, л.373.

[3] ЦГАСА, ф.33987, оп.2, д.3, л.52.

就完成了可以说是奇迹:建成了一支优秀的军队,而且率领它走向胜利。托洛茨基本人一直在前线,而且是真正的前线,在那里并肩战斗,而那里子弹是不分谁是普通红军战士,谁是司令员,谁是军委委员的。他居住的那节车厢,那列火车往往遭到大炮和机关枪的射击。可是托洛茨基完全不把这些不顺心的事情放在心上。在敌人的炮火声中,他也像在革命中一样,继续工作,工作,工作……谁也不知道,托洛茨基什么时候休息……"[1]

托洛茨基做了许多工作,这是事实。可是他很少制止他属下的红军报纸的这种吹捧,这也是事实。尽管他执着于革命的理念,但并不妨碍他也有虚荣心。我已经说过,他很早就开始从历史的镜子中审视自己了。

革命有许多敌人,然而托洛茨基往往觉得,只要我们给予决定性的一击,反革命圈子中的一切就会土崩瓦解,纷纷夭折而消失。1919 年 4 月初,托洛茨基乘坐自己的列车再度前往喀山。在车上他写下了自己无数文章中的一篇《俄国需要什么?》。

"给高尔察克的打击具有决定性意义。粉碎他的军队不仅保证乌拉尔和西伯利亚归苏维埃俄国所有,而且也将立即反映在其余各条战线上。高尔察克的覆灭将**立即**(黑体是我加的——作者注)而不可避免地导致邓尼金的志愿军('棍棒下的'志愿')彻底垮台和白卫的、爱沙尼亚的、拉脱维亚的、波兰的和英美的军队在西部和东部最后瓦解。"[2]这就是说,转折点在东部仿佛已经到来了。而在其他方向并没有感到轻松。

1919 年 8 月 26 日,托洛茨基在莫斯科苏维埃和工会代表联席会议上讲话时,不得不指出:"不消说,同志们,我们遇到了麻烦,不是军事上失利,而是切切实实的麻烦。就是马蒙托夫骑兵部队的突破。从骑兵奔袭的角度看,这次突破无疑是一次成功的行动。"是的,托洛茨基说得并不准确,马蒙托夫将军的一支 9 000 骑兵的部队在将近一个月内穿越了坦波夫省、梁赞省、图拉省、奥勒尔省、沃罗涅日省,到过 10 座城市,企图掀起反对苏维埃的总暴动,而且最终于 1919 年 9 月再度同邓尼金会合。没有骑兵,红军的步兵抵挡不住白卫将军的袭击。不过,袭击的高潮时,托洛茨基正在图拉,发布了共和国革命军事委员会主席第 146 号命令《起来同马蒙托夫匪帮的强盗进行斗争》。其中说:"我要说明在先,马蒙托夫的骑兵是要过去的,而苏

〔1〕 ЦГАСА, ф.33987, оп.1, д.266, л.556.

〔2〕 Троцкий Л. Соч. Т. XVII. Ч.2. С.149.

维埃政权将存在下去。将会为死去的男女工人、男女农民复仇。反革命恶棍将被镇压。他们的财产将被没收并分发给贫困人民……对马蒙托夫匪徒的任何帮助,无论是直接的还是间接的,都是对人民的背叛,并将被枪决。"[1]然而马蒙托夫却没有被抓获。

在马蒙托夫进军后,托洛茨基发出了号召:"无产者,跨上战马!"

国内战争也和它们的领导者一样残酷无情。饱受马蒙托夫军团的奔袭之苦后,托洛茨基发布了残酷的命令:"建议为捕获每一名马蒙托夫匪帮中的哥萨克,无论生死,颁发奖励。作为奖品可以发给皮军服、高筒靴、表、食品(几普特)等。此外,哥萨克身上找到的一切、马匹、鞍具,都归捕获者所有……"[2]

仿佛除了强盗的规矩之外,不存在任何道德。很难判断,军事人民委员的这类建议究竟起过多大作用;不过有一点是清楚的:托洛茨基在国内战争中将一切"超阶级的"成见抛在一边,无所不用其极。

而眼下托洛茨基在莫斯科苏维埃的会议上说,请看,等我们粉碎了邓尼金,战争就结束了!主要的事业——世界革命就开始了!"我们要把邓尼金击得粉碎,碾成齑粉,而邓尼金并没有后备军。所以外高加索、格鲁吉亚、阿塞拜疆都望眼欲穿地等待着我们,还有阿富汗、俾路支,还有印度和中国。半径只有 70—80 俄里的苏维埃匈牙利暂时失败了……包围布达佩斯的70—80 俄里,和我们为苏维埃俄国而占有的几千俄里比起来,算得了什么呢?……我们要对我们的匈牙利同志说:'弟兄们,请等一等,等一等!这次等待比起我们早先的等待来要短得多!'而等我们转向东方时,我们应当告诉亚洲人民:'请等一等,被压迫的弟兄们,等待的时间要比我们想的短一些!'"[3]

可是,等待的时间长得看不到尽头。不仅托洛茨基期望的世界革命的烈火没有燃烧起来,而且对一条战线的压力减轻了,也并不是说消除了对革命的致命危险。托洛茨基说得对,年轻的共和国没有边界,而只有战线。他在莫斯科 8 月的讲话中保证要收拾邓尼金,过了不到一星期,他就到彼得格勒苏维埃的紧急会议上去讲话了。他正处于斗争的狂热之中,相信保卫苏维埃共和国必将引发世界革命,慷慨激昂地放言:"西边有一处地方是我们

---

〔1〕 ЦГАСА, ф.33987, оп.2, д.3, л.66.

〔2〕 ЦГАСА, ф.33987, оп.1, д.229, л.213.

〔3〕 Троцкий Л. Соч. Т. XVII. Ч.2. С.212.

一步也不能后退的,一寸领土也不能让给敌人的。这就是彼得格勒战线。即便是现在,彼得格勒依然是我们波罗的海边上观察西欧的一只眼睛。"托洛茨基要让听众相信,世界斗争的结局"并不取决于芬兰方寸之地,也不在于爱斯特兰〔1〕方寸之地",它"要由全世界的地面来决定"。而"芬兰的命运和爱斯特兰的命运问题将顺便解决"。托洛茨基讲到帝国主义怎样折磨俄国,说是在这样的条件下,"有些时候复仇就成了革命合理的事情……我们要在芬兰展示这个例子。它是第一个落入红军之手的地方,红军将在那里向这种包围政策复仇……我们将用摧毁一切的十字军远征来对付芬兰的资产阶级,毫不留情地消灭它。"〔2〕托洛茨基要听众相信,击败尤登尼奇及其帮凶将迎来同反革命和武装干涉斗争的彻底转折点。

托洛茨基不是幼稚,有时他只是想冒险。他描述的往往不是真实的,而是他希望出现的画面。在他看来,邓尼金不过是"白卫军的泡沫",高尔察克是很快就可以消灭的"漏网分子",尤登尼奇、巴拉霍维奇和罗将柯则是"酗酒成性的、血腥的三驾马车"……

在革命和国内战争期间,托洛茨基总的说来对自己的听众许了许多愿:近在眼前的胜利、未来的幸福、全面的兄弟关系和世界苏维埃共和国。

也许,人们认为他是幸福未来的预言家,所以才倾向于他? 也许,他比其他人都更明白,站在没膝深的血泊中的饥饿的人们需要得到某种承诺,受到鼓舞,得到近在咫尺,触手可及,而又伟大的目标的指示? 在国内战争的年代,托洛茨基的举止往往像一个革命的传教士,但这并不妨碍他扮演宗教(自然是革命宗教!)裁判所法官的角色。有时,他不仅对下属,而且对莫斯科都十分严厉,使用一种挑衅、尖刻和强迫的口气。

莫斯科,克里姆林宫,致列宁

……我已通知过,革命军事委员会—12(第十二集团军革命军事委员会——作者注)完全不起作用。扎东斯基被派往南方,但他不能胜任工作。谢苗诺夫和阿拉洛夫情绪低落。至少需要一名新同志。我得到通报,拉舍维奇正前往科兹洛夫,而那边根本不需要他。没有人去事实上已经不存在的革命军事委员会—12。经过一昼夜焦急的等待之后,

---

〔1〕 爱沙尼亚北部地区的旧称。
〔2〕 Троцкий Л. Соч. Т. XVII. Ч.2. С.256, 260.

我收到的要么是官样文章的询问：派哪些人去，要么是教训式的解释，说是第十二和第十四集团军司令应当听命于总司令，我们当然感到莫名其妙。我坚决请求莫斯科放弃虚构的担心和惊慌失措的决定的政策……

革命军事委员会主席托洛茨基[1]

如果涉及具体的战略问题，他通常都听取革命军事委员会中自己助手的建议和军事专家(这些人和他不同，不是一知半解，而是精通军事的职业人士)的意见。而当时，托洛茨基背离了这条规则，从他嘴里或是笔下发出的却是接近荒诞的计划和方案。

在乘车从别洛戈耶前往彼得格勒途中，托洛茨基认真考虑了拯救北方首都的措施。我现在很难设想，他是处于何种印象之中，抑或是受到了谁的影响才写出1919年10月18日发表在《路途报》上的《彼得格勒应当从内部来保卫》这篇文章的。只消援引几小段就足以说明托洛茨基违反战略的"军事"思想了。他写道，应当消灭尤登尼奇。"从这个观点出发，就纯军事而言，对我们最有利的就是放尤登尼奇匪帮进入市区里面，因为对白卫军来说，将彼得格勒变成一个大捕兽笼并不困难……白卫分子进入这座大城市后，就掉进了一个由石头筑成的迷宫，每座房屋或者是一个谜，或者是一种威胁，或者是死亡的危险。他们将等待来自何处的袭击呢？从窗口？从阁楼上？从地下室？从墙角？——从各个方向！

……炮轰彼得格勒当然会损坏个别建筑物，消灭一定数量的居民、妇女和儿童。可是，几千名分散在铁丝栅栏、街垒后面，在地下室里和阁楼上的红军士兵，同居民和发射的炮弹总数比较起来，遭受的危险是最小的。

……这样的斗争只消持续两三天，闯进城的匪徒就会变成一群胆战心惊、精疲力竭的懦夫，准备集体或单独向没有武器的过路人或者妇女投降……"不错，托洛茨基在文章结尾处说："当然，巷战总是伴随着偶然的伤亡和文化珍品的损毁。这就是为什么野战司令部必须采取一切措施不让敌人接近彼得格勒的原因之一。但是假如野战部队不够强大，不得不给突击的敌人让开进入彼得格勒的道路，那也完全不是说彼得格勒战线的斗争已

---

[1] ЦГАСА, ф.33988, оп.1, д.146, л.254.

经结束。"[1]

我想,托洛茨基的军事思维相当明显地表现了陆海军人民委员在这方面的超革命观点。托洛茨基属于目的高于一切的那一类人。他多么轻松地说出了下面这些话:这种计划的结果是敌人有可能"消灭一定数量的居民、妇女和儿童"!他说这话时很平静,仿佛说的是一些微不足道的小事。

托洛茨基的专列

基于口头的叙述和传说产生了神话。出现了许多有关托洛茨基专列的神话。红军战士往往觉得,随着他的专列抵达的是由以其个人榜样就足以扭转前线战局的传奇"红军领袖"率领的、望眼欲穿的补充(精锐部队、炮兵、弹药)。司令员和军事委员则认为,托洛茨基专列的到达对于他们这段战线来说具有重大意义,不无担心地等待着革命军事委员会主席可能采取的激烈措施。但是所有的人——红军战士、司令员和军事委员——都相信,人民委员的专列将"推动战事",帮助扭转前线的局势。关于专列的议论有许多,但形成文字的不太多。不过我们今天掌握了有关这个专列的大量档案文献,它自成一格地象征着托洛茨基在国内战争时期对各条战线的干练革命领导。

1922 年夏季,共和国革命军事委员会中央军事运输局局长 M. M. 阿尔扎诺夫建议在红军和红海军的周年纪念日时,展示共和国革命军事委员会主席的专列。托洛茨基委派 Я. Г. 布柳姆金研究这个问题。1922 年 12 月,布柳姆金写了一份报告,其中说:

——展览会设置一个专题"共和国革命军事委员会主席托洛茨基的专列"。

——绘制一张专列四年内全部行车路线的巨大示意图并标出停靠地点、作战地点和倾覆地点。

---

[1] Троцкий Л. Соч. Т. XVII. Ч. 2. С. 265-267.

——用专门的展板展出专列上印刷的那些出版物,首先就是《路途报》的合订本,还有各种命令、小册子的复制件。

——展出专列人员名单,悼念展板上列出战斗中牺牲的"专列乘员"(借用布柳姆金的用语——作者注)名单。

——展出有仪仗兵守护的专列战斗旗帜。

——展览会开幕前举办"专列历史周",其间收集专列成员填写的专项回忆调查表。

接着,报告起草人强调了专列和托洛茨基本人在革命和国内战争中所发挥的特殊作用,建议专列成员回答调查表上的八个问题。[1]

托洛茨基的专列在国内战争中实际上起到了什么作用? 有关他的神话为什么得以流传下来? 革命军事委员会主席本人如何评价这个流动管理机关的意义?

许多年后,在已经被放逐到普林吉坡岛上后,托洛茨基这样写道:"我的专列是在 1918 年 8 月 7 至 8 日的夜间在莫斯科匆匆忙忙地组建起来的。第二天早晨,我乘专列前往斯维亚日斯克奔赴捷克斯洛伐克军叛乱的前线。列车以后不断地加以改装,使之复杂化,更加完善起来。在 1918 年,专列已经成为流动的管理机关。专列上设有下列几个部门:秘书处、印刷厂、电报站、无线电台、发电站、图书馆、汽车库和浴室。

列车太重,需要两个火车头才能拉动。只得把它分成两列。当局势迫使我们在某个战区作较长的逗留时,一台机车就担任通信联络工作。另一台也总是生着火。前线是不断变化的,因此不能轻率从事。"[2]

专列完成组建后,起初它有 12 节车厢,大约有 250 人:由拉脱维亚步兵组成的警卫队、机枪队、一队宣传鼓动员、通讯站、司机队、线路维修队,以及其他专业组。第一任列车长是 С. В. 契科里尼。С. И. 古谢夫和 П. Г. 斯米多维奇曾在专列上长期工作过。在专列被分成两列后,又增加了有两架飞机的航空队、几辆汽车,甚至还有一支乐队。[3]

一贯极力为自己创造舒适条件的托洛茨基,现在也同样关心自己:厨师、秘书、警卫、供应。托洛茨基亲自吩咐给专列人员定下高额工资,将列车

〔1〕 ЦГАСА,ф.33987,оп.2,д.141,л.790-793.

〔2〕 托洛茨基:《我的生平》,赵泓、田娟玉译,郑异凡校,上海人民出版社 2014 年版,第 361 页。

〔3〕 ЦГАСА,ф.33987,оп.1,д.25,л.16-44.

长和自己的秘书定为师长级……〔1〕革命军事委员会主席要求,车站上迎接他的必须是高级领导人、仪仗队,而且按一定的规格。列车长就此发出的命令中说:

1. 军事人民委员托洛茨基同志的车厢旁不得有人群聚集。

2. 军事人民委员托洛茨基同志出站时,陪伴他的不得是一群凌乱的偶遇的同志,而仅仅是专门委派的人……〔2〕

刚诞生的共和国在建立自己的礼仪制度。它的内容决定于神化了自己领袖的无产阶级专政囊括一切的权力。以人民掌权为目标的革命迅速建立了一支以人民的名义发言和行事的队伍。组建托洛茨基的专列虽说是由军事的需要决定的,却伴有许多为极权主义体制所特有的标志。

出行时,托洛茨基一贯要求高速度。不能保证专列高速运行的人都受到严厉惩罚。

阿斯特拉罕,革命军事委员会
抄送执行委员会主席

托洛茨基同志的专列是 7 日 9 时抵达巴斯昆恰克的,就是说,10 个小时才跑了 200 俄里。按照托洛茨基的命令,请调查专列速度如此之慢的原因并追究过失人的责任。执行情况立即报告。

革命军事委员会主席秘书 M.格拉兹曼〔3〕

实际上,托洛茨基不是在莫斯科人民委员部的大楼里工作,而是在专列上奔波于各条战线之间。据一些资料记载,国内战争的几年里,托洛茨基的专列跑了 20 多万公里,时而出现在东部战线,时而在南部战线,时而在西部战线。托洛茨基去南部战线的次数最多,因为它是,据托洛茨基说,"最顽强、最漫长而又最危险的战线"。

托洛茨基的专列上,除了革命军事委员会主席经过考验的、精锐警卫人

---

〔1〕 ЦГАСА, ф.4, оп.7, д.125, л.5.

〔2〕 ЦГАСА, ф.4, оп.7, д.34, л.60.

〔3〕 ЦГАСА, ф.33987, оп.2, д.40, л.314.

员(特别是年轻工人、水兵和知识分子)之外,往往还有几十名共产党员。从他们之中托洛茨基常常会任命正在组建的部队,甚至是武装小分队的指挥员和军委委员。专列受到非常仔细的保护,所有的车厢都是装甲的,车厢之间的通过台都配有机枪,专列人员武装到了牙齿。后来托洛茨基这样写道:"大家都穿着皮制服,这使他们显得更庄严威武。大家的左袖上佩戴着造币厂精心制作的金属大徽章,这种徽章在军队里极有声望。各车厢间用内部电话和信号装置联系。为了使大家在旅途中保持警惕,白天、黑夜经常发出警报。必要时武装小分队就跳下列车,进行'空降'作战。每当穿着皮制服的小分队在危险地点出现,总会产生惊人的效果。只要感到专列就在离火线几公里的地方,连那些情绪最不稳定的部队,首先是指挥人员,都会竭尽全力支持下去。"〔1〕

　　同时,专列还有它自己的内部生活通过档案资料可以管窥其中的一些特点。专列的内部生活不仅说明了一个新的军事管理机关迅速建立的过程,而且也表现了托洛茨基自诩的重大价值。专列人数众多的车组,其行动都要遵循严格的工作细则。例如,一旦出现紧急情况,列车长沃尔德马·乌亨贝格规定:"警报信号为鸣枪三次或火车头拉响三次汽笛……电话值班员不得以任何借口离开电话机……违反细则者将立即被逮捕并交付军事革命法庭……"〔2〕除整个专列的警卫部队外,托洛茨基还有个人的卫队。1918年末时,他的贴身警卫是:切尔诺皮亚托夫、苏巴托维奇、夏拉波夫、克鲁托夫、诺维克、马扎林、塔普列维奇、科马罗夫斯基、多尔基斯、久宾斯基、古多维奇、克列潘斯基……〔3〕个人卫队长尼古拉·夏拉波夫还按照一项特殊的委派,"在专列停靠处,用现金为共和国革命军事委员会主席采购食品……"〔4〕例如,在涅任向市食品委员会提出的申请:"请尽快提供供托洛茨基个人食用的下列食品:新鲜野味10只、奶油5磅、新鲜蔬菜(露笋、菠菜、鲜黄瓜)……"〔5〕事情发生在1920年5月2日,可是"为托洛茨基个人食用"却要求供应露笋、菠菜,还有鲜黄瓜。读者可能会说,露笋、菠菜,这不都是些小事嘛!可能是小事。但是许多悲剧也都是从小事开始的呀。

〔1〕 托洛茨基:《我的生平》,赵泓、田娟玉译,郑异凡校,上海人民出版社2014年版,第366页。
〔2〕 ЦГАСА, ф.33987, оп.1, д.45, л.3.
〔3〕 ЦГАСА, ф.33987, оп.2, д.47, л.66.
〔4〕 ЦГАСА, ф.33987, оп.2, д.41, л.218.
〔5〕 ЦГАСА, ф.33987, оп.2, д.42, л.460.

每天(如果情况允许)乌亨贝格都要向主席书面报告专列的情况。下面就是他在 1918 年 11 月 7 日,十月革命一周年纪念日时的报告:

　　……2. 萨拉托夫省执行委员会主席瓦西里耶夫同志委托我代表他向您请求,今天在莫斯科广场,十月革命一周年庆祝大会上讲话。

　　3. 请求借十月革命周年纪念日,赦免您的专列上犯有过错的——

　　a. 格林·费多尔……因酗酒并在不清醒状态下企图枪杀专列警卫队长。

　　6. 布尔坎·马丁——由于被捕而企图逃跑的彼得罗夫斯基……

　　4. 请您指示,莫斯科发来作为给前线礼物的 350 万支带纸嘴的烟卷应当分发给谁。

　　5. ……许多工作人员在专列上携带自己花钱购买的面粉……专列人员是否可以做小买卖,在多大规模内?

　　6. 鉴于各种服装从专列上大量遗失,请在案情查清之前,抵达莫斯科后,不准许专列人员离开……〔1〕

大事和小事总是相伴而生的。所以主席在以铁腕巩固战线的同时,也要决定是否宽恕格林·费多尔,以及在多大规模内允许自己的工作人员"做小买卖"……

专列内有专门用于远距离联络的车厢:电报站和无线电台。通过它们托洛茨基发出给莫斯科的报告,向各条战线发布命令,接收每天的战报。下面就是 1919 年 4 月 3 日东部战线的一份政治通报,起草并签发的是革命军事委员会委员谢·伊·古谢夫。我做一些摘录。

第四集团军

　　第二十二步兵师里发现了抢劫和强奸妇女,有人用穆斯林语言进行反共宣传。在奥勒尔-库里洛夫斯克团里,共产党员的工作处于半合法状态;被动员起来的手工工人要求释放。奔萨团的第一和第五连里,富农分子进行鼓动。有些指挥人员赌博,红军战士中对抗后方的情绪在增长。

---

〔1〕 ЦГАСА, ф.33987, оп.1, д.45, л.17.

第一集团军

奔萨师。几乎所有的部队都瓦解了,不执行作战命令,部队情绪低落,尤其是彼得格勒团,其中一个营溃散了……

第二集团军

没有发来报告。

第三集团军

第三十师。奥伦堡团感到疲倦;服装太差……博戈亚夫连斯克团红军战士不听白卫军的呼吁。内衣不够。第二十九师。普梯洛夫炮兵团有一个红军战士公社……列斯诺维堡团军服不够。彼得格勒团精神状态良好。红色雄鹰团缺乏武器、药品,感到疲劳,缺少鞋子……[1]

专列上经常同托洛茨基在一起的是野战司令部的工作人员、司令员、工农红军各主要管理局的军需人员。收到各条战线严重缺乏弹药、制服、药品、作战装备和后勤保障的其他物资的报告后,托洛茨基通常在司令部的隔舱或是餐车上召开会议,有时也有当地苏维埃政权的代表参加。统帅部经常是想方设法就地寻找必需的物资。托洛茨基是这样写的:"不管地方政权机关多么穷,它们总是能挤一下,做点牺牲来支援部队。最重要的牺牲是派出许多共产党员来支援部队。从机关中抽调出十来名工作人员,他们当即被编入不稳定的部队。还有供做衬衫和包脚布的布匹,做鞋底的皮革,外加100公斤的油脂。但是地方的物资当然是不够的。"[2]于是托洛茨基通过直达电话,口授向列宁和各人民委员部的请求,或者直接向自己的副手斯克良斯基发出指示。斯克良斯基不离开首都,他的主要工作,像我在前面说的那样,就是执行革命军事委员会主席的吩咐。到达最靠近战线或集团军司令部的铁路车站后,就从专列上卸下两三辆卡车和托洛茨基的汽车。在巡视部队和战线时,伴随革命军事委员会主席的通常是20—30名红军战士,携带几挺机枪。当然途中可能碰上匪帮的埋伏,还有骑兵侦察群。情况就是这样。但是仔细分析托洛茨基的全部战斗行动,可以得出结论,"红军领袖"(这是报刊上经常用来称呼军事人民委员的头衔)是非常看重自己的生命的。无论情况如何,他身边总有保镖和警卫、身穿吱吱作响的皮军装的

---

〔1〕 ЦГАОР, ф.130, оп.1, д.13, л.13.

〔2〕 托洛茨基:《我的生平》,赵泓、田娟玉译,郑异凡校,上海人民出版社2014年版,第363页。

"英雄汉"。

娜杰日达·亚历山德罗夫娜·马莲尼科娃曾经在托洛茨基的秘书处工作过。她对我说:"几乎每天都有大夫过来,看来是给他检查身体。而主要的是,他总是警卫不离身。警卫很严密。他身边总有几名保镖。而伏龙芝(我也曾在他身边工作过)却只有一名。托洛茨基是一个不同一般,甚至可以说是杰出的人,可是有点胆小……"

一个知道托洛茨基,见过他,听过他讲话的人得出的这个出乎意料的结论,和他的副职们,尤其是谢尔姆克斯的结论非常接近。

我想,娜杰日达·亚历山德罗夫娜说托洛茨基极为关注自身的安全,不是没有根据的。当然,专列首先是一个游动的管理机关,这本身无论在军队建设上,还是在实际领导工农红军部队的作战行动上,都是一件新事物。可是两列铁路车厢的大部分都基本上用于保证托洛茨基的个人卫队伴随他而行动。除了斯大林(日后的)之外,我国的政治活动家中,谁也不曾采取过如此非同寻常的措施来保证个人安全。

现在我们回过头来谈谈托洛茨基访问前线部队的情况。我要说,访问的目的不仅在于巡视,而首先也许是为了鼓舞部队,激励士气。

按照托洛茨基的建议和坚决要求,全俄中央执行委员会设置了红旗勋章。自1918年9月设立之后,很长时间没能制造出来。终于在1919年1月,托洛茨基收到了一批勋章,但非常失望。当即向莫斯科发电报:

中央执行委员会主席斯维尔德洛夫

抄送斯克良斯基

红旗勋章简直无法接受,过分粗糙,而且用于固定在服装上的装置完全不适用于佩戴。我不会颁发这样的勋章,因为它只能让大家普遍感到失望。我坚持停止勋章的生产,并将其移交给军事部门。人们等待了好几个月,等来的却是搬运工的号牌,只比它更不方便。勋章应当缩小三分之二或四分之三,使用最好的材料……

革命军事委员会主席托洛茨基。[1]

很可能,他想了想,觉得意犹未尽,于是立即通过直达线路给叶努基泽

---

[1] ЦГАСА, ф.33987, оп.2, д.86, л.92.

发电报，提出建议：

> 我认为，对制造红旗勋章的漫不经心是完全不能容忍的……大家都在等待，可是我们却造不出勋章来。议论使用银质将多花多少钱是可笑的。必须将勋章缩小三分之二。镀金边。活要做得更精致一些……〔1〕

可是当勋章作为一种精神刺激而开始"发挥作用"时，有些地方却不由自主地将它贬值为一种群众性的奖励。例如，托洛茨基收到一封这样的电报："骑兵集团军革命军事委员会请求发给300枚红旗勋章以奖励战士……1920年1月19日。革命军事委员会伏罗希洛夫、布琼尼、夏登科等同志"，他的反应是直接在电文上用大字批示："太多了！可以颁发50—75枚。"〔2〕托洛茨基感到这样的精神鼓励有可能失控，所以他再次回到这个问题："凡未经中央执行委员会批准，而由革命军事委员会颁发的奖励，事后必须补报以供审批……"〔3〕有时候托洛茨基出于原则性的考虑，反对奖励某些具体的人。他给斯克良斯基的电报说："我认为，借建军周年纪念日向图哈切夫斯基颁发红旗勋章是完全不合适的。这纯粹是嘉奖的专制主义风格……图哈切夫斯基不是军队的化身，他应当凭自己的战功来决定是否应当获奖，而不是借军队的纪念日。"〔4〕不同意这个论据是很困难的。不过，在我们苏维埃国家中，几十年来存在过的正是"嘉奖的专制主义风格"。

军事委员会刚刚开始表彰突出人物，紧跟着就受到质询：如果红军战士、司令员、军事委员再次表现突出，该怎么办？革命军事委员会主席一如既往，解决这类问题迅速而又机巧：

> 莫斯科，斯克良斯基
>
> 抄送中央
>
> 红军战士中有许多人，特别是飞行员，已经获得了红旗勋章，以后再建战功而需要嘉奖时，会出现很难处理的问题。唯一的办法是，嘉奖第

---

〔1〕 ЦГАСА，ф.33987，оп.2，д.86，л.105.

〔2〕 ЦГАСА，ф.33987，оп.1，д.260，л.17.

〔3〕 ЦГАСА，ф.33987，оп.1，д.262，л.115.

〔4〕 ЦГАСА，ф.33987，оп.1，д.229，л.31.

2、第 3 次,但不颁发勋章,而只是在原有勋章上,用小字注明 2、3、4 等
等。建议中央执行委员会主席团用最紧急的程序通过这项决定……[1]

他当时还不知道,全俄中央执行委员会主席团将于 1919 年 11 月 22 日
通过决定,授予共和国革命军事委员会主席红旗勋章。这项决定中说:"列
夫·达维多维奇·托洛茨基同志承担了全俄中央执行委员会委派的组建红
军的任务,工作中不知疲倦,精力充沛,坚定顽强。他巨大的工作取得了光
辉业绩……在红色彼得格勒受到直接威胁的日子里,托洛茨基同志亲临彼
得格勒前线,密切地参与了组织杰出的彼得格勒保卫战,用自己的英勇无畏
鼓舞了处于战火中的前线红军部队……"[2]

顺便插一句,革命军事委员会主席还受到了其他一些革命褒奖。如
1920 年 9 月,托洛茨基、斯克良斯基、加米涅夫和列别杰夫被授予"本地风
格的荣誉武器(马刀)"。[3]革命用铅弹回答了敌人,而用它自己在血淋淋的
厮杀中发明的奖品褒奖了自己的英雄。

专列上形成了托洛茨基身边的骨干队伍,没有他们,他不仅不可能履行
自己红军"领袖"的种种责任,也不可能不停地从事文字创作。军事人民委
员在国内战争年代,在专列中写成的大部分著作,于 1922—1924 年间出版
了五卷! 托洛茨基承认:"我在列车上的全部工作,无论是写作还是其他工
作,如果没有速记员格拉兹曼、谢尔姆克斯[4]和较年轻的助手涅恰耶夫的
协助是无法进行的。他们在行驶着的火车上夜以继日地工作着,在火热的
战争中,列车不顾安全规章,沿着被破坏的枕木以每小时 70 公里,甚至更
高的速度行驶……我常常惊异而又感激地注视着助手的工作,尽管列车
不停地震动和摇晃,但是仍然能打出很精美的文件。半小时后,当他们把
打印好的文稿交给我时,无需做任何修改。这不是寻常的工作,这是一种
业绩。"[5]

的确,托洛茨基突出了格拉兹曼、谢尔姆克斯,还有涅恰耶夫,却没有提

---

[1]　ЦГАСА, ф.33987, оп.1, д.359, л.83.

[2]　ЦГАСА, ф.8, оп.1, д.310, л.24.

[3]　ЦГАСА, ф.33987, оп.1, д.260, л.124.

[4]　我不明白,为什么托洛茨基称格拉兹曼和谢尔姆克斯为速记员,他们都是托洛茨基名副其实的
助手。

[5]　托洛茨基:《我的生平》,赵泓、田娟玉译,郑异凡校,上海人民出版社 2014 年版,第 365 页。

其他人。托洛茨基的秘书处和身边的工作人员比其他革命领袖都要多些。托洛茨基比其他政治家和国务活动家都更早懂得,许多事情都决定于身边人士的智力水平,他们必须能够抓住一闪而过的思想,起草必须的文件,准备参考资料,组织实施既定的决议等等。托洛茨基身边除了上面提到的几个人外,还可以指出 А.Г.布托夫、Г.И.泽伊兹、Т.Ф.斯皮里多诺夫、В.И.萨姆伊托夫、В.И.博戈列波夫、Е.П.谢列平、П.Ф.茨维特科夫、Я.Г.阿希亚金、В.А.克隆姆贝格、А.Г.吉洪诺夫、Е.А.库兹涅佐娃、В.И.尼基佛罗夫、Я.В.赫列布尼科夫、Я.В.苏达里科夫、С.И.费尔索夫、И.В.科兹洛夫、С.Ш.久宾斯基、И.И.克鲁格洛夫[1]。但这只是革命军事委员会主席的秘书处和办公室的一小部分工作人员。

假如托洛茨基不在自己的专列上出版列车报纸,他就不能保持自己的特色了。列车一抵达前线的某个点,紧随着托洛茨基下车的不仅有他的助手和工作人员:跟着就卸下一捆捆《路途报》、传单、呼吁书,而且立即在红军战士和当地居民中散发。例如,1919 年 1 月初在库尔斯克,迎接他的人们立即得到一捆列车报纸,上面登载着托洛茨基的长篇文章《该结束了!》。

这是一篇战局述评:"苏维埃共和国的所有边界都是前线,无论在东方还是南方,西方还是北方。"托洛茨基对红军在各个方向态势的评价都是乐观的,他引导读者走向的结论是:现在他所处的地方正在决定战争的命运。"在顿河前线正在解决苏维埃共和国的命运。这个解决过程拖得太长了。该结束了!我们在南部战线集中了庞大的力量。已经完成了巨大的组织工作。领导各团、各师、各集团军的都是可靠的指挥人员和我们优秀的军事委员……

南部战线的士兵们,指挥员们,军委委员们!你们的时刻到了!该结束了,该清洗干净南方,打开通往高加索的道路,给工人和农民的俄国最可恶的敌人以致命的打击,给疲惫不堪的国家安全、和平和满足。"[2]

报纸立即被分发到各个团,张贴在军营的布告栏上,连队里的读书人朗读着这份报纸,于是许多士兵很快就相信了:最终要由他们自己来决定,究竟什么时候才能回到故乡,回到家庭,回去扶犁耕地,回归如此亲切,尽管是

---

〔1〕 ЦГАСА, ф.33987, оп.1, д.229, л.84;ф.1, оп.1, д.123, л.265.

〔2〕 Троцкий Л. Соч. Т. XVII. Ч.2. С.60, 63, 64.

贫困的和平生活。问题正在这里解决。否则托洛茨基本人不是白跑一趟吗!

邓尼金、高尔察克、卡列金、尤登尼奇都知道作为鼓动家的托洛茨基有多大能量,因此都企图和他针锋相对,搞自己的反宣传。有时甚至会用出人意料,而又让人发笑的方式。1919 年 5 月,谢尔姆克斯来托洛茨基的车厢时,拿着几份共和国革命军事委员会的"命令",是战士们从火车站墙上撕下来的。托洛茨基仔细阅读了 1919 年 5 月 1 日"他自己的"第 92 号命令,是在印刷厂印制的,格式和他真正的命令完全一样……

"出卖了对我格格不入,而我又恨之入骨的俄国后,我依靠喀琅施塔得流氓水兵的意志和德国人的资金,夺得了最高权力:我用恐惧和死亡控制着俄国的剩余部分,而令所有热爱俄国的人伤心。就是在前线,我们的事情也绝对没有希望,我已经算不过来了:我只看见我的王国的边界越来越缩小了;不过一年的时间,我已经失去了富饶的西伯利亚、土耳其斯坦,一两周后,整个彼尔姆边疆区将丧失殆尽。乌克兰不打算承认我们。里加已经丢了,普斯科夫正在失去,彼得格勒很快就没有了……我们不怜惜俄国,因此将一如既往,同志们,继续抢劫,让劳动农民破产,破坏工业,实施暴力行动,无法无天,进行欺骗……"[1]

下面是署名:列巴·托洛茨基-勃朗施坦,还有他担任的所有职务。

革命军事委员会主席推开了命令,看着跟随自己已久的忠诚助手的脸:

"干嘛要撕下来? 用不着这么做。谁会相信这些假话呢? 应当在它边上贴上我最新的真命令……"

"看来,您是对的,列夫·达维多维奇……"

负责编辑《路途报》的是原莫斯科教导营营长别列佐夫斯基,他同时也负责整理前线局势的综合资料,提供给《全俄中央执行委员会消息报》。托洛茨基专门下令"军事部门的所有司令部和机关给予别列佐夫斯基同志,在他的任务范围内,最广泛的协助……"[2]

新编辑从一开始就在报上称赞共和国革命军事委员会主席。可是托洛茨基是聪明人,很快就觉得,在自己的报纸上这样正面吹捧可能适得其反。他立即给编辑泼冷水。

---

〔1〕 ЦГАСА,ф.33987,оп.1,д.142,л.98.
〔2〕 ЦГАСА,ф.33987,оп.2,д.41,л.223.

别列佐夫斯基同志

第18期的社论中有对我的反响。我认为,在我们的列车上出版的报纸发表这种赞美性的反映是很不恰当的。总之,请尽可能去掉个人因素。[1]

托洛茨基并不需要这种狭隘的恭维。他早已着眼于时代和洲际大陆。这样的人是很认真地对待被人们称为"领袖"的。

为了达到自己的目的,也就是革命的目的,托洛茨基一贯特别看重宣传和鼓动。他自己做了许多工作,而且尽力要求其他人积极使用布尔什维克的宣传工具。1920年6月初,托洛茨基给"波兰鼓动"委员会主席拉狄克、波兰局副局长亚历山德罗夫、中央书记处、《消息报》编辑斯捷克洛夫、《真理报》编辑布哈林发去一封电报,其中说:

> 我们对波兰的鼓动工作目前还完全不符合事态的实际意义,而仅仅肤浅地触及群众……
>
> 1. 必须,例如就攻占鲍里索夫,组织街头的飞行集会。完全正确的口号只应当出自一个中心……
>
> 3. 反对小贵族的口号应当张贴在所有的大街、火车站等地方……
>
> 4. 应当吸收诗人参加这项工作。迄今为止,几乎没有一篇献给对波兰战争的诗篇……
>
> 5. 应当吸收作曲家,向他们预订国际主义战胜波兰沙文主义旋律的音乐。
>
> 我认为,应当从建立一个不大的诗人、剧作家、作曲家、演员、电影摄影师的"特别会议"起步,然后制定一定的计划,设立奖金,以"发动艺术反对波兰大地主"为口号,建立智力-艺术界和无产阶级文化派的大会。[2]

宣传和鼓动曾经是他的武器,如果说他做了些工作,或是取得了某些成绩,那在很大程度上是得力于精神影响的这些工具。

---

[1] ЦГАСА,ф.33987,оп.2,д.41,л.225.

[2] ЦГАСА,ф.33987,оп.2,д.126,л.28.

在列车上托洛茨基写了,确切些说是口授了几百篇文章、呼吁书、传单。其中有些转载在《真理报》《全俄中央执行委员会消息报》和当地出版物上。下面我举出托洛茨基几篇诞生在专列上、刊登在《路途报》上的典型文章。1919 年 1 月,在瓦鲁伊卡分发的报纸上载有托洛茨基的文章《严厉的清洗必不可少》,他在其中号召同"革命的武装强盗"开展无情斗争。1919 年 4 月 19 日出版的报纸上有一篇文章《决定命运的春天》,托洛茨基再次保证,解放乌拉尔后,将让国家和军队获得期待已久的休息。第二天,4 月 20 日,在一篇新文章《俄国还是高尔察克?》中,他证明,"高尔察克体现了俄国生活中的种种旧错误",因此这个危险必须"克服、清除、彻底扼杀"。再看一篇文章吧。1920 年 5 月 13 日,《路途报》上有一篇托洛茨基的文章《处于欣喜和陶醉中》。他谈到了波兰军队的初步胜利:"醉酒的人喜欢没有理智的突袭。而获胜的却是头脑清醒的人……红军的时刻很快就将到来,它将展示,它在西方也能取胜,犹如在北方、东方和南方一样。波兰廉价的胜利导致欣喜和陶醉,但紧随其后的却是可怕的醉酒之痛。"[1]

为了让列车人员能更好地利用宣传的机会,托洛茨基设立了列车政治处,不仅负责对人员的政治教育,而且就地挑选军事委员的后备人才。

巴图洛夫同志

你被任命为革命军事委员会主席专列政治处临时代理处长并立即到任。随信附上 14 名政治工作人员的主要卡片。请斟酌谁适宜做什么工作……[2]

几乎铁甲列车每次返回莫斯科时,尼·谢尔姆克斯、A.布托夫、M.格拉兹曼或者是共和国革命军事委员会主席办公室代理主任 Г.泽伊兹都会将几百个案卷送交陆海军人民委员部秘书处保管。例如,1919 年 1 月,泽伊兹从专列上卸下的物品有:人民委员发出的命令的卷宗、侦察资料、关于作战过程的通信、关于"俄国各地发生的纠纷"的案卷、"关于移交给法庭和检察机关的材料、供应问题、关于休假和住房的电报"。[3]

---

[1] Троцкий Л. Соч. Т. XVII. Ч.2. С.64, 140, 163, 414.

[2] ЦГАСА, ф.33987, оп.1, д.266, л.218.

[3] ЦГАСА, ф.33987, оп.1, д.229, л.216.

托洛茨基是一个非常认真的人。也许,共和国革命军事委员会的活动、国内战争、陆海军人民委员部的工作才因此而得以保存下来。有许许多多文件,的确,几十年来它们都长期被"羁押"在各种档案馆里,有些则已经被销毁了。当然,对保存这些材料起了很大作用的还有一个情况,就是托洛茨基是一个极其爱慕虚荣的人。他的一些语言、评论和思想仿佛是在向永恒弄姿作态。托洛茨基努力用各种方法将自己的不同凡响之处,许多时候甚至是天才,印制出来,记录下来,反映出来,使它们永久存在下去。十月革命的领导人中,没有一个人想到过要随身带上速记员、摄影记者、纪录影片摄制者,其主要目的是将自己在我国(而且不仅在我国)历史中显著的、荣耀的,也许还是罕见的地位"保存"下来。

虽说对这个人的虚荣心持否定态度,但不能不看到,多亏了这个"弱点",历史学者才获得了更多机会深入观察当年那段真实历史事态的背景。

专列拥有很大的自主权,首先就是配备有武器、弹药、制服、食物。往往还是优质品。例如,当托洛茨基得知,可以停放 5 辆汽车的沙皇专用车厢完好无损时,他当即命令铁路人民委员将其移交给革命军事委员会主席的专列。[1]由于托洛茨基特别关心自己的身边人:卫队、秘书处、厨师、医生等,列车组人员享有一些不成文的优惠待遇。革命军事委员会主席的档案中有许多这类短笺:

"本件出示人、共和国革命军事委员会主席专列人员亚历山大·普霍夫确实急需一件暖和的冬大衣。请优先发给一张购买该物品的凭证。"[2]甚至在严峻的战争时期,列车的个别人员还可以享受休假:

休假证明

本件出示人、共和国革命军事委员会主席专列人员斯皮里多诺夫同志自今年 12 月 27 日至 1919 年 1 月 19 日前往彼得格勒及其郊区休假,以签名及苏维埃印鉴为凭。[3]

文件的下方是革命军事委员会主席秘书的签字,这就足以让革命领袖

---

〔1〕 ЦГАСА, ф.33987, оп.2, д.41, л.183.
〔2〕 ЦГАСА, ф.33987, оп.2, д.41, л.170.
〔3〕 ЦГАСА, ф.33987, оп.2, д.41, л.183.

之一的贴身人员在大动乱的年代享有特权和优惠待遇。

人都是脆弱的。领袖们也不例外。权力让他们得以向最亲近的人们给予奖赏,不过通常都是花别人的钱。可是领袖们懂得,这样做就可以"收买"对他们忠诚的帮手。托洛茨基没有至交。除了妻子娜塔莉娅·伊万诺夫娜·谢多娃之外。代替朋友的是那些几年之后被斯大林称为"奴仆"的人。这不是资产阶级的仆役,而是绝对顺从的社会主义奴仆。他们并非出于良心,而是由于恐惧,为取得奴才的特权,为得到仿佛是高人一等的机会,而心甘情愿地执行领袖的任何旨意。甚至是凶狠的旨意! 托洛茨基是为制造这类为数众多的人、官僚主义的莫洛赫[1]所必须的附庸奠定基础的人之一。

白卫军和干涉者都知道托洛茨基的专列。列车多次遭到炮火和炸弹的袭击,几次发生费解的颠覆。托洛茨基这样写道:"列车受到敌人的憎恨,我们为此感到自豪。社会革命党人曾多次企图破坏列车。在对社会革命党人的审判中,谢苗诺夫详细供认了这个阴谋。此人是刺杀沃洛达尔斯基[2]和暗杀列宁的组织者,并且参与策划破坏列车。"[3]这都是理所当然的事。顺便说说,谢苗诺夫在柏林(是否经肃反委员会批准?)出了一本书,谈社会革命党人的恐怖活动。其中说,刺杀了沃洛达尔斯基之后,"我们打算暗杀列宁和托洛茨基。为此派了格沃兹德、泽连科夫和乌索夫前往莫斯科。"谢苗诺夫说,协调恐怖行动小组工作的是社会革命党中央委员戈茨[4]。战争的残酷给俄国大地留下了累累血痕。今天,我们很难相信,为了树立一个红色理念,需要付出如此之多的生命和鲜血。这个理念的主要祭司之一乘坐自己的铁甲列车从西跑到东,从南跑到北。他从未怀疑过,这个伟大的理念是否能为自己在同胞颅骨的金字塔顶上砌一个纪念碑的底座。这是怎么回事呢:是在目的和手段之间永远难以作出的抉择吗? 也许,全部问题都在于伟大的理想和罪恶的方法之间这个"虚伪的"辩证关系? 恐怕未必如此。问题在于任何专政都不能没有恐怖。托洛茨基,还有其他革命领袖,都非常明白这一点。

---

〔1〕 莫洛赫是古代闪米特人神话中的天神、战神,祭祀他时,要用大量的人做牺牲。

〔2〕 沃洛达尔斯基(1891—1918),俄国革命活动家,十月革命后任全俄中央执行委员会主席团委员。

〔3〕 托洛茨基:《我的生平》,赵泓、田娟玉译,郑异凡校,上海人民出版社 2014 年版,第 367 页。

〔4〕 Семенов Г. Военная и боевая работа партии социалистов-революционеров за 1917—1918 гг[《社会革命党的军事和战斗活动(1917—1918 年)》].Берлин, 1922. C.18-33.

专 政 和 恐 怖

尼古拉·别尔嘉耶夫在去世前最后一部著作《精神的王国和恺撒的王国》中，依据他全部生活的丰富经验，写道："革命，一切革命，都暴露了许多人本质的极端卑贱，同时也有少数人的英雄气概。革命是厄运的产儿，而不是自由的孩子……革命在很大程度上是为过去的罪过还债。"[1]这是希望以革命的名义用一种新的恶来为被清除的那种恶还债。在那些思想激进的俄国革命者中，无产阶级专政具有永恒的历史意义这种理念曾经占据统治地位长达好几十年。他们毫无保留地认为，即使在一个无产阶级只占绝对少数的农民国家里，也只有无产阶级专政才能将历史的车轮转向正确的方向。这样就自动论证了对专政的反对者无限制地使用暴力是有理的。

应当说句公道话，迫使布尔什维克走上恐怖道路的，在很大程度上是他们的阶级对立面，因为后者不愿意和正在形成的、不利于他们的局势妥协。此外，布尔什维克不得不采取极端措施，是由于自己的经济政策明显失误。列宁直截了当地声称："在经济战线上，由于我们企图过渡到共产主义，到1921年春天，我们就遭到了严重的失败，这次失败比高尔察克、邓尼金或皮尔苏茨基使我们受到的任何一次都严重得多，危险得多。这次失败表现在我们上层制定的经济政策同下层脱节……"[2]再说，在一个被战火吞没、遭受严重破坏的国家，谈得上什么合理的经济政策吗?!

在共和国大部分领土都沦于动乱和暴动的条件下，红军领导很清楚，连军队自身的局面也是不稳固的。

托洛茨基的桌子上放着一份1919年5月15日乌克兰政治状况的汇总资料，是按照省肃反委员会主席的电传报告整理的。这只是许多类似文件中的一份。下面我只引用其中很少一部分，从中可以感受到局势的全部复杂性和双方无节制的相互使用暴力：

---

〔1〕 Бердяев Н. Царство духа и царство кесаря(《精神的王国和恺撒的王国》).Париж，1951. С.150。

〔2〕 《列宁全集》第42卷，中文第2版，第184页。

基辅省

乌曼县。全县都在搞排犹宣传……肃反工作人员（被居民抓住的犹太人）被枪杀。附近村庄中的农民都反对公社和苏维埃……

别尔季切夫县。过路的部队为非作歹。进行抢劫，打出的口号是："揍犹太佬，砸肃反委员会——他们是我们的敌人。"

瓦西里科夫县是匪徒、反革命分子和形形色色的坏蛋的巢穴。不停的暴动、抢劫和暗杀，一再解散肃反委员会；有一次匪徒杀死了几乎全部肃反委员会人员。城里有一座皮革厂被红军战士彻底摧毁了……

白采尔科维。相对平静。但村庄里还在继续暴动。

塔拉夏县。匪帮占据了县城将近一个月。由于军事委员格列沃伊的不作为，在20名匪徒进攻县城时，他召开红军战士会议，讨论是进攻还是不进攻，并决定放弃县城。匪徒进城后，打开了军用仓库，将物品出售给居民。

罗多梅思里区。同样的宣传、匪帮和抢劫。罗多梅思里附近是由黑色百人团成员索科洛夫斯基率领的，抢劫了城市的匪徒的巢穴。同一个县里的切尔诺贝利，有斯特鲁克匪帮作乱……[1]

还有来自波尔塔瓦、切尔尼戈夫、哈尔科夫和乌克兰其他各省，再扩大些说，来自全俄国各地的类似报告。农民从苏维埃政权手里获得了土地，却受到无穷无尽的苛捐杂税、征用和没收的折磨。苏维埃政权被迫在执行过程中改变对农民的政策，区别对待不同的阶层，却又不放弃那些非常措施。托洛茨基在"近期内对顿河地区政策的指导原则"这份提纲中，是这样表述当局对哥萨克阶层的态度的：

"我们向哥萨克阶层解释，而且用行动证明，我们的政策不是为过去的事情进行报复……我们最严格地监督，不让推进的红军实施抢劫、暴力等等。我们必须牢记，在顿河地区的局势中，红军部队的每一次胡作非为都会变成一次重大的政治事件而造成极大的困难，同时，我们要求居民拿出红军需要的一切，我们通过粮食委员会，有组织地收取，并注意及时而准确地付钱……应当大张旗鼓地镇压在清洗顿河地区时混进来的那些人……"[2]

---

[1]　ЦГАОР, ф.130, оп.1, д.19, л.126-135.

[2]　Троцкий Л. Соч. Т.XVII. Ч.2. С.218-219.

甚至在校正了对待农民和哥萨克阶层的政策后,布尔什维克依然用鲜明的语言:"有组织地收取","大张旗鼓地镇压"等等,表示继续行动。

农民国家中的这种情绪不能不波及由农民组成的红军。托洛茨基对这一切看得很清楚。因此他才并非偶然地给列宁发去这样的电报:

> 莫斯科,人民委员会主席列宁。
>
> 各地传来的所有信息都说明,特别税令地方居民极为气愤,并对部队产生了毁灭性影响。这就是大多数省的看法。鉴于恶劣的粮食状况,必须暂停征收,起码是最大程度地减轻特别税,至少是对被动员入伍者的家庭。[1]

前线有它自己的逻辑。被动员参加红军的农民有很多是没有受过教育的,加之对非常措施心怀不满,再掺和上一些其他负面因素,如白军的胜利,——这一切引发了大规模临阵脱逃,不打算"为苏维埃"去冒生命危险,不相信会有最后胜利。前线时而在一处地方,时而在另一处地方一再出现过这样的局面:被迫拿起枪支的农民,面对由军官组成的连队、哥萨克的骑兵中队的进攻,甚至听到一声惊慌失措的叫喊"被包围了!"就一哄而散。在这种情况下,往往别无出路,而只能以处死相威胁,才能使逃散的士兵回到阵地上。可是在战斗中不可避免地使用的这些暴力行为却变成了制度,成了必须遵守的规范。托洛茨基认为这种情况是很自然的,从来没有再度审视一下自己的观点。

他在回忆录中,相当蛮横而又自信正确地写道:"没有惩罚就不可能建立军队。如果没有死刑,长官就不能指挥士兵去冲锋陷阵。只要那些为自己的技术而自豪的凶狠的无尾猴,也就是人,要建立军队,要打仗,指挥官总要把士兵置于背水一战的地位,前进还有生的希望,后退则是死路一条。"[2]托洛茨基不假思索,就在整个内战中奉行了这个信念。

在他看来,镇压是军事建设的一个组成部分,是对人员进行教育的形式。托洛茨基1919年给西部战线革命军事委员会的一封电报很能说明问题:"对我军进行教育的一项重要原则是不让任何一次过失或罪行不受到惩罚……镇压应当紧紧跟在违反纪律之后,因为镇压不具有自身独立的意义,而是追求教

---

〔1〕 ЦГАСА, ф.33987, оп.2, д.41, л.146.

〔2〕 托洛茨基:《我的生平》,赵泓、田娟玉译,郑异凡校,上海人民出版社2014年版,第359页。

育和战斗的目的……共产党员因违反纪律和不执行指挥员的命令应受最严厉的惩罚……"[1]目前,红军群众的自觉性、信仰和训练程度都不高,托洛茨基认为弥补他们缺点的唯一办法就是以严厉惩罚相威胁。持这个观点的不仅是他,还有其他革命领导人。同时还应当指出,托洛茨基也和列宁一样,认为革命纪律的基础是战士的自觉性,不过他强调,培养纪律性也要靠恐吓和镇压。

托洛茨基在和指挥人员开会时,下令在战斗中激励红军战士不仅要用榜样的力量,而且也要用"铁腕",不惜使用武器。在一次这样的"指示会"上,有人说,并非所有的指挥员和军事委员都有手枪来执行这项指示,托洛茨基在给列宁的例行报告中向秘书口授了以下几句:"没有手枪在前线造成了不堪设想的局面。没有手枪就不能维持秩序。我向穆拉洛夫同志和波泽尔恩同志建议,向一切不担任战斗职务的人征用他们的手枪……"[2]以惩罚相威胁逐渐变成了军队建设和运作的一种手段,不仅如此,它在人们的思想中不知不觉地被认为是一种道德准则、"手枪的权力"、革命的绝对命令、无产阶级的要求……

> 巴拉绍夫,革命军事委员会;
> 科兹洛夫,革命军事委员会;
> 谢尔普霍夫,革命军事委员会。
> 莫斯科,列宁、斯维尔德洛夫。
>
> 请你们注意,第九集团军的工作极差。前线司令部的命令不执行,军队止步不前……应当用铁腕迫使师长们和团长们**不惜任何代价**(黑体是我加的——作者注)转入进攻。如果局势在一周内得不到改变,我将不得不对第九集团军的指挥人员执行严厉的镇压……
>
> 1918 年 11 月 26 日
> 革命军事委员会主席托洛茨基[3]

收到司令员们关于作战命令执行情况的报告时,托洛茨基首先对精神—政治问题作出回应。

---

[1] ЦГАСА, ф.33987, оп.1, д.216, л.174.
[2] ЦГАСА, ф.4, оп.14, д.7, л.14.
[3] ЦГАСА, ф.33987, оп.2, д.41, л.5.

察里津，第 10 集团军革命军事委员会。

第八和第九集团军已转入胜利的反攻。最初的行动就向前推进了许多，抓了许多俘虏，有许多战利品。我要求毫不留情地处置逃兵和贪生怕死的人，他们瘫痪了第十集团军的意志。对逃兵和贪生怕死的人绝不容情。对不执行命令和胆怯应当负责的首先就是司令员和军事委员。前进！

革命军事委员会主席托洛茨基[1]

国内战争是一种特殊的战争。其中的毫不留情和残酷并不是偶然现象，而是一种规律。历来如此。无论是英国的三十年玫瑰战争，还是美国的南北战争，无不血流成河——谁也不会认为这是偶然的。同胞之间相互残杀是特别不可能和解的。俄国的国内战争也是这样，只不过暴力的规模要大得多。今天我们认为，几百万人死亡是毫无价值的。不过，这是在今天。而当时，谁也不曾认真地想一想，牺牲几百万个生命并不能证明，无论是红军，还是白军为之奋斗的那种"幸福"是正确的。不妥协和不留情曾经被认为是一种美德，尽管这个词本身似乎带有"资产阶级"的味道。很少有人认为而且相信，改革、进化最终能够比革命取得更大的收获。

不管怎么说，俄国的国内战争（发动它的既有被排除在权力之外的那些阶级和外国干涉者，也有十月的胜利者）成了全面暴力最残酷的表现之一。不仅在军事上，而且在经济、社会和精神各方面。1918 年 11 月 7 日，列宁在全俄肃反委员会工作人员的游艺大会上讲话说："我们真不理解，那些责备我们残酷无情的人，怎么连最起码的马克思主义都忘记了。"可是，当年除了狭窄的党员圈子之外，还有谁知道马克思主义呢？ 一个农民，即便听说过马克思主义，他接受的也仅仅是关键的一点：它能不能带来土地及和平？ 他很难理解，为此就必须流那么多的血。就是被白卫分子，还有列宁对他们发表讲话的全俄肃反委员会的工作人员不假思索地杀害了的那些人的鲜血。列宁接着说："对我们来说，重要的是肃反委员会**直接**（黑体是我加的——作者注）实现无产阶级专政，它在这方面的作用是不可估量的。要解放群众，除了用暴力镇压剥削者，别无他法。"[2]

---

[1] ЦГАСА，ф.33987，оп.2，д.41，л.86.
[2] 《列宁全集》第 35 卷，中文第 2 版，第 169 页。

除了暴力,解放的其他办法是没有的……这话太可怕了。可惜,在当时这仿佛是很自然的事情。可是今天理性反对这种双边的、全面的、被歌颂的、总体的暴力。今天我们谴责"那种"暴力,大约是很简单的事。然而,存在过另一个时代,另一些人,另一种思维。我们随着时代一起,有了重大的改变。而在当时,一切都是另一种模样。

斯维亚日斯克,托洛茨基

很感谢你,恢复得非常好。镇压喀山的捷克人和白卫分子,以及支持他们的富农—吸血鬼将会是模范而且绝不留情的。致热烈的敬礼。列宁。[1]

但是,托洛茨基不仅对"富农—吸血鬼"实行了"模范,而且是示范性的"恐怖。依靠动员,将成千的农民,其中许多人已经在帝国主义战争的堑壕里蹲了好几年,赶进了军队。获得了土地后,他们再也不想再次到无穷无尽的战争路上去趟泥水,到战场上去拼刺刀,战壕里去喂虱子。匆匆忙忙组建起来的团和营往往当场就涣散了。红军战士都跑回家了。逃跑的规模极大。国内战争结束后,C.奥里科夫出了一本很有意思的书《红军中的逃跑现象及与它的斗争》。作者在战争年代曾经在"抓捕"逃兵的机构中工作过,他指出,这种不良现象在 1918 年下半年和 1919 年上半年达到了极大的规模。请看奥里科夫引用的 1919 年 4 月的资料:"最初两周内,委员会的惩罚和宣传行动就使被捕获和自首的逃兵达到 31 683 人。后两周则是 47 393 人。有几个月,被扣押的逃兵甚至接近 10 万人。只有暴力,以处决相威胁(而且毫不留情地枪决了许多人)才迫使上千的人回到前线。"[2]托洛茨基感到,如果不能制止"抵制战争"这种传染病,他就不可能建立起红军的战斗力。于是成立了许多反逃跑委员会。1919 年 6 月 2 日,列宁和斯克良斯基签署了工农国防会议的一项专门决定,根据这项决定,逃跑的士兵如果不向部队(或政权机关)自首,"将被认为是劳动人民的敌人和叛徒,而处以严厉的惩罚,直至枪决"。制定了许多条令来制止这种灾难,出现了一些在我们看来

---

[1] ЦПА ИМЛ, ф.326, оп.1, д.403, л.87a.

[2] Оликов С. Дезертирство в Красной Армии и борьба с ним(《红军中的逃跑现象及与它的斗争》). М., 1926. С.27-28。

很奇怪的职务和机构,如"师级反逃跑委员"、"集团军级反逃跑委员"、"战线反逃跑委员"等等。临阵脱逃达到了危险的规模。

托洛茨基还在第一次去前线时,就口授了几道十分强硬而严格的命令,表明自己在涉及千万名军人的命运和生死问题上是一个敢于作出最严酷决定的人。看来,内心的激进主义、将革命的极端形式奉若神明、信仰无产阶级专政的神圣不可侵犯使军事人民委员成了国内战争年代军事恐怖的主要柱石之一。下面是托洛茨基1918年8月30日签发的一份命令:

第31号令

给红军和红海军

背叛者和卖国贼混进了工农的军队,并企图保证人民的敌人取得胜利。紧随其后的是贪生怕死之辈和临阵脱逃者……昨天,根据东部战线第五集团军野战军事法庭的判决,枪决了20名逃兵。处决的首先就是逃离交付给他们的阵地的那些司令员和军事委员。然后是那些撒谎装病的贪生怕死之辈。最后是几名临阵脱逃,而又拒绝以参加今后的战斗来赎罪的红军士兵……

工农红军的英勇战士万岁!让贪生怕死之辈去死吧!背叛者——逃兵只有死路一条。

陆军和红海军人民委员

列夫·托洛茨基[1]

这起了些作用,但不是始终都起作用。恐怖心理被撒播到各种各样、五光十色的战士行列中,阻止了许多人,但不是全部,从令人生厌的战场逃回亲人身边去。此外,有些人逃跑是出于其他的、政治的动机。因为被动员的还有几千名原沙皇军官。安·伊·邓尼金在回忆录中是这样描述这些职业军人的。他将他们假设为三类人。"第一类是赞成苏维埃纲领的极少数共产主义者,由于积极地参与布尔什维克的血腥行动而声誉扫地,以致离开了苏维埃制度他们就没有出路……第二类为数也很少,就是所谓的'反革命分子',他们不顾苏维埃政权非同寻常的压迫、侦缉和恐怖行动,仍旧努力地反抗苏维埃。这种活动表现为零散的爆发、暴动、暗杀,以及投向白卫军等

---

〔1〕 ЦПА ИМЛ, ф.325, оп.1, д.40, л.27.

等……最后是第三类……人数最多,他们是被饥饿、恐惧、强制投入红军的,和转变成专家的知识分子分享相同的命运。"〔1〕

邓尼金写道,他和其他司令官采取了种种办法,指望原沙皇军官立即脱离红军或者逃避在红军中服役。

邓尼金签署的最后一批命令中有一份宣称:"所有不立即脱离红军的人都将遭到人民的唾弃和俄国军队野战法庭最严厉、最不留情的审判。"〔2〕这份命令在苏维埃共和国内秘密传播,有些军官执行了它。作为回答,开展了新一轮无情镇压。尽管如此,原沙皇军官还是继续投向白军一方。于是托洛茨基毫不犹豫,采取了极不道德的扣押人质的办法。

> 谢尔普霍夫,革命军事委员会,阿拉洛夫。
>
> 　　还在你担任军事人民委员部行动处处长期间,我就曾向你发布命令,要求查清来自原军官的指挥人员的家庭状况,并通知每个人,由其亲自签名,如果本人变节或背叛,将拘捕他的全家,因此,他本人对自己家庭的命运负责。从那时以来,发生过多起原军官背叛的事件,但其中,据我所知,没有逮捕过任何一个背叛者的家庭,因为,看来登记原军官一事根本不曾执行。如此漫不经心地对待最重要的任务是完全不能容忍的……
>
> 　　　　　　　　　　　　　　　　　　　1918 年 12 月 2 日
> 　　　　　　　　　　　　　　　革命军事委员会主席托洛茨基〔3〕

打算用解决这项"最重要的任务"的办法来巩固工农红军。托洛茨基不仅仅向阿拉洛夫提示了这一点。

> 喀山。区军事委员梅什拉乌克。
>
> 　　第十一师充分暴露了自己软弱无力:部队继续毫无抵抗而投降。罪恶的根源在指挥人员。显然,下诺夫哥罗德的省军事委员会只顾及了战斗和技术方面,却忘记了政治方面。我建议要密切关注被吸收的

---

〔1〕　Деникин А. И. Очерки Русской Смуты. Т. III. С.145.

〔2〕　Деникин А. И. Очерки Русской Смуты. Т. IV. С.91.

〔3〕　ЦГАСА, ф.33987, оп.2, д.41, л.62.

人员,被任命担任指挥职务的只能是那些家住苏维埃俄国境内,而且由本人签名,宣布他们自己对家庭的命运负责的那些原军官……

革命军事委员会主席托洛茨基〔1〕

1918年至1920年,托洛茨基相当认真地以为,他既然将军事专家的家庭变成了人质,就能迫使他们由于担心自己亲人的生命而参加战斗。我不知道,托洛茨基是否明白,这些方法是极其不道德的,不过有一点是清楚的:在关系到革命的问题上,他认为一切能够挽救革命的办法都是合乎道德的。作为人质的不仅有军官家庭的成员,而且有军官本人。有许多人被处决了,因为发现有原先佩戴"金色肩章"的人转到了白卫一边。

莫斯科,捷尔任斯基,卢比扬卡,11。

请告诉我,是否还有作为人质被关押在集中营和监狱中,等待判决的军官。如果有,关押在何处,有多少人。

革命军事委员会主席托洛茨基〔2〕

托洛茨基认为,在危急时刻,只要不让军队瓦解的一切办法都是容许的。而且,当年所有的布尔什维克,所有革命领袖全都持这种看法。而革命军事委员会主席,尤其在前线局势分外严峻的时候,继续发出这样的命令:"我命令共和国的所有集团军司令部用电报向革命军事委员会委员阿拉洛夫报告所有投敌的指挥人员名单……责成阿拉洛夫同志与相关机构协调扣押逃跑分子和叛徒家庭成员的必要措施。"〔3〕"扣押"的措施——话说得很委婉。

在1919年11月2日第163号命令中,托洛茨基把自己的思想表述得确切多了:"叛徒的家庭应当立即被逮捕。叛徒本人应当被列入军队的黑名单,以便在革命取得近在咫尺的彻底胜利之后,没有一个叛徒能逃脱惩罚。"〔4〕

托洛茨基的指示有时是很具体的。例如,1920年,在给斯克良斯基和

---

〔1〕 ЦГАСА, ф.33987, оп.2, д.41, л.63.

〔2〕 ЦГАСА, ф.33987, оп.2, д.86, л.96.

〔3〕 ЦПА ИМЛ, ф.325, оп.1, д.40, л.35.

〔4〕 ЦГАСА, ф.33987, оп.2, д.3, л.76.

克列斯廷斯基的一封电报中他指示说,"被揭发协助过弗兰格尔的家庭应当被流放到外贝加尔……"〔1〕这些可怜的家庭……有多少这样的家庭当时遭受过这种痛苦,而且后来,许多年后,还有多少要遭受这样的痛苦。革命领袖们都赞同列宁的意志,赞同他的方针:有助于巩固共产主义阵地的,都是合乎道德的。

不过,托洛茨基在对待被捕军官时,并不是始终如一的。例如,1918年10月25日在中央会议上,他提议释放所有作为人质而被逮捕的军官。可是中央决定仅仅释放那些"没有发现属于反革命的军官。他们被接受加入红军,不过应当提供家庭成员的名单,而且向他们说明,如果他们转投白卫分子,他们的家属将被逮捕。"〔2〕

但是,关于军事专家"变节"和"叛变"的传闻显而易见是夸大其词。邓尼金在回忆录中说,他在两年间只有一次得到过确切的信息,是一名红军司令部的前将军的转变给战局造成很大影响。

最困难的是迫使士兵的主体部分投入战斗。托洛茨基特别指望共产党员和军事委员。而且他的希望基本上实现了。但并不是始终如一。出现过不少这样的情况,整支部队撤出阵地,然后逃离战场。共和国革命军事委员会主席经莫斯科批准采取了断然措施:在不稳定的部队身后布置拦截队,其职责是一旦擅自后撤,就向自己人射击。所以说,斯大林在1941年至1942年设立拦截队不过是在新的条件下复制了国内战争的经验而已。最早的拦截队是1918年8月出现在东部战线由米·尼·图哈切夫斯基指挥的第一集团军。也是他最先发出了关于枪决的凶残命令。1918年12月,托洛茨基命令普遍建立专门的分队,其职责与拦截队相同。1918年12月18日,托洛茨基发电报:"拦截队的事进展如何? 据我所知,它们不在我们的编制之内,所以似乎没有稳定的骨干队伍。然而我们无疑必须拥有拦截队的一张网络,哪怕是处于萌芽状态的网络,并准确地制定它们的组建和扩充的规则。"〔3〕

托洛茨基要求在危险的方向预先建立拦截队,但他不局限于一般的指示,而是就这些拦截队的工作提出较为细致的"策略性"建议。

---

〔1〕 ЦГАСА, ф.33987, оп.1, д.392, л.108.

〔2〕 ЦПА ИМЛ, ф.17, оп.2, д.5.

〔3〕 ЦГАСА, ф.33987, оп.1, д.420, л.350.

战线拦截队队长伊万诺夫同志

看来,拦截队往往将自己的工作归结为扣押个别逃兵。然而在进攻时,拦截队的角色应当更积极些。它们应当部署在紧靠我们散兵线的后方,必要时从后面推动落后的和动摇的人前进。供拦截队使用的应当尽可能有一辆配有机枪的卡车,或者一辆配有机枪的小汽车,或者几名携带机枪的骑兵。

革命军事委员会主席托洛茨基[1]

而且还规定对逃兵要区别对待。例如托洛茨基在第44号命令中要求:

(3)如果逃兵立即前往师或团司令部并声称:"我是逃兵。可是我发誓,今后将忠诚地战斗"——应当得到宽恕并允许履行工农军队战士的崇高职责。(4)如果逃兵在遭到扣押时进行反抗,应当就地枪决。[2]

在仓皇后撤之后,拦截队有时也被用于在后方整顿秩序。1919年5月19日,斯克良斯基向托洛茨基报告:"斯大林通告:战线正在整顿,派出了三个惩戒连前往卢加、加特契纳和红村。季诺维也夫去了卢加,斯大林去了旧鲁萨,松松垮垮的第六师已被截住,正在整顿,师长贪生怕死,已被撤职。"[3]

托洛茨基苦苦地寻找巩固作战部队的精神状态的办法,使用了一切手段:镇压、鼓励、嘉奖、唤醒阶级本能、进行政治开导。革命为了保卫自己,不惜采用任何方法。有一次,托洛茨基在阅读关于逃兵的例行报告和统计图表时,在列车的隆隆声中,口授了给莫斯科的一封这样的电报:

"我建议在陆军和海军中,对返回部队的逃兵,以及拒绝执行命令并参与抢劫等等的士兵实行黑衣领的办法。穿黑衣领的战士和水兵如果再次犯罪时被抓获,将受到加倍惩罚。只有在举止模范或表现英勇时,才能取下黑衣领。"[4]谢天谢地,托洛茨基的这项中世纪的提议没有获得支持,因此上千红军战士才免去了这个可耻的"脖套"。

---

[1] ЦГАСА, ф.33987, оп.1, д.87, л.459.
[2] ЦПА ИМЛ, ф.325, оп.1, д.40, л.37.
[3] ЦГАСА, ф.33987, оп.1, д.146, л.72.
[4] ЦГАСА, ф.33987, оп.2, д.40, л.308.

托洛茨基毫不动摇地相信暴力的效果，认为只有采用非常措施才能够挽救苏维埃政权。他显而易见地指望用军事恐怖主义来扭转局势。而中央并不曾制止，也不曾责备过革命军事委员会主席。而托洛茨基常常向中央发出这样的通报：

莫斯科。人民委员会主席列宁

中央执行委员会主席斯维尔德洛夫

沃罗涅日战线的可耻失败，其原因全在于第八集团军的完全涣散。主要罪责在军事委员们不敢采取激烈措施。六周前我曾经要求严肃处理沃罗涅日战线的逃兵。结果并没有采取任何措施。各团从一个地方调往另一个地方，一旦出现危险，就随便放弃阵地……野战法庭已经开始工作。枪决了一批临阵脱逃的士兵。宣布了命令，发现窝藏逃兵的，要追究工农兵代表苏维埃、贫农委员会和房主的责任。第一批处决已经起了作用。希望近期内可以扭转局势。必须继续派遣得力干部前来。我留在沃罗涅日战线直至完成整顿。

革命军事委员会主席托洛茨基[1]

"整顿"是血腥的。莫斯科批准了这些做法。实际上，整个国内战争期间军事法庭都没有停止工作。1918年至1919年间处决的人特别多，但即使在1920年和1921年，毫不留情的惩罚镰刀也有许多令人伤心的收获。当然，在这成千累万的牺牲者中不乏真正的敌人和罪犯，他们在被肃反人员或红军战士处死之前，杀害了许多指挥员、战士，甚至仅仅是同情苏维埃政权的普通人。可是被枪杀的主要还是一些对发生的一切不理解或者不想为"公社"去送命的普通农民。据那些遥远事件的亲历者和目击者 C.科比亚科夫的回忆录记载："新法院被称为法庭（就像法国大革命时期那样）。这些法院的判决不准提起上诉。判决无需任何人批准，而且必须在24小时内执行……"[2]

我没有在整个国内战争期间被军事法庭判处死刑的总人数。可是我有一份由最高法（原件如此——作者注）军事委员会主席 B.索罗金和最高法统

---

[1]　ЦГАСА，ф.33987，оп.2，д.40，л.418.

[2]　Архив русской революции. Т. VII. С.246.

计处处长 M.斯特罗戈维奇签字的文件,是 1921 年按照俄罗斯联邦和乌克兰社会主义共和国革命军事法庭的判决被枪决的人数(请注意,1921 年比起 1918 年和 1919 年来,按被枪决的人数说,算不上"丰年"。)已经制成图表的资料表明,它是根据各种电报制成的。[1]我复制一下这张被最高法的祭师在文件中引用的、死亡数增减的简单图表。

1921													
月份	一月	二月	三月	四月	五月	六月	七月	八月	九月	十月	十一月	十二月	总计
枪决人数	360	375	794	740	419	365	393	295	176	122	111	187	4 337

我不知道,索罗金和斯特罗戈维奇是否制作过前几年的类似图表。最有可能的是,在国内战争的最初几年被处决的人要多得多。

尽管托洛茨基比其他人更了解红军队伍中的大规模逃跑及其他可耻现象,可是当报刊披露这些事情时,他还是气愤地表示抗议。1919 年 7 月 14 日,托洛茨基用直达电报,经过斯克良斯基转告中央自己对《全俄中央执行委员会消息报》刊登的塔拉索夫-罗季奥诺夫的几篇文章的气愤,作者在报上,用革命军事委员会主席的话来说,"可耻而虚伪地中伤红军,将全体指挥人员说成是变节分子,而革命军事委员会委员全都没有头脑,不会使用共产党员等等……塔拉索夫-罗季奥诺夫是个可疑的共产党员……"[2]托洛茨基不希望,借用现在的说法,"抹黑"军队,认为镇压、惩罚变节分子都是很自然的事情,不过完全没必要加以报道。

顺便说说亚历山大·塔拉索夫-罗季奥诺夫。这个人曾经一再引起托洛茨基注意。1919 年夏季,革命军事委员会主席在致中央的信中写道,塔拉索夫-罗季奥诺夫这样"游手好闲"的人在丑化军队。"在 17 年 6 月的日子里,他好像是左派社会革命党人(1919 年夏季时,这已经被认为是重大的罪行了——作者注),而由于 7 月事件(指 1918 年 7 月左派社会革命党人的起义——作者注)被调查时却装扮成一个可怜的胆小鬼、变节分子和叛徒……后来又给自己抹上了苏维埃政权的色彩。"[3]这一次托洛茨基在描述一个日后成了师长的人的精神面貌时,是很恰如其分的。

---

[1] ЦГАСА, ф.33987, оп.2, д.141, л.179.

[2] ЦГАСА, ф.33987, оп.1, д.195, л.132.

[3] ЦГАСА, ф.33987, оп.2, д.32, л.253.

1935 年,塔拉索夫–罗季奥诺夫社会革命党人的历史问题和他革命前对斯大林的批评成了对这名前师长的严重指控后,他为了保命,开始写一些往往是不知羞耻的信:

> 国防人民委员克·叶·伏罗希洛夫同志
>
> ……左派社会革命党人的暴乱是托洛茨基及其同伙一次隐蔽的尝试,企图将列宁排挤出权力之外,破坏布列斯特和约。左派社会党人被推出来作为暴乱的前锋,而在后面活动的则是托洛茨基及其走狗领导的势力……

在致同一个伏罗希洛夫和施基里亚托夫的信中,塔拉索夫–罗季奥诺夫对自己"1917 年 7 月涉及忠诚的布尔什维克斯大林的背叛信件"表示忏悔,顺便密告了他本人认识的加米涅夫。尽管塔拉索夫–罗季奥诺夫在信件上的落款是"一贯对党忠实,也对你们忠诚的",他的未来却早已被决定了。[1]

亚·塔拉索夫–罗季奥诺夫的悲惨命运表明了当时的精神氛围。不能不说,这种氛围的根源也在于国内战争时期的疯狂恐怖行动。当时就已经确定,对那些沦入"敌人"行列的人必须毫不宽容,强调阶级的整体性和残酷性。

许多党员都知道前线的大规模枪杀,而且这个题目还在俄共(布)第八次代表大会上浮现过,特别在人们得知有共产党员被镇压后。托洛茨基对此作何反应?档案中保存着革命军事委员会主席致俄共(布)中央的一封长信,其中谈到决定他对这个问题立场的原因。为了更好地了解托洛茨基对国内战争年代恐怖行动的观点,我在下面引用他信中的一些论点。

"我收到了中央委员会 1919 年 3 月 22 日根据季诺维也夫同志的书面报告作出的决定。就此我认为必须陈述如下。代表大会的委员会表述的实际论点中并没有同军事部门**迄今为止执行的、得到中央批准的**(黑体是我加的——作者注)政策相矛盾之处。

……正是由于我目睹了作战部队中沉重的,甚至是悲剧性的场面,我才非常了解,用所谓'同志式的',也就是家庭式的纪律来取代正式纪律的诱惑力有多大,同时我又十分相信,这种取代就意味着军队的彻底瓦解。"[2]接

---

〔1〕 ЦГАСА, ф.33987, оп.3, д.717, л.202-207.

〔2〕 ЦГАСА, ф.33987, оп.2, д.32, л.346-353.

着托洛茨基分析了大家知道的、军队中根据他的建议和法庭判决枪决了共产党员的事情。不过,托洛茨基坚信,这样极端的判决是出于严峻的前线局势的需要,因此他相信自己是正确的。"只有依靠最大限度的紧张,自上而下通过最坚定,同时在许多时候是严厉的制度才能够维持一支军队。反对派[1]的口号是'拧松一点螺丝帽',而我的观点是必须拧紧螺丝帽。"托洛茨基坚定地在信的结尾处写道:"工人阶级党的中央绝不能传染上惊慌失措,也不能在心理上向奥新斯基-伏罗希洛夫之流看齐。季诺维也夫同志的报告让人忧心忡忡,他正是在寻找一条削弱制度,而迎合我们党内一些人的疲惫情绪的道路来解决问题。由于中央委员会政治局批准了季诺维也夫同志的报告,我愿意相信,它批准的不是报告的这一面,因为如果相反,我本人就看不到指望党在今后沉重的斗争中取胜的任何机会。"[2]

为了达到既定目标,托洛茨基往往会毫不犹豫地下令采取最强硬措施。1919年6月,他命令第八集团军革命军事委员会:"现在占据首位的是应当大大加强军事法庭的工作……惩罚必须紧跟在犯罪之后。在清洗宽阔地带时,看来集团军领导并不曾采取应有的措施,从居民手里没收尽可能多的马车,发动所有能够扛枪的人,将他们带到后方;否则这都将落入敌人手中。局势要求采取严厉的军事专政手段……"[3]

甚至在谈论红军战士制服不够,伙食太差的时候,托洛茨基也认为其根源是阶级原因。他在向中央报告乌克兰"半饥饿的赤脚"战士时,写道:"富农吃得饱饱的,把枪支藏起来,冷冷地看着饿着肚子光着脚的红军战士;战士感到不自在,而且委屈。就应当用滚热的熨斗去烫一烫乌克兰富农的脊梁骨,那时就会造成工作的环境。"[4]托洛茨基的立场再明确不过了。他打算无休无止地使用"革命的熨斗"。

这就是残酷的时代。那些企图扼杀革命的人很残酷,革命的保卫者们也很残酷;在这种情况下,正像别尔嘉耶夫英明地指出的那样,双方都"不再关注真理了"。可是残酷仿佛已经被布尔什维克坚定不移地实行无产阶级专政的方针规定为纲领了。因为列宁自己就承认,"专政,这是一个残酷的、

---

[1] 指主张采用游击斗争的方法,对军事专家表示不信任的一些俄共(布)第八次代表大会的代表。其中有不少是原"左派共产主义者"。

[2] ЦГАСА, ф.33987, оп.2, д.32, л.346-353.

[3] ЦГАСА, ф.33987, оп.2, д.32, л.166.

[4] ЦГАСА, ф.33987, оп.2, д.32, л.307.

严峻的、血腥的、痛苦的字眼，这样的字眼是不能随便乱讲的。"[1]俄国革命的领袖认为，首先就是用力量表现的专政是自然而然的。在他眼中，枪决仅仅是解决尖锐的社会和政治问题的方法之一。例如，他居然能写出，"对诬告者要严加追究，并处以**枪决**（黑体是我加的——作者注）"[2]。仅仅因为告密就被枪决！不错，是仅仅因为"诬陷的"。归根到底，问题不在于列宁或是托洛茨基。将无产阶级专政和阶级斗争置于首位的学说，一旦被接受作为政治纲领，就总能找到与之相适应的领袖。尽管他们，就是这些领袖，也试图将这种专政限制在革命法制的框架之内。

因此，尽管我们说明了托洛茨基坚定地支持在前线采用军事镇压，却不能认为这完全是他个人的无法无天，至少在形式上是这样。托洛茨基通常是在布尔什维克的军事政策框架内行动的，而且"得到中央批准"，通过革命军事法庭。为了证实这种思想，值得提一下托洛茨基给第二集团军革命军事委员会的一封信。

> 尊敬的同志们，我同三十八师师长和军事委员谈了话，从中得知第二集团军内发生过不经审判就处以枪决的事情。我毫不怀疑，受到这种惩罚的人完全是罪有应得。足以保证的是革命军事委员会的人员组成。但是不经审判就处以枪决的程序是**完全不能容许的**（黑体是我加的——作者注）。
>
> 当然，在战斗的环境中，战火纷飞，指挥员、军事委员，甚至普通红军战士都可能不得不就地处决变节者、叛徒或者企图在我们队伍中挑起混乱的奸细。但除了这种特殊局面外，在涉及惩办的一切场合，不经过法院，没有法庭的判决就执行枪决无论如何都是不能容许的……
>
> 我建议第二集团军革命军事委员会要注意组成有足够权威的，能派出巡回法庭的，干练的军事法庭。同时坚决制止各师中不经判决就执行枪决的事情。

> 1919 年 5 月 6 日
>
> 革命军事委员会主席列·托洛茨基[3]

---

[1]《列宁全集》第 36 卷，中文第 2 版，第 338 页。

[2]《列宁全集》第 35 卷，中文第 2 版，第 332 页。

[3] ЦГАСА，ф.33987，оп.2，д.32，л.74—74об.

这份文件出现时已经是 1919 年。那时在许多部队里，指挥员私设法庭已经不罕见了。不仅如此，私刑被认为是正常现象了。就在同一年，两个多月后，托洛茨基发布了第 126 号命令：

> 红军战士、指挥员、军事委员同志们！希望你们将你们公正的愤怒仅仅指向手执武器的敌人。请你们宽待俘虏，即便他是明确无误的恶棍。俘虏和投敌分子中有许多人是由于愚昧无知，或者在棍棒驱赶下，才加入邓尼金的部队的。
>
> 我命令：任何情况下都不得枪杀俘虏，而应遵照最近的指挥机关的指示，将其送往后方。遇有违反命令时，应报告上级，以便立即派出革命军事法庭前往犯罪现场。[1]

给人的印象是，托洛茨基打算用这些文件将早已越出了道德和法律堤坝的残酷无情和擅自行事塞进军事法律的框架。然而这可是一场革命的血腥盛宴。

即将到来的"社会主义"从一开始就带有俄国历史暴力的痕迹，而且特别是国内战争野蛮的印记。

对战争的剖析

时间在我们身上流淌，而我们也在时间中流淌。逝去的岁月越多，人们就越经常地回首往事，而对未来越是感到恐惧。生命仿佛是时间在流淌中还没有吞噬最后的几个衰弱斑点之前的一次闪烁。浮士德希望将生命的闪烁，它最美好的瞬间，变为永恒。而按照宗教的公理，这个瞬间"在彼岸"，在另一个世界中，的确可以成为永恒。空想家则指望瞬间可以留驻在这个世界上。不过大家都忘记了，人们渴望的这个瞬间还需要获得！

托洛茨基在国内战争快结束时，无疑获得了这个瞬间。他的声誉传遍

---

[1] ЦГАСА, ф.33987, оп.2, д.3, л.54.

全俄国。短短几年之内,托洛茨基就不仅在俄国,而且在全世界跻身最著名革命家的行列。十月革命之前,这个人与军事毫无瓜葛,却突然成了一个庞然大国最重要的军事家之一!我想,为了列·达·托洛茨基的政治肖像画,必需费些笔墨描写这名俄共(布)军事政策的创立者和执行者的特色。或许,苏维埃共和国革命军事委员会主席在这方面最淋漓尽致地展示自己是在俄共(布)第八次代表大会上,虽说他并没有出席这次大会。

1919年3月初,托洛茨基回到莫斯科。革命军事委员会中积累了斯克良斯基不能代替他处理的许多事情,而主要是本月内将要召开党的代表大会,会上预计要审议的许多问题中,也包括军事问题。托洛茨基本打算报告中央,1919年春季总司令部准备将主要力量用于粉碎乌克兰,以及从卡累利阿地峡至罗夫诺一线的协约国和志愿部队的联军。这样做是完全必要的,因为在这些方向兵力占优的敌人处于最靠近我国主要政治和经济中心的位置。1919年2月19日,根据总司令的命令成立了西部战线,纳杰日内任司令员,革命军事委员会委员有里姆、皮亚特尼茨基、谢马什柯(3月24日增补了斯基嘉)。南部战线和西部战线都在为即将到来的战役做准备。

托洛茨基打算在大会上作报告《战局和军事政策》。也像以往一样,托洛茨基向谢尔姆克斯和波兹南斯基口授了提纲。打印之后,托洛茨基就着手准备发言。他打算最详细地介绍共和国的战争态势,阐述建设红军的一些原则观点,但他知道,在前线和中央的党员中,有不少人非常反对他的路线。他早已有所觉察,特别是1919年2月15日,他命令实施卫戍和警卫勤务条令、内勤条令和野战条令(关于运动战)的第一部分之后。

起草这些条令的是一些原沙皇军官。他们自然从相当详尽的旧俄国军事规章中借用了许多观念。军事委员们立即发现了这一点,并认为这是故意下滑到"旧体制的规程"。不过这还算不上多大的事。托洛茨基得知,一些著名的党员,如弗·米·斯米尔诺夫、菲·伊·戈洛晓金、格·伊·萨法罗夫、格·列·皮达可夫、安·谢·布勃诺夫、克·叶·伏罗希洛夫、Н.Г.托尔马乔夫、叶·米·雅罗斯拉夫斯基,还有一些人公开批评作为整个军事部门负责人的托洛茨基的活动。

托洛茨基对此不是很担心。他几乎一贯是事先同列宁商量过或是向他报告过。实际上他是在执行中央的政策、列宁的路线,无论是战略,还是建军原则,或者是同逃跑现象作斗争的问题。

这时从前线传来种种消息:在里加方向由冯·哥尔茨将军率领的德军转入反攻,波兰军队也开始向明斯克推进。不过这些消息并没有让托洛茨基感到特别不安:目前敌方的兵力并不强大。然而从东部战线传来的信息却出人意料,令人担心:高尔察克舔好了去年的伤口,再次向西推进。据侦察部门估计,海军上将现在拥有 15 万步兵和骑兵,而东部战线却只有 10 万部队。加之在高尔察克后方,附近的和远处的后方,还有好几万干涉者的军队。

后来,约·约·瓦采季斯在分析 1919 年 3 月的战局时,是这样说的:"我非常清楚,高尔察克向伏尔加河中游的进攻不过是虚张声势,其主要谋略是想用巨大的压力将我们武装力量的大部分吸引到俄国的东部战线,然后自己后撤,将他们引向西伯利亚西部,也就是远离我们的主要战场,特别是邓尼金正准备与之一决雌雄的南部战线。"[1]下一个月,即 1919 年 4 月,列宁也得出了相同的结论。他在莫斯科工厂委员会和工会代表会议上讲话时说:"高尔察克在协约国指示下实行的进攻,其目的在于诱使我军离开南线,使南方的白卫军残余和佩特留拉分子能够恢复元气,但他们的这种打算是不会得逞的。我们决不会从南线抽调一团一连。"[2]据历史学家安·阿尼舍夫后来分析,3 月第一、第二、第四和第五集团军开始总撤退。部队中"后撤部队特有的瓦解迹象日益严重。逃跑和转投白军的规模增大了许多,甚至出现过部队骚动和整个团瓦解的事情"。[3]

来自东部战线的各种电报搅乱了托洛茨基的全部计划。他原本打算向代表大会报告说,只需稍作休整就可以在几个方向上发动决定性的进攻。可是敌人抢占了先机。1919 年 3 月 14 日召开了中央委员会会议,出席的有弗·伊·列宁、列·达·托洛茨基、列·波·加米涅夫、尼·尼·克列斯廷斯基、费·埃·捷尔任斯基、约·维·斯大林、尼·伊·布哈林、格·亚·索柯里尼柯夫、叶·德·斯塔索娃、瓦·弗·施米特、米·费·弗拉基米尔斯基、米·米·拉舍维奇、格·瓦·契切林、马·马·李维诺夫、列·米·卡拉汉。共和国革命军事委员会主席向代表大会的全体军事干部代表,包括他本人,提出立即赶往前线的建议。会议记录中是这样记载的:

---

〔1〕 ЦГАСА, ф.33348, оп.1, д.2, л.131.

〔2〕《列宁全集》第 36 卷,中文第 2 版,第 305 页。

〔3〕 Анишев Ан. Очерки истории гражданской войны(《国内战争史概要》).Л.1925. С.229.

听取了：

2. 战争形势。托洛茨基同志建议，鉴于前线形势危急，(1)准许他本人前往东部战线，(2)派遣全体前线军人立即返回前线。

决定：

准许托洛茨基同志离开。立即将所有前线军人派往前线，除索柯里尼柯夫同志之外，他被允许在党代表大会结束之前留在莫斯科。其余所有前线军人只有根据本人的特别申请才可以留下。[1]

但是军人代表得知这项决定后，表示坚决反对。他们的基本论据是，前线并没有出现灾难性的局面。而主要是，据3月16日举行的下一次中央会议上的说法，前线军人在代表大会开幕之前返回"可能被前线的机构解释为中央不希望听取军队的声音"。有人甚至说这是"耍花招"。这次会上决定："托洛茨基同志应立即返回前线。索柯里尼柯夫同志应在前线军人大会上宣布，撤销前线军人全部返回的决定，预计只有那些认为自己在前线是不可或缺的人才会立即返回。关于军事政策问题将作为代表大会议程的第一个问题"。[2]

去前线之前，托洛茨基3月16日同索柯里尼柯夫见了面。谈话的时间不长。共和国革命军事委员会主席拿出了自己修订过的提纲《我们在建军中的任务》，其中明确谈了一个思想：必须为建立一支摆脱了游击习气残余的、正规的、常备的军队而继续努力。提纲简洁、严谨而明确。不妨认为，提纲事先经过列宁审阅，因为3月21日，在代表大会的下午会议上，他曾经是托洛茨基提纲的主要维护者。直到不久之前，这一切都从俄国历史中被抹掉了。

离开莫斯科前，托洛茨基向自己的支持者提出了如何为提纲辩护的建议。他尤其指望共和国革命军事委员会委员、自己的忠实追随者阿列克赛·伊万诺维奇·奥库洛夫。可是奥库洛夫还没有来到。于是托洛茨基用直达电报同阿拉洛夫取得联系："奥库洛夫同志到了吗？因为我必须在代表大会之前离开，我想与奥库洛夫同志商定在代表大会上的活动。"[3]托洛茨

---

〔1〕　ЦПА ИМЛ, ф.17, оп.2, д.11, л.1-2.

〔2〕　ЦПА ИМЛ, ф.17, оп.2, д.11, л.106.

〔3〕　ЦГАСА, ф.33987, оп.2, д.88, л.96.

基已经知道,有许多人不赞成他的军事政策,并将在代表大会上发动攻击。

俄共(布)中央委员格·亚·索柯里尼柯夫的报告是以托洛茨基的 19 份提纲[1]为基础的。报告人一开始就说明,中央的军事政策是根据"托洛茨基同志在提纲中的表述"[2],然后阐述了建设正规红军的原则。其中包括:吸收旧军队中的军事专家担任指挥职务;提高军事委员和共产党支部在部队及军舰中的作用。

托洛茨基最坚定的追随者之一索柯里尼柯夫在报告中特别讲到同托洛茨基取得一致的思想:"军事专家问题不单单是军事问题,而且是一个总的原则性问题。你们想必还记得,当提出吸收工程师,吸收前资本主义的组织人员进工厂的时候,左派共产主义者中发出过最严厉的、'超共产主义的'批评,断定工程师返回工厂就意味着将指挥权交还给资本。而现在我们再一次遇到了完全相同的批评,只是移到了军事建设领域。有人说:你们让前军官返回军队,就是恢复旧的军官制度和旧军队。可是这些同志忘记了,站在指挥员身边的还有作为苏维埃政权代表的军事委员。"[3]索柯里尼柯夫在本应由托洛茨基做的报告中所阐述的一切似乎全都很正确。但就是缺乏大家公认的革命演说家托洛茨基讲话的那种激情和说服力。这一点格·格·季诺维也夫在彼得格勒党的积极分子会议上谈俄共(布)第八次代表大会的总结时,也指出过:索柯里尼柯夫代替托洛茨基作报告时,"没能十分鲜明地捍卫他的提纲"。[4]

假如托洛茨基出席了代表大会,他本可以具体地展示游击习气的种种表现,而且首先就是斯大林袒护的伏罗希洛夫的表现。例如,代表大会前两个月,托洛茨基就曾经通过直达电报向列宁报告说:

> 察里津究竟是怎么回事,这一点请读一读奥库洛夫完全是根据军事委员们的真实材料和总结写成的报告。我认为,斯大林对察里津风气的袒护是最危险的祸根,比军事专家的任何变节和叛变更糟糕……

---

[1] Известия ВЦИК(《全俄中央执行委员会公报》).1919. 25 февраля.

[2] Известия ЦК КПСС(《苏共中央公报》).1989. No 9. C.181.

[3] VIII съезд РКП(б). Март 1919 г. Протоколы[《俄共(布)第八次代表大会,1919 年 3 月,记录稿》].M., 1959. C.147.

[4] Партархив Института истории партии Ленинграда (филиал ЦПА ИМЛ)[《列宁格勒党史研究所档案馆(苏共中央马列主义研究院中央党务档案馆分馆)》].ф.1, оп.1, д.336, л.1-31。

鲁希莫维奇不过是伏罗希洛夫的化名（托洛茨基指的是他们对军事专家都持否定态度——作者注）；再过一个月就不得不咽下察里津这枚苦果……鲁希莫维奇不是孤零零的一个人，他们紧紧地抱成一团，把愚昧无知当成了原则……就任命阿尔乔姆吧，别任命伏罗希洛夫，也不要鲁希莫维奇……我再一次请求您认真阅读奥库洛夫关于察里津部队，以及伏罗希洛夫在斯大林协助下怎样瓦解军队士气的报告。

1919 年 1 月 11 日

托洛茨基[1]

前一天，皮达可夫给列宁、斯维尔德洛夫和斯大林发来电报，其中说，托洛茨基坚决反对在前线使用伏罗希洛夫……[2]这是托洛茨基对伏罗希洛夫，未来的"第一元帅"，旧怨的继续，他认为这是一个十分平庸的将领，是游击战争的吹鼓手。例如，1918 年 10 月，托洛茨基电告列宁："伏罗希洛夫能够指挥一个团，而不是一个五万人的集团军。"托洛茨基曾经威胁说，由于不执行他的命令，"将把伏罗希洛夫交付法庭审判"。[3]所以，假如托洛茨基留在了代表大会上，他肯定有话要说。

索柯里尼柯夫之后，在代表大会上发言的是托洛茨基的主要反对者、第五集团军，后为第十六集团军革命军事委员会委员弗·米·斯米尔诺夫。他报告的基调是指责。他声称，"一切军事力量的总领导是极差的。"这明显是暗示不在场的托洛茨基。斯米尔诺夫花了很多时间谈建军中最危险的倾向"机械地恢复旧军队的形式，尤其是那些不是由军事技术，而是由革命前制度下的阶级关系决定，而现在已经是专制-农奴制的残余的那些形式。"[4]斯米尔诺夫的报告集中表现了所谓"军事反对派"的观点，将党向后推，推向建军中的游击主义，取消单一首长制和严格的纪律等等。报告人对待军事专家的立场是毫不妥协的，按他的意见，对这些人根本就不能委以任何军事职务。

"军事问题"触及了每一位代表，可以作证的是登记要求发言的有 64 名代表。发言中支持反对派提纲的是罗·萨·捷姆利亚奇卡、菲·伊·戈洛

---

[1]　ЦГАСА, ф.33987, оп.2, д.86, л.155.

[2]　ЦГАСА, ф.33987, оп.2, д.96, л.10.

[3]　ЦГАСА, ф.33987, оп.2, д.40, л.29.

[4]　ЦПА ИМЛ, ф.41, оп.2, д.1, л.15.

晓金、叶·米·雅罗斯拉夫斯基等代表。而特别声色俱厉的是克·叶·伏罗希洛夫。他对托洛茨基的不满早在 1918 年秋季就开始了。当时伏罗希洛夫指挥第十集团军,和斯大林一起擅自行事,公然提倡游击习气,残酷迫害军事专家。托洛茨基向列宁求援。列宁支持了他,于是起初将斯大林,后来又将伏罗希洛夫调离察里津。伏罗希洛夫企图证明,察里津集团军所取得的一切胜利完全是由于"指挥人员不是来自总司令部,也不是来自专家"。他称这样的军队很接近"我们的理想"。虽然没有直接提到托洛茨基,但伏罗希洛夫始终都明显是指向他的。在代表大会军事组开会时,桌子上绝非偶然地出现了一些军官的肩章。伏罗希洛夫的支持者们利用这个机会,企图证明托洛茨基是在推动军事专家转投白军。不料刚刚受到伏罗希洛夫批评的奥库洛夫代表当即要求再次发言。

奥库洛夫:"就一分钟,请大家注意。现在桌子上出现了军官的肩章。这些肩章有这么一段故事。托洛茨基同志在察里津的时候,经过讨论,许多在那里工作过的同志都参加了讨论……向(第十集团军)委员会建议制作一些奖章……这些奖章做出来了,是按照我的画稿,一颗用金银线镶边的红星做的……这个方案没有获得批准,而且伏罗希洛夫同志也是知道的。不清楚它被送到哪儿去了,也不知道藏在哪儿。在我离开察里津的时候,敌人距城市只有几里地,夏登科同志身边的一名工作人员突然拿出这些肩章,并鼓动说,来自总司令部的叶戈罗夫带来了 70 名叛徒,而且已经根据托洛茨基的指示,制作了这些肩章,以便将第十集团军交给白卫分子。而现在这个肮脏的挑拨行动居然拿到代表大会上来了。"[1]

由于托洛茨基缺席,"军事反对派"在军事组的会议上并没有遭到应有的回击,最终占了上风。在记名投票时,赞成斯米尔诺夫提纲的有 37 人,支持托洛茨基提纲的是 20 票。实际上,这反映了 1918 年上半年极为活跃的"左派共产主义者"的影响。这样一来,建设军队,以及军队运作中的左派革命原则在代表大会上再次占了上风。托洛茨基还在代表大会之前就担心会出现这样的结果。托洛茨基每天都收到斯克良斯基发来的关于代表大会及军事组会议的简短、零星,但令人担心的通报,心里期望,也许还相信,列宁会捍卫他的提纲,因为否则战局的变化不仅将来自外部的敌人,而且也来自目光短浅和内部的虚假革命性。而托洛茨基并没有看错。索柯里尼柯夫没

---

〔1〕 ЦПА ИМЛ,ф.41,оп.2,д.3,л.29.

能捍卫得了的事情,列宁出来保卫了。

3月21日午后,在代表大会全体会议上,列宁准备在阿拉洛夫、雅罗斯拉夫斯基、萨法罗夫、奥库洛夫、伏罗希洛夫、斯大林、戈洛晓金之后发言。他一面准备自己的发言,一面仔细地听着其他人的讲话。阿拉洛夫对前线形势作了一个不错的综述。雅罗斯拉夫斯基谈了讨论的过程,并指出军事组中有意见分歧。萨法罗夫批评了托洛茨基的提纲,呼吁"在军队中实行党的领导权"。然后是奥库洛夫,他为托洛茨基的提纲申辩,指出,不是干练的领导,而是"共产党的领导"(即不是由专家组成的领导)才不仅在军事方面,而且在政治领域犯下重大错误。接着他引证了事实:第一斯塔利师的政治委员报告说,部队中实施体罚,用马鞭,第一卡梅申师采用鞭挞,托洛茨基团的政治委员"殴打红军战士",设置临时野战法庭,判处对红军战士的体罚……奥库洛夫引导听众得出结论:军事领域不懂行的领导,在政治领域也毫无办法。

伏罗希洛夫声称,奥库洛夫的发言中"很少是真话"。第十集团军司令将发言的全部激情都用于证明:"不能对我们的专家寄予太大希望,就因为这些专家是另类人"。发言中伏罗希洛夫几次高度赞扬了"斯大林同志"。下一个发言的就是斯大林。他用平淡无奇的、低沉的声音严厉批评了奥库洛夫的发言,间接地批评了托洛茨基和中央的立场。民族事务人民委员兼共和国革命军事委员会委员干巴巴地读着发言稿:"我这样说是为了洗刷奥库洛夫给军队抹上的耻辱。"斯大林一如既往,显示出自己的不偏不倚:一面批评托洛茨基的路线(在这里也就是中央的路线),一面又对它的某些地方表示赞同;从斯米尔诺夫那里拿来一些观点,却又反对另一些观点。不过有一点是斯大林始终如一的,那就是相信暴力是万验不爽的灵丹妙药。

"我要说,那些非工人成分,就是农民,他们是不会为社会主义去打仗的,不会的! 他们不会自愿地去打仗……这就决定了我们的任务:**强迫**(黑体是我加的——作者注)这些人去打仗,不仅在后方,而且在前线都跟着无产阶级,强迫他们去同帝国主义作战……"[1]在这一点上没有人表示反对斯大林:大家都同意,无产阶级专政就应当迫使农民交出粮食,缴纳税款,为新政权而战斗……

我们暂时把第八次代表大会上的激烈争论放在一边。无产阶级的苏维

---

〔1〕 Известия ЦК КПСС(《苏共中央公报》).1989. No 11. С.163.

埃共和国及其军队是在血腥的痛苦中诞生的。尽管托洛茨基是极端左倾的，但他比其他人更早地懂得，为了站稳脚跟，生存下去，建立保卫社会主义的一道屏障，必须依靠"遭到人们唾弃的帝国主义分子"的经验、旧军队的经验、军事史的经验。他展示了即便是智力强大的左倾人士，也不是不讲究实用主义并清醒地估量现实形势的。而且在托洛茨基身上非常突出的是他既能始终如一地捍卫自己的立场，又能创造性地对待反对者的建议。例如，代表大会还没有结束，他就签署了一封电报：

中央组织局，抄送共和国政治保卫局索洛维约夫同志，
抄送斯克良斯基同志
附上俄共（布）代表大会军事代表的会议记录。根据代表大会的决定，中央应在最近期内研究军队中的党委员会问题。记录为这个问题提供了很有价值的材料，因为党的委员会问题在所记录的会议上经过了详细讨论并投票表决……[1]

托洛茨基不可能没有许多对他不怀善意的人。不仅是由于他并非无可指责的非布尔什维克历史，不仅由于他和大家一样，犯过许多错误和过失，也不仅由于他突然坚决支持军事专家，并捍卫从旧军队那里获得的合理经验。许多人不接受，不同意，不赞成他工作中的革命作风，他的坚定和不屈不挠，而主要是见解的独立性和高度的智商。

托洛茨基始终感到，他尖利的言辞和非同一般的思维不仅仅能令人鼓舞；许多人在内心深处产生了顽固的抵制、嫉妒和厌恶。列宁对这一切都很清楚，也看到：假如托洛茨基出席了代表大会，军事问题的讨论本可以顺当得多。共和国革命军事委员会主席不单能够用自己的滔滔雄辩，而且用他擅长归纳的系统论据说服许多怀疑中央选择的军事政策是否正确的人。可是事情却变成了这样：代表大会可能通过斯米尔诺夫及其支持者拟定的一份让人怀疑的，而且有许多错误的，保守的提纲。虽然它们是披着"左派的外衣"。为了保卫党中央，因而也是托洛茨基的建军方针，列宁发了言。

他在发言中强调，中央决定将托洛茨基派往前线时，已经意识到，"我们将给代表大会带来多大损失"。列宁坚决批驳了对托洛茨基的许多指控。

---

〔1〕 ЦГАСА，ф.33987，оп.1，д.448，л.27.

"戈洛晓金同志在这里说,'军事部门不执行中央的政策。'"可是假如你们"能够当面指控托洛茨基不执行中央的政策,那简直是荒唐至极的指控。你们拿不出丝毫证据"。

列宁强烈反对游击习气,尖锐地批评了它的拥护者。他接着说,"我们中间至今存在着旧的游击习气,这从伏罗希洛夫和戈洛晓金的发言中听得出来……伏罗希洛夫在讲话中引用的一些事情表明,存在着可怕的游击习气的痕迹。这是毫无疑问的事实。伏罗希洛夫同志说:我们没有任何军事专家,所以牺牲了 6 万人。这太可怕了。"列宁顺带着也保护了阿·伊·奥库洛夫。不过,到了致命的 20 世纪 30 年代末,这份保护就没有什么价值了;斯大林想起了这一切。而在当时,1919 年 3 月列宁说:"伏罗希洛夫同志甚至谈到了这样骇人听闻的事情,说是奥库洛夫毁了军队。这太耸人听闻了。奥库洛夫执行的是中央的路线。"列宁最后总结说:"现在是从游击习气向正规军转变的历史时期,中央讨论过好几十次,可是却有人在这里说,这一切都应当扔掉,而回到老路上去。这无论如何都永远是不行的。"[1]

实际上,1919 年 3 月 21 日,当俄共(布)第八次代表大会的下午会议上这场戏剧性的斗争正在进行时,缺席大会的托洛茨基正在执行带有种种优缺点的中央军事政策。列宁在大会上捍卫了托洛茨基和党的军事政策。根据阿·巴·罗森霍尔茨的提议,通过了以列·达·托洛茨基和格·亚·索柯里尼柯夫的提纲为基础的决议。顺便说说,索柯里尼柯夫在发言中称托洛茨基是中央军事政策的体现者。"就我而言,问题是十分清楚的。假如代表大会这样提出问题,那就不仅仅是要推翻原先的政策方针,而且要彻底清除这个军事政策的领导,清除领导这项政策的同志,清除托洛茨基同志……请问:反对派将用谁来取代托洛茨基同志? 我甚至不会认真地提出这个问题。"[2]

托洛茨基的路线在代表大会上获得支持并不是说,他在军事工作中是一个"完美无缺"的人。不是的。在战略问题上托洛茨基犯过错误。而且是重大错误。并且不止一次。

托洛茨基很快就抓住了红军战役上的一个优势:内线作战。必要时,司令部可以将部队从一条战线调往另一条战线。白军和干涉者则没有这种可能

---

[1] Ленинский сборник. М., 1970. Т. XXXVII. С.138, 139.
[2] Известия ЦК КПСС.1989. № 11. С.174.

性。但是，托洛茨基有时由于军事上不够专业，而不能深刻估量战役局势。

例如，1919 年春季，东部战线的部队在谢·谢·加米涅夫指挥下，采取了有意思的机动，给予高尔察克强有力的反攻，白色海军上将的部队后退了，然后向东方溃逃。红军开始了对白卫军的追击。可是 6 月 6 日，总司令约·约·瓦采季斯，考虑到其他战线的局势吃紧，经托洛茨基批准，发出命令，要求东部战线的部队固守已经占据的防线。托洛茨基打算将几支部队调往南部战线。可是东部战线司令部和革命军事委员会表示反对。第五集团军司令米·尼·图哈切夫斯基日后写道：托洛茨基的命令"遭到东部战线和党中央的反对"。[1]谢·伊·古谢夫、米·米·拉舍维奇、康·康·尤列涅夫对托洛茨基和瓦采季斯决定的批评更为激烈：它可能是"会让我们牺牲革命的最重大的致命错误"。[2]中央支持了进攻的精神，实际上撤销了托洛茨基和瓦采季斯的决定，使东部战线的各部队得以继续追击高尔察克。托洛茨基根据瓦采季斯的提议，以不执行命令为由一度撤去了谢·谢·加米涅夫战线司令的职务。[3]经列宁干预之后，托洛茨基的命令被撤销，加米涅夫恢复了原职务。这对共和国革命军事委员会主席托洛茨基是一次沉重的打击。

紧接着托洛茨基就受到了第二次打击。中央不同意他经过顿巴斯对邓尼金实施主要打击的计划，虽然不久以后又拾起了这个想法（而在斯大林凯歌高奏的时代，伏罗希洛夫将制定这项计划归在了总书记名下）。于是托洛茨基再度遭到贬黜，他是一个虚荣心极强的人，提出辞去革命军事委员会主席和军事人民委员的职务。也许，在托洛茨基的军事生涯中这是最沉重的时期：撤销了他的命令和指令、不同意他的战略构想。不过列宁认为这仅仅是复杂的战争辩证法而已。正是由于领袖的坚持，1919 年 7 月通过了决定：

中央组织局和政治局……审阅了托洛茨基同志的申请并全面讨论了该申请，一致得出结论：他们绝对不能接受托洛茨基的辞职并满足他的要求……他们坚信，在目前时期托洛茨基同志辞职是绝对不行的，它将成为对共和国最大的伤害，组织局和政治局坚决建议托洛茨基同志

〔1〕 Тухачевский М. Н. Избр. Произв(《图哈切夫斯基选集》).М., 1964. Т. 2. С.226。

〔2〕 Из истории гражданской войны в СССР(《苏联国内战争史简编》).Т 2. С.205。

〔3〕 Каменев С. С. Записки о гражданской войне и военном строительстве(《国内战争和军事建设札记》).М., 1963. С.37。

不再提出这个问题并继续最大限度地履行自己的职责……

列宁、加米涅夫、克列斯廷斯基、加里宁、

谢列布里亚科夫、斯大林、斯塔索娃[1]

　　托洛茨基服从了，不过经历了痛苦的、艰难的日子；他感到，不仅伏罗希洛夫、古谢夫、斯米尔加、加米涅夫不同意他的见解，而且人民委员会主席也离他而去了……这是特别不能忍受的。而列宁是一名很不错的心理学家，他立即察觉了托洛茨基的内在危机，而且支持了他。

　　就这样，托洛茨基依旧留在军事部门的领导岗位上。今后在国内战争的各条战线上还有许多战斗。高尔察克、邓尼金、尤登尼奇、弗兰格尔、皮尔苏茨基的军队还没有被粉碎，它们死死地扼住了依靠人类精力的极限才得以维持的年轻苏维埃共和国的咽喉。共和国赖以傲然挺立的是布尔什维克无穷无尽的献身精神、逼迫农民站在苏维埃政权这边参加战斗的残酷专政、工人的高度自觉和巨大的信念，相信在经历了长年的帝国主义战争和国内战争之后，经历了饥饿、折磨、流血之后，最终将迎来期待已久的和平和哪怕是少许的幸福。支持对光明未来的信心的是像托洛茨基这样的委员。在看似不可避免地击败了波兰后，期待的目标就在眼前了。托洛茨基给西部战线部队命令的标题不同凡响：

英雄们，向华沙前进！

　　英雄们！你们给了向我们进攻的白色波兰毁灭性的打击……现在，就像战争开始的第一天一样，我们希望和平。可是正因如此，我们就必须使破产了的波兰政府不再同我们捉迷藏。红军部队，前进！英雄们，向华沙前进！[2]

　　托洛茨基相信，对波兰的战争将取得完全胜利，却不料战争的结局令莫斯科如此失望。他在给西部战线和西南部战线的密码电报中，告诉斯大林和斯米尔加，以及拉柯夫斯基、斯克良斯基、总司令、中央："必须加紧挤压，

---

〔1〕　ЦГАСА，ф.33987，оп.2，д.32，л.18.

〔2〕　Троцкий Л. Соч. Т. XVII. Ч. 2. С.435.

以便尽快摧毁白色波兰,帮助波兰工人和农民建立苏维埃波兰。"〔1〕托洛茨基相信,国内战争不过是走向世界革命的一个阶段:"我们的敌人是数不胜数的,而且这将持续到我们将自己的革命传播到其他国家,直到那里的政权也掌握在工人阶级手中。"〔2〕战争行将结束。托洛茨基还不知道,随着战争结束,1917 年 10 月后急速升起的他的星辰也将黯然失色。再过五六年,官方的历史学将用粗大的黑笔从自己的名单中抹去国内战争的一名主要英雄……

按照政治局的决定,1928 年至 1930 年编撰并出版了三卷《国内战争1918—1921 年》。由安·谢·布勃诺夫撰写的第一卷的序言几乎长达 40页,作者居然能够一次都不提托洛茨基的姓名(而他还没有被驱逐出境,还待在阿拉木图)。布勃诺夫列举了克尔日扎诺夫斯基、克里茨曼、诺维茨基、李可夫、施瓦尔茨及其他工作人员,却不认为有必要(也许是有可能)哪怕是简单地提一下,是谁领导了陆海军人民委员部,谁是共和国革命军事委员会主席!

事态的发展极其迅速。在第三卷中,1930 年,出现了一些第一卷中完全不曾提到过的姓名。在突出了约·维·斯大林在国内战争中的杰出作用之后,紧跟着是一句精彩绝伦的话。请读者自己来评判吧:"在确定最重要的战略方向中(即对战略的总体领导)起了重大作用的也是老布尔什维克近卫军的一些代表,首先就是斯大林同志。"〔3〕没有提到"老布尔什维克近卫军"的代表究竟是谁,更不必说托洛茨基了。恺撒主义的长久而阴暗的时期开始了,与之相伴的是厚着脸皮重新剪裁,重新撰写历史。托洛茨基完全被置于古罗马"记忆审查法"的管辖之下。从一名国内战争的英雄变成了反英雄。

〔1〕 ЦГАСА, ф.33987, оп.1, д.498, л.787.

〔2〕 Троцкий Л. Соч. Т. XVII. Ч. 2. С.483.

〔3〕 Гражданская война 1918—1921(《国内战争 1918—1921 年》).М.-Л., 1930. Т. 3. С.10。

第四章
"革命的催眠作用"

俄国革命是

以厄运为标记的……

尼·别尔嘉耶夫

托洛茨基在逝世前不到四个月写下了致俄国工人的公开信《你们受骗了!》,信中有这样的话:"第四国际的宗旨是将十月革命扩散到全世界……"虽然身处异域他乡,又被赶进了最后一个避难处岩石的牢笼,还随时都可能遭到斯大林的新暗杀,托洛茨基仍旧在信的末尾发出了对他的一生具有最崇高意义的号召:"世界社会主义革命万岁!"[1]他是带着对革命理念的信心,对共产主义理想获胜的深信不疑死去的……

1924年5月,托洛茨基在建筑工会第五次全苏代表大会上作了苏联国际地位的报告,受到经久不息的热烈掌声的欢迎。他又一次表示了对世界革命即将到来的期望。他将刚从幕后递给他的一张字条举到他近视的眼前:

"我们现在有信息说,德国共产党获得了好像是360万张选票……德国现在还是非共产党政府。但是工人政权会到来的!!!"[2]

爆发出一阵新的掌声,淹没了报告人最后的几句话。他终生都沉浸在革命的诱惑力之中,对它的清洗力量,以及必然的,甚至是注定的胜利怀着永不熄灭的信心。当时,1924年5月,他也不曾料到,从1917年俄国的十月篝火中爆裂出来的血红炭块不足以点燃世界革命的熊熊大火。托洛茨基是被摧毁旧世界的远景彻底改变了的一个人。使得两极:富裕和贫穷、真理和谎言、暴虐和被奴役的同时存在永远"正常化"的旧社会制度僵化了,在他看

---

〔1〕 Троцкий Л. Дневники и письма(《日记和书信》).С.162。

〔2〕 ЦПА ИМЛ, ф.325, оп.1, д.122, л.3.

来,已经令人难以容忍。我想,他心里是赞同梅列日科夫斯基的箴言的:"任何国家制度都是革命的凝聚,而任何革命又都是国家制度的融解。"[1]托洛茨基认为,自己生活和斗争,以及确立"自我"的全部意义归根到底在于维持一种足以融解剥削阶级国家制度的革命热度。而且必须将其融解……今天,这样的人在我们看来是反常的。可是没有他们,就不能设想 20 世纪的历史。

不 断 革 命

每个人的命运都是"被注定的"。托洛茨基的命运则被注定要永远同不明就里的人眼中是神秘莫测的词语"不断革命"联系在一起。

被赶出苏联之前不久,托洛茨基在整理手稿《不断革命和列宁的路线》时,这样写道:"一旦摆脱了更重要和紧迫的事务之后,我就可以写完关于不断革命的作品并分送给同志们。法国人说:'既然酒瓶已经打开,就必须将酒饮尽。'"[2]是的,托洛茨基注定要饮尽自己这瓶悲惨的苦酒,但是,打开不断革命的理论酒瓶,这份荣誉并不属于托洛茨基,而属于亚·利·帕尔乌斯。

关于这个复杂、矛盾、而且很不平常的人物,在俄国和苏联的文献中除了索尔仁尼琴之外,没有人详细地谈论过。他是俄国的,后来又是德国的社会民主党人,1869 年出生在敖德萨,后来移居西欧,是一名杰出的政论家和理论家。第一次俄国革命时,帕尔乌斯也和托洛茨基一样,回到了俄国,并积极参与了革命活动。其中他们两人还一起编辑了社会民主党的报纸《开端报》。不过,托洛茨基同这名"俄-德"革命者的结识比 1905 年革命的爆发还要早几年。托洛茨基在自己自传的简介里提到帕尔乌斯时,认为他是一个既有才华,而又独特的理论家,不仅具有思想家的禀赋,也有非同寻常的商人头脑。

---

〔1〕 Мережковский Д. С. Полн. собр. Соч(《梅列日科夫斯基全集》). Т. XV. С.21。
〔2〕 ЦПА ИМЛ, ф.325, оп.1, д.368, л.17。

这么说来,不断革命的思想最初是 19 世纪末帕尔乌斯在他的一些著作里表述的。但是严格说来,著作权也不属于他,因为就总体而言,这个思想是马克思主义的奠基人提出的。他们写道:"民主主义的小资产者希望赶快结束革命……而我们的利益和我们的任务却是要不间断地进行下去,直到把一切大大小小的有产阶级的统治都消灭掉,直到无产阶级夺得国家政权……"〔1〕帕尔乌斯根据这些论点,将不断性设想为每一个革命阶段都不停地依次被下一个阶段所取代。托洛茨基知道这些想法,在和帕尔乌斯见面时讨论过。他不曾料到,有朝一日这些诞生于德国思想家和他的同胞头脑中的抽象论点仿佛照亮了他的思想,于是他试图将它们改写成俄国革命的豪迈音乐。托洛茨基本人谈到不断革命的这些原生思想时十分隐晦曲折,可能是不想让人对他的发明权产生怀疑。他在《总结与展望》(1906 年)中初次详尽地阐述了不断革命的理论。按托洛茨基的说法,其实质是"消灭社会民主主义的最低纲领和最高纲领之间的界线……在欧洲的西部找到直接的支柱。"〔2〕不能排除他对帕尔乌斯(1924 年去世)的谨慎态度是出于其他一些十分敏感的政治因素。

1905 年的革命失败后,帕尔乌斯被流放到西伯利亚,不过几年以后他逃出来了,再次来到德国。应当说,他对社会民主主义的思想并不是很有兴趣。他一贯想的是发财致富。第一次世界大战一开始,这个机会就来了,帕尔乌斯也没有错过它。他同德国的军国主义集团密切合作,着手为战争效力。帕尔乌斯进行了外科手术用品、医药用品、化学制品的大规模贸易(而且不仅在德国),很快就成了百万富翁。据一些很难用文件核实的资料,帕尔乌斯不止一次扮演过政治资助人的角色,给布尔什维克干瘪的账户提供了巨大的资金支持。〔3〕德国霍亨索伦家族企图借布尔什维克力量来削弱沙皇俄国,许多人当时就认为,帕尔乌斯在德国和布尔什维克之间扮演着中介人的角色。这是一个特殊的题目,帕尔乌斯是否向布尔什维克提供过资金,这个问题还可以争论。不过他是发挥了马克思不断革命理论的第一人,则是不容置疑的。而托洛茨基,还有列宁只是使用了这种理论而已。

这一大段题外话仅仅是为了让读者明白,托洛茨基的"共同创造"不断

---

〔1〕《马克思恩格斯全集》第 7 卷,人民出版社 1959 年版,第 292 页。

〔2〕 Троцкий Л. Д. Итоги и Перспективы(《总结与展望》). М., 1919. С.4-5。

〔3〕 Leman L. A. Diplomatic History of the First World War(雷曼:《第一次世界大战外交史》). London, 1971, p.70。

革命思想究竟是怎么回事。不过,托洛茨基生平和创作的研究者有时说得更明确。例如,编撰托洛茨基的《日记和书信》的尤·格·费尔施经斯基就明确地写道:帕尔乌斯"持后来得到托洛茨基响应的不断革命的理论"。[1]还不能不指出列宁,他在《无产者报》上写道:"我们将立刻由民主革命开始向社会主义革命过渡,并且正是按照我们的力量,按照有觉悟有组织的无产阶级的力量,开始向社会主义过渡。我们主张不断革命。我们决不半途而废。"[2]后来,这同一个思想被说成是"托洛茨基背叛"的典范。

叙述了确定这个革命理论的著作权的一些情况之后,我简单地谈谈它的实质。

托洛茨基就第一次俄国革命写了许多书籍、文章、札记。其中有许多都执着地贯穿着一个思想:"这个奇妙的名称('不断革命')表达了这样一个意思:直接摆在俄国革命面前的虽然是资产阶级的目的,可是它不能停留在这些目的上面。除非使无产阶级执掌政权,革命就不能解决它当前的资产阶级任务。而无产阶级掌握政权后,又不能以革命的资产阶级范围来限制自己……在由于历史的必然性而突破了俄国革命狭隘的资产阶级民主主义的范围之后,胜利的无产阶级将不得不突破其民族国家的范围,也就是应当自觉地力求使俄国革命成为世界革命的序幕。"[3]

稍早一些,托洛茨基对同一个思想是这样表述的:"无产阶级掌握政权之后,不应当以资产阶级民主主义的范围来限制自己,而应当实行不断革命的策略,也就是消灭社会民主主义的最低纲领和最高纲领之间的界限。"[4]

我使用的这两大段引文叙述的是不断革命论的"精华"。第一,它表达了革命过程的不停顿性的思想。第二,它不将自己局限于个别的阶段和纲领,而是努力走向最高纲领。第三,革命过程的不间断性,按托洛茨基的说法,以超民族性为前提。如果说托洛茨基起初谈的是俄国革命向"欧洲的西方"过渡,那么在他的大部分著作中则是向世界革命,向"洲际范围"过渡。

我们长时期中都在批判"不断革命"论的反马克思主义性质,却完全忘记了列宁总的来说是持类似观点的:他主张民主主义革命应当过渡到社会主义革命。因此,这里自然没有什么反马克思主义的东西。相反,这完全是

---

[1] Троцкий Л. Дневники и Письма. С.219.

[2] 《列宁全集》第11卷,中文第2版,第223页。

[3] 《托洛茨基文选》,人民出版社2010年版,第66页。

[4] Троцкий Л. Д. Итоги и Перспективы. С.5.

马克思主义的理论。可是,研究者(批评者也一样)却总是忽略一个极其重要的因素:这种过渡的恰当性。不断革命论的要义在于革命过程的总体性(在时间、范围、目的、手段上)。可是这种总体性完全没有估计到客观条件:是否需要这种过渡,群众是否对今后的社会运动做好了准备,等等。起先革命被认为是最高的幸福。实际上,不断革命论标志着主观因素较之客观因素占有优先地位。不是统一,而正是占优先地位,为革命而革命。

今天我们懂得,"鞭策"历史是可能的,可是历史将为此进行残酷的报复。不是立即,而是日后。但"报复"是不可避免的。正如德·梅列日科夫斯基预言的那样,"俄国解放的伟大之处恰恰在于它未能成功,正如过分的事情几乎从未成功过一样……"〔1〕不断的——这的确是"过分"了。不过,托洛茨基早在1905年分析不断革命的现象时,也谈到过这一点:"孟什维主义的种种反革命侧面现在就已经充分表现出来了,而布尔什维主义的反革命特点则只有在革命取得胜利之后,才会构成巨大的危险。"〔2〕什么是"布尔什维主义的反革命特点"? 表现在哪里? 在"太过分"。不断革命就是"太过分"的历史表现。

1930年,柏林出版了托洛茨基的《不断革命》。作者在序言中写道,他被流放到阿拉木图,在那里消磨着强加于他的政治闲暇时光,他"手执铅笔,重新审读自己关于不断革命的旧作"。〔3〕托洛茨基指出,第一次俄国革命发生在欧洲资产阶级革命时代的半个多世纪之后和"巴黎公社无足轻重的起义之后"将近35年。欧洲已经和革命非常疏远了。而俄国对革命还很不了解……

也许,作者以最集中的形式这样来阐述自己(托洛茨基几乎从来不提帕尔乌斯,而宁肯有时仅仅引用他的著作)理论的实质:"不断革命,就马克思赋予这个概念的意义而言,指的是不与阶级统治的任何一种形式和解,不停留在民主主义阶段,而要过渡到实行社会主义措施,过渡到与外部反动势力作战的革命,是每一个后续阶段都由前一个阶段奠定基础,而只有完全消灭阶级才能结束的革命。"〔4〕我想,托洛茨基的这个公式十分完整地描述了革命过程的实质,以及它只能以消灭阶级作为结束的激进的阶段性。

---

〔1〕 Мережковский Д. С. Полн. собр. Соч. Т. XV. С.23.

〔2〕 Троцкий Л. Д. 1905(《1905 年》).С.285。

〔3〕 Троцкий Л. Перманентная революция(《不断革命》).Берлин: Гранит, 1930. С.12.

〔4〕 Троцкий Л. Перманентная революция. Берлин: Гранит, 1930. С.12-13.

今天我们知道,这个抽象公式中有许多虚无缥缈的、思辨的、不现实的成分。藐视"民主主义思想"、从一个阶段强行过渡到另一个阶段、天真地相信能够"完全消灭阶级",这都不是托洛茨基个人的特点。尽管布尔什维克,特别是在列宁去世后,形式上宣布将托洛茨基的不断革命论革出教门,他们在十月革命后的最初几年,实际上奉行着这个激进公式的那些设定。而且也不仅是最初几年。在苏维埃政权存在的时期,我们一再给那些"革命条件日臻成熟"的国家和民族种种支持。对发挥这种思想的也给予"援助"。一旦认为这个或那个体制具有"反帝国主义性质",就立即提出给予巨额物质的、财政的、经济的,有时甚至是军事的援助问题。从这个意义上说,所有苏联领导人都不同程度上奉行不断革命论。

可是,难道只是托洛茨基的名字才使得这种理论声誉扫地吗? 我想,这个问题要复杂得多。国内战争结束后,布尔什维克的领袖们伤心地看到,期待已久,望眼欲穿的世界革命并没有完成。在这种情况下,必须对自己的、俄国的革命作出鉴定。它是否能够生存下去? 社会主义能不能在一个国家中建成? 它在民族的范围内是否有前途? 对这些问题,托洛茨基的回答是毫不含糊的否定。"在民族范围内完成社会主义革命是不堪设想的……新社会在我们整个星球上取得最后胜利之前,它是不能完成的。"[1]这正是对托洛茨基的理论展开猛烈攻击的真正原因:他不相信,也不打算相信社会主义能够在一国之内取得胜利! 然而,托洛茨基在宣称"社会主义革命肇端于民族的土壤中,在国际的土壤中发展,而在世界的土壤中完成"[2]时,并没有否定社会主义在第一种土壤中的生存能力,而是看到这个过程只能在全球范围完成。理论的作者公正地起来反对过度的与世隔绝、将民主主义的任务同社会主义的任务分开("斯大林-布哈林的理论……不顾俄国革命的全部经验,将民主主义革命同社会主义革命对立起来……"[3])。然而,托洛茨基在被驱逐之后作出的解释为时已晚,莫斯科已经听不到了,确切地说,是不想听了。

列宁去世后,领袖们之间的内讧经过短暂的沉寂,再度急剧地尖锐起来。这时托洛茨基常常患病,长时间停留在南方,撰写回忆列宁的初稿。托

〔1〕 Троцкий Л. Перманентная революция. Берлин: Гранит, 1930. С.167.

〔2〕 Троцкий Л. Перманентная революция. С.167.

〔3〕 Троцкий Л. Перманентная революция. С.169.

洛茨基在基斯洛沃茨克完成了他的名著《十月的教训》（他文集第三卷的序言），其中他不仅试图按"历史地位"来排列所有领袖，而且证明他关于资产阶级民主革命长入社会主义革命的观点已被俄国历史本身不容置辩地确认为正确的。

对这一点，以斯大林、季诺维也夫和加米涅夫为代表的三头政治是不能容忍的。1924年10月16日，他们在加米涅夫家里聚齐，制定了对托洛茨基进行一次集中攻击的详细计划。主攻方向中也包括：揭露托洛茨基的不断革命论缺乏根据。发出"攻击令"后，斯大林、季诺维也夫和加米涅夫自己也公开发表言论，反对"杰出领袖"中的一个人。几十篇文章和文集、群众大会，以及党的各级领导人的讲话都指向一个目标：从政治上和理论上让托洛茨基身败名裂，贬低他在革命和国内战争中的实际作用，在舆论中将他说成是缺乏说服力的思想家。托洛茨基震惊了。他心情沉重地承受了猛烈的攻击，他明白，这是以斯大林为首的党的最高领导策动的。托洛茨基在这个领导层中处于完全孤立的境地，他用不愿点燃党内斗争的火焰来解释自己的沉默。在他的卷宗里保存着一封致《真理报》信件的草稿。

致编辑部的信
（对许多质询的答复）

尊敬的同志们！

我没有回答近来在《真理报》上出现的一些特殊文章，是出于保护我所认为的党的利益的愿望……[1]

《十月的教训》出版后，托洛茨基无论走到哪儿，人们首先向他提出的都是关于不断革命的问题。在不懂行的人看来，这个难懂的术语里包含着一点神秘隐晦的，或者是暗藏的反革命的东西。1924年5月，托洛茨基在向出版工作者讲话时，手里摆弄着许多纸条，提出了一个主要问题："同志们问我，不断革命论怎样看待列宁主义？"

我本人从来不曾想过要将不断革命变成一个具有现实意义的问题。因为不断革命的思想是对事态发展前景的一种理论预测形式。这个理论预测的事态发生了："十月革命实现了。现在不断革命的问题具有理论-历史的

---

[1] ЦПА ИМЛ, ф.325, оп.1, д.139, л.1.

意义,而不是现实的意义。"然后,托洛茨基希望强调列宁和他的思想是相同的,接着说:"我和列宁同志在十月夺取政权上,在农民政策上——十月以及十月之后,是否有过分歧呢?"他停顿了一下,坚定地补充说:"没有,没有分歧……"

紧接着:"有些十月革命时'蹦到旁边'的同志,现在却事后耍小聪明,说是不断革命论有'错误'。即便它的确有错误,那么这个理论至少并没有妨碍我,而是帮助我同列宁肩并肩经历了十月革命。事后企图制造一种与列宁主义对立的托洛茨基主义不过是弄虚作假,如此而已。"[1]

托洛茨基为了抵御因为自己的"不断"观点而遭到的种种攻击,试图将已经去世的列宁引为自己的盟友。

可是攻击还在继续。1925 年初,托洛茨基收到通过邮局寄来的一本刚出版的小册子《托洛茨基同志的不断革命论》[2]。序言是中央的一名"官方"理论家瓦尔金写的。托洛茨基打开了目录。各个栏目的标题就很说明问题了:"跪着的造反"、"托洛茨基同志讲的故事:列宁同志怎样变成了……托洛茨基分子"、"托洛茨基同志声明的浅薄和轻浮"……真不想继续读下去了,可是托洛茨基克制着自己,翻阅了这本小册子。瓦尔金在序言中就为它定下了调子,声称,这个"理论和布尔什维主义毫无共同之处"[3]。

托洛茨基痛心地在书中特别刺伤他强烈的自尊心的地方的切口处打了钩:"把关于'重新武装'等肤浅而又轻浮的废话随意乱扔""托洛茨基同志观点的清晰程度始终同清晰度的必需程度成反比""他不明白农民的作用""口头上宣传荒唐的左倾不断革命,实际上却拒绝通常的资产阶级民主革命""托洛茨基连列宁的革命理论都不懂""不断革命是绝望和冒险的一种姿态"[4]……

列宁去世后,托洛茨基的处境改变得多么快啊! 这才是 1925 年 1 月,而党的刊物上已经指责他是冒险分子、从来就不懂得列宁的轻浮政治家和理论家! 天哪! 人是多么善变呀! 实际上,托洛茨基已经被置于两难的境

---

[1] ЦГАСА, ф.4, оп.14, д.51, л.147.

[2] Струев Ив. Теория перманентной революции тов. Троцкого(《托洛茨基同志的不断革命论》). Ростов-Дон: Буревестник. 1925。

[3] Струев Ив. Теория перманентной революции тов. Троцкого. Ростов-Дон: Буревестник. С.2.

[4] Струев Ив. Теория перманентной революции тов. Троцкого. Ростов-Дон: Буревестник. С.24, 27, 31, 37.

地：要么表示忏悔，向中央机关屈服；要么不甘于失败，不给新领袖们让路。无论我们对这个复杂人物做什么样的评价，都不能不承认他有足够的政治勇气。

不断革命论根据斯大林和季诺维也夫的指示被公之于世，其目的只是：在翻阅由托洛茨基书写的、革命前的旧篇章时，更严重地刺伤十月革命和国内战争的主要凯旋统帅之一，向全党展示他是一个怀着孟什维克鬼胎，没有坚定信仰的人。

我在前面已经说过，到20世纪20年代中期，托洛茨基写了好几百篇政治的和理论的文章，许多小品文、书籍、小册子。其中含有不少错误和不无争议之处。许多文章是应时之作，也没有打算成为"经典"。可是斯大林及其助手却在托洛茨基革命前的文字中苦苦搜寻，找出其中的差错、疏漏、不准确之处，表明他的"孟什维主义"和"反马克思主义"。

在所有时代，也包括现时代，有些人从来不会为自己过去肤浅的政治、理论或者文学作品而承担如此巨大的风险。然而在转折时期，往往正是这种人对在科学或者政治中多少做过一些事情，却常常犯错误的那些人嚷嚷得比谁都厉害，指责他们保守，不合时宜。应当分外仔细地观察这些人。他们早先没有做过什么值得一提的事情，今后也什么都做不出来。他们唯一的长处就是历史上"毫无瑕疵"。托洛茨基犯过错误，而且是重大错误，既在革命前，也在革命后。他为建立新制度而采取的措施，为实施革命的改造而采取的措施，有许多是不道德的，甚至是犯罪的。这也和十月革命和国内战争的其他领袖一样。可是谁也不能说他碌碌无为或者等待观望，说他没有自己的立场或者不敢为所作所为承担责任，而对他落井下石。

和不断革命论相关的一切都令人信服地说明，托洛茨基不仅是一名理论家，他首先就是一个有个性的人。他的信仰极其坚定，而且政治上是一贯的。托洛茨基的行为和思想中没有见风使舵：他过去是，而且始终是革命的歌手。托洛茨基被"揭发为""信仰不坚定"和"投降派"，主要就是因为他将俄国建成社会主义直接同国际革命的胜利联系在一起。列宁对此也一再作出过声明，强调社会主义的最后胜利只有在世界范围才有可能。斯大林给托洛茨基"削去了桂冠"，自己却也宣布，社会主义的最后胜利只有在世界大多数国家中确立了社会主义基础时，才是可能的……这难道不是"斯大林式的托洛茨基主义"吗？有哪一点不是"不断"的结论呢？

不断革命论的简单公式化和社会激进主义首先不是同帕尔乌斯或者托洛茨基联系在一起的,而是同早在19世纪中叶就预言了资本主义必然灭亡的马克思主义的历史规定性联系在一起的。然而,从不间断性的思想诞生至今已经过去了将近一个半世纪,可以说一切都在按马克思的预言发展,除了一些"细微末节":无论什么地方的资本主义都没有彻底"腐朽"……而托洛茨基却相信,俄国可以"借助先进国家的拖拽走到社会主义"〔1〕,因为不断革命对于俄国革命而言,脱离了世界革命的背景是没有前途的。

"世界苏维埃联盟"

是的,托洛茨基起草的"共产国际第二次代表大会宣言"(1920年7月19日—8月17日召开)中使用的正是这些词。在"宣言"的"苏维埃俄国"一节里有这样几句话:"共产国际宣布,苏维埃俄国的事业,就是共产国际的事业。只要苏维埃俄国还没有作为一个成员加入全世界苏维埃共和国联盟,国际无产阶级就不会将刀放进刀鞘。"〔2〕"宣言"下面签名的是32个代表团的团长和团员,其中有:弗·伊·列宁、格·叶·季诺维也夫、尼·伊·布哈林、列·达·托洛茨基、保·莱维、施泰因哈尔特、罗斯默、威·加拉赫、约翰·里德、博尔迪加、马·拉科西、尤·马尔赫列夫斯基、彼·斯图契卡、彼赫尔曼、拉希亚、米·茨哈卡雅,还有其他许多著名革命家。

这份文件的作者不仅凭托洛茨基的笔迹,而且凭他所特有的文风就可以确定。"宣言"的激情不但表现为号召在"全世界苏维埃共和国联盟"建立之前,不要"将刀放进刀鞘",也表现为对革命的"叛徒",社会民主党人,毫不留情的批判。从托洛茨基笔下不断涌出各种形象:"谢德曼和艾伯特给法国帝国主义溜须拍马";"阿尔伯·托马是受雇于国际联盟这个肮脏的帝国主义律师团的暗探";"王德威尔得是第二国际之浅薄的鲜明体现";"卡尔·考

〔1〕 Троцкий Л. История русской революции(《俄国革命史》).Т. II. Ч. 2. С.471。
〔2〕 Троцкий Л. Соч. Т. XIII. С.72.

茨基是各国黄色报刊口齿不清的顾问"[1]托洛茨基就是这样写的,对他认为是革命事业的叛徒的那些人毫不妥协,毫不留情。其实这些知名社会民主党人中的大部分托洛茨基都是认识的,有些甚至登门造访过,同他们在会议上争论过,有过书信来往……可是,一旦涉及革命,更不用说是世界革命,这一切在托洛茨基眼中都立即退居次位,第三位,包括个人的交往和友情。托洛茨基是一个狂热的布尔什维克,对他而言,理念高于一切,无论是正确,还是谬误。

在国内战争的年代,托洛茨基仔细地聆听欧洲、亚洲和美洲大陆上遥远的动荡声。按照他的吩咐,革命军事委员会主席的专列配置了无线电台,可以直接接收国外的信息。托洛茨基深信,革命的烈火即将在德国、匈牙利、法国、意大利,以及其他国家中燃烧起来。1919 年 1 月初,他按照俄共(布)中央的委派,给德国的"斯巴达克"小组和奥地利共产党写了一封信,其中断言:"资产阶级的灭亡和无产阶级的胜利都同样是必然的。同志们,你们的胜利也是必然的!"[2]

托洛茨基激情四射的言辞在许多人心中得到了跃跃欲试的回应。他常常应邀起草共产国际的重要文件,尤其是宣言、呼吁书、致敬电。于是托洛茨基不停地书写,口授,修改……例如,共产国际执委会 1919 年 4 月请托洛茨基写一篇给各国男女工人的五一节致敬电。当天晚上,这份呼吁书就交卷了……

"又过去了一年,而我们依然没有挣脱身上的枷锁……过了一年,舵轮依旧掌握在资本家手里……"谈完国际局势后,呼吁书的作者转入了主题:"不是削弱我们的进攻,而是在更广阔的战线上,以更强大的纵队进攻——这就是五一节时,我们的口号,向你们发出的呼吁……共产主义先锋队率领广大群众发起勇敢冲击的时刻每天都可能到来,而当前的任务就是为夺取政权而斗争……世界革命和无产阶级苏维埃共和国国际同盟万岁!"[3]

当时,许多布尔什维克,如果不是全体的话,都相信世界革命,相信"世界苏维埃联盟",相信无产阶级苏维埃共和国国际同盟。列宁相信,党中央和普通共产党员也相信。1921 年 7 月,列宁肯定:"还在革命以前,以及在

〔1〕 Троцкий Л. Соч. Т. XIII. С.77.
〔2〕 Троцкий Л. Соч. Т. XIII. С.92.
〔3〕 Троцкий Л. Соч. Т. XIII. С.83-87.

革命以后,我们都是这样想的:要么是资本主义比较发达的其他国家立刻爆发革命或至少是很快爆发革命。"〔1〕不过,谁也不像托洛茨基那样坚定地相信,必然导致世界烈火的革命过程是不可逆转的。这种狂热信念的基础是什么呢? 对共产主义理想必胜的狂热信念,其根源又在哪里? 在托洛茨基看来,世界革命及其结果又是怎样的呢?

托洛茨基不仅具有掺杂了许多黑格尔辩证法的唯物主义观点,而且喜欢把主观因素:领袖、组织、团体、阶级的意识、意志、决定绝对化。在分析俄国资产阶级革命为什么姗姗来迟的原因时,托洛茨基在一本讨论二月革命的书中指出,俄国"不仅在地理上,而且在社会和历史方面也都界于欧亚之间"。〔2〕他一方面重视革命改造的客观条件,同时又赋予群众、阶级、政党、领袖的活动等主观因素特殊的意义。

在托洛茨基看来,历史过程发展的独特性决定了世界革命必将到来。对这种独特性他是这样表述的。"受到外部必要性的鞭策,落后不得不进行跨越。从不平衡性的普遍规律中派生出另一种规律,由于没有更恰当的名称(托洛茨基强调说),我们姑且称之为混合发展规律,意思是道路的不同阶段相互接近,个别发展期的结合,陈旧形式同现代形式的混合。"〔3〕托洛茨基不同意一些人(特别是米·尼·波克罗夫斯基、列·波·加米涅夫、Н.А.罗日科夫)认为历史上不存在跨越时代的例证。托洛茨基写道:"他们的观点整个说来是这样的:资产阶级的政治统治应当先于无产阶级的政治统治;资产阶级民主共和国对于无产阶级而言应当是一所历史学校;企图跨越这个阶段就是冒险主义;既然西方的无产阶级还没有夺得政权,那俄国的无产阶级怎么可以给自己提出这项任务……"〔4〕

托洛茨基回答说,恰恰是俄国历史发展的独特性使它能够跨越某些"非必须"的阶段而走进革命过程的先锋行列。世界革命的歌手断言,世界的种种矛盾早已为革命的必然爆发做好了准备,可是需要一根"雷管"。俄国正好可以成为这根雷管。俄国得以走在世界革命纵队的前面,首先就是因为它跨越了一些阶段。托洛茨基写道,"正如法国跨越了改良一样,俄国则跨

---

〔1〕 《列宁全集》第 42 卷,中文第 2 版,第 40 页。

〔2〕 Троцкий Л. История русской революции. Т. 1. С.20.

〔3〕 Троцкий Л. История русской революции. Т. 1. С.22.

〔4〕 Троцкий Л. История русской революции. Т. 1. С.506.

越了形式上的民主。"〔1〕托洛茨基的议论是不容置辩的。这样说话的只有那些从来不会怀疑的人。

后来,托洛茨基已经被逐出国门,流亡在普林吉坡时,毫不留情地批评了斯大林,说他不懂得这些论点。"最令人不能容忍的是:成天唠叨他的理论家底——谁都认为值不得一提的两篇作品《不平衡发展的规律》和《不能跨越阶梯》的斯大林,居然想搞点'理论化'。斯大林至今不明白,不平衡发展恰恰是跨越阶梯(或者是在一个阶梯上停留时间过长)的组成部分……为了获得这种预见,必须懂得历史的不平衡性有许多不同的具体表现,而不是简单地反复背诵列宁的几段引文。"〔2〕托洛茨基在捍卫自己关于"跨越"阶段的必要性和可能性的观点时,顺带着评价了作为理论家的斯大林。托洛茨基写道:"斯大林的作风是双料的思想庸俗,是党内反动派名副其实的千金小姐,创立了一种对阶梯运动的崇拜,来掩盖政治上的尾巴主义和舍本逐末。"〔3〕

的确,托洛茨基在和"领袖们"的谈话中,以及中央政治局的会议上都注意一些分寸,曾多次提出发动世界革命的具体建议。正是按他的提议,1918年向德国送去了巨额资金,用于革命宣传和加速群众的"思想准备"。同时,托洛茨基的建议:1919年在南部乌拉尔组建两至三个骑兵军,将他们派往印度和中国,以"促进"革命进程,则没有获得支持。1919年8月,托洛茨基给季诺维也夫和罗森霍尔茨发去一封电报:"我坚持将爱沙尼亚旅留在爱沙尼亚前线,这将促成爱沙尼亚革命在近期内爆发。"〔4〕虽然军事人民委员在电报中提到了"爱沙尼亚中央委员会",可是非常清楚,这是他的想法。保存着的还有托洛茨基致匈牙利革命政府的电报,表示愿意提供帮助。1920年进军华沙不仅是由于必须粉碎皮尔苏茨基的干涉军,也是为了"援助正在为争取自己的自由而奋斗的波兰劳动者"。按托洛茨基的意见,为了使"波兰苏维埃化",应当将波兰的工人和农民看作"未来的波兰红军战士",尽力"传播最著名的波兰共产党员捷尔任斯基、马尔赫列夫斯基、拉狄克、温什利赫特的生平"。〔5〕

按照托洛茨基的建议,通过共产国际、俄共(布)中央委员会、人民委员

---

〔1〕 Троцкий Л. История русской революции. Т. 1. С.32.

〔2〕〔3〕 Троцкий Л. Перманентная революция. С.125.

〔4〕 ЦГАСА, ф.33987, оп.1, д.145, л.245.

〔5〕 ЦГАСА, ф.33987, оп.1, д.498, л.787-788.

会、外交人民委员部及其他渠道,从 20 世纪 20 年代初起,就在国外,在资本主义各国的居民中开展了宣传和反宣传的工作。这种活动的可能性虽然受到极大限制,但进行得很顽强。例如,在 1922 年 4 月 3 日俄共(布)中央全会(会上斯大林当选为党的总书记)上,托洛茨基就提出了"做好国外的反鼓动工作"的建议。中央决定吸收苏瓦林和克列斯廷斯基参加这项工作,而由托洛茨基负总责。[1]托洛茨基认为,在"欧洲合众国"的口号下进行的欧洲改造是走向建立"世界苏维埃联盟"的一个阶段。十月革命的主要领导之一写道,这是鲜明的革命前景……托洛茨基继续发挥自己的思想,"不消说,工农联盟不会局限于欧洲阶段。它经过我们苏联,正如我们已经说过的那样,将为自己打开通往亚洲的大门,从而也为亚洲打开通往欧洲的大门。"[2]这名革命家早就在洲际,不仅如此,在我们星球的范围内思考问题了。

甚至早在国内战争年代,托洛茨基就经常关注国际革命运动的形势,积极参加共产国际执委会的工作,常常接待外国共产党员和工人代表团。托洛茨基的档案中保存着许多材料、文章的手稿、分析革命形势的札记、怎样推进"革命事业"的建议。例如,革命军事委员会主席的秘书谢尔姆克斯,1921 年 4 月受托洛茨基之托转交给拉狄克(他当时负责"德国事务")一封便笺,其中分析了德国的局势。托洛茨基写道,社会民主党和工会的机构反对激进的行动,因而也是"工人群众消极保守的最重要因素……必须不断发动工人群众,才能打破业已形成的不稳定平衡……"托洛茨基建议向工人说明,三月事变[3]再一次表明"社会民主党人令人发指的新背叛"。[4]

托洛茨基非常痛苦地经历了革命运动,尤其在德国的失败。他在失败中不仅看到了革命希望的破灭,而且感受了深刻的个人悲痛。他往往觉得,这些失败的根源在于德国共产党领导的错误。1923 年夏季,德国革命的新高潮并没有像托洛茨基预期的那样,以夺取政权而结束,他对这种现实情况表示了毫不掩饰的悲哀:"德国共产党毫无抵抗就放弃了极其有利的历史阵地,最重要的原因就在于党到了一个新转折时期,却没有摆脱长期执行的旧政策的惯性,没有在宣传、行动、组织、技术等方面直截了当尖锐地提出夺取政权的问题。时间是政治的一个重要因素,尤其在革命时代。错过的几个

---

[1] ЦПА ИМЛ, ф.17, оп.2, д.78, л.2.

[2] ЦГАСА, ф.4, оп.14, д.13, л.61.

[3] 指 1921 年 3 月德国中部地区工人举行的起义。

[4] ЦПА ИМЛ, ф.325, оп.1, д.292, л.1-5.

月往往不得不用好几年,甚至几十年来弥补。"[1]

对托洛茨基而言,共产国际是共产党员的主要理念——世界社会主义革命取胜的工具。1921年7月,托洛茨基在共产国际第三次代表大会上发言时,把革命进程的"暂时"推迟仅仅说成是"速度的'阻滞'和放缓"。不过他坚信,资本主义发展的曲线虽然有一时的上升,但总体是下滑的,而革命的曲线,纵使有一些波动,总体是上升的。

顺带着说一句,在筹备这次代表大会时,托洛茨基付出了许多精力,以免这次大会夭折。事情是这样的。被派筹备大会后勤工作的叶努基泽不能保证大会代表的正常生活条件。有人抱怨,有人责怪,也有人说,俄共(布)连这么简单的问题都解决不了。托洛茨基得知后,立即用一纸公文,盖上"绝密"印章,通知了列宁、季诺维也夫、布哈林、拉狄克、加米涅夫、莫洛托夫。

> 刚才几名同志(我绝对相信他们的客观和正直)告诉我大会组织工作令人完全失望的情况。来开会的代表已经处于绝望的境地。原先期待有上千人与会,可是只来了将近300人。代表们被安置在8至10人一间的屋子里。没有最起码的生活设施。至于餐厅等等情况也一样……最让人气愤的是对来开会的同志很不关心。床上没有褥垫、枕头,也没有带水龙头的洗脸盆……

列宁很快就作出了答复,不过,自己不想被卷进这种老一套的事情,建议成立一个"有特别授权的委员会",因为"我在城外,由于健康原因,需要休息几天"。[2]季诺维也夫则建议将大会搬到"彼得格勒,那里能够保证每位代表都得到妥善安置……"[3]

托洛茨基对这些忠告和建议持怀疑态度,不过同意成立委员会,而且使自己的助手斯克良斯基被任命领导该委员会。斯克良斯基吸收了托洛茨基秘书处的全部工作人员,以及莫斯科卫戍区的后勤人员参与代表大会的组织工作。军事人民委员的努力迅速扭转了局面。[4]托洛茨基甚至下令向他报告"共产国际代表住宿地餐厅"的菜单。这张菜单相当直观地表明了其领

---

[1] Троцкий Л. Новый курс(《新方针》).М., 1924. C.40-46。

[2] ЦГАСА, ф.33987, оп.2, д.147, л.90-91.

[3] ЦГАСА, ф.33987, оп.2, д.147, С.51-52.

[4] ЦГАСА, ф.33987, оп.2, д.147, С.52.

导人对"世界革命的阻滞"十分关切的共和国的经济状况。

请看每天的标准菜单。

"柳克斯"旅馆	早餐	面包、黄油、茶和糖
	午餐	豆角脂油汤、羊肉配土豆泥、茶和糖
	晚餐	灌肠配土豆泥、黄油、茶、面包和糖
诺文斯基林荫道大厦	早餐	面包、黄油、茶和糖
	午餐	咸肉杂拌汤、茶、面包、糖
	晚餐	黄油、灌肠、茶、糖和面包
"洲际"	早餐	面包夹灌肠和黄油、茶和糖
	午餐	面疙瘩汤、羊肉、面包、茶和糖
	晚餐	灌肠配土豆、面包、茶和糖[1]

这份让人"沮丧"的菜单可能使读者感到厌烦,不过我以为,这个细节很不错地传达了当时的处境。甚至是在"领袖们"的干预下,动员了各种资源,一个破产了的国家才好不容易向准备再次在各个国家创造革命的骚动,指望引发世界烈火的300名革命家提供了这样的饭食。托洛茨基处理着这些"小事情",希望利用最小的机会来加速新的革命高潮。

还要说一下,西方早就注意到托洛茨基狂热地崇拜激进的方法,经常向革命的祭坛膜拜。资产阶级报刊在十月革命后不久就陆续发表了许多材料,其中托洛茨基时而被说成是国家制度的一名无政府主义的推翻者,时而是共产主义激进派的极端体现者,时而是犹太金融资本的傀儡。在国内战争的高潮期,资产阶级的"俄国出版局"在叶卡捷琳堡出版了一本小册子《悲伤的回忆录(关于布尔什维克)》。作者谢尔盖·奥斯伦德评价了俄国革命的领袖们。谈得最多的就是托洛茨基。作者写道:"这个国际骗子征服了俄国,枪杀了旧的作战军官,住在克里姆林的皇宫里,指挥着俄国军队……他善于激发奴隶身上最黑暗,最令人憎恶的东西。"[2]

这里还有一篇,不过是欧洲人的"著作"。1921年,慕尼黑出版了一本名为《犹太人的布尔什维主义》的小册子,有阿尔弗雷德·罗森贝格写的长

---

[1] ЦГАСА, ф.33987, оп.2, д.147, С.188.

[2] ЦГАСА, ф.33987, оп.2, д.89, л.22.

篇序言。这本反犹主义的小书断定,俄国革命就其内容、理念、领导而言,完全属于犹太人:"布尔什维主义从诞生的第一天起就是犹太人的稀奇古怪想法"。罗森贝格不厌其烦地历数人民委员中犹太人的数目,煽动反犹太的情绪,企图证明,"对狂热的、破了产的、半饥饿的人民实行无产阶级专政是一个伦敦、纽约、柏林的共济会犹太人分会制定的计划"。其主要执行人也是犹太人,其中罗森贝格首先指出的就是托洛茨基-勃朗施坦。为这本塞满了布尔什维克-犹太人照片的小书作序的罗森贝格警告说:"他们的目的就是搞世界革命"。[1]这类伪造的肮脏货色,其目的是败坏俄国革命,尤其是它的领袖,首当其冲的就是托洛茨基的名声。

1925年2月,政治保卫总局外国处得到一份英国公使的绝密报告,标题是"托洛茨基和俄国革命"。公使向伦敦报告说,托洛茨基在党内争论中失败了,不过他依然指出,在俄国的布尔什维主义中,托洛茨基仍然是最大的政治人物,能够策动"国际的革命冒险行动"。公使忐忑不安地报告说,苏维埃俄国的局势稳定了,这就意味着赢得了时间"进行一个伟大的、世界性的历史实验,比在俄国彻底推翻沙皇制度,消灭资产阶级更伟大的实验"。公使说,列宁去世后,这是"欧洲社会主义革命最有分量的人物"。[2]政治保卫总局谍报处呈送给斯大林、捷尔任斯基、伏龙芝、明仁斯基、亚戈达、皮亚特尼茨基、阿尔图佐夫的这份文件明确认定托洛茨基是崇拜世界社会主义革命理念的最杰出人物。

同列宁一样,托洛茨基也坚信十月革命开创了世界无产阶级革命的新纪元,终其一生,他都忠于这个理念。令人奇怪的是,一个智力强劲,又具有先见之明的品质的人,怎么会如此深沉地陷入迷途之中。狂热的信念战胜了理性。在《共产国际五周年》一文中,托洛茨基不顾历史事实,断言"从历史的观点看,欧洲的资本主义已经走到了尽头。它没有极大地发展生产力。它已经注定不能继续扮演先进的角色了。它没有能力开辟新的愿景了。如果事情不是这样,那么关于我们时代无产阶级革命的任何思想都只能是堂吉诃德式的白日梦……"托洛茨基也没有发觉,他在表述这些想法时,仿佛也在用这名可悲骑士的服装比量自己的身材。世界和欧洲革命的理论家接着说:"资产阶级的秩序不会自行崩溃。必须推翻它,而只有工人阶级才能

---

〔1〕 ЦГАСА, ф.33987, оп.3, д.13, л.23-39.

〔2〕 ЦГАСА, ф.33987, оп.3, д.101, л.517-526.

用革命的手段推翻它。如果工人阶级失败了,那么奥斯沃特·施本格勒在《欧洲的陆沉》一书中凄惨的预言就会得到证实。历史向工人发出了挑战,仿佛是在对他们说:你们应当知道,假如你们不能推翻资产阶级,你们就会在文明的废墟下面死亡。"

托洛茨基对世界革命没有从发达国家:美国、英国、德国开始,而一再感到遗憾,按他的意见,革命本应获得更多的机会。托洛茨基在上面提到的这篇文章中伤心地指出:"看来,历史在纺线时,是从末端开始的。"在他看来,俄国就是这个落后的"末端"。不过,托洛茨基在对待世界革命的前景上,始终都是乐观派,只是并不太热忱。

托洛茨基在共产国际第四次代表大会(1922 年 11 月 5 日—12 月 5 日)上发言时,指出许多国家中革命处于低潮,证明这是"短暂的过程"。为了将来的成功,必须"争取工人阶级绝大多数的信任"。到那时,"工人阶级根据自身的经验确实相信了共产党领导的正确、坚定和可靠,就会甩掉自己的失望、消极和等待——到那时,**最后突击的时代**(黑体是我加的——作者注)就开始了。这个时刻有多近? 我们不能预测。"[1]托洛茨基可以为新的革命高潮等待许多年,但是他从来不曾怀疑过它必将到来。这样的执着可以使强大的智力变成盲目。但是,在分析经过欧洲的革命动荡之后的世界形势时,托洛茨基还是不得不承认世界革命的辉煌时刻被推迟了。在做同一个报告时,托洛茨基扶正了自己的眼镜,看着代表们头顶的上方,仿佛在注视着未来:"用一把尺子去衡量整个世界革命发展是不正确的……美国的革命——如果抛开欧洲——推迟了几十年。这是不是说,欧洲的革命应当向美国看齐呢? 当然不是。既然落后的俄国没有(也不可能)等待欧洲的革命,那么欧洲不会,也不可能等待美国的革命……我们立足于历史事件最自然的交替,就可以有把握地说,欧洲革命的胜利不用许多年就将动摇美国资产阶级的强大。"[2]

无产阶级革命之后的欧洲,以至整个世界将是什么模样,这在托洛茨基看来是不成问题的。传统的马克思主义的纸上谈兵、对实际内容并没有深刻认识就决定政治形式、相信自己绝对正确就铸成了似真似幻,而且一时间仿佛已经开始实现了的华丽乌托邦。一个迹近毁灭、遍体血痕、被内讧折磨

---

[1] Троцкий Л. Соч. Т. XII. С.342.

[2] Троцкий Л. Соч. Т. XII. С.369-370.

得筋疲力尽的苏维埃俄国,在托洛茨基看来已经是将来革命胜利后应当出现的国家结构的某种标准。一个伟大的实验不能局限于俄国,它的场地起初是欧洲,然后就是全世界。在为《真理报》撰写的文章《谈"欧洲合众国"口号的及时性》中,托洛茨基写道:"我们不会在这里预测,工农制度的初期欧洲各个共和国将以怎样的速度进行联合,将采取怎样的经济和法律形式,以及欧洲经济将集中到怎样的程度。这一切都可以心平气和地留给未来——吸取苏联已有的经验……"[1]

托洛茨基毫不怀疑,将来不同国家的任何联合都只能在社会主义革命的基础上进行:"我们现在谈的实际上是作为未来世界联盟的一个组成部分的欧洲社会主义联盟,而这种制度只有在无产阶级专政的条件下才可能实现……工农联盟不会局限于欧洲阶段……它通过我们苏联为自己打开了通向亚洲的道路,从而也为亚洲打开了通往欧洲的道路。所以,这仅仅是阶段的问题……"[2]

托洛茨基坚信,红军会给其他民族带去自由,以及同俄国联合成"世界苏维埃联盟"的可能性。为了"保留这种可能性",他在自己的指示、指令和命令中都建议,请求,要求尊重各族人民的民族自觉。

给进入乌克兰境内的各红军部队

第 174 号

1919 年 11 月 30 日 莫斯科

在所有步兵连、骑兵连、炮兵连和小分队中宣读

士兵、司令员、军委委员同志们!

你们进入了乌克兰境内。粉碎邓尼金匪帮,就是将强盗从一个兄弟国家清除干净……

手持武器对乌克兰城乡的劳动者实施暴力是可悲的。让乌克兰的工人和农民在你们的刺刀保护下,感到有信心。你们要牢牢记住:我们的任务不是征服乌克兰,而是解放它……

革命军事委员会主席托洛茨基[3]

---

[1] Троцкий Л. Соч. Т. XII. С.371.

[2] Троцкий Л. Соч. Т. XII. С.371-372.

[3] ЦГАСА, ф.33987, оп.1, д.266, л.71.

托洛茨基在给进入波兰的红军战士的命令中贯彻的也是同样的思想："⋯⋯你们踏上的土地是波兰人民的土地。我们击退了波兰的小贵族，我们还要打断他们的脊梁骨⋯⋯你们越来越接近华沙。进入华沙时，不应当将它视为被征服的城市，而是独立波兰的首都⋯⋯"〔1〕

可是，一旦出现了不同意苏维埃政权的信号，托洛茨基的语气马上就变得强硬起来。例如，当格鲁吉亚的孟什维克政府对莫斯科革命政权的要求和达成的协议不予理睬时：

高加索战线革命军事委员会。

绝密。

1. 如果苏维埃共和国被迫违反自己的意志，对格鲁吉亚的挑衅政策给予军事回击，你们是否认为，你们手里有足够的兵力和手段来应对这次战役，还要兼顾占领土地等等⋯⋯

4. ⋯⋯如果占领格鲁吉亚，你们对于向阿塞拜疆、亚美尼亚和格鲁吉亚运送粮食以供应军队和苏维埃机关有什么要求⋯⋯〔2〕

密码电报的落款是：1921年1月27日，革命军事委员会主席托洛茨基、总司令加米涅夫、野战司令部司令列别杰夫。这份文件的政治语言已经不是革命的，而是帝国的了。

与此同时，当第十一集团军进入格鲁吉亚的许多城市时，列宁给东部战线的革命军事委员会和格鲁吉亚的军事委员会发了指令："要特别尊重格鲁吉亚的主权机关，特别关心而谨慎地对待格鲁吉亚居民⋯⋯请将每次违反纪律或者即便是同当地居民发生的微小摩擦、误会上报。"〔3〕

达到目的之后，列宁，然后还有托洛茨基都努力向民族意识中灌输和解和安定。主要准则是：一切都是为了更快建立"世界苏维埃联盟"。

我们已经看到，托洛茨基不仅从理论层次上审视世界革命问题。如果可以这样说的话，他还有不少实用性的想法。1924年7月29日，托洛茨基在军事科学协会管委会的会议上就红军的任务不是在其他国家引发爆炸谈

---

〔1〕 ЦГАСА，ф.33987，оп.1，д.409，л.724.

〔2〕 ЦГАСА，ф.33988，оп.3，д.40，л.10.

〔3〕 ЦГАСА，ф.33988，оп.3，д.40，л.10. С.47.

了几句,然后集中讲了必须制定"国内战争条令",使社会主义革命的领导者有所遵循。如果领导人不能在危机时刻表现出能力和坚定,起义就注定要失败。托洛茨基说,在革命发动的危机时刻,"局势的特点是极其不稳定的平衡,就像是被置于圆锥体顶端的一个球。根据不同的推力,球可以顺着这一面,或者另一面滚下。在我国,由于党的领导坚定果断,球就滚向了胜利这边。而在德国,党的政策把球推向了失败的一边。"[1]托洛茨基分析了俄国十月革命和阶级斗争的经验,他相信:"'国内战争条令'应当成为高级军事—革命训练一个必不可少的部分。"[2]十月革命后最初几年的欢欣鼓舞过去了:应当为世界革命做准备了。其中也包括通过"高级军事—革命训练"。同时托洛茨基也没有抛弃和一切民主的、革命的力量结成反对资产阶级的统一战线的思想。

托洛茨基当然没有忘记,1921年9月,德国共产党领导人布兰德勒到了莫斯科,当时他向布尔什维克领导人请求派托洛茨基前往德国,准备起义。经过政治局讨论,决定不派托洛茨基,而派皮达可夫和拉狄克去布兰德勒处。实际上莫斯科是在暗示,德国起义的战略是在这里,在克里姆林宫制定的。特别坚持起义的是共产国际主席季诺维也夫。现在很难确定,多次会见过布兰德勒的托洛茨基在德国的失败中起过什么作用。不错,他赞成起义。可是,在得知发动的准备工作很差后,他又同意取消起义的决定。只是布兰德勒没有及时取消作战命令,因此汉堡仍旧点燃了微弱的起义火炬。工人的热忱和坚定只维持了几天。土壤没有得到革命乳汁的滋润。

托洛茨基得知起义失败的消息后,非常伤心,尽管在准备起义的关键时刻,他回避了个人参与其事。现在不好说究竟是什么原因:不相信起义会获胜? 革命军事委员会主席公务缠身? 不想拿自己成功的军事领导人的声誉去冒险? 不管怎么说吧,在决定国际"不断性"的具体步骤时,他实际上是置身事外的。

政治局着手为失败寻找责任人。在炽热的争论中提到了布兰德勒、季诺维也夫、拉狄克、皮达可夫和托洛茨基……许多人认为,在关键时刻托洛茨基是故意离开了搏斗的中心。共产国际执行局由于季诺维也夫的坚持撤

---

〔1〕 Троцкий Л. Соч. Т. XII. С.395.

〔2〕 Троцкий Л. Соч. Т. XII. С.402.

销了布兰德勒的职务，让他做了主要的替罪羊。只有托洛茨基和拉狄克、皮达可夫为他作了一点辩护。

德国的失败对于托洛茨基而言，不过是一次警示：世界革命需要长期而仔细的准备。政治上即兴演出的时期已经过去了。需要各种"条令"，而不仅仅是国内战争条令。然而，托洛茨基依旧毫不怀疑未来的世界狂焰必将燃起。他的革命战友和同志们也和他一样，只是其中的许多人不久之后就成了他的死敌。

世界革命的思想由斯大林着手实施，不过采用了另一种形式，而且是在第二次世界大战之后。不错，当时已经没有了共产国际的药方。反对帝国主义斗争的目的不仅仅是各族人民的民族解放和社会解放，还要传播社会主义。无论是列宁，还是托洛茨基，或者斯大林都没有看出世界革命的思想必然失败。而必然失败的根源在于试图借助被赋予了掌握真理、审判和前途的绝对权力的无产阶级专政来按阶级特征划分世界。

十月革命后，为了一些人的幸福就对其他人使用不受限制的暴力被认为是很自然的事情。没有一个革命者对世界无产阶级革命必将爆发产生过丝毫怀疑。可是，这和列宁、托洛茨基、斯大林这些"无产者"有什么关系呢？列宁来不及看到，像后来长期说的那样，按他的"计划"建设的成果。托洛茨基直到 1940 年 8 月前都相信，实验仅仅是启动了，可是没有继续下去。斯大林则使古拉格成了第一个社会主义革命国家的象征。好在还没有成立"世界苏维埃联盟"，否则它很可能就是斯大林模式的继续。

"恐怖主义和共产主义"

这是 1920 年托洛茨基在彼得格勒出版的一本书的名字。它仿佛是对 1919 年卡尔·考茨基在柏林出版的一本同名书籍《恐怖主义和共产主义》[1]的回答。实际上，阅读托洛茨基的这本书就可以将左翼布尔什维主义和欧洲社会民主主义的主要观点加以对比。俄国革命最激进的领袖之一

---

〔1〕 Kautsky K. Terrorismus und Kommunismus(《恐怖主义和共产主义》).Berlin，1919。

用了将近 200 页的篇幅[1]同第二国际最著名的理论家展开了争论,有时甚至到了人身侮辱的程度。托洛茨基遵循布尔什维克领导人对待论敌的粗野规则,将老牌马克思主义者、德国社会民主党著名的《新时代》报的编辑考茨基称为"虚伪的妥协分子""不值一提的伪造者""坏蛋""十足的废物"等等。可是,托洛茨基就无产阶级专政、民主、强制劳动、劳动的军事化、苏维埃政权的实质、农民政策、共产党在革命改造中的角色等问题提出的反论据却令人信服地表明,被布尔什维克提高到规律的许多错误认识有多么严重。是的,今天可以作出这个结论。可是不要忘记,在写作《恐怖主义和共产主义》一书时,托洛茨基的观点同布尔什维克领导层是吻合的。从这个意义上说,不单是托洛茨基,还有他身居高位的同伴都处于"革命的催眠作用"之下。

在简单地介绍托洛茨基对上面提到的那些问题的主要观点之前,我想从布尔什维克领袖的这本书中引用大段文字,借此可以判断他对公开反对布尔什维克专政的考茨基的社会民主主义的态度。"考茨基诋毁共产党的政策,可是他没有讲到,他究竟想要什么,他有什么建议。在俄国革命的舞台上活动的并不仅仅是布尔什维克。我们在其中过去和现在都看到,时而当权,时而在野,有社会革命党人(不少于五个小组和派别)、孟什维克分子(不少于三个派别)、普列汉诺夫派、最高纲领派、无政府主义者……绝对是'社会主义的各种色调'(借用考茨基的用语)都在这里检试过自己的力量,展示过他们想要什么,他们能做什么。这些'色调'为数众多,以至在紧邻的两个之间连一个刀片都插不进去……考茨基面前仿佛放着一个相当完整的政治键盘,只消指出哪一个琴键能够在俄国革命中发出正确的马克思主义声音就行了。然而考茨基沉默不语。他不拒绝他觉得刺耳的布尔什维克曲调,可是他也不寻找其他曲调。谜底很简单。上了年纪的演奏者拒绝在革命的乐器上演奏。"[2]

托洛茨基在这里的说法是正确的:在一个相信社会—经济改革的创造作用的社会民主党人眼里,革命是完全用不着的。那么,托洛茨基说的考茨基"诋毁共产党的政策",具体表现在哪里呢? 我只提出几个论点,不搞清楚它们就很难明白布尔什维克深陷其中的"革命的催眠作用"。值得一提的

---

〔1〕 后来托洛茨基将《恐怖主义和共产主义》同《在帝国主义和革命之间》合在一起,放在他《文集》的第 12 卷中。

〔2〕 Троцкий Л. Соч. Т. XII. С.177.

是,托洛茨基在撰写《恐怖主义和共产主义》时,同时也在写评论卡尔·考茨基的随笔。他曾经请求托姆斯基就他关注的问题给他提供一些统计数据。[1]托洛茨基真是非常想将考茨基彻底击溃。

考茨基早在20世纪前夕就赞同无产阶级专政的思想,及至观察了它在1917年10月后的体现,明确地宣称:"这是少数人对多数人实施的暴力。"亚·尼·波特列索夫支持考茨基的观点,他明白无误地写道:"只有考茨基提出了无产阶级的社会革命和暴力不能相容的问题……无产阶级专政已经完全过时了,这是对过去的迁就。"[2]第二国际的这位理论家在自己的书中写道:只有社会民主党取得了议会的多数,才为社会主义的改造打开了道路。对于这样的观点,托洛茨基用凶狠和嘲弄回答了考茨基,尽管不乏才智与精巧。

托洛茨基写道:"为了写一本关于专政的小册子,需要有一瓶墨水、一摞纸张,也许还有头脑中一定数量的思想。可是为了建立并巩固专政,就必须阻止资产阶级破坏无产阶级的国家政权。显然,考茨基认为,出几本悲情的小册子就能够做到。"托洛茨基接着说,"原则上放弃恐怖主义,也就是对凶狠和武装的反革命放弃镇压和威慑措施的人,他也应当放弃工人阶级的政治统治,放弃工人阶级的革命专政。谁放弃了无产阶级专政,他也就放弃了社会革命,而埋葬了社会主义。"[3]托洛茨基一再展示,这在实践中究竟是什么意思。请看下面这份文件。

> 沃洛格达,省军事委员会。
> 　　……要毫不留情地清除反革命分子,将可疑分子关进集中营,这是取得成功的必要条件……贪生怕死者,不问其过去功绩如何,一律枪决……上报采取的措施。
>
> 1918年8月4日
> 军事人民委员托洛茨基[4]

仅仅因为可疑,就要关进集中营……既然需要这样的措施,那还算什么

---

[1] ЦГАСА, ф.33987, оп.2, д.97, л.5.

[2] Потресов А. Н. В плену у иллюзии(《沉湎于幻想》).Париж, 1927. C.12-17.

[3] Троцкий Л. Соч. Т. XII. C.25-26.

[4] ЦГАСА, ф.1, оп.1, д.142, л.20.

社会主义？有人可能会反对：当时就是那样的时期……可是如果这类事情形成了制度，那就会想起考茨基的警告了。

托洛茨基同意列宁的观点：只有共产党人才是劳动群众利益的代表者。1921年12月10日，托洛茨基在军事学校共产党支部的代表会议上宣称："借用拿破仑的话来说，每一个红军士兵，每一个新兵都有一支元帅的权杖，不过我们说，这支权杖只可以交给共产党员……"[1]

俄国历史上发生的情况就是这样的。领袖们可以享受那些沙皇的高官显贵因之而受到了严厉批评的待遇，每一个领袖都有郊区的房子，甚至是宫殿（托洛茨基就住在尤苏波夫公爵豪华的阿尔汉格尔斯科耶庄园里，距莫斯科半小时车程），有个人的医生、许多服务人员、精美的饮食、沙皇的汽车等等。这一切都被认为是正常的。1922年秋天，托洛茨基因为普通的公务要去一趟克里木，陪同他的有一群警卫，甚至还有两辆小轿车。他的助手布托夫吩咐在莫斯科—辛菲罗波尔6号快车上"无条件地"加挂两节车厢，搭载警卫和两辆小轿车……[2]布尔什维主义的领袖们很快就变成了共产主义体制的新高级官员。

考茨基在自己的书中认为，实现社会主义理想的唯一途径是经过民主制。托洛茨基对这位老理论家的回答是绝对的嘲弄："历史没有把一个民族变成一个辩论俱乐部，让它一本正经地用多数票实现向社会主义革命的过渡。相反，暴力革命之所以必要，正是因为历史刻不容缓的需求无法经过议会民主制的机构为自己开辟道路……俄国的苏维埃政权驱散了立宪会议，这件事在西欧社会民主党的领导人看来，即便不是世界末日的开始，至少也是同社会主义之前的整个发展粗暴而任性的决裂。"[3]波特列索夫在捍卫考茨基的观点时指出："布尔什维主义从它统治的最初几步起，就用示威性地驱散立宪会议、普遍消灭自由、规定限制思想的官方模式，给人民的意识注入了一股与民主主义的国家制度为敌的气息。"[4]可是托洛茨基却断然宣称，"经过议会民主取得政权的想法是根本没有希望的"。也许，考茨基的信念超越了历史时代，而托洛茨基却是现实而实惠的。

但是，考茨基固执地在自己的书中再次向布尔什维克提出问题：为什么

---

〔1〕 ЦГАСА, ф.33987, оп.3, д.80, л.78.

〔2〕 ЦГАСА, ф.33987, оп.2, д.141, л.287.

〔3〕 Троцкий Л. Соч. Т. XII. С.38-39.

〔4〕 Потресов А. Н. В плену у иллюзии. С.50.

你们不召开新的立宪会议呢？否则就会被认为苏维埃政权是按少数人的意志在进行统治？托洛茨基始终如一："因为我们看不出立宪会议还有什么必要。如果说第一个立宪会议还能够起一点转瞬即逝的进步作用,令小资产阶级信服地批准了正在建立的苏维埃政权……那么它现在已经不再需要用立宪会议已经败坏的名声来提高自己的威望了。"〔1〕

两本同名书籍的这次"对话"中,完全不同的革命路线、对实现社会主义理想途径的不同观点发生了碰撞。

托洛茨基同考茨基争论得最激烈的是恐怖主义问题,或者更确切些说,是关于革命中使用暴力的问题。考茨基宣称,"恐怖主义属于革命的本质"的思想是广为流传的"错误观点"。第二国际的鼻祖抱怨说,"革命给我们带来的是由社会主义政府实施的、血淋淋的恐怖主义。俄国的布尔什维克率先踏上了这条道路,因而遭到不赞成布尔什维克观点的所有社会主义者最严厉的谴责……"考茨基还坚决反对"人质制度"。

我们已经知道,托洛茨基在这个问题上也表达了激进布尔什维克的观点,采取了不同的立场。托洛茨基写道："镇压的形式,或者说,镇压的程度问题,当然不是原则性问题。这是恰当与否的问题……正是这个简单而又决定性的因素说明了在国内战争时期广泛采用了枪决的办法……从'道义上'谴责革命阶级采用国家恐怖行动的只有那些原则上拒绝(口头上)任何暴力,因此也拒绝任何战争和任何起义的人。为此只要当一个伪善的贵格会教徒就行了。"〔2〕托洛茨基说,红色恐怖往往是由白色恐怖引起的,这话是对的。可是,一贯如此吗？布尔什维克放弃了社会民主党的传统和改良的途径,无论是否愿意,都限制了挑选手段的余地,而各种手段中,只有暴力是"万能的"。实际上,对托洛茨基来说,革命和暴力是同义词,而他也和考茨基一样,称暴力为恐怖行动。斯大林在20世纪20和30年代选择的那些解决社会、经济和精神问题的方法,是否也出于布尔什维主义的这些根源呢？承认暴力是革命过程的准则逐渐被转移到了世界观总的定向上。这样一来,革命就成了准备吞噬挡路的任何人的一头嗜血野兽。

为了完整地描述全景,我想请读者特别注意考茨基和托洛茨基在党的作用及其对农民问题上观点的差异。考茨基指责布尔什维克用"消灭其他

---

〔1〕 Троцкий Л. Соч. Т. XII. С.47.
〔2〕 Троцкий Л. Соч. Т. XII. С.50、55、59-60.

政党,或者将其扔进地下室"的党的专政取代了苏维埃的专政,从而排除了政治竞争的可能性。作为回答,托洛茨基引用了俄国革命中的例子:"布尔什维克同左派社会革命党人的联盟持续了几个月,而以流血结束。的确,按联盟的账单,欠账的不应当是我们共产党人,而是我们不忠实的同路人……"托洛茨基认为,妥协、协议、让步、结盟这些办法对布尔什维克而言,原则上都是不可取的。[1]

只有一个党是毫无瑕疵的,这种思想就导致了对权力、对思想、对真理的垄断。而这种对权力的垄断,譬如说,借用托洛茨基的话,在农民问题上就容许给富农和中农上一堂堂残酷的课程。结果是"达到了主要的政治目的。强大的富农阶层即使没有被彻底消灭,至少是被强烈地震动了,它的自我意识也被砍断了。中农仍旧是政治上不牢靠的,可是已经逐渐习惯于将先进的工人作为自己的代表了。"[2]

而这一切都被托洛茨基称为共产党在无产阶级革命中特殊角色的表现!

托洛茨基的《恐怖主义和共产主义》一书之所以有意思,首先就在于它表明了激进布尔什维主义对革命的途径及任务的观点。书中不仅仅涉及在农民的俄国建立无产阶级专政的方法,而且还有建设新社会的方法。也许,只是到了1920年4月,在第三次全俄工会代表大会上,托洛茨基才又一次,更全面地讲了这些问题。

出席这次代表大会的还有孟什维克由领袖唐恩、阿布拉莫维奇和马尔托夫率领的33人代表团。孟什维克捍卫俄国的社会民主思想,坚决反对托洛茨基的报告《论经济建设的任务》中的论点。阿布拉莫维奇尤其坚决而毫不妥协。他严厉地反对托洛茨基将强制劳动作为建设社会主义不可或缺的方法这个主要论点。如果社会主义要求实行劳动军事化,群众性的强制,阿布拉莫维奇感叹道,那"它和埃及的奴隶制有什么区别呢? 法老建筑金字塔用的也是类似的办法,强迫群众去劳动"。俄国社会民主党人有先见之明地从布尔什维克主张的普遍强制中看出了对整个社会主义的严重危险。

顺带说说,阿布拉莫维奇迁出苏联之后,曾经试图既反对布尔什维克,又开始同他们对话。据政治保卫总局外国处的报告,阿布拉莫维奇在1926

---

[1] Троцкий Л. Соч. Т. XII. С.105.
[2] Троцкий Л. Соч. Т. XII. С.110.

年初,曾经试图同布尔什维克政府谈判,讨论孟什维克回到苏联参加社会主义改造的条件。虽说阿布拉莫维奇本人,据谍报资料,不怎么相信这个办法能成功。[1]这样的接触并不是个别的。甚至在通过斯大林宪法的前夕,费·唐恩和拉·阿布拉莫维奇还起草了致全苏苏维埃代表大会的"公开信"。信中说,孟什维克和布尔什维克有"共同的目标",只是在"革命斗争的方法"上有分歧。他们肯定,孟什维克指出的途径将更有前途,"保护劳动群众免受苦难和牺牲,保留建成民主社会主义的可能性"。[2]在国外已经溶化了的孟什维克党仍旧试图呼吁苏联的共产党人"回归民主制"。虽然"公开信"的落款是"俄国社会民主工党国外代表团",但这已经是俄国社会民主主义的最后一批莫希干人了。托洛茨基直到生命的最后时日,都不打算重新审视自己对待前志同道合者的否定态度。

托洛茨基始终保持着自己一贯的信念:为了他所理解的革命和社会主义,怎么做都是容许的。为了认识布尔什维主义走入歧途的早期根源,值得我们回顾一下托洛茨基在第三次工会代表大会上报告中的一些思想。我要先说明一下,报告是事先经过政治局批准的。

在我看来,托洛茨基的讲话总是很引人入胜的,即便这些讲话不乏错误之处。这位革命的代言人的确非同一般;他所根据的前提、论证、争论的锋芒、结论和呼吁都独具一格,与众不同,而且给人印象深刻。托洛茨基身穿束紧的皮衣,一头蓬松的浓发,准确地运用着手势、停顿和语调。在那些年代,连他的外表都像一名前线的军事委员。早在 1918 年,他就给斯克良斯基发过一封电报:"给我送一身皮衣和高筒靴来。"[3]

这一次,托洛茨基也非同一般地开始自己的报告。"按照一般的规律,人总是极力逃避劳动……可以这么说,人是相当懒惰的动物……"托洛茨基就这样,从"生理的"前提转向他的论点,"吸引必需的劳动力参与经济任务的唯一办法就是实行义务劳动制"。[4]如果谈的是某种危急时期,这个论点未必会引起争论。可是并不是这样。这是作为一项根本原则,要长期执行的:"……必须永远记住,义务劳动制原则已经彻底地,而且是不会逆转地(!——作者注)取代了自由雇佣原则,正如生产资料的社会化取代了资本

〔1〕 Архив ИНО ОГПУ, д.343, т. III. Л.135.

〔2〕 Архив ИНО ОГПУ, д.343, т. III. Л.14-24.

〔3〕 ЦГАСА, ф.1, оп.14, д.7, л.59.

〔4〕 Троцкий Л. Соч. Т. XII. С.128、129.

家所有制一样。"〔1〕读着托洛茨基关于建立义务劳动制的途径和性质的进一步议论,让人不由得想起阿布拉莫维奇的话:这样的社会主义和埃及的奴隶制有什么区别呢?

托洛茨基从关于劳动动员的思想转到了实际工作的层面,他说:"必须将动员的劳动力按最短的途径调运。必须使动员的工人数目和经济建设任务的规模相适应。必须保证被动员的人及时获得必需的劳动工具和粮食……必须让被动员的人在当地就相信,使用他们的劳动力是事先就有计划的……只要有可能,就必须用劳动工作量来取代直接动员,比如说,给一个乡规定,必须在某个期限之前提供多少立方俄丈原木,或者用大车向某个铁路车站运送多少普特生铁等等。"〔2〕当人们回忆起斯大林的做法时,这些议论简直就让人心惊胆战了。托洛茨基正是全面暴力的理论家和开始贯彻的实践者之一。

与此相关的是托洛茨基特别关注劳动部队,即那些由于武装斗争渐趋熄灭而逐渐"失业"了的成建制的部队。作为转到劳动轨道上的部队,托洛茨基举出了第一集团军、第三集团军、彼得格勒集团军、乌克兰集团军、高加索集团军、南扎沃尔日耶集团军和西部集团军。

孟什维克反对,因为"强制劳动从来就是效率很低的劳动",托洛茨基回答说:"没有革命的专政,没有组织经济活动的强制形式,就谈不到从资产阶级的无政府状态转向社会主义经济。"这样斩钉截铁的议论往往让人目瞪口呆。不过这并不是什么怪事,用这种腔调讲话的是胜利者。可是,如果作一个历史的回顾,他们是胜利者吗?

遭到失败的俄国社会民主党人的见解在很大程度上是公正的,然而几十年来它们一直被遗忘了……托洛茨基给他们的纲领下了毫不留情的判决:"没有粮食的垄断,没有消灭市场,没有革命的专政,没有劳动的军事化,孟什维克向'社会主义'过渡的道路不过是天上的银河。"〔3〕

即便考虑到托洛茨基作报告的时间,也不能不看到:布尔什维克不仅是在为国家陷入其中的深刻危机寻找出路,而且也是为几十年后痛苦地加以拆除的激进体制奠定基础。正是在那些年里(新经济政策只是试图对这个进程作一些修改),创建了对主要之点,自由,不作规定的新社会的基础。这

---

〔1〕〔2〕 Троцкий Л. Соч. Т. XII. С.131.

〔3〕 Троцкий Л. Соч. Т. XII. С.136.

种"创建"的发明者和制造者并不仅仅是托洛茨基一个人。但是,他和列宁,以及布尔什维主义的其他领导人是俄国条件下马克思主义的诠释者,而且是积极的诠释者。还在工会代表大会之前,1919 年 12 月 27 日,根据获得列宁批准的、托洛茨基的提议,人民委员会决定设立一个由共和国革命军事委员会主席领导的专门委员会来制定在国内实施义务劳动的计划。三天之后,该委员会在第一次会议上就决定吸收著名的布尔什维克参加这方面的工作。[1]又过了一天,托洛茨基就给米·德·邦契-布鲁耶维奇写信,请他查明,军队能够拨出多少人、运输工具和技术手段来动员人们履行劳动义务。

> 我请你承担对上述一切准备工作的总领导,并立即开展工作……
>
> 莫斯科 1920 年 1 月 1 日
>
> 跨部门劳动义务委员会主席列·托洛茨基[2]

我再引用同一次工会代表大会上托洛茨基报告的几个片段。作为早已酝酿过的、深思熟虑的意见,革命军事委员会主席宣称:"工资对我们来说,首先不是保证个别工人个人生存的一种方法,而是评价个别工人用自己的劳动给共和国带来多少成果的方法……"托洛茨基讲到了必须奖励那些比其他人更多地"促进了整体利益"的工人。可是,报告人接着说,"在奖励一些人的同时,工人国家不能不惩罚另一些人,就是那些明显破坏了劳动的团结一致性,破坏了整体工作,严重损害了国家的社会主义再生产的人。镇压是社会主义专政为达到经济目标而必须采取的一种手段。"请看,这就是被扭曲了的辩证法!原来镇压之所以需要,不仅仅是为了达到政治目的,还要用于经济目的!而且又要使用暴力!不由得再次想起尼古拉·别尔嘉耶夫深邃的思想:"人们为了面包而同意放弃精神自由。我看到,在最革命的社会主义中可以发现大宗教裁判官的精神。"[3]我要补充一句:不仅是精神,还有可怕的血肉之躯。

关于这一切,托洛茨基的报告接着说,没有一本书里讲到过。"我们大家现在刚刚开始用劳动者的汗水和鲜血来写这本书。"[4]这些话很有预见

---

[1] ЦГАСА, ф.33987, оп.1, д.229, л.647.

[2] ЦГАСА, ф.33987, оп.2, д.97, л.1.

[3] Бердяев Н. Судьба человека в современном мире(《当代世界中人的命运》).Париж., 1934. С.11。

[4] Троцкий Л. Соч. Т. XII. С.142-143.

性。他当时还不知道,这个实验的规模会有多大,被送上祭坛的会有多少生命;他也不知道,这片血海中也将注入他本人的鲜血。

当年布尔什维主义领导人之一的这个报告(类似的讲话还有许许多多)、同"叛徒"考茨基的争论明白无误地证明:托洛茨基是最积极的激进体制的创建者之一。那些年代他同列宁之间没有明显的分歧。当然,许多事情决定于无法抗拒的需要——得活下去。可是不能不看到,个性、自由、人民权力从一开始就掌握在希望使人们世世代代都"幸福"的一小群人手中,他们借助暴力、强制、威吓来"使他们幸福"。人们曾经以为:"革命的催眠作用"会过去的,自由将在人民权力的范围内占有自己的位置。但是,接替列宁和托洛茨基的人却将这些暂时的特征(暴力、强制、威吓)变成了令人发指的常态。

托洛茨基回答了考茨基,展示了激进的布尔什维克和经典的社会民主党人之间的巨大鸿沟。我想,在两种元素——激进的和温和的,或者说阶级的和全人类的——斗争中可以找到俄国社会主义悲剧的谜底。还是那个波特列索夫早在1927年就预言:"布尔什维体制,时候一到就会消失,就像任何专制体制消失一样,就像罗曼诺夫家族的王朝暴露了绝顶的腐朽之后,时候一到也消失了一样。资本主义自我改造成社会主义,较之迫使寡头统治者们放弃自己的特权,转上民主国家的轨道要容易一些。"[1]

托洛茨基是俄国走向社会主义道路最早的"导演"之一。他回答了卡尔·考茨基,因而使我们得以更深入地理解布尔什维主义的演变及其历史性失败的根源。

文 化 和 革 命

托洛茨基的主要偶像,如果可以这么说的话,就是革命。我们已经谈过这一点了。它的种种界面和面貌都吸引着这名革命家。他的绝大部分书籍和文章都是谈这个题目的。连私人通信都表明,这个人是多么醉心于作为

---

〔1〕 Потресов А. Н. В плену у иллюзии. С.45.

社会创新的最主要形式的革命。托洛茨基以革命为生命，为革命而痛苦，寄希望于革命，为革命的痛苦而伤心。革命使他誉满全球。他是革命的主要领导者之一。而革命却借托洛茨基的后继者（他使用的是另一种称呼：热月派分子）的意志将他变成了流浪者。革命被击退、被扭曲的浪潮则将他杀死在异国他乡。

不过，还有一个占据他生命中主要地位的活动领域：文学、创作、艺术，更广泛地说，就是文化。托洛茨基对文化中许多智慧结晶的推崇使他得以超过所有的战友、同志和革命家。

即使在最紧张的日子里：在前线，在政治局中同斯大林、季诺维也夫和加米涅夫的拼搏，在党内辩论的时期，托洛茨基总能挤出一两个小时，向谢尔姆克斯、波兹南斯基或者布托夫口授下一本书或文章的几段文字。我准备用本书中的一章，专门评述作为历史学者、肖像画家和思想家的托洛茨基。而现在，我想仅限于谈托洛茨基对文化发展的影响、使文化为革命"服务"的意图、他让群众掌握欧洲文化入门知识的努力。

俄国的很多文化人对十月革命持敌视态度。十月革命携带着许多破坏性的和虚无主义的因素。革命领袖们试图让无产阶级和全体劳动者熟悉文化珍品，着手从狭隘的阶级立场来看待文化。而真正的文化是容不得任何标准的：无论是阶级的、阶层的，还是民族的标准。革命割断了伟大文化的血脉，赶走了文化的许多创造者。

到了国外之后，他们因为俄国的痛苦而备受折磨。以 И.布纳科夫、Ф.斯捷普恩、Г.费多托夫为代表的一些在"俄国大动乱"中被抛弃的人，于1931 年出版了一本杂志《新城》，至 1937 年断断续续出了十一期。出版者回顾了革命的后果，在出版导言中写道："俄国的命运是最沉重的了。它被卷进了一场普遍的火灾，不仅为自己本身的罪过和悲惨历史的遗产付出了代价，还为资本主义世界的罪过付出了代价。在欧洲是经济危机，而在俄国则是走投无路的贫困和饥饿。在欧洲是阶级斗争，而在俄国则是各阶级遭到屈辱。在欧洲是暴力，而在俄国则是血淋淋的恐怖主义。在欧洲是对自由的冒犯，而在俄国则是为大家准备的苦役监狱。在欧洲是文化的黯然失色，而在俄国则是不断消灭文化……"接下去是："在鲜血中养成的一代人相信，暴力能够拯救一切，因而提出了用专政反对法制国家的理想……"[1]

---

〔1〕 Новый град(《新城》).Париж，1931. № 1. C.3-4。

我仅仅引用了一种观点,它表明一些俄国知识分子对革命的不妥协态度。问题当然要复杂得多。不能否认,一些优秀的学者、诗人、作家、演员、画家接受了革命的变革。另一些人动摇过,被疑虑折磨过,经历了从暴烈的敌对到完全支持,从兴高采烈的同情到失望,从期待和苏维埃政权合作,从中立到自觉为新社会的利益而工作的过程。这些都是事实。不过我的目的并不是要反映文化同知识分子相互关系的全部复杂性。

还是回到托洛茨基来吧。正是他希望将无产阶级专政和文化结合起来,将文化作为新制度的同盟军。不过他完全是从实用主义的角度看待文化,仅仅让它在布尔什维克从 1917 年开始的伟大实验中扮演配角。托洛茨基希望将革命创造的文化代用品和小件玻璃制品"欧洲化"。

例如,他于 1922 年动笔,于 1923 年写成一篇独特的文章《文学与革命》,由《红色处女地》出版社于同年出版。事情的来龙去脉大致如下。1922年中,列宁曾建议托洛茨基出任人民委员会副主席,可是被他拒绝了,借口是党务工作"过于繁重"。托洛茨基请了假,蹲在莫斯科郊区,加紧写他的书。且不论他拒绝列宁本人的建议出于什么原因(也许是托洛茨基看重独立性,极力想让自己只担任主角),在政治局责备国内战争凯旋者的这次举动的时候,他却待在莫斯科郊外的农舍里,身边全是书籍和手稿。

稍稍脱离一下主题。现在从档案中我们知道了托洛茨基拒绝出任人民委员会副主席的原因(是真正的原因吗?)。1923 年 1 月 15 日,托洛茨基给政治局(就斯大林关于计划委员会和劳动及国防委员会的一封信)写了一张便笺,其中谈到了"个人任命"的事情。托洛茨基写道:"列宁同志恢复(指病后——作者注)工作以后,过了几星期,建议我担任副主席的职务。我回答说,如果是中央的任命,我当然和从前一样,服从中央的决定,不过我会认为,这样的决定是很不合理的,同我对组织工作和对行政—经济工作的种种观点、计划和打算完全相反。"在谈到推辞的具体原因时,革命军事委员会主席说,他认为"存在(两名以上)副主席的部务会议本身就是有害的",至于他为什么决定放弃职务,他声称,这往往是"中央书记处、组织局和政治局在苏维埃问题上的错误政策"促成的。[1]

我想,这张便笺揭示了托洛茨基放弃职务的动机,同时也并不否定推测其中有为了文学兴趣而牺牲政治兴趣的因素。在我看来,这样的见解是最

---

[1] The Houghton Library, Trotsky Archive, bMS Rus 13. T. 77.

正确的:托洛茨基始终试图兼顾政治的和文学的爱好和需要,使两者协调起来,相互接近,相互结合。

托洛茨基在关于发展文化和艺术的思考中,只是在被驱逐之后才明白了,他直接参与缔造的那种制度原来并不打算向真正的创作活动提供广阔的精神空间。1936年,托洛茨基在《苏联是什么样的国家,它将走向何方?》一书中写道:"过去,俄国人民并不像德国人民那样,经历过伟大的宗教改革,也不像法国人民那样,经历过伟大的资产阶级革命。从这两座熔炉(如果抛开17世纪不列颠岛上居民的宗教改革)里诞生了资产阶级的个性,这是人的个性整个发展中的一个极为重要的阶段。1905年和1917年的俄国革命标志着群众中个性必不可少的初步觉醒,将个性从原始状态中分离出来,也就是说,在缩小的范围内,以加快的速度履行了西方资产阶级历次改革和革命的教育工作。可是,还在这项工作哪怕是粗略地完成之前很久,发生于资本主义没落时期的俄国革命就被阶级斗争的进程抛到了社会主义的轨道上……精神创作需要自由。"但是,托洛茨基在20世纪30年代中期痛心地指出,"遭受的拘禁制度之苦绝不少于其他任何文化的、伟大的俄国文化却主要依靠革命前形成的老一代人才得以维持。青年一代则仿佛被压在铁板之下。"[1]看来,托洛茨基在被逐出国门之后,明白了许多。

是的,就会是这样。在托洛茨基写下这几行文字的时候,他还不知道,"革命前形成的老一代"文化阶层很快就几乎全部被消灭殆尽,而"铁板"将压在全体人民的头上。托洛茨基是否也曾经参与其事呢?也参与了,也不曾参与。他一贯拥护的、作为暴力表现形式的无产阶级专政从一开始就伤害了创作和文化的灵魂,否定了全人类的珍品。然而托洛茨基却试图使日常生活欧化,让人们了解文化的入门知识。

我在前面说过,托洛茨基就其精神和教养而言是一个欧洲人,他始终看不上俄国的文化、它的历史和独具一格的珍品。他的某些言论对俄国人民简直就是侮辱。例如,还在革命前,《基辅思想报》就发表过托洛茨基的《谈知识分子》,其中有许多贬损俄国文化、历史和俄国人的描述。1922年,托洛茨基在将这篇文章收入他的第12卷《文集》(旧世界的文化)时,为了缓和一下它给苏维埃读者留下的不良印象,在注释中声称:"文章的语气是向知

---

〔1〕 Троцкий Л. Что такое СССР и куда он идет? (《苏联是什么样的国家,它将走向何方?》). Париж, 1936. C.142-143, 145。

识分子咖啡馆里的狭隘民族主义救世论发起挑战。"〔1〕

我引这篇文章中的几段话,展示托洛茨基(至少是革命前)对俄国文化和历史的鄙视和以保护人自诩的态度。托洛茨基的分析一如既往,总是以不同凡响开篇:"历史在极其困难的条件下将我们从袖管中抖落下来,在广阔的平原上薄薄地撒了一层。没有人向我们建议过其他的生活地点;我们只好在分给我们的地块上做苦工。来自东边的亚洲人的袭击,来自西边比我们富裕的欧洲人的无情压迫,国家这个庞然大物又吞噬了过多的人民劳动的份额——这一切不仅让劳动群众失去了生计,陷入贫困,而且也吸干了滋养各个统治阶级的源泉。因此它们的成长是缓慢的,在社会野蛮的处女地上'文化'的积淀是难以觉察的。"这种种议论仿佛都是正确的,然而,托洛茨基是用它们作为贬低俄国显贵的檄文:"历史决定了它先天不足的我国贵族是多么可怜!它的城堡在哪儿?它的演武场在哪儿?十字军远征、侍从、游吟诗人、少年侍从都在哪儿?骑士的爱情在哪儿?什么都没有,哪怕命运稍许好一点呢……我国贵族的官僚主义反映了我国贵族的全部历史性卑微和贫乏。它伟大的力量和人物在哪儿?它的顶峰时期还赶不上三流戏班子的模仿:模仿阿尔发公爵〔2〕、模仿柯尔贝尔〔3〕、模仿杜尔哥〔4〕、模仿梅特涅〔5〕、模仿俾斯麦〔6〕……如果作一番回顾的话,唉!可怜的俄国,可怜的我国历史。斯拉夫主义者却想使社会的混沌不清,不高于随大流的思想奴役永恒化,认为这是'温顺'和'谦让',是斯拉夫灵魂的最美丽花朵。"〔7〕

绝对不能赞同,也不能宽容这类仇视俄国文化的行为。它不仅仅是错误,而且是羞辱。难道能够用"游吟诗人"和"少年侍从"来衡量文化的强大和英明吗?我不怕犯错误,我要说,文化的主要指标是它道德的高度。革命之后,托洛茨基在评价俄国的历史和文化时较为谨慎了。但是托洛茨基在指出俄国在日常生活、城市文明及业已到来的机械世纪的其他标志方面落后时,也没有真正看到俄国历史和完全不需要一切向欧洲看齐的俄国文化的独特性。

---

〔1〕 Троцкий Л. Соч. Т. XX. С.327.
〔2〕 阿尔发公爵(1507—1582),西班牙统帅。1580 年征服葡萄牙。
〔3〕 柯尔贝尔(1619—1683),1665 年起任法国财政大臣。
〔4〕 杜尔哥(1729—1781),法国国务活动家、启蒙哲学家、经济学家。
〔5〕 梅特涅(1773—1859),奥地利公爵、外交大臣,实际上的政府首脑。
〔6〕 俾斯麦(1815—1898),德国公爵,德意志帝国宰相。
〔7〕 Троцкий Л. Соч. Т. XX. С.330-332.

这种种令俄国人感到羞辱的评价,我以为,来自托洛茨基自认为在智力上高于其他人的优越感,而他又不会加以掩饰。托洛茨基从来就没有至交,其原因是否就在于此呢? 在听托洛茨基演讲或者阅读他的讽刺作品时,可以欣赏他,但是不可能爱上他,因为他讲话,发表意见,写作时,都立足于他本人建造的高位上。只是到了生命的终点,被斯大林的猎手们逼到了墙角时,托洛茨基才明显地转变了,以他独特的方式怀念祖国,常常回顾它的历史,回忆起俄国作家、诗人、思想家、画家中璀璨的群星。时间是能够改变一切的……

为了写有关文化的作品,满足知识分子的文学爱好,监督出版事业,托洛茨基读书之多简直令人惊奇。他有"快速阅读"的能力,同时又能仔细研究他特别需要或者给他留下深刻印象的那些书籍。早在1921年初,除了列车上的图书室之外,按照托洛茨基的指示,在莫斯科专门为他建立了另一个书库。革命军事委员会主席的办公室主任布托夫在给多勃罗克隆斯基(莫斯科区军事委员)的一封短信中规定:

"在共和国革命军事委员会主席托洛茨基同志秘书处下设置一个军事、政治和经济问题的书库。书籍的数量为20 000册,此外还需随时增添……根据和你在电话中的约定,请你临时派遣至少三名能全面胜任上述工作的图书馆工作人员。"[1]按照托洛茨基的吩咐,俄共中央宣传鼓动部图书馆和文献供应处处长 A.索尔茨定期给托洛茨基办公室送去国内外能够购买或找到的新书。例如,1922年10月13日,托洛茨基的办公桌上就放着以下刚收到的书籍:亚·费·克伦斯基《来自远方》、狄奥涅奥《五光十色的书》(第一、二卷)、阿·尼·托尔斯泰《中国的阴影》、Г.И.施雷德尔《农村的贫困》、帕·伊·诺夫哥罗德采夫《论社会的理想》。[2]两星期后,索尔茨又给托洛茨基送来将近100册书。下面我只列举托洛茨基做了标记的一些书:

A.格尔费尔《保护少年工人的健康》;

M.沃尔夫松《社会学概论》;

叶夫列伊诺夫《原型谈肖像画作者》;

卡·哥尔多尼《喜剧集》(第二卷);

奥·施本格勒《普鲁士主义与社会主义》;

〔1〕 ЦГАСА,Ф. 33987,оп.1,д.428,л.91.
〔2〕 ЦГАСА,Ф. 33987,оп.1,д.530,л.3.

安·别雷《语言的诗歌》；

A.布里金《狂欢的醉态》；

克·汉姆生《大地的本质》；

E.科尔什《禁猎区的设施》；

格·季诺维也夫《共产国际第四次代表大会》；

卡·考茨基《社会的本能》；

C.鲁里叶《古代世界的排犹活动》；

3.科策涅尔鲍姆《货币流通》；

《社会革命党人案件的起诉书》；

C.别尔乌辛《1917—1921年的自由价格和卢布的购买力》；

普·克尔任采夫《组织的原则》；

E.布劳多《尼采——哲学家—音乐家》；

安·别雷《论认识的意义》；

B.别洛夫《俄国铁路的美国化》；

《俄国劳动史档案》（第五卷）；

B.伍德《世界的灾难和德国哲学》。

接着是给托洛茨基送来的杂志和订阅报纸的最近几期：《现代评论》《红色印刷工人》《工业和贸易》《技术和经济》《无产阶级报》《青年无产者报》《彼得格勒经典剧院周刊》《红军报》《共产主义革命》《贸易公报》《红色战士》《戏剧》《共产主义战士》《十月》《书籍与革命》《红色军营》，还有孟什维克在柏林开始出版的《社会主义通报》。[1]

我想，即使这份十月革命五年之后在共和国出版的书籍、杂志和报纸的名单不全，它也证明了俄国革命建筑师之一的广泛兴趣。托洛茨基真诚地想将俄国文化的这份智力财富用于使革命转向，按他的说法，"文化化"。因此他才试图努力推进习俗、礼仪、语言的革命。他在1923年出版的一本书《习俗问题》（后来收入他的《文集》第21卷）中写道："现在我们的任务是什么，我们应当首先学习什么，追求什么？应当学会很好地工作：准确、干净、节约。需要工作中的文化、风尚习俗中的文化。我们经过长期准备，用武装起义的杠杆推翻了剥削者的统治。可是，没有一种可以立即提高文化的杠杆。这需要工人阶级，以及他身边，紧随其后的农民进行一个漫长的自我教

---

〔1〕 ЦГАСА，Ф. 33987，оп.1，д.530，л.19-25.

育过程。"〔1〕

托洛茨基知道,不接受十月革命的很大一部分知识分子对这些"文化化计划"持怀疑态度,他用讽刺的口吻回答说:"革命在实际实现的进程中仿佛'改变成了'局部的任务:要修补桥梁,学习读书写字,降低苏维埃工厂中每双靴子的成本,反对肮脏,抓骗子,将电线拉进村庄等等。有些庸俗的知识分子,就是那些胡思乱想的人(他们由于自己的缘故,以诗人或者哲学家自诩)已经开始用宽宏大量的语气谈论革命了:说是,学习做生意(嘻-嘻)和缀纽扣(嘻-嘻)。我们就让这些夸夸其谈的人去胡说瞎扯吧。"

托洛茨基接着说:"社会主义建设是规模宏大的计划建设。而且要经过种种涨潮和退潮、错误和转折,经过新经济政策时期的种种曲折。党执行的是一个庞大的计划,并按这个计划的精神教育青年,教导每个人将自己的局部活动同总任务联系起来。这个任务今天要求把纽扣缀好,明天就要求在共产主义旗帜下勇敢地牺牲。"〔2〕

我想,在这段相当冗长的引文中表述的不单单是托洛茨基的(而且也在很大程度上是党的)"文化化"纲领,而且还有教育青年一代的目的:准备"在共产主义旗帜下勇敢地牺牲"。世界革命的海市蜃楼始终萦绕在这个人的头脑中。这个纲领同列宁在共青团第三次代表大会上讲的用共产主义精神教育青年是完全吻合的。

托洛茨基不仅阐述了纲领,提出了口号,而且十分清晰地将它们具体化了,突出了"文化化"的主要环节:反对含酒精的饮料、说下流话、家庭中的旧习俗、其他习惯、蛮横无理。

1923年初,托洛茨基正在休假,召开了一次中央全会。托洛茨基对全会的一项决议的反应是很有说服力的:

绝密

致中央委员们

中监委委员们

最近的一次全会上,由于国库的原因,再次提出了自由销售烈性饮料(指含酒精的饮料——作者注)这个在我看来是早已不存在的问题。

〔1〕 Троцкий Л. Соч. Т. XXI. С.4.
〔2〕 Троцкий Л. Соч. Т. XXI. С.4-5.

鉴于这件事情十分重要,而提出这项建议的人承担着极为严重的责任,我认为必须提出书面意见……

在我看来,无需争辩的是我们的预算完全可以依赖我们农业、工业和对外贸易(出口粮食、原木等)的成绩来维持。将预算转移到酒精的基础上就是企图欺骗历史,使国家预算脱离经济建设的成绩……全体工人阶级都认为自己处于斗志昂扬的状态,如果让酒精也掺和进来,那就会后退,会下滑……[1]

种种迹象表明,从不饮酒的托洛茨基的这封信并没有起什么作用。

托洛茨基在《伏特加、教会和电影》一文中写道:"革命继承了解除伏特加的垄断地位,但只是作为一个事实,现在出于某些原则性的考虑,又将这个事实合法化了……放弃国家在团结人民方面的责任成了革命成果的铁定工具……我们的经济成绩和文化成绩都将和降低'度数'同步进行。这是不能让步的。"[2]

托洛茨基深刻地指出,"文化化"问题还包括关注"家庭妇女、母亲、妻子的受压迫地位"。他在《建设社会主义就应当解放妇女和保护母亲》一文中指出:"农村妇女,而且不仅是贫困家庭,也包括中农家庭的妇女,他们命运的沉重和暗无天日,或许是今天任何苦役都不能与之相比的。没有休息,没有节日,也看不到一丝光明!"[3]

托洛茨基明白,不普遍提高文化,社会主义是不可想象的:"肺病、梅毒、神经衰弱、酗酒——所有这些,以及其他许多疾病都在居民群众中广泛传播。必须增进民族的健康。没有它,社会主义是不堪设想的。应当刨根问底,一直追到源头。一个民族的源头在哪儿? 难道不是母亲吗? 必须把反对不关怀母亲的斗争摆在首位!"[4]托洛茨基看到,日常生活中的革命涉及许多方面、范围、领域:家庭、语言、习惯、文化水平、交往、城乡"结合"、电影、贸易、出版、学校、文学、艺术……

"巴黎公社"制鞋厂的工人集会通过了一项"清除粗话"的决定,对违反者"用报纸和罚款进行教育"。托洛茨基立即在《真理报》上发表了一篇文章

---

[1] The Houghton library. Trotsky Archive. bMS Russ. T. 801. 1S.

[2] Правда(《真理报》).1923. 12 июля。

[3] Троцкий Л. Соч. Т. XXI. С.55.

[4] Троцкий Л. Соч. Т. XXI. С.57.

《为语言的文明而斗争》作为回应。他一如既往试图对俄国的污言秽语作出阶级的说明。他写道："来自下面的俄国骂人话反映的是绝望、愤怒，而首先是没有希望，没有前途的被奴役地位。可是，出自贵族、警察局长之口，来自上面的同样的骂人话表现的却是阶层的优越地位、奴隶主的光荣和不可动摇的基础……俄国骂人话的两股潮流：一股是老爷的、官吏的、警察的、吃饱了的、嗓子被油腻糊住了的，和另一股饥饿的、绝望的、嘶哑的。两者历来就构成一幅令人厌恶的俄国语言图案。"[1]托洛茨基大力支持工厂工人的首创，同时更进一步，提出了语言的纯洁、鲜明和优美的问题。

托洛茨基坚决反对浑浑噩噩、无知、愚昧、陈旧的东西，同时又经常显而易见地夸大革命"文明"的影响力。例如，他一再用书面或者口头方式支持"苏维埃的新礼仪"。托洛茨基写道，刚出现的"工人国家的革命标志：红旗、镰刀和斧头、红星、工人和农民、同志、国际。可是，在家庭生活的封闭笼子里，几乎见不到这些新事物……"接着，托洛茨基建议支持在日常生活中诞生的一切新事物。"工人中有一种庆祝出生日期，而不是命名日的庆祝活动。而且，不是用教堂的节日，而是用象征我们感到非常亲切的新事物、事件和思想的某种新名字来给婴儿命名。在莫斯科鼓动员会议上，我初次得知，一个新的女性名字'奥克恰布琳娜'[2]已经在某种程度上获得了公民权。还有一个名字'尼涅里'[3]。还有叫'雷姆'[4]的。表示与革命有关系的方法还有用'弗拉基米尔''伊里奇'，甚至'列宁'（作为名字），'罗莎'（纪念卢森堡）等等给婴儿命名的。有些场合还出现了庆祝婴儿出生半戏谑的仪式：'展示'婴儿时有工厂委员会参加，而且有将新生儿'登记'为俄罗斯苏维埃共和国公民的'决定'。然后才饮酒庆祝。"[5]托洛茨基支持这些革命的庸俗化行为，并建议更积极地创造礼仪的新形式。"并不是所有臆造都是成功的，也不是所有的奇怪构想都能适应需要。那又有什么不好呢？选择会按它自身的秩序进行。新生活会承认它认为满意的那些形式……"[6]

应当承认，托洛茨基的意向，不像预期的那样，大部分是注定不会成功的。许多世纪积累下来的礼仪、习惯、风俗不可能像托洛茨基指望的那样，

---

[1]　Троцкий Л. Соч. Т. XXI. С.27.

[2]　以"十月"为基础创造的名字。

[3]　列宁姓氏的倒读。

[4]　用革命、电气化、世界三个词的第一个字母合成的名字。

[5][6]　Правда. 1923. 14 июля.

借助"臆造"和"奇想"来消除。礼仪道德深深植根于群众的意识、历史和传统中。连改善妇女的命运、战胜酗酒、清除骂人的脏话、抛弃粗暴无礼这样的进步思想,也没有像托洛茨基非常期待的那样,取得很大进展。不过不能不看到,托洛茨基坚持反对的东西——群众缺乏文化,正是斯大林的个人独裁得以建立的精神基础之一。

主张"文化化"的斗争,没有广大知识分子的支持是不能顺利前进的。而许多知识分子是敌视十月革命的。许多人出于信仰,投奔了白军阵营,并分担了他们的悲惨命运。几十万人饮下了在国外政治流亡这杯苦酒。留下的人被可疑而又可笑地称为"专家",其中很大部分被贬谪为往往是愚昧无知,却又咄咄逼人、气量狭小的党务官员意志的简单执行者。

尽管列宁身边的人中有许多很有造诣的人,可是在较低层次上占据统治地位的却是受教育较少、"来自人民"的"革命干部"。他们的政治、道德,甚至总的精神文化水平通常是很低下的。至少在苏维埃政权的最初十年内,"知识分子"、"知识界"(还要加上"腐朽的")这些词往往是用于贬义的。许多年内,对老知识分子保持着不友好、不信任的态度,而到了 20 世纪 30 年代末,让他们经历了斯大林骇人听闻的多次清洗。对有创造能力的知识分子逐渐逼近的灾难,其最初的预兆早在列宁时期就已经出现了:将一大批俄国文化的著名代表人物驱逐到国外。

尽管取得了国内战争的胜利,苏维埃俄国的地位并不稳固。除了外部的威胁、国内的暴动和骚乱之外,布尔什维克领导人认为,对制度的威胁还来自有创造能力的知识分子。我们现在已经得知的列宁给俄罗斯联邦司法人民委员克雷连柯的一封信中,有这样的建议:将被指控进行反苏维埃宣传,而又"不肯忏悔"的知识分子驱逐出境一事,应当在立法上有正式规定。我们今天知道了,根据政治局 1922 年 6 月 8 日的决议,全俄中央执行委员会于同年 8 月 10 日通过决议,规定将"敌对的知识分子集团"驱逐出境。由列·加米涅夫、德·库尔斯基、约·温什利赫特组成的委员会负责拟定和批准被驱逐出境者的名单。据一些资料,被驱逐的大约有 200 人。档案馆中迄今尚未找到这份名单。

请看并非按照自己的志愿来到国外的被驱逐者之一尼古拉·亚历山德罗维奇·别尔嘉耶夫对那段时间的回忆。

别尔嘉耶夫描述了自己被逮捕并最终被驱逐出境的情况(虽然这位哲

学家说,他同共产主义进行的"不是政治斗争,而是精神斗争"),他得出的结论是:"我更多地是从布尔什维克革命的原质和它的创造中,而不是从它的破坏中迅速感受到了精神文化遭遇的危险。革命并不怜惜精神文化的创造者,对精神的瑰宝持怀疑和敌视的态度。有意思的是,当全俄作家协会要办理登记的手续时,却找不到可以将作家的劳动归入其中的劳动类别。作家协会被列入印刷工人一类而登了记……革命是在世界观的标识下进行的,不仅不承认存在精神和精神的积极活动,而且将精神视为实现共产主义制度的障碍,视为反革命活动。革命推倒了二十世纪初俄国的文化复兴,切断了它的传统。"[1]

别尔嘉耶夫回忆说,因为思想信仰被判处缓刑后,他获释了。"1922 年的夏季我都在兹韦尼哥罗德县,在巴尔维赫、景色秀丽的莫斯科河畔、尤苏波夫家族的阿尔汉格尔斯科耶庄园(当时托洛茨基就住在那里)附近度过的……有一次我去莫斯科待一天。就在那天深夜,整个夏天唯一的夜间,我住在我莫斯科的家里,有人来搜查并逮捕了我。我又一次被关进肃反委员会的监狱(已经改称为国家政治保卫局的监狱了)。我在那里蹲了大约一周。我被请到侦查员那儿,对我宣布,我将被驱逐出苏维埃俄国国境。还让我立下字据,如果我出现在苏联国境线上,就会被枪决……这是后来没有采用过的一种奇怪措施。我被赶出祖国不是由于政治的,而是由于思想的原因。在对我宣布我将被驱逐时,我感到忧伤。我并不想迁居国外,我讨厌我不能融入其中的侨居生活。"[2]几星期之后,一艘开往德国的轮船甲板上站着尼古拉·别尔嘉耶夫、皮基利姆·索罗金、费多尔·斯捷普恩、尼古拉·洛斯基及俄国文化和思想的其他活动家,注视着渐行渐远、永远告别了的祖国海岸。有些人是被驱逐的,另一些人是自愿离去。在海外的仅仅是知名作家就够得上被称为一个"军团"……阿·阿韦尔琴科、M.阿尔达诺夫、康·巴尔蒙特、彼·博博雷金、伊·布宁、季·吉皮乌斯、B.克雷莫夫、亚·库普林、德·梅列日科夫斯基、波·萨温科夫、伊戈尔·谢维里亚宁、阿·托尔斯泰、娜·泰菲、Д.费洛索福夫、萨沙·乔尔内、列·舍斯托夫和其他许多人,他们遍布世界各地。别尔嘉耶夫写下了痛苦而严峻,犹如判决书的几行文字:"俄国革命是……俄国知识分子的末日……俄国的共产主义中追求强

---

〔1〕 Бердяев Н. Самопознание(《自省》).Париж, С.258。

〔2〕 Бердяев Н. Самопознание. Париж, С.263.

盛的意志比追求自由的意愿更强烈。"〔1〕一个惧怕自己同胞的精神力量的革命,其命运是可悲而痛苦的……

关于苏维埃领导人决定将文化活动家驱逐出境的动机,托洛茨基在同外国记者的谈话中满怀信心地说:"战局一旦出现新的转折……这些毫不妥协又不可救药的人就将变成敌人的军事-政治间谍,所以我们宁愿自己在平静的时候提前将他们送走,我希望,你们不会拒绝承认我们有远见的人道主义。"〔2〕

布尔什维克的"人道主义"是残酷无情的。而且布尔什维克领导人将不接受社会主义革命简单地视为一种危险,而不是有先见之明的警告。托洛茨基在涉及他生命的主要事业时,一贯是坚决果断的:"既然置身于革命之外,那就到国外流亡去。"〔3〕1918年秋季,高尔基会见了教育人民委员卢那察尔斯基,在座的还有一些文化界人士:他们请求让他们自己成立自己的协会和团体,"不受政治干扰"。卢那察尔斯基根据党中央路线的精神说:"我们曾经反对过政治上的立宪会议,我们更要反对艺术上的立宪会议。"〔4〕话说得很漂亮。于是我们得知,文化方面将不会有任何立宪会议,除了由中央宣传部自上而下恩准的,而且处于它警惕的监视之下的那些机构之外。

被逐出国门之外的文化人士,身体和精神都受尽折磨。不少人离开了人世,只有部分人存活下来,而且发挥了自己的才能。许多人表示了抗议,在谴责布尔什维主义的各种宣言和呼吁书上签了名。例如,1925年3月25日,在巴黎的蒙马特勒成立了俄国民族团结临时委员会常务局。它在国外第一份对俄国人的呼吁书中提到:"团结委员会的任务是继续竭尽全力与布尔什维克作斗争,其中也包括武装斗争……"签署这份呼吁书的有伊·布宁、亚·库普林、弗·布尔采夫、彼·司徒卢威等文化人士。〔5〕

尼·柴可夫斯基、德·梅列日尼科夫斯基、季·吉皮乌斯、B.兹洛宾等人在对俄国人民的呼吁书中责备俄国人民"相信了一个社会神话——经过一个阶级的暴力国际统治可以建立人和人之间的平等"。这些文化人士断言,这样一来,人民就"玷污了自己的荣誉"。诋毁最神圣的事物、贬斥精神

---

〔1〕 Бердяев Н. Самопознание. Париж, C.251.

〔2〕 Известия ВЦИК(《消息报》).1922. 30 августа。

〔3〕 ЦПА ИМЛ, ф.325, оп.1, д.99, л.36.

〔4〕 Новая жизнь(《新生活报》).1918. 26 апреля。

〔5〕 Архив ИНО ОГПУ, д.501, T. IV, л.381-382.

生活、道德沦丧等等，这一切仅仅是"为了拥护那个主张一个阶级统治全世界的血腥幽灵"。[1]这些人灵魂的呼号并不能改变什么。此外，无产阶级国家惩罚机构的间谍也在国外活动。因此布尔什维克领导人，其中也包括托洛茨基，才定期收到这类文件。暂时还只是供阅读和思考的信息……

至于对待教会，则已经不是思考，而是行动的问题了。托洛茨基也和整个布尔什维克领导层一样，认为教会、宗教是苏维埃政权和新文化的凶恶敌人。1924年7月17日，托洛茨基在俱乐部工作人员会议上发表了《列宁主义和工人俱乐部》的讲话，阐述了必须加强反宗教的宣传，同时还肯定，为了消灭宗教，容许采用任何方法。他满怀自信地说，"在反宗教的斗争中，公开的正面攻击时期同封锁、掘壕据守、迂回时期是交替进行的。整个说来，我们现在正是进入了这种时期，不过这并不是说，我们今后就不会转入以辽阔的战线展开攻击了，只是需要做好准备。"

托洛茨基接着问道：

"我们对宗教的攻击是否合法呢？"

他自己回答说：

"合法。"

他又问道：

"它有效吗？"

"有效……"[2]

的确，对宗教的"攻击"是强大而持久的，而其中最可怕的是对宗教的祭司，即神职人员的"捕猎"。这一场"围猎"是在列宁1922年3月19日，通过电话向玛·沃洛季切娃口授了一份指示后开始的。请大家注意：当时正值严重的饥馑遍及苏维埃俄国。根据全俄中央执行委员会1922年2月23日的指令，各个城市开始强行没收教会财产作为赈济饥民的基金。在舒亚市，教徒们抵制没收。召来了部队。发生了流血冲突，有人丧生。列宁作出反应。我援引这份冗长文件中的一些论点。

> 绝密。任何情况下不得制作副本，
> 每位政治局委员（加里宁同志同此）

---

[1] Архив ИНО ОГПУ, д.501, Т. IV, л.62-63.

[2] Троцкий Л. Соч. Т. XXI. С.153.

在各自的文件上做自己的标记。

列宁。

莫洛托夫同志转各位政治局委员

对业已提交政治局讨论的舒亚事件,我认为必须立即根据这方面的斗争总计划,作出坚定的决议。由于我担心不能亲自出席政治局(1922 年——作者注)3 月 20 日的会议,所以书面谈谈自己的想法……正是现在,也只有现在,当城市里发生了吃人的事情,而道路边躺着几百具甚至上千具尸体的时候,我们才能够(因此也应当)以最旺盛和坚定不移的精力来没收教会的珍贵财产,而且不惜镇压任何反抗……

因此,我得出不容怀疑的结论,**正是现在我们应当向黑色百人团的教会展开最坚决、最无情的战斗,并残酷地镇压它的反抗,使它几十年内都忘不了**(黑体是我加的——作者注)……无论谈到什么措施,代表官方讲话的只能是加里宁同志一个人,托洛茨基同志无论何时何地,都不得以书面或其他形式向公众发表谈话……没收财产,特别是对最富裕的大寺院、修道院和教堂,都应当毫不留情而坚决地,不惜采用任何手段,在最短期内执行。我们借此机会处决(!——作者注)的反动教会和反动资产阶级的人数越多越好。

列宁[1]

对这份文件无需评论了吧。

这份指示上留下了莫洛托夫的"痕迹":"我同意。但我建议不要把这个运动扩大到所有的省份和城市,而仅限于那些确实拥有巨大财产的地方,使党相对集中精力和注意力。3 月 19 日。维·莫洛托夫。"[2]

第二天召开的政治局会议出席的只有四个人:列·波·加米涅夫、约·维·斯大林、维·米·莫洛托夫和列·达·托洛茨基。托洛茨基提出了关于没收教会财产的指令草案,经会议通过后,分发给各省委。托洛茨基试图给已经开始的"运动"添上有组织的色彩。他起草的文件内容包括 17 条,其中并没有关于处决的直接指示,可是按他的表述方式,针对"教会公爵"的斗

---

[1] ЦПА ИМЛ, ф.2, оп.1, д.22947, л.1-6.

[2] ЦПА ИМЛ, ф.2, оп.1, д.22947, л.1.

争必须坚决进行,而且在最短期内完成。[1]法庭于是开庭了。莫斯科有 11 人(牧师、监督司祭、普通公民)被判处枪决和其他徒刑。根据托洛茨基的申请,6 名被判处死刑者改判为有期徒刑。[2]

列宁的指示"恰恰是现在,应当对这些家伙好好教训一下,让他们几十年内对反抗连想都不敢想"[3]就是这样执行的。这项指示凶险的预见性是显而易见的:几十年内不仅教会,而且整个社会"对反抗连想都不敢想"。汇集被没收财产的委员会归托洛茨基领导。他是列宁限制教会影响并削弱教会的意愿的积极执行者之一,虽然在这个问题上,他不像其他政治局委员那样严厉。

例如,1922 年 5 月 15 日,托洛茨基给列宁、政治局委员们、《真理报》和《消息报》编辑部写了一封信,建议更广泛、积极地支持以安托宁主教为首的一些忠于苏维埃政权的宗教界人士。托洛茨基在信中说,这个"路标转换"的民主派别的呼吁书仅仅在《真理报》上有所反映,而且只是一篇短短的随笔。同时,"热那亚(指 1922 年 4 月 10 日至 5 月 19 日召开的热那亚会议——作者注)那些鸡毛蒜皮的废话占据了整版的篇幅,而俄国人民中最深刻的精神革命(或者更确切些说,是这个最深刻革命的准备阶段)却被放在最不显眼的地方"。列宁在这段话下面,作为注释写下了:"正确! 一千个正确! 扔掉那些鸡毛蒜皮的废话吧! 列宁。5 月 15 日。"[4]布尔什维克一面支持安托宁和教会中的其他"路标转换"分子,同时却将打击宗教的重心放在暴力上,指望借此加速"俄国民间最深刻的宗教革命"。

托洛茨基处在这场运动的中心。是的,饥饿的规则是不容违反的。必须拯救人,可是也不能为此而杀死其他人吧。残酷的时代也滋生了残酷的行为。布尔什维克在解决最尖锐的社会-经济问题时,似乎"顺带着"也解决了文化问题——让思想摆脱宗教教规的束缚。但这是一种严重的误解。首先,宗教是道德的同盟军,其次,用暴力同思想和信仰作斗争不仅是犯罪,而且是无效的。尽管托洛茨基具有极高的智商,他却不能(或许是不想?)明白这一点。

1922 年 3 月初,他给政治局委员们和中央书记处写了一封短信。

---

[1] ЦПА ИМЛ, ф.17, оп.3, д.283, л.6-7.

[2] ЦПА ИМЛ, ф.17, оп.3, д.293, л.12.

[3] ЦПА ИМЛ, ф.2, оп.1, д.22947, л.6.

[4] ЦПА ИМЛ, ф.2, оп.1, д.27072.

绝密。

列宁、莫洛托夫、加米涅夫和斯大林诸同志

没收莫斯科各教堂珍贵物品的工作极为混乱,因为早先已经设置了一些委员会,而现在全俄中央执行委员会主席团又建立了由赈济饥民委员会的代表、省执行委员会和省财政局的代表组成的各种委员会。昨天我领导的委员会(由托洛茨基、巴季列维奇、加尔金、列别杰夫、温什利赫特、萨莫伊洛娃-捷姆利亚奇卡、克拉西科夫、克拉斯诺晓科夫和萨普隆诺夫诸同志组成)开了会。我们一致认为,必须在莫斯科设立一个**秘密的突击委员会**(黑体是我加的——作者注),由主席萨普隆诺夫同志、委员温什利赫特、萨莫伊洛娃-捷姆利亚奇卡和加尔金诸同志组成。该委员会应当同时从政治上和组织上对这项工作做好准备。实际的没收应当在三月开始,然后在最短期内结束。我再重复一遍,该委员会是绝对秘密的。形式上莫斯科的没收行动将直接由赈济饥民委员会中央执行,萨普隆诺夫同志将在该处设置自己的接待时间……

1922 年 3 月 11 日

托洛茨基[1]

"突击委员会"是按照当时的风尚行动的。那时的打击不仅仅针对宗教和教会,而且针对俄国和世界文化。顺带说一句,珍贵物品可以在任何可能的地方被没收:教堂、博物馆、在资产阶级、投机分子和商人处。这些珍贵物品,其中有许多对俄国文化具有极为重要的价值,被变成了货币,充实了各个机关的财务支出。文件表明,被没收的珍贵物品几乎不曾被直接用于赈济上百万的饥民,而被用于完全不同的其他需要。按照一些大党委会的请求,为它们拨出了一定数额的、当时所谓的"奢侈品"。下面是俄共(布)中央政治局 1922 年 1 月 12 日会议的第 89 号记录的摘录。通过了决议,"拨出'奢侈品'给莫斯科和彼得格勒建立地方储备,以及出口基金。为确定其数额及其他事宜,成立由季诺维也夫(可由贝奈同志代替)、加米涅夫(可由阿鲁琼扬茨同志代替)、托洛茨基和列扎瓦(可由雷库诺夫同志代替)诸同志组成的委员会"。[2]

---

[1] The Houghton Library. Trotsky Archive. bMS Russ 13. T. 440. 1S.

[2] ЦГАСА ф.33987, оп.2, д.141, л.10.

由莫洛托夫签署的这份记录不仅仅说明被迫寻找资金，也表明了仓促出售国家的文化财产。

托洛茨基努力想将文化建设和对人民的文化教育转到革命发展的轨道上来，因为他认为这是准备世界革命的条件之一。谈到俱乐部的文化工作及其与国际问题的关系时，托洛茨基明确地说："传动皮带应当将各种局部的小问题引导到世界革命的飞轮上。"[1]谈到这件事情时，托洛茨基继列宁之后，不想承认"纯粹的"无产阶级文化。这是很不简单的。庸俗的启蒙者、似懂非懂的社会主义"文化使者"竭尽全力鼓吹一种以阶级本能和新的革命价值观为基础的、特殊的"无产阶级文化"。

为了不和"阶级观点"相矛盾，托洛茨基试图将"无产阶级文化"转换成"过渡时期文化"。他在向俱乐部工作人员讲话时，这样问道：那它是由什么成分组成的呢？他立即回答说："由贵族时期文化（它并非一无是处）至今仍有威望的遗留：普希金、托尔斯泰不会被我们抛弃，我们还需要他们；由资产阶级文化的一些成分，首先就是我们还需要的资产阶级技术……我们目前还是靠资产阶级的技术，而且在很大程度上是靠资产阶级专家在维持着，我们还没有盖起自己的工厂，我们还在从资产阶级手中拿来的那些工厂里工作。"[2]为了增加自己论据的分量，托洛茨基补充说："列宁使用了'无产阶级文化'这个词，仅仅是为了反对对它作唯心主义的、实验的、公式化的、波格丹诺夫[3]式的解读。"实际上，托洛茨基早于其他人反对"无产阶级文化"彻头彻尾的虚无主义，将愚昧无知奉若神明，鼓吹文学和艺术的阶级属性。同时他认为并确信，文化、文学和艺术人士应当是"党的战士"。在给列·波·加米涅夫和 A. K. 沃隆斯基的信中，他写道，"'作家-共产党员的思想结合'是很恰当的。"[4]

"无产阶级文化"的思想也渗透到了军队中。胜利了的无产阶级也应当创立扔掉了资产阶级军事遗产的、纯无产阶级军事科学——这种思想在报纸、刊物和讨论中都有所表述。米·瓦·伏龙芝的文章《论统一的军事学说》就是讨论这个问题的。在 1922 年的大争论中，伏龙芝和托洛茨基的观点"交了锋"。托洛茨基认为，不可能有什么特殊的无产阶级军事科学，无产

---

〔1〕 Троцкий Л. Соч. Т. XXI. С.162.

〔2〕 Троцкий Л. Соч. Т. XXI. С.159.

〔3〕 波格丹诺夫(1873—1928)，"无产阶级文化"派的理论家之一，否认文化遗产。

〔4〕 ЦГАСА ф.33987, оп.1, д.498, л.639.

阶级也不能不利用过去的军事经验。后来伏龙芝承认了自己的错误。他回忆了和列宁的一次谈话,列宁批评了将"无产阶级文化"的有害思想带进军队事务的企图。

尽管托洛茨基还在主持军事部门的工作,但作为政治局委员,他也要处理文化问题。1924年下半年,他给一些文学家写了一封信,其中说:

> 根据尼古拉·伊万诺维奇·布哈林的建议,我提议召开一次关心文学和文艺批评的同志们的预备会议,以便确定党对文学的较为准确的态度。这次会议(如果经过交换意见,能够达成的话)的一些结论和建议可以作为建议向中央政治局提出。会议打算在今年7月26日上午11时在革命军事委员会(兹纳缅卡街,23号)召开。同布哈林同志商量后,确定与会人员名单如下:列·波·加米涅夫、布哈林、奥新斯基、美舍利亚科夫、施米特、沃隆斯基、维亚·波隆斯基、雅科夫列夫、皮达可夫、普列奥布拉任斯基、波波夫-杜布罗夫斯基、斯捷克洛夫、列别杰夫-波良斯基……
>
> 列·托洛茨基[1]

将文化人士置于党的羽翼之下的意图,在实行了文字审查制度之后,终于大功告成了。1922年6月,成立了文艺事务总局,它很快就建立了自由思想不可能穿透的一张牢固的共产主义"网络"。

文艺事务总局成立一年之后,叶夫格尼·特里丰诺夫试图在《送书人》杂志上回答托洛茨基对他的指责性批评时,文章被压下了……特里丰诺夫生气了,给托洛茨基写了封信:"您在《真理报》上,把我这个人,一篇您不喜欢的文章的作者狠狠地、痛快淋漓地骂了一顿。我希望在同一张报纸上对您作出回答……可是《真理报》编辑部拒绝刊登我的答复……像您这样的大人物没有必要去打击一个被顺风使舵的人缚住了手脚,扼住了咽喉的对手吧。"[2]特里丰诺夫说得形象,而又一针见血:从那时起,整个文学和艺术都逐渐被"缚住了手脚,扼住了咽喉"。只有那些经过批准和允许的,才能写作和创作。

---

[1] ЦГАСА ф.33987, оп.1, д.498, л.560.
[2] ЦГАСА ф.4, оп.14, д.13, л.225.

也从那时开始,出现了对文学的社会"订货"。1921 年 9 月,托洛茨基给无产阶级诗人杰米扬·别德内写了封信:"努兰斯不仅是国际委员会中的法国代表,而据最近广播的消息,也是援助俄国国际委员会的主席……我看,必须毫不留情地,而且每天打击努兰斯。我认为,您讽刺日罗的诗作是这个运动的顺利开端,不过仅仅是开端。"[1]就这样开始了攻击前驻沙俄宫廷的最后一名公使,说他是领导援助俄国饥民国际委员会的、"苏维埃政权最凶恶的敌人"。今天即使没有饥馑,国家对馈赠也是心怀感激的。而当时,成千人倒毙在路边,党的领导人却拒绝了资产阶级的任何援助。是因为援助来自敌人吗?绝对不是!杰·别德内从基辅寄到莫斯科的一首音节体诗很能说明问题:

伏尔加人是他情之所系;
听说饥馑,他忧心如焚。
仓促启程,顺手带上的——
却是烈性炸药一捆。
我们回答:天哪!别介。
要是有不测让他撞上……
不消说……也是顺手的事儿:
"强盗!"一脚踹在他胸膛!![2]

档案中有几封列·托洛茨基和杰·别德内来往的信件。下面是其中之一:

非常尊敬的列夫·达维多维奇!

南部战线政治部一直在寻找上周四为您拍照的摄影师。这太令人着迷了!摄影师一旦找到,就将采用新的印版继续印刷宣传画,目前我只能命令继续使用原有的印版……

最后,渴望即将击溃弗兰格尔并暂时缓解前线的紧张局面,我准备向您致敬并着手下一步的工作。

---

〔1〕 ЦГАСА ф.33987, оп.1, д.450, л.188.
〔2〕 ЦГАСА ф.33987, оп.1, д.450, л.196.

如果您不认为太早,请报告中央,无需等待我擂响战鼓。

祝您健康。

杰米扬·别德内[1]

托洛茨基也和其他领导人一样,认为必须找到时间和方法,来表示自己对不可或缺的爱好(书籍、绘画、戏剧)的态度。托洛茨基的文件中有不少这类便笺。请看其中之一:

致梅耶霍德同志

尊敬的弗谢沃洛德·埃米利耶维奇!

感谢关心。我不曾观看《夜晚》仅仅是由于病情。病愈后,我将尽量看一场您的戏剧。我儿子抱怨说,玛丽埃塔太年轻了,影响了演出效果。他以为,农村的那场戏也不好,总的说来,他还是满意的。

1923 年 3 月 4 日
您的托洛茨基[2]

这是告诉梅耶霍德,他儿子并不是对一切都喜欢,尽管"总的说来,他还是满意的"。

我们知道不少事例,表明托洛茨基虽然革命性十足,但还是能够保护文学家们,给予他们谨慎的支持,为他们面临的惩罚缓颊。在这种情况下,他的知识分子气战胜了激进性。1922 年夏季,鲍·皮利尼亚克的一本书《死亡在召唤》被查禁了,作家头顶上乌云满天,托洛茨基给加里宁、李可夫、加米涅夫、莫洛托夫和斯大林写了封信,其中说:

我再次提出皮利尼亚克那本小书的问题。没收是由于一本中篇小说《伊万-莫斯科》。确实,皮利尼亚克给出的生活图画并不是那么引人入胜……后来,为《红色处女地》杂志写的《暴风雪》和《第三个首都》中,皮利尼亚克用他特有的方式表达了对革命的正确态度,虽说他作品中的混乱思想和糊涂观念还举不胜举,也很难说他最终会是什么模样,可

---

[1] ЦГАСА ф.33987, оп.3, д.60, л.66-66a.

[2] ЦГАСА ф.4, оп.14, д.13, л.18.

是在现有条件下没收他的书总是显而易见的错误……

请政治局全体委员最认真地对待这个问题,尽可能阅读这本书并撤销国家政治保卫局的错误决定。

1922 年 8 月 11 日

列·托[1]

当时就已经实行,如果一本书,按照政治保卫局的意见,含有许多"虱子"、"倒卖粮食贩子"、"骂娘的脏话"等,就可以被没收或禁售,其作者则被发送远方。这种做法持续了多年,酿成不少悲剧。托洛茨基试图搞一些例外,这在几年之后将被斯大林的宗教裁判法庭判决成为阶级敌人"为虎作伥"。

1920 年 9 月末,著名俄国作家费多尔·索洛古布给托洛茨基写了封信。信的内容除去其他一切之外,生动地表明了革命不仅践踏了艺术家的自由,而且给俄国知识分子带来有损于自尊心的贫困。不错,这封信写于内战时期,当时全国人民都处于贫困之中。

深受尊敬的列夫·达维多维奇!

我在莫斯科只做几天停留,恳请您帮助我取得前往雷瓦尔的通行证明,哪怕只停留一个月也行。我非常需要安排我的文学事务,出售我的新小说并购买我和安·尼极为需要的物品和服装——我们的全穿旧了,破烂不堪,而在这里,要想申请一片面包、一段木材、一双套鞋和袜子,相信您也会同意,都太损伤尊严了,既不符合我的年龄,也同我的文学地位不相称。对您我还保持着一贯的态度,恳请您公正地对待我,并相信我的打算是真诚的,不包含任何政治因素……

致敬礼——费多尔·索洛古布

又及:恳请您在星期五之前给我回信。[2]

两天后,托洛茨基略显倨傲,但总体说来友善地回应了这名俄国作家的请求,不过他的确将回答的抄件送给了列宁、卢那察尔斯基、明仁斯基和契

---

〔1〕 ЦГАСА ф.33987, оп.1, д.498, л.622.

〔2〕 ЦГАОР ф.9430, оп.1, д.19, л.1.

切林(或许革命军事委员会主席首先是想向自己的同事展示自己对从船上逃走的这名知识分子的冷淡态度?!)。

十分尊敬的费多尔·库兹米奇!

我不打算讨论您关于在一个耗尽资源又破产了的国家里,为套鞋和袜子而奔走有损尊严,以及这种屈辱因文学地位而愈盛的意见。

至于您打算去雷瓦尔一行,我获得的材料表明,这里没有什么障碍。我已经按您来信所说,您并不追求任何政治目的,通知了有关部门。我无需再向您说明,您协助(原文如此——作者注)世界剥削者反对劳动共和国的任何活动都将给其他许多公民的出行造成极大困难。

致敬礼——托洛茨基

莫斯科,1920 年 9 月 30 日[1]

最后一句话显然是威胁。托洛茨基这样做,因为他坚信,在"革命和文化"的相互关系上,受到宠爱的无疑是前者。可是 10 年以后托洛茨基会认识到,至少应当感觉到:他在很多地方是错了。在《苏联是什么样的国家,它将走向何方》一书中,被驱逐者有预见地写道:"专政反映的是过去的野蛮,而不是未来的文明。它给活动的一切形式,也包括精神创作在内,根据需要施加了严厉的限制。革命纲领从一开始就认为这些限制是一种暂时的恶,并保证随着新制度的巩固,将逐步取消对自由的种种挤压。"他这样说时,指的不是无产阶级专政,而是斯大林的专政。

托洛茨基接着说:"尽管列宁个人的艺术兴趣相当'保守',他在对待艺术问题时,总是在政治上持十分谨慎的态度,宁愿以自己不懂作为挡箭牌。教育和艺术人民委员卢那察尔斯基保护一切形式的现代主义,往往令列宁感到不快,不过他也仅限于在私下谈话时说两句俏皮话,完全没有将自己的兴趣变成法律的想法。"1924 年已经是新时期的前夕,托洛茨基是这样表述国家对待各种艺术团体和流派的态度的:"一切团体都要遵循一条绝对的标准:支持革命或者反对革命,据此向它们提供艺术自决权的完全自由。"[2]唉,创作自由中什么时候有过自决权。上述公式的创造者也应当

---

[1] ЦГАОР ф.9430, оп.1, д.19, л.2.

[2] Троцкий Л. Что такое СССР и куда он идет? С.146.

承担他自己的一份责任。

托洛茨基还说过,"布尔什维克领导下的俄国工人阶级试图重建一种生活,使人类有可能避免定期发作的疯狂性的精神病,为较高的文明奠定基础。这就是十月革命的意义之所在。"[1]那些对革命忠心耿耿,忘我工作的艺术大师可以指望获得托洛茨基的支持。一个典型的例子是他对亚历山大·别济缅斯基的态度。托洛茨基在给卢那察尔斯基的信中,对他的诗作评价很高。托洛茨基写道:"别济缅斯基的第一本小书就是一份礼物和承诺。别济缅斯基是诗人,而且是自己人,是十月革命的人,是彻底的自己人。他不需要去'接受'革命,因为革命自己在他精神诞辰的那一天就接受了他……他不需要用宇宙的视野去感知革命。改头换面的贵族集团气派及其神秘主义的暴动音乐是他不能容忍的……"[2]在当时,这样的支持意义重大,尤其是想到托洛茨基所具有的政治分量。在托洛茨基看来,一个献身于革命的诗人就是一个作出了巨大贡献的人。

同时,托洛茨基还是一个聪明人,他不可能不意识到,革命仿佛为文化打开了闸门,与此同时却又驱赶、消灭了文化的许多建立者和创造者,而使文化陷于极度贫困。

革命的最后狂热分子之一的托洛茨基曾经为之呕心沥血的那种激进制度,历史对它做出了自己毫不留情的判决。文化之于它,革命,不过是一种手段。

个 性 和 革 命

自从按照斯大林的意志,托洛茨基被送往另一个"世界"之后,已经过去了几十年。现在日益清晰的是,20世纪人们的一个几乎可以说是主要的误解,便是他们以为通过流血的革命可以改善生活。早在第二次世界大战前,尼·别尔嘉耶夫就在巴黎写了一本其名称颇具特色的书《俄国共产主义的

〔1〕 托洛茨基:《我的生平》,赵泓、田娟玉译,郑异凡校,上海人民出版社 2014 年版,第 507 页。
〔2〕 ЦГАСА ф.4, оп.14, д.13, л.254.

根源和涵义》。他在书中十分肯定地写道,"革命是历史的厄运,是历史存在的无法规避的命运。革命对制造谎言的恶势力进行审判,可是进行审判的力量自己就在制造恶;在革命中即便是善,也要借助恶势力来实现,因为善的力量对于在历史中实现自己的善是无能为力的。"[1]

俄国革命中可能有最后的一些伟大的狂热分子,他们认为,借助暴力的革命可以改变一切:经济关系、人的本质、他们对精神珍品的标准、民族的自觉。这些人的误解现在已经是显而易见了。如法国大革命那样的"经典"革命的时代已经过去了。只有通过创造,制造善,实现英明的改革,人才能够名副其实地改变世界。然而20世纪最初25年中的革命者,对暴力在社会发展中的巨大危害作用却连想都不曾想过。

承认无产阶级专政的学说是马克思主义的精髓,这就必然将革命推向暴力。列宁是怎样理解专政的呢?"专政的科学概念无非是不受任何限制的、绝对不受任何法律或规章约束而直接依靠暴力的政权。"[2]承认工人阶级拥有决定所有人命运的特殊权力,必然会导致肯定强行划分出的"领袖"和"群众"。在只能由"个人"出任的"领袖"中自然就有等级。身边围绕着许多其他"杰出领袖"的最高"领袖"就依靠由一层层下级领袖组成的金字塔。俄国革命后出现的正是这样的制度。

新政权将群众也作了等级划分。首先,群众可以是"自觉的"和"不自觉的"。革命后,在俄国可以归入后者的有小资产阶级、知识分子、官吏、几乎全体农民。借助无处不在的官僚主义制度,新政权将人民加以区别、分解。人民中不仅出现了"阶层",而且还有群体,它们的社会"纯洁度"取决于阶级出身。但是俄国革命仿佛是诞生于战争,而且赖战争才得以维持,因此布尔什维克自然就继承了许多战争中出现的方法。谈到20世纪,几乎一切都是这样进行的。我还要补充一点,俄国的共产主义不仅是从世界大战中,还是从国内的暴力中"走出来"的,而且是不受限制的暴力。

托洛茨基很快就看到了,而且权衡了布尔什维主义的强势,不过他并没有表示反对,因为在逐渐形成的体制中,为他准备的是一个特殊的角色,"领

---

[1] Бердяев Н. А. Истоки и смысл русского коммунизма(《俄国共产主义的根源和涵义》).Париж,1955. C.108。

[2] 《列宁全集》第39卷,中文第2版,第380页。

袖"的角色。我在前面已经谈到托洛茨基在 1917 年的二月和十月的表现。他的全部智力和道德品质,以及意志的结合使他成了布尔什维克的激进主义和最高纲领的最著名体现者之一。毫无疑问,许多年后他会直截了当地宣称,十月的革命之所以成功,全在于列宁和他托洛茨基领导了起义群众。

1935 年 3 月末,在离开法国去挪威前三个月,托洛茨基在日记中写道:"假如 1917 年我不在彼得堡,十月革命就会在列宁在场并且领导的条件下进行。假如列宁和我都不在彼得堡,十月革命也就不会发生……就总体而言,关于国内战争也可以这样说(只是在战争初期,特别在丢掉了辛比尔斯克和喀山的时候,列宁动摇了,怀疑了,不过这只是转瞬即逝的情绪,除了我之外,他未必向任何人流露过)。"[1]写完这一句之后,托洛茨基在日记中留下了一条备注:"关于这一点应当详细说说。"

托洛茨基未见得是过分夸大了自己的作用,但是他往往迹近虚荣的直率却更鲜明地映衬出他性格的一个特点。

俄国革命家-领导人逐渐但相当迅速地用布尔什维克的、共产主义的新传统取代了党内的社会-民主主义传统。从现在起,任何一级的"领袖"只要宣称某种具体的步骤或措施"符合无产阶级的利益""工人阶级要求""群众坚持",唯意志论的举动就算取得了足够的法律依据。对权力和思想的垄断造成只有"领袖"才能表达群众的各种利益。

不过这里掩藏着另一种诡诈的危险:在"老一代党的赤卫队"的基础上形成的不受人民实际监督的、苏维埃领导人的新阶层很快就官僚化了。党籍成了仕途一帆风顺的必备条件,甚至是主要条件。一种新类型的领导人、知识分子和干部迅速形成。现在,判断个人价值的主要标准是不仅绝对遵奉共产主义意识形态,而且要付诸实施、对新领袖的忠诚、对资产阶级的一切绝不妥协。从现在起(尤其是 20 世纪 20 年代末起),在各种各样、大大小小的会议上,人人都在比赛对"党的总路线"支持的程度、歌颂"英明领袖"(现在只有一个领袖了)和他提出的"天才"计划。一种思想、一个政党,一切都要统一造成了险恶的氛围,萌生了独裁制度、官僚主义和教条主义,而其社会后果至今没有消除。加强党的统一伴随着抛弃思想和道德的自由,而没有后者,个人是不可能得到充分发展的。将党变成某种国家组织也促成

〔1〕 Троцкий Л. Дневники и письма. С.84-85.

了新型的追逐权位和名利。

为了展示这些图景，引用托洛茨基的忠实拥护者越飞给他的一封信中的几段话是很有意思的。信上注明的日期是 1920 年 5 月 1 日。他在信中实际上是请求托洛茨基为他设法谋得工农检察院人民委员的职位，或者外交人民委员部的一个高级职位。越飞是否有这样的打算先不去管它，不过他在信中很有说服力地指出了党和国家已经开始的官僚化过程，特别是说明了新的苏维埃式的追逐权位和名利。这些情况对于革命中产生的领导者的个性发展留下了痕迹。

越飞告诉托洛茨基，国内正在形成的局面，其前景是"党票取代了脚上的镣铐和脖子上的绞索，它使人可以参与享受十分实际的物质待遇，足以大大改变党的心理和党的道德"。写信人接着指出，存在着"我国宪法中的不成文规则"，由于这个规则，"党处于苏维埃政权之上，这就有可能将自私自利、缺乏政治道德，而唯一的优点只是巧舌如簧的煽动家抛到顶层"。越飞并没有揭示这种现象的真正根源，可是在这封好几页纸的长信中继续写道："苏维埃俄国的物质福利不足，党和苏维埃的官僚分子享受它们时，不仅损害了资产阶级，这是理应如此的，也损害了无产阶级，这就不应该了。为什么大大小小的委员可以自由来去，而我们却不能？为什么为他们在车厢里保留着座位，而我们却没有？为什么他们可以去疗养院，而我们却不能？我去讲过话的所有非党人士会议上，这都是主要话题。"越飞忧伤地写道："正在形成一种新的心理定式：'领袖无所不能'"。

描绘了由于党的垄断地位和职务的作用而产生的领袖主义和不平等在不断加强后，托洛茨基的这位老朋友接着说："在莫斯科不平等确实很严重，而且物质保障实际上也是按地位高低来提供的。如果说事情非常危险，您一定会同意的。譬如，我听说，在全俄中央执行委员会最近一次清洗之前，老委员们都非常焦虑，而且惊恐不安，主要就是担心被剥夺了在《民族饭店》居住的权利，从而也失去了与之相连系的种种特权……从上到下，从下到上都是这个样子。在最底层，问题就是一双靴子、一件军用上衣；稍高一层是一辆小汽车、一节车厢、人民委员会的食堂、克里姆林宫的或者是《民族饭店》的住宅；而在最高层则是威信、声威赫赫的地位和名望。哪儿还有过去的对党忠诚、奋不顾身、革命的服从调遣和忘我精神！……青年一代接受的

已经是我刚才说过的、新传统的教育。怎么能不为我们的党和革命感到忧心忡忡?!"〔1〕

最后一句话意味特别深长。越飞看到了对体制,对党,对革命日益逼近的巨大危险,可是他只是看到了事实,而不是导致这些危险的深层次根源。1921年第十次党代表大会禁止一切派别活动之后,官僚主义的僵化更为迅速。最终,在粉碎了各种"纲领"、"倾向"、"反对派"之后,党就变成了一个意识形态的修士会。从这时起,党必须经常展示并证明自己的纯洁和正统,特别是要找出那些同群众哪怕稍稍有些不一样的人。革命者的个性差异被消灭了,统统按身材高低,按党内职务来排队。党消灭了资产阶级,却置身于专政者的孤独之中,现在只能吞噬那些同制定的标准有所不同的党员。产生了一种新型的领导者:对中央而言是执行者,对任何人都疑神疑鬼,没有主动精神,没有能力,不会怀疑的,"路线"的死板执行者。以一个没有个性的领导者为首的没有个性的集体是被扭曲了的革命的产物。要维持这类人的纯洁性就只能依靠不断的清洗:党内的清洗、意识形态的清洗、政治的清洗,然后是肉体的清洗。在新型领导者的脚下出现的是一片俄国的墓地。

我的一些议论可能过于绝对。那就让我们看看,尼古拉·别尔嘉耶夫在描述新出现的俄国知识分子时,是怎么说的。在这种"共产主义的新类型中,力量和权力的动机排除了追求真理和同情的旧动机。这类人身上养成了一种僵硬死板,逐渐转变成残酷无情。这种精神上的新类型非常符合列宁的计划,而成了组成共产党的材料,开始统治一个泱泱大国。注定要在革命中占据统治地位的精神上的新类型,出身于工农阶层,接受了军事纪律和党的纪律的培养。来自底层的新人同俄国文化的传统是完全不一样的。"〔2〕

在俄国更新了的政治舞台上突出了几名领袖。其中之一就是托洛茨基。他是否明白,正在形成的体制对个性的成长施加垄断的、单维的影响必然导致个性的贫乏乃至衰退?大约是明白的。可是为了崇高的目的:他认为,世界革命现在既需要无产阶级专政,也需要生硬的阶级挑选和正统的、无条件的一党制。1922年时,革命已经显然站稳了脚跟,托洛茨基在一篇文章中给自己提出了一个问题:现在也许可以允许孟什维克参与共同的工

---

〔1〕 ЦГАСА ф.33987, оп.3, д.46, л.142-143.

〔2〕 Бердяев Н. А. Истоки и смысл русского коммунизма. С.101.

作? 不过他立即断然回答道:这永远都是不可能的。[1]他仍旧在海市蜃楼幻影的后面看到了未来的世界革命,而按他的见解,和孟什维克分子、社会革命党人及其他同路人一起,是搞不成世界革命的。这就是说,将继续进行的不是简单的加强君主专制体制,而且要使它凝固下来。只是过了几十年之后,才开始向民主基础的回归,而这将是一个极其困难而痛苦的过程。

作为革命领袖之一的托洛茨基为在人民中神化列宁出了许多力。我想,他不仅认为这是报答最伟大的俄国革命家的一种应有的形式,而且也是提高自己在社会和共产国际中声望的方法。歌颂列宁,也等于歌颂托洛茨基自己。我觉得,其中实用主义的成分少于真心实意地承认列宁在革命中的领导作用。

中央委员会工作人员弗·索林按照政治局的决议,草拟了即将成立的列宁研究所任务的呈文。托洛茨基收到这份文件后,提了开展这项工作的许多建议。决定要收集列宁的全部手稿,并以文集的形式出版,整理领袖的完整传记,广泛而系统地宣传他的学说。

托洛茨基写了许多文章(有的写于列宁在世时,有的在他去世后),促成了俄国革命的领袖被奉为神明。日后托洛茨基将看到,将列宁从一个人变成神帮助了斯大林在克里姆林的山丘上巩固自己的权力,但这已是后来的事了。

托洛茨基谈列宁的文章仿佛是在号召大家向主要领袖鞠躬致敬。例如,托洛茨基刚写完《讲坛上的列宁》,他的助手波兹南斯基就在1924年4月15日将文章同时寄往三家报纸《真理报》《汽笛报》和《红星报》:"列宁收拾起自己的讲稿,匆匆走下了讲坛,想避开必然要发生的一切……噼噼啪啪的掌声不断增高,像波浪一样不停地涌来。万岁……列宁……领袖……伊里奇……一颗独具一格的头顶在灯光下闪烁着,被紧紧包围在汹涌的浪潮之中。当热情涌动的气氛仿佛达到了顶点的时候,突然,宛如一声汽笛,穿过震耳的喊声和掌声,响起了一个年轻、激动、幸福而又炽热的声音:'伊里奇万岁!'作为回应,从和谐、热爱、激情颤动的最深处响起了一阵暴风雨般的一致而震撼全场的呼喊:'列宁万岁!'"[2]

托洛茨基用他激情四射的政论风格,一再向群众灌输领袖是神的观念。

---

[1] Правда. 1922. 10 мая.

[2] ЦГАСА ф.4, оп.14, д.32, л.278.

列宁去世后,他最接近的身边人士反而觉得他比在世时更为他们所需要。托洛茨基将尽力强调自己同去世的领袖最亲近,还有他对自己的信任和赏识。托洛茨基在心灵深处是希望党和社会正式承认自己在革命和内战中是继列宁之后的第二号人物。但是,看看后来在挪威,遭遇失败后的"杰出领袖"是怎么写的吧,"迄今为止的每一次革命都在革命之后引起了反动或者是反革命……按照普遍的规律,第一次革命的牺牲品总是那些在革命的进攻时期领导着群众的先行者、开创者、发动者;相反,被提到首位的却是同革命昔日的敌人勾结在一起的二线人物。"[1]

斯大林则着手"保卫"列宁和列宁主义,而且取得了巨大成绩。第一任总书记在解释、发展和保卫列宁主义上的垄断权恰恰就是斯大林无懈可击的最大"秘密"所在。在他成了唯一的领袖、新的"社会主义"恺撒之后,他的种种管理制度都反衬出(不错,是历史的巨大滞后!)在苏维埃俄国形成的"领袖与群众""个人与革命"之间的畸形关系。革命的退化和蜕变,按托洛茨基的说法,成了它痛苦的"醉态"。

革命宣称,对群众而言,必须达到平等、友好、自由、和平、土地,然而可惜的是,它最终忘记了个人。有价值的仅仅是"领袖"。

而"资产者"干脆就"彻底灭绝了"。我引用彼·尼·弗兰格尔将军的母亲、М.Д.弗兰格尔男爵夫人的一段回忆录。"我们的全部财产都被没收了。早晨我去茶室喝一点开水,吃一小片难以下咽的面包。然后急急忙忙赶到博物馆(我在阿尼齐宫做管理员),穿着破旧的鞋子,没有袜子,只好用破布头裹着脚。一切都被布尔什维克没收了……每天在公共食堂里,坐在油腻的桌子边,用锡碗喝一次和泔水相差无几的汤。孩子们从外面跑进来,衣衫褴褛,冻得脸色发青……他们……用死气沉沉的白眼球贪婪地盯着我们的嘴,压低了声音说:'阿姨,阿姨,给我留下一勺吧。'只要我们一推开盘子,他们就一拥而上,互相争夺着,把盘子舔得干干净净。在博物馆里,资产者没有定量配给的粮食。没完没了的义务劳役:看门、劈木材、打扫院子全都由资产者干。死亡无处不在。我瘦了两普特,多亏上帝保佑了我。我脸色苍白,手指抽筋,视力下降。不断的搜查。见什么拿什么。我有许多亲属死亡了。娜塔莉娅·尼古拉耶夫娜·普希金娜(再婚后姓兰斯卡娅)的女儿А.П.阿拉波娃瘦得皮包骨头,像一个衣架。贫困而死的还有克舍幸斯基学

---

[1] Троцкий Л. Что такое СССР и куда он идет? C.74.

院前院长 E.A.戈利岑娜公爵夫人,还有其他的人死亡,死亡。我的两个侄儿 M.和 Г.弗兰格尔被枪决了。还有多少人进了监狱啊……我们简直就是被'灭绝'了……"[1]

不过,被"灭绝"的不单是"资产者"。被"灭绝"的还有"人"。给群众规定的只是必须"奋不顾身地斗争",执行"布尔什维克党的方针",不断地"清除为数众多的敌人和剥削者"。革命溶化了个性,将它奉献给遥远的理想作为牺牲。别尔嘉耶夫是正确的,他说,"既然个性仅仅是超个性价值的一种手段,个性也就不存在了。"从现在起,有权代表革命的只有"领袖"的个性,而"领袖"的人数自列宁去世后就开始迅速减少了。革命后出现的庞然大物一个接一个地吞噬了他们。

---

[1] Архив русской революции. T. IV. C.198-203.

托洛茨基年谱

1879 年 11 月 7 日[1]	列夫·达维多维奇·托洛茨基(勃朗施坦)出生。
1886 年	开始上学。
1888 年	开始在圣保罗实科中学(敖德萨)上学。
1896 年	在尼古拉耶夫城读完中学。
1896—1897 年	在尼古拉耶夫城社会民主工党组织中参加革命活动。
1898 年	因参加地下革命活动被捕,两年后流放西伯利亚。
1899 年	在狱中和亚·利·索科洛夫斯卡娅结婚。
1900 年	长女季娜伊达出生。
1902 年	次女妮娜出生。
1902 年	从流放中逃跑,非法越境。在伦敦首次会见列宁。
1903 年	在俄国社会民主工党第二次代表大会上和列宁在组织和思想问题上发生了日后持续多年的分歧。
1903 年	和娜·伊·谢多娃结婚。
1905 年	回到俄国,积极参加第一次俄国革命。12 月当选彼得堡苏维埃主席。
1906 年	与苏维埃其他领导人接受审判。
1906 年	长子列夫出生。
1907 年	被流放到西西伯利亚,逃往国外。
1907 年	在伦敦俄国社会民主工党第五次代表大会上首次会见斯大林。

---

[1] 年谱中的日期均为新历。

1907 年	结识卡尔·考茨基。
1907—1914 年	国外侨居中的"维也纳篇章"。
1908 年	次子谢尔盖出生。
1910 年	母亲安娜·勃朗施坦去世。
1912—1913 年	任《基辅思想报》驻巴尔干军事记者。
1914 年	离开维也纳去苏黎世，然后去巴黎。
1915—1916 年	在巴黎《我们的言论报》编辑部工作。
1916 年	从法国被驱逐到西班牙。被西班牙当局逮捕。
1917 年	抵达纽约。
1917 年 3—5 月	回国。在加拿大被捕。到达彼得格勒。
1917 年 5—7 月	在彼得堡"宣传式"地投入革命诉讼程序。
1917 年 8 月	在俄国社会民主工党（布）第六次代表大会上作为"区联派"小组成员被接受入党，并进入中央委员会。
1917 年 8—9 月	和其他布尔什维克被指控协助德国而被捕。
1917 年 9 月	当上彼得格勒苏维埃主席。
1917 年 10 月	成立军事革命委员会，是实际上的主席，十月政变的主要领导人之一。
1917 年 11 月	被任命为第一届苏维埃政府中的外交人民委员。
1918 年 3 月	被任命为共和国陆海军人民委员。
1918 年 9 月	任共和国革命军事委员会主席。
1918—1920 年	在国内战争的各条战线上，是共和国武装力量的主要领导人之一。
1922 年	父亲大卫·勃朗施坦患伤寒去世。

ТРОЦКИЙ

托洛茨基传

下

[苏]德·安·沃尔科戈诺夫——著

赵永穆　张琳娜　徐燕霞——译

上海人民出版社

目 录

代结束语　理念的俘虏

托洛茨基年谱

关于注释的几点说明

1. 所有注释都根据正文的位置,作为脚注,置于每页的下方。

2. 注释都用原文,只在第一次出现时,加入中译文。

3. 正文有中译文的,注释都用中文的出处。

4. 引用的俄国档案馆较多,也较频繁。注释中保留原文,档案馆名称的俄中对照表如下:

Архив ИНО ОГПУ(国家政治保卫总局外国处档案馆)

Архив ИНО ОГПУ—НКВД(国家政治保卫总局—内务人民委员部外国处档案馆)

АРХИВ НКВД(内务人民委员部档案馆)

ЦАМО(国防部中央档案馆)

ЦГАОР(中央国家十月革命档案馆)

ЦГАСА(中央国家苏军档案馆)

ЦОА КГБ(国家安全委员会中央行动档案馆)

ЦПА(中央党务档案馆)

ЦПА ИМЛ(苏共中央马列主义研究院中央党务档案馆)

5. 苏维埃政府于 1918 年开始采用公历,取代旧历,两者相差 13 日。本书中的日期,1918 年 10 月以前的,采用旧历,之后的采用公历。

第一章
被摒弃的革命家

只有从高处才可能坠落，

所以，坠落本身

就表示一个人的伟大。

尼·别尔嘉耶夫

生活是诡谲离奇的，成功和挫折交替出现，庞大的计划和整个民族的辛勤努力有时却导致历史性的失败，凯旋者可能沦为被抛弃的人。从这个意义上说，托洛茨基的命运是很典型的。十月革命的浪潮将他推上了波涛的顶峰，随着国内战争的结束，他又急速滑落下来……这倒不是说，他的知名度不那么高了，他不再沉湎于自己的理念了，写抨击文章的天分和思想家的独特风格也离他而去了。他的演讲依然激动人心。托洛茨基一如既往，仍旧相信革命风雷的沉寂只是暂时现象。他更加密切地关注着远处传来的中国革命的钟声，认为革命可能会从那边传到欧洲。不，他并没有背叛自己，也没有背叛理念。但是，时代背叛了他。他生活的唯一动力，革命，正在退向远方……

一个历尽磨难的国家要过渡到和平是很困难的。国内战争结束后，就应该兑现革命曾经向人民承诺过的那张期票了。就怎样兑现承诺产生的争论表明，布尔什维克党的领导人中存在严重的观点分歧。一切都撞上了在业已病势垂危的俄国革命领袖的领导下建立起来的沉重而臃肿的官僚主义体制。托洛茨基于 1923 年 1 月，将自己关于治理国家的思想向政治局提出了报告，其中说：

"我向中央提出了许多书面建议，中心问题是必须保证对国家经济实行逐日的正确计划领导，首先着眼于恢复和发展国家工业。我认为，我国现在还没有一个直接负责对国家经济实行计划领导，而且按照自己的权力、职责和人员组成能够实现这样领导的机构。我指出，正因如此才出现了一种趋势,试图建立越来越多的新领导机构和跨部门机构,其结果却是互相掣肘。除了人民委员会和全俄中央执行委员会主席团之外,我们现在拥有:副职部务委员会(三人小组)、劳动和国防委员会、财政委员会、小人民委员会、国家计划委员会。即便如此,问题还是经常转到中央(书记处、组织局、政治局)。我认为,这种相互关系并不明确,责任又分散的众多领导机构,只能从上面制造混乱。"[1]只是托洛茨基并不知道,这样"众多的领导机构"日后还要扩大百倍!而当时还仅仅是开始。

托洛茨基,特别是在列宁缺席的情况下,经常向政治局提出正在建立的体制出现官僚主义的僵化、机关不受监督、国家管理缺乏效率等问题。他那种与众不同而又尖锐的议论被党的许多领导人认为是明目张胆地觊觎在公认的领袖即将离开政治舞台之后的新领袖的角色,而这些战友们已经一致地将领袖的最后意愿置若罔闻了。

斯大林的"紧箍"

据 А.П.巴拉绍夫告诉我,"有一次在政治局季诺维也夫同托洛茨基发生了争执。大家都支持季诺维也夫的观点。他对托洛茨基甩出一句:'难道你看不出你自己已经处于"紧箍"之中?你的把戏不中用了,你是少数,是单数了。'托洛茨基暴跳如雷,幸亏布哈林努力调解了冲突。常常有这样的情况:在政治局会议或是某次会议之前,加米涅夫和季诺维也夫事先在斯大林处碰头,看来是协调彼此的立场。我们秘书处就在私下将'三驾马车'(斯大林、季诺维也夫、加米涅夫)和被他们邀请的其他政治局委员的这种碰头,借用季诺维也夫的话,称为'紧箍'。"

托洛茨基很快就料到党的最高层领导中有一个针对他的阴谋。起初他保持了沉默,但稍晚些时候,他在发言中多次揭露斯大林的幕后"手腕"。例如,1927 年 7 月,托洛茨基在中央监察委员会发言时声称:"你们大家当然

---

[1] The Houghton Library. Trotsky Archive(霍顿图书馆馆藏托洛茨基档案).bMS, Russ 13. T-773, 4 S.

都很清楚,从 1924 年起就存在一个除我之外的全体政治局委员组成的、宗派性的'七人团'。取代我的是你们原先的主席古比雪夫。古比雪夫就职责而言,本应是党章和党风的第一维护者,而实际上却成了第一个违反者和败坏者。'七人团'是一个背着党操纵党的命运的、非法的反党机构……在他们的会议上拟定反对我的措施。特别是规定了政治局委员彼此之间不得争论,而全体一致同托洛茨基展开辩论。对这一切党并不知情,而我也不知道。这种情况持续了很长时间。"[1]

托洛茨基上面这番话完全符合实际。在权力金字塔的顶端,打着保卫人民、党和社会主义利益的旗号,展开了一场对领袖职位最庸俗、最无原则的争夺。党的最高统治层结为一体,反对其中的一名成员,因为在最高层看来,他很有可能领导党,可是谁都不喜欢他。

列宁在著名的"遗嘱"(通常被称为"给代表大会的信")中讲到的、对中央出现分裂的担心开始展现了。在革命的第一领袖缺位的情况下,争夺权力,争夺党内势力范围的一场隐秘而残酷的斗争开始了。构成斯大林"紧箍"基础的三驾马车领导人,提出的目标是孤立托洛茨基,使他名声扫地,将他排挤出驾驭党和国家的主控制盘。事情在加紧进行,因为不能排除列宁一旦恢复健康,他可能会更接近托洛茨基,而那就意味着斯大林,还有季诺维也夫和加米涅夫追逐权位的盘算彻底失败。毫无疑问,注明日期为 1923 年 1 月 4 日的列宁关于将"斯大林调开"总书记职位[2]的建议,如果他得以恢复健康,就将立即付诸实施。

看来,托洛茨基究竟为什么拒绝列宁结成同盟,就"格鲁吉亚案件"共同反对斯大林的建议,对于我们可能将成为永远的谜。可是斯大林、季诺维也夫和加米涅夫不能不对列宁和托洛茨基在诸如民族问题、垄断对外贸易、反对官僚主义等重大问题上结盟的现实可能性感到惶惶不安。他们不能听任托洛茨基的地位得到如此重要的加强。

我们知道,列宁在分几次:1922 年 12 月 23、24、25、26 和 29 日,以及 1923 年 1 月 4 日口授的"遗嘱"中,特别关注斯大林和托洛茨基之间的关系。不过也并没有忽略布尔什维克的其他重要领导人。因此可以有根据地认

---

〔1〕 Архив Троцкого. Коммунистическая оппозиция в СССР(《托洛茨基档案。苏联的共产党反对派》). М., 1990. Т.3. С.87。

〔2〕《列宁全集》第 43 卷,中文第 2 版,第 340 页。

为,在政治局得知"遗嘱"后,党的最高领导层中的竞争加剧了。列宁的"秘密"文件无异于火上浇油。假如列宁能恢复工作,斯大林就很难指望保留自己"权力无限"的人的地位。他迫不及待地希望推翻当时被大多数党员认为是"二号人物"的托洛茨基。不仅如此,列宁在"遗嘱"中对托洛茨基的评价远远高于其他人,而且赞誉有加。列宁提到了托洛茨基的"非布尔什维主义",不过认为,这"不大可能归罪于"他本人,列宁强调说,这"大概是现在的中央委员会中最有才能的人","具有杰出的才能"[1]。

托洛茨基很关注公布列宁的信,其余的人则不感兴趣。而且这是有(批注为"绝密"的)文件为证的。它表明中央政治局和中监委主席团成员对公布列宁"遗嘱"的态度。各人的立场如下:

1. 我认为,这篇文章应当公开发表,如果不存在妨碍这样做的某种合乎规定的原因的话。

(如果)传达(就传达的条件而言)这篇文章和其他文章(关于合作化、关于苏汉诺夫)有某种差别的话。

托洛茨基

2. 不能打印:这不是在政治局的讲话。如此而已。个人的评论是文章的基础和内容。

加米涅夫

3. 娜·康·(娜捷施达·康斯坦丁诺夫娜·克鲁普斯卡娅——作者注)也持这种意见,只能传达到中央委员会。关于公布,我不曾问过,因为我当时认为(现在也认为),这被排除了。可以提出这个问题。传达的条件没有差别。不过这份简要记录(关于国家计委)转给我的时间稍晚一些,只是几天以前。

季诺维也夫

4. 我以为,没有必要打印,何况伊里奇并不曾批准打印。

斯大林

5. 赞成季诺维也夫同志的建议,仅仅向中央委员们传达。不公开发表,因为广大群众中没有人能明白说的是什么。

托姆斯基

---

[1]《列宁全集》第43卷,中文第2版,第339页。

6. 弗·伊·的这封短信不是写给广大群众,而是写给中央的,所以很大篇幅都用于对人的评价。关于合作化的文章就完全没有这些东西。用不着打印。

索尔茨

7. 布哈林、鲁祖塔克、莫洛托夫和古比雪夫诸同志赞成季诺维也夫同志的建议。

斯洛瓦京斯卡娅[1]

斯大林的"三人联盟"宁愿暂时隐瞒列宁的"遗嘱",因为公布它将明显提高托洛茨基的机会,而削弱"三驾马车"。无论斯大林,还是季诺维也夫和加米涅夫,追逐的都是个人的功名,尤其是前两个人。同时他们还得到政治局其他委员的有力支持。可是"紧箍"还不敢公开反对革命和国内战争的凯旋统帅:托洛茨基的名字仍旧是同列宁的名字并列在一起的。1922 年 10 月 14 日,拉狄克在《真理报》上写道:"如果说,可以把列宁同志称作由意志的传动装置控制的革命理智,那么,托洛茨基同志就可以称作理智支配下的钢铁意志。托洛茨基的演说听起来就像是号召人们工作的钟声。""三驾马车"明白,要想摘下革命军事委员会主席头上的桂冠,必须先将他同列宁"分割开",然后败坏他在党内的名声,极度夸大这个人性格中的弱点和缺点。

后来,被驱逐到王子群岛之后,托洛茨基就此写下了以下文字:"对于这些阴谋家来说,最大的困难是在群众面前公开反对我。工人们都知道季诺维也夫和加米涅夫,乐意听他们的。但对于他两在 1917 年的行为记忆犹新。他两在党内缺乏道义上的威望。而斯大林,在老布尔什维克的狭小圈子之外,几乎是个无名之辈。我的一些朋友对我说:'他们永远不敢公开反对您。在人民心目中,您和列宁的名字是不可分割地联系在一起的。要把十月革命、红军和国内战争一笔抹杀是不行的。'我不同意这种看法。在政治活动中,尤其在革命的政治活动中,个人权威起着重大的,甚至是巨大的作用,但毕竟不是决定性的。归根到底,更为深刻的,即群众性的进程决定了个人权威的命运。在革命高潮中,对布尔什维克领袖的诽谤,恰恰加强了布尔什维克,而在革命低潮时,对他们的诽谤,却会成为热月反动取得胜利的武器。"[2]

---

[1] Архив Троцкого. T.1. C.56.
[2] 托洛茨基:《我的生平》,赵泓、田娟玉译,郑异凡校,上海人民出版社 2014 年版,第 429 页。

我们已经知道,托洛茨基并非白璧无瑕。他应当为在革命的树苗刚出土时,采取的那些让十月革命结出苦果的理念和行动承担充分的历史责任。不过也不能不承认,尽管他至死都在许多方面依旧保留着十分错误或者值得怀疑的布尔什维克立场,但他也许是最早感觉到正在建立的官僚主义体制、党的最高领导层、"书记"垄断权力,对革命,对无产阶级专政的致命危险的人士之一。但是按列宁的看法,托洛茨基是一个"过分自信,过分热中于事情的纯粹行政方面"〔1〕的人。

他的对手,尤其是"三驾马车"认为,只要能削弱托洛茨基的威望,从他们的仕途上将他排挤掉,容许采取任何手段。这就出现了当一个处于山巅的政治家即将离去时,在权力的山脚下几乎是必然发生的事情。如果民主制度软弱无力,不能通过"文明的"途径实现权力的移交,阴谋、暗算、无原则斗争就开始了,卑鄙下流的手段,无所不用其极。政治始终携带着恬不知耻的印记,它也不可能是"纯净贞洁"的。无非是今天搞政治的人学会了更巧妙地掩饰自己的意图和目标;而与此同时,对他们行动的社会监督也加强了。

托洛茨基感到,在他背后有一场幕后的秘密把戏,他看到,在政治局会议上他往往是孤零零的一个人。他从四面八方被"包围"了。不过眼下宗派斗争的火焰还没有突破中央委员会和政治局的范围。1923年秋季,列宁已经无力干预布尔什维克领导层的事务了,党的最高层中正在酝酿一场党内针对托洛茨基的重要争论。这场争论当时被称为"文学的"争论。不幸的是托洛茨基这时,在10月的一个星期日,和他的朋友穆拉洛夫去特维尔省扎博罗季耶沼泽地打野鸭子。走过沼泽地时,托洛茨基不慎滑倒,严重受寒而感冒了。日后他这样写道:"感冒击倒了我……医生禁止我起床。于是秋季剩下的时间和整个冬季我都卧病在床。这就是说,在1923年反对'托洛茨基主义'的争论中,我一直在生病。革命和战争可以预见,但秋天打野鸭子的后果却是无法预见的。"〔2〕

列宁和托洛茨基的缺席让斯大林及其暂时的同盟者放开了手脚。限制托洛茨基的影响和威望的步骤按计划实施。起初还是一些不惹人注意的举动,然后就变成大规模的行动了。党的会议上过去通常是将两个人(列宁和

---

〔1〕 《列宁全集》第43卷,中文第2版,第339页。

〔2〕 托洛茨基:《我的生平》,赵泓、田娟玉译,郑异凡校,上海人民出版社2014年版,第435页。

托洛茨基)选入名誉主席团。现在则实行了新办法:由政治局全体成员组成名誉主席团。过去在党内会议、代表会议和代表大会的报告中,紧随列宁的姓名之后的通常是托洛茨基。而现在报纸上,除了列宁之外,其余的人全按字母表的顺序排列。《真理报》《消息报》《红星报》上,"红军领袖托洛茨基"的说法逐渐消失了。中央委员会的机关(斯大林的书记处)神不知鬼不觉地用对"紧箍"忠诚可靠的人替换了托洛茨基的追随者。党的报刊上越来越经常地出现党的总书记的姓名。开始悄悄地重新审视各位领袖的政治履历及其对革命的贡献。开始了贬低革命和国内战争的主要英雄之一的难以觉察,但目的明确的过程。

托洛茨基后来回忆说,几年之后,失宠的季诺维也夫和加米涅夫亲自向他揭露了这一套"手腕"。托洛茨基在自传中写道:"这是一个真正的阴谋。他们组成一个秘密的政治局(七人团),它包括除我以外的全体正式政治局委员,再加上现任最高国民经济委员会主席古比雪夫。所有问题都是由这个秘密中心事先决定的,它的参加者们结成连环保。他们承诺相互之间不争论,同时要寻找机会攻击我。在地方组织内也有类似的秘密中心,它们按照严格的纪律同莫斯科的这个'七人团'保持联系。为了进行联络,还使用了专门的密码。"[1]

托洛茨基后来得知,最主要的是"党和国家的负责干部都是根据反托洛茨基这个唯一的标准有组织地进行选拔的……列宁逝世使这一密谋肆无忌惮地公开干了起来。"[2]

不过托洛茨基的分量和威望当时还十分强大,"紧箍"诸人不敢轻举妄动。托洛茨基患病,不能前来出席政治局会议。根据加米涅夫建议,并征得托洛茨基同意,有几次会议就直接在他家里召开。会上就党内制度、人事任命、垄断烈性酒的贸易、共产国际事务等问题展开了激烈争论……他的妻子娜塔莉娅·伊万诺夫娜回忆说:"每当这样的会议结束后,列·达·的体温就会升高,他走出书房时浑身湿透,脱了衣服躺在床上。他身上里里外外的衣服就像是被雨淋湿了似的,不得不设法烘干。"[3]

托洛茨基1923年10月8日写的一封信使在他家召开的政治局会议上

---

〔1〕 托洛茨基:《我的生平》,赵泓、田娟玉译,郑异凡校,上海人民出版社2014年版,第436—437页。

〔2〕 托洛茨基:《我的生平》,赵泓、田娟玉译,郑异凡校,上海人民出版社2014年版,第437页。

〔3〕 托洛茨基:《我的生平》,赵泓、田娟玉译,郑异凡校,上海人民出版社2014年版,第436页。

的争论白热化了。这封信是写给俄共(布)中央委员会和中央监察委员会委员们的。托洛茨基准备了一个星期,指望提醒党警惕日渐迫近的革命衰退——官僚主义的强霸势力。这封 15 页纸的长信就国家和党内生活中的许多问题提出了 18 个论题。"紧箍"马上利用这封信,再一次指责托洛茨基搞宗派活动,攻击中央委员会和政治局。

托洛茨基究竟写了什么? 直到不久前,这都被保存在前党务档案馆的秘密卷宗里,历史学者是无缘得见的。究竟是什么东西引起了斯大林及其暂时同盟者的尖锐反应? 这份文件中有些什么"宗派主义的"货色? 这是否就是那条很快就变成了鸿沟的裂痕呢?

直到不久之前,托洛茨基的这封信,以及后来由他的 46 名支持者签名的、致中央委员会的声明,都被认为是由于列宁患病而发动的"对党和党的领导新的攻击"。

实际上,这一次的表现是对 1923 年夏季和秋季国内经济危机("价格剪刀差"、销售危机)的反应。危机的原因,按托洛茨基及其支持者的见解,也有经济和政治领导的严重错误和党的日益官僚化。

托洛茨基指出"党内状况极度恶化",认为其根源在于不健康的党内制度和工农群众对错误政策导致的沉重经济局势的不满。[1]

托洛茨基口授的这封长信显得杂乱无章。和他通常的著作不同,语言诘屈累赘,有许多重复之处。病中的托洛茨基是在激愤、焦虑和担忧的心情下口授的这封信。但是如果仔细阅读这份文件,就会发现昨日的凯旋统帅有预见地提出了一系列原则问题。托洛茨基的惴惴不安来自何处呢?

党和国家最高级政治领导的这名成员对主要政治机关的工作极为不满:"和第十二次代表大会之前相比,一些最重要的经济问题现在更大程度上是由政治局仓促决定的,没有切实的准备,也不顾及它们和计划的联系。"托洛茨基这样说,仿佛是在强调,列宁在位时(1923 年 4 月,第十二次代表大会召开时,他已经不能出席了),是另一种工作作风——更为稳妥和民主。他接着写道:"经济活动的领导者们将政治局的经济政策描述为一些偶然的、不成系统的决定。"接下去仿佛是判决书:"不存在对经济的领导,杂乱无章来自上面。"[2]托洛茨基责备政治局不懂行、司令员作风和听其自然。不

---

[1] ЦПА, ф.17, оп.2, д.685, л.53-68.
[2] ЦПА, ф.17, оп.2, д.685, л.58-62.

过他并没有就此止步,而是更严厉地指责政治局的干部政策:"任命各省的
省委书记现在已经成了惯例。这就使书记对于地方党组织实际上处于一种
独立的地位……书记于是又成了下一级(在省的范围内)任免干部的源头。
自上而下建立起来的书记机关越来越具有独立自主的性质,而且将各种线
索都笼络到自己身边。"〔1〕托洛茨基以他独具的洞察力,仿佛预见了几十年
后的事情。他说:"最近一年半里,形成了一种奇特的书记心理,其主要特点
就是相信书记能够解决任何问题,而无须了解其实质。我们经常看到,一些
并没有展示过自己组织、行政或其他任何才干,却领导着苏维埃机关的同
志,一旦担任了书记的职务,就颇具权威地解决经济、军事等等问题。这种
办法特别有害,因为它化解,而且扼杀了责任感。"〔2〕

托洛茨基伤心地指出,"党的机关的官僚化,由于采用'书记拍板'的办
法而得到了闻所未闻的发展","书记等级制"排除了"坦诚地交换意见",而
在机关里形成了"自动保持同步"的景象。〔3〕

托洛茨基极其准确地预言了未来的危险,而其根源他早在 1923 年就作
出了判断:"党的机关的官僚化""书记等级制""自动保持同步""书记拍板的
方法"……当时谁也不曾想到,他 1923 年 10 月口授的这些话竟然一语成
谶。"书记的官僚主义"很快就将党变成了一个僧团,一个用自己贪婪的魔
爪将社会紧紧抓住了几十年的国家怪物。斯大林的地狱、俄国革命的真正
黑夜就是从这里开始的。

托洛茨基在信中虽然含蓄,但对"紧箍"不断对他施加压力表示了抗议。
他再一次坚决反对(根据中央 1923 年 9 月全会的决议)在革命军事委员会
主席下面设置一个执行机构。革命军事委员会主席认为,这个决议意在限
制他的权力,尤其在他得知全会建议将斯大林、伏罗希洛夫和其他一些人增
补入革命军事委员会后〔4〕,他对这些人至少是心存戒备的。托洛茨基在全
会上强烈反对这项决议,可是他的论据没有起作用。于是他堂而皇之地退
出了会场。他的举动被认为是"向党的最高权力机构挑战"。在致政治局的
信中,托洛茨基认为全会决议是"宣布成立新的革命军事委员会",标志着

---

〔1〕 ЦПА, ф.17, оп.2, д.685, л.61.
〔2〕 ЦПА, ф.17, оп.2, д.685, л.62.
〔3〕 ЦПА, ф.17, оп.2, д.685, л.63.
〔4〕 ЦПА, ф.17, оп.2, д.103, л.2-3.

"转而采取新政策,即采取攻势"。[1]托洛茨基在信中引用古比雪夫的话,指出他知道党的最高领导层中正在开展一场反对他的斗争。

信的末尾有一个明确的结论:党内的"制度不会长期维持下去。它应当改变"。按托洛茨基的看法,中央委员会执行的是"错误的政策"。他径直指出,他"一年半的努力"(自1922年4月斯大林被任命为总书记起),试图改变党内状况,"没有取得任何结果"。[2]

实际上,托洛茨基是用这封尖锐而持之有据的信第一次向官僚主义的中央委员会提出挑战。虽然托洛茨基在政治局处于完全孤立的境地,又不能指望病中的列宁的支持,但他仍然有勇气向中央委员会和政治局提出警告:来自"书记的官僚主义"的巨大危险正在向党逼近。可是没有人愿认真听取他的意见,虽然中央委员会里也有他的支持者。

在酝酿这封信时,托洛茨基就这些问题和越飞、萨普隆诺夫、穆拉洛夫和其他经常,尤其在他患病期间拜访他家的,观点一致的人交换过意见。将信件发往政治局之后过了一星期,10月15日,托洛茨基起草了一份类似的文件。这一次他获得了46名共产党员的支持。

在《四十六人声明》上签名的主要是托洛茨基的支持者。其中我应当首先指出的是:叶·普列奥布拉任斯基、列·谢列布里亚科夫、阿·罗森霍尔茨、弗·安东诺夫-奥弗申柯、伊·斯米尔诺夫、格·皮达可夫、瓦·奥新斯基、尼·穆拉洛夫、季·萨普隆诺夫、安·布勃诺夫、亚·沃隆斯基、弗·斯米尔诺夫、亚·明金、米·博古斯拉夫斯基、谢·瓦西里琴科、伊·波留多夫。这份声明后来在第十三次俄共(布)代表会议上被许多人称为"托洛茨基分子宣言",它比托洛茨基的信走得更远一些。托洛茨基的支持者们发挥自己鼓舞者的理念,断然宣称:"书记等级制、党的等级制越来越多地挑选代表会议和代表大会的代表,使它们逐渐变成这种等级制发号施令的会议……宗派体制应当消除——应当这样做的首先就是它的推行者,它应当被同志式的平等制和党内民主制所取代。"[3]

在这些文件中,托洛茨基仿佛是在说:在别人面前可以装腔作势,可是在自己面前装腔作势是不行的。

---

〔1〕 ЦПА, ф.17, оп.2, д.685, л.65.

〔2〕 ЦПА, ф.17, оп.2, д.685, л.68.

〔3〕 ЦПА, ф.17, оп.3, д.388, л.3.

这样的做法就太过分了。10 月 16 日政治局收到了《四十六人声明》，就在当天，根据"三驾马车"的建议，召开了俄共（布）中央监察委员会主席团紧急会议。监察委员会的领导指出，"托洛茨基同志列举的种种分歧在很大程度上都是虚假和臆造的"，"类似托洛茨基同志这样的言论"可能成为"致命的"。主席团实际上是将托洛茨基的警告扔在一边，而仅仅关注不让他的信在党组织内传播。[1]

可是，"三驾马车"认为这样的反应过于软弱。由于斯大林及其暂时同盟者的坚持，1923 年 10 月 23 日至 25 日召开了中央委员会和中央监察委员会联席全会，会议还邀请了十个重要党组织中经过专门挑选的工人。后来这种做法被一再重复：苏维埃政权喜欢以工人阶级的名义讲话。全会的与会者大都认为托洛茨基致政治局的信和《四十六人声明》是重大政治错误，是攻击中央委员会和政治局。根据已经处于总书记决定性影响之下的中央组织局和书记处的建议，全会将托洛茨基及其支持者的声明界定为公然的"宗派活动"。会上还决定不公布托洛茨基的信、"四十六人的声明"和全会就这些文件通过的决议。政治局看到辩论是不可避免的了，但并不希望辩论以上述文件为基础。因此，《真理报》发表了季诺维也夫的批判文章，它就成了辩论的信号。

列宁十分担心的政治局的分裂，1923 年初时还是隐隐约约，难以觉察的，现在则成了显而易见的、公开的了。再一次老调重弹，指责托洛茨基的"孟什维主义"。党的莫斯科市委常委会强调说，"俄共队伍中的分歧将带给德国共产党和正在准备夺取政权的德国无产阶级沉重的打击"。[2]党的领导不打算听取发出了危险警报的清醒的声音。党的实际领导人利用第十次代表大会"关于党的团结"决议中反民主的第七条，于 1924 年 1 月中旬，即列宁去世前几天，在第十三次党的代表会议上将托洛茨基及其支持者的立场界定为"孟什维主义对布尔什维主义的修正"。

在患病初期哪怕稍事治疗的机会被党摒弃了。政治局审议过托洛茨基的上述信件之后两周，在俄共（布）中央委员会和中央监察委员会的联席全会上，这个问题再度浮现出来。托洛茨基又给全会写了一封长信，用了好几

---

〔1〕 ЦПА，ф.17，оп.2，д.685，л.96-97.
〔2〕 ЦПА，ф.17，оп.2，д.685，л.94-95.

页纸捍卫自己在10月初陈述的观点。[1]托洛茨基在这封信中讲述了有人企图将他同列宁对立起来,指责他对农民估计不足;信中还特别指出,对他的攻击中有"个人成分"。托洛茨基写道:"简直让人难以理解的是指责我最近几年对军队关心不够。"托洛茨基气愤地指出,"影射"他从事文字活动过多了……"被告"拒绝了这个指责,一如既往,坚持必须"清除党内的各种人为的隔膜和障碍"。[2]

全会的最后一天,托洛茨基和斯大林之间也许是第一次公开地相互指责(只是还相当克制)。斯大林采取更为进攻的姿态并要求"谴责托洛茨基"。很可惜,在列宁去世之前,全会的历次会议上的发言都没有做速记记录,因此由斯大林的助手瓦·巴扎诺夫做的潦草记录并没有包括争吵双方的全部论据。[3]全会"建议托洛茨基同志今后更接近、更直接地参加实际工作"[4],也就是说,实际上是向他表明,如果革命军事委员会主席"干些实际工作",他就没有时间去搞反对派了。

全会的气氛对托洛茨基来说是极其不利的。"三驾马车"及其追随者发动了对托洛茨基的攻击,对他的立场作出了有失偏颇,很不公正的评价。虽然像我前面说的那样,全会没有速记记录,可是却保存了列宁的夫人娜捷施达·康斯坦丁诺夫娜·克鲁普斯卡娅给季诺维也夫的一封信。这封信直到不久前才为我们所得知。克鲁普斯卡娅强烈抗议"三驾马车"企图将制造党内分裂的责任加在托洛茨基头上,反对将托洛茨基说成是列宁患病的罪人。克鲁普斯卡娅写道:"我要大声疾呼,这是谎言。最让弗拉基米尔·伊里奇不安的不是托洛茨基,而是民族问题和在我们顶层中流传的风气。"令她激动、生气的是斯大林及其追随者在同托洛茨基的斗争中开始粗暴地践踏党内生活的原则和规范[5]。

托洛茨基明白了,有人不想听到他的声音。"紧箍"将他紧紧地挤压在布尔什维克的怀抱里,尽管托洛茨基在第十三次党代表会议之后仍旧留在黑海岸边的格鲁吉亚,他对机关内的这次厮杀还是有切身的感受。布尔什维克体制的营造师之一不明白的是,试图"改善"这种体制是徒劳的,因为列

---

〔1〕 ЦПА, ф.51, оп.1, д.21, л.54об.-57.

〔2〕 ЦПА, ф.51, оп.1, д.21, л.57об.

〔3〕 ЦПА, ф.17, оп.2, д.104, л.31-38.

〔4〕 ЦПА, ф.17, оп.2, д.104, л.3-4.

〔5〕 Известия ЦК КПСС(《苏共中央公报》). 1990. No 2. C.202.

宁主义最基本的公式就是以一党垄断为基础的,这就不可能对它加以改革。

在列宁去世后那个寒冷的一月,许多事情已经早就决定了。托洛茨基处于十分孤立的地位。他在黑海岸边孤独地徘徊时,痛苦地思索着:怎么办? 对于俄国知识分子的这个永恒的问题,他今后的生活将作出明确的回答——斗争。斗争。这个人只要不背叛自己,就不会有其他的选择。托洛茨基从来就不曾为自己勾画过政治脸谱。他知道,时间终将毫不留情地将脸谱抹掉。

"新方针"

托洛茨基在被驱逐后回想起,1923 年至 1924 年是他命运中的转折之年。他写道,列宁在世时,党的最高层中就开始出现帮派主义的苗头,逐渐形成了在"自己人"圈子中不成文的行为规范和准则。托洛茨基思考着:当国内战争还在进行时,大家都按照"党的音叉"生活,当生死斗争的紧张状态过去,"革命的游牧民族转入定居的生活方式后,小市民的特性、洋洋得意的官员的爱好和品位又在他们身上抬头,活跃并发展起来"。托洛茨基指出,在统治层中开始流行"相互作客,热衷于芭蕾舞,集体狂饮,背后议论别人的是非……"〔1〕托洛茨基并没有参与这种半庸俗的日常生活,而这只是加速了他原本就够快的完全脱离"领袖"帮派的过程。

布尔什维克体制正处于转变时期。国家必须作出一些重大决策。经济上的耐普〔2〕要求政治上也实行耐普。经济生活的民主化应当引向政治也实现民主化,修改党的方针。可是已经建立的一党制却将自己的法则扩大到了意识形态、文化、国家,以至整个体制。托洛茨基和列宁一起(或者说紧随其后)都明白了,体制的官僚化蕴藏着多么巨大的危险,可是他们从来不曾将它同党的垄断地位联系起来。托洛茨基在《小集团和派别组织》一文中

---

〔1〕 托洛茨基:《我的生平》,赵泓、田娟玉译,郑异凡校,上海人民出版社 2014 年版,第 439、440 页。
〔2〕 耐普是"新经济政策"的缩写词,也用于指称实行新经济政策的时期。

写道:"我们是国内唯一的政党,在专政时代不这样是不行的。"〔1〕他还认为,共产党员各种小集团的反对派观点都是危险的。他主张统一思想,不过按他的想法,也是苏联七十年里的想法,他主张的是"正确的"统一思想。托洛茨基在第一封致中央委员的信(1923 年 10 月初)中走得还要远些,他强调说,"向党组织报告党的敌对分子如何利用党的允许范围(实际上指的是告密——作者注)是每个党员的基本责任。"〔2〕这个"基本"很快就成了独裁专制体制的规范。托洛茨基坚信,在一个政党垄断政权的条件下,可以发展名副其实的人民权力。其他布尔什维克领导者也是这样想的,党,还有我们大家也都是这样想的,我要再次强调,而且是在长达几十年的时间内……

直到 1923 年 10 月被公开扣上了企图站在孟什维克的立场上来修正布尔什维主义的"宗派分子"的帽子后,托洛茨基才希望改变"令人痛心的党内制度"〔3〕。怎样改变呢?现在明确了:借助思想斗争和政治斗争。托洛茨基认为,在政治局,在各种大大小小的会议上发表意见、依靠为数不多的拥戴者可以帮助他在新经济政策的转变时期急剧地校正党的方针。他将主要的希望寄托在公开发表文章上。1923 年 12 月 11 日,《真理报》发表了他的《给党的会议的信》,他定下的标题是《新方针》。同年 12 月末,他又陆续发表了下列文章:《小集团和派别组织》《关于党内新老两代的问题》《党的社会成分》《传统和革命政策》。就在新年前夕,12 月 29 日,《真理报》又发表了托洛茨基的两篇文章。后来作者将这些材料汇集成一本文集《新方针》〔4〕,于 1924 年 1 月 16 日至 18 日举行的第十三次党代表会议期间出版。

这些文章并不像我们几十年来被灌输,而我们也信以为真的那样,是打算提出并论证一条"特殊的"、新的、有别于列宁方针的托洛茨基方针。事情的缘起是这样的。1923 年 12 月 5 日,政治局和中央监察委员会主席团联席会议通过了"关于党的建设"的决议,(其中承认了存在官僚主义),建议基层组织采取一些措施来实现党内生活民主化。托洛茨基内心深处希望这就是他取得的胜利。因为正是在他给俄共(布)中央委员和中监委委员写信之后,党的结构中才出现了一些变化。许多党员真诚地相信,有可能转向民主

〔1〕《托洛茨基文选》,人民出版社 2010 年版,第 81 页。

〔2〕ЦПА, ф.17, оп.2, д.685, л.53.

〔3〕ЦПА, ф.17, оп.2, д.685, л.66.

〔4〕Троцкий Л. Новый курс. М., 1924.中译本见《托洛茨基文选》,人民出版社 2010 年版,第 71—143 页。

化、言论自由、干部问题上的公开性并消除"书记的"官僚主义。托洛茨基是一个执着于理念的人，不假思索就决定用自己的文章来帮助，推动这个进程。

他分几次口授了上述几篇文章。他在修改打印稿时，对谢尔姆克斯甩出一句典型的话：

> "并非一切都丧失殆尽了。党还可以治愈。也许，我的文字药物能有所帮助……"

《新方针》中占据主导地位的是什么样的动机？托洛茨基提出了哪些激进的建议？同他10月致中央委员会的信相比，他是否有了什么新想法？

托洛茨基受到"关于党的建设"决议的鼓舞，相信"新方针"就在于："在实行旧方针时曾错误地把中心放在机关上，目前在实行新方针时就应当把重心移到党这个有组织的无产阶级先锋队的积极性、批判的首创精神和自治上来……党应当使自己的机关服从自己，始终成为集中的组织。"[1]正如我们看到的那样，托洛茨基反对的是在管理党方面过分加强机关的地位，而并不怀疑作为党的建设的主要原则的民主集中制是不可动摇的。托洛茨基形象地指出，机关的权力无限在党内造成一种"病态"的感觉。他说，"官僚主义扼杀主动精神，阻碍党的总水平的提高"。

当时党内已经形成了用命令、指示、指令进行管理的方法。托洛茨基本人曾经参与过组建这种无处不在，而又手握重权的机关，如今却正好相反，要为不让这种机关控制党而斗争。阅读托洛茨基《新方针》中的文章，形成的印象是他在进行斗争，可是却并不知道怎样消灭一党专政。他看到主要危险来自斯大林及其一伙，却并没有清楚地认识到怎样才能使党摆脱"书记拍板，尤其是总书记拍板的方法"。[2]托洛茨基试图向全党呼吁，可是，唉，别人听不到他的声音，也不理解他。大部分党员的政治水平还很低。许多人连他的文章都不曾读过。

假如共产党员们读过，更不消说理解了托洛茨基《新方针》的含义，那他们大约会得出结论，认为作者试图削弱第十次党代表大会通过的"关于党的团结"的决议中秘密的第七条的意义及作用。作为列宁的战友，托洛茨基不

---

[1]　《托洛茨基文选》，人民出版社2010年版，第74页。
[2]　ЦПА，ф.17，оп.2，д.685，л.58-59.

会公开反对这项决议。他一再强调，党内的反对派是"最大的恶"，是不能容许的。不过，他的议论的含义却走向实际上不承认关于团结的列宁式决议。托洛茨基写道："单是依靠禁止的办法，不仅没有绝对的保障，而且没有比较重大的保障，足以使党防止产生思想上和组织上的新派别。主要的保障是正确的领导，及时地注意那些通过党曲折地反映出来的发展中的种种要求，党机关的灵活性，党的机关不要阻碍而要发挥党的主动性，不要害怕批评，也不要用派别活动的幽灵去吓唬人……"托洛茨基仿佛是在悄悄地走向，并在《新方针》中得出了主要的结论。不过这个结论听起来仿佛是异端邪说："第十次代表大会作出禁止派别活动的结论**只可能具有辅助的性质**（黑体是我加的——作者注），这个决议本身还不能提供解决一切内部困难的钥匙。"〔1〕

托洛茨基日后还会多少次记起自己的这段话啊！并非所有的人当时就能够察觉到，托洛茨基将派别活动的存在同由于官僚主义机关的保守而不可能公开陈述自己的观点紧密地联系在一起。或许，只是现在才显现出托洛茨基在这个问题上的历史正确性：一个社会团体（不是党的僧团！）不可能用禁止的办法取得民主的一致。一致需要的是**共同的理念和共同的利益**，而不是惩罚的措施和政治的脖套。适用于那些封闭的、独裁专制的小集团和团体的办法对于一个试图建立人民权力的政党是完全不适用的。

托洛茨基在《新方针》中努力发挥的还有一个思想，他打算借助这个思想不仅为布尔什维克的领导注入新鲜力量，也为自己获得新的支持者，因为他的支持者本来就为数很少。他提出了党内新老两代人的相互关系问题。托洛茨基写道，今天"我们正在经历的摩擦和困难，其实质不在于书记们在某些地方失去了分寸，所以应当对他们稍加制止，而是整个党打算过渡到更高一级。"〔2〕托洛茨基将这个过渡同积极吸收青年人，即"对官僚主义反应尖锐的、党的最准确的晴雨表"，参与革命的进程联系在一起。

领袖怎样对待青年，不是一件新事情。历史上曾经多次出现过。但是，托洛茨基辩证地看待这个问题："只有在党内民主的范围内老一代同青年一代经常交流才能保持老赤卫队的革命角色。"〔3〕托洛茨基指望青年党员能理解并支持他，特别是在他谈到"老头子们"的权势时。托洛茨基写道，这就

---

〔1〕《托洛茨基文选》，人民出版社 2010 年版，第 85—86 页。

〔2〕 Правда（《真理报》）. 1923. 29 декабря.

〔3〕 Правда. 1923. 11 декабря.

形成了"党生活在两个层面上……上层作出决定，而下层仅仅是得知这些决定"。"老头子们"不应当不吸收青年，就代替全党作出决定。党不能只靠过去的资本生活。"老一代应当把新方针看作是党的政治发展中的一个新阶段，而不是一种手腕，一种外交手段，一种暂时的让步。"托洛茨基在《新方针》中始终如一地贯彻自己的思想：无论谈论什么问题，他最后都会回到必须加强反对官僚体制和"书记权力无限"的斗争上来。实际上，他的文集是向党发出的一次极为强烈的呼吁，希望党看到在中央和地方迅速膨胀的官僚主义庞然大物。他仿佛已经感觉到，官僚制度的磨盘已经在转动了……可惜，唉！这些举动并没有为他增添拥护者。

托洛茨基明白，许多事情取决于他在"新方针"问题上获得党的支持的愿望能否实现。于是他又写了一篇文章《传统和革命政策》。托洛茨基的意图很明显：依靠被他称为"天才"的列宁，展示其在俄国革命中的非凡作用。

文章的作者对布尔什维克的领袖表示了敬意，给出了一系列非同寻常的评价。托洛茨基写道，"列宁主义勇敢地摆脱了保守主义的朝后看，摆脱了各种先例、形式主义的查证和引文的束缚。"托洛茨基反对对公认的领袖的著作作简单化的诠释，他令人信服地宣称："不能把列宁的著作剪裁成适用于各种情况的语录（而我们多年来就是这样做的——作者注），因为对列宁来说，超越现实的公式是从来没有的，它永远是我们能够理解现实和支配现实的工具。"将列宁作为为"新方针"而奋斗的同盟者之后，托洛茨基摊出了自己的论据："我是经过战斗走向列宁的，但是我是完全地、整个地走向他的。我为党服务的行动是说明这一点的唯一保证，除此以外我提不出其他的补充保证。"托洛茨基根据自己对列宁在党的革新活动中的作用所作的评价，用一句含义深刻的话结束了这篇文章："看看谁胆敢把官僚主义同布尔什维主义混为一谈。"[1]这显然是对斯大林的攻击。

不过，我们后来才知道，斯大林在争夺对列宁著作的垄断权上干得十分顺利。很快他就将披上列宁主义的主要"保卫者"和主要解释者的法衣。托洛茨基没能（或者是来不及）使用这种保证了斯大林实际上不受侵犯的手段。托洛茨基依靠列宁来确立对党进行民主革新的意图没取得胜利。所有猛烈反对托洛茨基的人都引用第十次党代表大会通过的、列宁关于团结的决议。这是他失败的开始。现在，由斯大林指挥的党的新合唱团中，托洛

---

〔1〕　参阅《托洛茨基文选》，人民出版社 2010 年版，第 110—113 页。

茨基的声音逐渐衰弱了。

在准备召开第十三次党代表会议时,托洛茨基还指望他实行政治局对党进行民主革新的十二月决议的方针会获得机会。他准备了一份关于党内民主制度的决议草案,并陈述了几个给人留下深刻印象的思想。1924 年 1月 24 日写成,并经托洛茨基亲自修改的文本是很有说服力的:"那些促使政治局通过必须实行新方针的决议的官僚主义倾向正在进行保守主义的反抗,对它估计不足将是最大的危险……我们党的全部历史都证明,党内的种种纠葛,包括对中央政策的批评,和实际的团结一心及坚强纪律是完全可以并存的……党应当警惕官僚主义的危险,同时又保障党员群众发挥主动精神的制度。"〔1〕

然而,可惜呀! 党代表会议听取了斯大林的报告后,完全按照他的讲话通过了决议,"谴责"托洛茨基及其一伙的立场是"显而易见的小资产阶级倾向的表现"和"公然背离布尔什维主义"。托洛茨基推动实施党真正的、摆脱官僚主义机关势力的"新方针"的意图彻底失败了。

不能不指出的是,实际上根本不曾执行过什么关于党内民主和反对官僚主义的"新方针",尽管这个方针符合群众的心情。托洛茨基以为政治局和中央监察委员会主席团 1923 年 12 月 5 日的决议是走向"新方针"的转折点,而实际上党的最高领导层并不打算实行它。列宁建立的党从一开始就是这副模样:封闭的、等级森严的、僵硬的、官僚主义的。谈论"党内民主化的方针"只不过是同托洛茨基斗争的一种策略手段而已。

托洛茨基一度心情沮丧。一连几天他称病,不出家门。也出去看过病,还同穆拉洛夫一起打过几次猎。他写过信,整理自己巨大的档案收藏。他现在更像是一名外地大学的教授,打算坐下来写一本新书。他检索大量来往邮件。下面就是军事-政治杂志《军事通报》的责任编辑 Д.彼得罗夫斯基的一封来信。信中告诉他,米·图哈切夫斯基有一个名为"进军维斯瓦河"的讲座,其中声称,我们的军事失利使十月革命和西欧革命之间的连接环节断裂了。托洛茨基赞同图哈切夫斯基的结论,在"导致 1920 年的战役失败的不是政治,而是战略"一句话下面画了一条线。〔2〕不过,这也和不曾被利用的德国革命的机会一样,都已经过去了。托洛茨基没有前往汉堡帮助布兰

〔1〕 ЦПА,ф.325,оп.1,д.115,л.1-2.

〔2〕 ЦГАСА,ф.33987,оп.3,д.80,л.319.

德勒领导的共产党人,不过他认为,假如组织得好一些,起义是可能获胜的……而在将来,只有"战胜法西斯才能为无产阶级专政开辟道路……"[1]托洛茨基翻阅着各种文件。他同谢尔姆克斯和波兹南斯基一起从革命军事委员会主席的私人档案中挑选出文章、讲话、发言提纲:要为托洛茨基的下一卷文集做准备。

这里有一大摞文件,是托洛茨基打算用来写一本关于国内战争的伤残军人和老战士的小册子的。托洛茨基没有忘记,他和妻子曾经试图建立某种团体来关注,按当时的说法,"残疾战士"。可是国家贫穷,还有迅即将一切都凝固起来的官僚主义把事情压下了。1922年末,他起草了一封致中央组织局的报告,其中说,"社会保障处解散之后,伤残军人,首先就是国内战争的伤残人的问题成了一桩悬案……没有人能够把全部相应的工作抓起来。布尔杜科夫同志调往乌克兰,而全俄赈济委员会主席娜·伊·托洛茨卡娅又请了病假,而社会保障处业已解散。这项工作有完全瘫痪的危险。"[2]

他还记得,俄共领导的注意力是怎样被吸引到这个问题上来的。在庆祝红军建军纪念日的游行时,一群伤残军人被安置在距主席台不远处,他们就在那里起哄。托洛茨基被吸引人们注意的这种方式搞得很狼狈,也很生气。他给准备任命为"共和国革命军事委员会主席特别助理"的莫斯科军区司令尼·伊·穆拉洛夫(他后来于1925年被任命了,可是已经是在伏龙芝手下任职了)写了一封信:"必须向全体伤残人员宣布,由他们具结,如果他们再不以正常的方式,而用破坏游行、群众大会等的必要秩序来表达自己的意愿,那么责任人将被遣送出莫斯科,送往外省的一座城市……"[3]

后来,托洛茨基吸收了全俄赈济委员会、工农红军政治部等机构参与对伤残军人的照顾,建议在物质援助和社会教育的层面,即吸收伤残军人参加力所能及的劳动,来解决这个问题。[4]

天哪!托洛茨基一生中什么没有干过!知名度和政治活跃程度的降低同重新思考过去,思考业已逝去的一切的时期结合在一起,更加坚定了他将

〔1〕 Троцкий Л. Немецкая революция и сталинская бюрократия(《德国革命和斯大林的官僚主义》). Берлин, 1932. C.156.

〔2〕 ЦГАСА, ф.33987, оп.1, д.478, л.109.

〔3〕 ЦГАСА, ф.33987, оп.1, д.478, л.68.

〔4〕 ЦГАСА, ф.33987, оп.1, д.478, л.25.

更多时间奉献给文字活动的决心。

托洛茨基似乎已经接受自己影响力的明显下降,也没有进一步恶化同最高层领导的关系。他对政治局委员和陆海军人民委员的职责只是一般应对,却一头埋进编辑自己的个人文集。国内战争尚未结束时,经列宁同意,中央委员会通过决议,出版托洛茨基的书籍、文章和政论文的多卷集。在助手们的参与下,托洛茨基准备一卷卷出版他在不同时期、不同国家、不同题材的书面和口授作品。对于历史学者,这个多卷集是很能引人入胜的。可是,正如往往发生的那样,在托洛茨基的著作中也掺杂了许多次要的、偶然的、有欠缺的文字。

其中有一卷是写十月革命的。1924 年,他在基斯洛沃茨克做"矿泉治疗"时,写下了许多作品。他在翻阅邮件时,非常气愤地发现,党的刊物上越来越经常地提到他孟什维克的经历。一天,他和娜塔莉娅·伊万诺夫娜散步回来,就立即坐下来为十月革命的那卷书写序言,这篇序言已经决定也作为单独的一篇文章发表。他打算在其中回答他众多的批评者,并说明"真相究竟如何"。托洛茨基写得非常快:三天功夫,将近 60 页纸的一本小册子就完成了。实际上托洛茨基是在提醒读者自己在十月革命中的作用。虽说革命后才过了七年,但是党在这段时间内大大膨胀了,十月革命的真正参加者剩下的已经不是很多了。

托洛茨基的一篇概论《十月的教训》引起了全党的关注。作者高度赞扬了列宁在革命中的作用,摘下了季诺维也夫和加米涅夫头上的桂冠,直截了当地指出斯大林的微不足道。《教训》中援引了加米涅夫的一封信:"不只是我和季诺维也夫同志,而且还有一些做实际工作的同志也都认为,在当前的时机中,在当前的力量对比中,不顾苏维埃代表大会而在它开会的前几天来发动武装起义,这是一个不能容许的置无产阶级和革命于死地的步骤。"[1]谁知道呢,这个反对起义的举动也许不仅是勇敢的,而且是十分正确的一步? 托洛茨基明白无误地说,而且是公正地说,应当研究十月革命的历史。他指出,"仅仅因为不是所有的党员都同无产阶级革命同一步伐,而把党史中最重要的一章删掉,这也是不能容许的。党可以而且应当知道自己的全部过去,以便正确地作出评价并把一切都放在应有的位置上。"[2]不过,连

---

〔1〕《托洛茨基文选》,人民出版社 2010 年版,第 177 页。
〔2〕《托洛茨基文选》,人民出版社 2010 年版,第 195 页。

托洛茨基也没有指出主要之点。取得政权并不困难，因为当时没有人想要保卫它。我们只是后来才开始提到列宁的"天才计划"和"战略"的……托洛茨基用这篇概论为许多人描绘了十月革命的场景。他试图借此不仅恢复历史的真实，而且也保卫自己的名声，因为他的名字继续不断地被提到，而且没完没了地说十月革命前的那些过失。不过我要说，由于他几乎是政变的主要英雄，所以对场景的描绘用的是浪漫的色调：英明的领袖、有远见卓识的计划、革命人民的奋起，等等。实际上一切都要平淡得多。起义之后的第二天，彼得格勒的大部分居民甚至还不知道，政权已经更替，转归布尔什维克手中了。

反击紧跟着就来了。投入战斗的有全部"重炮"。加米涅夫发表了一篇严厉谴责的大块文章《列宁主义还是托洛茨基主义？》。斯大林给加米涅夫的文章补充了一篇《十月起义的事实》。《布尔什维克》杂志在编辑部的回答《关于托洛茨基同志的文章》中，不管是否确有其事，把一切都栽在他头上，不惜使用捏造做假的种种手法。这篇编辑部的文章，还有许多其他文章，其格调就是要更重地刺伤昔日的凯旋英雄，而不顾客观事实。这篇文章说："托洛茨基同志在冰面上滑倒了，尽管他是一名熟练的滑冰能手，有高超的、杰出的，甚至是令人眼花缭乱的技巧。不幸的是这一切都不过是与实际情况相去甚远的一些图案。"[1]

在托洛茨基等待答复期间，政治局拟定了让胆敢在历史方面标新立异的领袖名声扫地的一套计划。按照中央书记处的指示，各级党组织都开展了批判性的审读《十月革命的教训》。几乎所有最高级领导人都被责令公开谴责托洛茨基。很短时间内报刊上就发表了几十篇文章。批判的势头日益猛烈：从一开始还能见到的平静分析，逐渐变成诽谤中伤，给托洛茨基扣上各种帽子，几乎到了谩骂的程度。斯大林、季诺维也夫、加米涅夫、布哈林、李可夫、索柯里尼柯夫、克鲁普斯卡娅、莫洛托夫、布勃诺夫、安德烈耶夫、克维林、库西宁、柯拉罗夫及其他一些人口头和书面对托洛茨基的"答复"汇集成一本庞大的专辑《保卫列宁主义》。许多文章作者如今的论点，同他们在1924年之前，即托洛茨基还握有实权时期的言论和文章是截然相反的。

起初，托洛茨基还坐在凉台上，心情烦躁地看看报刊上每天铺天盖地的谩骂，可是后来就扔掉了这份作业：心脏承受不了，出现了强烈的头痛，心情

---

〔1〕 Большевик（《布尔什维克》）. 1924. No 12-13. С.108。

颓丧。托洛茨基不曾料到会有如此强大的,有组织的攻击。娜塔利娅·伊万诺夫娜尽其所能地安慰他,拽着他出去散步,给他读儿子的来信,试图用谈话来驱散阴暗的思绪。后来她回忆说:"列·达·第二次发病之时,也正是对他展开骇人听闻的中伤之日,我们就像得了重病似的承受着这种中伤。《真理报》铺天盖地而来,没完没了,而上面的每一行字,每一个字母都在撒谎。列·达·保持沉默。但对他来说这种沉默要花多大的代价啊!整天都有朋友们来看望他,有时夜里也来……他极度消瘦,脸色苍白。在家里我们避开造谣中伤这个话题,但是别的任何话题也都无法讲。"[1]

报刊企图让读者相信:政治家一旦被"抹上了"孟什维主义,那他就洗刷不掉了。大家早已忘记了,孟什维克曾经是俄国社会民主党中的自由主义派,它希望通过改良的途径改变俄国的面貌,使它能够分享世界文明的成就,首先就是民主制度。当然,当时谁也不曾想到,在历史的判决中,孟什维克将获得比他们残酷无情的对手更有尊严的评价。"孟什维克"一词当时还没有被指为"间谍",可是说他是"潜在的暗探"却是准确无疑的……谢尔姆克斯开始有选择地给托洛茨基提供邮件,而自己则从报纸上剪下对离经叛道者的"申斥",作为革命者档案的补充。这些剪报保存在列·达·托洛茨基的文件库中。下面是其中的几份:

"俄共倍倍尔工厂支部全体大会决议。报告党中央,坚决反对托洛茨基反布尔什维克的言论和修正列宁主义基础的企图。"

"中央区全体大会的决议。出席 257 人。除一人弃权外,全体一致通过。请省委通过党中央和中央监察委员会呼吁托洛茨基同志作为中央委员和党员,要守规矩。我们认为,对这样的行为应当不惜使用最严厉的党纪处分。"

"哈尔图林工厂党组织的决议。我们通过区委要求中央迫使托洛茨基执行第十三次党代会和共产国际第五次代表大会的决议。如果托洛茨基仍旧不明白,最好就让他离开我们党。"

"季诺维也夫大学全体人员的决议。托洛茨基同志想用半孟什维克的胡言乱语和漂亮的词句来取代完整的无产阶级学说——列宁主义。"[2]

类似的报道为数众多。机关的磨盘越转越快。批判的浪潮扩大了,将

---

〔1〕 托洛茨基:《我的生平》,赵泓、田娟玉译,郑异凡校,上海人民出版社 2014 年版,第 449 页。

〔2〕 ЦПА, ф.325, оп.1, д.138, л.2, 3, 6.

越来越多的人的思想卷了进来,不断冲刷着在革命和内战年代形成的神奇形象。不过,身处基斯洛沃茨克的托洛茨基还收到了另类的信件和电报。越飞、穆拉洛夫、拉柯夫斯基问道:"你为什么不说话?应当给予回击!向中央呼吁,请中央制止这种狂暴行为!"可是托洛茨基一声不响……

事情就这样搞成了:托洛茨基头上的光环黯然失色。党执行了已经更新的领导的命令。斯大林的打击目的是明确的。他明白,托洛茨基经历中最大的王牌就是十月革命和国内战争。如果将托洛茨基在那些年里的功绩一笔抹掉,就可以将他变成一丝不挂的国王。正是在这个时候,在对世界革命的期望逐渐渺茫的时候,斯大林提出了自己一国建成社会主义的"理论"。再一次宣扬列宁革命前对托洛茨基的种种负面评价……杰出的领袖和革命家、受红军和水兵群众爱戴的人很快就被抛弃了。

整个说来,1923和1924年是托洛茨基生命中的某种界线。他依旧待在权力的最高层,他的照片暂时还同列宁的照片并排挂着。不少城市、乡村、街道、俱乐部、工厂还用他的名字命名。可是,托洛茨基作为一名革命家的形象已经暗淡了,褪色了,失去了过去始终环绕着他的那道光环。托洛茨基借助《新方针》不仅改进党内制度,也改善自己处境的希望落空了。通过回顾历史来恢复自己名声的打算遭到冷遇,有时甚至是毫不掩饰的敌意。

还出现了一种托洛茨基不曾料到的尴尬情况。刚开始给他的名字加上"宗派分子""孟什维克分子""蜕化变质分子""反列宁分子"这些字眼,一些早先遭到失败的人就违反他的意愿,纷纷向他涌来。一些被粉碎了的反对派、小集团和宗派的成员用不同形式向他表示同情。这种情况立刻就被斯大林的"三驾马车"利用来指责挨整的领袖支持反党势力。而托洛茨基并没有认真地打算利用自己的拥护者。他后来也想过这样做,可是为时晚矣。机关铺天盖地的攻击十分强大,在批判者和谩骂者的大合唱中,托洛茨基及其数量很少的拥护者单薄的声音完全被淹没了。这是主要失败的前奏曲。不过中央委员会和托洛茨基本人也都收到了支持反对者的信件,虽然数量不多。例如,有这样一封信。

决议

莫斯科机务段十月革命铁路局车厢工场代表俄共(布)支部。17票赞成,13票反对通过。支部听取了莫洛托夫同志关于党内建设的报

告,决议:

　　……支部不安地关注着报刊上,斯大林的讲话中,以及在中央委员会的发言中对托洛茨基同志的中伤。支部反对这种中伤,并认为它对俄共(布)是有害,而且有失身份的,会损伤在共产国际中的威信……[1]

　　莫洛托夫未能说服支部的大部分人。17个人表示支持托洛茨基。可是保卫他的决议和电报明显少于谴责他的。机关还在继续工作……

　　"三驾马车",特别是斯大林,由于这一场交火,为自己赢得了列宁主义坚定不移的拥护者、列宁学说的捍卫者,甚至不惜坚决地摘下著名领袖,实则为离经叛道者桂冠的声誉。

　　这几个月的辩论标志着广泛地伪造十月革命历史的开始。其中已经浮现出了斯大林,尽管他在那些戏剧性的日子里没有什么突出的表现。同时,斯大林悄悄地,但却坚定地将托洛茨基的支持者调离陆海军人民委员部的重要岗位。在一年多的时间里,撤销了许多军区、集团军和管理局司令员的职务。归中央书记处和组织局管的人事任命机构提出了一些新人,而他们得以提升恰恰有赖于斯大林、季诺维也夫、加米涅夫、莫洛托夫。列宁去世后,当托洛茨基在苏呼米接受治疗时,突然有一些中央委员来访:托姆斯基、皮达可夫、伏龙芝和古谢夫。他们是来向人民委员通报军事部门中重大的干部任免。疾病缠身的托洛茨基的反对是软弱无力的。他早就不喜欢的约·斯·温什利赫特调入军事部门引起了他的警觉。国家政治保卫局的副主席调任苏联革命军事委员会委员是一个不祥的预兆。他特别惋惜的是他的副手斯克良斯基即将离他而去。斯克良斯基不是一名军事专家,可是在内战中却是一名优秀的组织者,不知疲倦地执行人民委员的指示,是人民委员部和国家供应机构之间效率极高的联系环节。托洛茨基身边逐渐形成了真空状态。

　　在这方面"帮助了"斯大林及其亲信的,也有托洛茨基本人。他摆脱了国家和党生活中的各种日常事务,埋头于自己的写作活动,经常因病告假,在讨论现行政策中的重要问题时长期保持沉默。他一再强调,中央的决策是正确的,不容许派别活动,赞同党的领导的路线——这就造成一种印象:

---

　　[1] ЦГАСА, ф.33987, оп.2, д.167, л.188.

他很软弱,有过错,缺乏自信。在这决定他命运的两年里,他显然高估了自己左右群众思想的能力、自己的知名度和群众的拥戴程度。即使在列宁去世以后,他依然对自己的获胜充满信心。托洛茨基没有打算面对自己的失败。而失败却无可挽回地在逼近。

一个有创造能力的人以自己高超的智力及突出的人品,试图与愚钝而强大的机关对抗。庞大的官僚主义机构形成的速度极快,已经足以坚决而有效地执行从中央控制台发出的命令。斯大林如今在控制台上已经相当稳固地占据了,而且还在不断地加强自己的地位。即将来临的决战是一场力量悬殊的战斗。托洛茨基的失败已经是在劫难逃。

两个"杰出领袖"的决斗

从 1917 年起直至托洛茨基生命的最后时日,都贯穿着一条被列宁在 1922 年 12 月称为"杰出领袖"的两个革命者之间尖锐的竞争、不可调和的斗争的纽带。只是到了 1940 年 8 月 20 日,这条纽带才根据斯大林的直接命令被割断并染上了托洛茨基的鲜血。

我在前面已经说过,1917 年之前,这两个人彼此并不认识,虽然由于政治上的腾挪,他们曾经不止一次碰过面。例如,1905 年在伦敦举行的第五次党代表大会上,托洛茨基根本就没有察觉这个带着好奇和惊喜的复杂情感观看革命者们这次五彩纷呈的聚会的高加索人。而托洛茨基以他效果极佳的发言和插话,当时就吸引了不只是还鲜为人知的朱加施维里(斯大林原名)的注意。

1913 年秋季,在维也纳又有过一次会面。托洛茨基在逝世前一年写的一篇关于斯大林的随笔中讲到了这次见面。这篇随笔也作为一个片段收入不曾写完的书《斯大林》中。随笔中讲到,冬天的一个晚上,托洛茨基正和孟什维克斯科别列夫一起在维也纳一家廉价旅店里喝茶。"斯科别列夫是巴库一个富裕磨坊主的儿子,当时是大学生,也是我的政治学生;几年之后他成了我的敌人和临时政府的部长。我们喝着香喷喷的俄国茶,当然也议论着怎样推翻沙皇制度。忽然，没有听见敲门声，门就打开了。门口出现了一个我不认识的身影，他身材不高，体型瘦削，面色黝黑中透出一些灰色。脸上有明显的天花遗痕。来人拿着一只空杯子。他显然不曾料到会见到我，眼神里没有丝毫友好的表示。陌生人喉咙里咕噜了一声，如果你愿意，不妨认为是一声问候，走到茶炊边，默默地为自己倒了一杯茶，就一声不响地出去了。我询问地看了斯科别列夫一眼。

'是高加索人朱加施维里，老乡；他已经进入布尔什维克的中央委员会，看来是开始发挥作用了。'"[1]

看来，托洛茨基对于同自己日后长期对手的这次沉默相逢的描述，受到了后来的印象和评价的影响。

1917 年 5 月回到彼得格勒后，托洛茨基在夏季和秋季同斯大林在大大小小的各种会议上多次见过面，在列宁家里也见过几次，知道这个人是各种各样的委员会和编辑部的成员……只是他作为个人并没有引起托洛茨基的注意。斯大林通常是一声不响地听着别人讲话或是抽烟斗，不时看看屋子里的人。托洛茨基后来试图回想一下：这个沉默寡言的人是否在会上说过什么话？可是什么也想不起来。

革命的演说家在革命暴风骤雨的几个月里只能辨别群众的轮廓和革命的火山口，根本不会察觉到斯大林。即使和他迎面相逢或是感觉到他冷冰冰的眼神，托洛茨基也不过说两句干巴巴的应酬话，就匆匆离去。因为通常在等待他的是列宁或者季诺维也夫，加米涅夫或者斯维尔德洛夫，再不就是其他革命导师。

托洛茨基没有发现这个人有什么个性，在他眼中，这就是党的芭蕾群舞中的一名配角，这种人在所有重大历史事件中俯拾即是。往往有一些类似斯大林的人，在事过多年之后写冗长的回忆录时，努力将自己同大人物放在一起，或者靠在他们身边，企图借昔日灿烂阳光的余热体验一下温暖。但斯大林不是这样的人。他不知怎么一来就神不知鬼不觉，但稳稳地走进了通常所谓的"名流行列"、领导者的"核心"。托洛茨基下意识地将这解释为列宁想在自己身边也有"少数民族"，借以突出革命不仅具有俄罗斯的，而且具有俄国的性质。看来，托洛茨基的这种推测是正确的，何况斯大林后来当上了民族事务人民委员呢。

---

[1] The Houghton Library. Trotskii coll. bMS, Russ 13.1(7710—7740) folder 2 of 5.

尽管非常奇怪,但托洛茨基更好地认识斯大林是在他们不再见面之后,因为两个人都去了国内战争的前线。托洛茨基是头号人物,而斯大林则是粮食事务特派员,然后是几条战线的革命军事委员会委员。托洛茨基在个别场合甚至称赞过斯大林。例如,1920 年 5 月,他从自己的专列上给人民委员会发电报:

> 鉴于斯大林最近一年来将主要注意力放在军事上,而且对西南战线非常熟悉,而该战线即将担负极为重要的任务,我觉得最恰当的做法就是任命斯大林同志为共和国革命军事委员会委员[1],这将得以比迄今为止更好地使用斯大林的力量做好中央的军事工作,特别是中央为西南战线服务的工作。
>
> 共和国革命军事委员会主席托洛茨基[2]

托洛茨基在建议吸收斯大林参加共和国革命军事委员会时,毫不犹豫地加上一句"这将得以比迄今为止更好地使用"这是事出有因的。1918 年,当斯大林在察里津前线"蹲战壕"时,民族事务人民委员和军事人民委员之间发生过不止一次强硬的电报交锋。双方都向列宁求援。而列宁采取了息事宁人的态度。但是立场上的分歧是很深刻的,原则性的。例如,托洛茨基认为,军事专家能够帮助建立一支有战斗力的正规军。斯大林则对原沙皇军官表现出敌意和不信任,而支持诸如当时还只能从事普通游击战的伏罗希洛夫一类的人员。

斯大林在发自察里津的一封致托洛茨基的电报(抄件送列宁)中说:"事情变得更为复杂是因为北高加索军区司令部完全不能适应同反革命分子斗争的条件。问题不仅在于我们的'专家们'心理上不适应同反革命的决战,还由于他们都是一些'司令部'干部,只能'画画图',提出改编计划,而对作战行动,对供应,对监督各种军官完全无动于衷,仿佛自己是局外人,是客人……"[3]接着斯大林对"军事专家"泽京、阿尼西莫夫和斯涅萨列夫作出了负面评价,称斯涅萨列夫是"萎靡不振的军事领导人"。

---

〔1〕 斯大林曾经在 1918 年 10 月 8 日至 1919 年 7 月 8 日(共和国革命军事委员会委员缩减至六人)担任过军委委员;后来自 1920 年 5 月 8 日至 1922 年 4 月 1 日再度担任共和国革命军事委员会委员。

〔2〕 ЦГАСА, ф.33987, оп.2, д.100, л.264.

〔3〕 ЦГАСА, ф.33987, оп.1, д.572, л.27.

斯大林直截了当地干预司令部的事情,撤换在他看来不称职的人员,采取直接的镇压手段。而由他率领的处理粮食问题的机关,以及随他前来的民族事务人民委员部的人则常常被用来执行不属于他们监督和巡视范围的任务。各种投诉开始涌向中央,涌向托洛茨基。起初革命军事委员会主席的反应还是相当平静的:

> 巴拉绍夫,革命军事委员会
>
> 我完全赞同拉斯科尔尼科夫同志对民族事务人民委员部个别同志干预前线秩序的抗议。我已经知会了民族事务人民委员部。今天博宾斯基同志前往巴拉绍夫。我已经授权他绝对在革命军事委员会的领导下行动……[1]

可是斯大林和他手下的人似乎没有听见这些命令。民族事务人民委员发布命令,向托洛茨基发出严厉的紧急电报。

1918年9月27日,斯大林毫不含糊地指出,"瑟京(南部战线司令——作者注)令人惊奇地对战线的全局满不在意",要求共和国革命军事委员会主席提供大量武器、弹药、机关枪、子弹、各种装备,例如,至少十万套军装,虽说当时南部战线还没有这么多部队。这份报告的结尾明显地含有威胁的意味,而且是斯大林亲笔用紫色墨水写上的:"我们声明,如果不能最紧急地满足这些要求(按南部战线现有兵力数而言,这是最低要求),我们就只好停止作战行动,并后撤到伏尔加左岸……"[2]

这种最后通牒式的报告使托洛茨基火冒三丈。仓库里空空如也,几家军工厂好不容易才勉勉强强维持着运转,而这里却提出了巨大的要求:立即提供至少十万套军装……托洛茨基将瓦采季斯的一份报告径直转给了斯维尔德洛夫和列宁,让他们了解一下情况:"斯大林第118号作战命令应当停止执行。我已向南部战线司令瑟京发出必要的指示。斯大林的行为破坏了我的各种计划……"[3]

托洛茨基发火了:这个"察里津人"居然无视他的命令和指令,根本就不

---

[1] ЦГАСА, ф.4, оп.1, д.243, л.95.

[2] ЦГАСА, ф.33987, оп.2, д.19, л.16-17.

[3] ЦГАСА, ф.33987, оп.2, д.40, л.30.

执行。看来,托洛茨基直到 1918 年夏季才第一次感觉到,"毫不起眼的高加索人"是一个性格顽强,意志坚定的人。经过同性格特殊的中央特派员之间许多这类冲突之后,托洛茨基试图让莫斯科决定将斯大林从前线召回。可是列宁和斯维尔德洛夫虽然在涉及军事方面的一切事情上都支持托洛茨基,却在这场冲突中不急于支持一方。尽管斯大林被用一个冠冕堂皇的借口暂时从前线召回,而引起托洛茨基不满的伏罗希洛夫和其他司令员被调任其他作战工作,列宁却避免使这些举措被认为是两个人民委员中的一个获胜。他建议他俩搞好关系,有时对其中的一个,有时对另一个作出让步,希望找到一种妥协的办法。

由于斯大林的主动,也出现过私人关系有所改善的短暂时期。托洛茨基在回忆录中指出,斯大林"有强烈而好嫉妒的自尊心……他每走一步都不能不感觉到自己在智力和精神上都只不过是一个二流角色。他大概想和我接近。我只是很久以后才看清他企图同我建立某种亲昵关系的真实意图。但是我很讨厌他身上的那些后来,在衰退时期,成为他的力量之所在的特性:兴趣狭窄,经验主义,性格粗暴,以及一种独特的乡巴佬式的厚颜无耻——尽管马克思主义已经使之摆脱了不少偏见,然而并没有以一种经过深思熟虑的和深入到内心中去的世界观去取代它"。[1]

斯大林采取了一些行动来迎合托洛茨基。他明白他们两人的分量是不能相提并论的,甚至还可能希望得到革命的二号人物的庇护。行动之一就是斯大林在十月革命一周年前夕,写了一篇文章《十月革命》。文章不长,但显然是对托洛茨基歌功颂德,实际上是将托洛茨基和列宁并列在一起,将今天的革命军事委员会主席提高到武装起义的第二号主要组织者的地位。这对恰好出生于 11 月 7 日的托洛茨基是一种别具一格的祝贺……这也几乎是斯大林的卑躬屈节。后来,这篇文章被收入他的文集时[2],称赞托洛茨基的句子自然被删除了。

起初,在 1918 年,斯大林在致托洛茨基的电报中对共和国革命军事委员会主席是持明显的尊敬态度的。例如,1918 年 7 月在报告库班集团军的危急局面时,中央特派员告知:"如果援军不能及时赶到,北高加索将丢失。

---

〔1〕 托洛茨基:《我的生平》,赵泓、田娟玉译,郑异凡校,上海人民出版社 2014 年版,第 416 页。
〔2〕 《斯大林全集》第 4 卷,人民出版社 1956 年版,第 137—139 页。

刚收到的、科尔尼克发来的全部材料都说明了这一点。等待答复。您的斯大林。"[1]

简直不能想象,未来的总书记甚至过了一年之后还会对托洛茨基说出,或者写出"您的斯大林"这样的话来……

不过,"尊敬的态度"仅仅持续到斯大林还没有为自己军事活动的新阶段准备好出发阵地之前。1918 年 7 月,斯大林从察里津要求中央授予军事全权并威胁说,如果他得不到授权,他将自己做主,不经形式手续,"把那些损害工作的集团军司令和政治委员撤职",而且即使"没有托洛茨基批准的文件,"也绝不罢手。[2]他得到了军事全权,此后斯大林就开始无视中央,其中也包括托洛茨基的命令。前面已经谈过这个冲突是怎样解决的。列宁缓解了托洛茨基对斯大林的打击,而斯大林出于策略考虑,决定不和托洛茨基作对。

不过这并不是个别的行动。有一次托洛茨基过生日时,斯大林在副民族事务人民委员布罗伊多陪同下突然来到莫斯科近郊革命军事委员会主席一家夏秋季居住的阿尔汉格尔斯科耶庄园。托洛茨基家里有越飞、穆拉洛夫、拉柯夫斯基,还有另外几个客人。不速之客斯大林将一小包礼品塞给主人,含混不清的嘟囔了几句应酬话,喝了几小杯伏特加……他发现自己在这里是外人。谈话很不顺利,有一搭没一搭的,勉强而不自然。斯大林借口有急事,匆匆告辞而去。

托洛茨基没有对来自斯大林的亲近"信号"作出回应。他看不上这名政治家,而从个人来说对他毫无兴趣,甚至有些反感。因此,随后不久,特别在列宁患病后,斯大林不声不响地被提拔进了"领袖"的第一梯队对于托洛茨基而言是很出乎意料的。不过国内战争开始后不久,托洛茨基就感受到了斯大林的不屈不挠和他在危急时刻采取坚决而顽强行动的能力。有时托洛茨基自己也曾建议使用未来的总书记的这些品质。1919 年,当党内动员的决议遭遇挫折时,托洛茨基向中央组织局和斯大林呼吁,请求对那些轻率对待党的最高机关决议的人采取"坚决措施"。托洛茨基提出,"如果斯大林同志能够本着这种精神给《真理报》写一篇文章,那是很有作用的"。[3]当斯大

---

[1] ЦГАСА, ф.33987, оп.2, д.19, л.2.
[2] 《斯大林全集》第 4 卷,人民出版社 1956 年版,第 109 页。
[3] ЦГАСА, ф.33987, оп.1, д.498, л.8.

林开始和他这个革命的二号人物进行长期而残酷的搏杀后,他才逐渐明白斯大林有多么坚决。

直到列宁去世之前,托洛茨基都暗自认为,政治局将召他接任"主要"领袖的位子。正因如此,托洛茨基日后在评论列宁《给代表大会的信》时,才强调说:"遗嘱的无可争辩的目的是使我便于从事领导工作。自然,列宁希望在尽量减少个人摩擦的情况下做到这一点。他以非常谨慎的态度谈论每一个人。他使那些实质上毁灭性的评论也具有温和的色彩。与此同时,他十分明确地,然而语气婉转地提出了第一把手的人选。"〔1〕托洛茨基相信:列宁正是打算把自己的权力移交给他的,仅仅为了缓和一下坚定的指示,才提到他的一些性格特点。

我想,这正是斯大林同托洛茨基日后为争夺权力而进行的不可调和的斗争(只有竞争,绝不合作)的主要根源之一。不过,托洛茨基似乎在尚未开始之前,就输掉了这场斗争。不消说,除了两名"杰出领袖"的个人野心,相互之间的毫不妥协,以及性格冲突之外,还有某种更重要的因素。斗争是在党内的中派和左派之间进行的。斯大林始终是中派的化身,而托洛茨基代表的则是"左撇子"。历来的情况是:只要中派垮台,左翼或者右翼获胜,对社会,对国家,对党就孕育着灾难。可是这一次却出现了意外:斯大林战胜了"左翼"反对派后,实际上却接过了它的激进纲领,并开展了"自上而下的革命"。因此,不管托洛茨基是否愿意,他的办法(不是内容,而正是办法)中有许多东西被斯大林接过去了,而且付诸社会实践。

我想提请读者注意这个情况。近来的确可以见到这样的议论,说是斯大林夺得权力之后,执行的却是托洛茨基的纲领,如果说他们之间存在什么理论分歧,那也仅仅是社会主义在苏联的命运问题。实际上斯大林和托洛茨基,以及他们的支持者代表着两种不同的社会类型。一种是实用主义者,用托洛茨基的话来说,是希望在一国之内建成社会主义的那些"走向了定居生活"的那些人。另一类则是"革命的游牧民族",对实现理想充满信心的革命的浪漫主义者。无论前者还是后者,都推崇军事共产主义。如果说托洛茨基及其一伙希望回到充满布尔什维克的"激情"、革命的英雄气概、党内民主(按他的理解)和工人阶级的积极性的"列宁式"军事共产主义去,那么斯大林及其一伙则赞成官僚化的社会,其中上百万的官僚和党务

---

〔1〕 托洛茨基:《我的生平》,赵泓、田娟玉译,郑异凡校,上海人民出版社 2014 年版,第 419 页。

干部,通过没有民主,而群众只不过是一些"螺丝钉"的专政来保证自己的富足安康。

托洛茨基希望将对城市和乡村进行的革命改造同在党内和国内建立民主制度结合起来。可是在"一党专政"下,这在原则上是不可能的。革命领袖们指望仅仅依靠一种政治势力的垄断地位来改变俄罗斯和整个世界的企图和努力,从一开始就注定要遭到历史性的失败。阻碍了社会主义理念在俄罗斯实现的恰恰就是领袖们自己。这就是失败的原因之一(不是主要的)。

斯大林和托洛茨基之间展开的几乎是毫不掩饰的搏斗。列宁在世时,这场搏斗更多带有个人的性质,而较少同"纲领"和立场联系在一起,如果不算托洛茨基1923年10月"造反"的话。正是那时候,革命军事委员会主席,像前一章中讲到的那样,因为在党内强制推行官僚主义体制而和斯大林摊了牌。在政治局和中央委员会的会议上,他们继续相互指责,争论。紧跟着就是一些较小的刺伤。

按照全俄中央执行委员会的决定,1921年应当将各个人民委员部的部务会议人员定下来。为此各个人民委员都要提出自己的意见。托洛茨基的办公厅却发出一份文件,说斯大林最近几个月来实际上并没有参加该部的工作。[1]

托洛茨基显然并不希望自己的部务会议中有"不参加该部工作的人",不过在谈事情的时候可能略去了更重要的内容:不喜欢斯大林进入最高领导层。

列宁在世时,两名"杰出领袖"就已经知道了列宁《给代表大会的信》。《信》并没有使他们和解。反而起了相反的作用。气息奄奄的领袖强调,托洛茨基"大概是现在的中央委员会中最有才能的人"。同时列宁又对"掌握了无限权力"的斯大林"能不能始终十分谨慎地使用这一权力"表示怀疑。还有列宁于1923年1月4日对这封信做的著名的补充中,"建议仔细想个办法把斯大林从这个岗位上调开",似乎最后决定了斗争的结局有利于托洛茨基。调离斯大林看来已经是铁定的了。我想再重复一篇:在向十三大的代表们宣布之前,两个人就都已经知道了这封《信》。托洛茨基相信,凭借列宁的意志,自己的主要对手必将被"合法地"排除在外。可是,我们知道,出

---

[1] ЦГАСА,ф.33987,оп.1,д.306,л.188.

现了另一种结果。此前在政治斗争中就犯了不少错误的托洛茨基,完全"松弛下来了",放松了警惕,而斯大林则相反,继续在幕后展开最积极的活动来巩固自己的地位。有种种根据认为,在党的最高层中流传的、列宁"丧失了工作能力"的风声就是斯大林制造的。

托洛茨基本人后来也同意,在权力斗争中的一个重大错误就是他缺席了列宁的葬礼。他认为,是斯大林的一封电报误导了他:

> 梯弗里斯,外高加索肃反委员会
>
> 立即转交,并报告转交时间。由莫吉列夫斯基或潘克拉托夫亲自解译。转告托洛茨基同志。1 月 21 日 6 时 50 分(18 时 50 分。——作者注)列宁同志猝然逝世。死亡原因是呼吸中枢衰竭。葬礼定于 1 月 26 日,星期六。
>
> 斯大林
>
> 1924 年 1 月 22 日 [1]

不寻常的是斯大林将密码电报不是发给苏维埃政权机关,也不是党委,而是外高加索的肃反委员会。而且,解译通知列宁死亡电报密码的也是肃反工作人员赫尔松。当时这项特殊服务就已经由领袖们在刚诞生的制度的总体结构中专门列出来了。

托洛茨基希望回去,用电报报告了莫斯科,但是收到的一封由斯大林签署的新急电却断言:"葬礼在星期六举行,您不可能及时赶回来。政治局认为,根据健康状况,您应当前往苏呼米。斯大林。"可是……葬礼是于1 月 27 日星期日举行的。托洛茨基被用欺骗的方法阻挡在有重大政治意义的悼唁活动之外。实际上,斯大林在 1 月 26 日开幕的全苏第二次苏维埃代表大会上的讲话-誓词中,就宣布自己在谋求"捍卫者"和正统的列宁主义者的角色。而在梯弗里斯得知这个决定命运的消息的托洛茨基,却只能通过电报给《真理报》发去一篇简短而热忱真挚的文章,其中有这样的句子:

"我们将怎样前进呢,我们能找到路吗,会不会迷路呢?

现在,我们都感到无比的悲痛,就是因为我们大家,由于历史的格外眷

---

〔1〕 ЦГАСА，ф.33987，оп.3，д.80，л.587.

顾而得以同列宁生活在同一个时代,和他一起工作,向他学习⋯⋯

我们将怎样前进呢?——手持列宁主义的灯笼⋯⋯"〔1〕

在这些哀悼的日子里,托洛茨基的缺席给居民,特别是党员造成了极其不利的印象。许多人认为这是不尊重对列宁的怀念。这很可能就成了托洛茨基开始失败的决定性因素。

娜·康·克鲁普斯卡娅在葬礼两天后写的一封信深深打动了托洛茨基。托洛茨基在就医的苏呼米,坐在凉台上朗读了娜捷施达·康斯坦丁诺夫娜的这封信:

亲爱的列夫·达维多维奇

我写这封信是要告诉您,在去世前一个月左右,弗拉基米尔·伊里奇曾浏览了您的小册子,他在您评论马克思和列宁的地方停了下来,要我把这一段话给他再读一遍,他听得非常仔细,然后自己又看了一遍。

我还想说一下,打从您由西伯利亚到伦敦来看我们时起弗拉基米尔·伊里奇和您建立起的关系至死都没有变。

列夫·达维多维奇,祝您精力充沛,身体健康。紧紧地拥抱您。

娜·克鲁普斯卡娅〔2〕

革命之后,列宁对托洛茨基不仅表现了最高度的信任,而且对他很关心。托洛茨基不会忘记,1921年春季,列宁亲自起草了政治局决议的草案,决议中说:"医生拉赫马诺夫教授认为,托洛茨基同志患病并难以治疗的原因之一是营养不良,据此责成组织局作为中央的直接命令,并通过苏维埃机关(全俄中央执行委员会和粮食人民委员部),按照治疗的要求,保证向托洛茨基同志提供足够的营养。1921年3月20日。"〔3〕

后来,托洛茨基又多次谈到殡葬列宁的那些日子:用他的话来说,那不仅是悲痛,而且是失去了在党和国家中起"领导作用"的希望。待到他到了科约阿坎,命运已经开始为他生命的最后一年计时的时候,1939年11月17日,托洛茨基给自己的追随者马拉姆特写了一封信:

---

〔1〕 У великой могилы(《在伟大的陵墓旁》). Издание газеты «Красная звезда». М., 1924. С.63。

〔2〕 托洛茨基:《我的生平》,赵泓、田娟玉译,郑异凡校,上海人民出版社2014年版,第445页。

〔3〕 ЦПА, ф.2, оп.1, д.27088, л.1.

我从苏呼米回到莫斯科后,和几个亲近的朋友谈到葬礼(只是顺带着提起这个问题,因为已经过去三个多月了),他们告诉我:他(斯大林)或者是他们(三驾马车)根本没有打算将葬礼安排在星期六,他们只是想让你缺席。是谁对我说的呢?也许是弗·斯米尔诺夫或者是尼·穆拉洛夫,未必是埃·斯克良斯基,他一贯稳重,而且很谨慎……现在我才明白,阴谋诡计要复杂得多……

托洛茨基接着写道,斯大林作出了星期六的安排,却一开始就知道这是一个"虚假的日期"。同时,斯大林用他"个人的"专用密码将忠于他的、党的高级领导人从全国各地召到莫斯科。"由于情势危急,斯大林在全国发动了自己的机关干部。结果除了被斯大林亲自误导的我之外,全都到了莫斯科。"[1]

收到克鲁普斯卡娅在列宁去世后的来信后,托洛茨基回想起,就在革命领袖去世前不久,一些美国专家通过共产国际工作人员同他取得了联系,他们建议采用新的治疗方法。托洛茨基从格季耶及其他苏联医生处得知列宁患病的性质,表示了怀疑,但仍然给克鲁普斯卡娅写了一封短信:

亲爱的娜捷施达·康斯坦丁诺夫娜!

转给您美国人关于弗·伊·治疗的建议,以备一阅,如果您有兴趣的话。说句冒昧的话,我对建议不是很相信。

1923 年 11 月 16 日

致同志的问候。列·托洛茨基[2]

列宁去世后,斯大林和托洛茨基之间的斗争转而具有了单方面的性质。前者采取了攻击的态势,而后者进行防御。不对,托洛茨基表面上也经常用自己的讲话和文章搅动社会的思想,不过明眼人已经看清楚了,革命军事委员会主席输了。而且是惨败了。1925 年 1 月,托洛茨基被解除了军事人民委员和革命军事委员会主席的职务。在解决托洛茨基问题的中央一月(1925 年)全会上,季诺维也夫和加米涅夫突然下了一着出人意料的棋:提

---

〔1〕 The Houghton Library. Trotskii coll. bMS, Russ(8967—8986) folder 1 of 2. P.1-2.

〔2〕 ЦГАСА, ф.4, оп.14, д.17, л.290.

议接替托洛茨基出任军事人民委员的人选是……斯大林。但是总书记当即表示反对,用他那双枯黄的眼睛困惑地扫视了中央委员们。提议没有通过。斯大林留在迅速巩固起来的机关的控制台上。顺带说一句,解决问题时托洛茨基并不在场:他又自称病倒了……

斯大林害怕统率着武装力量的托洛茨基。他没有忘记弗·亚·安东诺夫-奥弗申柯寄到政治局,替托洛茨基辩护的信。安东诺夫-奥弗申柯保护革命军事委员会主席,他写道,"部队的共产党员中已经在议论全体一致支持托洛茨基同志。"〔1〕"三驾马车"商量后,立即为失宠的领袖安排了足以将他排挤到政治生活的边沿,而且将他淹没在官僚主义事务的陈规陋习之中的三个职务:租让委员会主席、电工技术管理局局长、工业科学技术管理委员会主席。现在他不再构成威胁了。

起初,托洛茨基埋头工作。他被技术问题,以及使科学为新社会服务的可能性吸引住了。他奔走于实验室之间,会见科学家们,召开科技工作者会议。他借口忙于新工作,很少去政治局,放弃了许多会议。他仿佛是满足于一名"技术官僚"的小角色,指望将更多时间用于写作活动。

与此同时,报刊上继续发表针对托洛茨基的文章,重提他昔日的罪过,因此他也不能脱离政治。托洛茨基只为自己保留了租让委员会主席,再度积极参与政治活动。

这时,"三驾马车"内部正酝酿着分裂:季诺维也夫和加米涅夫越来越认识到,他们支持斯大林是在加强党内的官僚主义制度,为独裁者奠定基础。季诺维也夫和加米涅夫转而投向托洛茨基。据托洛茨基回忆,"就在第一次和我会面时,加米涅夫宣称:'只要您同季诺维也夫登上同一个讲台,党就会找到自己真正的中央委员会。'"〔2〕但是斯大林的前盟友低估了总书记在这段时间内为把忠于自己的人集聚在身边,在机关的各个环节安插忠诚的同伙所做的工作。

托洛茨基并不太指望和自己的"新"盟友走在一起。说实话,他对他们不太信任。他在1925年12月写的一篇札记《同季诺维也夫结盟(日记附录)》中,有远见地记下,列宁格勒的反对派是"机关的高层鉴于工人阶级的先进部分对我国发展的总进程感到担忧,而搞的一套官僚主义-蛊惑人心的

---

〔1〕 ЦПА, ф.51, оп.1, д.21, л.58.
〔2〕 托洛茨基:《我的生平》,赵泓、田娟玉译,郑异凡校,上海人民出版社2014年版,第455页。

装置"。〔1〕不错,担忧是存在的。正在进行关于社会主义建设的途径和速度的争论。托洛茨基一如既往,将俄国革命的命运同国际革命的进程联系在一起,同时对这些问题又持激进的左翼观点。他在 1926 年手写的提纲草稿中,给一些关键的词句画了着重线:"说实话,既然社会主义是不可能的,那又何苦去掠夺农民呢?"接着还有:"我们被视为'悲观主义者'和'信心不足的人',就因为我们认为像乌龟一样爬行是不够的。"〔2〕托洛茨基仿佛是自相矛盾:一方面,没有世界革命的燎原烈火,要在俄国建成社会主义是不可能的,另一方面,他又号召对国家实施坚决改造,而且要采用超快的速度。斯大林看到了这种不相符,而且在等待时机再度向自己现在的主要对手-敌人发起攻击。

在第十四次党代表大会(1925 年 12 月)上,代表反对派作副报告的是季诺维也夫。他向党提出了存在官僚主义蜕化变质的危险。不过他的论据软弱无力。给人印象较为深刻的是加米涅夫勇敢的发言,他宣称:"我们反对创造'领袖'论,我们反对制造'领袖'……我本人认为,我们的总书记并不是一个能够将老的布尔什维克司令部团结在自己身边的人。"〔3〕可是代表大会对这些话表示了愤懑。"左翼"反对派的基础越来越狭窄了。斯大林干枯的双手确实宛如钢铁,一旦被它抓住,就休想逃脱。还在 1926 年 6 月,斯大林就在给莫洛托夫的信中写道,应当"给托洛茨基和格里沙(季诺维也夫——作者注),还有加米涅夫脸上来几巴掌",将他们变成"被抛弃的人"。到了 9 月,总书记的打算更为明确;"完全可能现在就将他开除出政治局。"〔4〕1926 年 10 月,托洛茨基和季诺维也夫同时被开除出政治局,一年以后,开除出联共(布)中央委员会。1927 年 11 月,托洛茨基被开除出党。

由列·加米涅夫、格·季诺维也夫、格·皮达可夫、伊·斯米尔加、尼·穆拉洛夫、列·托洛茨基、И.巴卡耶夫、Р.彼得松、克·拉柯夫斯基、Г.叶夫多基莫夫、Г.利兹金、瓦·索洛维约夫和 Н.阿夫杰耶夫签名的反对派声明表现了一种担忧:"认为反对派的道路会导致反对党和苏维埃政权的暴动,这种看法并不准确。事实是,斯大林的宗派为达到自己的目的冷酷地勾画了

〔1〕 Архив Троцкого. Т.1, С.154.

〔2〕 ЦПА, ф.325, оп.1, д.355, л.14-15.

〔3〕 XIV Съезд Всесоюзной коммунистической партии(большевиков). Стенографический отчет(《联共(布)第十四次代表大会速记记录》). М.-Л., 1926. С.123, 135。

〔4〕 Известия ЦК КПСС(《苏共中央公报》). 1991. No 7. С.123, 135。

肉体摧毁的结局。从反对派来看,并没有任何暗示暴动的威胁。而从斯大林的宗派来说,确实存在进一步篡夺党的最高权力的真正威胁……用镇压是摧毁不了反对派的,凡是我们认为正确的东西,我们都将捍卫到底。"[1]

已经输得几乎干干净净之后,托洛茨基才为时已晚地着手在党内成立反斯大林的反对派团体。他的拥护者们从各地向他走来。举行了地下集会。成立了政治斗争小组。试图安排出版反对派的材料。建立了秘密的通信渠道。可是托洛茨基同时又强调,斗争中只容许采用思想方法和政治方法。昔日的领袖写了好几篇关于他的拥护者们在反对派的活动中应当怎样做的"守则"和"须知"。

现在还保存着他的一名普通拥护者 H.H.加夫里洛夫的回忆录《我在反对派小组中的活动》,其中讲到给小组成员规定的行动:

"(1) 在党内会议上积极捍卫自己的观点;

(2) 在群众中散发反对派的纲领;

(3) 集资购买纸张,并帮助受迫害的同志;

(4) 同拥护者建立联系;

(5) 同列宁格勒的反对派小组保持联系……"[2]等等。

托洛茨基的阵地由于季诺维也夫再次改变立场而遭到削弱。季诺维也夫打算向斯大林忏悔,指望借此而恢复自己原先的地位。托洛茨基对此并不很感到惊奇,他想起了自己的友人姆拉奇科夫斯基的预言:"斯大林会搞欺骗,季诺维也夫会逃跑。"[3]事情最后果真就这样发生了。

由于报刊上对托洛茨基和托洛茨基主义没完没了地进行猛烈的批判,前政治局委员试图在报刊上给予答复。可是根据斯大林的指示,已经不刊登他的文章了。而托洛茨基并没有屈服。他的档案中保存着显然是指望非官方的出版机构发行的不少文件。下面是一份用香烟纸打印的材料的节录:

亲爱的同志们!

季诺维也夫同志及其密友经过长时间的停顿后,再度提出了反对

---

[1] The Houghton Library. Trotskii Archive. bMS, Russ 13, T-136. P.3.

[2] Память. Исторический сборник(《记忆。历史文集》). Париж, 1980. Вып. 3. С.385-387.

[3] 托洛茨基:《我的生平》,赵泓、田娟玉译,郑异凡校,上海人民出版社 2014 年版,第 454—455 页。

托洛茨基主义的神话……以便掩饰自己的退却。关于托洛茨基主义的神话是机关针对托洛茨基的阴谋。在这件无聊的事情中,布哈林表现得尤为积极。出版他的全集就是对这个人的死刑判决……拿理念开玩笑是不行的。理念的特点是抓住阶级的现实并以独立的生命继续活下去。

列·托洛茨基[1]

“杰出领袖”之间的决斗不过是一个假象。并没有出现一对一的搏杀。斯大林其貌不扬,也并不风趣,却得益于机关而将大部分党员吸引到自己一边。托洛茨基尽管有璀璨、天才、自相矛盾的个性,不过,在国内战争之后是大大“褪色”了,几乎是孤身一人。他的拥护者零零星星,人数不多的小组发动得太晚了。他们同官僚主义、党员的专横跋扈、机关的暴力作斗争的号召,很难被普通党员所理解。在大多数人眼中,托洛茨基不过是一个持反对意见的人、一个宗派主义者、一个最终显示了自己过去的孟什维克本质的人……是的,这只是决斗的假象。在政治对抗中斯大林要的不是决斗,而是毙命。

日渐稀疏的拥护者

托洛茨基是一个怪诞离奇的人,我在前面已经谈过他奇怪性格的某些方面。例如,他既坚定不移地赞成用革命的,激进的办法解决许多社会的、经济的和精神的问题,但同时又为党内制度的民主化而奋斗,长期不肯摆脱社会民主派的传统。可能,托洛茨基主要的“难解之谜”在于他妄图将不可能结合的事物结合在一起:专制独裁制度和民主制度,军国主义和文化。提出空想的超级任务的人往往都是孤独的。革命的凯旋统帅仿佛是最鲜明地体现了俄国革命自身的种种矛盾。正是它,革命,点燃了自由的火炬,高举着它前进,却散布了暴力。革命宣布政权属于人民,却用一小撮人来决定千

---

[1] ЦПА, ф.325, оп.1, д.361, л.1-5.

百万人的命运；企图创建新事物，却毫不留情地摧毁了不仅是历史保存下来的东西，而且还有对未来具有最完美价值的一切。托洛茨基的悖论是任何一次革命，尤其是俄国革命都具有的悖论。

托洛茨基个人的悖论之一就是他的拥护者的人数和他知名度的高度不相适应。在革命和内战期间，他的名字响彻全国，甚至远远超出国界。许多人都视他为革命的偶像、革命的标志，为革命军事委员会主席的旺盛精力而欢欣鼓舞，对人民委员作为军事领导人、国务活动家、政治家、演说家、政论家、世界革命喉舌的多方面才干感到惊喜。他好像是一台永不熄灭的革命发电机，能够用不知疲倦的活动把千百万人团结在一起。可是他仅仅能看见群众，控制群众。而个人对他有好感的却为数不多。他早就将自己定位为领袖，而我们知道，领袖往往是很少有朋友的。

当然，托洛茨基也和其他任何人一样，手握大权，对许多人的请求作出回应。我们知道，随着一个人社会地位的提高，就会有更多的人希望获得他的帮助，或者得到他的庇护。托洛茨基通过自己庞大的秘书处试图哪怕是最低限度地帮助所有的人。他采取的是不同的办法。例如，像下面这样：

致中央组织局

现将涉及一个老革命家罗扎诺娃生活的一封信转给你们。我的确用非法的办法（原文如此——作者注）在萨拉托夫她和她丈夫家待过。在住房、通信等方面得到过她的帮助。这是1902年的事了。

我记得，罗扎诺娃和她丈夫曾经是民粹派，后来好像在国外又参加了切尔诺夫一伙……我想，还是应当给老人一些帮助……[1]

有时则是另一种方式：

致布托夫同志

应当将克拉拉·蔡特金安置得更舒适一些。她现在住在"柳克斯"旅馆寒冷的房间里。也许，向她提供一个电炉或是将她换到另一个房间……[2]

---

〔1〕　ЦГАСА，ф.33987，оп.1，д.498，л.10.
〔2〕　ЦГАСА，ф.33987，оп.1，д.478，л.80.

不,他不是将请求者拒之门外,而是用建议或者实惠来帮助他们。

革命的大潮消退了,国内互相残杀的烽火也逐渐熄灭了,这才突然发现,党和国家的第二号人物拥有的支持者并不是很多。这个令人惊异的情况是在党内争论中暴露出来的。它始于1923年10月托洛茨基致中央委员和中央监察委员的一封信,然后又由一个星期之后实际上是他策划的、提交给俄共(布)中央政治局的《四十六人声明》再度搅动。[1]

最令托洛茨基伤心的就是,他试图改变已经走上了"书记等级制"轨道的党的方针,却从一开始就注定要失败。为什么呢? 托洛茨基号召的好像都是革命宣扬过,马克思主义宣布过,又符合大部分党员利益的东西呀。我认为,这里有几个原因。

首先是大部分党员的政治文化太低,很难理解这场斗争的真正内涵。党是在战争中形成并壮大起来的。大约因此而使军事斗争的方法在党内占据了统治地位:习惯于用"战线""打击""摧毁""叛变""团结"等范畴进行思考。站在操纵党的行政控制台上的那些人在很大程度上能够引导争论的进程,形成相应的舆论,制造"敌人"和"朋友"的形象。托洛茨基在试图影响党的方针时,从一开始就向党的机关,向"书记等级制",向他自己就被置于其铁钳之中的"紧箍"呼吁。而这一切不可能给他带来更多的支持者,因为他希望剥夺机关中的这些人的影响力。而权力和影响力已经自上而下地扩展了。

其次,托洛茨基令人吃惊地能够为政治斗争选择最不恰当的时机。他是一个蹩脚的策略家。托洛茨基不可能不明白,党和国家的二号人物缺席安葬列宁的隆重仪式会给党员、他的追随者和军队造成多么令人沮丧的印象。(尽管我们知道,他缺席是故意欺骗他的斯大林的罪过。)只是后来托洛茨基才明白了走错这一步的致命含义。托洛茨基往往在斗争的最紧要时刻离开了"拳击台":要么是病倒了,要么是正在休假,要么是去了高加索或者柏林治病。甚至有过这种情况:他缺席中央委员会和政治局的会议,是因为去干他生命中颇为重要的打猎。有一次,政治局正在审议他的宗派活动,托洛茨基却和穆拉洛夫一起在杜布纳河畔卡洛西诺村,准备去"打猎"。这样就很难指望在政治斗争中取胜了。普通工作人员、党员,或者按当时惯用的说法,"群众",更喜欢胜利者,而不是失败者。而托洛茨基在政治战斗中却

---

[1] ЦПА, ф.17, оп.2, д.685, л.53-68; ф.17, оп.3, д.388, л.1-4.

恰恰是一名失败者。这自然也不会扩大他的拥护者的行列。

最后，政治对抗本身在许多人看来不过是争权夺利，争夺权力、职位和势力范围。斯大林早于其他人感到了列宁及其遗产"捍卫者"的阵地的重要性。他针对托洛茨基和反对派的种种恶毒言论都用足了已经逝世的领袖的语录和引文，仿佛他是在毫无私心地保卫列宁。这就造成了强烈的印象，而不久前的凯旋统帅和列宁的战友只能始终处于防御地位，为自己申辩，证明自己对中央委员会和政治局的忠心耿耿。防御者的立场给人的印象是托洛茨基政治上有错误，有可疑之处，观点有缺陷。这就在精神上压制了他不断减少的拥护者。

这就是追随托洛茨基的党员非常少，而他 20 世纪 20 年代的志同道合者中许多人（并非仅仅出于恐惧）纷纷放弃自己信念的原因。

由于斯大林的努力，还有托洛茨基本人的缘故，他在党员群众面前出现的形象就是破坏党的团结，企图分裂党的人。可是列宁，而且首先是列宁，灌输的却是分裂对于党比白卫将军和国内战争更加危险，党必须固若磐石。由此决定了对托洛茨基的敌视，以及同被普通党员视为团结的保卫者的斯大林和中央委员会站在一起。

至于思想和理论方面的分歧，尽管大部分党员对未来的世界革命还抱有信心（的确，国内战争以后，这种信心明显地减退了），但他们依然被斯大林的起初在一国之内建成社会主义的方针吸引住了。何况托洛茨基和托洛茨基分子不相信社会主义能够在苏联取胜，已经被斯大林判定为完全复辟资本主义的路线。

斯大林清楚地看到了托洛茨基的所有弱点，尽最大可能利用了这些弱点。不仅如此，他在处理干部问题时，也在干部任命上考虑了这种情况。后来，托洛茨基回忆说，"党和国家的负责干部都是根据反托洛茨基这个唯一的标准有组织地进行选拔的。"[1]一切都在不露声色地进行着，不断加强斯大林的阵地，减少托洛茨基的机会。反对者本人是这样写的，"内部事变发展比较缓慢，同时也缓和了上层的量化蜕变过程，并且几乎没有为广大群众提供把两种不可调和的立场作对比的余地……我们的热月具有持久的性质。"[2]连那些看出托洛茨基纲领中的积极成分的人，也不太相信他会获得

---

〔1〕 托洛茨基：《我的生平》，赵泓、田娟玉译，郑异凡校，上海人民出版社 2014 年版，第 437 页。
〔2〕 托洛茨基：《我的生平》，赵泓、田娟玉译，郑异凡校，上海人民出版社 2014 年版，第 440 页。

成功。前"红军领袖"很快就变成了光杆司令。那么,支持托洛茨基的都是什么人呢?

1926 年,当季诺维也夫和加米涅夫"转投"托洛茨基时,他志同道合者的名单,虽然人数很少,但还是很有分量的。我已经谈到过加米涅夫、季诺维也夫、皮达可夫、斯米尔加、穆拉洛夫、巴卡耶夫、彼得松、拉柯夫斯基、叶夫多基莫夫、利兹金、索洛维约夫、阿夫杰耶夫,他们和托洛茨基一起在致中央委员会的信上签了名(姓名按签名的顺序排列)。

信中有一句名言:"个别动摇分子脱离了反对派,几十、几百名信仰坚定的基层党员加入了我们的行列。"[1]这句话只有前半句是准确的。即使在反对派最团结一致的时候,也没有超过七八千人。当然,自觉地不接受托洛茨基及其观点的人也未必更多一些。可是其余的党员都是斯大林和他的集团操纵的对象。正是主要的党员群众面目不清使得斯大林经常处于优势地位,因为在决定性时刻几万名党员驯服地听从中央的"指示""指令"和"路线"。

1926 年春季,季诺维也夫和加米涅夫彻底明白了,他们对斯大林估计不足,而对托洛茨基估计过高。直到现在他们才想明白,总书记多么狡猾地利用了他们来反对前革命军事委员会主席。1926 年 4 月,在中断了三年之后,三名政治家在加米涅夫家见面了,大家都感到,斯大林多么巧妙地玩弄了他们。季诺维也夫和加米涅夫不敢看着托洛茨基的眼睛,不停地说着他们的错误,也就是支持总书记;不过谈话的对方也有过错:为什么他没完没了地渲染他们在 1917 年 10 月的"错误"行为? 为什么他不出席列宁的葬礼? 难道他不明白,几乎是单枪匹马地反对斯大林是没有多大希望的吗?

托洛茨基勉强地微笑着。后来他就他们两个人是这样写的:"他俩缺一件小东西,即所谓意志。"[2]正如伊·多伊彻指出的那样,托洛茨基的两个新盟友回忆起同斯大林的合作仿佛是一场梦魇。"他们描绘了斯大林的狡诈、刚愎自用和残酷。他们说,他们两人都写了这样的信,信中说,若是他们突然莫名其妙地死亡,那么全世界都应该知道这是斯大林干的;他们把信放到了一个安全的地方,他们还劝托洛茨基也这样做。他们坚持认为,斯大林没有干掉托洛茨基,仅仅是因为害怕年轻狂热的托洛茨基派成员

〔1〕 The Houghton Library. Trotskii Archive. bMS, Russ. T-736. 1 S.
〔2〕 托洛茨基:《我的生平》,赵泓、田娟玉译,郑异凡校,上海人民出版社 2014 年版,第 454 页。

进行报复。"〔1〕多伊彻写道,两个列宁的前战友坚信,"只要他们三个人一同出现在公众和党面前,就可以引导党回到正确的道路上来"。再加上托洛茨基杰出的智力和知名度,那么把斯大林排除在权力之外"就是再容易不过的事了"。〔2〕季诺维也夫和加米涅夫都相信,他们还没有"误车"。

不过,为时晚矣。假如新的结盟在列宁去世之后立即出现,那么类似的结局就是现实的、可能的。最可悲的是,而且托洛茨基也非常清楚,新的同盟者转投到他这边不过是权宜之计。他们不可能进行坚决斗争,不会寻求妥协,而会向斯大林求饶。托洛茨基对季诺维也夫和加米涅夫的总体评价并没有错。

正如托洛茨基预见的那样,最不忠实,最不坚定的伙伴就是格里戈里·叶夫谢耶维奇·季诺维也夫。他是赫尔松省人,生活道路从一家贸易公司的办事员起步。托洛茨基早就和他结识了,那是 20 世纪初,在日内瓦和伦敦见过面。他对伯尔尼大学的这名起初读化学系,后来又转到法律系的学生还是很敬佩的。托洛茨基后来指出过这名革命者的非同一般的才能。他头脑敏锐,对欧洲文化很有造诣。但是早在革命前,"格里戈里"(季诺维也夫党内的化名)的特点就是观点转变快、顶不住政治压力、缺乏完整的世界观。

多亏了列宁,季诺维耶夫才在党内取得了很高的威望:正是由于他的提名,格里戈里·叶夫谢耶维奇才在伦敦举行的第五次党代会上成了中央委员(而且当了整整二十年)。1917 年春季,他和列宁一起乘"铅封"车厢从瑞士出发,穿过德国,前往俄罗斯。列宁也是和季诺维也夫一起为摆脱临时政府的迫害,在拉兹里夫车站附近躲藏了将近一个月。季诺维也夫几乎始终是跟随着列宁的。说"几乎"是因为起初他反对过列宁的《四月提纲》,而主要是 1917 年 10 月 10 日,在秘密的中央委员会上,他同加米涅夫一起勇敢地投票反对武装起义的方针。尽管加米涅夫历来不足的就是勇气。首先是列宁,还有托洛茨基和斯大林向季诺维也夫和加米涅夫射出过多少凶狠的、甚至是致命的毒箭啊!他们生前和死后承受过多少玷污和凌辱啊!在他们被强制中断了的生命的最后几年又忍受了多少摧残和折磨啊!而季诺

---

〔1〕 〔波〕伊·多伊彻:《被解除武装的先知》,施用勤等译,中央编译出版社 2013 年版,第 247—248 页。

〔2〕 〔波〕伊·多伊彻:《被解除武装的先知》,施用勤等译,中央编译出版社 2013 年版,第 248 页。

维也夫曾经担任过共产国际执行委员会第一任主席,在多次党代表大会上做过主报告。但是,不能保持政治上的始终如一最终使他成了政治(然后是肉体)鞭挞的对象。

托洛茨基始终不知道季诺维也夫不得不忍受如此之多的精神屈辱。1934 年 12 月的一天夜里,有人来找他,格里戈里·叶夫谢耶维奇当即明白:该结束了。搜查还在进行时,他用颤抖的手给斯大林写了一张便笺:"在党面前,在中央面前,在您本人面前我都没有任何罪过,没有任何罪过。我用一个布尔什维克最奉为神圣的一切向您起誓,用对列宁的怀念向您起誓。我根本想不出我有什么招人怀疑之处。恳请您相信这些老实话。我感到最深沉的震撼。"

可是斯大林只是下令加紧审判。一个月之后,1935 年 1 月 16 日,他党内的老同志、"紧箍"的前成员被判了 10 年,事先承认了自己并不存在的全部罪行,外加保证交待"记得的和能够回想起来的、参与过反党斗争的所有人"。[1]

托洛茨基是正确的。他在《斯大林》一书中将主要"角色"描绘成一个暴虐狂。总书记属于那样的一类暴虐狂:受害者的死亡还不能让他们完全满意,还必须让受害者在精神上彻底投降。1935 年 4 月 14 日,季诺维也夫完全投降了。

托洛茨基简直不能想象,他原先的同路人会遭遇如此悲惨的命运。

站在今天的高度上看,季诺维也夫和加米涅夫 1917 年 10 月的举动并不能简单地被认为是一种错误。不管怎么说,这在当时是政治勇气的一种表现,而且,无论我们是否愿意,它是对未来发出的第一次警告。季诺维也夫在许多情况下,有远见地说出了别人不敢说的话。在 1925 年出版的《列宁主义》一书中,季诺维也夫写道:"在苏联权力的直接动力是什么? 谁在实现工人阶级的权力?"他回答说:"是共产党! 在这个意义上我国是党的专政。"因此,作者得出结论说,"党的专政就是无产阶级专政在履行职能。"[2]

托洛茨基明白,季诺维也夫同他结盟是因为"格里戈里"失去了在政治局的席位、对斯大林的憎恶和政治奢望没有得到满足。正如预期的那样,季诺维也夫因宗派活动被开除出联共(布)后,他和加米涅夫一起于 1927 年 12

〔1〕 Известия ЦК КПСС(《苏共中央公报》). 1989. No 7 C.80。

〔2〕 Зиновьев Г.Е. Ленинизм(《列宁主义》). Л., 1925. C.76。

月 19 日给第十四次党代表大会主席团写了忏悔信,请求恢复他们的党籍。他们得到了照顾,但从此以后,"左倾"反对派领袖的这两名短暂的同盟者就必须不断地揭露托洛茨基主义。

托洛茨基更多地指望加米涅夫,虽说他和这个人也存在着和季诺维也夫一样的分歧。但加米涅夫不仅是他的妹夫,而且还是一个比季诺维也夫稳重、踏实的人。托洛茨基知道列宁在四月党的代表会议上对加米涅夫的评价:"加米涅夫的活动持续了十年,我很看重他的活动。他是一个很有价值的干部……"〔1〕列宁并非偶然地坚持让加米涅夫担任他人民委员会及劳动和国防委员会的副手之一。托洛茨基记得,1918 年加米涅夫被任命为工农国防委员会特派员后,为向莫斯科和彼得格勒运送粮食做了许多工作。由于加米涅夫的努力,向首都提供了几十万普特粮食。他的履历中还有这样的一页:他受人民委员会的委派,亲自同涅·伊·马赫诺谈判对白卫军采取共同行动。而且当时是达成了协议的。

不过,托洛茨基也没有忘记,正是加米涅夫常常提出"必须反对用托洛茨基主义替换列宁主义"的命题。1925 年 1 月,谢尔姆克斯给托洛茨基看了一份加米涅夫谴责托洛茨基主义的文章的摘录:"过去我们不准许用其他的什么学说来偷换列宁主义,这样做是正确的。现在我们已经是执政党了,应当在国内的小资产阶级和国外的资本主义的包围中巧妙地周旋,我们应当特别敏锐,特别注意各种各样的倾向。"〔2〕

1926 年 4 月,加米涅夫走向托洛茨基,这可以被视为一次勇敢的举动。早在第十四次党代会上,加米涅夫在发言中反对正在出现的恺撒主义时,就说出了有远见的话:"我相信,斯大林完成不了团结布尔什维克司令部的使命……"〔3〕这也许是代表大会上唯一的发言,提醒党警惕未来的独裁者,而且实际上是提议将他撤职。

后来,托洛茨基亲笔做了第十四次党代会速记记录的摘录,特别摘录了加米涅夫、托姆斯基、安德烈耶夫、加里宁、索科里尼柯夫和日丹诺夫的发

〔1〕 VII Всероссийская конференция РСДРП. Протоколы.《俄国社会民主工党第七次代表会议记录》,М., 1958. С.624。

〔2〕 Каменев Л. Б. Ленин. Маркс. Октябрь. Перспективы(《列宁、马克思、十月革命前瞻》). Прожектор. 1925. № 3. С.5。

〔3〕 XIV Съезд Всесоюзной коммунистической партии(большевиков). Стенографический отчет(《联共(布)第十四次代表大会速记记录》). c.274。

言。托洛茨基在许多地方都划了着重线,例如,加米涅夫反对创造"领袖"理论的意见,还有索柯里尼柯夫实际上是怀疑斯大林是否有权处于特殊地位的意见。

时候一到,托洛茨基将会把他随身带走的这些摘录广泛地使用在他的文章和书籍中,仿佛是惊奇地做一番回顾:他们这些列宁的战友怎么会容许总书记操纵了全党?他托洛茨基的深层次错误究竟在哪里?斯大林究竟比他们强在什么地方?

未来的被驱逐者永远也不会明白,他本人曾经支持过的名目繁多的反对派、宗派、小集团,不过是辽阔的俄罗斯大湖平静的湖面上的阵阵涟漪。它们不可能在大湖深处唤起哪怕是微弱的波涛……托洛茨基暂时的同路人并没有巩固他的阵地。可是如果他们能在列宁去世后立即投向他呢!托洛茨基不明白,恺撒主义和专制独裁制度的根源比总书记宝座的基础要深刻得多。问题不在于斯大林。正在形成的官僚体制总会找到自己的"斯大林"的。

托洛茨基在阿拉木图,后来在国外都一直注视着前同路人的举动。通常他们全都要诅咒托洛茨基主义,不顾自己的尊严,卑躬屈膝地忏悔。托洛茨基大约能够料到聪明、老实的加米涅夫会是什么模样。他现在是出版弗·伊·列宁著作最初三版的编辑,着手"挑选"领袖的著作:哪些发表,哪些留给保卫部门去监禁几十年。尽管克制着自己,压抑着精神,对加米涅夫也无补于事——总书记永远也不会忘记他说的话:"斯大林完成不了团结布尔什维克司令部的使命……"

反对派最后一次试图展示自己,表示不同意党的专政和正在形成的独裁体制,是在1927年11月,十月革命十周年时。指望出现新拥护者的意图落空了。按照斯大林的指示,政治保卫总局毫不客气。志同道合者的队伍很快就变得稀疏了:一些人公开宣布停止自己的宗派活动,另一些人被流放到乌拉尔以东、西伯利亚、中亚,某些人被较为体面地流放(出任大使、外贸代表)。个别人用另一种方式离去,例如,阿道夫·阿布拉莫维奇·越飞。他是一名老布尔什维克、托洛茨基的坚定支持者,心情抑郁而举枪自尽了。他留下的遗书中宣称,托洛茨基在政治上始终是正确的,但是他缺乏列宁坚定不移和毫不让步的精神。越飞写道,"有朝一日党终于会明白,而历史也必然作出评价。"

我想,托洛茨基远不是一贯正确,历史也会肯定这一点。不过,他不是社会主义的敌人,而是斯大林的敌人,这在今天已经是大家都清楚的了。尽管托洛茨基的"社会主义"和斯大林的社会主义没有多大差别。他们两人都是列宁主义者。

托洛茨基在越飞葬礼上的讲话成了他最后一次在祖国向自己的支持者们发出的呼吁。

比托洛茨基的其他拥护者支持得较为长久的是反对派被粉碎后流放到西西伯利亚的卡尔·伯恩哈多维奇·拉狄克。拉狄克是党内和国内知名的杰出政论家,革命前就结识了托洛茨基,他在生活中也和政治上一样,容易冲动。他来自波兰,没有抛弃自己祖国的社会民主主义传统。他言辞犀利,通晓多种语言,性格活泼,欧洲的许多国家里都有他的朋友,善于迅速同各式各样的人建立联系。他的一个特点是能很快改变政治取向。他一面支持托洛茨基在布列斯特和谈期间的那场表演,同时又居然同布哈林的"左派共产党人"小组站在一起。他受列宁的委派,参与组建了德国共产党,是"人民阵线"思想的最早支持者之一。

托洛茨基始终关注着拉狄克,不过也带有某种程度的不信任,因为他喜欢在政治上轻率地冒险和即兴发挥,可是他又具有敏锐而深邃的思想。正是拉狄克坚持同西方各国的社会民主党结盟,企图阻止布兰德勒加紧在德国发动革命。他一度担任莫斯科中山大学校长,经常去托洛茨基处讨论国际问题,带去许多消息,逼着革命大师作出预测。他仿佛受到许多人,甚至是斯大林的喜爱。可是同时谁也不一本正经地把他放在眼里。大家都佩服他的机智、突兀怪异的思维、无穷无尽的乐观主义。但是我想,外表的头绪纷繁、杂乱无章掩盖着一个明察秋毫的分析者强大的智慧,只是缺少意志力。

托洛茨基被流放到阿拉木图后,收到的第一封信就来自和斯米尔加一起待在托木斯克的拉狄克。拉狄克讲述了自己作为流放犯的日常生活,设想了事态今后的发展,呼吁托洛茨基要坚强起来。托洛茨基给拉狄克的一些信在卡尔·伯恩哈多维奇于致命的 20 世纪 30 年代被捕后,长期被锁在特殊部门的保密柜里。托洛茨基给自己的伙伴写了些什么呢? 我从几封信中摘录几小段:

　　亲爱的卡尔·伯恩哈多维奇!

　　　　知道您不喜欢手写的东西,所以用打字机来写。我想起了谢尔盖(托洛茨基的儿子——作者注)的预言:"无论同约瑟夫,还是同格里戈里都不要结盟。约瑟夫会欺骗，格里戈里会逃跑。"我正在为马克思和恩格斯研究院翻译一本马克思的书《福格特先生》……还没有打过猎。谢尔姆克斯不和我在一起，他被捕并被带走了……我苦劝您安排正确的生活方式，这样才能保全自己。无论如何都要这样做。我们还会非常非常有用的……

> 1928 年 2 月 27 日
> 您的托洛茨基[1]

两天以后，从遥远的阿拉木图又来了一封给拉狄克的信：

　　我正在读许多关于中国和世界政治的书籍……您的肾脏怎么样？……紧紧握住您懒惰的手，既带着同情，也带着责备……

> 1928 年 2 月 29 日
> 您的托洛茨基[2]

我再引用托洛茨基给拉狄克的信中两个片段，它们不仅有助于进一步了解被抛弃的革命家的命运，而且感受到反对派的痛苦：

　　是否读过《真理报》上布哈林的那些蠢话？关于我出行的事。这些卑鄙小人丧失了原则，寡廉鲜耻到了何等地步……政治保卫局设置障碍……我一次也没有去打过猎。我读许多关于中国革命的书……没有关于谢列布里亚科夫的消息。和其他人的联系正在逐渐恢复……我收到一封对皮达可夫的信表示气愤的来信。我早就认为同他已经一刀两断了。他是一个很有才干的行政管理人员，有数学一般精准的思维，不过政治上并不聪明。列宁警告过，在重大政治问题上不能指望皮达可夫，列宁这话也是正确的……他给编辑部的信无非是一篇给自己写的悼念文字罢了……

> 1928 年 3 月 7 日
> 您的托洛茨基[3]

---

〔1〕 ЦПА, ф.326, оп.1, д.113, л.72.
〔2〕 ЦПА, ф.326, оп.1, д.113, л.75.
〔3〕 ЦПА, ф.326, оп.1, д.113, л.73-74.

插一句题外话，关于托洛茨基和布哈林之间的关系。托洛茨基长期以来都认为，布哈林是斯大林的主要支柱。所以许多凶狠的修饰语（卑鄙小人寡廉鲜耻到了何等地步……）都是针对布哈林的。托洛茨基看出来，斯大林对布哈林的权威和智慧只是利用于一时。暂时利用……

的确，托洛茨基曾经不止一次向布哈林提出过各种切实可行的建议，试图改善关系。例如，托洛茨基有一次收到一名犹太族共产党员的来信，说他们支部存在反犹情绪，有人说政治局里全是犹太佬在胡闹。他于是给尼古拉·伊万诺维奇·布哈林写了一封信，对他说：

> 您会说，这是夸大其词！我也希望真是这样。所以我提议：我们一起到支部去看看并核实一下。我想，我们两人都是政治局委员，**总是有什么东西将我们联系在一起的**（黑体是我加的——作者注），这足以使我们能够平心静气地，认真地核实一下：在我们党内，在莫斯科，在工人支部里肆无忌惮地进行令人憎恶的、诽谤性的反犹宣传，这是真的吗？这可能吗？……
>
> 1926 年 3 月 4 日
> 您的托洛茨基[1]

我又跑题了。我再引一段托洛茨基给拉狄克的信：

> 李可夫在莫斯科积极分子大会上作的关于六月中央全会的报告是有重大政治意义的一件事。这是胜利者的报告……尽管采取了非常措施，粮食危机并没有消除……在右派看来，说话是银，而沉默是金。李可夫在报告中浪费了太多的银子……斯大林在等待……不过即便是右翼获胜，也不过是资产阶级战胜无产阶级而已。
>
> 1928 年 7 月 22 日
> 列·托洛茨基[2]

托洛茨基始终如一：他保持着左派的立场，而认为温和路线就是资本主

---

〔1〕 The Houghton Library. Trotsky Archive. bMS, Russ 13. T-868. P.2.

〔2〕 ЦПА，ф.326，оп.1，д.113，л.89-92.

义复辟。

拉狄克抗议托洛茨基处境的精力还没有衰竭,勇气还没有熄灭,还保持着一致。1928年9月25日,卡尔·伯恩哈多维奇给莫斯科写了一封信:

> 联共(布)中央委员会
> 同志们!
>
> 　　我得知列·达·托洛茨基同志的病情后,曾向联共(布)中央呼吁,要求将托洛茨基同志转移到能够保证对他进行治疗的地方去。
>
> 　　你们把我们开除出党,又作为反革命分子流放在外,并不考虑我们中的长者已经为共产主义奋斗了四分之一个世纪……流放那些同富农进行过斗争的人,这要么是疯狂,要么是自觉地帮助富农……
>
> 　　一名革命的布尔什维克,他的经历并不次于你们,却要靠每月30卢布来维持生活。托洛茨基同志患病的历史已经超出了人们的忍受力。应当提出终止流放以托洛茨基同志为首的布尔什维克的问题了。快一点吧,别让我们这些在国内战争的各条战线上看见过托洛茨基同志的人活到不得不为拯救他而大声疾呼的可耻境地。我们被剥夺了党证,可是却得到了一张盖着政治保卫局图章的、被指控违反了第58条的证明……
>
> 托木斯克,1928年9月25日
> 卡·拉狄克[1]

这封信表明,拉狄克眼下还站在托洛茨基一边,可是已经可以明显地看出,他也是在为自己而斗争。后来致中央的信说明他逐渐"交出了阵地"。这种变化不仅发生在拉狄克和斯米尔加身上,整个反对派都是如此。

> 致联共(布)中央委员会
> 声明
>
> 　　世界资产阶级报刊上登载了托洛茨基同志的许多文章,谈他的流放和苏联及党内的局势。我国的报刊歪曲了这些文章的内容,甚至直接篡改了某些文字。雅罗斯拉夫斯基就这些文章放肆地进行诽谤中

---

〔1〕　ЦПА, ф.326, оп.1, д.23, л.1.

伤。企图将托洛茨基同志描绘成一个将自己的政治良心出卖给了世界资产阶级的人。但凡了解托洛茨基为革命事业服务三十多年经历的，没有一个工人，也没有一个党员会相信这样的诽谤。

但是，公开发表内部的政治性文章是托洛茨基的一个政治错误。不过我们并不否认可以在资产阶级报刊上发表反对布尔什维克党的文章，尽管我们还希望回到党内。托洛茨基把最近几年的斗争说成是斯大林反对托洛茨基的阴谋，却只字不提来自右派的危险……

托木斯克，1929 年 3 月 29 日
伊·斯米尔加、卡·拉狄克[1]

这已经是半投降者的语言了。人是软弱的。只有少数人才能够为了理念，为了自己的信仰和原则而慷慨赴死。能够像托洛茨基这样走完自己选择的道路的人是很少的。苏联现实的一个难解之谜恰恰就在于，列宁之后还存活着的革命者中有勇气坚定不移地反抗斯大林的人为数很少。今天我们知道了，20 世纪 20 年代，甚至 30 年代有许多人并不赞同斯大林关于不惜牺牲"在一国内建成社会主义"的理论。可是……大多数人投其所好，强迫自己相信篡权者是正确的。这在很大程度上是由于人类普遍的懦弱，心甘情愿地对暴力、高压和蛊惑屈服认输。可是还有有助于我们认识当时的革命者随波逐流的另一些情况。当年的苏联领导人都没有认识到自由的价值。布尔什维克获得了从第一次世界大战的战车上，又从克伦斯基的汽车上突然掉下来的自由，认为它就是自己因为忠于马克思主义而获得的"奖品"。对被教条化了的马克思主义，后来是列宁主义的这种虔诚，对党员群众起了坏作用。连最高领导显而易见荒唐的、错误的、轻浮的，甚至是唯意志论的举措，只要点缀上几条语录，就作为最高法度而向群众灌输。

当反对派撞上了用几段大家习以为常的、崇高的教条掩饰起来的批评、咒骂、镇压时，许多人动摇了，怀疑了，不知所措了。而只有极少数人能够跨越将夺得的自由排挤到阴暗处的公设。反对派是探索通往业已丧失的自由之路的一种下意识的尝试。通常所说的托洛茨基-季诺维也夫反对派（实际上是党内左翼的积极代表人物）面临着抉择：要么逐渐被消灭，要么屈膝投降。绝大多数人选择了后者。

---

[1] ЦПА, ф.326, оп.1, д.29, л.1.

还是这两名作者在就托洛茨基受到的诽谤中伤向中央委员会提出软弱无力的抗议之后不久，又发出了一封信。

致联共（布）中央监察委员会

我们在下面具名的两个人，现在声明自己赞成党的总政治路线，并和反对派断绝关系……我们同托洛茨基的不断革命论没有任何共同之处……我们撤销在宗派主义文件上的签名，并请求重新接收我们入党……

拉狄克、斯米尔加[1]

我详细谈了拉狄克的精神漂泊过程，希望展示托洛茨基的大部分拥护者们经历了的、大致相似的政治和思想投降的道路。至于穆拉洛夫、普列奥布拉任斯基、皮达可夫、谢列布里亚科夫和托洛茨基的其他拥护者，他们每个人"摔出"反对者行列的方式各有不同，或者干脆就被迫默不作声。例如，普列奥布拉任斯基是著名的经济学家，他看出斯大林改造城乡的办法是唯意志论的。托洛茨基同他是非常坦诚相见的。但普列奥布拉任斯基内心深处并不接受托洛茨基的激进主义，因而加速了他们两人在1928年末的决裂。皮达可夫是一个具有"行政头脑"的人，不能细致地体察政治中的机遇。皮达可夫离开托洛茨基比其他人要早一些。安东诺夫-奥弗申柯对社会主义理想是绝对忠诚的，他将未来同革命发展的前景，而不是同托洛茨基联系在一起。穆拉洛夫在国内战争时期同托洛茨基非常接近。他为革命付出了许多，对前军事人民委员个人极为推崇，为他而伤心，常说"党内情况不妙"。托洛茨基很看重谢列布里亚科夫，认为他很有才干，而且有吸引力，对他很信任。1926年4月，他在给列昂尼德·彼得罗维奇·谢列布里亚科夫的信中写道：

"我是匆匆忙忙给您写几个字。您同我，还有其他几个同志之间，根据斯大林的提议，而且是按照同他达成的协议所作的谈话，取得了完全出乎意料，简直就是神话般的结果。您离开后过了两三天，机关里就开始散布一些风言风语，说是谢列布里亚科夫在去满洲之前建立了一个……宗派，其代表人物……有托洛茨基、皮达可夫和拉狄克，而且将皮达可夫留下作为联系

---

〔1〕 ЦПА，ф.326，оп.1，д.33，л.2.

人。"在标明为"绝密"的这封信里,托洛茨基还试图搞清楚斯大林制造流言蜚语的动机和目的。[1]

所有类似的信件都说明,不仅存在思想分歧,而且进行过名副其实的小集团的、宗派的政治斗争,往往置内容和目的于不顾,而全部集中在领袖人物的个性、奢望、自私的追求上。在这场斗争中,斯大林完全不顾党内同志关系和最起码的伦理道德"规则"。托洛茨基也毫不客气,"以眼还眼,以牙还牙"。不过他没有赢得这场斗争。总书记手中已经有了庞大的机关、国家政治保卫局和他安插的干部。

尽管站在托洛茨基一边的有不少知识分子,有时还有历史的真理,斯大林的机会从一开始就占了优势。总书记不同于托洛茨基,他能够发动很大部分党员群众来同他制造的托洛茨基主义的炼狱之火作斗争,巧妙地利用被摒弃的革命者的错误和失算。

在被驱逐出国门之前,托洛茨基还试图将自己为数不多的支持者们团结起来。据他的一名支持者 H.H.加夫里洛夫回忆,托洛茨基每到列宁格勒,就会在他的第一个妻子亚历山德拉·利沃夫娜·索科洛夫斯卡娅的家里,有一两次在他的熟人拉斯金的家里,召集半合法的会议。这名反对派作报告,着重指出志同道合者必须团结起来:否则"党就会蜕化变质。联共(布)党内的民主制处于危险之中。有可能发生热月政变"。他看起来很疲惫,尽管他衣履整洁,络腮胡子经过修剪,蓄着斑白的短发。同时,季诺维也夫也在自己的支持者阿列克谢耶夫家里会见反对派的代表人物。出席这些会议的通常有 40—50 人。可是大规模开除出党的行动已经开始了。反对派的队伍很快就稀疏了。加夫里洛夫本人早在 1926 年末就被开除出党了。[2]

每个反对派都有他自己独具的特点。他们并没有像后来被指责的那样,酝酿过复辟资本主义的计划。他们具有的首先是独立思考的能力,作出责任重大的政治决策的勇气,准备怀疑仿佛是毫无疑问的事物。虽说托洛茨基的支持者中也有一些巧遇的人,但是应当承认,反对派的内在弱点主要是缺少能够向党提出的、明确而有吸引力的可供选择的纲领。托洛茨基公正地指出,"党走进了自己历史上也许是责任最重大的时期,但背着自己的

---

[1] Архив Троцкого. Т.1, С.187-188.

[2] Память. Исторический сборник. С.389-391.

领导机构犯下的错误的包袱"，[1]可是，他和他的支持者们对于应当怎样做，认识也很模糊。他们知道，什么是不该做的。是的，应当反对"书记心理""官僚主义的委任制""虚假的政治"……可是，这种批评整个说来并没有提出一个具体的可供选择的纲领。至少它是共产党员不能理解的。不过也不能说托洛茨基没有任何纲领。他有过。只是群众得知的已经是被极端夸大，而又不完整的形态。例如，反对者把托洛茨基说成是苏联建设社会主义的敌人，是一个将事情引向复辟资本主义的人，尽管他认为，对社会的改造仍然应当有利于世界革命，为的是在它开始之前尽可能多做一些事情，从而帮助世界无产阶级的斗争和取胜。党也同社会一样，有许多层面。托洛茨基通常交往的仅仅是它的上层。但即便是追随他的、人数不多的布尔什维克队伍在斯大林的镇压机关的挤压下，也很快就烟消云散了。

1927 年的失败

是的，那是托洛茨基屡遭挫败的一年。十月革命十周年不仅为他个人的追求和奢望画上了终点，而且也鲜明地展示了党和社会极权化的迅速进程。

1927 年，托洛茨基成了"左翼联合"反对派的领导人。反对派的纲领已经在提交给七月（1926 年）中央全会的两份文件：《十三人声明》和《八十三人政纲》中作了阐述。这两份文件有不少正确的内容，因为它们继续了1923 年 10 月 8 日托洛茨基《致俄共（布）中央委员和中央监察委员的信》[2]和 1923 年 10 月 15 日向俄共（布）中央政治局提出的《四十六人声明》[3]的思想。

即使今天也不能不承认，托洛茨基和反对派反对建立党的官僚主义机器是有远见的行动。可是，抗议国家和党的机关使用暴力的呼声不曾被听

---

〔1〕 ЦПА, ф.17, оп.2, д.685, л.56.

〔2〕 ЦПА, ф.17, оп.2, д.685, л.53-68.

〔3〕 ЦПА, ф.17, оп.3, д.388, л.1-4.

进去。现在,"左翼"反对派看到了党在个别国家内建成社会主义的方针必然导致灾难的根源。托洛茨基及其支持者都信仰世界革命,而认为将革命任务区域化不仅是一种孤立主义的方针,而且是与之相联系的、在一座四面被包围的孤零零的"社会主义堡垒"中必然采取的限制民主,加强极权的倾向。在这些议论中,合理的因素是:将一个或者几个国家变成兵营就不再需要人民权力。"要塞""堡垒",然后还有"兵营"需要的是领袖、恺撒、独裁者。这一点托洛茨基比谁都更明白些。因此,一国建成社会主义,而不将它同世界革命的进程联系起来的方针,在他看来(而且不无道理),就是错误的。而这,托洛茨基接着说下去,又将给国家造成巨大困难。不过,托洛茨基在反对官僚主义时,认为出路在于采用左倾的药方,这就立即使他反对斯大林的造反失去了意义。《八十三人政纲》强调,"错误的政策会加速与无产阶级专政为敌的势力:富农、耐普曼、官僚主义者的生长。"[1]

我再说一遍,关于官僚主义蜕化危险的这些议论和结论在某种程度上是有预见性的。可是这些结论,确切些说是它们的单维性诠释,仿佛同千百万人急于继续沿着社会主义道路前进的愿望是矛盾的。历史性的急不可待,还有相信通过大规模的跨越和非常的努力就能够进入这种天赐的幸福世界已经成了社会意识的典型特征。而"左翼联合"反对派在宣传全球性的激进思想和口号时,并没有找到反对日渐巩固的恺撒主义的切实办法。

1926年10月,联共(布)中央委员会和中央监察委员会联席会议,根据列宁格勒党组织的提议将托洛茨基开除出政治局之后,他就集中精力做了许多口头的和书面的发言,捍卫反对派的观点。那么他究竟是因为什么被开除出政治局的呢?维克多·塞尔日根据托洛茨基的夫人娜·伊·谢多娃的话,作出了这样的解释。在被开除出党的最高执行机关之前不久,托洛茨基就某个问题在政治局会议上同斯大林展开了一场恶狠狠的厮杀。好像是总书记提出反对派必须在党的第十五次代表会议上忏悔的问题。托洛茨基愤怒地提出抗议,强调党内不允许存在独裁者。争论的最高潮是托洛茨基对斯大林甩出的一句话:"你这个第一书记已经使自己成为革命掘墓人的候选人了!"总书记气得脸色铁青,眼神也黯淡下去了。他说了半句话就噎住了,用阴沉的眼神环顾了会场,一转身冲出会场,砰的一声摔上了门。

穆拉洛夫、皮达可夫、斯米尔诺夫到了托洛茨基家。托洛茨基一进家

〔1〕 ЦПА,ф.17,оп.2,д.308,л.2509.

门,大家就向他涌来:为什么他要这样说? 这样一来,斯大林就成了死敌,他永远不会忘记,也不会原谅这种羞辱! 而托洛茨基倒很平静,虽然脸色苍白。他只是一摆手:事已至此,随它去吧! 大家都明白:彻底决裂了。[1]显然,斯大林会不惜一切将托洛茨基赶出政治局。

托洛茨基表面上很平静地对待自己政治地位的改变。可是,1985 年之前,能够和政治局委员的地位相比的怕是只有皇室家族了,而且就实权而言,它还要高出许多。托洛茨基一头埋进了文字工作,经常同自己的支持者见面,写了许多文章,试图通过报刊将自己的观点传达给党。可是报刊现在已经一致拒绝刊登他的文章。有许多文章就不曾发表过,读者只是在几十年后才得以读到它们。托洛茨基有时也试图提出抗议:

政治局

中监委主席团

5 月 12 日,政治局决定不刊登我的文章。它指的显然是两篇文章,一篇是我寄给《布尔什维克》杂志的《中国革命和斯大林同志的提纲》,另一篇是我寄给《真理报》的《正确的道路》……随后突然发表了斯大林同志的提纲,肯定而且加深了完全错误的政策的最错误的方方面面……可以机械地暂时将一切压制住:无论是批评、怀疑,还是问题和愤怒的抗议。不过,列宁称这样的办法是粗暴的越轨行为……

1927 年 5 月 16 日

列·托洛茨基[2]

托洛茨基感觉到自己对党的最高层决策的影响力正在减弱,他表现了很大的勇气。在 5 月 17 日给娜·康·克鲁普斯卡娅的一封私人信件中,托洛茨基伤心地写道:"斯大林和布哈林在最核心的地方:无产阶级革命的国际性上背叛了布尔什维主义……1923 年德国革命的失败、保加利亚和爱沙尼亚的失败、英国总罢工的失败、4 月中国革命的失败——极大地削弱了国际共产主义……我国无产阶级的国际—革命情绪由于党的体制和虚假的教育工作(一国建成社会主义等等)而不断走向低落。在这种情况下,党的左翼,革

---

〔1〕 Serge V. Vie et le mort de Leon Trotsky(《托洛茨基的生与死》). P.1954. P.180-181.

〔2〕 Архив Троцкого. Т.3. С.43, 46.

命的、列宁主义的一翼,必须逆潮流而动,这有什么值得奇怪的吗? ……最近半年来针对反对派一直在搞的'消耗战',斯大林现在决定要用'消灭战'来取代它……我们将逆潮流而动……"[1]于是,看到了自己领袖的勇气,几千名他的志同道合者也同他一起"逆潮流而动"。其中有党内的许多知名人物:З.阿尔莎夫斯基、亚·别洛博罗多夫、Я.比亚里斯、Р.布津斯卡娅、尼·瓦连廷诺夫、И.弗拉切夫[2]、伊·瓦尔金、尼·叶梅利亚诺夫、格·季诺维也夫、尼·穆拉洛夫、Р.彼得松、格·皮达可夫、奥·拉维奇、卡·拉狄克、列·谢列布里亚科夫、伊·斯米尔诺夫、格·萨法罗夫、伊·斯米尔加、列·索斯诺夫斯基、莫·哈里东诺夫、В.埃利钦及其他布尔什维克。

当权者对托洛茨基一再安排了形形色色的"审判"。例如,1927年7月,在中央监察委员会长达许多小时的会议上,前政治局委员做了两次各一个半小时的发言,更像是在进攻,而不是为自己辩解。主持会议的奥尔忠尼启则不止一次打断托洛茨基的讲话。被告痛心地甩出一段话:"我敢肯定,你们执行的是依靠官僚主义者,依靠官员,而不是依靠群众的方针。你们过于信任机关了。机关里有巨大的内部相互支持,相互保护。正因如此,连裁减机关的人数都是不可能的。独立于群众之外就造成了互相包庇的体制。而这一切都被认为是权力的主要支柱。我们党现在把注下在书记,而不是普通党员身上。这就是党的整个体制。"[3]

托洛茨基选择了中国革命作为同斯大林斗争的焦点之一。总书记在这个问题上的立场经常摇摆不定。托洛茨基则对中国革命的命运持较左的、激进的观点。他一直保留着1923年7月同蒋介石会见的印象。三小时的谈话使共和国革命军事委员会主席明白了许多重要问题。托洛茨基就中国革命写了许多文章,准备了好几十篇。仅在1927年就有好几篇:《对待中国革命的阶级态度》《关于在中国提苏维埃的口号》《汉口和南京》《蒋介石政变后的中国局势》《中国革命的新机会和新错误》等。他甚至还写了一本书《中国革命问题》。可是从1926年起,他所写的有关中国的一切,都是经过"斯大林的错误"的棱镜看到的。这就导致他的分析难免片面。例如,1927年4月,他还起草了一篇很长的文章《中国革命和斯大林同志的提纲》,试图证明

---

[1] Архив Троцкого. Т.3. С.57, 58, 59.

[2] 他是活到我们今天的最后一名"托派分子",历尽斯大林的集中营和流放的苦难,却始终坚贞不屈。

[3] Архив Троцкого. Т.3. С.126.

联共（布）对东方采取的错误路线。托洛茨基指出，中国"失去了革命的速度"，农民没有政治化。可是，托洛茨基以左倾的姿态断言，"谁在土地革命中执行和平政策，他就完了。谁拖延，动摇，等待，错过了时机，他就完了。"[1]文章的手稿被反复修改过，证明托洛茨基是打算借它着重强调斯大林政治上的软弱无力。

谈同一个题目的还有一份手稿（长达114页！），标题是《中国革命的新阶段》，是为共产国际执行委员会主席团而写的。文章的实质就是证明在国际问题上斯大林的"一连串错误"。"斯大林–布哈林机会主义路线经过不知所措的摇摆之后，来了一个急剧的大转弯；反对帝国主义的斗争消失了，取而代之的是反对封建主义的斗争。"[2]

从"中国资料"的内容看，托洛茨基不仅试图分析中国局势的进程，不仅要揭露斯大林在国际事务中的"不知所措"，而且一如既往，仍旧断定东方是最重要的革命因素之一。托洛茨基指望，谈中国问题有助于他加强反对派的地位，削弱斯大林的宗派。

然而，结局正在逼近。斯大林及其新亲信放手一搏，不断败坏托洛茨基及其支持者的名声，将他们在群众中逐渐孤立起来，制造"信心不足"和"投降派"的形象。结果是托洛茨基虽然提出了世界革命获得胜利的全球目标，却在国家和党面前变成了一个否认苏联能够建成社会主义社会的人。社会意识中的这个形象在很大程度上是斯大林制造的，不过托洛茨基本人也要负部分责任。在这方面，失败的领袖大大帮助了斯大林。他写了许多致中央委员会和政治局的声明、抗议、呼吁书和资料，其中尖锐地批评了苏联实际生活的各个领域中党和政府的政策。

有些文件并不是他，而是他的支持者签署的，可是不难看出有领袖插手。例如，一篇由一些反对派分子签名的、超过一百页的长报告《革命的现阶段和我们的任务》是经过托洛茨基修改的，其中明确地表述了中心思想："社会主义在一个国家内取胜的新理论将引导我们为了保证苏联的安全，而走向背叛国际革命……这就意味着放弃列宁关于资本主义世界已经进入战争和革命时代的公式，而对世界革命采取取消派的立场。"[3]

---

〔1〕ЦПА，ф.325，оп.1，д.357，л.37-41.

〔2〕ЦПА，ф.325，оп.1，д.359，л.3-7.

〔3〕ЦПА，ф.325，оп.1，д.359，л.196-197.

反对派在各种大小会议上都遭到严厉谴责,处于四面楚歌的境地。他们左倾的纲领:必须"压制"富农、加紧工业化、引发世界革命的熊熊烈火、不可能在一国之内建成社会主义,加深了反对派的困难处境。普通党员不能接受关于社会官僚化危险的警告。在普通工人和农民眼里,官僚不过是因循守旧,收受贿赂,办事拖拖拉拉的官吏罢了。大部分党员不明白,全国性的官僚化就是人民权力的终结。

在社会中辩论和政治斗争的文明程度都很低下,即便在党的最高层也是如此。例如,中央 8 月(1927 年)全会上,加米涅夫在发言中打算证明意见分歧是很自然的事,却被戈洛晓金打断了:

"您念的稿子是谁给您写的?"

"您简直就是个蠢货",加米涅夫回答说。

"能不能不用这样的语言?照您说,大家都是蠢货,只有你们才是聪明人了",施基里亚托夫掺和进来。

"只有学会了法西斯语言的笨蛋,才能说出这样的话来",戈洛晓金又一次插话。

"同志们,你们把我说成墨索里尼了",加米涅夫反驳说。[1]

双方的立场是不可调和的。反对派已经是注定要失败的了。反对派的首领目前还没有被关进监狱仅仅是因为他的名望高。但托洛茨基并没有屈服。

斯大林通过机关,逐步卸下作为革命和国内战争英雄的托洛茨基头上的光环。在党的中央委员会和中央监察委员会主席团联席会议上(1927 年 10 月),斯大林谈到托洛茨基在内战的各条战线上的作用时,将他贬得一钱不值,甚至影射他胆怯。愤怒已极的托洛茨基立即给列·彼·谢列布里亚科夫写了一封信:

> 亲爱的列昂尼德·彼得罗维奇
>
> 斯大林说,在他和您一起在南部战线工作期间,我似乎仅仅去过一次南部战线,而且是偷偷摸摸地,只待了半小时,带着妻子乘小汽车……他还添油加醋地说,那是在冬季,下着雪,托洛茨基是夜间到的,而且立即走掉了,因为他被禁止到南部战线来……

---

[1] ЦПА, ф.17, оп.2, д.317, вып.1, ч.1, л.75-76.

托洛茨基接着写道,从来就没有人禁止过他去南部战线,他从来不曾带着妻子去过前线,而且,据列车日志记载,他在南部战线待过几个星期、几个月……托洛茨基请求证明,斯大林完全是胡说八道。[1]

我想指出,斯大林和伏罗希洛夫甚至不惜捏造:似乎中央有过决议,禁止托洛茨基干预南部战线的事务和"跨越分界线"。这个谣言最初是斯大林于1924年放出来的,后来伏罗希洛夫又在《斯大林和红军》一文中重复了一遍。

然而,公开驳斥总书记的话已经是不可能的事了。斯大林的话由《真理报》《布尔什维克》杂志和其他出版物大量印刷。而托洛茨基及其支持者的言论却只有极少数人知道。斯大林在辽阔的战线上展开进攻,不给反对派留下获救,哪怕是"保留面子"的希望。"左翼"反对派的领袖还在做绝望的挣扎。

由于托洛茨基特别严厉地批评了政治局和中央委员会对中国革命的政策,于是决定将第一次沉重打击放到共产国际执行委员会和国际监察委员会主席团的联席会议上。开会的前一天,斯大林接见了执委会委员,拟定了共同的行动路线。谈妥了将托洛茨基开除出共产国际。同时还决定讨论在共产国际执行委员会中支持托洛茨基的沃斯拉夫·武约维奇的行为。由于共产国际执行委员会始终是靠联共(布)"供养"的,它就逐渐变成了克里姆林宫领导的一个国际跟班。共产国际执委会中自然不会有人反对开除托洛茨基。

这次会议是1927年9月27日召开的。出席的有:尼·伊·布哈林、约·维·斯大林、维·米·莫洛托夫、列·达·托洛茨基、爱·普鲁赫尼亚克、季·约·安加雷蒂斯、亚·亚·索尔茨、亚·雅·安维尔特、佩佩尔、乔·墨菲、M.H.罗伊、片山潜、瀬间(Семаоэн)、莫·多列士、洛兹、索·阿·洛佐夫斯基、奥·威·库西宁、博·什麦拉尔、拉·阿·沙茨金、古·弥勒、维·米茨凯维奇、K.曼奈尔、A.巴杜列斯库、赫·卡巴克奇耶夫、卡·克雷比赫、沃·伍约维奇、C.A.巴尔托谢维奇、瓦·安·博古茨基。(姓氏排列按联共(布)中央报告中的顺序;遗憾的是佩佩尔和洛兹的名字缩写未能查到——作者注)

为了展示这次国际"法庭"的性质,我引用几段这次会议的速记记录:

---

[1] ЦПА, ф.17, оп.2, д.317, вып.1, ч.1, л.175.

库西宁(主持人):除了主席团委员之外,今天会议还邀请了所有在莫斯科的共产国际执委会委员和国际监察委员会委员。讨论托洛茨基和伍约维奇两同志继续进行宗派活动问题。

库西宁做了半小时的报告,其中说,1927 年 5 月 30 日,共产国际执委会严厉禁止托洛茨基和伍约维奇继续进行任何宗派斗争。但是,仅仅过了十天,以托洛茨基为首的俄国反对派就利用为斯米尔加同志送行的机会,在雅罗斯拉夫尔车站组织了反党游行……

成立了非法的小组,建立了地下印刷所,开展了疯狂的宗派斗争。他们自称"布尔什维克-列宁主义者",可是,他们的行动同布尔什维主义和列宁主义有什么共同之处呢?

托洛茨基(打断他):芬兰的革命英雄们教会了我布尔什维主义和列宁主义……

库西宁:轮到您发言的时候,您可以讲讲您的故事。造谣诽谤历来是您惯用的手法。您甚至用它来对付优异的俄国革命领袖,如果您对我也进行诽谤,我将引以为荣……共产国际的领导应当干预,而且将托洛茨基分子清除出自己的队伍。

托洛茨基作了一个完整的报告,有 25 条。他读着报告,慢腾腾地一页一页翻着,关于中国革命,关于反战斗争,关于纪律和党章……下面是被告的报告中的几个思想:

"你们指责我破坏了党的纪律,我毫不怀疑你们连判决书都已经准备好了……

斯大林,既粗鲁又不守规矩,在最近一次全会上居然敢谈什么从张伯伦到托洛茨基的统一战线……

党奉命保持沉默,因为斯大林的政策是破产的政策。在你们看来,剥夺不愿意做斯大林分子的列宁主义者手里的面包是很正常的事情。昨天,因为抄写和散发反对派的纲领而被开除出党的同志有:奥霍特尼柯夫、古特曼、德沃利斯、卡普林斯卡娅、卡林、马克西莫夫、弗拉基米罗夫、拉比诺维奇、赫尔多夫斯基、沃罗比约夫。这都是优秀的党员……

斯大林悄悄地告诉你们出路何在:将托洛茨基和伍约维奇开除出共产国际执行委员会。我想,你们会这样做的。斯大林体制用单方面的辩论在撼动着党……"

托洛茨基接下去说了其正确性被日后的历史所证明了的、有远见卓识的话：

"斯大林个人的不幸（这正在逐渐成为党的不幸）在于斯大林拥有的思想资源同他手里集中的党和国家的强大权力之间的巨大差距……官僚主义体制不可避免地会导向一长制。"

然而正是斯大林的强大权力占据优势的这种"巨大差距"说明了这次会议后来的整个进程：

墨菲：我们刚才看见了一个非常沉重的场面。托洛茨基同志今天下午倒像是另一个党的特使，而不是共产国际执行委员会委员。

多列士：反对派该结束它的宗派斗争了。我在顿巴斯时，矿工们对我说，他们不打算倒向反对派一边……

托洛茨基：您使用的是哪种语言？

佩佩尔：托洛茨基老是用不光彩的个人诽谤的方法把左的词句和右的行动结合起来。我代表美国党要求开除托洛茨基。

片山潜：我们听了您的讲话，我们要谴责您。

伍约维奇：我赞同托洛茨基的讲话。你们是在打击俄国革命。

布哈林：我们来看看托洛茨基的讲话，它是针对我们党和共产国际的、蛮不讲理的谎言和诽谤的纲领。应当问一下托洛茨基，为什么现在他不能在党面前像一个士兵那样立正站着，规规矩矩地听从指挥？

托洛茨基：你们扼住了党的咽喉……

库西宁总结了讨论并提出了将托洛茨基开除出共产国际执行委员会，将伍约维奇从共产国际执行委员会候补委员中除名的问题。

托洛茨基发表声明，其中说，库西宁宣称过去的十年是他（托洛茨基）反对列宁主义的十年，这是撒谎。直到不久前，库西宁未必敢这样说。他引用1917年11月1(14)日彼得格勒委员会的记录中列宁的话，称托洛茨基是"最优秀的布尔什维克"。而现在却不得不驳斥库西宁、佩佩尔一类人的这种诽谤，简直是荒唐透顶。

库西宁：列宁说托洛茨基是非布尔什维克……

托洛茨基：谁都知道，列宁绝不会容忍政治局中有一个非布尔什维克……

布哈林：如果你不能及时醒悟，等待你的必然是政治上的死亡……

布尔什维克领导者们政治上的盲目令人吃惊。他们批评,炮轰的确犯过不少错误的托洛茨基,却没有人想看一看那个有先见之明的警告:"官僚主义体制不可避免地会导向一长制"。"领袖们"一面甩出托洛茨基必然遭到"政治上死亡"的断言,却目光短浅地认为,他们自己不会遭遇那样的命运。唉,血腥的刘割将伤及千百万人,而大部分咒骂托洛茨基的人将比被摒弃的革命家更早夭折。

可是审判还在继续。

克雷比赫:托洛茨基和伍约维奇将自己开除出了执行委员会……

斯大林:在这里发言的人都讲得非常好,尤其是布哈林,所以我就不用多说了。托洛茨基分子反对的是什么呢? 是党内的列宁体制……

斯大林最喜爱的手法就是向列宁求助。大家知道,斯大林早就明白,对列宁的"垄断权"使他在同任何反对派的斗争中都拥有保证取胜的论据。而"乐队"演奏得非常协调,其中布哈林的独唱尤为出色,所以他就"不用多说了"。斯大林坚信:托洛茨基将再一次遭到惨败。然而,对他洋洋洒洒的长篇大论,被逼到墙角的反对派却扔出一句:"你在撒谎……"

斯大林:这些骂人的话你就留给自己吧。你用谩骂败坏了自己的名声。你是一名孟什维克!(这听起来就和"叛徒"一样——作者注)

罗伊:我赞成将托洛茨基开除出共产国际执行委员会。

卡巴克奇耶夫:我也赞成开除。

安加雷蒂斯:共产国际执委会不是他们应该待的地方。

濑间:应该同反对派作一个了断了。

提付表决的是唯一的一项提议,于是托洛茨基被全体一致开除出了共产国际执行委员会,而伍约维奇也被撤销了共产国际执委会候补委员。[1]托洛茨基遭到了致命的 1927 年中第一次正式的失败。在政治的天穹上,他的星辰径直下落:1925 年,他被罢免了革命军事委员会主席和军事人民委员的职位,1926 年,被开除出党中央政治局,而现在又从共产国际执行委员会被扔了出来。不过这还不是最后的失败。

在国外,布尔什维克党内开展的内部斗争很引人注目。特别密切地观察着苏维埃舞台上正在发生的事件的是这出俄国戏剧不久前的演员孟什维克分子。1927 年 8 月,俄国社会民主党(孟什维克党沿用了这个名称)的机

---

〔1〕 ЦПА, ф.505, оп.1, д.65, л.1-35.

关刊物《社会主义通报》是这样写的："权力之争使国内有出现新的冒险分子、新的灾难的危险。不过这一切只是在共产党的狭小圈子里进行，在党外，仅仅在社会民主派工人或者没有摆脱政治思维的知识分子的狭小范围内引起一些动荡。在这个范围之外，在群众中，甚至是城市群众中只是一种好奇心，而没有热烈的关注。托洛茨基反对斯大林的斗争对普通工人的心理没有什么影响……反对派害怕工人群众，不敢把争论转移到工人群众中。而这正是现在这种形态的反对派的致命伤。他们同斯大林分子的争论要由他们的对手单方面来决定胜负。没有可以向之提出申述的第三方，没有仲裁长……"〔1〕不用多说了。由尔·马尔托夫于1920年创建的团体中并不缺乏善于从远方细致分析局势的人。

明仁斯基的机关也禀报了孟什维克分子的反应。国家政治保卫总局外国处于1927年7月向政治局委员们报告了"柏林孟什维克分子的思想动态"。报告中说："孟什维克分子认为，共产党的威信由于斯大林采取的手段而正在下降……局势越来越充满了电能，只要一粒火星就能引发爆炸。在孟什维克分子看来，唯一能够挽救局势的人就是托洛茨基，因为他享有最高的威望。他依旧被人们认为是领袖，即使把他关起来，也无损于他的威望……"〔2〕正如我们看到的那样，布尔什维克特务机关的报告和《社会主义通报》的分析材料是不一样的。

1927年秋季，托洛茨基十分活跃。几乎每天他都同支持者小组的领导人见面，有时在自己家里，有时去列宁格勒，在高等学校里演讲，给中央写许多声明，接见外国记者，在电话里同一致不刊登他的作品的报刊编辑们争吵。他感到还有机会继续留在政治舞台上——尽管越来越小。他已经被挤出了舞台。托洛茨基明白，如果他不能站稳脚跟，事情就不可能仅仅以政治上的彻底失败而结束。他可能一再痛悔，1923年和1924年时，曾经有过机会，他轻率地不经战斗就交出了势力"阵地"：经常请假，离开整整一个星期去打猎，去高加索治病，然后又是整整一个月去柏林找医生咨询……不错，费·亚·格季耶大夫，不知是自愿呢，还是受到暗示，说服夫妇俩放弃了去法国的计划：

---

〔1〕　Социалистический вестник(《社会主义通报》). 1927. 1 августа. № 15(157). C.14.
〔2〕　Архив ИНО ОГПУ, д.672, т.1, л.196.

尊敬的、亲爱的娜塔莉娅·伊万诺夫娜！

你们去巴黎郊区治疗疟疾的计划，坦率地说，我不满意。不满意首先就因为我不知道，你们将要居住的地方是否健康，其次，你们会遇到什么样的医生。我昨天（5月3日）见过列夫·达维多维奇，他看上去相当好，比去……之前要容光焕发而健康得多……

忠诚于你们的费·格季耶[1]

这一次坚持要出行的是娜塔莉娅·伊万诺夫娜，因为他们有许多事情是同巴黎联系在一起的：青年学生、最初的几节革命"课程"、结识未来的丈夫、第一次世界大战期间和列夫·达维多维奇的共同生活。她感到，事态的发展很可能使他们继斯米尔加、萨法罗夫、布罗维尔之后也被长期流放。预感并没有欺骗她。

托洛茨基自己后来这样回忆1927年的这个秋季："在莫斯科和列宁格勒的各个角落里，经常举行工人、大学生的秘密集会，从20人到100人，200人不等，为的是聆听反对派代表的讲话。我经常在一天内参加两三次，有时甚至四次这样的会议。会议通常在工人家里举行。两间小房间经常挤满了人，讲话者只能站在两间房子的中间。大家有时席地而坐，而经常因为地方小，只好站着交谈。监察委员会的代表往往也在此类集会上出现，要求大家离开会场。大家则要他们一起参加讨论。如果他们破坏秩序，就把他们撵走。在莫斯科和列宁格勒总共有两万人参加过这种会议。"[2]

10月间，列宁格勒苏维埃执行委员会在列宁格勒召开了例会。为庆祝会议的召开，举行了大规模游行。托洛茨基和季诺维也夫站在中央观礼台附近，却吸引了游行群众强烈的关注。许多游行者向他们热情地欢呼。普通公民仍旧视托洛茨基为国内战争的英雄和红军的创建者，而不是反对派的领袖。可是事态的这样发展并没有让托洛茨基感到高兴。他知道，给他的掌声和欢呼是献给过去的他。而如今，反对派的机会还在继续急剧缩减。

10月末，托洛茨基应邀参加了一次，也是他的最后一次，联共（布）中央委员会和中央监察委员会联席全会。以后他这名列宁的战友、前政治局委

---

[1] Архив Троцкого. Т.3. С.41-42.

[2] 托洛茨基：《我的生平》，赵泓、田娟玉译，郑异凡校，上海人民出版社2014年版，第463页。

员、国内战争的英雄,就再也无缘走进"布尔什维克的司令部"了。对于讨论他从事反对派活动的结局,托洛茨基并不抱什么幻想。

会议进行得十分激烈。轮到托洛茨基发言时,他刚说了几句,会场上就响起了尖叫声、喧嚷声,还有谩骂声。托洛茨基的讲话充满激情,但却凌乱无章。他半抬起手臂去扶正夹鼻眼镜,几乎不看会场而匆匆忙忙地读他的稿子。他用一条手臂遮挡一下,并不是多此一举:向他袭来的不仅仅是叫嚷:"撒谎的人""夸夸其谈""出卖了自己""诽谤者",全会的与会者还向他扔书籍、墨水瓶、玻璃杯和其他物品。那就是一个侮辱人的场面:党的最高权力机关折磨一名自己的领袖,因为他居然敢逆潮流而动。穿过嘈杂的会场传来了托洛茨基急切的、激动的,不同于日常的声音:

"首先……就所谓'托洛茨基主义'说两句。每个机会主义者都企图用这几个字来为自己遮羞。为了制造'托洛茨基主义',弄虚作假的工厂开足了马力,而且是三班倒……我们在去年的七月宣言(指反对派声明——作者注)中,十分精确地预言了破坏党的列宁式的领导和以斯大林的新领导暂时取而代之的所有必经的阶段。我说暂时取而代之,是因为领导集团取得的'胜利'越多,它也就越脆弱。"

等到叫嚷和谩骂声平息下去之后,托洛茨基看了一眼对他满怀敌意的会场,再次俯身去看他的讲稿。早先他曾经辛辣地称一些党内人士为"打小抄的人",因为他们不会自由自在地讲话,可是现在,他自己似乎是把演说家的天赋遗忘在了群众大会的广场上,急急忙忙地读着,读着:

"你们要把我们开除出中央委员会。我们认为这一步是完全符合现领导在其目前发展阶段,确切些说,覆灭阶段的方针的……列宁提到的粗暴和不忠诚,已经不仅是个人的品质了;它们已经成为统治宗派及其政策和制度的素质了……斯大林当总书记,从一开始就让列宁担心。开第十次代表大会的时候,列宁在亲密的圈子里就说过:'这个厨师怕是只会做辣菜'……"

托洛茨基在发言中多次提到的斯大林,这时一声不响地坐着,不时看看会场,修改着自己长篇大论的讲话稿,他现在给它加的标题是:"托洛茨基反对派的过去和今天"。他偶尔看一眼近年来消瘦了的托洛茨基,在报告的页边画了许多狼,然后从笔筒里抽出一支红铅笔,把狼群的背景涂成血红色……而托洛茨基只顾急匆匆地发言,度过自己在布尔什维克党的领导层中的最后几分钟:

"今天叫嚷'发财去吧',明天又喊着'消灭富农',这对布哈林来说易如反掌[1]。只消大笔一挥就行了。反正他不受任何损失……在极端的官僚身后站着国内新生的资产阶级……而在它身后则是世界资产阶级……

斯大林的当前任务是分裂党,清除反对派,使党习惯于肉体消灭的方法。法西斯哨子帮、殴打、扔书、丢石头、监狱铁窗,搞到这里,斯大林的方针在继续发展之前(的确是这样,方针是要发展的,而且它的方向已经是确定无疑的了——作者注),暂时稍作停顿……既然雅罗斯拉夫斯基之流、什维尔尼克之流、戈洛晓金之流和其他人可以把一厚册统计表投掷到一个反对派的头上,他们干嘛还要和反对派辩论政府的统计数字呢?……已经听到有这样的叫喊:'我们要开除一千,枪毙一百,保持党内太平。'……这就是热月派的叫喊。"当时谁也不知道,为了保持党内"太平",有多少人将被开除和枪毙。

托洛茨基过高估计了自己政纲的意义,支持这个政纲的总共只有几千名知识分子和极少数工人,支持者中几乎没有农民。托洛茨基最后的几句话天真地表示了一个注定不可能实现的希望:

"迫害、开除和逮捕将使我们的政纲成为国际工人运动中最受群众欢迎、最亲切、最珍贵的文件。开除我们吧。你们无法阻挡反对派的胜利,也就是我们党和共产国际的革命团结的胜利!"[2]

1927年10月23日这一天,即十月革命十周年前夕,成了它的一名凯旋统帅在"战无不胜的党的司令部"里发表最后讲话的日子。现在他只能回忆过去的岁月并用笔墨,用组织自己数量极少的、以"布尔什维克-列宁主义者"自命的支持者来进行斗争了。

一切都按照在斯大林的办公室里制定的脚本在进行。经过一场谴责和强烈要求将托洛茨基开除出中央委员会,开除出党的和谐大合唱之后,这台政治大戏的总指挥讲话了。我只想提供他一个半小时讲话中的若干片段。他嗓音低沉,偶尔看一眼讲稿,时而用力挥动他健康的右手,仿佛是在砍掉罪犯的头颅。

"他们的主要攻击所以针对斯大林,是因为斯大林也许比我们某些同志

---

〔1〕 唉,哪里有什么易如反掌!就在1927年末,布哈林、李可夫、托姆斯基、乌格拉诺夫实际上就主张巩固个体经济,而引起了斯大林集团的愤怒。

〔2〕 Архив Троцкого. Т.4. С.219，221-222，223，224.

更清楚地知道反对派的一切诈骗勾当,要想欺蒙他恐怕并不那么容易,于是他们就首先打击斯大林了。那又有什么呢,任凭他们去骂吧!

斯大林算得什么,斯大林是个小人物。你们敢碰列宁吗。"接下来,总书记用了很多时间,历数托洛茨基的种种过错,他对"列宁的恶意诋毁"。斯大林再次提起托洛茨基1913年4月给齐赫泽的那封信,信中称列宁是"惯于利用俄国工人运动中一切落后性的老行家"。斯大林读完这段引文后,逼视着专心听总书记讲话的会场:

"同志们,请注意字眼。是什么样的字眼!这是托洛茨基写的。而且是写的列宁。连列宁的一只鞋子都不如的托洛茨基,对于伟大的列宁尚且如此放肆地蔑视,现在对于列宁的许多学生之一的斯大林同志破口大骂。那又有什么奇怪呢?"[1]

这些话斯大林从前也说过,但是这个办法有助于他现在又一次将自己说成是"列宁的学生",这样一来,和他较量几乎就是和列宁本人较量一样(好在列宁这次没有穿鞋子)。

然后,斯大林揭露托洛茨基对待"列宁遗嘱"的态度前后不一。对了,这个反对派1925年9月时宣称,有关领袖最后嘱咐的议论本身就是"恶意的捏造"。那么,斯大林提高了嗓门,"现在托洛茨基、季诺维也夫和加米涅夫根据什么来嚼舌根,硬说党和党中央'隐瞒'了列宁的'遗嘱'呢?"

讲话犹如教理问答手册一样,分为八个部分,彻底摧毁了反对派和托洛茨基。

"列宁在1921年提议把施略普尼柯夫从中央和党内开除出去,并不是因为施略普尼柯夫建立反党印刷所,也不是因为他勾结资产阶级知识分子,而只是因为施略普尼柯夫竟敢在党支部里批评国民经济最高委员会的决定。现在把列宁的这一做法跟党现在对反对派的做法比较一下,你们就会明白我们对瓦解分子和分裂分子已经纵容到了什么地步……有人谈到逮捕那些被开除出党的、进行反苏维埃活动的瓦解分子的问题。是的,我们现在逮捕他们,要是他们不停止破坏党和苏维埃政权的活动,以后还要逮捕他们。"

最后一句话的含义可能比斯大林本人想要表达的还要多一些。因为"破坏"作为社会团体的党,就要被投入监狱。实际上,斯大林的这句话是肯

---

〔1〕《斯大林全集》第10卷,人民出版社1956年版,第148—149页。

定党很快就将变成国家机关、变成执政的军事委员会(暂时还不是独裁者!)下属的一种政治帮派。

"在今年八月召开的上一次中央委员会和中央监察委员会联席全会上,有些委员责骂我,说我对托洛茨基和季诺维也夫的态度太温和,说我劝阻了全会立即取消托洛茨基和季诺维也夫的中央委员资格……我也许是**过于仁慈**(黑体是我加的——作者注)而犯了错误……"

从斯大林嘴里听到他可能"过于仁慈"的说法,是绝无仅有的事。以后他当然不会再这样说。"现在我们要站在那些要求取消托洛茨基和季诺维也夫的中央委员资格的同志们的前列。"

值得思考一下,为什么听到这些话之后,全场会爆发出热烈的掌声和喊声:"对! 应当把托洛茨基开除出党!"在这样的党(帮派)里就应当是这样。当意识中一切理智的因素退居次席,而让狂热的团结一致、随大流、丧失理性的情绪占了上风时,这就是心理上和领袖保持一致的效果。在以后的年代里,这样的场面还会出现多少次啊! 多少光辉的、忠诚的头脑将被群氓所践踏! 斯大林有他特殊的演说风格:说出一句能打动人心的话后,他就做长时间的停顿,看着会场,等待响起掌声。而掌声始终是随即响起来的……斯大林提到了 1904 年出版的托洛茨基的小册子《我们的政治任务》,用目光扫射了会场,踌躇满志地结束了长篇讲话:

"不过,这本小册子还有一点值得注意:托洛茨基是把这本小册子献给孟什维克帕·阿克雪里罗得的。那上面这样写着:'献给亲爱的老师帕维尔·波里索维奇·阿克雪里罗得'。(笑声,喊声:'显然的孟什维克')……

那好吧,就滚到'亲爱的老师帕维尔·波里索维奇·阿克雪里罗得'那里去吧! 滚去吧! 不过要快一点,可敬的托洛茨基,因为'帕维尔·波里索维奇·'已经衰老,可能很快就会死去,那时你就见不到'老师'了。"[1]

是的,托洛茨基的那本小册子是献给帕·波·阿克雪里罗得的。我在上卷里已经说过了。可是斯大林并没有说,在这本小册子里,托洛茨基指责列宁搞独裁,称他为"马克西米利安[2]·列宁"! 那时,年轻的列·勃朗施坦就指出,"可怜的领导人"会产生这样的想法:"党……在陷害"他! 他接着写道:"列宁失败的秘密就在这里,他狭隘的怀疑态度的原因也在这里。列

---

〔1〕《斯大林全集》第 10 卷,人民出版社 1956 年版,第 150—177 页。
〔2〕马克西米利安是雅各宾派罗伯斯庇尔的名字。

宁这种恶意的、道德上令人厌恶的怀疑态度,是对雅各宾主义的悲剧性偏狭态度的拙劣模仿,正像人们不得不承认的那样,它代表了旧《火星报》的策略遗产,同时又是这种策略的蜕化的结果。"〔1〕虽说斯大林并没有引用许多年前的这些评论,可是他说的这些话已经足够了……

斯大林期待着经久不息的掌声,掌声也响起来了。长久的,而且不能不说是由衷的。并不是所有的人都特别注意到斯大林的一句话:"那好吧,就滚到'亲爱的老师帕维尔·波里索维奇·阿克雪里罗得'那里去吧!滚去吧!"可是我觉得,这句话不是顺口说说的。1927年时,斯大林就在考虑怎样摆脱托洛茨基:肉体上消灭,他还拿不定主意;流放到东部只能部分地孤立这个大人物……斯大林在十月革命十周年时,就已经有将托洛茨基驱逐出国的想法了,就像他们(政治局)和列宁一起对一大批俄国知识分子所做过的那样。我想,斯大林在1927年的十月全会上是说漏了嘴,泄露了他日后的打算。

克里斯蒂安·拉柯夫斯基想在全会上发言,保护托洛茨基。可是不让他讲话。他试图将自己的发言刊登在"争论传单"上向党传递信息,也只是白费劲。托洛茨基的档案里保存着拉柯夫斯基没有发表的这次讲话,我只引用它的一个片段,展示斯大林的论据有多么脆弱:

"不能把斯大林同志在这里引用的,比如说,1904年托洛茨基同志出版的、献给'亲爱的老师帕维尔·波里索维奇·阿克雪里罗得'的小册子作为开除的根据。我不知道,斯大林同志是否忘记了,列宁就在比托洛茨基同志稍早一些的时候,也称呼过阿克雪里罗得为'亲爱的老师'?也不能把那些在这里被大量援引的真真假假的胡说和废话作为根据,因为它们早已被我们从反对派那里听到的、有根有据的理论性批评绰绰有余地覆盖了。"〔2〕不过即便全会听取了拉柯夫斯基的发言,它也是听不进去的。斗争的逻辑将双方都引向了冷漠和无动于衷。单一的思想造成了足以窒息任何新鲜思想的教条主义的采石场。

托洛茨基被开除出了中央委员会。这是他在致命的一年中遭到的第二次重大失败。他收拾好文件,塞进旧皮包,用暗淡的眼神看了一眼主席团,仿佛是穿过一排排对他嗤之以鼻,横加凌辱的气愤的审判官,走了出去。现

---

〔1〕 Троцкий Л. Наши политические задачи(《我们的政治任务》). Женева, 1904. C. 96, 98。

〔2〕 Архив Троцкого. Т. 4. C. 243.

在已经不再是中央委员会的同志了,他被他们永远地抛弃了。1927 年 10 月 23 日,托洛茨基和斯大林最后一次见面。从现在起,他们只能隔着空间进行力量悬殊的斗争。从他们在 1913 年相互结识起,已经过去了将近十五年。这段时间里,在不幸的俄国大地上发生了多少事件啊!

托洛茨基登上汽车(暂时还没有收回汽车),驶向克里姆林宫的家里。在那里,在新帝国的新统治者的官邸区里,他也是一个外人了。现在,尤其是娜塔莉娅·伊万诺夫娜和秘书格林贝格,尽力安慰着脸色苍白的托洛茨基。他除了开除之外,原本就不指望中央和中监委的会议会有其他结果,可是程序本身,它的性质和形式让他感到非常压抑。托洛茨基现在终于感到自己是一个被抛弃的革命者了。听到亲人们的劝慰时,托洛茨基一再气愤地重复着:"可是要想把我从历史中抛出去,他们还办不到!"

第二天早晨,托洛茨基阅读了正式的速记记录,口授了一封致中央书记处的短信,其中谈到昨天的会议:"速记记录没有记下……从主席台上不停地干扰我的讲话。没有指出,从同一个台上向我扔了一个玻璃杯(据说是库比亚克扔的)。速记记录也没有记录,一个参加联席会议的人企图拉着我的手,把我拽下讲台等等……在我讲话时,雅罗斯拉夫斯基同志还把一本控制数字朝我扔来……使用的种种方法只能被称为法西斯-流氓的办法……

在布哈林同志发言时,我插了一句话,作为回答,什维尔尼克同志也朝我扔了一本书。什维尔尼克同志原先是中央委员会的书记,现在则是乌拉尔党组织的领导人。我希望他的这份功绩也将记录在案。"[1]

一切都清楚了:斯大林彻底战胜了反对派。但是,托洛茨基并没有屈服。他仍旧出席反对派的集会,写各种声明、抗议、向托派小组的积极分子发出指示。政治斗争的逻辑促使他安排好反抗行动的组织形式。但是为时已晚。大规模的逮捕、开除党籍、开除公职已经开始。反对派的队伍瓦解了。

托洛茨基明白,这场斗争失败了,不过他还是决定战斗到底。十月社会主义革命十周年眼看就要到了。托洛茨基同加米涅夫、季诺维也夫和穆拉洛夫研究后,提出将他的支持者组成单独的纵队参加游行。向列宁格勒和其他一些城市发了通告:"以打出自己的口号参加游行的行动表明反对派的决心。"

---

〔1〕 Архив Троцкого. Т.4. С.230-231.

在首都和涅瓦河畔的城市中,他的支持者人数并不多。游行者举着列宁、托洛茨基和季诺维也夫的肖像,以及只有明白人才能懂的双重含义的口号和宣传牌:"打倒富农、耐普曼和官僚主义者!"、"打倒机会主义!"、"执行列宁的遗嘱!"、"保持布尔什维克的统一!"。然而斯大林已经发出了必须的命令。游行队伍被民警、政治保卫总局学校和军事院校的学员包围了。托洛茨基在莫斯科,季诺维也夫在列宁格勒乘车上街,试图向游行群众和参加庆祝大会的人群致敬。有不少人对反对派的领导者表示欢迎,高呼团结的口号,挥手致意。在原"巴黎"旅馆的阳台上,斯米尔加、普列奥布拉任斯基、阿尔斯基准备向经过的游行队伍发表简短的讲话。但是,政治保卫总局迅速采取了措施。斯米尔加和普列奥布拉任斯基被毫不客气地赶下了阳台,反对派的游行队伍被驱散了,而托洛茨基乘坐的汽车被扔了石块,打碎了玻璃。政治保卫总局的人员威胁要使用武器,为了震慑人群,甚至朝天开了几枪。

一切都结束了。向人民、向党呼吁的公开尝试来得太迟了。在一般党员眼中,托洛茨基已经成了敌人、分裂分子、破坏分子、反革命。是的,托洛茨基和他的支持者试图提出抗议。穆拉洛夫、斯米尔加和加米涅夫在11月7日当天,就向中央政治局和中央监察委员会主席团呈递了报告,其中说:"在谢苗诺夫大街上,民警和军人就在布琼尼和契洪等人面前朝我们开枪(看来是空枪)。我们停了车。一群法西斯分子,大约有五个人,扑到车前,破口大骂,砸烂了喇叭,打碎了车灯玻璃。民警甚至没有过来看看。

后来我们到了联共(布)中央委员斯米尔加同志家。窗户上方从清晨起就悬挂着一条标语'执行列宁的遗嘱'和一条红布,上面挂着列宁、季诺维也夫和托洛茨基的肖像……最后大约15—20名中央委员会学校的军官和军事学院的学员砸开了斯米尔加同志的家门,强行闯入室内……扯下了要求执行列宁遗嘱的'罪恶'标语。闯进来的军人还带走了有被损毁的列宁肖像的红布,作为'战利品'。满地都是木板、木屑、挂钩、玻璃碴,还有打破了的电话机等等,作为庆祝十月革命的英勇行动的证明。"

报告最后说:"事情涉及党的命运、革命的命运和工人国家的命运。应当由党来审判,由工人阶级来审判。我们毫不怀疑将会作出判决。"[1]斯米尔加后来记录下了,领导捣毁他家的是工农红军政治部主任布林。和他一

---

〔1〕 Архив Троцкого. Т.4. С.250—252.

起的是红色普列斯尼亚区党委书记柳京、该区苏维埃主席米诺伊切夫、加里宁的助手沃兹涅先斯基和其他官员。闯入者殴打了普列奥布拉任斯基、姆季瓦尼、金兹堡、马尔采夫，以及托洛茨基的其他支持者。斯米尔加说，这是名副其实的洗劫。但是穆拉洛夫、斯米尔加和加米涅夫未必知道，将要审判那些为苏联体制搅拌混凝土的人的不是工人阶级和党，而是历史自身。而审判他们自己，还有其他许多人的则是他们徒劳无功地为其诞生而提出过抗议的制度。

托洛茨基自己也给政治局写了信，抗议反对派的游行群众被驱散并遭到殴打。托洛茨基强调，这种袭击伴有"黑色百人团，特别是反犹太性质的肆无忌惮的口号"。[1]托洛茨基要求进行调查，公布调查结果并惩办肇事者。然而，被宣布为肇事者的却是托洛茨基及其领导下的反对派。

根据斯大林的提议，中央监察委员会于11月14日将托洛茨基和其他许多反对派人士开除出党。这是反对派领袖在1927年内"记录在案"的第三次失败。他称之为"革命的退潮"，他作为这场革命的创始者之一，也被席卷而去。将他同官方，同克里姆林宫连接在一起的那一缕纤细的线条也掐断了。在被开除出党的第二天，现在已经是彻底被一撸到底的"杰出领袖"写道：

致苏联中央执行委员会秘书

仅此奉告，鉴于涉及我的决议，我已于昨日，11月14日，迁出迄今为止由我占用的克里姆林宫中的住宅。直至我为自己找到新住所之前，我将暂时栖身于别洛博罗多夫同志家（格拉诺夫斯基大街3号，第62住宅）。由于我的儿子患病，所以妻子和儿子还要在克里姆林宫多住几天。希望住宅能够在11月20日之前完全腾空。

列·托洛茨基[2]

开始了逮捕、禁止出席那些往往以冲突而告结束的反对派的集会。报刊大量散布谣言，说托洛茨基打算建立反对联共（布）的"反革命政党"。在这种情况下托洛茨基写了《反对派的声明和党内形势》。这篇声明没有在报

---

〔1〕 Архив Троцкого. Т.4. С.255.

〔2〕 Архив Троцкого. Т.4. С.264.

刊上发表，但在私下辗转传抄。声明的语气是平静的、和解的。例如，其中说："按照斯大林宗派的策划，开除几百名优秀党员最后以开除季诺维也夫同志和托洛茨基同志而告结束。这样做正是企图迫使反对派转到第二个党的地位……反对派不能容许将自己同联共分割开，也不会走向建立第二个政党。"[1]

唉，距离托洛茨基不仅同党，而且还有莫斯科、祖国，以及他这些年来毫无保留地为之奉献了的一切彻底"割断"的日子已经屈指可数了。

流放和驱逐出国

为避免被强制迁出克里姆林宫的屈辱，朋友们就在上述事件发生的次日，帮助托洛茨基一家（按他们的看法，只是暂时）搬到他的一名支持者亚·格·别洛博罗多夫家。这就是在 1918 年 7 月，传达中央（经列宁同意并批准）那项命令——不经任何审判，枪决俄国沙皇全家，包括儿童在内——的那个人……

消瘦了的托洛茨基在书桌旁一坐就是好几个小时，写文章，草拟给各个反对派小组的指示，发电报，会见即将被流放的友人们。娜塔莉娅·伊万诺夫娜悄悄地劝丈夫到莫斯科郊区的乡下去住一两个月……他有很多文字方面的计划……领导迟早会看到他是正确的，会把他召回去……谢多娃明白，不会有这样的事，可是她担心他的健康。

托洛茨基身材略矮，体形干瘦，一头蓬松的浓发初现斑白，一对灵活的天蓝色眼睛，表现出坚强不屈的意志力、充沛的精力和思想。这一年的秋季他瘦了许多，面庞凹陷了，脸色苍白。阿道夫·阿布拉莫维奇·越飞的自戕使他深受震撼。越飞还在居住的（但放逐已经决定了）克里姆林宫里这一声枪响是一个信号，表示了对施加于反对派、理念和革命理想的暴力的抗议。1927 年 11 月 27 日，托洛茨基参加了老朋友的葬礼。虽然仪式是在白天，在工作时间举行的，但新处女墓园里还是聚集了许多人。越飞的一些友人和

---

〔1〕　Архив Троцкого. Т.4. С.269.

战友讲话之后,托洛茨基发表了简短的悼词。它的结尾是动人的:"斗争还在继续。每个人还都留在自己的岗位上。谁也不会逃跑。"人群簇拥着托洛茨基走到车旁。相互问候致意。但许多人投来的目光已经含有敌意了。托洛茨基眯缝着近视眼,向人们挥挥手。这就是他在祖国的最后一次讲话了。

傍晚,托洛茨基的新家收到了一个政府的文件袋,而且让他签收。托洛茨基打开了文件袋,摊开了一纸公文:

决定

苏联人民委员会

关于解除列·达·托洛茨基同志国家租让委员会主席的职务和任命 B.H.科桑德罗夫同志为国家租让委员会主席。

苏联人民委员会决定:

1. 解除托洛茨基,列夫·达维多维奇同志(原文如此——作者注)国家租让委员会主席的职务……

苏联人民委员会主席兼劳动和国防委员会主席

1927 年 11 月 17 日

李可夫[1]

这是托洛茨基的最后一个官方职务。是的,他还继续当了几天苏联中央执行委员会委员,不过当然也被赶了出来。他被曾经为其建立而积极努力的制度完全排斥了。现在该想一想,怎样挣钱来维持生计了。用文字工作吗?未必行……所有的编辑部都对他关上了门。国家书籍出版机构通知说,将停止出版托洛茨基的文集……怎么办?但是,被摒弃的革命者还是找到了出路,他给马克思恩格斯研究院打电话,向该院院长、自己的老熟人梁赞诺夫建议翻译科学共产主义奠基人的著作。取得同意后,托洛茨基就开始每晚在莫斯科阅读马克思的原著《福格特先生》。

放下书本后,托洛茨基有时会站起身来,在这间小房间里快步来回走动:五步走到房角,翻身回来再走五步。他身穿一件老旧的套头高领毛衣,脚上是一双毡靴,背着双手,仿佛就是一个监狱中的囚徒。实际上也真是这样:他住宅的门旁和院子大门口都有政治保卫总局的人值班。斯大林一直

---

〔1〕 ЦГАОР, ф.5446, оп.2, д.33, л.19.

在盯着这名被打倒的竞争者。

在 1927 年 11 月和 12 月的这些夜晚，托洛茨基会想些什么呢？他对日益临近的第十五次代表大会是否还怀有某些期望？是否会为一些事而惋惜？是否在"盘点"自己的错误？

永远都不会有人能够明确无误地回答这些问题了。如果一个人已经永远离开了我们，要想认识他的内心世界是很困难的，或许是不可能的。不过我以为，托洛茨基不可能不想到反对派的命运，不可能不想到斯大林这个在智力和精神方面都远不如他，而且在革命中的作用纯属虚幻的人，为什么最后却战胜了他？托洛茨基明白，在他同斯大林的争吵中，只有历史才能担当主要的证人和法官。不过他并不曾想到，它，作为法官的历史，将谴责他们双方，只是程度有所不同……

国内战争时期，托洛茨基不止一次强硬地提出过斯大林的问题，要求免除他在某条战线上处置军务的职责，可是从来不曾试图说服人民委员会主席彻底解决问题。有一次他称斯大林的行为是"比军事专家的变节和背叛还要坏的、最危险的痈疽"，[1] 可是并没有坚持要撤换特派全权代表。托洛茨基早于其他许多人就认清了斯大林，可是他最后仍然同意授予斯大林重要的党内行政职务。那是对这个人的能量严重估计不足。他原本可以在斯大林掌握对党生死攸关的权力之前很久，就止住他的脚步。

正像托洛茨基后来想到的那样，他走向同季诺维也夫和加米涅夫结盟已经太晚了，而且他始终对布哈林持敌视态度。他看重他的智慧，然而在托洛茨基眼中，布哈林是党内右翼势力的代表。而他认为，右翼势力就思维方式而论，比作为中间派的斯大林更加危险。正如拉狄克后来给他寄往阿拉木图的信中说的那样："中间派是党在思想上的贫困"，而且这种"贫困"的代表人物，在拉狄克看来，就是斯大林。托洛茨基同意这个结论。他甚至准备在一定条件下和斯大林结盟来反对布哈林，因为在反对派领袖看来，布哈林代表的是"复辟资本主义"的方针。托洛茨基和他志同道合的支持者都认为，布哈林、李可夫和托姆斯基在党的领导乐队中扮演着主角。从托洛茨基日后的回忆录来看，他不曾怀疑过反对派对右翼方针的正确性。托洛茨基认为，派别斗争的"基本原理"就是：右派或者左派在一定条件下有可能和中间派结成同盟。可是极端的两翼：左派和右派，真正的革命者和资本主义的

---

〔1〕　The Houghton Library. Trotsky Archive. bMS, Russ 13, T-119, 1S.

复辟者,要结成同盟,简直是匪夷所思!

托洛茨基不懂得布哈林的温和路线,而坚定不移地主张依靠农民实现"超工业化",在毫不妥协地挤压富农的基础上,对农村实行坚决的社会主义改造。在他看来,这样的方针才是革命纯洁性的自然体现。早在1927年初,托洛茨基就在自己的札记《谈谈农业的任务》中坚持加速对农业的社会主义改造,加强对富农的进攻,必须用五年计划来取代年度计划。托洛茨基警告说,"丧失了速度就意味着某些资源从社会主义轨道转上了资本主义轨道。"[1]

如果托洛茨基透过近在眼前的雾障能看清楚斯大林是怎样接过了左翼反对派的全部政纲,用它武装了自己,而且借它着手摧毁右翼,那就好了!那就会发生反对派首领原先认为是不可能的事情了。然而斯大林从中派向左转,与此同时却既消灭了左派,又消灭了右派。不过这一切直到很久以后托洛茨基才搞明白。

托洛茨基在鸟笼一般狭小的房间里来回踱步的时候,不可能不想到,反对派的失败动摇了他的支持者。季诺维也夫和加米涅夫每次见面都会对他说:

"列夫·达维多维奇,是时候了,我们该有勇气投降了。"

"如果仅仅需要投降的勇气,而且这就是我们必须做的一切,那革命在这之前就应该在全世界获胜了。"[2]

一天晚上,不知所措的同盟者给托洛茨基拿来了反对派首领向第十五次党代表大会提交的声明的两种方案。其中都表示准备投降。托洛茨基只是在加上"每个反对派都有权捍卫自己的观点"这一句后,才同意在一份草案上签名。左派的首领想了想,又补充了一句:"无需多说,释放因从事反对派活动而被逮捕的同志是绝对必要的。"[3]

斯大林对这个声明是怎样回答的呢? 1927年12月3日,斯大林在党的第十五次代表大会上作了长达四小时的政治报告,其中有专门的一节"党和反对派"。斯大林说,反对派向代表大会提出一个声明,表示他们"服从党的一切决定",然后做了停顿,在全场热烈的掌声中回答说:

---

〔1〕 The Houghton Library. Trotsky Archive. bMS, Russ 13, T-942. P.2-6.

〔2〕 Дейчер И. Интервал(多伊彻:《间歇》). Лондон, 1963. C.618。

〔3〕 Архив Троцкого. Т.4. C.275.

"同志们,我想这一套是行不通的。"

然后又做了停顿,补充说:"据说他们还提出了恢复被开除的人的党籍问题。"然后说:

"同志们,我想,这一套也是行不通的。"

会场上又响起了长时间的鼓掌。

总书记在结束审视反对派问题时,总结说:"他们必须在全世界面前公开地老老实实地放弃自己的反布尔什维主义的观点。他们必须在全世界面前公开地老老实实地痛斥他们自己所犯的那些已经成为反党罪行的错误……或者是这样做,或者是叫他们出党。如果他们不肯出去,就把他们赶出去!"[1]

托洛茨基读着发表在《真理报》上的斯大林的报告,越来越感到他对之估计不足的这个人何其自信和跋扈!斯大林于 12 月 7 日的结论中再一次提到反对派。撇开讲话的蛊惑性内容,单是批判的形式本身就是极端侮辱人的。托洛茨基用铅笔标出了以下的语句:

"关于叶夫多基莫夫和穆拉洛夫两人的发言,我没有什么重要的话要讲,因为他们的发言没有提供可讲的材料。关于他们的发言只能说一句话:愿上天宽恕他们的罪过,因为他们自己也不知道自己胡说些什么……

大家知道,拉柯夫斯基在莫斯科代表会议上关于战争问题说过许多蠢话。他来这里发言,大概是想纠正自己那些蠢话。但是结果却显得更蠢。"

代表大会感到满足了,响起了笑声、掌声,欣赏着斯大林的"机智和俏皮"。托洛茨基继续用铅笔在《真理报》上画着:

"现在我来谈谈加米涅夫的发言。这个发言是反对派分子在这里,在这个讲台上所做的一切发言中最荒谬、最虚伪、最狡诈和最骗人的发言。"[2]不,斯大林并没有忘记上一次代表大会上加米涅夫的发言:"斯大林同志完成不了团结布尔什维克司令部的使命……"托洛茨基再一次确信,斯大林什么也不打算原谅,什么也不会忘记。

代表大会后,反对派的队伍更加稀稀拉拉了。一些人,如季诺维也夫和加米涅夫,卑躬屈膝地祈求宽恕,另一些人干脆脱离了政治活动,第三类人则在等待逮捕和流放。始终对自己的庇护人保持着忠诚的谢尔姆克斯或者

---

〔1〕《斯大林全集》第 10 卷,人民出版社 1956 年版,第 300—302 页。

〔2〕《斯大林全集》第 10 卷,人民出版社 1956 年版,第 305—308 页。

波兹南斯基每天都向托洛茨基报告:拉柯夫斯基去了阿斯特拉罕,斯米尔诺夫去了亚美尼亚,而拉狄克目前还在托博尔斯克。第二天又报告说,谢列布里亚科夫被流放到塞米巴拉金斯克,斯米尔加去了纳雷姆,普列奥布拉任斯基去乌拉尔斯克……秘书不时看看手里的名单,不断读出新的人名,但流放地点还是那些:伊尔库茨克、阿巴坎、坎斯克、阿钦斯克、米努辛斯克、巴尔瑙尔、托木斯克……

托洛茨基感到,他应该很快就被流放出去,可是又暗自希望,斯大林还犹豫不决,是否应当将列宁最亲密的战友关进监狱或是流放出去。他不愿意相信,他传奇的光荣列车已经永远消失在地平线外。

1927 年 12 月末,波兹南斯基被请到了政治保卫总局,并委托他转告托洛茨基,建议他去阿斯特拉罕。托洛茨基当天就向政治局写了报告,说只要他的健康状况允许,他愿意去任何地方工作,可是他不能去阿斯特拉罕,因为潮湿的气候对疟疾不利。一星期之后,政治保卫总局的一名小官员传唤了托洛茨基,告诉他请求得到了满足。他将前往有利于治疗疟疾的气候干燥地区。执行人用干巴巴的语气向他宣读了:"根据惩处从事反革命活动者的法律,公民列夫·达维多维奇·托洛茨基将被流放到阿拉木图市。并未指明流放期限。去流放地的出发时间是 1928 年 1 月 16 日。"

托洛茨基用茫然的目光环顾了这间只有一张公家的桌子和两把椅子的破旧屋子,一言不发就走了出去。他心里没有丝毫动摇或者忏悔。他早已做出了自己的选择。选定的道路他将一直走到底。

娜塔莉娅·伊万诺夫娜并没有流露出这份令人伤心的通知给她留下的印象。把托洛茨基一家安顿在自己家里的房主别洛博罗多夫也收到一份通知,将被流放到科米共和国的一个读起来拗口的村子里。开始了收拾行装。那些还不曾投降的或是还没有被押送流放的反对派首领经常来拜访托洛茨基。前军事人民委员很激动,发出一些指示,口授电报文稿,自己也坐下来写抗议、材料和声明。他的全部姿态都表明,并非已经一败涂地。党应当醒悟过来。革命事业是不可能被扼杀的。

1 月 16 日,行装已经收拾完毕。托洛茨基分外仔细地要求包装好他的全部文件、书籍、档案资料。谢尔姆克斯、波兹南斯基和长子列夫将全部这些材料装进 20 多个箱子。一大早所有的人——夫妇俩、两个儿子、越飞的夫人和两三个其他亲戚——就在等着托洛茨基被带走。他还就特级公爵缅希科夫被流放到别廖佐夫一事〔1〕说了些笑话，但是屋子里是非同寻常的寂静。可是，拉柯夫斯基来了，告诉大家喀山火车站上聚集了许多人，希望同托洛茨基告别。民警没能驱散集聚的人群。一些年轻人打出了托洛茨基的肖像，躺在列车前面的轨道上。

终于响起了政治保卫总局的电话铃声，通知说出发日期推迟两天。也没有说明原因。大家慢慢散去了，还要等两个短暂的冬日。

然而就在第二天，来了一大群政治保卫总局的人。托洛茨基起初不肯打开住宅的门，指出"现在的领袖"违背诺言；等到不得不放这些人进来时，又不肯服从让他走出家门的命令，说这是违法行为。政治保卫局的几个人把被罢黜的领袖架起来，顺着楼梯走向汽车。托洛茨基的长子跑在前面，在每个楼梯头上，挨家挨户地敲门，一边喊着："同志们，请看托洛茨基被强行架走了！"有些门打开了一条缝，探出一颗头来，惊慌地或者困惑地看一眼这幅奇怪的画面，又赶紧缩了回去……对秘密部门的恐惧不知不觉地将自己的触角伸到了工厂、机关和公共住房。很快全体民众就不仅成了军营社会的不由自主的创建者，而且还是自身遭受奴役而毫无怨言的沉默见证者。人民将用自己的双手建造起监狱，而且将自己塞进监狱……每一个托派分子的各种情况政治保卫总局都将清清楚楚。几千人将从事这项"无产阶级的"事业。

事态进一步如何发展，让我们看看娜塔莉娅·伊万诺夫娜·谢多娃的回忆吧："汽车沿着莫斯科的街道行驶。天寒地冻。可谢廖沙连帽子也没有戴，匆忙中忘记拿帽子了，大家都没有穿胶皮套鞋，没有戴手套，没有带一只箱子，甚至连一只手提包也没有带，大家全是轻装。没有把我们带到喀山车站，而是开往另一个方向，好像是雅罗斯拉夫尔车站。谢廖沙试图跳下车，想到他嫂子的工作单位去，告诉她我们被带走的消息。格伯乌人员紧紧抓住谢廖沙的双手，要列·达劝他不要跳下汽车。我们到了空荡荡的车站。格伯乌人员还像离家时那样架着列·达。廖瓦向铁路工人们大声喊道：'同志们，看看他们是怎样把托洛茨基同志带走的。'有一个曾经陪同列·达打猎的格伯乌人员揪住他的领子，蛮横地喊道：'瞧，你这个小矮个。'谢廖沙是个训练有素的运动员，当即打了他一个嘴巴。我们进了车厢。押解人员守卫在我们包房的门窗边。其余的包房也被格伯乌人员占满了。开往哪儿？

---

〔1〕　特级公爵缅希科夫是彼得一世的近臣，后被彼得二世流放到别廖佐夫。

我们不知道。行李没有给我们送来。火车头拉着我们乘坐的唯一的一节车厢启动了。已是下午两点钟。原来我们是在绕道前往一个偏僻的小站，在那儿我们的车厢要挂在一列从莫斯科喀山站开出的邮政车上，然后开往塔什干。5点钟，我们同谢廖沙和别洛博罗多娃告别，他们要乘逆行列车返回莫斯科。我们则继续自己的行程。我发烧了。列·达·精神饱满，几乎可以说是情绪愉快。一切已成定局。"[1]

斯大林在托洛茨基被押送流放前两天，因为粮食采购问题去了西伯利亚，行前对托洛茨基的有关事情预先作了安排。联共（布）中央书记斯·维·柯秀尔用密码电报向斯大林报告："今天两点钟托洛茨基被押送往阿拉木图。因为他拒绝走出来，将自己锁在室内，不得不砸开门，使用强制手段将他架走。晚上将逮捕穆拉洛夫等人。"斯大林回答："有关托洛茨基和托洛茨基分子的密电已收悉。"[2]

我在关于斯大林的那本书里对这个情节的叙述略有不同，现在由于公布了补充材料，整个过程就相当完整了。政治局委员几次讨论过流放托洛茨基的问题。反对的是布哈林和李可夫。积极支持斯大林的是伏罗希洛夫。其他人摇摆不定。关于驱逐出国的讨论没有记录下来。但最终是斯大林如愿以偿了：他经常的竞争对手被发送到遥远的中国边境，虽说总书记，从种种迹象判断，并没有放弃将托洛茨基赶出国门的想法。

托洛茨基从莫斯科到阿拉木图的行程，在他的自传体书籍《我的生平》中有详细的叙述。我只想补充下面这些情况：由于向东部地区大量流放反对派分子，以及逮捕许多被怀疑"同情"托洛茨基的前党员，政治保卫总局成立了一个庞大的专门机关，还在各地设置了分支机构。政治侦查的范围日益扩大，越来越多的被怀疑人受到监视。首先被逮捕的就是那些在托洛茨基直接领导下，在革命军事委员会、人民委员部和托洛茨基秘书处工作过的人。最接近托洛茨基的助手，谢尔姆克斯和波兹南斯基，就在阿拉木图被捕。他们的遭遇十分悲惨。

20世纪20年代曾经在托洛茨基秘书处工作过的娜捷施达·亚历山德罗夫娜·马莲尼科娃告诉我，谢尔姆克斯和波兹南斯基都是智力出众的人，

---

〔1〕 托洛茨基：《我的生平》，赵泓、田娟玉译，郑异凡校，上海人民出版社 2014 年版，第 472—473 页。

〔2〕 Известия ЦК КПСС（《苏共中央通报》）. 1991. №5. C.201.

工作奋不顾身,绝对相信托洛茨基是正确的。布托夫可以说是秘书处的参谋长。娜捷施达·亚历山德罗夫娜说,我们这些打字员每月工资只有 40 卢布。就是在当年,这也是很少的。有一次布托夫对托洛茨基说了这件事。托洛茨基当即嘱咐,每月给我们每人增加 23 卢布,从他的稿酬中支付……

娜捷施达·亚历山德罗夫娜和我谈话时已经是 88 岁高龄了。

"我现在记得的都是些'片段',或者准确些说,是个别'画面'。整幅的图画已经没有了,"讲述人抱怨说,"我还记得看戏时和谢尔姆克斯坐在第几排,可是已经不记得布托夫的名字和父名了。"

耄耋老人对谢尔姆克斯满怀深情,讲了他的许多事情,认为他和托洛茨基的大部分工作人员都经历了悲惨的命运:

"谢尔姆克斯是 1928 年被捕的。从集中营里给我写过信。信封上的邮戳有梅德维日耶戈尔斯克的,也有切列波韦茨的。1929 年他被转移到别的地方去了。我写的信看来是被他销毁了,要不然我也会被捕的。我在托洛茨基秘书处认识的人全都被捕了。他们的命运很悲惨:长期被关在监狱或是集中营里,到了 1937 年至 1938 年就都被枪杀了。特别遭殃的是那些和人民委员一起工作过,认识他的人。唉,认识他的人多得很呐,所以才杀了那么多人。"

我想,上了年纪的妇女的讲述让我们充分感受到那个时代的气氛,一切同托洛茨基有关联的东西都立即引起最敏锐的怀疑,紧随其后的就是同样的反应。

1928 年 1 月末,托洛茨基、娜塔莉娅·伊万诺夫娜和他们的长子列夫被带到了阿拉木图这座边境地区的偏僻小镇。托洛茨基将在这里度过一年时光。最初的两三个星期流放者一家暂住在"七河"旅馆里,后来找到了一处小房子,他们就在那里安顿下来了。谢尔姆克斯和波兹南斯基和他们待了一段时间,不过不久他们就在这里被逮捕了。[1]托洛茨基为自己忠诚的助手被捕而非常悲伤。

托洛茨基一家好歹料理了简陋的日常生活,于是坚强不屈的革命家立即投入了工作。他的精力极其充沛。无论环境多么复杂,他都不会停下他犀利的笔。很快他的信、他的电报就从阿拉木图飞向莫斯科和其他城市。托洛茨基希望迅速确定反对派领导者的位置,分析局势,确定今后的行动策

---

〔1〕　Архив ИНО ОГПУ, ф.17548, д.0292, т.11, л.216.

略。很快信函就如潮水一般涌向他的住所。

托洛茨基的长子主管"办公室"：登记收到的信件，发出托洛茨基的答复。在《我的生平》一书中，引用了列夫·达维多维奇同外界联系的一些数字："在 1928 年 4 月到 10 月间，我们从阿拉木图发出了 800 封政治信件，其中有一些是重要著作。发出的电报约达 550 余封。收到了 1 000 余封政治信件，有长有短，以及约 700 份来电，大多数是以集体名义发来的。这些通信主要是在各个流放地之间进行的，但信件也从流放地传递至全国各地。即使在最顺利的几个月里，我们能收到的信件也不到半数。此外，我们从莫斯科收到了 8—9 个密件，即由信使转送来的秘密材料和信件；我们也往莫斯科发出了同样多的密件。密件使我们了解了外界所发生的一切事情，并且使我们能够对重要的事件作出反应，虽然时间上要晚得多。"[1]

而且确实也发生了重大的事情。国内的粮食危机不断增长。农民不愿意以非常低的价格出售粮食。政治局虽然将托洛茨基分子开除出党，但是依然分裂了。斯大林正如托洛茨基过去要求的那样，急剧地向左转，而布哈林及其支持者们则警告说，事态有恶化的危险。1928 年 9 月，托洛茨基在《真理报》上读到了布哈林的一篇文章《一个经济学家的札记》，他不禁高呼：

"投降派有可能占上风！革命危险了！"

布哈林断言，发展工农业而不经历危机是可能的。应当提高粮食的价格，不允许单方面地，而且是过度地从农村向城市抽取资金以满足工业化的需求。应当大力扩展农民的市场，而不是加紧农村的改造。布哈林写道："我们应当启动为社会主义服务的各种经济因素，使之成为最大的动力。这就需要将个人的、小集体的、群众的、社会的和国家的主动精神用各种办法结合起来。我们的集中过分了。"

托洛茨基感到，斯大林实际上倾向于甩开布哈林，而走上反对派曾经坚持的道路：限制富农，以农村为代价加速工业化，采取极端措施摆脱危机。托洛茨基，还有反对派的其他领袖感到惊喜：斯大林将站在他们一边！许多人指望（在相互通信中谈到），被卷进同投降派布哈林作斗争的斯大林改变方针，其结局就是将他们从流放中召回。托洛茨基在给自己的支持者的一些信中也流露了类似的看法。[2]托洛茨基在同不定期，半合法地从莫斯科

---

〔1〕 托洛茨基：《我的生平》，赵泓、田娟玉译，郑异凡校，上海人民出版社 2014 年版，第 486 页。

〔2〕 The Houghton Library. Trotsky Archive. bMS, Russ 13，T-2918. P.1-4.

和列宁格勒来到他那里的密使谈话中,有这样的想法:斯大林的"左转弯"表明反对派的战略是正确的。托洛茨基继续错误地认为,今天布哈林的政策和理念比斯大林的农民方针更危险。[1]托洛茨基仿佛觉得,斯大林宣布的向富农进攻将违反其意志,使总书记及其宗派进入党内左翼的轨道。托洛茨基乐观地认为:我们还将为党所需要。

反对派领袖的预言似乎正在得到证实:一天傍晚,他家里来了一个陌生人,自称是一名赞同托洛茨基观点的工程师。他详细询问了流放者在阿拉木图的生活和居住条件,然后直截了当地问道:

"您是否认为可能存在一些和解的步骤?"

"不可能和解。不是因为我不想和解,而是由于斯大林不可能和解。"[2]

造访者很快就走了,而且以后再也没有出现过。托洛茨基明白,这个人是被派来摸底的。流亡者不无根据地认为,斯大林未必敢同"左翼"反对派和解;因为这将被党视为他承认自己错了。托洛茨基逐渐得出结论,认为斯大林已经掌握了强大的力量,足以先摧毁左派,然后再消灭右派。中央委员会总书记形式上还保留着中派的面目,但将从托洛茨基的纲领中借用许多东西来武装自己。

错了,斯大林永远也不会想到同托洛茨基再度合作,因为他们彼此之间的敌对,准确些说是相互的仇视,已经太深了,简直到了互不相容的地步。不过,斯大林实用主义地利用了反对派的思想,同时客观上也就促进了队伍中的分化。对一些老布尔什维克而言,党籍几乎具有神话的性质,因而准备向斯大林的机关请求宽恕。特别坚持这样做的是拉狄克和普列奥布拉任斯基。相反,绝对不想和解的是拉柯夫斯基。托洛茨基已经察觉到了拉狄克业已开始的政治转向。

只有一小部分托洛茨基分子,主要是年轻人,不相信斯大林,认为总书记采用肮脏的办法来实施从反对派那里借来的方针。反对派在继续溶化。第十五次党代表大会后的半年内,托洛茨基的支持者中正式宣布同他断绝关系的有3 000多人。[3]留下的只有一些人数不多的小组,(在大城市中)搞非法活动,还有被流放的反对派群体,就自己的政纲以及自身的命运进行

---

〔1〕 Дейчер И. Интервал. С.653.

〔2〕 Троцкий Л. Дневникиииисьма(《日记和书信》). С.73。

〔3〕 Ярославский Е.М. За последней чертой. Троцкистская оппозиция после XV съезда(雅罗斯拉夫斯基:《在极限之外:十五大以后的托洛茨基反对派》). М.-Л., 1930. С.64。

为时已晚的争论。

而对托洛茨基，还在继续败坏他的名声。当莫斯科市委书记乌格拉诺夫声称，托洛茨基"佯称患病"，继续从事反对派活动时，娜塔莉娅·伊万诺夫娜忍无可忍。她在一封措辞严厉的信中指出，"佯称患病"是在继续撒谎，企图在被流放者周围形成一圈屏幕。谢多娃-托洛茨卡娅（她在信上的署名）要求停止对丈夫的中伤。[1]

到 1928 年秋季，写给托洛茨基的信函急剧减少了。许多信件消失得无影无踪。丢失的信件中有一件令托洛茨基分外伤心。春天他从长女季娜的信中得知，次女尼娜病重。她们两人生活都很拮据，住在角落里，经常受到迫害。两个女儿都狂热地崇拜父亲，为他遭受的命运的沉重打击而深受痛苦。尼娜的丈夫被捕了，而她本人又因为"托洛茨基分子的信仰"而被开除，失去了工作。她病势沉重。除了姐姐，没有人来援助他。而对于医生来说，为托洛茨基的女儿治病无异于为自己写下判决书。26 岁的尼娜求告无门，于 1928 年 6 月 9 日去世。而托洛茨基只是在 73 天后才得知这个消息！长女病情也不轻。可是托洛茨基同她也联系不上。如今一封寄往阿拉木图的信要走那么长的时间。每封信都要经过反复审读，研究，复制。政治保卫总局的一个专门小组将托洛茨基的来往信函汇集起来，通过明仁斯基向斯大林禀报。斯大林读着秘密警察的每月汇报，越来越相信应当"终止"托洛茨基分子在苏联领土上的任何政治活动。

而托洛茨基这时一如既往，不断用电报提出抗议，尽管心里明白这些抗议毫无用处。

莫斯科。致政治保卫总局　明仁斯基
联共(布)中央委员会
中央执行委员会　加里宁

完全的通讯封锁已经一个多月了。被截住的有关于女儿的健康情况和必需的药品等等的信件、电报。告诉你们是为了消除日后推给"执行人"的借口。

托洛茨基 1928 年 12 月 3 日[2]

---

〔1〕　Int instituut Soc Geschiedenis Amsterdam（《阿姆斯特丹社会史研究所》）. No740，2369。
〔2〕　The Houghton Library. Trotsky Archive. bMS, Russ 13, T.2912, 1S.

托洛茨基的"信使",阿拉木图某单位的司机忽然失踪了。后来查明,他被逮捕了。此前他们是在公共浴室里见面,悄悄地相互交换一卷卷文件。托洛茨基明白,通讯员是被跟踪后,被捕了。现在流放者的信息"口粮"被断绝了。

托洛茨基将翻译工作、回复来信和设计庞大的自传写作计划之间的间歇,消磨于他喜爱的活动打猎。待在"隐蔽棚"里等候飞来的野物时,托洛茨基看着飘然远去的白云。不需要很多想象力就可以在天穹上看到,读到种种事情。现在的天空让他回想起 1918 年和 1919 年炎热的夏天:喀山、察里津、俄国苍茫无边的平原……

在这里,在阿拉木图郊外,托洛茨基正在草拟未来自传的提纲。给它起个什么名字呢? 在一小张纸上,托洛茨基记下了未来可能用得上的题目(从这时起,这一小片纸张必然要保存在……内务人民委员部的档案馆里):

(一)"半个世纪"(1879—1929)。小标题:自传试笔。

(二)"来潮与退潮"。一个革命者的自传。

(三)"为革命服务"。自传试笔。

(四)"生活在斗争中"。一个革命者的自传。

(五)"生活就是战斗"。一个革命者的自传。[1]

我们知道,上面这些题目中没有一个能够为托洛茨基的自传增添光彩。但是所有这些方案都是同革命联系在一起的。

他和儿子,以及两个当地的猎人一起,往往一连几天在伊犁河的各条支流上狩猎候鸟。流放者被禁止离开阿拉木图超过 25 公里。为了到远处去打猎,还要申请许可。

> 莫斯科,致明仁斯基
>
> 　一个月之前,政治保卫局禁止打猎。两星期以前又通知说允许了。现在则限制在无处狩猎的 25 俄里之内。我认为这简直莫名其妙,现在告诉你,我打算去 70 俄里之外的伊犁斯克打猎。请指示,以免发生不必要的冲突。
>
> 　　　　　　　　　　　　　　　　　　　　　　托洛茨基[2]

---

[1]　Архив ИНО ОГПУ, ф.17548, д.0292, т.1, л.21.

[2]　Int instituut Soc Geschiedenis. Amsterdam. №740, 2363.

可是上级没有回答，于是托洛茨基置禁令于不顾。

一连几天托洛茨基都是独自一人和大自然面对面，他常常意识到，党内的、宗派的和反对派的种种事情有多么忙忙碌碌，却又毫无价值。斯大林及其党派立即变得渺小，而昔日的战友之间的语言决斗仿佛是一场滑稽的轻歌剧，"政纲"和"纲领"早已坠入了无底深渊。

晚上坐在篝火边，仰望着春天深邃的苍穹，托洛茨基感到自己不过是被无穷无尽的生活浪潮推到了汪洋大海最边沿的一块小小的碎木片。"魔术马戏场"上的群众大会、攻打喀山、他在有列宁出席的大小会议上的演讲都留在了遥远的某个地方……一个能够哪怕只有一分钟摆脱日常琐碎事务的纠缠的人，在直面永恒的时候，会痛苦地意识到，也不能不意识到自己的存在是多么难以捉摸，而且虚幻缥缈……

打猎回来之后，托洛茨基继续编写几本书。他一再拿起已经开始的、回忆列宁的一篇大文章《不断革命和列宁的路线》，其中他打算重新认识俄国革命的领袖所写的一切。可是为时晚矣：诠释领袖的"权利"已经被斯大林垄断了。想实现自己的意图是越来越困难了：他没有任何来自首都的信息。

通讯封锁更加严厉了，原因是这样的。布哈林领略了斯大林的铁钳，想到有可能同加米涅夫和季诺维也夫，甚至还有托洛茨基结成联盟。布哈林忘记了谨慎行事，于1928年7月11日晚上来到加米涅夫家里，打算同已经被半摧毁了的反对派建立非法的关系。他伤心地告诉加米涅夫，由于帮助了斯大林摧毁反对派，他现在非常后悔。据托洛茨基分子1929年2月传送的非法传单说，布哈林很沮丧，反反复复地说，"斯大林是成吉思汗，是最无赖的阴谋家"，"革命被扼杀了"。可是布哈林并没有一个对抗斯大林的方针和总书记篡权的明确计划。

布哈林还去过几次加米涅夫家，但是并没有制定什么具体的步骤。然而政治保卫总局的密探很快就"盯上了"这些接触，而且报告了斯大林。与此同时，明仁斯基也报告说，"布哈林分子"已经同托洛茨基取得了联系。这就促使总书记迅速实施早已在酝酿的计划。1929年1月中旬，斯大林第一次在政治局突然谈到必须将托洛茨基隔离起来。布哈林反对，李可夫和托姆斯基对这样做是否恰当表示怀疑。其余的人支持斯大林，但有保留。总的说来，并没有取得一致。于是斯大林拿出明仁斯基的材料：反对派寄往阿拉木图的信函有多少，每月到托洛茨基那里去的信使有多少；他还读了流放者寄出的信的一些摘录,最后,他以自己通常的强硬而有震慑力的话作结束:"从中央委员会和党内赶出去了,可是这个蜕化变质分子并没有吸取教训。那怎么办呢,我们是等着托洛茨基来搞恐怖活动,还是组织暴乱?"所有的人立即缄默不语了。于是斯大林宣布了决定:"我建议驱逐出国。"他稍作停顿后,又放出烟幕:"他要是醒悟过来,回头的路并没有关死。"

这时,大家思考的与其说是托洛茨基的命运,毋宁说是自身的前途。每个人都感觉到斯大林的手就放在自己的咽喉边上;现在顶撞他的越来越少了。总书记对付各种情况都有他不容撼动的道理:"难道列宁会纵容姑息吗?","难道不是党在领导无产阶级专政?","和革命的利益比起来,私人关系算得了什么?"布哈林再也没法反对了。紧接着,就在1929年4月,在联共(布)中央委员会和中央监察委员会联席全会上,布哈林就听到了斯大林针对他说的:这个"'繁琐哲学的理论家'是托洛茨基的门生……昨天还企图和托洛茨基分子结成联盟反对列宁主义者,还跑去和他们暗中勾结!"[1]

斯大林攫取了很大权力,但还没有成为独裁者。他站在最可怕的、来自上层的"革命"的门槛上。他打着对农村进行社会主义改造的招牌,想要恢复农奴制,准确地说,是推行斯大林的制度,把千百万农民变成受奴役的人。他并不希望在这场规模宏大,而后果凶险的"革命"中,有人"碍手碍脚"。斯大林还不敢把托洛茨基从肉体上消灭,或者比如说,像他的"信使"那样投入监狱。这个变节者应当被赶出去。按照斯大林的命令,反复研究了驱逐出国的地点。谁也不愿意接受这个传奇的革命家-叛逆者。最终土耳其政府被说服了。

托洛茨基在等待明仁斯基和加里宁关于停止信函封锁的答复。作为回答,1928年12月16日晚上(原文如此——译注),来了一名莫斯科的专使B.沃伦斯基。他在政治保卫总局的两名官员陪同下,走进家门,干巴巴地问候了一下,受中央委派宣读了以下内容:

> 您的同伙的活动最近具有明显的反革命性质;您在阿拉木图的条件使您完全有可能领导他们的活动;为此,政治保卫总局局务委员会决定,要求您完全停止您的活动,否则,局务委员会将不得不改变您的生活条件,就是说,使您完全脱离政治生活,同时还提出改变您的居住地

---

〔1〕《斯大林全集》第10卷,人民出版社1956年版,第62—72页。

点的问题。[1]

托洛茨基明白：这是要把他遣送到更遥远的地方，大概是西伯利亚或者北极圈吧。不过驱逐出国是他完全不曾料到的。然而四天以后，政治保卫总局的代表又来到托洛茨基家里。和他一起的也是几名武装随从。沃伦斯基走到房子中间，高声宣读，几乎是喊叫，一份从图囊中拿出来的文件：

> 政治保卫局 1929 年 1 月 18 日关于公民列·达·托洛茨基案件的记录。托洛茨基根据俄联邦刑法典第 58 条第 10 款被控犯有反革命活动罪，组织非法的反苏维埃政党，且其活动近来指向挑动反苏维埃游行，准备反对苏维埃政权的武装斗争。
>
> 决定：
>
> 将公民列夫·达维多维奇·托洛茨基驱逐出苏联国境。[2]

托洛茨基接过递给他的驱逐出境的传票，当即在传票上写下："实质上是犯罪，形式上又违法的政治保卫局的决定，已于 1929 年 1 月 20 日通知我了。"

他问将被驱逐到何处，押送人员只是两手一摊。沃伦斯基解释说：途中会有补充指示……开始了匆匆忙忙地收拾行装。已经没有了助手的托洛茨基，现在只能和大儿子一起注意首先必须包装他的全部文件。父子俩一声不响，都感到奇怪，为什么不没收这些文件？

一两年后，当托洛茨基在国外迅猛地开展文字活动时，斯大林大发雷霆：是谁准许托洛茨基带走他的私人档案的？将要逮捕几个人。首当其冲的是肃反工作人员，被镇压的有布拉诺夫、沃伦斯基、福金等人。这时斯大林已经处于正在迅速得到巩固的体制之中，但是肃反工作人员还不明白，在这种体制中指示就是最高的启示、最高的价值、最高的真理。而在驱逐托洛茨基的指示中，官员们并没有规定禁止带走文件的条款。那好吧，既然没有禁止，就等于说最高层是允许的。

在托洛茨基到达阿拉木图将近一年之后，几辆汽车组成的车队从这座

---

〔1〕 托洛茨基：《我的生平》，赵泓、田娟玉译，郑异凡校，上海人民出版社 2014 年版，第 488 页。

〔2〕 The Houghton Library. Trotsky Archive. bMS, Russ 13, T.2948, P.2.

不起眼的小砖房边开出。又是单独的一节车厢,警戒人员,又是前途茫茫。托洛茨基每天都要求明确答复:他被带往何处? 他要求在莫斯科同孩子们见面。他要求保障安全。令他深感不安的是到处:芬兰、波罗的海沿岸诸国、波兰、德国、法国、保加利亚,都有许多白卫流亡者。这就是那些被他领导的红军赶出国门,无处栖身,历尽苦难,满腹怨恨的人。正是他们会为自己的苦难而和这个被逐出国外的人算账! 每天清晨,他都坚决要求对他的未来作出明确的回答。至少托洛茨基会被迫流亡到德国。他最后只得以绝食相威胁。于是在一个偏僻的小车站将他的车厢摘了钩,放在一条尽头线上。当然不会让托洛茨基去莫斯科,但是把他的小儿子谢尔盖和妻子接到了车站。过了一两天宣布:流亡地点是土耳其,君士坦丁堡。托洛茨基又发了一封电报提出抗议:

> 联共(布)中央委员会、苏联中央执行委员会、共产国际执行委员会
>
> 1. 政治保卫局的代表通知我,德国社民党政府拒绝发给我签证。这就是说,弥勒和斯大林在对反对派的政治评价上一致了。
>
> 2. 政治保卫局的代表通知我,将违反我的意志,而将我交给基马尔(土耳其共和国总统——译注)。这就是说,斯大林和(共产党员的扼杀者)基马尔商定处置共同的敌人-反对派。
>
> 3. 政治保卫局的代表拒绝谈论在我被迫流亡期间针对白卫分子(俄国的、土耳其的,以及其他的)的最低限度保障条件。这里暗藏着指望白卫分子直接协助斯大林,而且这种协助原则上无异于和基马尔事先商定的协助……政治保卫局的代表声称,似乎基马尔给我除了武器,即手枪,之外的物品发放了"护照",这就是说,在我一旦面对白卫分子的时候,实际上让我解除了武装……
>
> 陈述以上种种是为了及时确定责任,并证明我认为针对纯属热月派的背信弃义而必须采取的步骤都是有根据的。
>
> 1929 年 2 月 7—8 日
>
> 托洛茨基[1]

在君士坦丁堡将原电文付印时,托洛茨基去掉了所有的引号。

---

[1] The Houghton Library. Trotsky Archive. bMS, Russ 13, T.2949, 1S.

　　而莫斯科是绝不会手软的：只能去土耳其。被驱逐者乘坐的车厢向南疾驰。它被挂上了各种列车，无论什么地方，几乎聚齐了的托洛茨基全家都被禁止走出车厢。终于在2月10日，托洛茨基被送到了敖德萨。他在这里就得同小儿子和他的妻子告别了。是永别了。以后他们再也不曾见过面。父亲在拥抱谢尔盖的时候，对他说：

　　"孩子，别难过。世上的一切都在变化。莫斯科的许多东西也在变化。我们会回来的……一定会回来的！"

　　肃反人员费多尔·巴甫洛维奇·福金催促他们：

　　"托洛茨基公民，时间到了……"

　　苏联民警总局护照处处长福金的任务是伴送托洛茨基从阿拉木图直到君士坦丁堡。他怀着复杂的心情看着被驱逐者。就在不久前，人们提到他的姓名时，都怀着崇敬的心情：一个无所不能，热情洋溢，永远在发表演讲，一贯来去匆匆，自信，有吸引力的人民委员……而近两三年来，恰恰相反，报刊上、报告里、党内会议上、群众大会上经常提到的是一些闹不明白的词语："托洛茨基分子""托洛茨基派""投降派"。说这些话的人的语气里都含着一种敌意。向人们灌输的是：这些人反对建设我们为之发动了革命，为之经受了血腥的国内战争的社会主义。这是一些让人捉摸不透的人……

　　福金听取了政治保卫总局人员的汇报：托洛茨基的文件箱已经装上了轮船，行李也送到了船舱，各种文件都已经修改完毕。车厢外面是敖德萨冬季的沉沉黑夜。托洛茨基在旧高领毛衣的外面加了一件穿旧了的大衣，拿起放置最珍贵物品的小旅行箱，又一次拥抱了谢尔盖和妻子，在娜塔莉娅·伊万诺夫娜和列夫前面向出口走去。透过异常寒冷的黑夜，可以看到曾经和他关系极为密切的敖德萨稀稀拉拉的灯光。托洛茨基一手挽着妻子，登上了舷梯，透过暗淡的灯光，他看见了船舷上的船名："伊里奇"。被驱逐者露出一丝苦笑，他可能在想：已经永远躺在了红场上的陵墓里的那个人绝对不会料到，他们曾经那么激情而热忱地创建的制度仅仅过了十年，就不顾一切地开始吞噬自己的领袖了。

　　托洛茨基回头看看，只见码头被军人紧紧围住，已经看不到谢尔盖和他的妻子，他们立即被送走了。阿格斯菲尔再度踏上了自己永恒的小路。一个新的结局开始了。轮船晃了一下，跟在破开沿岸坚冰的破冰船后面缓慢地朝前开。敖德萨的灯光很快就熄灭了。对于托洛茨基而言，是永远熄灭了。在他身后是逐渐被漆黑的革命之夜笼罩着的祖国。而它，革命，却始终为他所钟爱。季娜伊达·吉皮乌斯在《棕红的花边》里将革命描绘成一个眼神迷茫，动作敏捷的小女孩，手里拿着一把红色的喷壶去给冷冰冰的岩石浇水。[1]难道她的话真是正确的？

将近一昼夜之后，船接近了君士坦丁堡，托洛茨基让儿子列夫将福金请到船舱来。福金进来后，托洛茨基默默地递给这名陪送人员一封没有封上的信，对他说：

"您可以读一读。回去以后，请交给您的领导。"

他停了停，又补了一句：

"我就不留您了。"

福金一句话也不说，走了出来。回到自己的船舱后，他锁上门，读了托洛茨基手写的、笔迹清晰的信：

致政治保卫局特派员福金同志

政治保卫总局代表布拉托夫宣布，您奉有严格的命令，不顾我的抗议，采用身体强制手段将我驱逐到君士坦丁堡，也就是交到基马尔及其代理人手里。

您能够完成这项委派，因为政治保卫局（也就是斯大林）和基马尔之间已经有了协议，由政治保卫局和土耳其的民族—法西斯主义的警察共同努力，将一名无产阶级革命者强行迁入土耳其。

即使我现在不得不屈从于以列宁的前学生（斯大林及其一伙）的闻所未闻的背信弃义为基础的这种暴力，我也认为必须警告您，十月革命、联共（布）、共产国际必然，而且我希望，就在不久之后将在真正布尔什维主义的基础上再生，我迟早会有机会追究不仅是热月罪行的那些组织者，还有执行者的责任。

列·托洛茨基
1929 年 2 月 12 日"伊里奇"轮接近君士坦丁堡时[2]

---

〔1〕 Окно（《窗口》）. Берлин. 1923. C.17.

〔2〕 摘自参加过 1956 年为被镇压者（包括费·巴·福金在内）恢复名誉工作的司法中将 Б.А.维克托罗夫的私人档案。

福金回到莫斯科后,将托洛茨基在苏联领土上("伊里奇"船上是苏联领土)写的最后一份文件交给了上级,不过出于某种内在的冲动,给自己留了一份复制件并保存在家里。有一次他对一名同事讲了信件的内容。在那些疯狂的年代,这名同事将福金保存着一份"托洛茨基的文件"报告了"应当禀报的地方"。1938年,福金根据尼·伊·叶若夫本人的命令被捕。领导侦查工作的是时任内务人民委员部罗斯托夫州局长阿巴库莫夫(福金当时是罗斯托夫州民警局局长)。一个人替跌落的被驱逐者保留肖像画上一处微小笔触的下意识冲动,让他在斯大林的集中营里蹲了许多年。

君士坦丁堡就要到了,托洛茨基完成了反映他被流放和驱逐整个阶段的生活的一份文件。它在档案中的名称是"大事记"。做记录的是托洛茨基本人和他的长子。

大事记

1928 年 1 月初	宣布流放。列·达·的流放地是阿斯塔拉罕。
1 月 12—13 日	决定在三天内流放到阿拉木图。
1 月 16 日	指定出发的日子。游行。推迟出发日期。
1 月 17 日,清晨	出发去阿拉木图。
1 月 16—27 日	在途中。
1 月 26 日,拂晓	到达。"七河"旅馆的房间。
3 月末	搬到长期的住宅。
6 月	搬到城外。
妮娜去世	健康恶化。
6 月末至 7 月 22 日	草拟第六次代表大会的文件。
7 月 15—22 日	发出文件。
……	联署的超过 200 人,收到一些电报。
9—10 月	健康进一步恶化,要求换地方。
10 月末—11 月初	长时间狩猎(野鸭子)。邮件封锁。
11 月 5—6 日	返回。
12 月 16 日	沃伦斯基第一次来访,政治保卫局的最后通牒。
12 月至 1929 年 1 月 20 日	监视强化。
1 月 20 日	宣布驱逐出国。

1 月 22 日, 拂晓	出发。
1 月 29 日—2 月 8 日	滞留在偏僻地点。
1929 年 2 月 10 日	抵达敖德萨。
1929 年 2 月 12 日	抵达君士坦丁堡。[1]

这就是托洛茨基在他被迫将永远离开的祖国最后一年生活的伤心的大事记。对于这名被摒弃的革命者将要翻开的是长达 11 年的最终篇章。

"伊里奇"缓慢地向君士坦丁堡远处的泊位驶去。这个和列宁一起为强大而凶险的国家制度奠定了基础的人却被这个制度坚决排斥出去了。这名被抛弃了的革命者生命中悲剧性的最后一章开始了。这一章对于历史具有特殊意义。假如没有这一章,假如托洛茨基留在了斯大林唯唯诺诺而毫无个性的亲信之中,那他今天的命运对于我们就不会比党的高级官员,诸如安德烈耶夫、加里宁、什维尔尼克等布尔什维克体制的高官显贵具有更大的吸引力。

托洛茨基是始终不接受斯大林和他的专政的第一人。他也是那些为建立和保卫这个专政而奋不顾身的人中的第一人。对托洛茨基而言,尽管他并不喜欢土耳其的土地,但会将它作为同那些在他看来在俄国实行了热月政变的人进行斗争的又一个立足点。假如托洛茨基是敬重别尔嘉耶夫的,他就会对自己说出别尔嘉耶夫的话:"在最革命的社会主义中都能够发现大宗教裁判官的精神。"[2]他不仅是发现了。他还同这个大裁判官发生了冲突而失败了。不过他并没有投降,而是打算继续斗争。斗争到底。

---

[1]　Int instituut Soc Geschiedenis. Amsterdam. №740, 2374.

[2]　Бердяев Н. Самопознание(《自省》). C.145.

第二章
没有签证的漂泊者

革命总是不知感激的……

尼·别尔嘉耶夫

"伊里奇"号缓慢地驶向指定的停泊地,感到冷飕飕的托洛茨基裹紧了身上的大衣,他有充分理由认为君士坦丁堡就是个陷阱。他很可能会受到拘禁并再次被打发到其他地方。不过,托洛茨基最担心的是会成为白卫分子袭击的目标,他们曾经大批地逃离苏维埃俄国并在此定居。

驶近君士坦丁堡时,托洛茨基想起了和这座城市有关的一段趣闻。

1921年春,列宁打电话给托洛茨基请他看一份绝密文件(顺便说一下,该文件在列宁秘密档案卷宗里保存了70年之久)。契切林报告了苏俄驻君士坦丁堡间谍头目E.提出的建议。报告里写道,"借用弗兰格尔白卫分子的力量占领君士坦丁堡",然后将城市交给基马尔主义者。"到那时,弗兰格尔白卫分子就可以轻松拿下安德罗阿诺波尔和萨洛尼卡,我们的人民委员们也会赶往那里,摇摇欲坠的巴尔干半岛各国政府将被推翻,这将会产生巨大效应,而后巴尔干……"这个莫名其妙的E.还请求增加资金支持,"经费已由政治局同意拨往土耳其,用于对俄国士兵的宣传。"

托洛茨基浏览了这个荒谬的计划,就在文件上写道:"我认为 P.自告奋勇去做的这件事太冒险,即便能够暂时取得胜利,失败的可能性也有 95%,而胜算只有 4.9%……1921 年 5 月 1 日"[1]。

布尔什维克领导曾经花费过钱财,企图挑动这些弗兰格尔分子,如今他们很有可能会去加害于托洛茨基。

船刚停泊靠岸,土耳其警察便上了船,不过船上除了船员,就只有托洛茨基、他的妻子、儿子和四名国家政治保卫总局的工作人员。斯大林当时是

---

[1] ЦПА, ф.2, оп.2, д.612, л.1; д.711, л.2.

动用了，用现在的话讲，海上"专轮"。当边防军官走到托洛茨基身旁检查证件时，托洛茨基交给他一份致土耳其总统的手写声明：

总统阁下：

　　在君士坦丁堡城门前，我有幸告知阁下，来到土耳其绝非我的自主选择，只是在暴力胁迫下我才进入贵国国境的。

　　请总统先生接受我的敬意。

1929 年 2 月 12 日

列·托洛茨基[1]

那位军官看了一眼手上这份外文写成的声明，便放进了公文包。岸上，有一辆汽车和两名苏联领事馆的工作人员在等待被放逐者。出乎托洛茨基的意料，这两个人对他的接待几乎算得上殷勤，为他们一家安排了两个房间，运来了行李，给予了国家高级领导人（虽然是前任）的礼遇。

对托洛茨基一家来讲，未来是模糊不清的。托洛茨基着手做的第一件事就是给在巴黎、柏林、索菲亚、华沙、布拉格和伦敦的熟人写信或发电报。他也需要弄清楚，自己以什么身份待在领事馆，能在这里停留多久，他们一家将何以维持生计。这位被驱逐的革命家记得，在抵达君士坦丁堡前，全俄肃反委员会的工作人员福金交给他一个纸袋，里面有 1 500 美元。托洛茨基本来想拒绝的，但他当时身无分文，还要养家糊口……

托洛茨基一家在领事馆住了大约两个星期，得到了领事馆工作人员的关照。但情况很快就突然改变了，原因是，刚到土耳其时，托洛茨基就和远在法国的至交玛格丽特·罗斯默和阿尔弗雷德·罗斯默取得了联系，罗斯默夫妇为他引荐了报刊人士。以文章多、出手快著称的托洛茨基立即为几家西方大报社写了些文章，说明自己来土耳其的原因和目前的处境，这些材料在巴黎、纽约和柏林被公开发表。于是驻这些国家的苏联使节们又多了一项工作：每天向莫斯科报告托洛茨基发表声明和文章的情况，社会舆论的反映，以及各国政要对俄国十月革命主要领导人之一的托洛茨基流亡一事的评价。

---

[1]　Троцкий Л. Что и как произошло（《发生了什么事情，又是怎样发生的》）. Шесть статей для мировой буржуазной печати. Париж, 1929. С.9。

王子群岛和地球

莫斯科接到关于托洛茨基在西方报刊发表言论的电报后,流亡者的境遇就完全改变了。领事根据上级的硬性规定,要求托洛茨基离开领事馆,不过,外交官补充说,托洛茨基一家还可以在领事馆工作人员的居住区里再住几天。

娜塔莉娅·伊万诺夫娜和儿子开始寻找住处,而托洛茨基则继续写作,与记者见面,寻找同自己在各国支持者联系的渠道。除了巴黎的罗斯默夫妇,美国文学评论家埃德蒙·威尔逊,英国的韦伯夫妇、赫伯特·威尔斯和赫伯特·塞缪尔,柏林的支持者以及其他一些人也纷纷来电来函,愿意伸出援手。后来,托洛茨基还收到了波里斯·苏瓦林、莫里斯·帕兹和其他友人的来信,都表示愿意帮助他。这些支持极大地鼓励了流亡者,他感到,自己目前的处境也不全是坏事,还有好的一面。

但是过了几天,领事要求托洛茨基立刻离开领事馆,甚至威胁要将他们强制迁出。1929年3月5日托洛茨基写了一份声明,指出:君士坦丁堡到处都是白卫分子,可是却将他,托洛茨基本人,交由革命的敌人任意处置。莫斯科不允许谢尔姆克斯和波兹南斯基来到他身边,并要求他"自愿置身于白卫分子的攻击之中"。托洛茨基指责联共(布)中央委员会罔顾其家人安全,并借白俄分子之手对他进行迫害。[1]

领事不接受抗议,他已经被莫斯科发来的散发着雷霆之怒的电报吓坏了。到底是什么使苏联首都怒不可遏?斯大林为什么急于将这个在国际上即便是现在也比克里姆林宫的主人更有名望的人赶出领事馆?

1929年2月末托洛茨基在巴黎发表的两篇文章激怒了斯大林。其中一篇名为《事件进展是这样的》,斯大林用铅笔在译文上画出了:"我对十月革命、苏维埃政权、马克思主义学说和布尔什维主义的态度没有改变。我不能用个人命运的短浅目光来衡量历史进程……我不认为自己被赶出苏联是

---

〔1〕 Int Instituut Soc Geschiedenis. Amsterdam. №740, 2374.

098

历史最后的决定。这当然不是个人命运的问题,历史的报复之路无疑将是曲折的。"随后,托洛茨基附上了一份长长的、被斯大林流放的反对派名单,并指出:"更重要的是,被流放者为苏维埃共和国立下的功勋远高于将他们流放的人,这是一个政治上无可辩驳的事实。"[1]

让斯大林最为愤怒的是,托洛茨基还写了另一篇长文,同时刊登在几份资产阶级报纸上,题目是《发生了什么事,又是怎样发生的?》。斯大林还从来没有这样被公开严厉地谴责过。文章开头托洛茨基提出一个问题:"斯大林是怎样的一个人呢?"并立即回答道:"是我党最突出的庸才⋯⋯他的政治眼光极其狭隘,理论水平也很低。他编撰的《论列宁主义基础》一书,本想对党的理论传统作出应有的评价,但却充斥着各种幼稚的错误⋯⋯从思维方式上看,他是个顽固的经验主义者,缺乏创造性的想象力⋯⋯他对事对人的态度放肆轻狂。昨天还认为是黑的东西,今天他就能说成白的,而且一点都不觉得尴尬⋯⋯斯大林主义主要是体制自动生成的产物⋯⋯"[2]

通篇文章都保持着这种格调。斯大林吩咐将联共(布)中央监察委员会主席团委员雅罗斯拉夫斯基请来。雅罗斯拉夫斯基来到时,斯大林一声不响朝他点点头,把托洛茨基文章的译文塞给他,并示意他坐下:

"读读吧,想想该怎样回击这个混蛋⋯⋯"

而此时的流亡者正在君士坦丁堡寻找安身之所。同妻儿讨论在这里的生活规划时,托洛茨基突然想到,他曾经的同志、后来水火不相容的政敌尤利·奥西波维奇·策杰尔包姆(尔·马尔托夫)1873年11月就出生在君士坦丁堡⋯⋯人生无常:马尔托夫早已故去,而如今他自己却置身于此。托洛茨基意识到,在自己的最新行踪被媒体曝光后,必须找一处足够安全可靠的住所。一个曾上过前线,在托洛茨基手下服过役的领事馆工作人员找了个机会,小心翼翼地对托洛茨基说:

"马尔马拉海上的海岛是最可靠的地方:那里相对安全,而且离君士坦丁堡很近。"

"这也许是个靠得住的主意。"托洛茨基仔细打量着这个不起眼的中年人。

第二天傍晚,新住所就找到了:普林吉坡岛,从这里乘船一个半小时可

---

[1] Троцкий Л. Что и как произошло. С.10-11.
[2] Троцкий Л. Что и как произошло. С.25-27.

到达君士坦丁堡。小岛上有个不大的渔村,一艘小轮船每天来一次,载来两三名乘客,顺便采购些鱼带走。好奇心很强的托洛茨基一下子就明白了,旧时这个岛应该是用来流放那些惹怒了拜占庭皇帝的达官显贵的。

托洛茨基租下一间旧房子,他在两位德国支持者的帮助下,将住处收拾妥当,以便于生活和工作。娜塔莉娅·伊万诺夫娜又用心打理,使房间变得更加舒适。不过,托洛茨基并没打算在这儿久住,他已经向巴黎和柏林发出请求,希望能允许他和家人去那里生活。他当时还不知道,预期在岛上短暂的停留后来会持续了四年之久……

托洛茨基立即着手进行大量写作,偶尔会休息一下,和他立刻就相处得很融洽的渔夫们一道出海捕鱼。从往来书信中可以看出,他很喜欢垂钓。在写给叶列娜·瓦西里耶夫娜·克雷连科-伊斯特曼的信中他提道:"关于钓鱼我有件事想麻烦您,您能不能帮我买些深水钓大鱼用的渔线……长度最好在 200 米左右。"一个半月后复信说:"渔线已经收到,非常感谢。"[1]然而,在这里生活必须要有钱。"斯大林的馈赠"仅够维持最初的生活开销,托洛茨基的确还收到过罗斯默一家和帕兹夫妇的几笔汇款,但这些显然不够。现在他需要养活自己和家人,还要请两三个秘书,托洛茨基已经离不开他们的帮助。况且,他还打算办一份规模不大的左翼反对派杂志,这些都需要钱,而目前他只能靠写作赚钱了。

像托洛茨基这样鼎鼎大名的人物,想发表他文章的人不在少数。乔·卡尔迈克尔曾写道,仅凭最初在《每日快报》《纽约先驱论坛报》《纽约时报》以及其他报纸发表的一些文章,托洛茨基就得到了 10 000 美元的稿酬。后来,托洛茨基又同一家美国出版社商定关于《我的生平》回忆录的出版事宜,并得到了 7 000 美元的预付款,同意在《星期六晚邮报》出版(以文章形式)《俄国革命史》一书又为他带来了 45 000 美元的收益。[2]当时这也算得上是很可观的一笔收入了。但问题是,托洛茨基收到的全是预付款,也就是说书并没有写完,需要去构思、创作。无论作者如何天赋异禀,写书总归是个苦差事,但也别无他法。由于托洛茨基对写作的热爱,写书对他而言是一种求之不得的"苦役"。

---

〔1〕 Архив ИНО ОГПУ, ф.17 548, д.0292, т.1, л.194-195.

〔2〕 Кармайкл. Дж. Троцкий(《托洛茨基》). Книготоварищество "Москва—Иерусалим", 1980. С.237.

伏案工作疲劳时,托洛茨基会沿着岩石的海岸散步,陷入沉思,并久久地遥望北方——那是使他流亡的祖国所在的方向。这已经是他第三次流亡了。他坚信自己会被重新召回莫斯科,或者是莫斯科形势突变,让他有可能返回祖国——即便不是凯旋,他也将载誉而归。直到1934年前托洛茨基一直相信(这种信心确实在缓慢地减弱),党对斯大林的容忍不会持续太久。他起初认为,斯大林搞集体化和打击右派是自取灭亡,而自己需要做的就是尽一切可能卸下斯大林的光环,指出斯大林的狭隘短浅和他所制定路线的缺陷。托洛茨基乐此不疲地创作着,只有一点让他为难:从祖国传来的消息太少。一次,他派儿子去君士坦丁堡找一个熟识的渔夫,买了台收音机。从此,托洛茨基就可以透过嘶嘶啦啦的杂音收听到来自遥远莫斯科的俄语广播了……

1930年3月初的一天,托洛茨基坐在收音机前。传来了播音员的声音,正在播放斯大林刊登在《真理报》上的新作,题目为《胜利冲昏头脑》。收音机里嘶嘶啦啦、断断续续传来自己死敌的言论。不,为什么是他的敌人?托洛茨基认为,应该是真正的、列宁布尔什维主义的敌人。播音员念道:"截至今年2月20日,苏联全国百分之五十的农户已经集体化了","这就是说,截至1930年2月20日,我们已经超额完成了集体化五年计划的一倍以上。"然后话锋一转,不再对这些成绩做过多评论,广播里开始讲"鲁莽工作"、"急躁冒进"、"这样的政策只能合乎我们的死敌的心意并对他们有利"。[1]

托洛茨基认为这篇文章是斯大林的一大失败,在写给自己美国支持者的信中他是这样判断形势的:"反对派准确地预言了斯大林的这次新的失败,这势必造成严重的政治后果……这次失败是对整个革命的巨大打击。这将使斯大林宗派威信扫地,而左翼反对派将获得新的力量。"[2]

托洛茨基显然把愿望当成了现实,并在农民问题上坚持自己的左倾观点。斯大林的行为在托洛茨基看来不仅是个错误,而且还是对革命的"刹车"。

在普林吉坡岛上被迫隐居已有两三个月,娜塔莉娅·伊万诺夫娜和丈夫发现儿子很苦恼,他无事可做,又非常想念远在莫斯科的家人。很少收到

---

〔1〕　《斯大林选集》下卷,人民出版社1979年版,第238、243页。

〔2〕　Архив ИНО ОГПУ, ф.17 548, д.0292, т.1, л.58.

莫斯科的来信:后来得知,大部分信件就像以前一样,都被截留在国家政治保卫总局。长子是父亲的骄傲:他与父亲有着完全相同的信仰,他性格刚强,对党内政策和国际政治中的阴谋诡计有很强的辨别能力。家庭会议经过长时间讨论最终决定支持列夫的想法:先回莫斯科,再伺机而定,是留在莫斯科,还是举家出走来找父亲。同时还需要解决一下谢尔盖的前程问题,这个次子对科学着迷,他未必会像哥哥一样同意做一名政治游牧人。

列夫去苏联领事馆咨询办理准许回莫斯科的函件,当时答应他会尽快答复,但过了几个星期,领事馆依旧没有消息。于是,父亲帮忙又写了一份申请:

国家政治保卫总局局务会议,抄送苏联中央执行委员会主席团:

本人于今年 7 月 13 日向苏联驻君士坦丁堡总领事馆提出办理回国证明请求,作为一名苏联公民,我回国是否需要签证?领事馆要我的护照(我已交出),并承诺几天后答复,可事情已经过去一个月。我第二次前往领事馆(今年 8 月 8 日),仍无结果。

恳请尽快解决这个问题,更何况无论在形式上,还是实质上,都根本不存在拒绝的理由。我到这里只是临时的,我的家人朋友都在莫斯科。

列·利·谢多夫[1]

当然,领事馆无权擅自解决任何问题。官僚机器齿轮的运行是极其缓慢的,将这份申请"碾来碾去",直到叶努基泽亲自向斯大林汇报托洛茨基儿子的回国申请。斯大林只是冷笑道:

"他自己没要求回国?"沉默了一会,又抛出一句,"不管他还是他家人的请求……都一律拒绝。"

叶努基泽会意地笑了笑,当天就在列·利·谢多夫呈上来的文件上写下批示:"通知:申请不予受理。叶努基泽。1929 年 8 月 24 日"。[2]托洛茨基儿子回莫斯科和家人团聚的道路就这样被切断了。但很快,父亲安排的新工作让列夫全身心投入了进去,他成了父亲的得力助手,直到生命最后。列夫主要负责出版、联络、与欧洲各托派小团体接触,当然,还有父亲的安全

〔1〕〔2〕 ЦГАОР, ф.3316, оп.2, д.83, л.1.

工作。

托洛茨基在乘火车去敖德萨的路上就给莫斯科发了几封电报，请求让自己的秘书波兹南斯基和谢尔姆克斯同行。后来到了船上，托洛茨基直截了当地问费奥多尔·帕夫洛维奇·福金：

"莫斯科为什么一直没回答，能不能放波兹南斯基和谢尔姆克斯和我一起走？"

"是的，当然会放，他们乘另一艘船去君士坦丁堡……"

"您就像过去一样，还在骗人……"

当然，没人打算为托洛茨基的助手放行：因为助手会大大提高托洛茨基的"产量"，他们为他誊抄，并负责大量的组织工作。托洛茨基秘书的命运都极其悲惨，他们到过一个又一个集中营，最后都永远消失在古拉格这个不祥之地，没有留下一丝痕迹。而在此之前，格拉兹曼自杀，托洛茨基办公室主任布托夫也死在狱中。所有托洛茨基身边的人最终都历尽艰辛和苦难，而导演这一切的正是那个克里姆林宫的当权者。托洛茨基带着忧伤和苦痛，深深地怀念自己忠诚的助手们，自己能够大量发表各种文章、讲话、撰写报告和书籍，很大程度上要归功于他们。助手们能迅速捕捉托洛茨基的思想精髓，记录下来，编辑整理，交付排版印刷，他们善于选取文献，进行翻译，并明确其含义。如果没有这些对自己绝对忠诚又学识渊博的人帮助，托洛茨基的文学剪影要比现在显得模糊苍白得多。

很快，托洛茨基就知道了莫斯科对自己最初在土耳其发表的几篇文章的反应。大约过了两个月他开始收到《真理报》合订本和《布尔什维克》杂志的包裹，里面有对托洛茨基国外发声的回应。例如，《真理报》就刊登了38名托洛茨基曾经的支持者发表的声明，他们公开同托洛茨基决裂，并指责他在资产阶级报刊发表言论。[1]联共（布）主要理论刊物《布尔什维克》杂志也抛出了"重磅炸弹"，刊登了叶梅利扬·雅罗斯拉夫斯基的两篇抨击性文章。托洛茨基早就不喜欢这名布尔什维克，早在第一次俄国革命时期，他就认定了这个人做事毫无原则，喜欢攀附权贵，为虎作伥。在《乡村真理报》做编辑、任党的莫斯科起义领导中心组成员和克里姆林宫第一委员时，雅罗斯拉夫斯基表现勤奋，也不乏创造力和想象力。但从研究党史起，他马上变得对斯大林言听计从、百依百顺，并成为其观点的阐释者。雅罗斯拉夫斯基不仅

---

〔1〕 Правда. 1929. 28 апреля.

支持斯大林的观点,还支持他的行动。在中央委员会一月全会(1938年)上,他"安抚"同事们说:"我们能够推选成千上万的正直人士来替代那些已经被揭露的敌人。"〔1〕雅罗斯拉夫斯基认为斯大林的恐怖手段是革命进程的自然延续。1936年娜·伊·谢多娃所写关于儿子谢尔盖前途的信件(党机关让这封信在莫斯科领导层间传看)传到了雅罗斯拉夫斯基手里,他与托洛茨基的两个儿子算得上熟识,但他并没有替托洛茨基的小儿子鸣不平。他不会明白,儿子的死意味着什么……因为这发生在叶梅利扬·雅罗斯拉夫斯基,这个战斗无神论者联盟前领导人、前政治犯和流放移居者协会主席去世之后。1947年1月11日,斯大林收到报告:"两天前22时30分,叶梅利扬·雅罗斯拉夫斯基的儿子B.E.雅罗斯拉夫斯基在'中央'宾馆用勃朗宁手枪自杀。"〔2〕我有点跑题了……

托洛茨基不无嫌恶地读完了雅罗斯拉夫斯基的第一篇文章:"托洛茨基先生在为资产阶级效劳,或者说这是列·托洛茨基在国外走出的第一步",然后又读了第二篇:《托洛茨基是如何"回答"的,工人们又是怎样回答托洛茨基的》。两篇文章的遣词用语在当时的苏联报界可谓司空见惯:"托洛茨基的反革命召唤"、"愚蠢透顶"、"回到孟什维克阵营"、"对苏联的蔑视"、"浪荡的、背叛的托洛茨基式真理"、"托洛茨基彻底的思想破产和堕落"等等,文章惯用激烈的言辞来弥补论据的不足。不过,还是可以归纳出雅罗斯拉夫斯基的两个基本思想,他认为,托洛茨基发表文章赚得"大把美金",已经充分暴露了他的真面目。斯大林的笔杆子接着写道:"活生生的政治僵尸,活生生的叛徒在为自己的污蔑能卖多少钱而讨价还价……"当然,钱的数目也是清楚的:"据不完全统计,仅发表文章他就收了10 000美元,其他事项他还得到了近25 000美元。"〔3〕

雅罗斯拉夫斯基文章要传达的另一个思想是谴责托洛茨基在资产阶级报纸发表文章的叛徒行径。斯大林主义思想家的阶级忠贞决不允许发生"依靠阶级敌人传播谣言,诋毁诽谤"的情况〔4〕。

读着这些公式化的、谩骂式的批判文章,托洛茨基想:列宁在资产阶级报纸上撰文批判孟什维克并不可耻,也没有被指责为不道德行为。难道斯

---

〔1〕 ЦПА, ф.17, оп.2, д.639, л.28.

〔2〕 ЦГАОР, ф.9401, оп.2, д.168, л.31-32.

〔3〕 Большевик. 1929. No5. C.67.

〔4〕 Большевик. 1929. No9-10. C.30.

大林就可以将自己的主要对手开除出党，驱逐出境，完全不给生路，还指望他闭口，保持沉默？不，托洛茨基早就做出了选择，他会利用一切可以利用的政治思想手段坚持斗争，同斯大林及其卫士们，如雅罗斯拉夫斯基之流抗衡。托洛茨基后来的文章中一再出现专门针对他的段落，还大量运用了讽刺性手法，例如，《苏联的普鲁塔克之辈》[1]一文。托洛茨基只用了几行文字："大卫王时期有一个史官叫加特，不知他是否有真才实学。但历史学家雅罗斯拉夫斯基无疑出自加特的直系家族……听说因为他那伙人在'洗刷'历史方面的功绩，克里姆林宫打算设立一种特殊的勋章：普鲁塔克勋章。不过雅罗斯拉夫斯基本人有些担心，这个名称会在民众中引发一种邪念。不曾受过古典教育的普通人会感到奇怪：'Плутархи'？会不会是'Плут-архи'（骗子-最高级别的）？不如干脆就叫'архи-Плут'（最大的骗子）得了。"[2]

摆在托洛茨基面前的几项任务是：协调好《反对派公报》的定期出版工作，尽量让杂志在更多的国家发行，其中也包括苏联；成立一个中心，汇聚反官僚社会主义的马克思主义力量；尝试同苏联境内自己的支持者建立联系。

伏案工作了一整天，托洛茨基疲惫地舒展了一下腰身，久久地望着窗外被落日染上一层深红色的、恬然宁静的大海。对自己被召回一事他已经开始不抱什么希望，用他自己的话说，要习惯以一个没有"护照和签证"者的身份生活。有这样一些人，他们在功成名就后只想安静下来，写写回忆录，并不急于追究昔日的是非。但对于托洛茨基而言这还不够，他的目的是同克里姆林宫的胜利者斗争。在普林吉坡岛写下的、寄给中央政治局和中央监察委员会主席团的信中，托洛茨基指出，"左翼"反对派不会放下政治武器，将和斯大林斗争到底。"斯大林这个党的堕落腐化分子，中国革命的掘墓人，共产国际的破坏者，德国革命的掘墓候选人，其命运早已注定。他的政治破产将是有史以来最劲爆的。"[3]被驱逐者不仅做出了自己的选择，还确定了斗争方式：开展政治、思想和文学批判，揭露斯大林体制弊端，组建足以取代共产国际的组织，扩大在各国工人中的影响。

在浏览自己的文件时，托洛茨基无意中翻开了《马库斯·图留斯·西塞罗信件集》一书，这是一家人的老朋友——住在维也纳的安娜·康斯坦丁诺

---

〔1〕普鲁塔克(Плутарх)是古希腊作家、历史学家，主要著作是《希腊罗马名人传》。托洛茨基给他的姓氏加了一个词尾，变成了复数 Плутархи。然后借这个姓氏做文章。

〔2〕Бюллетень оппозиции. 1939. No77-78. C.8.

〔3〕Троцкий Л. Дневники и письма. Эрмитаж, 1986. C.42-43.

夫娜·克利亚奇科送给自己的,被翻开的那页很有意思:"当祖国被一个暴君所统治,还该不该留在那里? 该不该千方百计地摆脱暴政,即使这样做会置国家于危险之中? 是否该尝试抓住时机,用言语而非战争方式帮助被暴君压迫的祖国? 作为一名国家要员是该为了安宁而离开暴君压制下的祖国,还是为了自由迎难而上? ……"

西塞罗向提图斯·蓬波尼乌斯·阿提库斯提的问题,仿佛跨越几百年的时空,提给了托洛茨基本人,他已经做好了迎接命运新威胁和挑战的准备。需要应对的还很多:共产国际在很大程度上已经变成了莫斯科的共产主义机构,正动员自身的所有力量来诋毁托洛茨基作为一名政治家的名声,让支持他的很多团体派别威信扫地,发起旨在反对托洛茨基主义的广泛的意识形态战争。与此同时,斯大林还不忘利用白卫分子来对付托洛茨基。托洛茨基本人一向对白卫人士充满敌意。1923 年 9 月,还处于权力和荣耀巅峰的托洛茨基就曾写密信给共和国海军司令 E.A.贝伦斯(回答他关于在巴黎试探古奇科夫拥护者和解的请示):"应该停止谈判,指示谈判人员:就说您认为,对任何人都没有约束力的谈判是不可能继续下去的。"[1]他不想同白卫分子和解,后来他的想法也不曾改变过。1938 年 11 月,他在写给自己支持者的信中建议:"白卫方面在招募特务和杀手……所以要坚决反对同他们签订任何协议……"[2]他不赞同季·吉皮乌斯关于"白色法衣纯洁无瑕"的说法,他的一生只有一种颜色——红色。

西方对待托洛茨基的流亡还是存有戒心的,认为这可能是共产主义的诡计。而之前被放逐的人从托洛茨基被驱逐出境中看到的是苏联领导层的分裂和深层次的危机,当然也期盼一个新的更好时代的到来。托洛茨基到土耳其两个月后,布尔什维克异端裁判所的判官们:亚戈达、杰里巴斯、阿尔图佐夫,收到国家政治保卫总局驻外机构的情报,并向斯大林报告:

"4 月 8 日帕·尼·米留可夫在布拉格作了一场非公开的报告,他坚信,今年 9 月布尔什维克将会垮台,这对在国外建立俄国共和民主党是个重大机遇……库斯科娃则认为,没有理由期待'大'革命,但托洛茨基被驱逐出国可以促进新经济政策的发展和扩大,这将为国家贸易、劳动力等领域的发

---

〔1〕 ЦГАСА, ф.33 987, оп.3, д.1049, л.96.
〔2〕 The Houghton Library. Trotskii. coll. bMS, Russ, 13.1(7710—7740), folder 2 of 4.

展提供更自由的空间。"〔1〕前任领导人们竟然如此之快地就脱离俄国实际，他们总喜欢把自己的愿望当作现实……

国家政治保卫总局的人通过媒体放出消息，称将托洛茨基放逐国外的真正原因不是其反对派立场，而是为了发动西方的革命运动并将其推向新高潮。按照谋划者的想法，这个消息会加深外界对托洛茨基的敌意，尤其是在国内战争时期被托洛茨基驱逐出境的白卫军官对他的仇恨。如今看来，完全有理由认为当年在这方面确实做了很多目的明确的具体工作。在下一章里我会使用一些斯大林的文件和决议，很显然，这位总书记很早就着手组织对托洛茨基的"围猎"，实际开始于托洛茨基被放逐后两年。

现在我们知道，托洛茨基刚到普林吉坡岛就被盯上了。离托洛茨基租下的废置别墅几百米远的小村子里，相继来了一些人，不仅是记者和托洛茨基的支持者。曾经有一个叫瓦连廷·奥利别尔克的人给托洛茨基当过秘书，很卖力，可是几年后他却在莫斯科录下了不利于流亡者的"口供"。还有其他一些形迹可疑的人，要给托洛茨基当保镖或仆役，都被破产帕夏别墅的新主人——谢绝了。1931 年 3 月的一天夜里，托洛茨基一家居住的房子突然起火。托洛茨基在给巴黎叶·瓦·克雷连柯的信中写道："我们随身带的、身上穿的都和房子一起被烧光了。火灾发生在深夜……所有东西，从帽子到鞋都未幸免，图书基本上都被烧光了，幸好档案没被烧掉，或者说，至少其中一些重要的部分得以保存。"〔2〕后来，到了墨西哥后，在分析这次事故时，托洛茨基越来越倾向于是人为纵火。

根据罗斯默和斯内夫利特（荷兰社会主义者——作者注）的建议，托洛茨基找了两个秘书（在普林吉坡岛上共换过 5 个秘书），并在可靠的支持者中找了几个保镖。其中有一个叫让·王·海恩诺特的荷兰人陪伴托洛茨基直到他生命的结束，后来海恩诺特还写了一本回忆录《和托洛茨基一起流亡——从普林吉坡岛到科约阿坎》。土耳其政府也派了 6 个警察一天 24 小时保护流亡者的住所。来到普林吉坡岛三四个月后，托洛茨基已经有了较为可靠的安全保障。但这并不能影响国家政治保卫总局对他住所的昼夜监控。

所以，雅·布柳姆金（就是 1918 年在莫斯科杀害德国大使米尔巴赫的

---

〔1〕　Архив ИНО ОГПУ, д.1017, т.1, л.202.

〔2〕　Архив ИНО ОГПУ, ф.17 548, д.0292, т.1, л.106.

那个人）从印度回国经过君士坦丁堡同托洛茨基见面这件事很快就被国家政治保卫总局知道了。托洛茨基和布柳姆金聊了一整天（托洛茨基曾经救过这个人的命），定班客轮到达时，托洛茨基把他送到码头，并托他捎几封信到莫斯科。

布柳姆金到了莫斯科后，就去了卡尔·拉狄克那里，把托洛茨基托付自己的袋子交给他。拉狄克建议布柳姆金到国家政治保卫总局自首，说明在君士坦丁堡的会面情况。惊慌失措的布柳姆金前脚刚走，拉狄克就拨通了亚戈达的电话，向他汇报了晚上布柳姆金来访的事情，并向安全部门上交了流亡者寄给自己的还未拆封的袋子。就这样，亚戈达也得知了托洛茨基和布柳姆金见面的事。

布柳姆金很快被捕，几天后就被枪毙了，尽管除了同托洛茨基的见面外（他自己没有否认），并没有什么可以指控的。获悉此事后，托洛茨基发表了几篇文章表达自己的愤慨和抗议，其中有一篇写道："布柳姆金向拉狄克转达了列·达·关于继续立场之争的想法和计划。而拉狄克，用他自己的话说，要求布柳姆金立刻去国家政治保卫局说明一切情况。有些同志说，拉狄克威胁布柳姆金，如果他不去就告发他。拉狄克精神空虚，已经到了歇斯底里的地步，以他现在的状态是完全有可能做出这种事的。我们相信，情况的确如此。"[1]托洛茨基开始意识到，如今同自己有过接触的人就等于犯了死罪。他毫不怀疑，有人跟踪自己，并试图伺机迫害。他暂时是安全的，这主要得益于明智地选择了这个落脚点，并采取了一些防范措施。

很快，托洛茨基收到了几家西方报刊发来的消息（援引莫斯科方面）：一伙白卫分子声称要"报复托洛茨基这个俄罗斯的叛徒和毁灭者"，消息中提到了这伙人的头目——沙俄将领安东·图尔库尔将军。

一天，我到了位于巴黎郊外的圣-热涅维耶夫墓园，穿过长长一排白卫分子的坟冢，走到了一块墓碑前，上面写着："安东·图尔库尔中将"。今天已经没有人知道，这个沙俄将军当年是否真的准备暗杀托洛茨基，不过1931年在国外确有人记述过此事。

流亡者对这件事的反应很独特，他不是听任事态继续发展下去，而是先发制人：给中央政治局和中央监察委员会主席团写了封带有"机密"字样的信，尽管是以平信方式寄往莫斯科的。托洛茨基在信中说，他非常清楚"斯

---

〔1〕 Бюллетень оппозиции. 1930. Февраль—март. №9. C.10.

大林与图尔库尔将军之间的勾当，都是针对自己的"：

> 早在图尔库尔之前，1924—1925 年间，斯大林就已经开始考虑对寄信人的恐怖镇压问题，在一次小范围的会议上，他曾权衡过支持或反对的理由，主要的反对理由是：有太多奋不顾身的年轻托洛茨基分子，他们会以反恐怖行动回击。当年我是从季诺维也夫和加米涅夫那里得到这些消息的……而现在斯大林却将国家政治保卫局搜集到的库尔图尔恐怖暗杀情报公之于众……
>
> 当然，我对这一事件的技术性问题不甚了解：是图尔库尔将自己做的事栽赃给斯大林，还是斯大林藏身在图尔库尔背后——我对这些一无所知，但亚戈达一伙中肯定有人知道……
>
> 这份文件一式几份，数量足够分别存放在不同国家的可靠人手中。特此通知！
>
> 1932 年 1 月 4 日
列夫·托洛茨基[1]

他没有等候观望，而是去威胁斯大林。很难说，"图尔库尔事件"是不是虚张声势，或者斯大林还没有能力插手普林吉坡岛上的事，反正对于流亡者而言，日子一天一天从时间的罐子里流淌出来，过得还算平静。后来托洛茨基得知了加米涅夫和季诺维也夫对自己寄信一事的反应，这也在意料之中，他们也是为了生存：

致联共（布）中央委员会

> 雅罗斯拉夫斯基同志和施基里亚托夫同志告知我们关于托洛茨基 1932 年 1 月 4 日来信的情况，其中关于 1924—1925 我们同斯大林同志讨论找准时机对托洛茨基实施恐怖行动一事，纯属卑鄙无耻的造谣杜撰……这些是有损我党名誉的恶意中伤。只有像托洛茨基这种利欲熏心、想在资产阶级听众面前耸动视听、不惜用自己恶毒仇恨的语言抹黑我党历史的人才会有这样病态的臆想，才会捏造出这样

---

[1] The Houghton Library. Trotskii coll. bMS, Russ 13.1(8703).

卑劣的诽谤……[1]

对季诺维也夫和加米涅夫而言,托洛茨基的来信是个打击。他们本已处于风雨飘摇之中,政治上的"鲁滨逊"却因担心自身安全,再给他们火上浇油。托洛茨基尽管考虑到,昔日的暂时盟友可能会为了拿到免罪符而背叛托洛茨基,但引用此前同他们的谈话这种做法也未必合乎道义。补充一句,三年后,当指控季诺维也夫和加米涅夫参与谋杀基洛夫时,托洛茨基的这封信成了他们有犯罪联系的罪证之一。

逐渐适应了流亡生活的托洛茨基并没有停止争取西方国家居住权的努力。但仍旧没有一个国家有意接纳这个十月革命的魔鬼。直到 1932 年秋,因受到一个大学生组织的邀请,丹麦同意他和娜塔莉娅·伊万诺夫娜在哥本哈根停留一周。托洛茨基要在俄国布尔什维克革命胜利 15 周年之际去讲几次课,他当时希望自己可以长期移居哥本哈根。

可这趟行程却让人苦不堪言。到雅典时,托洛茨基和妻子被禁止下船,在意大利,虽然允许他们上岸,但要有警察陪同,在法国中转时,他们两人仅被允许在巴黎火车站停留一个小时! 到了丹麦,托洛茨基仍旧处处受到刁难,他必须处于警察的监控之下。当地共产党员游行,抗议前共产国际执行委员会委员来访。保皇派也举行了抗议活动,他们宣称:"托洛茨基参与了对罗曼诺夫一家的谋杀。"资产阶级报刊也翻出了他所有的"革命罪行"。苏联大使要求托洛茨基立即离境。托洛茨基虽然会见了几拨来自德国、丹麦、法国和挪威的支持者,并接受了一些采访,但想长期留在哥本哈根的愿望最终还是落空了。丹麦政府明确告诉"来访客人",七天签证到期后他们将被驱逐出境,也确实是这样做的。托洛茨基和妻子在警察的护送下只能踏上回程的路……甚至同儿子列夫也只匆匆见了一面。他们又重新变回了普林吉坡岛的"鲁滨逊"……

叶·瓦·克雷连柯曾试图为托洛茨基办理赴美签证,去讲关于俄国革命和苏联现状的课程,但还没被拒签之前,托洛茨基就知道自己根本拿不到签证。托洛茨基在写给叶列娜·瓦西里耶夫娜的信中提到,"以我目前的处境,提这个要求本身就是个错误。"[2]甚至要去布拉格都未能成行……没有

[1] The Houghton Library. Trotskii coll. bMS, Russ 13.1(8703), folder 1.

[2] Архив ИНО ОГПУ, ф.17 548, д.0292, т.1, л.217.

人愿意接纳这个世界革命的吹鼓手,托洛茨基让所有人都感到忧心忡忡。

回到普林吉坡岛后,托洛茨基开始整理自己的文件,这是一项复杂而又耗时的工作。后来,在法国、挪威,以及在墨西哥的最后几年他一直在做资料、讲话、决议、命令、指示、信件以及各种附件的分类整理工作。托洛茨基坐在矮椅子上,下面还垫了个箱子(幸亏斯大林没想到要没收它们!),慢慢翻看着文件夹和一些单页的稿纸,有时会停在其中的几页上多看一会儿,然后将它们挑出来放到一边,以备写作之用。

下面是布托夫 1924 年 3 月写给格拉兹曼和波兹南斯基的便条,根据记述,他们被指派整理列宁寄给托洛茨基的信件和电报(这是托洛茨基打算写的关于俄国革命领袖一书所需的资料):"我认为,最大的困难是如何从那些秘书处的卷宗里,也就是数量众多的非机密文件里找出列宁的手稿。列夫·达维多维奇希望收集整理工作可以慢慢来,仔细一些,但现在就动手……"[1]

布托夫拿来厚厚一叠复制的卷宗,托洛茨基慢慢地翻看着,时间机器仿佛一下子将他带回到那段一去不复返的过往,那是珍贵的文献,难忘的书信和振奋人心的细节。这里有一张在 1922 年文件夹中找到的弗拉基米尔·伊里奇的便函,具体日期不详。(请注意:所有经托洛茨基签发或寄给托洛茨基的文件均一式两份,一份保存在官方档案馆,另一份归个人留存。因此很多经过托洛茨基秘书处的文件都要复制——作者注)。

托洛茨基同志

机密。

我的行踪对所有人保密(甚至包括格季耶在内),就说我在哥尔克。

您和娜塔莉娅·伊万诺夫娜是否对格季耶大夫说过相反的话?

为了不伤这位老者的自尊,如果说了,请即告我。

如果没说,那就别说了。要是他到您那去,也请即告我。

致敬礼!

列宁[2]

列宁给托洛茨基写过很多便函,下面这封是福季耶娃的来信:

---

〔1〕 ЦГАСА, ф.33 987, оп.2, д.192, л.318.
〔2〕 ЦГАСА, ф.33 987, оп.2, д.1415, л.35.

托洛茨基同志

弗拉基米尔·伊里奇让我给您写信,他同意您关于以他的名义向波德索尔涅奇诺耶站疗养院孩子们赠送礼物的提议。

弗拉基米尔·伊里奇请您转告孩子们,感谢他们热情洋溢的来信和鲜花,很可惜,不能接受孩子们的邀请,列宁同志也相信,他在孩子们中间一定会康复起来……〔1〕

而这里是军事法庭一份可怕的综合报告,其中向托洛茨基汇报了1921年在红军中实施的几次极刑:"共枪决了4 337人。"〔2〕

树叶沙沙作响,窗外的大海在低吟,真不敢相信,这一切就发生在十年前。在翻看自己的档案时,人仿佛是用虚拟的方式又活了一遍,这往往也会带来生理上的痛苦。

有雅·格·布柳姆金写给托洛茨基和波隆斯基(最高军事编辑委员会主席)的很多封信,请求出版军事人民委员部整理的关于国内战争的书稿,有长长的一张书稿清单,以及第二卷的前言。〔3〕

布托夫曾给温什利赫特写信请求为托洛茨基找一个治疗的处所,因为"以他的健康状况需要立刻休息和彻底静养。"马上就有了答复:提供一个疗养所,距帕维列茨铁路格拉西莫夫卡车站两公里。随后还详细介绍了疗养所的情况:"两层楼,十个房间,配有荷兰的供暖系统。环境优雅,风格各异,有卡累利阿桦树和红木家具,也有普通家具。卧具被褥足够底层17个和顶层7个安保人员用,为托洛茨基一家准备了5个房间。

有些很不方便的地方:

1. 底层的保卫人员有响动,可能会影响到列夫·达维多维奇;

2. 到厨房要走约70步;

3. 电话在楼下房管员希巴诺夫的房间里;

4. 没有铃,有事时需要喊叫……"〔4〕

托洛茨基还记得1922年1月那次休假。被战争折磨得筋疲力尽的祖国停止了血腥的拼杀。国家满目疮痍,上百万俄国人民在战争中牺牲。托

〔1〕 ЦГАСА, ф.33 987, оп.2, д.1415, л.246.

〔2〕 ЦГАСА, ф.33 987, оп.2, д.1415, л.179.

〔3〕 ЦГАСА, ф.33 987, оп.2, д.192, л.15-217.

〔4〕 ЦГАСА, ф.33 987, оп.2, д.141, л.39-42.

洛茨基立刻察觉到，随着国内战争的结束，他从高高的浪尖上迅速滑落下来。斯大林、加米涅夫和季诺维也夫乐于参加各种无休止的会议，而托洛茨基对此却没有多大兴趣。他急于去治疗、休养和写作。布托夫拿来了厚厚的一大沓文件……例如，有这样一张便条：

托洛茨基同志

1. 布拉诺娃同志询问：

(1) 您是否前来参加政治局会议？

(2) 是否要将政治局决定不在会上解决的问题寄送给您，供您投票之用？

2. 本次邮件所附资料清单：

(1) 列宁同志的来信及所附的小册子；

(2) 契切林同志1月31日的来信；

(3) 列格兰同志关于格鲁吉亚苏维埃代表大会召开时间的来电；

(4) 苏瓦林关于法国共产主义运动的资料；

(5) 洛佐夫斯基寄来的卷宗；

(6) 附参考资料的傅立叶的小册子；

(7) 您摘录莎士比亚名言的笔记本；

(8) 近期出版的报纸的合订本；

(9) 六个录音机主导轴；

(10) 罗斯默同志的来信。

3. 如果您需要，还可以为您寄以下资料的内容简介：

(1) 温什利赫特致中央的信：反对将苏汉诺夫派往国外；

(2) 明仁斯基致政治局的信：关于博罗杜林同志被捕一事的说明；

(3) 克拉斯诺晓科夫同志对您有关法贝热便函的回信……

1922年2月2日

布托夫[1]

像这样的附件还有很多，天哪，很多事件、卷宗、文本都不仅仅是为了辗转传递，而是要人关注和动脑筋的……其中包含了苏联共产党高层的行事

---

〔1〕 ЦГАСА，ф.33 987，оп.2，д.141，л.165.

风格,人们的希望和命运,正在出现的党的高层的种种姿态、枉顾群众期盼、玩弄手段等等细节。布托夫甚至还保存着带有医嘱的心电图:"1 月 24 日凌晨四五点钟,心绞痛发作,伴有两次短时间晕厥。发病后我立即赶到现场,确认心跳正常。第二天也是如此。列夫·达维多维奇发病后有三四次感到浑身乏力,但还是像平常一样坚持带枪行猎。后来虚弱感消失,列夫·达维多维奇感觉自己又和以前一样精神焕发……"〔1〕

还有一封布托夫写给国家政治保卫局办公厅副主任鲁道夫·奥古斯托维奇·赫尔松的密信:"给您寄去了一包盐,请检查一下它是否含有害健康的物质,有人食用后,出现了连续几天腹痛。"赫尔松回信说:"食用盐中石膏含量 3.71%,芒硝含量 17.25%,这种盐对身体有害,不可食用。分析结果由医师沃斯克列先斯基签字确认。"〔2〕为此还成立了专门委员会,但并未发现什么恶意企图……

托洛茨基花了很长时间重读拉斯科尔尼科夫从阿富汗寄来的信,当时身为苏联驻喀布尔全权代表的他,字却写得像个小学生。托洛茨基快速读了几行:"翻译了拉宾德拉纳特·泰戈尔最新的一部短篇小说,开始回忆不久前那个暴风骤雨的年代,我和您能活下来真是个奇迹。您还记得吗,我们乘驱击舰在喀山附近夜行军,船无法开动了,我们将船停在一个驳口,在月光下很容易暴露……敌人并没有向我们射击,因为白卫军炮兵全都去剧院看表演了……我目前在写《十月革命前夕》和《黑海舰队是怎么被击沉的》……外交人民委员制定不出一条明确的路线……一会儿要我向阿富汗承诺金山银山,一会儿又命令我去侮辱他们……我和埃米尔的关系很好,他是一个卓越的政治家和处事果断的人。"〔3〕

托洛茨基还在担任政治局委员时,经手过很多文件,甚至还保存着沙俄皇位的合法继承人基里尔 1924 年 8 月 31 日在巴黎签署的宣言,托洛茨基对此人有着特殊的记忆:

　　我虔诚地向全体俄国人民宣告:
　　　　现在应当告诉所有人:1918 年 7 月 17 日(俄历 7 月 4 日),在叶卡

〔1〕 ЦГАСА, ф.33 987, оп.2, д.192, л.317.
〔2〕 ЦГАСА, ф.33 987, оп.2, д.141, л.263.
〔3〕 ЦГАСА, ф.33 987, оп.2, д.141, л.270-271.

捷琳堡,夺取了俄国政权的国际集团下令残忍地杀害了沙皇尼古拉·亚历山德罗维奇、皇后亚历山德拉·费多罗夫娜,他们的儿子,也是合法的王位继承人阿列克谢·尼古拉耶维奇王子,女儿奥莉加·尼古拉耶夫娜、塔季扬娜·尼古拉耶夫娜、玛丽亚·尼古拉耶夫娜和阿纳斯塔西娅·尼古拉耶夫娜公主。也是1918年,在彼尔姆近郊,沙皇的弟弟米哈伊尔·亚历山德罗维奇大公被杀害……7月17日(俄历7月4日)将是整个俄国的哀悼、忏悔和祈祷日……[1]

托洛茨基还记得:斯维尔德洛夫在给他打电话时顺便提起,他们支持叶卡捷琳堡同志们关于处决罗曼诺夫家族的建议。列宁也没有反对……

托洛茨基同样没有反对,在党的高层领导内部已经不止一次讨论过如何处置沙皇一家的问题。想进行审判,但当时的情况……流亡者手里攥着宣言的复制件,仿佛听到伊帕季耶夫宫地下室传来的沉闷枪声。革命断头台对帝王毫不留情,托洛茨基即便在流亡时也认为这是理所应当的。不论在1918年,还是后来,托洛茨基都从未怀疑过那场骇人听闻的杀戮的"合法性"。革命是可以做任何事情的……

他继续翻阅着文件,有时会从档案里找出大量文件重新阅读。那里面藏着革命的记忆,浓缩着昔日的思想:激情、希望、担忧、性格的碰撞、日常工作。下面是托洛茨基给布托夫的指示:

11月5、6、7日我们的专列要将参加共产国际代表大会的代表从彼得格勒送往莫斯科,也可能还要送回来……要为代表们准备途中的饮食,代表的一切费用应有共产国际支付。专列上的广播要全程用德、法、英三种语言为代表们播报……可能的话,我们出一期客人们的专列特刊。会议期间,我们要提供一定数量的汽车供共产国际调配……[2]

他著名的专列早已停止了在俄国广袤的平原上的奔驰,托洛茨基寄予厚望的共产国际代表大会开了一届又一届。列宁已经过世多年,托洛茨基认为列宁在病情恶化前夕,似乎一直想要和他说些重要的事情……然而一

---

[1] Архив ИНО ОГПУ, д.343, т.2, л.52.
[2] ЦГАСА, ф.33 987, оп.2, д.141, л.419.

切都过去了，不再提起，归于平静，并最终被时间的长河带进了永恒。他只能听到另一种无穷无尽的嘈杂声，还有异乡的窗外，异国海水的拍击声。聆听，思考，还有……斗争。1932 年 2 月 20 日，他失去了苏联国籍，现在真的成了一名没有"护照和签证"的地球公民。

已经过去了几个月，托洛茨基仍旧认为在王子群岛居住只是暂住。他和娜塔莉娅·伊万诺夫娜继续生活在一年四千美元租金的破败斑驳的别墅里，以为它只是一个随时准备撤离的临时栖身之处。一开始，他们以为会在这里住上三五个月，直到 1929 年秋……之后打算去德国或法国，但是，没有地方需要他们，到处碰壁后，他们已经无处可去，没有人在等待他们。最后托洛茨基的支持者莫里斯·帕里扎宁向法国著名政治家爱德华·埃里奥求助。普林吉坡的隐士感觉到了去欧洲的一线希望，而那正是他和娜塔莉娅·伊万诺夫娜梦寐以求的地方。[1]

这件事情被耽搁了很长时间，又历经数次申请，在失望和希望之间徘徊良久后，托洛茨基和妻子终于获准前往法国，不过是有条件的。这里我需要再讲一个人，此人在列夫·谢多夫以及托洛茨基本人的命运中扮演着悲情的角色。事情是这样的，托洛茨基的长子从柏林来到巴黎，很快就被国家政治保卫总局的人盯上了[2]，准确地说，是受到了苏联内务人民委员部国家安全总局机要政治处和外国处的监视。简单地说，就是处在苏联特务机关的严密监控下。情况很快变得更加严峻，国家政治保卫总局的间谍以私人助理、秘书，相当于"副官"的身份来到托洛茨基长子身边，此人是不久前在法国被情报机关招募的。这个人不但渗透到列夫·谢多夫的私人生活中，还接触到了他的通信往来及其父亲的主要档案资料，晚些时候甚至混进了托洛茨基派的主要机关——国际书记处，他究竟是谁？

内务人民委员部档案显示，他是国家政治保卫总局第"Б-187"号特工，1933 年夏，通过来自列宁格勒的侨民亚历山大·谢瓦斯季亚诺维奇·阿德勒被招募，他就是马克·格里戈里耶维奇·兹博罗夫斯基。[3]

兹博罗夫斯基被招募后充实了间谍队伍，他亲笔写了简历，并专门交代了自己在苏联亲属的情况，其中包括他的姐姐 Б.蒲扑柯、姐夫 C.蒲扑柯、兄

---

〔1〕 Архив ИНО ОГПУ, ф.17 548, д.О292, т.1, л.262-263.

〔2〕 自 1934 年起国家政治保卫总局并入苏联内务人民委员部。1934—1936 年 Г.Г.亚戈达任人民委员，1936—1938 年 Н.И.叶若夫任人民委员。

〔3〕 Архив ИНО ОГПУ, ф.31 660, д.9067, т.1, л.2-4.

弟 E.兹博罗夫斯基和 Л.兹博罗夫斯基,并提供了他们的地址。他的新上司(莫斯科方面)Г.莫尔恰诺夫和 M.鲁特科夫斯基在接到有关招募的报告后,指示自己的情报机关于 1934 年 6 月对兹博罗夫斯基进行深入审查,审查还包括其在苏联亲属的情况。[1]监控机制投入运转了,苏联内务人民委员部国家安全总局机要政治处和外国处通过他就可以轻松地将间谍安插在托洛茨基的儿子,也是他最亲密、最信任的助手列夫身边。如此一来,莫斯科和斯大林本人对托洛茨基的很多决定、措施、想法和文件都了如指掌。虽然从西班牙出逃的国家安全部门高官亚历山大·奥尔洛夫(真实姓名雷巴·费尔德宾,化名列夫·尼科利斯基、伊戈尔·贝格)曾试图匿名提醒托洛茨基身边的巨大危险,但托洛茨基直到生命最后也不知道儿子身边有间谍这件事,也不曾想到他自己会常常将自己的书信和"作品"直接"送到"了苏联独裁者的办公桌上。

1933—1939 年内务人民委员部,尤其是斯大林通过这个间谍获取了几乎所有关于托洛茨基活动的情报,托洛茨基很多文章和书稿经常在媒体发表之前就已经到了"人民领袖"的手中了。他究竟是个怎样的人?

一个很有意思的细节。1940 年 8 月在遇刺前三天,托洛茨基完成了只是在其死后才得以发表的《共产国际与国家政治保卫局》这篇长文。文中他准确地指出,"国家政治保卫局和共产国际是两个完全不同的组织,但两者又密不可分,它们是并列从属关系,只不过不是共产国际指挥国家政治保卫局,而是相反,后者全面控制前者……由于政治和经济上的依附关系,许多其他国家的共产党人都在国家政治保卫局的委派下,干着无耻、罪恶的勾当。"[2]马克·兹博罗夫斯基曾是波兰共产党的活跃分子,执行波共交付的各项国内外任务。马克(莫德卡)·兹博罗夫斯基 1908 年 2 月生于基辅省乌曼市,1921 年随父母去了波兰,他的姐姐别尔塔,兄弟叶菲姆和列夫都留在了苏联。他同妻子列吉娜(里夫卡)·阿布拉莫夫娜在摆脱警察追捕后(他曾因组织罢工在波兰坐了一年牢)辗转来到柏林,而后又去了巴黎。年轻夫妇开始了受穷挨饿的日子,因此,国家政治保卫总局的人没费什么力气就把兹博罗夫斯基发展成了间谍。[3]自此以后,在国家安全总局机要政治

---

[1] Архив ИНО ОГПУ, ф.31 660, д. 9067, т.1, л.9-15.

[2] Бюллетень оппозиции. 1941. Июнь. № 86. C.8-10.

[3] Архив ИНО ОГПУ, ф.31 660, д.9067, т.1, л.19-20.

处处长 Г.莫尔恰诺夫那里,他的代号为"马克"("郁金香""康德")。不久以后,兹博罗夫斯基巴黎的上司就开始向莫斯科报告:

> 正如之前向您报告过的那样,线人"马克"已经打入托洛茨基派的"国际书记处"内部,托洛茨基的儿媳[1]也在那里工作。线人在工作中同托洛茨基儿媳建立了良好的关系,正因为如此,线人被派到俄国支部担任托洛茨基儿子的私人秘书。
>
> 现在,线人几乎天天同托洛茨基的儿子见面。我们认为,您交办的在托洛茨基身边安插线人的任务已经完成。[2]

莫斯科对情报工作的迅速进展感到高兴:斯大林的头号劲敌身边终于有了自己人。针对巴黎汇报的情况,很快就发出了一份密码指令:

> 彼得:
>
> 鉴于线人"马克"在组织中已经有了一定地位,务必让他保住这个职位。应当对线人工作中的一举一动作出详尽指示,并告诫他,不经您批准不得采取任何行动。我们提请注意,要防止言行不慎而破坏我们在这条线上的所有计划。[3]

"马克"很快取得了谢多夫的信任,他几乎不费吹灰之力就能接触到托洛茨基的许多手稿。"马克"开始定期向莫斯科报告托洛茨基和谢多夫的所有举动,甚至包括他们的打算。他提供的一些情报非常重要。例如,内务人民委员部国家安全总局一直无法确定托洛茨基在挪威的地址,恰巧巴黎给莫斯科寄了一份托洛茨基写给谢多夫的书信原件,上面清楚地写着地址,信中托洛茨基还嘱咐儿子用这个地址给他邮寄《布尔什维克》杂志和其他文献。[4]

"马克"终于获得了托洛茨基父子的完全信任,托洛茨基长子 1937 年 8 月 6 日给父亲的信可以为证(兹博罗夫斯基自然也将信的复制件发给了莫

---

〔1〕 让娜·马丁和丈夫雷蒙·莫利尼耶离异,而和列夫·谢多夫结了婚。

〔2〕 Архив ИНО ОГПУ, ф.31 660, д.9067, т.1, л.24.

〔3〕 Архив ИНО ОГПУ, ф.31 660, д.9067, т.1, л.25.

〔4〕 Архив ИНО ОГПУ, ф.31 660, д.9067, т.1, л.28.

斯科）：

> 我不在的时候可以找艾蒂安（谢多夫这样称呼兹博罗夫斯基——作者注），他和我关系密切，所以地址是可靠的，交办的事也都会完成，犹如我在巴黎一样。艾蒂安在各方面都**绝对可信**……（黑体是我加的——作者注）
>
> 拥抱你
>
> 廖瓦[1]

如果托洛茨基知道了斯大林布下的这张将他紧紧裹住的网，他就能对自己当年为其建立竭尽全力的这个警察制度作出恰如其分的评价了……关于兹博罗夫斯基其人其事我们在后面还会再讲。

只有一名作者的杂志

托洛茨基已经习惯了被人倾听的日子——在集会上、代表大会上、在部队里以及反对派会议上，他的生活离不开听众和读者。即便现在身处马尔马拉海的一个小岛上，远离首都和文化中心，他还是要发出自己的声音。演说尽管不是"世界范围"内的，但至少也应该是"大陆范围"的。说，就是为了让人们知道，他还在抗议，在驳斥和揭露，在作出判断和预测，要让人们组织起来，他依然满怀希望。

我已经说过，对历史而言，托洛茨基最具魅力的特征就是意志坚定，至于是哪种坚定，那是另一回事。托洛茨基单枪匹马，几乎就是孤身一人，面对独裁，面对足以将他击垮的强大势力，不曾低过头。对于这种刚强的意志、坚定不移的思想和信仰，有各种不同的见解，但不可否认，他是一位信奉理念的人，一个崇高的理念。一个虚假的理念。准确地说，他是理念的俘虏，始终沉迷于革命，特别是全球革命、世界革命的理念。这种人绝不会沉

---

〔1〕 Архив ИНО ОГПУ, ф.31 660, д.9067, т.1, л.144.

默,他要发出声音,并且会不停地说下去。因此,他需要一个传话筒——报纸、广播、杂志,或者其中的任何一种手段。不难想象,如果托洛茨基生活在电视的时代会是什么样子……他需要一个高高的讲坛来反复宣扬革命,预告危险和号召人们投入街垒战。

托洛茨基的反对者,那些更早就被驱逐出俄国,聚集在马尔托夫创办的《社会主义通报》杂志周围的社会民主党人,嘲笑托洛茨基希望永远"被倾听"的想法。例如,Д.多林在《最后的评论》一文中辛辣地揶揄道:"托洛茨基正竭尽全力,希望自己,上帝保佑,不要被人们遗忘。他日夜不停地写呀写,大部头的书也好,零碎的小文章也罢,甚至还出版家庭通报,用各种语言来阐述他那些论据,比如斯大林的背信弃义,出卖中国革命,还有列宁对自己的悉心关爱。然而,人们并不领情,对托洛茨基的记忆和议论日益减少。"[1]

多林错了:即便过了几十年人们还是会谈起托洛茨基。只不过现在是较为平静和理性。有人称他为"革命的最后一个堂吉诃德",也有人认为他是"革命的魔鬼",还有人说他是"革命的个人化身"。看来,各种议论都有它正确的一面。今天我们更多地提及托洛茨基,还因为他从来都不曾沉默过。我认为,他的作品和演讲数量庞大,无人能及。同人们进行交流,而且是大声的交流,经常的交流,是他的精神和政治诉求。

刚到君士坦丁堡,以及之后初到普林吉坡岛时,托洛茨基做的第一件事就是寻找机会办一份规模不大,但可以定期出版的杂志。来自世界各地的支持者纷纷向他伸出援手,在创办杂志初期,巴黎的罗斯默夫妇做了很多工作,后来由托洛茨基的长子列夫主要负责组织杂志出版工作。

托洛茨基与西班牙共产党员安德列斯·尼恩、荷兰革命社会主义党主席马林·斯内夫利特、比利时人凡·奥韦尔施坦滕、法国同志皮埃尔·莫诺特和波里斯·苏瓦林、美国社会党人迈克尔·高尔德以及其他接近俄国'左翼'反对派的革命者建立了联系。德国季诺维也夫派的一些小团体也逐渐向托洛茨基靠拢,托洛茨基的战友逐渐遍布了十几个国家,甚至在遥远的中国也出现了托洛茨基派小团体。

到普林吉坡岛两三个月后,岛上开始频频出现访客:有托洛茨基分子,有记者,还有一些人,后来查明是专门被派来打入托洛茨基身边的。人们的

---

〔1〕 Социалистический вестник(《社会主义通报》). 1931. 25 апреля. № 8. С.8。

朝圣参拜往往令托洛茨基感到沮丧,他曾向柏林的儿子诉苦,希望他能阻止来访者:"频繁来访使我身心疲惫,让我分心,无法投入工作。"[1]

托洛茨基到达土耳其是 1929 年 2 月,当年 7 月就出版了第一期杂志,由托洛茨基命名为《反对派公报》。杂志名称独具特色,鲜明地指出了基本方针。托洛茨基声明,杂志将刊登有关联共(布)的各种理论、政治文稿和信息,论述与背叛了布尔什维克-列宁主义者理想的党的领导的斗争之路。杂志以帮助列宁的党重新走上正确道路为己任。出版者承诺将在杂志中讨论列宁革命的国际主义问题,并刊登"左翼"反对派的档案资料(从 1923 年出现反对派开始)。[2]

杂志 1929 年 7 月创刊,1941 年 8 月停刊,它的主要特点是:杂志的主编、主要作者,有时甚至是唯一的作者就是托洛茨基。可以很笃定地说,杂志 70%～80% 的稿件出自托洛茨基之手。总共出版了 87 期《反对派公报》,因为有时出的是双期合刊,所以读者实际看到的是 65 册杂志。这本不寻常的刊物还有一些其他特点:杂志出版完全依靠托洛茨基自己的稿费和各国支持者的资助,托洛茨基没有自己的印刷基地,所以,哪里的政治条件允许,印刷费用可以承受,杂志的主要管理人列夫·谢多夫所在之处,《反对派公报》就在那里出版发行。

由于欧洲政局的动荡变化,《反对派公报》先后更换了五次出版地点。1929 年 7 月至 1931 年 3 月在巴黎出版,后来谢多夫辗转去了柏林,在那里经济条件更宽裕些,此外,托洛茨基的很多书籍也在德国出版,并通过那里同苏联保持着某种联系。1933 年初,希特勒在德国上台后,谢多夫不得不立刻返回巴黎,并于同年 3 月在那里开始了杂志下一期的出版工作。斯大林派来的情报人员构成了越来越严重的威胁,《反对派公报》在巴黎的出版仅持续到 1934 年 2 月。此后的一年,谢多夫都住在苏黎世,杂志出版也转移到那里,1935 年 4 月又回到巴黎。1939 年年中,杂志在欧洲出版了最后一期,不过已经不是出自谢多夫之手,他于 1938 年 2 月 16 日去世,死因非常离奇,但几乎无疑的是它出自叶若夫手下的谍报人员。后来,第二次世界

---

〔1〕　Архив ИНО ОГПУ, ф.17 548, д.0292, т.1, л.298.

〔2〕　很少有人知道,早在苏维埃时期托洛茨基就是一本杂志的代理主编。当《军事科学和革命》杂志贯彻"阶级路线"不力时,托洛茨基指示:"编辑部主任富尔曼诺夫同志:共和国革命军事委员会委派我全面领导杂志社工作,请转告各部门负责人继续各司其职。1921 年 11 月 25 日　托洛茨基"(ЦГАСА, ф.33 987, оп.1, д.448, л.175)。

大战爆发,杂志开始转到纽约出版,当然也是考虑到,这里与杂志主要作者距离较近。托洛茨基被暗杀后,杂志还继续出了四期,之后就彻底停刊了。随着创刊人的离世,杂志很快就烟消云散了。

我已经说过,实际上杂志的主要出版人是列夫·谢多夫。起初,托洛茨基在巴黎的忠实支持者雷蒙·莫利尼耶积极帮助谢多夫,尤其在经济和技术方面。作为一个不大不小的企业家,莫利尼耶与实业界交往密切,因此,一开始他帮助列夫·谢多夫解决了不少生活和物质方面遇到的难题。托洛茨基开始总是称莫利尼耶为"我亲爱的朋友",在信件结尾会写"请接受托洛茨基对您的敬意"。[1]但突然间一切都变了,雷蒙和托洛茨基的儿子列夫之间发生了严重而尖锐的冲突,雷蒙·莫利尼耶的妻子让娜抛弃了自己的丈夫,来到谢多夫身边。引发了一场闹剧,莫利尼耶和托洛茨基的友谊也走到了尽头。然而,同让娜的结合并没给谢多夫带来幸福,留在莫斯科照料小女儿的妻子已经陷入绝境,她不停地给丈夫写信,而让娜是一个相当以自我为中心的人,这更增添了谢多夫的心理负担。父亲安排的工作成了他排解烦恼的唯一方式。在所有任务中,最难办的就是寻找合适的渠道和机会将几十份《反对派公报》送到苏联境内。

时局变化不仅改变了《反对派公报》的基调和内容,为读者群的阐释重点也发生了变化。根据内容不同,可将这本杂志的出版发行分成三个阶段:

第一阶段,从建刊到 1933—1934 年。这一时期希特勒上台,斯大林的地位在联共(布)十七大后得到巩固。《反对派公报》中很多关于德国问题的文章最后都被收录到托洛茨基论德国革命的一本书中。1932 年时,他就警告说:"法西斯在德国还没有取得胜利,它通往胜利的道路上还有一股强大的力量。如果不能将它发动起来,则事态发展可能无法挽救。"[2]这一时期,杂志顽强地提出了苏联国内以及共产国际党内生活必须回归列宁主义本源这个问题。这就是《反对派公报》本阶段的主题。

杂志生存的第二阶段从 1933—1934 年起到 1939 年第二次世界大战开始。这一时期托洛茨基竭力想建立一个可供选择的国际共产主义者联盟——第四国际。同时,鉴于斯大林在国内放肆地实行血腥的恐怖主义,托

---

〔1〕 The Houghton Library. Trotskii coll. bMS, Russ 13.1 (9134—9158), folder 1 of. 2.

〔2〕 Троцкий Л. Немецкая революция и сталинская бюрократия(《德国革命和斯大林的官僚主义》). Берлин: Издательство "Бюллетеня оппозиции". 1932. C.30。

洛茨基决定直接号召在苏联进行"政治革命",直接清除斯大林。

最后,第三阶段,可以确定地说,这是个未完成的阶段,主要与二战开始后托洛茨基派和其他共产主义组织的活动有关。杂志对斯大林和希特勒的态度非常明确,同时也确立了布尔什维克-列宁主义者(托洛茨基这样称呼自己的支持者——作者注)在保卫世界上第一个"无产阶级社会主义国家"中的位置。

当然,我只是在一定前提下试着分析托洛茨基这本杂志的演变过程,杂志有整整十年都在刊登托洛茨基热情激昂的文章、号召、揭发材料、纲领和呼吁书。杂志的演变不仅受到国际形势变化的影响,还有一个原因是,1931年后的苏联已经不可能再发行这本杂志。1932—1933年,以及此后的一段时间,关注《反对派公报》的苏联人都被直接划入"托洛茨基集团",这甚至被列入了令人不寒而栗的"第五十八条"。[1]

查阅斯大林的私人档案时,我确信,这位布尔什维克领袖私下里没少看《反对派公报》,当然重点是查阅同自己有关的内容。有不少这类材料。杂志当然不是他订阅的,不过很多反苏刊物是专门有人从国外寄到苏联领导人手中,例如,中央印刷出版部部长 Б.塔尔就定期为斯大林订购白俄流亡者和反苏势力出版的刊物:《复兴》《俄罗斯旗帜》《社会主义通报》《普罗科波维奇经济办公室公报》《哈尔滨时期》《新俄罗斯言论》《现代纪事》《俄罗斯画报》等。[2]

斯大林手里的《反对派公报》一部分是从被捕的托派分子那里没收来的,而另一个获取途径是情报部门的驻外机构。所谓的"斯内夫利特藏书"[3]表明,肯定有苏联情报机关的人混入了托洛茨基建立的第四国际。因此可以断定,在兹博罗夫斯基打入之前,斯大林就已经很了解托洛茨基杂志的内容了。这一切都不断加深了领袖对托洛茨基原本就不曾消退的仇恨,他虽说已经将后者赶出国门,但自己也承认是犯了一个"大错误"。

有时,新一期杂志还没有出版,斯大林就已经知道要刊发的内容了。这里自然少不了兹博罗夫斯基的功劳。大家可以根据下面的材料自己判断:

---

〔1〕　ЦПА, ф.17, оп.2, д.612, л.1-19.

〔2〕　ЦГАСА, ф.33 987, оп.3, д.173, л.36.

〔3〕　ЦПА, ф.552, оп.1, 23, д.1-5.

绝密。

致斯大林同志和莫洛托夫同志

呈上我方情报人员从谢多夫书信中获得的托洛茨基写于 1938 年 1 月 13 日和 15 日的两篇文章的复制件,题目为《苏联政府是否继续坚持二十年前的原则》和《围绕喀琅施塔得的喧嚷》。

这两篇文章将在 3 月的《反对派公报》上发表。

苏联内务人民委员、国家安全总政委

1938 年 2 月 25 日

叶若夫[1]

托洛茨基不会想到,斯大林的触角伸得这么深入……克里姆林宫的领袖很关注托派运动的规模、组织能力和"布尔什维克-列宁主义者"的出版活动。根据叶若夫的要求,内务人民委员部国家安全总局第七处 1937 年 3 月向斯大林提供了一份境外托派出版物清单。名单给人留下深刻印象,它包括了在不同国家出版的共 54 份报纸、杂志和通报,的确,发行量通常很小。例如,英国的《红旗报》《战斗报》,比利时的《阶级斗争》《斯巴达克斯》,西班牙的《共产主义者》,法国的《革命》《第四国际》《星火》《红色旗帜》,荷兰的《红色十月》《火焰》以及其他出版物。[2]报纸和杂志之多让斯大林震惊,他多少感到安慰的是,其中大部分都不是定期发行,而且发行量很小,一般只有几百份。

不过除了托洛茨基这一支,还有白卫分子出版的许多反苏刊物!斯大林记得,不久前还有人报告过这类刊物和出版社的情况:《俄罗斯报刊》《俄罗斯土地报》《俄罗斯家园》《故土》《祖国》《农民联盟通报》《俄罗斯残疾人报》《俄罗斯文化日》《斗争旗帜》《旧时》《白色档案》《俄罗斯画报》等等,其出版人、创始人、编辑、作者中不乏知名人物:蒲宁、库普林、梅列日科夫斯基、吉皮乌斯、柴可夫斯基、阿列克辛斯基、布尔采夫、古卡索夫、施瓦尔茨、阿布拉莫维奇、切尔诺夫、罗森菲尔德、米尔斯基、米留可夫、巴拉托夫……一般来讲,这些出版社、杂志、报纸出现一两年后就会销声匿迹……[3]根据斯大

〔1〕 Архив ИНО ОГПУ—НКВД, ф.17 548, д.0292, т.2, л.160.

〔2〕 Архив ИНО ОГПУ—НКВД, ф.17 548, д.0292, т.2, л.54-59.

〔3〕 Архив ИНО ОГПУ, д.394, т.1, л.126-130.

林的指示,国家政治保卫总局外国处开始密切关注这类出版物的发行情况,他们在国外费尽心机地招募那些能够接触到侨民出版物的人作为自己的线人,并通过他们获取了不少关于君主主义者、白卫分子、孟什维克和托洛茨基分子的情报。

托洛茨基在自己的"个人"杂志中都写了什么?他出版杂志指望什么?《反对派公报》对当时苏联的政治形势有怎样的影响?或者说是否产生过影响?

托洛茨基希望,特别是在创刊初期,传递"来自苏联的革命消息"。在国外能够订阅到的公开发行的苏联出版物是消息的主要来源,托洛茨基认真研究各种消息并加以评论。例如,1930年6月至7月的《反对派公报》在"苏联来信"专栏中刊登了以下几条消息:"托洛茨基主义者在上乌拉尔斯克的单人囚室中遭到殴打""卡缅斯克流放犯迁居营的布尔什维克-列宁主义者抗议声明""斯大林和红军,或称历史是如何书写的"。

托洛茨基一度试图将"苏联社会资产阶级化"的话题积极加以运作。例如,似乎是来自苏联的一篇文章断言,领导中的"工人阶层"变得越来越少,而"小资产阶级分子"却逐渐渗透进来。列举了区、州领导人中的许多"和无产阶级毫无共同之处的社会分子":区执委会工作人员纳索尔科夫是原高尔察克军队军官;州报编辑哈伊特曾在安年科夫白匪团伙中任军医;区法院副院长基特马诺夫曾是高尔察克军队野战法庭负责人;粮食收购计划全权代表伊诺泽姆采夫曾是高尔察克军讨伐队员;国家政治保卫总局工作人员马卡连科曾是高尔察克军队指挥部文书;党支部书记鲁班曾是高尔察克军队军官,等等。[1]

"苏联社会资产阶级化"这种可疑论题被托洛茨基用来作为苏联蜕化为热月政变的证据。

有时托洛茨基也会对个别情况、事件以及某些人境遇的变化进行评论。在《真理报》读到杰·别德内依失势后,他立刻作出回应,针锋相对地写道:"很长一段时间里,杰米扬·别德内依被称为无产阶级诗人,有个叫阿韦尔巴赫[2]的人甚至建议将苏联文学'杰米扬化',这意味着要赋予文学真正的无产阶级性质:'布尔什维克诗人'、'辩证家'、'诗歌界的列宁主义者'……

---

[1] Бюллетень оппозиции. 1930. Июнь—Июль. № 12—13. C.25-27.

[2] Л.Л.阿韦尔巴赫,二十世纪二三十年代苏联文学评论家。

事实上,杰米扬·别德内依在十月革命中展示了除无产阶级洪流外的全部。杰米扬·别德内依被称为无产阶级诗人这一令人震惊的事实,不过是模仿时期一种可怜的公式化,是目光短浅和鹦鹉学舌罢了⋯⋯马克西姆·高尔基代表了文学中被灾难肆虐吓破了胆的'文化'市侩,杰米扬刚好相反,在灾难中如鱼得水⋯⋯"[1]

当然,《反对派公报》的核心主题自始至终都是斯大林,并围绕着他的各种身份,从不同视角,以各种意想不到的理由展开,不变的是对斯大林负面无情的批判和掩饰不住的憎恨。来看几个托洛茨基评价斯大林文章的题目:《斯大林的政治履历》《作为理论家的斯大林》《斯大林和共产国际》《斯大林官僚集团与合众国》《斯大林官僚集团和谋杀基洛夫事件》《斯大林在苏联的清洗运动》《斯大林的革命俘虏和世界工人阶级》《斯大林声明和启示录》《芬兰事件后的斯大林》《希特勒和斯大林》《西班牙、斯大林和叶若夫》《斯大林是希特勒的军需官》《一对伪君子:希特勒和斯大林》⋯⋯

列举了这么多可能会让读者感到头疼,但这还远不是有关斯大林的全部文章。如果将托洛茨基此类文章整理成书,估价可以出好几卷。被驱逐者对斯大林永远都怀着深深的憎恶。如今我们谈论的许多关于斯大林的话题,托洛茨基半个世纪前都曾提到过。历史上很难再找到对政治对手如此深恶痛绝,而且毫不妥协的人。托洛茨基对斯大林的态度是否仅仅由于个人悲惨的遭遇呢?他本人给出了否定的答案。

托洛茨基差不多每周都会和两个交情不错的土耳其渔民去钓鱼,坐在船桨旁或拉鱼线的时候他常常会回想过去,追忆往昔。因为不懂土耳其语,他只能用十来句日常用语和同行渔友进行简单的交流,其他时间便都沉浸在回忆的盛宴之中——里面既有胜利凯旋,也有痛苦心酸。但无论在渔船上思考什么问题,他的思维都会"撞上"一个身材不高,其貌不扬,脸上有麻子,蓄着小胡子,一双黄色的眼睛,目光冷漠的人的形象⋯⋯

在1930年夏完成的长篇专著《斯大林的政治履历》中,托洛茨基还能找到斯大林的某些优点。全文由28个论题构成,托洛茨基通过对总书记履历的具体分析得出结论:"斯大林政治生涯中各种里程碑式的事件勾画出了一个相当完整的人物形象,他精力充沛,意志坚定,处事果断,但同时又推崇经

---

〔1〕 Бюллетень оппозиции. 1932. Июль. № 28. C.18.

验主义、目光短浅，在大是大非问题上会表现出机会主义倾向，他为人粗暴，不够忠诚，滥用职权来压制党。"〔1〕

随着时间的推移，托洛茨基对斯大林的批判变得毫不留情。在回答美国朋友关于斯大林官僚集团在谋杀基洛夫事件中的作用问题时，虽然没有任何具体事实作为依据，托洛茨基仍然写道："不可能……毫无疑问，斯大林对季诺维也夫一伙人的指控是彻头彻尾的捏造，无论是对他们的目的——恢复资本主义，还是他们的手段——恐怖活动……作为对尼古拉耶夫恐怖行为的回答，斯大林采取了更加恐怖的手段来反对党……斯大林是打算逐步将季诺维也夫上升为'托洛茨基主义'。"〔2〕

虽然身处远方，托洛茨基却认定斯大林正把革命和社会主义领向死胡同。不错，被驱逐的领袖指责斯大林"回归市场"、"转向新型的新经济政策"、"工人在为党的农村问题的错误还债"之类的错误。托洛茨基一生都坚信，对社会主义的危险永远都来自右边。可是他有一点是说对了的："继反左之后，迟早都会开始反右……苏联面临的主要危险是斯大林主义。"托洛茨基深刻地指出，斯大林主义就是"官僚专制主义"，这才是对苏联"最大、最直接的危险"。〔3〕

我认为，"官僚专制主义"这个术语非常准确而深刻地揭示了我国人民直到20世纪90年代初期才开始（非常艰难地）拆除的那种体制的本质。而且这种拆除的后果还不清楚。"官僚专制主义"在很多方面都比我们如今习惯说的"行政命令体制"具有更深刻的含义。

正如托洛茨基所言，暴力是"官僚专制主义"不可分割的一部分，而斯大林就是镇压运动无与伦比的高手。作为杂志主编，他几乎每期都在谈论斯大林的镇压运动。有时杂志会刊登一些曾经受过刑讯又奇迹般逃脱的人的证词。例如，刊登过南斯拉夫共产党前领导成员A.齐利加的署名材料。他在斯大林的隔离囚室和集中营被关过几年，结识了季诺维也夫、加米涅夫、库克林、扎卢茨基、萨普龙诺夫、斯米尔加、伍约维奇、布津斯卡娅、斯米尔诺夫、梅德维捷夫、马吉德、多罗申科、策杰尔包姆等很多人，记录了这些人的遭遇。这名南斯拉夫共产党员写道，"内务人民委员部国家政治保卫总局没

---

〔1〕　Бюллетень оппозиции. 1930. Август. № 14. С.12.

〔2〕　Бюллетень оппозиции. 1935. Январь. № 41. С.3, 7.

〔3〕　Бюллетень оппозиции. 1935. Февраль. № 42. С.4.

完没了、无事生非地找各种借口延续被判刑人的关押和流放期限"[1]。这类材料都是以事实和人们的亲身经历为依据,虽然读者人数不多,但却在他们中间引起了巨大反响。杂志的发行主要靠辗转相传,杂志中的个别文章会被一些左翼报纸转载。杂志存在的时间越久,苏联独裁者对它的恨就越深,斯大林已经不止一次气急败坏地质问情报机关负责人:"到底什么时候才能停止对社会主义的污蔑?"[2]

随着第二次世界大战乌云的迫近,托洛茨基对斯大林的指责一次比一次更击中要害。1939 年春,托洛茨基在一期杂志上同时发表了两篇文章,这让克里姆林宫的独裁者气得暴跳如雷。文章的题目是《希特勒与斯大林》和《斯大林的投降》。继被驱逐到王子群岛后,托洛茨基又去了法国、挪威,最后来到墨西哥,其间他对苏联、德国和西方民主国家之间的外交博弈看得清清楚楚。各方都希望牺牲别人来保障自身安全。当时远非所有的人都知道,这场博弈将如何收场,但托洛茨基却断言"斯大林和希特勒可能会越走越近":他们彼此都十分了解。他认为斯大林和希特勒之间一旦达成交易,对所有的人都是一个巨大的危险。《反对派公报》主编写道,"近三年来,斯大林将列宁的所有战友都宣布为希特勒的间谍。他清除了指挥官中的全部精英,还处决、撤职、流放了近 3 万名军官[3]——罪名全都一样:希特勒的间谍或盟友。斯大林摧毁了党,让军队失去统帅,而今天他自己则公然成了希特勒主要间谍的候选人。"[4]

不过,在分析即将爆发的二战形势时,托洛茨基多次错把希望当成了现实,坐在科约阿坎的钢筋混凝土院墙里,他在这场大国之间的政治博弈中居然也为自己找到了位置。这真是从何说起呢!

1940 年对于托洛茨基而言是最不幸的一年,当年的一月刊中他发表了一篇关于独裁双簧的文章——《一对伪君子:希特勒和斯大林》。在分析国际形势时(我认为分析得很准确),托洛茨基提出了一个匪夷所思的想法,他认为,苏德两国一旦发生战争,就不排除两个独裁者被本国人民革命战争推翻的可能。他援引法国驻莫斯科大使 P.库隆德的话,似乎是库隆德 1939 年

〔1〕 Бюллетень оппозиции. 1936. Январь. No 47. C.2.

〔2〕 ЦПА, ф.17, оп.2, д.612, вып.III, л.10.

〔3〕 连托洛茨基都想不到,血腥的大清洗达到了怎样骇人听闻的程度:1937—1938 年共有 4.3 万红军指挥官遭到镇压。

〔4〕 Бюллетень оппозиции. 1939. Март—апрель. No 75-76. C.4.

8 月 25 日对希特勒说的：一旦发生战争，真正的胜利者将是托洛茨基。在援引一名记者的话时，托洛茨基断定："以目前柏林昏暗的大街为掩护，革命分子在工人居住区到处张贴标语：'打倒希特勒，打倒斯大林''托洛茨基万岁'。"《反对派公报》主编怡然自得地补充道："幸亏斯大林没让莫斯科处在昏暗中，不然苏联首都的街头巷尾将会被更多的标语覆盖。"[1]

在被赶到最后一个栖身之地后，托洛茨基常常失去了现实感。他以陈旧的教条公式为依据，相信这一次世界大战也能够以革命而结束。到那时，年届六十的托洛茨基就能获得最后一次意想不到的历史机遇……很难想象，他居然会有这种不切实际的想法，但事实就是事实：他当时确实是这样写的。

托洛茨基将主要精力都放在反对斯大林和斯大林主义上，同时也从未停止过建立国际共产主义组织的努力，他希望这个组织能够取代"莫斯科的"共产国际。托洛茨基经常指出，许多国家革命热情高涨，经过他的努力，托洛茨基派会不断壮大。第二次世界大战初期，托洛茨基主义团体遍布 40 个国家，但它们数量不多，也无法吸引劳动者。尽管如此，托洛茨基还是充满斗志、信念坚定……

1933 年 10 月《反对派公报》的主要话题是建立第四国际的必要性。这一期的所有文章均出自托洛茨基之手。此前不久，以列·谢多夫为代表的苏联"左翼"反对派（"布尔什维克-列宁主义者"）和德国社会主义工人党、荷兰独立社会主义党、荷兰革命社会主义党的代表共同签署了建立新的、第四国际的原则声明。指出建立第四国际的主要前提是第三国际已无力完成自己的历史任务。

为解读这份文件，托洛茨基在《苏维埃国家的阶级性质》一文中作出了几个重要论断。他强调，俄共（布）第十二次代表大会是"布尔什维克党的最后一次代表大会，之后的所有代表大会都是官僚主义集团的大检阅……已经没有任何正常的'宪法'途径可以排除这个统治集团。**唯有暴力**（黑体是我加的——作者注）才能迫使官僚集团将政权交到无产阶级先锋队手中。"此后，斯大林总是千方百计地利用托洛茨基这一论断来为大规模恐怖行动辩解，指责流亡者想用暴力手段改变苏联现有体制。

托洛茨基仍旧一如既往：他一面证明建立第四国际的及时性，同时又指

---

[1] Бюллетень оппозиции. 1940. Январь. № 81. С. 5.

出，"彻底改造苏维埃国家的唯一基本条件是世界革命的胜利发展"。[1]除了世界革命的必要性外，又补充了新理由：为推翻苏联"官僚专制主义"而容许使用武力和在需要进行彻底改革的苏维埃国家中必须建立新的政党。建立新国际正是为了解决这些问题。

在 1933 年 10 月刊中，托洛茨基也承认，认同他的思想的政党和团体还没有准备好立即宣布建立新国际。托洛茨基确实在严肃认真地思考建立一个在自己领导下的国际组织。但他无法公开进行组织活动，一直有人在寻找他，监视他，还有人要抓住他。不只是斯大林派来的间谍，还有"莫斯科"共产国际的人。很多国家的共产党和工党也愿意帮助斯大林消除托洛茨基的影响。因此流亡者必须时刻保持高度警惕，注意保密。斯大林"报复"的威胁几乎如影随形。

我们知道，第四国际的成立大会于 1938 年 9 月举行，根据托洛茨基的建议，第四国际自称为"世界社会革命党"。后面我会介绍托洛茨基在第四国际的作用，而现在我只想指出以下几点。

虽然对斯大林和斯大林主义的预测基本正确，但托洛茨基却在第四国际的前景问题上步入歧途。

1938 年 10 月托洛茨基在科约阿坎用留声机录了一段话。这是他在纽约托洛茨基派集会上的发言。里面有这样的字眼："我们党（第四国际——作者注）现在是最伟大的历史杠杆"，发言以下面这句话结束："请允许我用预言来结束自己的讲话：未来十年，第四国际纲领将成为千百万人的纲领，而这数以百万计的革命者将以强烈的冲击争天夺地！"[2]

托洛茨基的信念是如此强大，以至于支持者在同他见面和读了他的文章后，便会对他思想的前景充满信心。但当时并非所有的人都能看清，革命时代已是日薄西山。在"革命和改革"这组对比关系中，后者不停地、稳稳地占据了上风。而托洛茨基只想用革命来推翻一切随着历史而贬值的旧事物。他认为，即便是苏联也不可能避免再一次的"社会主义革命"。尽管我们的国家用了七十年的时间都无法"消化"十月革命的果实……

托洛茨基的杂志毫不留情地揭露了日益迫近的战争的火炬手。不过这名永不驯服的反抗者是站在革命的塔楼上观察战争的危险的……他强调

---

〔1〕 Бюллетень оппозиции. 1933. Октябрь. № 36-37. С.10.

〔2〕 Бюллетень оппозиции. 1938. Ноябрь. № 71. С.10, 16.

说:"如果能用无产阶级革命来防止战争爆发,那就再好不过了。可是并没有出现这种情况,而且,坦率地说,这种机会也并不多,因为战争迫近的速度快于无产阶级革命新人才的培养速度。"他得出一个深刻的结论:"历史决定论从未像现在一样具有了不可避免的形式:旧社会的种种势力——法西斯、民主制、社会爱国主义,还有斯大林主义都同样惧怕战争,又都同样在走向战争。"但这样有深度的推论并不是一个思想家出于理智,而是凭一个狂热革命者的感觉得出的:"什么都帮不了他们;他们自己挑起战争,并终将被战争所扫除。他们是罪有应得。"[1]托洛茨基就是这样的一个人:在审视文明和社会的普遍问题时,他是预言家,是辩证论者;而谈到世界革命时,他又持形而上学,而且是一个不可救药的狂热分子……

《反对派公报》出版费用全部由托洛茨基自己负担,虽然手头越来越紧,但靠自己的稿费,目前他还有能力出版一份发行量不超过1 000册的杂志。查阅托洛茨基的境外档案(哈佛大学、胡佛研究所和阿姆斯特丹社会史研究所档案资料)以及内务人民委员部档案,里面有他同出版商、儿子的大量通信,我们仿佛看到了一个为赚些马克、美元和法郎而拼命工作的"政治作家"。因为除了家庭开销、请两三个秘书兼保镖,托洛茨基还要维持一份完全不盈利的杂志。下面一段节选自去柏林的列夫·谢多夫写给父亲的一封信:

> 我亲爱的爸爸:
>
> 　　《历史》销出了650份,《自传》是2 400份。这已经创造了纪录,没有一本俄文书在国外的发行量能与之相提并论……8月10日他们为《历史》支付了500马克,剩下的1 500马克出书后支付……又收到了30马克,但富赫特曼这个骗子一分钱都没寄……彼得罗波利斯那边印了目录,却不想付钱……我觉得他们哪怕是支付150—200马克,我再催催他们……[2]

托洛茨基在对苏联发行《反对派公报》的问题上遇到了很大困难。1933年后,只有少量杂志通过一些持外交护照的人或海路货运等途径能非法流入苏联境内。因此,在20世纪30年代初,除了内务人民委员部工作人员和

---

[1]　Бюллетень оппозиции. 1939. Май—июнь—июль. № 77-78. С. 2.

[2]　Архив ИНО ОГПУ, ф.17 548, д.0292, т.1, л.185-188.

斯大林的亲信外,其他布尔什维克党员对《反对派公报》知之甚少。但对托洛茨基的国外支持者而言,杂志能时刻提醒他们,还有一个人始终不能容忍苏联政权被篡夺、政党日益堕落和"官僚专制主义"达到顶峰的现实。

1938年列夫·谢多夫去世后,杂志遭遇了最艰难的日子。儿子去世一周年时,托洛茨基在《反对派公报》中写道:"列夫经常处于危险之中——国家政治保卫局的特务一直监视他,他很清楚自己总有一死,他最挂念的事情就是《反对派公报》能否一直办下去。谢多夫最关心的问题就是杂志的前景,以及自己死后谁能接替。"〔1〕

我不知道,拿托洛茨基的《反对派公报》和赫尔岑的《警钟》作比较是否恰当。相信会有读者气愤地否定或驳斥这种类比。也许,读者是对的。不过他们的共同之处是反抗精神、对命运的不肯妥协和对变革的强烈渴望。

谈到托洛茨基的杂志,就不能不说说,内务人民委员部曾经千方百计为杂志出版制造各种困难,甚至影响其内容。由于文章稿件都是由托洛茨基寄给巴黎的谢多夫,因此也就等于寄给了兹博罗夫斯基,因此决定(当然是莫斯科决定)歪曲托洛茨基某些文章的含义,或者甚至在杂志上刊登一些内务人民委员部工作人员写的东西。下面是莫斯科发给巴黎的密码电文中的一段:

奥列格致彼得:

对我的第969号电报中提到,要在最近一期《反对派公报》中加入几篇文章和段落一事,做一些补充,务必注意以下各点。

有两种方案:第一,以列·达·的名义发表文章;第二,通过添加我们的段落和补充淡化公报所有文章的内容。采用哪种方案?我主张第二种,但该方案难度较大,因为既要成功添加我们的东西,既要使文章不失去其意义,又要确保我们添加的内容不被淹没,而且要能够尖锐地揭露托洛茨基主义的嘴脸……第一种方案要容易些,但这样一来王牌将掌握在出版者手中,我们的文章有可能在印刷厂就被识破。

我们有接触文章的机会,它们会通过"马克"送到我们手中,问题的关键在于必须把事情安排好,不能暴露了"马克",因此应该也必须买通排字工人……〔2〕

---

〔1〕 Бюллетень оппозиции. 1939. Февраль. № 74. С.2.

〔2〕 Архив ИНО ОГПУ, ф.31 660, д.9067, т.1, л.104-105.

　　我只想说一点，不论是"奥列格"、"彼得"，还是"马克"都未能在这方面取得实质性进展。因为列夫·谢多夫的女同事Л.埃斯特林(在情报中特工人员称她为"女邻居")总是兢兢业业地完成校对工作。

　　要补充一点，Л.埃斯特林是俄国社会民主党领导人之一费·唐恩的亲戚，她曾长期同国外的孟什维克组织合作。后来结识了列夫·谢多夫后，又开始同托洛茨基派密切合作。唐恩和Л.埃斯特林见过几次面，试图说服她改变政治取向，结果却白费力气。唐恩、埃斯特林，还有孟什维克分子马尔托夫、阿布拉莫维奇、施瓦尔茨、古尔维奇、罗森菲尔德、尤戈夫在苏联和境外的亲属们，都很清楚自己时刻处在国家政治保卫总局——内务人民委员部的监视之下。他们中不少人都命运多舛，例如，在国家安全总局外国处1936年4月2日第248903号专报中就提到了对俄国社会民主党人的悲惨"部落"实施全面监视。[1]1939年7月，间谍"阿亚克斯"在另一份发自巴黎的情报中提供了唐恩在苏联亲属：哥哥M.古尔维奇、侄子Л.古尔维奇，他妻子的亲戚策杰尔包姆、克罗尼赫费尔德的详细信息。其中还提到，之前叶卡捷琳娜·帕夫洛芙娜·佩什科娃在国外同唐恩见面时，向他介绍了在苏联亲属的情况[2]。从这里就能看出，被监视和隔离的并不仅是托洛茨基一个人……

　　如果不读《反对派公报》中发表的上百篇文章，就无法理解托洛茨基的第三次，也是最后一次流亡。在厚厚的一摞摞87期的合订本中，细心的读者能找到很多重复的内容，既有涵义复制，也有字面重复，还会抱怨作为一种有预定对象的出版物，而关于苏联的信息却相当匮乏，几乎没有投稿人(托洛茨基自己既是作者，又是主编)。但杂志有其特色，它是执着于乌托邦幻想，又不肯同篡权者和暴政妥协的被驱逐者命运的一面镜子。如果没有这些执着的追求者，人类历史将会显得多么苍白！

　　儿子去世后，托洛茨基将《反对派公报》的出版转往美洲大陆，苏联情报机关立即报告了上级。内务人民委员部国家安全总局五处的工作人员古卡索夫报告称："报告如下，据我们掌握的谍报消息，托洛茨基的《反对派公报》将转移至纽约出版，萨拉·韦贝尔将负责出版工作"。[3]有关其他托派出版物的情况也都要上报。内务人民委员部国家安全总局五处副处长帕·阿·苏多普拉托夫

---

〔1〕　Архив ИНО ОГПУ—НКВД, д.22 918, л.11.
〔2〕　Архив ИНО ОГПУ—НКВД, д.22 918, л.76-78.
〔3〕　Архив ИНО ОГПУ—НКВД, ф.31 660, д.9067, т.1, л.78.

在报告中指出:"第四国际的杂志是由人民革命党法国支部在巴黎出版的,从 7 月开始在布鲁塞尔出版……С.列苏阿里和多恩参与了杂志的编辑工作。"[1]

莫斯科对托洛茨基派、他们的组织和出版物情况几乎了如指掌,国家安全总局七处处长 1937 年 3 月向叶若夫、阿格拉诺夫、库尔斯基提供了一份清单,详细记载了托派报刊在世界各国和地区的出版情况及主要内容。[2]

谢多夫去世后,托洛茨基并没有中断同儿子身边人员,其中也包括 Л.埃斯特林和马·兹博罗夫斯基的联系:

> 亲爱的同志们!
>
> 为你们寄去《反对派公报》出版所需材料,如果数量过大,你们无需刊登所有文章和札记,只选取其中部分即可。有些文章的署名可以删去,但日期一定要保留。
>
> 你们关于廖瓦的来信,我们暂时还没有回复:需要积蓄力量。娜塔莉娅·伊万诺夫娜目前很虚弱,还不能写信……关于《公报》的经费保障和前景,你们那边的情况如何?
>
> 紧握你们的手。
>
> 你们的列·达·[3]

巴黎和莫斯科几乎同时研究了这封信。但杂志好歹还是办下去了。不过,《反对派公报》比它唯一的撰稿人只多活了一年。

全家人的悲剧

托洛茨基一家全都被他所处时代的厄运笼罩着。尼古拉·别尔嘉耶夫曾经说过:"家庭是牺牲的学校",[4]这位思想家的话并非有多么深奥的含

---

〔1〕 Архив ИНО ОГПУ—НКВД, ф.31 660, д.9067, т.1, л.78.

〔2〕 Архив ИНО ОГПУ—НКВД, ф.17 548, д.0292, л.17.

〔3〕 Архив ИНО ОГПУ—НКВД, ф.17 548, д.0292, л.97.

〔4〕 Бердяев Н. О назначении человека. Опыт парадоксальной этики(《人的使命。怪诞伦理学试笔》).Париж: Современные записки, 1931. С.256.

义,他指的就是为实现和谐和幸福而做出的精神道义上的牺牲。而在托洛茨基身上,这种残酷的"牺牲的学校"却是别人制造的,因为归根结底恨他的人远远多于爱他的人。只不过今天人们再谈起他时,已经不再带着爱或恨的情绪,但几乎所有的人都兴趣盎然。

托洛茨基的革命选择、铮铮傲骨和对信念的狂热注定会为家庭带来苦难。在重大转折的时代,失败者不可能指望其他的遭遇。托洛茨基个人和全家的悲剧,连同他的革命狂热让他在历史上留下了浓重的一笔。

托洛茨基的亲属几乎随时都处在危险之中。早在国内战争时期他的亲戚们就很快明白了这一点。1920 年 2 月,托洛茨基的专列上收到敖德萨发来的一封密电:

> 　　根据邓尼金的命令,1919 年 11 月逮捕了托洛茨基同志的家人,包括他的叔叔格尔什·列昂季耶维奇·勃朗施坦和婶婶拉希尔,他们在博布里涅茨被捕,此外,被捕的还有堂兄列夫·阿布拉莫维奇·勃朗施坦(共产党员)。目前他们作为人质被押往新罗西斯克。据一些资料称,想用他们来交换高尔察克的侄子,被捕者的亲属请求采取紧急措施,用交换人质的方式让他们重获自由。
>
> 敖德萨革命委员会　帕维尔·因古洛夫[1]

电报没有送到托洛茨基手中,他当时下部队了,是布托夫处理的。

家里人对托洛茨基的高升欣喜若狂,在 1923 年秋"左翼"反对派出现之前,只要能和勃朗施坦-托洛茨基家族搭上点关系,都足以使革命青年感到敬畏,让他们的景仰之情油然而生。亲戚的数量也在增加,名人的亲属不知为什么总是很多,来攀亲的人一茬接着一茬,很多人托洛茨基根本不熟悉,甚至完全不认识:

> 深受敬重的列夫·达维多维奇!
>
> 　　我是 M.Л.金兹堡,来自叶卡捷琳诺斯拉夫(是您堂妹奥莉加·利沃夫娜的丈夫,她娘家姓是日沃托夫斯卡娅),我有急事需要见您,请不

---

〔1〕　ЦГАСА, ф.33 987, оп.2, д.113, л.39.

要拒绝,只要给我几分钟时间就行。

1921 年 8 月 2 日

请接受我深深的敬意。M.金兹堡〔1〕

原来金兹堡一家受到迫害,已经家徒四壁,穷困潦倒。类似的信件不在少数。

其实最怀念托洛茨基的是他的两个女儿——尼娜和季娜伊达。当各种出版物强烈抨击托洛茨基时,她们奋不顾身地维护父亲。尽管生活拮据,但她们很少去打扰父亲,也不向他提什么要求。托洛茨基自己也很不幸,他用自己的方式爱着同亚·利·索科洛夫斯卡娅第一次婚姻中的两个女儿,和同娜·伊·谢多娃第二次婚姻中的两个儿子。托洛茨基的两位妻子彼此之间自然存在强烈,但还可以容忍的隔阂。托洛茨基不得不把握一定的分寸,以免激起妇女间的妒火。

父亲偶尔会在女儿的生日时发去贺电,但从未参与过对她们的教育。两个女儿为有这样一位伟大的父亲而自豪,这种情感一直伴随着她们的成长。但由于在家庭中的次要地位,她们也会埋怨母亲和父亲,抱怨自己尴尬的处境。

1928 年 6 月,托洛茨基还在阿拉木图流放时,小女儿尼娜去世,年仅 26 岁……她的丈夫涅维尔松(很遗憾,我没能查到他的名字)当时也已经被捕,后被枪决。除了姐姐,没有人给过她像样的帮助,父亲背叛的烙印使她受到严重歧视,也加速了她的死亡。其实,因肺结核而死也让尼娜"摆脱"了被关进集中营和流放的命运。她的女儿沃琳娜 1925 年出生,有消息称,沃琳娜起初和外婆索科洛夫斯卡娅生活在一起,外婆被捕和流放后,小女孩就不知去向了,没人知道她的命运。也许她还活着,只不过在孤儿院长大的她不知道自己的真实姓名和身世? 托洛茨基在女儿去世几周后才收到这个噩耗,他难过极了,显然,自己在政治斗争中的失败几乎就是这次悲剧的主要原因。季娜伊达给父亲发来电报:"尼娜一直在呼唤你的名字,希望能够见到你,那样她也许还有康复的可能……"这封电报是在发出后 73 天才到达流亡者手中的,他当时实际上也是被监禁的。从尼娜开始,托洛茨基家人相继辞世,这些都成为托洛茨基后来生活道路上的一个个路标,它们是悲情、厄

---

〔1〕 ЦГАСА, ф.33 987, оп.1, д.467, л.108.

运的化身。

季娜伊达看着妹妹死在自己的怀里,她被家庭悲惨的变故折磨着:父亲被流放,丈夫普拉东·沃尔科夫被捕,妹妹死了,儿子生病,生活暗无天日,处处受到歧视,而她自己也是个结核病患者。季娜伊达想带儿子去土耳其投奔父亲,在经历了重重折磨和屈辱后,终于拿到了出国批件,并于1931年1月和儿子一起来到了父亲栖身的普林吉坡岛。那段时间,她开始感到心理的不平衡,在生命最后几年,就像自己的妹妹和母亲一样,季娜总感受到精神上的恐惧,除结核病外,她还患上了严重的抑郁症,时不时表现出歇斯底里。季娜伊达很想念莫斯科的女儿,对丈夫的命运仍一无所知。她认为父亲觉得自己是个累赘,在岛上和父亲生活的十个月,她并没感受到浓浓的亲情……尽管托洛茨基作了努力,但娜塔莉娅·伊万诺夫娜和季娜之间的疏远关系仍无法得到缓和。

家里人商量,认为季娜应该到柏林继续接受治疗,托洛茨基费了很大劲才为女儿争取到去德国的机会,并将六岁的外孙暂时留在身边。至今还保存着托洛茨基当时写给土耳其外长的信,信中他请求为在柏林结束治疗的女儿季娜伊达·沃尔科娃办理返程签证。他写道,"为避免误会,我认为有必要说明一点,我身患重病的女儿此行不带有任何直接或间接的政治目的,仅仅是为了治疗。"[1]

托洛茨基对大女儿没有太多的父女之情,他自己很苦恼,但却无能为力。在普林吉坡岛上的共同生活开始变得让人难以忍受。季娜伊达觉得自己是个没人疼的女儿,总是嫉妒父亲对继母的温情,她不仅自己受着煎熬,还使家庭气氛变得紧张起来。最后父亲决定送她去柏林治疗,然后回国。在阿姆斯特丹档案馆(就像其他藏有托洛茨基资料的档案馆一样,我也有幸在那里工作过一段时间)保存着几封信件,向我们揭示了季娜伊达悲剧的原因。

女儿到柏林治疗后不久,托洛茨基就收到负责照顾季娜的老友亚历山德拉·拉姆的来信。信中提到:"让季娜身体状况变糟糕的原因不仅仅是肺结核,我认为首先是她的心理状况……病根无疑是在君士坦丁堡落下的。她本来满怀希望投奔自己举世闻名的父亲,但很快就大失所望。这种失望表现为:没人爱我。是谁之过?……此外,她总是感到孤独,她是个病人,妹

---

〔1〕 The Houghton Library. Trotskii coll. bMS, Russ. 13.1(10634—10644), p.1.

妹死了,她还常常处于恐惧之中……"〔1〕

亚·拉姆是对的,季娜伊达的主要病因就是孤独。父亲对她漠不关心,丈夫被捕,女儿孤零零地留在莫斯科,而她自己这里也是一团糟,消息闭塞,生活贫困。拉姆在信中继续写道:"亲爱的列夫·达维多维奇,我不想向您隐瞒什么,据我的个人观察,她在柏林仍感到失望,她认为自己能融入廖瓦和让娜的生活。可是她并没有融入,也不可能融入……有一次她对我说,能不能找一个没事的人来陪陪她,她一个人孤单单的很难过……"〔2〕

实际上,当时也在柏林的列夫·谢多夫在给父亲的信中也提到了此事,他写道:"季娜一直在回忆和谈论尼娜的死……她非常期待你能亲自给她写信……她在生活中从来都没有这样压抑消沉过。她没有指责妈妈的意思,但也谈到你不能也不会给她写信,她能理解。季娜非常忧郁沮丧,看来完全崩溃了,我觉得她很可怜,好爸爸,她实在是太可怜了,一看到她我就心疼……我和医生马伊详谈了一下,他说,再过 8—10 周季娜就可以回苏联了……医生嘱咐对待病人要温柔些……换句话说,他是在暗示我,他认为最重要的是你要给季娜写封信,直接打动她。或许,可以利用季娜最近给你寄明信片的机会给她写封信? 我对季娜是这样讲的(不能不考虑她的健康状况):你自己应该行动起来,用事实说话,也可以通过写信等方式努力为改善父女关系创造条件……可是她却非常悲观地答道:'不,你知道,我也希望能这样做,但爸爸是永远不会给我写信的……'"〔3〕

儿子请求父亲给姐姐写一封温情的信,但却忽略了姐姐在神经紊乱时,对妈妈的那些尖刻议论。

在其他信件中(十封左右)列夫还介绍了姐姐严重的抑郁症,精神科医生所作的努力,以及她愈发严重的精神失常。我没有在任何一份档案中查到父亲写给大女儿的信,也许,如果有了那些信,季娜伊达的命运就不会以悲剧告终。父亲的冷酷无情对大女儿是个致命的伤害。心理排斥达到一定程度后,导致了父女间的决裂,无形地在他们之间划上一道不可跨越的鸿沟。但不管怎样,在内心排斥的过程中,父亲应该寻找一条能拉近两人关系的途径。也许是革命让被放逐者变得铁石心肠? 抑或是早早就把两个女儿

〔1〕 Int Instituut Soc Geschiedenis. Amsterdam,№ 67,2634/1.

〔2〕 Op. cit.

〔3〕 Int Instituut Soc Geschiedenis. Amsterdam,№ 91,330/23,16/6.

丢给前妻的托洛茨基已经无法激起自己内心对她们的父爱？托洛茨基没能用自己的真情去温暖自己亲近的人……也许每个人都能从这段令人伤心的往事中得出自己的结论。

季娜伊达刚到柏林就受到了无法恢复的打击：1932 年 2 月 20 日苏联政府剥夺了托洛茨基本人，其妻子以及在苏联境外的所有家属的苏联国籍……1932 年 2 月 26 日托洛茨基写信给叶莲娜·瓦西里耶夫娜·克雷连柯，他很关心自己交给《论坛报》的一篇关于斯大林的文章的情况，他写道："这篇文章因为最近一条关于剥夺我和家人苏联国籍的命令而备受关注。我想，亲爱的尼古拉·瓦西里耶维奇作为一名法学家，一定插手了此事。"[1]这里指的是叶莲娜·瓦西里耶夫娜的哥哥尼·瓦·克雷连科，俄罗斯苏维埃联邦社会主义共和国（1936 年起兼任苏联）司法人民委员。不过他在最后一个工作岗位仅任职两年就被枪决了。

季娜渴望回家，那里有她的女儿亚历山德拉，她还希望能和被流放的丈夫见一面。尽管托洛茨基最终设法把她日思夜想的儿子谢瓦（同样被剥夺了苏联国籍！）送到了她身边，但季娜的抑郁心情还是越来越严重了。新的打击让她无法承受：在苏联使馆的坚持下，德国警察将刚团聚了一周的母子俩驱逐出柏林。能去哪儿呢？受到惊吓的女人现在既没护照也没钱。1933 年 1 月 5 日，把儿子送到邻居家后，托洛茨基的大女儿打开了煤气阀门……她才刚刚过了三十岁。之后列夫·谢多夫领养了季娜的儿子弗谢沃洛德·沃尔科夫（现在他叫埃斯特班）。

一周后列夫向父母详细讲述了事情的经过："前一天早上季娜打电话给我，她说想见我，要我马上过去（谢瓦的到来使我们之间不再那么疏远），但我当时实在没法赶过去，我请求季娜白天、晚上或者第二天早上过来一趟，我一再坚持，可她的回答却闪烁其词，不过当时也答应了，之后就再没见过她……应该给普拉东（季娜的丈夫——作者注）写封信，他很爱季娜，如果这超出了你作为父亲的能力，那么我来写，不过请至少给我些建议……"[2]

儿子接着写道："世界各大报刊都刊登了托洛茨基又一个女儿去世的消息。"

在不到五年的时间里，托洛茨基的两个女儿相继去世，她们无论在身体

---

[1] Архив ИНО ОГПУ, ф.17 548, д.0292, т.1, л.208.

[2] Int Instituut Soc Geschiedenis. Amsterdam, № 111, 322/1, 2(2).

上，还是心理上都过于脆弱，无法承受父亲的失败。托洛茨基不无根据地认为，是自己的政治斗争将两个女儿推向毁灭。托洛茨基受到了震撼，柏林的这次极端事件也让索科洛夫斯卡娅一下子苍老了许多。

在得知又一个女儿去世的消息后，托洛茨基马上写了一封充满愤怒的抗议信：

致联共（布）全体中央委员

联共（布）中央监察委员会全体委员

苏联中央执行委员会主席团

> 迫害……我的女儿没有丝毫政治意义。剥夺她的国籍，剥夺她唯一的一线希望：回到正常的环境中去康复，最后，将她赶出柏林（毫无疑问，德国警察在为斯大林效力）——这些都是毫无目的的政治攻击，是赤裸裸的报复。女儿非常清楚自己的处境。她明白，欧洲警察为了讨好斯大林会迫害自己，在他们手里只有死路一条……我就说这些情况，不作进一步的结论，但总有给出结论的那一天……[1]

季娜去世后，索科洛夫斯卡娅就肩负起了照顾外孙和外孙女的责任，她年近六十，不过看起来，就像我之前说过的，显得老态龙钟。索科洛夫斯卡娅不能忘记季娜伊达最后几次来信中的一封，她指责母亲没能维护好家庭，使大家都变得不幸。托洛茨基也知道大女儿这些充满悲痛的控诉和指责。托洛茨基小儿子谢尔盖的妻子奥莉加·爱德华多夫娜·格列布涅尔是对的，她曾对我说："无论意愿如何，托洛茨基都给自己所有的亲人和朋友带来痛苦。"连他的孙辈也不例外（我在前面已经写过，外孙女沃利娜在外婆被流放后就不知去向，大概是进了孤儿院；另外一个亚历山德拉，成年后被斯大林流放，于1989年去世；外孙弗谢沃洛德-埃斯特班更是享有了作为托洛茨基亲属的所有"好处"，他现在生活在墨西哥，守护着世界上唯一一座纪念自己名人外公托洛茨基的纪念馆）。

托洛茨基清楚，斯大林不会善罢甘休。他的小儿子谢尔盖不想成为政治流浪者，而成了全家在莫斯科的人质。克里姆林宫对他已经作出决定：不准放他离开苏联。

---

[1] Бюллетень оппозиции. 1933. Март. No33. C.30.

虽然托洛茨基已经习惯了岛上的生活,但欧洲"后院"却成了他的累赘,他在与支持者联络,出版杂志等方面遇到重重困难,必要时又很难躲藏起来。流亡者感觉到,亚戈达的间谍已经将这座孤零零的别墅层层包围。

早在 1929 年托洛茨基就曾尝试移居到一个没有语言障碍,有很多支持者,又可以让他充分展示自己的西欧国家。但当时(也包括以后)德国政府拒绝了他的签证申请,英国政府经过一段时间的摇摆也回绝了……尽管在给英国财政大臣菲利浦·斯库登的信中,托洛茨基提到曾经在莫斯科接待过斯库登本人,但这并未起到什么作用……托洛茨基又转向法国求助,法国在长时间沉默后给出了答复:1916 年将他由法国驱逐至西班牙的命令并没有解除……他还向布拉格发出了请求,最初得到的回答给了他一线希望,但最后却突然拒绝,不给任何解释。他又尝试着去荷兰、卢森堡、奥地利和挪威,也都以失败告终……

托洛茨基明白,需要等待时机。当时国外很多人都相信,这是他和斯大林一起搞的阴谋:俄国革命的英雄到国外去是为了输出革命。娜塔莉娅·伊万诺夫娜和丈夫共同经历了特殊境遇下的各种窘境和冲突,她这样安慰托洛茨基:

"需要忍耐,万物皆有其时。你的时辰尚未到来,我们就在这里等待风雨过去……要静下心来。"

"你永远都是对的。"托洛茨基答道。

很少有人知道,早在革命和国内战争年代,娜塔莉娅·伊万诺夫娜就积极投入了俄国教育人民委员部艺术处的工作。[1]档案中保存了很多关于她亲自参与解决一些问题的文件,这些工作需要有一定的责任感和专业水平。例如:

契切林同志:

　　古代艺术品和文物保护处不反对将一些对俄国没有特殊价值的艺术品和文物交给芬兰。

1920 年 7 月 6 日
娜·伊·托洛茨卡娅[2]

---

〔1〕 ЦГАСА, ф.33 987, оп.1, д.382, л.164.
〔2〕 ЦГАСА, ф.33 987, оп.1, д.382, л.415.

141

当时，在革命改造的名义下，国家文化财产正逐渐被蚕食，盗窃和损毁，托洛茨卡娅通过努力使其中很大一部分得以保存，并受到革命法规的保护。

每当夜幕降临，托洛茨基工作有些疲劳的时候，夫妻俩就会坐在家里的露台上，一边听海浪拍岸，一边看渔船上摇曳的灯火，共同回忆永远失去了的往昔。一次，娜塔莉娅·伊万诺夫娜突然无缘无故地说道：

"你还记得吗？作为共和国革命军事委员会主席的妻子，为了几双长袜，我差点去找最高层。你没忘了，我们当时是多么的衣衫褴褛吧……"

"我记得，当然……"

确实，在托洛茨基的文件中有类似的文件复印件：

产品分配总局登记配给处：

我急需长袜，请给我三双袜子的兑换票。

致同志的问候！

娜·托洛茨卡娅[1]

国家"第二夫人"为了几双长袜还要颇费周折，当时的情况就是如此，这就是以布尔什维克为主创建的时代。

我认为，妻子精神上的坚韧在很大程度上坚定了托洛茨基的信仰，直到生命最后。流亡者从妻子那里得到了信心和支持，学到了百折不挠的精神。在托洛茨基和妻子的通信中，我们不仅看到他们之间的相濡以沫，还感受到了妻子对他本人、他的事业和抱负的巨大影响。[2]娜塔莉娅·伊万诺夫娜坚忍不拔，默默承受着流亡带来的所有重负和不幸，她是丈夫真正的支柱。她一生饱尝苦难：先失去了两个儿子，却未能亲手安葬他们；丈夫死后她又独自生活了近15年。在漫长的岁月中，娜塔莉娅·伊万诺夫娜做了大量的工作，她整理、保存了托洛茨基丰富的档案资料，并将它们转交给哈佛大学图书馆。

托洛茨基有一个姐姐、一个妹妹和一个哥哥，他们同样命运多舛。姐姐伊丽莎白·达维多芙娜·梅尔曼1924年在克里米亚去世，算是善终，当时托洛茨基还处在权力的最高层。妹妹奥莉加·达维多芙娜·加米涅娃

---

〔1〕 ЦГАСА，ф.33 987，оп.1，д.382，л.375.

〔2〕 The Houghton Library. Trotskii coll. bMS, Russ 13.1.(10598—10631)，folder 1 of 10.

（列·波·加米涅夫的妻子）却因为是托洛茨基的亲属而经历了所有苦难，她于1935年被捕，经历过流放、坐牢、集中营，最后于1941年秋被枪决。大家都知道，同一年，战争刚开始不久，斯大林下令再次"清洗"监狱，成千上万的政治犯不经审判就被枪毙，内务人民委员部则认为，当时那种危机时刻，这些犯人是"危险的累赘"。这样的人确实很多，可以说不计其数……

托洛茨基还有个哥哥叫亚历山大·达维多维奇·勃朗施坦。20—30年代他在沃罗涅什州新基斯良耶夫斯基制糖厂做农艺师。当地居民 A.K. 米罗诺夫对我讲，勃朗施坦是个学识渊博的专家，老乡们都很尊敬他。不知为什么，米罗诺夫一直记得，勃朗施坦出行坐着漂亮的敞篷马车，并配有两匹好马。在他的名人弟弟成了众矢之的、被开除出党并流放后，有人逼他和弟弟公开断绝关系。他整个人一下子就变了，因为备受折磨和良心谴责，他日渐消瘦。不过断绝往来还是没能救得了他。1936年夏天，亚历山大·勃朗施坦突然消失不见了（深夜被捕），第二年在库尔斯克监狱被枪毙，理由为"他是个积极的、冥顽不化的托洛茨基分子"。斯大林的无情铁腕让所有人痛苦不堪，不过当时，托洛茨基的两个儿子还都活着。

季娜伊达死后，托洛茨基和娜塔莉娅·伊万诺夫娜就常常为两个儿子，尤其是小儿子谢尔盖而担惊受怕。谢尔盖不想和父亲一起到国外去，决定为科学献身。谢尔盖确实远离政治，青年时代他想成为一名杂技演员，后来又开始对技术感兴趣，拿了工科大学的学位，成为一名大学教师。还不满30岁的谢尔盖·利沃维奇·谢多夫就已经是一名教授了。

我在前面说过，我有幸认识了一个非常有趣的女人，她是谢尔盖·利沃维奇的第一任妻子奥莉加·爱德华多夫娜·格列布涅尔（流放期间谢尔盖再婚，他与第二任妻子生了个女儿叫尤利娅，现在生活在美国）。格列布涅尔是个性格开朗、有良好文化修养的老妪，她自然也经历了斯大林时期的集中营和流放。老人兴致勃勃地讲着关于谢尔盖的事，不过都是碎片式的：曾经是个淘气的少年，是个多情、才华横溢的天才，在托洛茨基家中大儿子列夫明显更受宠一些。结婚时谢尔盖20岁，格列布涅尔22岁。

"当全家从克里姆林宫搬到格拉诺夫斯基大街时，"奥莉加·爱德华多夫娜回忆说，"我们没有地方住，只能挤在角落里。列夫·达维多维奇总是那么和蔼可亲，我印象最深的是他那双炯炯有神，又充满智慧的蓝眼睛。娜塔莉娅·伊万诺夫娜表面上看是个乏味的人，个子不高，有些丰满，长得也不漂亮。但可以看出,他们夫妻俩都很珍惜对方。谢尔盖,我再重复一遍,是个天才:无论做什么都有模有样。托洛茨基被流放时,娜塔莉娅·伊万诺夫娜走到我身边说:'照顾好谢尔盖。'

"谢尔盖于1935年3月4日被捕,"奥莉加·爱德华多夫娜继续讲到,"那简直就是一出悲剧。来了五个人。搜查持续了几个小时。谢尔盖的书和父亲的肖像都被带走了。他们把我丈夫带到卢比扬卡。他在那里待了两三个月。给他定了各种罪名……又是从事间谍活动,又是父亲的帮凶,还有搞破坏……总之,被流放到西伯利亚……他注定了死路一条……"格列布涅尔对这段沉重的叙述总结道。

1937年1月《真理报》刊登了一篇文章,题为《托洛茨基之子谢尔盖·谢多夫企图用煤气毒死工人》。在克拉斯诺亚尔斯克机械厂锻造车间的大会上,技工列别杰夫说:"托洛茨基的儿子谢尔盖·谢多夫以工程师的身份混入我们之中,他父亲卖身投靠法西斯,而他这个孽种也想用煤气大量毒死厂子里的工人。"会上还提到了季诺维也夫的侄子扎克斯,以及他们的"保护伞"厂长苏博京……对这些人的指控都很相似,他们的命运也早已注定。

"谢尔盖·利沃维奇·谢多夫-托洛茨基很快被定了罪。大约到了夏天,"奥莉加·爱德华多夫娜回忆道,"收到了谢尔盖(他是伟人父亲的不幸儿子)获准发出的明信片:'我正在被送去北边。将长期待在那里。别了,拥抱你。'"

据说,谢尔盖是1941年在科雷马被枪决。其实奥莉加·爱德华多夫娜不知道,丈夫实际上走得更早,早在1937年10月29日他就已经被枪毙。年轻教授唯一犯下的错误就是,他不幸是主要持不同政见者的儿子。

很长一段时间里,父母都不知道小儿子的命运,在娜塔莉娅·伊万诺夫娜收到的谢尔盖最后一封来信中(为了不使他的境遇变得更糟,父亲从不给他写信),儿子顺便提了一笔:"整体形势非常严峻,严峻得超乎想象……"[1]托洛茨基在1935年6月的日记中写道:"谢廖沙被关进监狱,这已经不是推测,而是事实,是从莫斯科直接得到的消息……他被捕了,显然是在我们停止书信往来后不久……可怜的孩子……我可怜的娜塔莎……"[2]获悉此事后,娜塔莉娅·伊万诺夫娜在丈夫的帮助下写了一封告公众和文化工

---

〔1〕 Троцкий Л. Дневники и письма. С.114.
〔2〕 Троцкий Л. Дневники и письма. С.122.

作者的信,呼吁"由公正的权威人士,自然是苏联熟知的友人,组成国际委员会。委员会应当调查与谋杀基洛夫事件相关的所有惩罚措施,也顺便为我们的儿子谢尔盖案子的调查带来一线光明和希望。"谢多娃接着写道:"难道罗曼·罗兰、安德列·纪德、萧伯纳等苏联友人不能组成这样一个委员会吗?"

谢多娃写道:"谢廖沙近年来一如既往,始终远离政治……连上至斯大林的当权者都很清楚这一点;我再重申一遍,谢廖沙在克里姆林宫长大,斯大林的儿子是孩子们房里的常客;无论一开始在大学读书时,还是后来成为年轻教授,他都一直受到国家政治保卫局和学校当局的特别监视……"[1]

但一切都是枉然。谢尔盖就像融化了一样,永远地消失了……可怕的镇压机器将一切鲜活的生命都塞到自己的炉膛里烧成了灰烬。父亲直到死前还抱着一线希望,也许儿子还活着,被关在遥远的集中营里,只不过"不允许他写信"。托洛茨基曾对妻子说过:"也许我的死可以救他一命?"[2]

1935 年 11 月,托洛茨基见妻子的信没得到社会各方的积极回应,于是,到了挪威之后,给自己的一个朋友写信求助:

亲爱的朋友!

　　为你寄去娜塔莉娅·伊万诺夫娜关于谢尔盖的信,一式三份,除了寄给各通讯社、报纸外,请用双挂号寄给罗曼·罗兰、安德烈·纪德、马尔罗以及其他"苏联的知名友人"。[3]

托洛茨基妻子再次通过刊物向世界公众呼吁:"最近三个月来,我通过银行给儿媳汇出少量钱款,希望能帮帮她,如果可能也帮帮谢尔盖……但得到的答复却是:找不到这个地址……也就是说,儿媳也被捕了……这个新情况让人不能不想到:苏联当局放出我儿子'不在监狱'的风声怕是凶多吉少,有着无法补救的意味。如果谢廖沙不在监狱,又能在哪里? 他的妻子现在又身在何处?"[4]回答这个不幸女人的是古拉格可怕的沉默。

斯大林可谓铁石心肠,他本人以及手下机构对类似请求的回答一向很

〔1〕　Бюллетень оппозиции. 1935. Июль. № 44. С.11-12.

〔2〕　Serge V. Vie et le mort de Leon Trotsky. p.266.

〔3〕　The Houghton Library. Trotskii coll. bMS, Russ. 13.1.(10031—10248), folder 4 of. 16.

〔4〕　Бюллетень оппозиции. 1935. Декабрь. № 46. С.6.

简单。他的一个亲密助手 A.H.波斯克列贝舍夫妻子被捕时,尽管自己的忠实"奴仆"苦苦哀求,斯大林只是简短地答道:"别大惊小怪,内务人民委员部会搞清楚的。"

当时很多人都明白,内务人民委员部是如何"搞清楚"的。斯大林本人也亲自协助"搞清楚"。这项"工作"留下的痕迹简练到了极点:

斯大林同志:
　　呈上需军事法庭按一级判刑的被捕人员名单。　　　　　　叶若夫

批示明白无误:"138 人全部枪毙。约·斯·、维·莫洛托夫"。

斯大林同志:
　　呈上需要法庭审判的四份人员名单,请审阅:分别为 313 人、208人、人民公敌的妻子 15 人、军工从业者 200 人。拟枪毙所有的人,请批准。

1938 年 8 月 20 日
叶若夫

批示依旧简洁:"同意。8 月 20 日。约·斯·、维·莫洛托夫"。[1]
　　流亡者小儿子的性命就断送在这台绞肉机里,他本是个很有天赋的学者,却成了"永远正确的领袖"疯狂报复的目标之一。
　　小儿子被捕让老夫妻俩更严肃地思考大儿子的命运,长子现在成了托洛茨基真正的特使,除了出版《反对派公报》,经父亲允许,他还参与了两个由托派分子建立的国际机构的工作:国际书记处和国际局。这是"布尔什维克-列宁主义者"的两个活动中心,按照托洛茨基的想法,它们应该将分散的托洛茨基主义者团结起来,组成坚如磐石的"世界社会革命党"。列夫·谢多夫在这些机构中化名"马尔金",是父亲为纪念在那场现在看来已经远去的革命中一个亲密的朋友,一名水兵。
　　托洛茨基的长子是家里的宠儿。列夫很早就入了党,他将父亲当作神一样来崇拜,是托洛茨基及其思想的狂热仰慕者和支持者。20 世纪 20 年

---

〔1〕 ЦАМО, ф.32, оп.701 323, д.38, л.14-16.

代中期,托洛茨基成了体制的反对派,列夫放弃了在莫斯科高等技术学校的学习,并实际上成了父亲最亲密的助手。他毫不动摇地随父亲流放(虽然他本人没有被正式流放),随父母远赴土耳其,以自愿流放的方式支持父亲。大儿子不仅仅是父亲的助手和意志执行者,他还有着自己灵活而又强大的政治思维,文笔出众。谢多夫写过很多优秀的小册子和文章。他那本字数不多的《关于莫斯科审判的红皮书》就因根据充分、论据翔实和论断尖锐而引人瞩目。[1]

还在普林吉坡岛上时,为完成父亲交办的事情,列夫去过很多欧洲大都市。那时谢多夫同父亲讲过,曾多次发现有人跟踪自己。他明白,自己已经成了亚戈达手下间谍"瞄准"的目标。

莫斯科开始了骇人听闻的审判,很多无辜的人被处死。斯大林决定进行大清洗,消灭一切潜在的危险人物。这让欧洲所有思想进步的人士感到震惊,甚至让一些苏联情报机构的工作人员也不知所措,打算同罪恶的政策决裂。第一个付诸行动的就是苏联著名特工伊格纳季·赖斯。关于他我们在下一章里再谈。

斯大林在(1937年)2—3月全会上的报告,实际上就是论述必须对内外敌人开展恐怖行动,镇压和捏紧"阶级铁钳"的方法。全会后,一封封密令发往国外,进一步明确了斯大林的方针:"我们要消灭敌人,无论过去,现在,还是将来。"[2]

后来到了墨西哥后,托洛茨基在通信中多次提醒儿子注意安全。谢多夫的朋友劝他,最好暂时离开欧洲,去父亲那里避一避。经过长时间的犹豫,谢多夫写信给父亲,告诉他自己的疑虑:他发现好像又有人跟踪自己,并怀疑自己身边有"外人"。在信的结尾他问父亲这种情况下该怎么办。需要说明一点,当时除了这些困难外,谢多夫在经济上也很拮据。父亲实际上没有能力帮他,因为自己也是债务缠身,只能勉强靠尚未完成的书稿的预付款维持生计。谢多夫出版的《反对派公报》发行量依然很小,几乎没有什么收入。他同妻子让娜的关系也恶化了:每天都有费心劳神的事。各个托派组织之间的对抗远大于合作。在完成父亲委托的很多事情时,列夫常常感到颓丧,尤其是收到父亲1937年11月18日从科约阿坎寄来的信后。托洛茨

---

[1] Sedov L. Livre rouge sur le Proces de Moskou(《关于莫斯科审判的红皮书》).Paris, 1936. p.39。

[2] ЦПА, ф.17, оп.2, д.612, вып. III, л.10.

基不建议他离开巴黎:"事业发展会受阻"。兹博罗夫斯基也将这一情况报告了莫斯科。"彼得"在一份从巴黎发出的情报中写道:

> 借自己儿子的生日,"马克"请"儿子"[1]来家里吃午饭。"儿子"同"马克"喝了一整天的酒,酩酊大醉……"儿子"喝醉后,还有些意识,这顿酒让他深受触动。他向"马克"道歉,几乎是含着泪在请求原谅,说他俩刚认识时,自己错把他当成国家政治保卫局的间谍……"儿子"开诚布公,并在最后说道,苏联的反对派斗争从一开始就是没有希望的,没人相信斗争能取得成功,他本人早在1927年就已经对革命失去信心了,他现在什么都不信,他说自己就是个悲观主义者。现在开展的工作和斗争只不过是对过去的简单延续罢了。在他生活中最重要的是女人和酒……[2]

内务人民委员部谍报人员是这样向莫斯科禀报的。谢多夫在给父母的信中也难掩自己的悲观情绪。1937年11月14日"马克"通过上级向内务人民委员部外国处报告称,"儿子"感到很沮丧,他留了遗嘱,"交代了他的档案资料将保存在哪里"。里面还提到:"遗书由他的兄弟莫利尼耶保管"。[3]后来查明,档案资料都存在银行保险柜里,钥匙在让娜手中。列夫·谢多夫已经预感到即将到来的悲剧……

父亲安慰了儿子,同时也因为《反对派公报》办得不如人意而责备了儿子。至于去墨西哥的事,尽管只是暂时前往,父亲还是没有同意:"廖瓦离开法国将一无所获:美国未必允许他入境,而他在墨西哥将会比在法国更不安全。"[4]父亲显然不希望儿子也来科约阿坎过隐居的生活。

但是两个月之后,托洛茨基就为自己曾经说过话而深深自责!他追悔莫及!他为什么就没能察觉儿子身边的死亡威胁呢?唉,即便是能在昏暗中看清事件发展轮廓的有远见的人,也往往看不到眼前的事情。

1938年2月8日谢多夫得了急性阑尾炎,艾蒂安(兹博罗夫斯基)在打电话联系私人诊所时,列夫写了最后一封信,并请求"紧急时刻"才能打开。

---

[1] 内务人民委员部情报人员的报告中对列·谢多夫的称呼。
[2] Архив ИНО ОГПУ—НКВД, ф.31 660, д.9067, т.1, л.122.
[3] Архив ИНО ОГПУ—НКВД, ф.31 660, д.9067, т.1, л.144-145.
[4] 〔波〕伊·多伊彻:《流亡的先知》,施用勤等译,中央编译出版社2013年版,第350页。

下午,他在俄国侨民开的诊所做了手术。手术很成功,病人也在恢复中,已经能下地走路,准备出院了。可是四天后,谢多夫的病情突然急剧恶化。出现了中毒症状。生命岌岌可危,医生也无力回天。托洛茨基的长子就这样走到了生命的尽头,也是四个子女中最后一个离开他的,年仅 32 岁……

当然,谢多夫刚患病,兹博罗夫斯基就立刻报告了"上级",莫斯科当天就知道了。但在内务人民委员部保存的业务档案中,没能找到借机除掉"儿子"的直接命令。找不到的原因有两个,据我所知,为了不留任何蛛丝马迹,当时很多类似的命令都是口头传达,或是使用约定的符号或信号。其次,有相当一部分文件在"结案"后就被销毁了。还有一个情况不能不提,谢多夫之死也许内务人民委员部并未参与其中,因为托洛茨基儿子的身份使他成为了托洛茨基主义运动的重要消息来源,而这正是莫斯科所需要的。

我对于内务人民委员部参与了清除"儿子"这件事,并不怎么怀疑。不过,我完全不相信兹博罗夫斯基亲自参与其中,他当时身份是"情报员",而不是此类行动的执行者。那个时候托洛茨基已经身在墨西哥,所以监视的重点也已经转移到那里。谢多夫对内务人民委员部的价值急剧下降,而且1938 年莫斯科已经确定要"清除"托洛茨基本人。那段时间,谢多夫出现了明显的抑郁症状。

儿子去世的消息从巴黎传来,夫妻俩伤心不已。他们被深深的悲痛和绝望所笼罩,很多天都把自己关在屋子里,不接待任何来访者……托洛茨基稍微平静一些后,就和朋友们要求尽快调查谢多夫的死亡情况。几乎没人怀疑,托洛茨基的儿子是被毒死的。不过事情就像预料的一样,这是一场非常专业的谋杀,没有留下明显的犯罪痕迹。内务人民委员部就有一个专门的处室,仔细制定类似事件的"技术"细节。

1938 年 2 月 20 日,儿子去世后一周,托洛茨基写了一篇震撼人心的悼文,即便今天读起来仍让人难以平静。我摘抄其中的一些段落:"上世纪末与我们同时踏上革命道路的老一辈,现在都无一例外地被清除出了舞台。凡是沙皇的苦役监牢、残酷流放、流亡年代的各种困顿、国内战争和疾病没有做到的,"流亡者写道,"斯大林近几年来都做到了,斯大林才是革命最大的灾难。"托洛茨基又谈到儿子在自己写作中给予的巨大帮助:"这样的合作之所以可能,只因为思想上的一致已经深入到我们和血液和精神当中。公正地说,从 1928 年起,我的所有著作都应该在我名字旁也写上儿子的名字。"

托洛茨基坚定地写道:"是莫斯科的高手杀死了他,他们把他的死讯写入热月的日历,作为一个盛大的节日。"父亲满腔悲痛地写道:"永别了,亲爱的、无人可比的朋友! 我和你母亲不曾料到,命运会将这样可怕的工作交给我们:写你的悼词……我们没能保护好你。"〔1〕

而在巴黎,听命于莫斯科的、谢多夫的"身边人"希望能够保持同"老头子"(谍报人员在行动报告中这样称呼托洛茨基)的联系。在马克·兹博罗夫斯基的档案卷宗里就有从巴黎发出的这样一份文件:

1. 在法国托洛茨基主义者政治局会议上鲁斯向"马克"建议,在对待"老头子"没有特别指示之前,"马克"全面负责俄国小组的工作。法国人将只承认"马克"为俄国小组的代表。

2. 2月18日(1938年)"马克"和"女邻居"(Л.埃斯特林——作者注)一起给"老头子"发信,告诉他"儿子"去世的详细情况。

3. "女邻居"告诉"马克"有三份档案资料:

a. 存在银行保险箱里的旧档案,钥匙在让娜手中;

b. "马克"保管的旧档案(这个我们已经知道);

c. "女邻居"藏起来的档案("阿亚克斯"的档案)。地点"儿子"不知道。

4. "马克"与"女邻居"关系不错,"女邻居"认为自己是"儿子"当之无愧的继任人。建议"马克",不要把"女邻居"撵走,而应当把她知道的一切都吸干榨净。这很重要……

5. "马克"还有一个任务,他要承担今后同国际书记处保持联系的工作……〔2〕

杀害了谢多夫后,这些人对着他的尸体,还试图修复内务人民委员部办公室同俄国革命前领袖之一的托洛茨基之间被切断了的联系。

到这时,已经毫无疑问,谢尔盖也是死在了叶若夫的审讯室里。斯大林举起屠刀对上百万苏联公民进行血腥镇压,其中也包括托洛茨基的孩子们。

---

〔1〕 Бюллетень оппозиции. 1938. Март. No 64. С.2, 4, 8.

〔2〕 Архив ИНО ОГПУ—НКВД, ф.31 660, д.9067, т.1, л.141.

托洛茨基不知道亚·利·索科洛夫斯卡娅被捕后,在苏联的外孙女们命运如何,外孙谢瓦成了他在国外留下的唯一血脉。被列夫领养后,这个孩子多次变换了住地:土耳其、德国、奥地利、瑞士、法国……养父去世时,他刚过 10 岁。托洛茨基不由自主地认为,孩子们的死是自己的过错,所以他想亲自照顾最后留下的外孙。为什么说是他的过错?

他明白,自己的政治斗争为他先后组建的两个家庭带来了厄运,并最终给他所有的孩子造成了致命的影响。躲藏在科约阿坎用混凝土墙围起的小院子里,想到之前不曾为女儿的治疗出过多少力,没能找到同季娜合适的沟通方式,没有说服谢尔盖和自己一起前往土耳其,没能回应列夫暂时离开巴黎的想法……托洛茨基陷入了深深的自责。是啊,他总是以工作事业为重,却置子女于不顾。他的过错太大了……对子女们的死亡犯有并非故意的过错,带着这种自责托洛茨基痛苦地度过了生命的最后时光。

外孙的问题很棘手。让娜·莫利尼耶拒绝带谢瓦去墨西哥。托洛茨基和让娜之间开始了“笔战”,有时甚至到了粗野、破口大骂的地步。托洛茨基能够理解,但也备受煎熬。他费尽周折才要回了一部分保存在儿子那儿的自己的档案资料,但挂念外孙的托洛茨基已经失去了心理的平静。他甚至告到了法院,希望通过法律途径要回外孙,但事情拖了整整一年,让娜丝毫不让步,拒绝交出孩子。

托洛茨基用法语给外孙写了一封信,信件是 1938 年 9 月 19 日寄出的。

亲爱的小谢瓦!

这是我第一次给你写信。我那可怜的列夫总会及时让我们(娜塔莉娅和我)了解你的生活情况,你有多高了,身体怎么样……

托洛茨基接着写道,他很担心谢瓦会把俄语忘光。孩子的父亲曾多次写信给托洛茨基,希望外公无论如何也要尽力让孩子别忘了母语。因此,托洛茨基邀请谢瓦到自己身边来,讨论一下他的未来,并帮助他恢复母语。

托洛茨基接着写道,“我给自己的朋友阿尔弗雷德·罗斯默和玛格丽特·罗斯默写了信。你认识他们,我的孩子。列夫舅舅很敬佩他们,同他们建立了热忱深厚的友谊……我希望你能去拜访他们,至少每周一次。我已经写信告诉罗斯默夫妇你要出行的事。亲吻你,我亲爱的谢瓦,娜塔莉娅也和我一样。期待即将到来的见面!

再说一句,你当然会给让娜看这封信的,就免得我一次写两封内容相同的信了。"〔1〕

但这样做也无济于事,让娜·莫利尼耶不想交出孩子。于是,托洛茨基写信给法国司法部部长,指出弗谢沃洛德·沃尔科夫父母双亡。"我,也就是在信结尾处签字的人,是与弗谢沃洛德,我合法的外孙,唯一有血缘关系的亲人……让娜·莫利尼耶女士与孩子没有任何血缘关系或姻亲关系……部长先生,以您的权威干预,相信24小时之内一定能促成这个难题的解决……"〔2〕

直到1939年10月,罗斯默夫妇"偷走"了谢瓦,男孩才有机会来到墨西哥外公的身边。他和外公在一起生活了不到一年。

托洛茨基一生有三分之一以上的时间都被迫生活在异国他乡。祖国抛弃了他,他只能漂泊。直到两个儿子死后,他才终于痛心地领悟到,自己再也不可能回国了,再也不能从火车车窗观赏俄罗斯平原的无限风光,再也无法为父母、兄弟姐妹和女儿扫墓,再看不到克里姆林宫的齿型城墙——他曾经和列宁在克里姆林宫生活在同一条走廊里……他最终无可挽回地失去的不仅仅是亲人和朋友,还有祖国——这样的认知是致命的、沉重的和难以承受的。

几年前,在离开普林吉坡岛前不久,托洛茨基曾给莫斯科"发出过信号",表示为了革命的利益他准备妥协让步。1933年3月,在写这封信之前,托洛茨基苦恼了很久。他不想让这封信看起来像投降书,他也不能这样做,永远不会。但在当时,用法国大革命领袖圣茹斯特的话说,"革命已经结束"的条件下,流亡者还抱有一丝幻想,希望能够停止敌对状态,并再次回到祖国。他不能给斯大林写信,虽然很清楚,只有总书记才有权决定如何对待自己这份突然提出的建议。

致联共(布)中央政治局的信

秘密

我认为自己有义务再做一次尝试,唤起苏联现任领导的责任感。国情党情你们应该比我更能切身体会到。如果国内形势仍按照目前的轨道发展,那灾难将不可避免。

---

〔1〕 The Houghton Library. Trotskii coll. bMS, Russ 13.1.(10567).

〔2〕 Троцкий Л. Дневники и письма. С.156.

　　这是一个预言家的话,托洛茨基已经看到了遥远未来那模糊不清的前景,他感到,尽管"五年计划四年完成","生产增长率"想象不到的迅速,"千百万人民的热情高涨"史无前例,社会主义的列车正加速前进,但是……却在驶向重大的历史失败。我们直到80年代才认识到它,而这场失败是几十年前,在震耳欲聋的大吹大擂、胜利的报告和欢快的节奏下,悄无声息地向我们国家逼近。

　　"单纯依靠镇压来控制当前局势的想法是毫无希望的,也是致命的……应该怎样做? 首先,要重振我们的党。这将是一个痛苦的,但不得不经历的过程。我一刻都不曾怀疑过,'左翼'反对派一定会全力协助中央委员会,避免动荡或只经历很小的波动,让党重新回到正常的发展轨道上……这件事关乎工人国家和世界革命未来很多年的前景。"

　　我们如今提到的历史失败,流亡者当年就已经预感到,而且还从形而上学的角度片面地指出了避免失败的途径。他反对官僚主义和极权主义,但仍然相信一个党独占鳌头的革命方法。托洛茨基从来就不曾怀疑过布尔什维克最基本的原理。他认为,苏联现任领导和"左翼"反对派之间是能够达成一致的。"无论气氛多紧张,只要双方有诚意,是可以分阶段缓解的……写这封信的目的是为了表明'左翼'反对派有这样的诚意。"他在结尾处写道:"如果政治局认为有必要毫不声张地进行初步谈判,可以选择相应的方式和方法。"[1]

　　当然,没有得到答复,也不可能有答复。独裁者在等待的完全是另类的消息。据我了解到的,斯大林在读完这封信后,骂了一句粗话,然后就冲明仁斯基甩出几句话,指责他"停止了逮耗子",现在是该让托洛茨基闭嘴的时候了。苏联国家政治保卫总局的这位领导正在病中,如果他不是猝然去世,他也未必能在这个职位上继续待下去,不用说,他的命运也会像其他被贬黜的政治家一样。

　　说这些题外话是想表明,即使在全家都被置于漂泊者的地位,托洛茨基还幼稚地试图与体制和解,而让它重新回归民主和革命理想的轨道。这个举动也被拒绝了,而且加强了对他的监视。1938年5月《反对派公报》发出警告:编辑部很清楚内务人民委员部对托洛茨基的企图。文章中写道,"只要列·达·托洛茨基还活着,斯大林消灭老布尔什维克近卫军的角色就没

---

〔1〕　Троцкий Л. Дневники и письма. С.44-45.

有完成。仅仅判处托洛茨基同志,季诺维也夫、加米涅夫、布哈林以及其他恐怖手段受害者死刑是不够的,必须将判决付诸实施。"[1]杂志还列出了紧跟着托洛茨基的足迹,从一个国家转到另一个国家的一些可疑人物。

在所有预告的危险中分量最重的是:信中以知情者的身份详细讲述了内务人民委员部准备谋杀托洛茨基的计划。后来得知,这封信是斯大林情报机构出逃的前高级官员亚历山大·奥尔洛夫寄出的,许多年后,奥尔洛夫本人还写了一本轰动一时的书《斯大林罪行秘史》。当时,落款处写的是"施坦因"这个名字,似乎是逃亡到日本的柳什科夫[2]的亲戚。Л.埃斯特林去墨西哥找到托洛茨基,告诉他一个叫"施坦因"的人写信警告,要小心长子身边的人。施坦因在柳什科夫去日本前似乎同他见了一面,柳什科夫当时好像请施坦因提醒"老头子"注意潜在的威胁,尤其要警惕一个叫"马克"的人,但"马克"的姓柳什科夫记不清了。信中还建议,不要相信任何由"马克"推荐来的人。施坦因提议"老头子"在地方报纸就信件作出回应。

托洛茨基在报纸上刊登了一则通告:"您的信已收到,希望见面单独谈谈。"[3]但寄信人并没有来科约阿坎,托洛茨基因此断定,这封信不过是内务人民委员部的挑拨离间。对"马克"的信任并未有丝毫改变。尽管这个警告非常重要,但它终究只是个警告而已,尽管要求提高警惕,但危险并不曾因此而稍减。

托洛茨基一家的悲剧是整个苏联人民悲剧的缩影。托洛茨基希望通过世界革命加速实现"光辉灿烂的未来"。他是这场充满乌托邦色彩的灾祸的始作俑者之一。他的家人乃至他本人都被这场灾祸所吞噬。流亡者及其家人,如同千百万苏联人民一样,其悲惨遭遇都源自暴力和对自由的践踏。

莫 斯 科 审 判

从马尔马拉海的一座孤岛上遥望宁静的远方,听着政治热情碰撞出的

---

[1] Бюллетень оппозиции. 1938. Май-июнь. № 66-67. С.32.

[2] 关于 Г.С.柳什科夫,参看《莫斯科审判》第一章。

[3] Архив ИНО ОГПУ—НКВД, ф.31 660, д.9067, т.1, л.254.

不和谐的喧闹声,托洛茨基心底里向往着置身阶级斗争的最中心,希望可以在那里更响亮、更自信地表达自己。在普林吉坡岛上生活的四年漫长岁月里,他从未停止获得去欧洲大都市许可的努力。希特勒上台后,去柏林也变得失去了意义。

经过繁杂劳神的书信联系和一次又一次的外交拖延,托洛茨基终于获准去法国,一个同他有着千丝万缕联系的国家。

同自己的荷兰秘书让·王·海恩诺特一道将档案文件、得以保存的书籍、数不清的苏联和西方报刊剪报打包,托洛茨基发现用来装文件的行李重了很多。正是在这里,他完成自己的得意之作《俄国革命史》和《我的生平》,写了数百篇文章,在接受记者数十次采访中他一再重申:列宁主义没有消亡,世界革命的观念不是乌托邦,斯大林主义仅仅是俄国历史上一段悲剧式的弯路。从文学创作角度看,土耳其流亡时期可谓硕果累累,远离"城市的喧嚣",不直接参与政治活动,"左翼"反对派领袖得以为理论、历史和文字创作集聚能量。

关于在岛上的工作,流亡者这样写道:"普林吉坡倒是很适合进行写作,尤其是秋冬两季,岛上几乎没什么人,在公园里常常能看到山鸡。这里别说剧院,连电影放映机都没有,还禁止开车上路,世上还有多少像这样的地方?我们的房子里没有电话。驴叫声对神经能起到安抚作用。普林吉坡是个岛,关于这点一刻都不会忘记,因为窗外就是海,岛上的任何地方都能看到海。我们在离石栅栏十米左右的地方钓鱼,在离它五十米开外的地方就能抓到龙虾。经常一连几周大海平静得就像一面镜子。"[1]当然,这是流亡,在欧洲的后院,不过在这里很容易展开创作……

托洛茨基当时还不知道,在后来的岁月里他再没能创作出其他足以传世的巨著,只有一本书可算作例外:《被背叛的革命》。负责编辑此书的维克多·谢尔什曾评价道:"这本书篇幅冗长,成书很匆忙,缺乏文学性。"[2]为了获得政治上的轰动效应,可以牺牲一切,文学天分也包含在内。尔后的经历,无论"法国时期""挪威时期",还是"墨西哥时期",托洛茨基都在围绕着一件事情忙碌——成立第四国际,这是他期盼已久的新生儿。他日后就会看到,那是一个多么鱼龙混杂和前途渺茫的宗派组织。直到很久以后,才由

---

[1] Троцкий Л. Дневники и письма. С.4.7.

[2] Архив ИНО ОГПУ—НКВД, ф.17 548, д.0292, т.2, л.127.

其他人证实了这是一个生命力顽强的组织。[1]

我认为,托洛茨基主义的强大生命力并不是源于这名世界革命歌颂者所说的思想切中时弊,而是因为它满足了任何一个社会和时代都会有的一小部分人信奉极端主张的需求。有时是右倾(新法西斯主义者、新斯大林主义者),而有时是左倾(托洛茨基主义者)。至于托洛茨基主义,则它不仅仅是个别人自我表现的一种特殊方式,也是对这个命运多舛传奇式人物的一种崇拜,是知识分子、大学生、青年和部分工人农民传统小资产阶级激进主义的表现。尽管托派组织数量不多,但在一些国家却有明显的影响力,尤其在国会竞选时。

托洛茨基力求悄悄地离开君士坦丁堡,1933 年 7 月中下旬,托洛茨基和娜塔莉娅·伊万诺夫娜带着两个秘书乘坐保加利亚号这艘意大利旧轮船,从君士坦丁堡出发前往马赛。他并不知道,法国等待自己的会是什么,但他希望作为"左翼"反对派领袖,自己的到来能够调动起支持者的积极性。

关于法国之行以及到达初期几个月的生活娜塔莉娅·伊万诺夫娜是这样描述的:"在轮船上我丈夫身体有些不适,当时非常热,他吹了过堂风,觉得腰疼,我们请来船上的医生,实在是疼痛难忍,病人已经下不了床……7月 24 日早上,船还没到马赛就停下来,一艘汽艇载着两名乘客向我们驶来:是我的儿子列·谢多夫和雷·莫利尼耶。"她接着写道,到法国后,他们先后去过很多地方:鲁瓦扬、圣保罗、比利牛斯山、博涅于尔河畔、巴黎郊外的巴比松。最后谢多娃写道,"1933 年 12 月中旬,我丈夫终于能去巴黎和朋友见面,他在那里待了一天。"[2]

很快托洛茨基一家人就察觉到有人跟踪,他们已经受到严密监视。秘书鲁道夫·克列门特、萨拉·韦贝尔以及雷蒙·莫利尼耶都及时向托洛茨基说了这件事。他们只得加强戒备。这不足为奇:被招募的马克·兹博罗夫斯基已经开始活动了。尽管列·谢多夫还有些不放心,怀疑这个新助手是内务人民委员部的间谍,但兹博罗夫斯基在与他见面时还是能获取一些关于托洛茨基在法国的情报。托洛茨基很快就明白了,他费尽周折到了法

---

〔1〕 1989 年我在美因河畔法兰克福书展推介自己一本关于斯大林的书时,我注意到,在大厅入口处我的展位旁有张长条桌,上面摆满了托洛茨基的文献,还挂着一幅巨大的第四国际领导人画像,年轻人在向人们推销他们的小册子和杂志,他们郑重地宣称自己代表"托洛茨基同志世界社会革命党德国支部"。——作者注

〔2〕 Троцкий Л. Дневники и письма. С.56, 58.

国,本想可以在这里进一步开拓自己的事业,但这里却到处都是国家政治保卫总局的间谍。虽然做了细致周全的保密工作,但这个被废黜的革命家还是经常会被记者、各党派人士以及俄国侨民认出来。《人道报》曾多次抗议,反对取消托洛茨基来法国的禁令。尽管如此,托洛茨基还是采取了特殊的防范措施,坚持接见来自德国、英国、荷兰、美国、奥地利、西班牙,甚至中国的支持者。

会见时托洛茨基指出:新革命高潮正在酝酿,要做好准备,加强群众工作,尤其是做好工人阶级的工作;同时他还在探索将众多托派团体联合起来,组成一个统一的、庞大的国际团体;建议加强组织建设。但是相当一部分他的支持者从一开始就不太相信新革命高潮真的会到来,这让托洛茨基感到痛心。

在巴黎的 8 月会议上(1933 年),与会的 14 个政党和团体中,仅有三个原则上同意尽快建立第四国际。这让出于安全考虑没有出席会议的托洛茨基非常失望。他为这次会议准备了所有主要文件和决议,本来希望会议可以取得更有分量的成果。1933 年 8 月,目睹了这一切的托洛茨基终于确信,支持自己的力量实在太微不足道了。三个支持托洛茨基的政党通过了加紧创建第四国际的工作,并着手拟定第四国际宪章(纲领)的决议。[1]托洛茨基除了继续在自己的支持者中做宣传工作和进行写作外,其他的什么也做不了。他又重新拾起关于列宁一书的写作,但进展却缓慢而艰难。他认为列宁是 20 世纪最有影响力的革命家,但他最终也没能完成对列宁的刻画。虽然流亡者一直努力向自己的支持者灌输新的革命高潮必将到来的思想,但很多人并不相信。与十月革命前夕相比,世界形势已经完全不同了。

连托洛茨基自己都感觉到:再也不会有什么惊人的腾飞,无论是革命,还是自己。生命中最重要的东西都留在了过去,而往昔已经随着岁月的长河而流逝了,归于永恒……他 1933 年 9 月写给娜塔莉娅·伊万诺夫娜(妻子当时在巴黎接受治疗,而他在巴比松)的那些信里充满了忧愁和悲伤。现在看来,土耳其反倒显得对他们更热情好客些:

"亲爱的,普林吉坡岛上的生活其实更加安逸舒适,回顾不久前那段经历,当时过得还算不错,那时是多么想来法国……我们的晚年终将如此度

---

〔1〕　Бюллетень оппозиции. 1933. Октябрь. № 36-37. С.12-13.

过,抑或这急转直下的境遇只是暂时的,之后还能有回升的余地(在一定程度上……),我们拭目以待吧……"[1]托洛茨基写给妻子的信永远都是那么柔情似水,他在信的落款处总是简短地写着:"你的"。

在法国期间形势越来越白热化。1934年春,托洛茨基被要求迁出巴比松(距巴黎一小时车程的小镇),因为警察无法保障他的安全。斯大林的间谍随时都可能对他进行袭击。匆忙离开巴比松后,托洛茨基在法国又待了一年多,但根本找不到既安全又安静的地方。有时走得很狼狈,有失体面,比如剃掉胡子,易容乔装。有一次,托洛茨基被迫在一个熟人儿子家的阁楼上躲了好几天。当地的纳粹分子和共产党人都会对他造成威胁,国家政治保卫总局也在追捕他,简直是四面楚歌。这一时期王·海恩诺特给了托洛茨基很大帮助,他对流亡者的忠诚就像谢尔姆克斯和波兹南斯基一样。

托洛茨基不得不经常更换居所,和娜塔莉娅·伊万诺夫娜分开。他一般都由雷·莫利尼耶、让·王·海恩诺特以及一两个从法国支持者中挑选出来的比较可靠的保镖护送,他再次成为阿格斯菲尔,终身流浪的人。

有时,托洛茨基一个月要辗转五六个地方,更换旅馆。不管走到哪里,都会被警察和一声不响的神秘人物跟踪,这使他不得安宁……他非常后悔离开普林吉坡岛。只有在一个离格勒诺布尔不远的小村庄里,托洛茨基一家才得到几个月的安生,避开了所有纠缠不清的可疑目光。流亡者想完成关于列宁一书的写作(他和几家出版社签了合同),但经常的提心吊胆使他灵感全无。他和娜塔莉娅·伊万诺夫娜常常想起安静的普林吉坡岛,回味温柔平静海面上的那份安静恬适。

托洛茨基每天都会焦急地等待秘书拿来新报纸:基洛夫被害后,苏联恐怖行动不断升级。资产阶级报刊(很难找到莫斯科的报纸来阅读)每天都在报道,不断有人被捕、在全苏联以及政治局相关圈子里寻找阴谋者,还有各种令人费解的悲剧事件。

每到傍晚,托洛茨基都会靠在收音机旁,努力从广播的杂音中捕捉莫斯科的消息。偶尔听到的自鸣钟声会让他再次随着记忆回到克里姆林宫……而莫斯科正在无休止地控诉季诺维也夫和加米涅夫的罪行,声称他们要对基洛夫被害一事"负责"。广播里还说,所有这些"敌人的余孽"都受"法西斯走狗托洛茨基"的指使和蛊惑。苏联体制竟然已经腐化堕落到如此地步,这

---

〔1〕 The Houghton Library. Trotskii coll. bMS, Russ. 13.1.(10598—10631), folder 1 of 10. p.2.

让流亡者震惊不已。托洛茨基夫妇在法国最终也没能找到一隅安静的角落,在他们离开法国前不久,托洛茨基写文章指出:早在 1929 年 3 月他就曾警告过所有人,斯大林将来一定会给"反对派扣上蓄意谋杀、图谋发动武装起义等罪名"。出于对莫斯科审判核心组织者的了解,托洛茨基公开宣称,是斯大林向季诺维也夫和加米涅夫下了最后通牒:他们必须自己找到一番说辞来证明斯大林对他们的镇压是正当的……其目的就是为了指责托洛茨基从事恐怖活动等等。斯大林不断寻找各种臆造的借口在国内开展大清洗,流亡者对这种行径进行了辛辣的嘲讽。[1]

到了 20 世纪 30 年代中期,恐怖的残暴势力开始了一轮又一轮残酷的清洗。两个月后托洛茨基得知,在基洛夫死后不久,亚历山德拉·利沃夫娜·索科洛夫斯卡娅就被捕并被发配到遥远的北方,她不得不将外孙女们送到乌克兰的姨妈家。将勃朗施坦(托洛茨基)引向马克思主义道路的索科洛夫斯卡娅,除了最初两三年的共同生活外,之后的几十年里一直背负着孤独弃妇的沉重十字架,并受到种种残酷打击。审讯时,她被要求回答诸如此类问题:她是如何根据前夫的授意推动托派活动的?收到了哪些托洛茨基从国外发来的指示,又是谁转交给她的?托洛茨基的两个女婿沃尔科夫和涅维尔松好不容易熬到流放结束,却再次被捕,被关进了集中营,之后不久便消失得无踪无影。

让我们还是回到托洛茨基的话题上。经过长期斡旋他终于等来了希望的结果:挪威政府最终同意他入境。1935 年 6 月 15 日革命的朝圣者来到了这个峡湾的国度。1917 年 5 月他从加拿大回俄国时,曾在这里逗留过一天半左右。为数不多的几个朋友为托洛茨基一家挑选了一个很不起眼的旅店,距奥斯陆两小时车程。生活很艰难:他们来到挪威时几乎身无分文。两年的"法国生活"托洛茨基不得不将更多精力用于确保自身安全,而不是工作,之前靠辛苦的笔墨文字赚来本就不多的积蓄很快就花光了。

需要工作,工作!要给那些同意自己建立新型国际组织的观点、认同该组织能重新举起被践踏、被诋毁的国际主义旗帜的支持者们写信;需要弄到资金用于生存、出版杂志、贴补长子和谢瓦的生活……现在大家对他就像对待麻风病人一样唯恐避之不及,但他只能在这样条件下开展工作。当局也坚决要求托洛茨基承诺不再从事任何政治活动,而反对派们也在议会里再

---

〔1〕 Бюллетень оппозиции. 1935. Февраль. № 42. С.7, 8.

次提出托洛茨基只能在国内"短暂"停留的问题。身边没人愿意为这个不速之客提供住所,住旅馆又付不起房费,报刊上满是对托洛茨基不友善的文章和评论。很快老熟人——亚戈达的间谍兹博罗夫斯基也出现在那里,通过监视谢多夫和父亲的信件往来,他很快就通过自己的直接"上线"报告了托洛茨基在挪威的地址。[1]

要拥有多么坚定的精神力量才能不被击垮,不屈服,不缴械投降!托洛茨基回忆说,艰难时期他总是能从妻子身上汲取精神力量并坚定信心。这位受排斥的革命家在自己的日记中写道:"我和娜塔莉娅共同生活已有33年(三分之一个世纪!),在绝境中我总是被她本性中蕴含的巨大潜能所折服……有一点要说的是:娜塔莎从来都没有'埋怨'过我,包括在困境中;即便现在,最艰难的日子里,当所有人都在反对我们时,也毫无怨言……"[2]

最终他们在奥斯陆北部找到了合适的住所,寄居在挪威社会民主党人康拉德·克努德森家里,这时他们身边已经没有保镖和助手,只能靠自己。司法部长特吕格韦·哈尔夫丹·赖伊(后来的联合国秘书长)也正式禁止托洛茨基在挪威领土上从事政治活动,因此流亡者只能全身心投入文学创作,并密切关注欧洲,尤其是自己祖国的形势变化。

在这里,这个北方的国度,大量邮件一如既往地占用了托洛茨基许多时间,影响了他的文学创作。同以前一样,他要通过书信让敌对的各托派团体之间达成和解,尤其在法国时,他还接见了几个来自不同团体的代表。托洛茨基曾忧伤地想,"革命军队"除了能挑起纷争,同室操戈和哗众取宠,简直一无是处。作为一个曾经站在俄国革命最高处的人,这些都无法激起他的热情。

一天,托洛茨基和房主到了一处风景如画的峡湾钓鱼,他们从广播里听到,莫斯科开始了对季诺维也夫、加米涅夫及其"同伙"的大审判,他们的罪名是在苏联组织恐怖活动。托洛茨基听到了最重要的一句:原来基洛夫被害、企图谋杀斯大林、伏罗希洛夫及其他"领袖"等活动都是由托洛茨基一手"领导"的……听到这些后,"法西斯恐怖活动的组织者"立刻回到住所,后来的几天都没有离开过收音机。托洛茨基被这些话激怒了。这是个巨大的谎言。加米涅夫、季诺维也夫、姆拉奇科夫斯基、巴卡耶夫简直是一派胡言,他

〔1〕 Архив ИНО ОГПУ—НКВД, ф.31 660, д.9067, т.1, л.81-82.

〔2〕 Троцкий Л. Дневники и письма. С.98, 124.

们说的没一句真话,一句都没有!

季诺维也夫冷冷地说,他是政治的鼓动者,是谋杀基洛夫的组织者,而这个"恐怖分子"集团是由托洛茨基领导的。季诺维也夫断言,"托洛茨基主义就是法西斯主义的变种。"加米涅夫供认,他"效忠于法西斯,并伙同托洛茨基和季诺维也夫在苏联谋划反革命活动……"这简直不可思议! 托洛茨基震惊:要把人折磨到什么地步,才能让他们说出这样的话来! 他,托洛茨基,居然是主要的"阴谋家""组织者""恐怖分子"和"杀人犯"?!

托洛茨基不安地在嘶啦作响的收音机旁踱来踱去,他轻轻揉着太阳穴,冷漠地说道:这仅仅是血腥清洗的开始……是对革命彻头彻尾的背叛……是对他和列宁所创建的一切的一种终结……令人发指! 难以置信! 不可思议!

托洛茨基好像在重复自己《被背叛的革命》一书中的话。这本书是他在1936 年 8 月 4 日最终完成的,是托洛茨基写完的最后一本书。书中充满了预言、严厉的批评、坚定却又相互矛盾的结论。写这本书托洛茨基用了一年的时间,他对苏联社会进行了详尽的评述,认为整个社会与最初设想的社会主义基础相比已经发生了极权主义的蜕化。托洛茨基进行了无情的批判,并将主要矛头指向新官僚阶层。

"为什么斯大林会获胜?"作者自问自答道:"说无名小卒斯大林没有任何战略计划,突然从幕后走出来就平步青云,这种话就太幼稚了。不,在他认准自己道路之前,官僚集团就先找到了他……官僚集团不仅战胜了'左翼'反对派,在同布尔什维克党的交锋中他们同样占据了上风……他们战胜了所有敌人……没借助任何思想和论据,只是靠自身的分量。官僚集团铅铸的屁股比革命的头恼更有分量……这就是苏联热月政变的谜底。"[1]然而,托洛茨基却出人意料地得出了这样一个结论——官僚集团成为新阶级之后,将导致苏联资本主义复辟。

他就是这样一位思想家,进行深入可靠的分析,作出令人震惊的预言,但时而也会得出错误的结论。这是他彻底献身于革命,以及革命的演变和取向的结果。既然官僚集团会阻碍和"吞噬"革命,那么按照托洛茨基的想法,就可以用资产阶级热月来终结官僚集团。他的观点显然更为接近斯大林的立场,而不是清醒的马克思主义者的立场:"向集体农庄转让土地的永

---

〔1〕 Троцкий Л. Преданная революция(《被背叛的革命》).Париж, 1937. С.25-27。

久使用权不是社会主义的做法,而是保留了私有制倾向。"托洛茨基认为,富农心理并没有被消除,宅旁的份地是旧时私有制观点的温床。在农业问题上,他完全认同旧马克思主义教条的、乌托邦式的纲领,即只有在土地和其他财产全部公有化后,才能"真正实现社会主义改造"。

托洛茨基仍然相信"欧洲无产阶级的任务不是要让国界永恒化,而是相反,要对它们进行革命的清除。不是要维持现状,而是要建立欧洲合众国!"可是工人的欧洲,最理想的是社会主义的欧洲!托洛茨基一如既往,从世界战火不可避免的高度上看问题:"如果革命不能防止战争,那么战争将会促进革命。"

《被背叛的革命》最主要的一个结论就是"不经过斗争,苏联官僚集团就不会放弃自己的立场"。所以,托洛茨基认为,工人阶级在完成了历史上第一次社会主义革命后,现在需要进行新的"补充"革命——不是社会的革命,而是"推翻官僚专制的政治革命"。[1]"要摆脱危机没有什么和平的方法,人民同官僚寡头和官僚专制主义的冲突不可避免。政治革命将推翻斯大林的统治制度,但不会改变现有的所有制关系。"[2]

这是直接而公开地呼吁改变苏联当前政治现状。托洛茨基号召进行相当于国家政变的革命。这纯属乌托邦式的幼稚愿望,根本没有实现的可能。对于这个无所畏惧的号召,如果不考虑其方式、期限和性质,则托洛茨基可能是公开提出消灭作为一种制度、意识形态、行为方法和思维方式的斯大林主义的第一人。只有推翻这个体制,民主才能获得真正的发展。社会主义尽管经历了巨大的历史失败,但目前看还是有前途的。

《被背叛的革命》可能违背作者的意志,而导致了一个致命的后果。这话指的是什么?

1936年在将已完成的书稿寄给巴黎出版商时,托洛茨基同时将一份复印件寄给了儿子列夫,并建议他节选一些片段刊登在《反对派公报》或其他资产阶级刊物上。[3]也确实这样做了。而今天通过文件考证我们得知,在1937年夏巴黎出版之前,全部或部分书稿就已经被送到莫斯科斯大林的办公室。读者都能猜到,这又是那个马克·兹博罗夫斯基所为。在内务人民

---

〔1〕 Троцкий Л. Преданная революция. Париж,1937. C.67-71.

〔2〕 Троцкий Л. Преданная революция. Париж,1937. C.79.81.

〔3〕 Архив ИНО ОГПУ—НКВД, ф.17 548, д.0292, т.2, л.130-132.

委员部标注着"出版物"字样的厚厚卷宗里,有很多托洛茨基的文章、采访记录和宣言,这些都是苏联情报机关提供给莫斯科的。《被背叛的革命》一书在托洛茨基刚完成时就已经进入了内务人民委员会国家安全总局七处的视线。托洛茨基刚刚将手稿寄往法国,七处处长斯卢茨基就已经向叶若夫报告,叶若夫又转报给斯大林:"谢多夫正与多家出版社联系出书事宜,计划以多种语言出版。维克多·谢尔什将书翻译成法文('格拉西'出版社)。德文版由德国托派分子普菲姆菲尔特的妻子翻译,捷克斯洛伐克的出版工作由B.布里昂负责。此外,华沙的'波兰出版社'建议出波兰文版。"这些情况内务人民委员部都已经掌握,托洛茨基最主要的敌人斯大林对此自然也了如指掌。

在原苏共中央马列主义研究院中央党务档案馆当年从波兰统一工人党中央委员会党史研究所获得的"斯内夫利特藏书"中,也有关于托洛茨基各种出版物的间接佐证。据说 1944—1945 年希特勒分子将一些材料丢在了波兰,被波兰共产党得到。这些"藏书"中的部分文件[1]大约是之前通过内务人民委员部的渠道被送往莫斯科的[2]。

我们知道,为了保护自己的档案资料,托洛茨基曾将部分文件转交给位于巴黎米什莱大街 7 号的历史研究所,转交任务是由谢多夫、艾蒂安(兹博罗夫斯基)和孟什维克尼古拉耶夫斯基一起完成的。但几天之后,1936 年11 月 7 日凌晨,有盗贼潜入研究所偷走了托洛茨基的文件……除托洛茨基和谢多夫外,知道这件事情的就只有尼古拉耶夫斯基和艾蒂安……和谢多夫一样,尼古拉耶夫斯基也受到了苏联间谍的监视。由于档案文件丢失,特务"伽马"弄到了 1936 年 11 月法国特工部门关于尼古拉耶夫斯基的材料。其中谈到:"尼古拉耶夫斯基 1933 年从柏林来到法国,之前是图书管理员。他的朋友有波里斯·苏瓦林、策烈铁里、波里斯·萨皮尔、弗里德里希·阿德勒……"文件中还有一个很重要的细节:"由于挪威与苏联之间的协议,托洛茨基的信函被披露……"[3]可见,托洛茨基已经从各种角度被监视,而成了"透明人"。由于特务部门的工作,主要是兹博罗夫斯基的功劳,莫斯科几乎掌握了所有关于托洛茨基创作、计划和打算的详尽信息。

---

[1]　包括几百份文件:1922—1940 年托派组织的文章、报告、书信、通告、备忘录、信函、倡议书等。

[2]　ЦПА,ф.552,оп.1-2.

[3]　Архив ИНО ОГПУ—НКВД,ф.31 660,д.9067,т.1,л.73.

因此,托洛茨基《被背叛的革命》一书的部分手稿,也可能是全部书稿都被送到了莫斯科。很难想象,看到托洛茨基关于在苏联进行"政治革命"和消灭"官僚专制主义"的号召时,斯大林会作何感想? 马克·兹博罗夫斯基将相关情况向斯大林报告的时间远早于书稿问世。而这完全有可能在斯大林开展全国大清洗的决策过程中起到了重要作用。尽管独裁者对制造20世纪最骇人听闻的恐怖活动早已成竹在胸,不过这份书稿应该也是促成斯大林决定进行大镇压的因素之一。《被背叛的革命》一书让斯大林最终确信,托洛茨基就是自己最大的威胁。托洛茨基不断以自己文字和思想的力量,对斯大林进行思想和文字上的打击。这也让苏联的恺撒得出一个结论:必须消灭苏联所有可能滋生托洛茨基主义的潜在土壤。托洛茨基因此成了即将进行的莫斯科审判的主要打击对象。

同时,莫斯科报刊证实,对季诺维也夫、加米涅夫及其同伙一案的审理将托洛茨基定为各个恐怖"匪帮"的指挥,维辛斯基[1]断定,是身在挪威的托洛茨基指挥操纵了这一切。采访托洛茨基的记者蜂拥而至,一向善于辞令的他当即表示,莫斯科对他的种种说法是"世纪谎言",也"只有躲在克里姆林宫墙内的那个谎言主要制造者"才能编出这种弥天大谎。

1936年8月29日,根据莫斯科的指示,苏联大使向挪威政府提出将托洛茨基驱逐出境的要求。[2]当时挪威政府已经采取了措施:托洛茨基被软禁在家。莫斯科审判这场闻所未闻的骗局让他受到打击,因此病倒了。兹博罗夫斯基在读了娜塔莉娅·伊万诺夫娜写给巴黎儿子的信后得知,流亡者病了,并将这一情况报告给莫斯科:"'老头子'病得很重,根本无法出门,他整天躺在床上,夜间伴有高烧,大量出汗,这使他变得很虚弱。他需要疗养,可挪威当局却使他的境况变得更加糟糕。"[3]然而,这个让莫斯科感到欣慰的消息却没了下文,托洛茨基的身体还是比较强壮,他很快恢复了健康。

托洛茨基被半拘禁的理由是,他通过资产阶级刊物对斯大林含沙射影的指责进行了反驳。不管怎样,托洛茨基当时处在政治隔离中:不允许接受记者采访,所有信件都要经过检查,更不允许外出。这种软禁状态一直持续

---

〔1〕 插一句题外话,托洛茨基被流放到阿拉木图后,斯大林司法部门大祭司之一的维辛斯基就占据了他在格拉诺夫斯基大街43号4层的住宅。

〔2〕 Известия. 1936. 30 августа.

〔3〕 Архив ИНО ОГПУ—НКВД, ф.31 660, д.9067, т.1, л.81-82.

到 1936 年 12 月中旬，当时墨西哥终于同意接纳流亡者。挪威政府租用了"鲁特号"，12 月 19 日邮轮载着托洛茨基离开了这个不欢迎他的国家驶向大洋彼岸。托洛茨基非常担心邮轮会被击沉，为了以防万一，他给法国的儿子寄去了一封遗书。不过行程很顺利，1937 年 1 月初流亡者终于抵达他生命中最后一个国度。托洛茨基从挪威出发后三天"马克"向莫斯科报告："12 月 23 日八点半'儿子'收到了来自'赫利特'的电报，内容如下：'叔叔阿姨已经启程'。'儿子'很担心，因为本来按照他的估计，'老头子'会经法国去墨西哥，正好可以和儿子及朋友们见个面，在法国经停时的签证都已经办好……'儿子'认为王和扬·弗伦克尔是绝对可信的人，因此决定立刻派他们去墨西哥……""马克"接下来说："'老头子'的所有邮件暂时都通过王在墨西哥的地址存局待取。今后，重要信件就寄到迭戈·里维拉那里，而不太重要的可以寄给某个可靠的美国托派分子。"[1]

内务人民委员部知道流亡者的每一步动作，甚至连"重要"信件寄到哪里，"不太重要"的信件寄到哪里都一清二楚。

1937 年在历史上留下了自己印记，在这一年，一个大国领袖用可怕的惩戒机构对自己的人民采取肆意的恐怖手段。对托洛茨基而言，1937 年是充斥着骇人听闻的、被侮辱、被放逐和被诽谤的一年。尽管此前斯大林已经下令集中反对托洛茨基主义。早在 1934 年 2 月，国家安全总局机要政治处处长 Г.莫尔恰诺夫就在所谓的"反苏托派中心案"的起诉书上签字。几十人被捕获刑，其中有 Л.А.沃尔夫松、Я.В.戈夫林、Г.Б.泽尼亚诺维奇、Н.А.科热夫尼科夫、И.С.帕尔霍莫夫、А.Н.法因贝格、С.Я.格林布拉特、М.Я.布洛欣、В.П.卡兹拉斯、А.П.利夫希茨、В.И.罗曼诺夫、Я.И.施泰因博克等等许多人。经"三人小组"判决，1937—1938 年几乎所有人都被枪决。在那个年代，"托洛茨基分子"就是判决的同义词……

联共(布)中央 2—3 月的全会为这场由斯大林一手将党、社会和国家引入的集体疯狂画上了一个华丽的句号。实际上，全会赞同并批准了对"人民公敌"采取最严厉的处置和行动的方针。托洛茨基读着报纸上俨然变成了冷酷炼狱的莫斯科发生的一切，回想起被驱逐到墨西哥前的一幕。特吕格韦·赖伊到有警卫守护的住所看望自己，见他拿着一本易卜生的书，就好奇地问他，如何评价这位挪威经典作家，托洛茨基一如既往机智地回答道：

---

〔1〕　Архив ИНО ОГПУ—НКВД, ф.31 660, д.9067, т.1, С.88-89.

——我对易卜生关于"人民公敌"的论述很感兴趣,他的解释与莫斯科给出的解释大不相同……

特吕格韦·赖伊认为继续谈这个敏感话题很不合适,但托洛茨基却想继续议论他从莫斯科的各种报道中得知的斯大林的新发现。其中说,苏联领袖宣称:"托洛茨基第四国际是反革命的,其三分之二的成员是间谍和破坏分子。"如同"收留了大间谍托洛茨基,并帮助他祸害苏联的挪威奸佞小人舍弗洛一伙那样。"[1]但特吕格韦·赖伊显然不想谈莫斯科的那些刑事话题……

后来,已经远在墨西哥的托洛茨基还持续关注着伟大的人民不由自主地变成了主角的这场骇人听闻的悲剧及其各种新进展。托洛茨基是主要受害者,但许多罪行却是以他的名义实施的。流亡者可能认为,斯大林今天是采用了罗伯斯庇尔1794年2月5日在国民公会上提出的思想:应当借助恐怖来统治人民公敌……在罗伯斯庇尔的坚持下,作为对马拉、沙利耶尔、勒佩尔蒂埃·德·圣法尔诺等雅各宾派遇害的报复,国民公会决定:"将恐怖行动提上日程。"由国民公会成立的革命法庭在从热月开始的一个半月里作出了1563次判决,其中仅278人被宣告无罪,其他人都被判了死刑。[2]然而,无论是打击的力度,还是规模,罗伯斯庇尔在苏联独裁者面前都不过是小巫见大巫!

2—3月的联共(布)中央全会开了两个星期,会上日丹诺夫、莫洛托夫、卡冈诺维奇、叶若夫,自然还有斯大林本人的发言实际上谈的都是同一个问题——"日本、德国以及托派奸细暗害、破坏和间谍活动的教训"。许多年过去了,你会发现,在斯大林这群亲信的报告中,完全没有任何合理的分析和对问题的实际思考。原因再简单不过了:所讨论的问题本身就是虚构的海市蜃楼。[3]报告者一致彻底否定托洛茨基主义。关于这个问题的基本结论和指示按照惯例都记录在斯大林题为《论党工作的缺点和消灭托洛茨基两面派及其他两面派的方法》的报告中。

低沉的嗓音让所有人都聚精会神地聆听"敬爱的领袖"发表演讲,其中有对托洛茨基主义的基本定义。斯大林扫视了一眼礼堂,向自己和中央委

[1] ЦПА, ф.17, оп.2, д.612, вып. III, л.21.

[2] Матьез А. Французская революция. Террор《法国革命,恐怖行动》).М., 1930. Т. 3. С.195。

[3] ЦПА ИМЛ, ф.17, оп.2, д.612.

员们提出了一个问题：

"什么是现代托洛茨基主义？"

他停顿了一下后答道：

"是破坏分子赤裸裸的匪帮。早在七八年前，它就是一个反列宁主义的、错误的政治流派。加米涅夫和季诺维也夫不承认他们有什么政治纲领，其实是在说谎。1937年审判时，皮达可夫、拉狄克和索柯里尼柯夫对纲领问题就没有否认：资本主义复辟、对苏联进行领土肢解（将乌克兰送给德国，而滨海地区划给日本），一旦敌人进攻就搞破坏和恐怖活动。这些都是托洛茨基主义的纲领。"[1]

斯大林强调了"托洛茨基主义破坏分子和奸细"对苏联领导人进行恐怖袭击的企图。斯大林说，"现在的托洛茨基主义纲领，已经不仅仅是肢解苏联并将部分领土交给德国和日本，而首先就是对苏联领导人实行个人恐怖暗杀"[2]。这是斯大林最害怕的，想必正因如此，他才坚持推行恐怖政策。而斯大林的号召"要击溃并托洛茨基主义的德日间谍"[3]，才能得到大家一致响应。

听着斯大林的罪恶演讲，所有人都一起为他鼓掌。斯大林需要这样一套说辞来为国内血腥的大清洗披上合法的外衣。斯大林方针的一切潜在反对者都是打击的对象。

为了强调加强党的机关，也就是其制度根基的重要性，斯大林借用了军事的标准："我们党有3 000—4 000名高级领导干部，我想说，这就是我们党的将军层。还有3到4万中层领导干部是我党的军官层；10到15万基层领导干部相当于我党的士官群体……"[4]他想将党看作一个军事化的意识形态帮会，所有成员都必须经过审查，而且要"绝对可靠"。

听到要"毫不留情地揭露托洛茨基分子"的号召，许多人在全会上就开始揭发别人。例如，完全赞同斯大林报告的柯秀尔报告称"乌共（布）中央内部就有不少托派分子。我们已经清理了许多人，还在继续清理：基列洛格、阿什拉菲扬、克拉韦茨基、纳乌莫夫、拉德科夫、卡尔波夫、坎托罗维奇、索科洛夫、戈鲁布、谢尔盖耶夫、伊萨耶夫、泽尼斯、萨拉杰夫、吉捷尔、先琴

〔1〕 ЦПА，ф.17, оп.2, д.612, вып. III, л.1-5.
〔2〕 ЦПА，ф.17, оп.2, д.612, вып. III, л.18.
〔3〕 ЦПА，ф.17, оп.2, д.612, вып. III, л.37.
〔4〕 ЦПА，ф.17, оп.2, д.612, вып. III, л.10.

科……"他还在继续列举。其他领导人也不比柯秀尔逊色,同样列出了一串串的被镇压的托派分子名单。[1]

从今天的高度上看,那次全会就像是在非理性世界里一场吸血蝙蝠的闹剧。所有的发言者仿佛都带着扭曲的心态。不,读这些档案资料时,往往让人觉得,他们都是反人类。喜欢准确具体的卡冈诺维奇在自己的报告中用了大规模清洗托派分子及其他敌人初期的很多数据:"我们在苏联交通人民委员部的政治部门(仅仅在政治部门!——作者注)揭发了220人。从交通部开除了485个前宪兵,220个社会革命党人和孟什维克,572个托派分子,1 415个白匪军官,285个破坏分子和443个奸细。所有这些人都同托洛茨基右派集团有关。"[2]没有人会误解"开除"一词的含义,试想:开除奸细,难道是为了让他们再找新工作!

伏罗希洛夫也详细介绍了如何铲除军队中的托洛茨基主义:"1923—1924年托洛茨基分子几乎掌握了整个莫斯科卫戍区。几乎全部军事学院,还有全俄中央执行委员会学校、炮兵学校、由穆拉洛夫坐镇的莫斯科军区司令部,以及其他部队都支持托洛茨基。"[3]伏罗希洛夫说的不是很准确:军队确实支持陆海军人民委员,但他从来没想过要利用他们进行政治斗争,尽管有人想将这种企图栽到他头上。

根据这些报告,会上作出了可怕的决定,即下令加强同国内外托洛茨基主义和托派分子的斗争。叶若夫报告的说明部分指出:"在同托洛茨基主义的斗争中,内务人民委员部的工作至少滞后了四年,致使包括托派分子及其他两面派在内的国家叛徒同德日情报机关相勾结,肆无忌惮地从事破坏、颠覆、间谍和恐怖活动。"

接下来还提到:"内务人民委员部对托洛茨基分子实行了错误而软弱的惩罚政策。"全会决定中指出:"内务人民委员部国家安全总局机要政治处早在1932—1933年就能够揭露托派分子的巨大阴谋(苏联活动家同托洛茨基儿子一直保持联系等等)。机要政治处处长莫尔恰诺夫就和托派分子富列尔有来往……"随后命令道:

"责成内务人民委员部将揭发和粉碎托派及其他间谍的工作进行到底,

---

〔1〕 ЦПА, ф.17, оп.2, д.612, вып. III, л.15-19.

〔2〕 ЦПА, ф.17, оп.2, д.612, л.34.

〔3〕 ЦПА, ф.17, оп.2, д.612, вып. III, л.77-78.

镇压他们反苏活动的一切苗头。

用可靠的人员加强国家安全总局和机要政治处的干部队伍。

在国内外建立巩固的侦查机构组织，加强侦查人员队伍。"[1]

之前我已经提到过苏联内务人民委员部国家安全总局机要政治处，该处和外国处一道不仅从事情报工作，"必要"时，还负责消灭境外的政治敌人和意识形态敌人。他们在国外布下了错综复杂的谍报网络，成百上千为斯大林体制所不容的人都惨死在这两个部门的特工手中。这些秘密机构很早就开始派人追捕托洛茨基及其身边的人，派去的人都是特别行动的能手，因为按照官方的说法，他们是在同"人民最凶残的敌人"作斗争。内务人民委员部机要政治处直接听命于人民委员，而像消灭托洛茨基这种非常重要的任务都由斯大林本人亲自下达。在下一章我会作详细叙述。当然，这些秘密机构里也有一些正直的人，他们狂热地信奉一个理念，认为完成领导交办的这种"脏活"，就是在履行自己的革命责任。当时人们都是一时糊涂。

追捕的目标不只是托洛茨基一个人，追捕网络覆盖了境外多数真正的和虚构的"反革命分子"。有关唐恩、阿布拉莫维奇、尼古拉耶夫斯基、尤戈夫、罗森菲尔德、施瓦尔茨、古尔维奇、博加耶夫斯基、孔拉季、库杰波夫、利文、米留可夫、马克拉科夫、布尔采夫、柴可夫斯基、梅利古诺夫、曼斯韦托夫、布萨诺夫以及其他很多人的意图和行动，作为世界上第一个"社会主义国家"的惩罚机构可以说都了如指掌。同托洛茨基一道受苏联特务机关监视的还有成千上万的人。例如，他们曾经跟踪过著名的俄国革命者、社会革命党领袖、立宪会议前主席维克多·米哈伊洛维奇·切尔诺夫。

切尔诺夫是颇有声望的革命家，是俄国农民利益的守护者，他信仰社会主义，但不能接受布尔什维克的暴力纲领。他在各国间辗转，痛苦地寻找"纠正革命错误"的道路。曾多次写信给斯大林。根据国家政治保卫总局外国处特工向明仁斯基的报告，切尔诺夫于 1926 年 11 月在布拉格同斯大林的特使见面并进行了会谈。之后这位社会革命党领袖宣称，短期内可能回国。据说，切尔诺夫同斯大林密使会面后说过："布尔什维克破坏了农民问题纲领，现在他们希望我能纠正这个错误。"[2]但切尔诺夫很快就意识到，他们不过是想将自己诱骗回苏联进行迫害。近二十年的时间里，俄国农民

---

[1] ЦПА，ф.17，оп.2，д.577，л.1-7.

[2] Архив ИНО ОГПУ，д.343，т.3，л.100.

党一直在国外尝试建立一个俄国布尔什维克政策的替代物,哪怕不那么鲜明。切尔诺夫领导着国外社会革命党很有进取心的一翼,长期致力于同莫斯科领导人建立事务上的往来。然而所有努力都是徒劳的。

在社会革命党领袖的努力下,"左派社会革命党与最高纲领派联盟"创办的报纸《斗争的旗帜》在国外出版发行。报纸刊登过许多言辞犀利的文章,如《俄国监狱革命者的呼声》《论喀琅施塔得起义的原因》《论左翼民粹主义的任务》等,在侨民中引起了强烈反响。已经离开最高权力中心但还身处苏联的托洛茨基并没有看到这些文章。但切尔诺夫文章的评论和主题都同他日后在《反对派公报》上发表的言论十分契合。

从苏联实行农业集体化开始,切尔诺夫就感到有人在密切监视自己。从国家政治保卫总局外国处档案中我们得知,当时确实有人跟踪他,而且同时派了好几个特务:"勋爵""劳伦斯""卢卡""苏霍伊"。在 1936 年 11 月 30 日的报告中,"勋爵"详细讲述了他如何在护院人 Г.富尔曼纽克的帮助下,对切尔诺夫在布拉格亚历山大王大街 17 号的居所进行经常监视。并详细介绍了他的邻居、身边的人、前往的路线以及迅速撤离的路径[1]。可以看出,是在准备采取"行动",不过切尔诺夫感觉到形势不妙就离开了布拉格。

特工们向克里姆林宫报告切尔诺夫的演讲内容。1938 年 10 月 18 日在社会党国际的一个支部演讲时,切尔诺夫有预见性地指出:"世界大战可能会从东方开始,德国法西斯将对阵布尔什维克的红色专制。这将是两种极权制度间的斗争,我担心,世界上并不存在能改变即将到来的这场战争性质的第三种力量。"切尔诺夫接着表示,未来必须坚持一个主要原则:"没有社会主义就没有完全的民主,没有民主就没有社会主义。"[2]贝利亚将切尔诺夫的讲话内容报告给斯大林。社会革命党领袖再次发觉自己经常受到"不明人士"的关注,因此动身去了巴黎,后来又到了美国。在那里他见到了克伦斯基。在 1941 年 6 月 22 日之后的一次演讲中切尔诺夫再次重申,如果布尔什维克能够同意成立"第二政党"或至少成立"农民协会"的要求,则将有可能同莫斯科达成协议。反希特勒同盟的盟友应该争取达成这一目标……从战争一开始切尔诺夫就反复在说,战争结果应该是法西斯和斯大林两种专制制度的覆灭。切尔诺夫在自己的《争取自由》杂志上写道:"战后

---

〔1〕 Архив ИНО ОГПУ—НКВД, д.64 117, т.1, л.16-26.

〔2〕 Архив ИНО ОГПУ—НКВД, д.64 117, т.1, л.99.

俄国士兵应该作为胜利者重返摆脱了极权专制的故土。"

贝利亚在关于文章作者这些声明报告的批示中写道:"菲京、苏多普拉托夫两同志:应该对克伦斯基和切尔诺夫的团体作进一步说明。1942 年 1月 7 日。"

苏多普拉托夫的批示:"奥瓦基尼扬同志,除'苏霍伊'外,还有谁能介绍一下克伦斯基和切尔诺夫的情况? 你们商量一下。1942 年 1 月 10 日。"[1]

一名处长古卡索夫报告说:"维克多·切尔诺夫住在纽约滨河大道 222号,他常去阿姆斯特丹大街的药店(在 84 街拐角处)……"

战争已经开始了,克里姆林宫的领导者们居然还在为很久以前的政治对手的影子而惴惴不安。那时托洛茨基已经不在了,切尔诺夫也在苏联独裁者去世前一年由于年迈和疾病在卧榻上离世,享年 79 岁。其实,在"苏霍伊"报告称切尔诺夫"身染重病,已经构不成什么威胁"后,克里姆林宫就对他失去了兴趣。就这样,俄国革命的最后一些领袖全都死在了异国他乡。我说了这么一大段跑题的话,是为了证明:托洛茨基并不是个例外。追捕行动是针对所有对斯大林体制可能造成威胁的人。切尔诺夫之所以最后没有重蹈托洛茨基的覆辙,完全是个偶然,并无规律可循,他对斯大林的威胁也远不如托洛茨基。

1937 年 1 月 23 日,即 2—3 月中央全会前夕,莫斯科开始了所谓"17 人审判"。除了格·列·皮达可夫(列宁在《给代表大会的信》中称他"无疑是个有坚强意志和杰出才能的人"[2]),还有 16 个人也成了被告。审判的主要目的是:证明托洛茨基在这些人的帮助下组织破坏活动,并企图"在苏联复辟资本主义"。经过刑讯,皮达可夫说了他奉命该说的一切。他绘声绘色地讲述了在奥斯陆(皮达可夫从来都没去过那里)同托洛茨基儿子见面的经过,供认流亡者在自己的指示中拟定了两个"我们"夺取政权的方案。第一个方案——战前,按皮达可夫的说法,为此托洛茨基认为必须进行"集中的恐怖袭击",同时消灭斯大林和党及国家的其他领导人。第二个方案——战败后夺取政权,托洛茨基似乎认为第二个方案更切合实际。[3]值得一提的是,兹博罗夫斯基从巴黎发出的情报称,在同谢多夫进行了谨慎的谈话后,

---

〔1〕 Архив ИНО ОГПУ—НКВД, д.64 117, т.1, л.142.

〔2〕《列宁全集》第 43 卷,中文第 2 版,第 343 页。

〔3〕 Судебный отчет по делу антисоветского троцкистского центра(《托洛茨基反苏维埃一案的审判总结》).M., 1937. C.42-45。

可以确定,离开苏联后托洛茨基就从未和皮达可夫有过交谈。[1]而莫斯科审判中对皮达可夫的主要指控就是同托洛茨基的联系! 对维辛斯基和乌尔里希而言,领袖的命令高于一切。

审判的速记记录里面充斥着这样的词语:"托洛茨基""托洛茨基分子""托洛茨基派杀人犯""托洛茨基主义的破坏活动",等等。托洛茨基俨然成了主要的被告。

但让世人更为震撼的还要数所谓的"21 人审判",被告包括尼·伊·布哈林、阿·伊·李可夫、尼·尼·克列斯廷斯基、克·格·拉柯夫斯基、阿·巴·罗森霍尔茨以及斯大林独断专行的其他牺牲品,他们被定为"右派-托洛茨基集团"。

斯大林想借这场规模宏大的审判闹剧给托洛茨基及其支持者致命的一击,他要当着全世界的面,给自己的主要政敌扣上"恐怖分子"、"间谍"、"杀人犯"的帽子,实际上是要把他变成一个"举世皆知的恶棍流氓"。克里姆林宫盘算着,经过这场"揭发"后,没有哪个国家会为托洛茨基提供避难,托洛茨基早晚都会被遣返,而落到苏联当局手中。此外,莫斯科还想通过这次"揭发",让境外能够更平静地接受对托洛茨基的追杀。其实托洛茨基早就不是苏联公民了,苏联无权插手他的事,但斯大林似乎并不担心这一点。同其他莫斯科审判一样,托洛茨基始终是意识形态和政治的主要攻击目标。例如,在对格·列·皮达可夫、卡·伯·拉狄克、格·亚·索柯里尼柯夫和其他人的起诉书中,托洛茨基的名字被提了不下 50 次! 在尼·伊·布哈林、阿·伊·李可夫、尼·尼·克列斯廷斯基、克·格·拉柯夫斯基、阿·巴·罗森霍尔茨以及其他不幸同志的案件起诉书中,也能看到同样的情形。

远在墨西哥的托洛茨基提出了抗议,对这场荒诞的闹剧作了揭发,并嘲笑了斯大林这个一直藏身幕后的主要导演。

流亡者早就预见到这场审判的结果和他们的目的。工业、农业和国家建设领域失误连连,人民生活水平提升缓慢,按照斯大林的逻辑,这都是有"危害分子"的表现。在非正常的快速建设过程中,常常发生工作质量下降和大量事故、灾难,给出的唯一解释就是:"破坏活动",而领导这场反苏"破坏活动"的只有一个人……远在大洋彼岸的托洛茨基,但法官维辛斯基却在

---

〔1〕 Архив ИНО ОГПУ—НКВД, ф.31 660, д.9067, т.1, л.83.

法庭上不停地对托洛茨基以及被告席上不幸的人们发难，"连篇鬼话"皆出自斯大林司法机关的御用词典："臭不可闻的腐肉""卑劣的人渣""该死的恶棍""帝国主义看家狗"。维辛斯基的这种审判传统后来被牢固地保留下来，以至《真理报》（谎言取之不尽的源泉）将苏联司法机构界定为"世界上最民主的人民法庭……"〔1〕

　　所有审判中最耸人听闻的指控莫过于："恐怖主义""蓄谋杀害党和政府领导人""谋杀斯大林"的企图。但在任何一次莫斯科审判中都没有举出具体事实，也没有出示相关物证。如今我们也感到奇怪：当年是否有人确实有过除掉斯大林的打算？有没有确凿的证明材料？材料的可信度又有多少？要讨论这些问题，还需要再说几句题外话。

　　自 1938 年 6 月起，不管是苏联的报纸还是广播，就再也不提亨利·萨莫伊洛维奇·柳什科夫这个名字。他曾经担任过内务人民委员部远东边疆区内务局局长，1938 年 6 月 13 日清晨，他携带无线电密码本、部分名单和作战资料，投靠日本人，寻求政治避难。这个经验丰富的契卡成员深得斯大林和叶若夫的信任，经斯大林同意还被选为苏联最高苏维埃代表。自 1920 年起他先后在全俄肃反委员会、国家政治保卫总局、内务人民委员部的机关工作，对苏联特务机构的工作程序和风格都非常熟悉。这名安全部门高官参与了对国家、党和军队机构的清洗，当斯大林下令将两名最大的亲信梅赫利斯和弗里诺夫斯基派往远东时，他就及时地意识到，原来自己头上也升起了断头台的铡刀。斯大林的命令很简洁，但却预示着不祥的前景："查清布柳赫尔事件。"〔2〕柳什科夫觉察到自己也在劫难逃，因为没有及时向莫斯科报告元帅的"破坏活动"。他很清楚，在系统内部这类"失误"是不可饶恕的。柳什科夫出逃前，神不知鬼不觉地安排家人去了芬兰。这名脱逃者积极配合日本情报部门工作，希望他们能看在自己立功的份上，把他送到第三国，但这个愿望最终并未实现。桧山良昭的《暗杀斯大林的计划》一书以及其他材料为我们提供了一些信息，从中可以得出结论：日本曾在柳什科夫的帮助下研究制定暗杀苏联领导人的计划，但我无法确定消息是否属实。

　　还有一个实例，1937 年 2 月上半月，费·伊·唐恩在巴黎孟什维克小组作过一个报告，他在发言中实际上重复了自己在《社会主义通报》发表的

〔1〕　Правда. 1948. 9 декабря.

〔2〕　ЦГАСА，ф.33 987，оп.3，д.1084，л.38.

两篇文章内容,题目是《对布尔什维克主义的死刑判决》和《苏联的政治危机》。唐恩在报告中顺带提到:"孟什维克中已经有一部分人准备承认恐怖手段也有积极的一面。"报告之后有一场讨论,C.M.施瓦茨在发言中声明,他"总体上是反对使用恐怖手段的,但在特定条件下恐怖行动也能起到正面作用,暗杀斯大林就可以让广大群众行动起来,到那时,局面无论是伏罗希洛夫、卡冈诺维奇,还是斯大林的其他继任者都将无力控制。"[1]

参加了这次会议的内务人民委员部间谍将上述情况报告给莫斯科。不难看出,一些孟什维克"理论上"的推论对苏联的审判没有造成丝毫影响,但却成了生性多疑的斯大林在著名的、令人遗憾的2—3月联共(布)中央全会上得出自己结论的一个借口。

还有一个蓄意"谋害"斯大林的证据与托洛茨基有关。读者现在都知道马克·兹博罗夫斯基这个人,在内务人民委员部档案中有他报给莫斯科的许多材料,其中有两份文件很引人注意,简要介绍一下它们的内容:

> 1月22日列夫·谢多夫在他(兹博罗夫斯基——作者注)的房间,就第二次莫斯科审判和个别被告(拉狄克、皮达可夫等)在审判中的作用问题说道:"现在没什么可动摇的了,应该除掉斯大林。"

> 此话出乎我的意料,还没来得及回应他,列夫·谢多夫就话锋一转,谈论别的问题去了。

> 1月23日,列夫·谢多夫当着我和Л.埃斯特林的面又提到了22日他说过的话,Л.埃斯特林让他"管住自己的嘴"。此后就再没涉及过这个话题。[2]

这份情报是兹博罗夫斯基手写的。确认这一点并不难,只消看一看保存在"马克"案卷中的他和妻子就获得苏联国籍发表的声明就足够了。该如何看待这份情报?是虚张声势?无稽之谈?还是为了莫斯科审判预先设计好的?为什么维辛斯基和乌尔里希都没有用它作为证据?是害怕巴黎秘密特工被揭发吗?问题远比答案多。1937年2月8日的文件放置在马·格·兹博罗夫斯基的卷宗里。谢多夫会说出"除掉斯大林"的话不过是出于对这

〔1〕 Архив ИНО ОГПУ—НКВД, д.22 918, л.26-28.
〔2〕 Архив ИНО ОГПУ—НКВД, ф.31 660, д.9067, т.1, л.98.

个让他家破人亡独裁者的憎恨,尽管他束手无策,或者他这样一来就泄露了自己的具体意向?

确实,值得一提的是,在这次谈话前几个月,内务人民委员部国家安全总局外国处处长、国家安全二级政委斯卢茨基向叶若夫报告:

"今年(1936年——作者注)7月21日,托洛茨基的儿子列夫·谢多夫提议我们的线人('马克')到苏联从事一份秘密工作。列夫·谢多夫的原话是这样的:'我们要委托您办件事,会为您提供资金和护照。大约要两三个月,需要按照我给您的地址逐一拜访。工作不轻松,很遗憾,您要去的地方没有一个可聚集的中心,人员都被隔离孤立起来,需要找到他们……'去苏联的日期谢多夫并未确定。"[1]一个月后的情报里有用蓝色铅笔写的批注:"未成行。"要么是兹博罗夫斯基不想去,要么,更有可能是谢多夫和父亲改变主意了。不管怎么说,"苏联之行"没有搞成。

另一份文件是兹博罗夫斯基1938年2月发来的,文件较长。下面是该文件的节选:

"1936年起'儿子'就再没和我谈过恐怖袭击的话题。一次,他从离题远的地方谈起:'恐怖主义和马克思主义并不相抵触,在一些情况下恐怖是必不可少的……'读报时他曾说过:'整个苏联体制都靠斯大林一个人支撑着,除掉斯大林就可以瓦解一切。'他多次回到这个话题,并强调必须杀死斯大林同志。

因为这次谈话'儿子'问过我:怕不怕死? 是否能实施恐怖行动袭击? 我回答:这要看有多大必要性和合理性,'儿子'又说道:一切都取决于是否有不怕死的人,就像民意党人。他还说我这个人太温和,做不来这样的事。

这次谈话由于'女邻居'(Л.埃斯特林——作者注)的出现而终止,后来也没再提起。"[2]

这究竟是由托洛茨基授意的一次试探,还是谢多夫本人的意思,现在已经很难判断。对于这份报告的解释,可能会有各种各样的理由和见解。也不排除内务人民委员部为了法庭审判而准备这份揭发文件的可能,不过这样就只能召回兹博罗夫斯基或将其灭口。后来,谢多夫变得喜怒无常,情绪很容易激动,可能他自己都无法摆脱"除掉斯大林"的想法。也不能排除一

---

〔1〕　Архив ИНО ОГПУ—НКВД, ф.31 660, д.9067, т.1, л.42.
〔2〕　Архив ИНО ОГПУ—НКВД, ф.31 660, д.9067, т.1, л.140a-140в.

种可能(如果这不是内务人民委员部的"勾当"):通过这种方式来寻找完成托洛茨基委托的条件:谁能为了理想和清除"斯大林毒瘤"去实施恐怖袭击。我们都清楚托洛茨基本人对以革命为目的的暗杀和镇压的态度。他在《恐怖主义和共产主义》中是那样的巧言善辩。因此,显然不能完全排除,这有可能是为寻找自杀式袭击者的一种试探。

其实,这些不过是基于两份文件的某种说法、意见、思考,这两份文件在内务人民委员部—国家安全委员会秘密档案中保存了半个世纪之久。只有一点是明确的:没有任何事实能够证明托洛茨基派要实施震惊世界的"恐怖袭击",也没有证据证明他们进行过相关的准备和实施工作。所以也不排除兹博罗夫斯基在自己的情报中故弄玄虚的可能。

在2月至3月的全会上,谈到"托派分子破坏活动"的规模时,作为根据,莫洛托夫引用了领袖的话:"破坏活动规模如此之大,这到底是怎么发生的? 谁是罪魁祸首? 这里也有我们的疏忽……"[1]按照惯例,下面是连篇累牍地阐述斯大林的提纲:内务人民委员部开展消灭托派分子和其他两面派的时间整整滞后了四年,不过这种滞后早就得到了弥补,而且绰绰有余。所有同托洛茨基有关的人都被纳入监控范围,他们遭到了逮捕,流放,甚至枪决。于是,对人们而言,档案馆居然成了最危险的地方之一。(这在历史上很少见!)内务人民委员部工作人员到红军档案馆、党中央委员会档案馆、十月革命档案馆仔细查看托洛茨基的各种指示、命令和书信。那里面有多少姓名、多少信件、多少名单啊!绝大部分从档案中被挖掘出来的人都遭到了迫害,而且往往结局都最悲惨。

下面是一份1919年共和国革命军事委员会主席秘书处工作人员名单:

"戈托维茨基,尼古拉·米哈伊洛维奇

格拉兹曼,米哈伊尔·所罗门诺维奇

涅恰耶夫,瓦西里·马特维耶维奇

茨韦特科夫,彼得·安德烈耶维奇

谢格林,尤里·伊万诺维奇

泽伊茨,格奥尔吉·赫里斯季安诺维奇

戈里亚伊诺夫,亚历山大·尼古拉耶维奇

吉洪诺夫,亚历山大·格奥尔吉耶维奇

---

〔1〕 ЦПА, ф.17, оп.2, д.612, л.31.

科隆塔洛娃,亚历山德拉·安德烈耶夫娜

彼得扎克,安德烈·米哈伊洛维奇

斯皮里多诺夫,季莫菲·伊万诺维奇

布兰德,叶连娜·安德烈耶夫娜

波波娃,叶连娜·亚历山德罗夫娜

萨福诺娃,玛利亚·谢尔盖耶夫娜……"〔1〕

名单还很长很长。这些人虽然是国内战争中的幸运儿,但却没能逃出斯大林的魔爪,审判几乎没放过任何人……对待革命军事委员会、野战司令部、人民委员部、托洛茨基专列、托洛茨基助手,以及其他因党务和文学创作而结识的熟人都是如此。

政治审判的连锁反应使成千上万,以至几十万人受到牵连,按照斯大林的逻辑,他们都受到托洛茨基的"领导"。令人惊奇的是,怎么会形成如此庞大的阴谋者队伍? 要知道,20 世纪 20 年代末"左翼"反对派才不过三五千人。托洛茨基本人也对这种有悖常理的情况淋漓尽致地冷嘲热讽:"维辛斯基对近来一系列审判的总结报告表明,苏维埃国家正在扮演国家叛徒中央集权机关的角色。政府首脑和大部分人民委员(李可夫、加米涅夫、鲁祖塔克、斯米尔诺夫、雅科夫列夫、罗森霍尔茨、切尔诺夫、格林科、伊万诺夫、奥新斯基等),著名苏联外交官(拉柯夫斯基、索柯里尼柯夫、克列斯廷斯基、卡拉汉、博戈莫洛夫、尤列涅夫等),共产国际的所有领导人(季诺维也夫、布哈林、拉狄克),经济领域主要负责人(皮达可夫、斯米尔诺夫、谢列布里亚科夫、利夫希茨等),优秀的红军将领和指挥员(图哈切夫斯基、加马尔尼克、亚基尔、乌博列维奇、科尔克、穆拉洛夫、姆拉奇科夫斯基、阿尔克斯尼斯、海军上将奥尔洛夫等),35 年来布尔什维主义培育的杰出工人革命家(托姆斯基、叶夫多基莫夫、斯米尔诺夫、巴卡耶夫、谢列布里亚科夫、博古斯拉夫斯基、姆拉奇科夫斯基),俄罗斯苏维埃联邦社会主义共和国政府首脑及成员(苏利莫夫、瓦尔瓦拉·雅科夫列娃),三十个苏维埃共和国的全部领导人……(布杜·姆季瓦尼、奥库贾瓦、卡夫塔拉泽、切尔维亚科夫、戈洛杰茨、斯克雷普尼克、柳布琴科、拉科巴、法伊祖拉·霍贾耶夫、伊克拉莫夫,还有数十人),近十年来国家政治保卫局的领导人……最后,当然也是最重要的,实际上国家最高权力机关、万能的政治局委员:托洛茨基、季诺维也夫、加米

---

〔1〕 ЦГАСА, ф.33 987, оп.2, д.79, л.316.

涅夫、托姆斯基、李可夫、布哈林、鲁祖塔克——所有这些人都在密谋推翻苏联政权,哪怕当年他们自己掌权时亦是如此。他们都是外国列强的间谍,试图将自己创立的苏维埃联邦撕成碎片,几十年前他们还在为人民解放而斗争,如今却要用法西斯主义奴役人民。"

托洛茨基揶揄、犀利地写道,"在这场犯罪中,总理、部长、将军和大使们始终都听命于一个人,不是一名正式的领袖,而是一个流亡者。托洛茨基只要动动手指头,革命宿将们就会摇身变成希特勒和日本天皇的间谍。按照托洛茨基的'指示'……工业、交通、农业等部门的领导就会去阻碍国家生产力发展,破坏民族文化。'人民公敌'从挪威和墨西哥发来指令,结果远东铁路工人就制造了军用列车的重大事故,而克里姆林宫年高德劭的医生亲手毒死了自己的病人……"

托洛茨基一针见血,而又光彩地结束了自己的思考:"但这里有一个问题,既然国家机关所有核心部门都被听命于我的托派分子所占据,那为什么斯大林现在还能待在克里姆林宫,而我却被放逐到国外?"[1]

我之所以要引用托洛茨基《审判结果》一文中长长的一段话,是因为流亡者用逻辑悖论的精湛手法猛烈抨击了可怕、荒唐而又粗浅的阶级斗争激化"理论",而据说这个理论被托洛茨基分子实际"应用"于国家社会生活的各个领域。托洛茨基很自信:哪怕被驱逐到科约阿坎四面都是水泥墙的院子里,他还是不会屈服。尽管几十年过去了,但上面引用的长篇论述还是能够证明托洛茨基在斯大林捏造的这起案件中的历史正确性,也让人看到了他的才华横溢,寥寥数语就推翻了维辛斯基和叶若夫炮制的多卷本卷宗(遗憾的是,不论在苏联,还是国外,很多人都选择相信这些毫无道理的杜撰)。

莫斯科审判不仅是一次全面的大清洗,其目的是要在道义上、政治上和精神上彻底击垮托洛茨基。"从肉体上消灭"的命令很久以前就已经下达。被虚假信息迷惑、误导和愚弄的人民盲目地支持当局采取雷霆措施。集会上常常能看到这样的标语:"法西斯走狗罪该万死!""消灭托洛茨基派恶棍!""托洛茨基主义就是法西斯主义的变种!"《真理报》1937年3月6日曾发表评论:"托洛茨基分子可谓是国际法西斯主义的重大发现……尽管他们数量很少,但我们也不能高枕无忧,而要加倍小心,提高警惕。"1938年3月15日《莫斯科晚报》:"反苏右派托派联盟匪帮犯下的罪行是史无前例的,匪

---

〔1〕 Бюллетень оппозиции. 1938. Апрель. No 65. C.3-4.

首托洛茨基及其助手布哈林、李可夫等人的间谍行为和威胁破坏活动引起了包括苏联人民在内的所有进步人士的愤慨、憎恶和鄙视。"

这是历史上最大的骗局之一,它迷惑了数以千万计的人。一个不幸的、被欺骗的大国审判了自己捏造的敌人。在情报部门也同样开展了可怕的大清洗,1937年至1938年间内务人民委员部共有2.3万人遭到镇压,为了活命大家互相揭发告密。人们在相互猜忌中变得越来越卑鄙无耻。工农红军侦察总局一处处长А.И.斯塔鲁宁向"上面"汇报:由于"敌人操纵了整个侦察工作,导致在红军中完全没有任何侦察工作可言。很多重大事件前夕,我们根本就没有自己的'眼线'。"1938年至1940年共消灭了三名红军侦察局领导:Я.К.别尔津、С.П.乌里茨基、И.И.普罗斯库林,以及几乎所有副局长和大部分处室领导……在被捕前不久,普罗斯库林还邀功地禀报:"一半以上的侦察人员都受到惩罚……"[1]

在长长的被告席的中心位置逐渐显现出流亡者的影子。亚历山大·奥尔洛夫(苏联情报机构高官,20世纪30年代末同苏联体制决裂)写道,"尽管托洛茨基离法庭几千公里,大家都知道,同之前的审判一样,他就是这里最主要的被告。正是因为他,斯大林进行伪造的庞大机器才再一次运转起来。每个受审判的人都能明显感觉到,对远在海外的托洛茨基,斯大林怀着憎恶的火焰和复仇的渴望。"[2]同时,今天也能够在这场彻头彻尾捏造的审判中看到涉及托洛茨基的一些真实情况。

托洛茨基同样对斯大林充满强烈的仇恨。读者不妨想一想:如果一个人身边的所有人全都按照另一个人的意志被除掉了,那么这个人还能抱有怎样的情感?受害者该怎样对待那个始作俑者?这种情况下感到憎恶不是再自然不过的事情吗?但托洛茨基不想让别人这样看他,他从来都不认为,"左翼"反对派的斗争最终可以归结为私人恩怨。所有事情都是十分复杂的。所以,当流亡者继续书写斯大林的政治传记时,他在前言中这样写道:"在一定的圈子里,人们愿意去谈论和描述我对斯大林的仇恨,认为这种仇恨让我产生了悲观晦暗的见解和预言。对于这种论断,我只能耸耸肩膀。我和他很早以前就分道扬镳了,而且越走越远。他在我眼里代表了某种观

---

[1] ЦГАСА, ф.33 987, оп.3, д.122, л.125-126.

[2] Орлов А. Тайная история сталинских преступлений(《斯大林罪行秘史》).Нью-Йорк, 1983. С.279.

点完全不同的、敌对的历史势力,我对他的个人情感同对希特勒和日本天皇完全一样,所有个人情感早就消失得无影无踪。我的观察也不允许我把一个实实在在的人和他在官僚幕布上的投影混为一谈。因此我有权说,在自己的意识里,我从来就没把斯大林抬高到需要憎恶的程度。"〔1〕话里充满了他的主要敌人从来就不懂得的尊严。

托洛茨基是否想过,在担任国家"二把手"时,是他亲自打下了无法无天的基础? 1922 年 11 月,巴库领导人基洛夫、瓦西里耶夫、波卢扬向政治局报告了对社会革命党的审判情况,报告中称,32 名罪犯中有 8 人(戈洛马佐夫、普列特涅夫、扎伊采夫、萨莫罗多娃、奥金佐夫、克列沙诺夫、卡拉沙尔利、伊万诺夫)被判处枪决。报告结尾处有这样一句话:"我们认为对极刑进行改判是绝对不允许的⋯⋯"〔2〕当时的政治局委员,不论列宁、托洛茨基,还是斯大林、莫洛托夫都坚决投了"赞成票"。无法无天和残酷无情的传统早就已经形成了,斯大林从列宁和托洛茨基那里学到了不少东西⋯⋯

即便是在托洛茨基被暗杀后,斯大林仍旧对他的影子心存忌惮。1947 年 12 月,斯大林下了一道可怕的命令,责成内务部建立最严格的监狱和集中营制度,用来关押特别危险的国家罪犯,特别是"托洛茨基分子、恐怖分子、孟什维克、社会革命党、民族主义者⋯⋯"试想:直到 1947 年斯大林还在不停地强调托洛茨基分子的危害性! 斯大林的私人档案里存放着苏联内务部长谢·尼·克鲁格洛夫的答复,这是 1948 年 2 月初他的报告:

联共(布)中央委员会、约·维·斯大林同志:

根据您的指示,呈上联共(布)中央委员会关于组建制度最为严格的、用于关押特别危险的国家罪犯的监狱和集中营决议草案⋯⋯

请您裁决。〔3〕

斯大林当然会批准,很快他的意志就以苏联部长会议 1948 年 2 月 21 日第 416—159"oc"号决议和苏联内务部 1948 年 2 月 28 日第 00219 号命令的形式被确定下来。

---

〔1〕 Троцкий Л. Сталин. Нью-Йорк, 1985. Т. 1. C. 7.

〔2〕 ЦПА, ф.2, оп.2, д.1268, л.1.

〔3〕 ЦГАОР, ф.9401, оп.2, д.199, л.197.

这些文件指出,要将关押"托洛茨基分子和其他敌人"的监狱和集中营建在科雷马、诺里尔斯克、科米苏维埃社会主义自治共和国、叶拉布加、卡拉干达和其他已经变成"古拉格群岛"的地方。《俄罗斯苏维埃联邦社会主义共和国刑法典》的有关内容,以及由著名的"第五十八条"演变而来的很多规定成了上述判决的法律基础,根据相关规定,连"罪犯"的家庭成员都要受到惨无人道的惩罚[1]。根据斯大林的决定,内务部长下令,"针对还逍遥法外的托洛茨基分子及其他国家敌人开展肃反工作",决不允许"为这些人减刑和提供任何优待",关押和流放期满后,"要扣留这些将要释放的人,随后办理手续……"[2]连那些对托洛茨基稍有了解或者提起过这个名字的人也惨遭杀身之祸。

直到自己生命结束,斯大林都把托洛茨基分子看成最危险的敌人,因为在他眼里这些人就是各种邪恶的化身。他忠实的助手们当然也在不停地"寻找"托洛茨基分子及同谋者,直到斯大林去世,而且找到了……关于这些,有谢·尼·克鲁格洛夫的一份报告为证:

呈约·维·斯大林同志:

特别集中营的人数确定为 18 万人,内务部请求**增加容量**(黑体是我加的——作者注),将特别集中营人数再增加 7 万人,则最终关押人数可达 25 万人……[3]

斯大林自然是同意的。如果可能的话,他恨不得将整个国家变成一个庞大的古拉格。其实当时的苏联和古拉格也没什么区别。举例来讲,农民没有身份证件,他们哪儿都去不了,其境遇和农奴差不多。每个工作队,每个连,每个教研室和车间里都有告密者。没有可以谈谈真心话的人;20 世纪了,我们却在走向新奴隶制。谁哪怕只是悄悄地说过这样的话,都会引来灭顶之灾。但是另一些人不明白这种情况,认为一切就应当是这样。制度将人们变成了实现空想目标的工具,直到这时人们才明白,托洛茨基一生为之奋斗的革命成了社会发展的一种病态。

[1] Уголовный Кодекс РСФСР. С изменениями на 1 июля 1938 г(《经 1938 年 7 月 1 日修定的俄罗斯联邦刑法典》).M., 1938. С.26-33。

[2] ЦГАОР, ф.9401, оп.2, д.199, л.198-200.

[3] ЦГАОР, ф.9401, оп.2, д.269, т.1, л.169-170.

我有些超前了,不过我希望上面引用的文件足以很好地证明一件事:斯大林的强大和恐惧始终是相伴而行的。无论托洛茨基身处何处:阿拉木图、普林吉坡岛、巴比松、奥斯陆、科约阿坎,或是已经跨过了那条看不见的生死线(每个人早晚都有跨越的一天),托洛茨基的幽灵都始终在紧盯着这个"官僚专制制度"的大祭司。

科约阿坎的孤独

不,托洛茨基从来都没有当过隐士。直到生命的最后时日,他身边都有很多人,只不过有时多些,有时少些。只是最后几年,在遥远的墨西哥,流亡者和妻子强烈地感受到内心的孤独。托洛茨基一生所追求的理想在逐渐消失,儿女们和很多朋友也相继离世,这种游移动荡的平常日子几乎把一个没有国籍的人的"主心骨"消磨殆尽。托洛茨基不止一次想过自杀,但他又不想让这一段生命悲惨的结局玷污了自己革命斗士的一生。

想不到托洛茨基和娜塔莉娅·伊万诺夫娜在墨西哥算得上是受到了礼遇。1937 年 1 月 9 日,空荡荡的鲁特号邮轮缓缓驶入墨西哥坦皮科港口。在没见到来迎接的朋友前,托洛茨基拒绝登岸。友人们没有欺骗他。

重要的是,流亡者受到了墨西哥总统拉萨罗·卡德纳斯官方代表的热情接待,总统还为他提供了自己的私人车厢。实际上,托洛茨基是以总统和墨西哥著名画家迭戈·里维拉客人的身份来到这个国家的。这里还有一个人数不多的美国托派代表团。因为里维拉的坚持,托洛茨基一家住进了他在郊区科约阿坎伦敦路的房子里。这位著名的画家、设计师把自己的房子装修一新,这栋被他称为"卡萨-阿苏里"的蓝房子是艺术、灵感和创作的港湾。托洛茨基夫妇对新居所喜欢极了。在给巴黎儿子谢多夫的第一封信中,这个身不由己的旅行者强调:"墨西哥当局对我们非常关照……总统奉行激进大胆的政策。他公开帮助西班牙,并承诺会努力减轻我们的生活负担。"[1]据一名叫"奥斯卡"的苏联间谍报告,迭戈·里维拉在自己的演讲中

---

〔1〕 The Houghton Library. Trotskii coll. bMS, Russ 13.1.(10091—10248),folder 9 of 16.

宣称要区分开"真正的马克思主义者和以约瑟夫·斯大林为代表的军警反动派"。至于里维拉的观点，据间谍根据他的声明分析，他打算召开世界范围的"国际艺术工作者代表大会，正式宣布成立艺术工作者国际联盟，为了革命我们需要独立的艺术，而为了艺术的彻底解放我们需要革命"。[1]托洛茨基倾听着里维拉的想法，对他的艺术造诣很是钦佩，托洛茨基初到墨西哥的感受是愉悦的。

托洛茨基在信中同儿子分享了这些振奋人心的感受，然后就像往常一样将话题转向委托他办的事情：在轮船上他完成了关于莫斯科审判[2]一书的写作，全书约200—250页，需要在各国寻找出版商。托洛茨基指出了最重要的一点，在同自己的美国支持者乔治·诺瓦克和马克斯·沙赫特曼谈话后，他决定组织作为回应的反审判，来揭露莫斯科审判中那些针对自己的谎言、诽谤和各种含沙射影。反审判最好能在纽约或巴黎举行，万不得已的情况下也可以安排在瑞士。随后托洛茨基交代给儿子许多要做的事情：找一些文件，同他的支持者取得联系，分析欧洲刊物对莫斯科审判的反应，提出下一期《反对派公报》的出版意见等。托洛茨基对自己和儿子都太狠心：他交给儿子办的事情，其工作量至少需要一个庞大的秘书处才可能完成，而他自己也同样要工作到筋疲力尽。

除了提到娜塔莉娅·伊万诺夫娜得了疟疾，介绍自己的身体情况以及墨西哥可口美味的果蔬外，其余信件同第一封简直如出一辙，可以说在托洛茨基身上体现了典型的"革命利己主义"：他让自己以及身边所有的人都要服从于他同斯大林以及斯大林主义这场拼尽全力的政治斗争。

刚刚熟悉了环境，谢过里维拉的热情款待后（在近一年的时间里，托洛茨基同里维拉保持着非常良好的关系），托洛茨基开始着手准备反审判，他希望在里维拉的帮助下发动国际舆论对斯大林的专制群起而攻之。托洛茨基做了详细充分的准备，莫斯科审判中对自己的每一条指责他都能给出资料翔实、证据确凿且合乎逻辑的反驳。参与这项工作的有他的两个秘书和一个做技术支持的女同事：她父亲是俄国人，懂俄语，且擅长打字。根据各种文件和口述资料判断，这个女人应该和内务人民委员部有关系，主要负责

---

〔1〕　Архив ИНО ОГПУ—НКВД, ф.17 548, д.0292, т.2, л.228.
〔2〕　这本书后来定名为《斯大林的罪行》。

报告托洛茨基身边发生的事情。有资料显示,她还为美国联邦调查局工作。[1]托洛茨基的美国朋友托派分子也参与到这个规模不大的"突击队"中,他们夜以继日地工作。托洛茨基希望反审判能够成为一个规模宏大的社会论坛,声讨斯大林及其奸党,指责他们搞恐怖活动,散布谎言以及背叛革命理想的行径。但就像我们后来看到的,这项计划最终没能实现。

托洛茨基刚到墨西哥就见到了两位著名画家,他们的观点截然相反。一个是迭戈·里维拉,他是墨西哥共产党的创始人之一,后来与自己的政党脱离了关系,刚到墨西哥的那段日子,他对托洛茨基表现出的真诚、关心、照顾和保护让流亡者受宠若惊。另一个是名气更大的大卫·阿尔法罗·西凯罗斯,他坚决要求将托洛茨基驱逐出墨西哥。两个大画家-思想家分列在两个阵营之中。托洛茨基对反对自己的政治运动已经习以为常,因此对墨西哥工会领导人维森特·郎巴多·托莱达诺关于"将社会主义革命的敌人彻底赶出墨西哥"的要求反应平淡。

托洛茨基能感觉到墨西哥总统对自己谨慎低调的保护,包括在自己居所附近警力安排。托洛茨基曾多次向卡德纳斯表示感谢,但在墨西哥三年半的时间里,从未同总统见过面。他明白自己的拜访将使国家元首处于尴尬的境地。

托洛茨基刚抵达墨西哥,莫斯科的特务组织就已经派人过来。这里我想为大家介绍一个人,他的供述具有非常重大的意义。我指的是帕维尔·阿纳托利耶维奇·苏多普拉托夫[2],一名经验丰富但命运悲惨的苏联职业特工。贝利亚下台后他在苏联坐了15年牢,但他的悲剧还不仅限于此,执行国家领导机构交付的任务时,苏多普拉托夫和他的同事们始终坚信,他们获取有价值的情报,帮助消灭苏联最凶恶的政治敌人,都是为了实现无产阶级的最高意志。他是一名潜伏特工,一生中见过许多世面,也知道很多事情。他不仅向我讲述了斯大林亲自下令抓捕托洛茨基的详情,还介绍了当时内务人民委员部的主要情况。

内务人民委员部国家安全总局机要政治处从1937年开始加快招兵买马,开展境外工作[3],外国处也是如此,积极掌握托洛茨基大洋彼岸的居所

---

[1]　The Gelfand Case(《格尔方德案件》),Labor Publications,London,1985,Vol. I, II.

[2]　关于帕·阿·苏多普拉托夫我会在下一章详细描述。

[3]　ЦПА, ф.17, оп.2, д.577, л.35-41.

变更情况[1]。据帕·阿·苏多普拉托夫讲,他们向墨西哥派了一些经验丰富的潜伏特工,专门负责监视流亡者,并最终实现在肉体上消灭他的计划。苏多普拉托夫提供的证据我们在后面还会再讲。

我之前说过,刚到墨西哥的前几个月托洛茨基一直忙于筹划所谓反审判。他长时间伏案工作,分析滞后很久才被送到墨西哥的苏联报刊的各种资料,他在里面做批注,寻找反驳论据,草拟提纲。维克多·谢尔什这样描述那段时间托洛茨基的生活:"列夫·达维多维奇手里拿着铅笔,超负荷地紧张忙碌着,他经常带病工作,不知疲倦地揪出那些已经扩散且无法反驳的谎言。"[2]

谢多夫在这个过程中给了父亲很多帮助,他将大量的资料、文件、证据寄往墨西哥,使父亲能够驳斥莫斯科的指控。[3]谢多夫还要做大量的前期工作来处理一些文件,例如,为了证明托洛茨基 1932 年到哥本哈根单纯是为了讲学,托洛茨基的支持者对 40 个人进行了询问,并将口述记录寄往墨西哥。阿姆斯特丹档案馆有力地证明了谢多夫为帮助父亲驳斥莫斯科关于"间谍"、"恐怖活动"、密谋"国家政变"等指控所付出的努力。[4]

一些社会组织发起建立了莫斯科审判及对托洛茨基指控合法性国际调查委员会,其成员有:美国著名思想家和教育家(主席)约翰·杜威、作家苏珊·拉福莱特、左翼政论家便雅悯·斯托贝尔格、德国马克思主义者奥托·留姆、无政府主义运动理论家卡尔洛·特莱斯卡、美国著名社会学家爱德华·罗斯、犹太法学专家爱德华·伊斯雷尔等。苏联使馆和共产党代表则用沉默回应加入委员会的邀请。

委员会第一次会议于 1937 年 4 月 10—17 日在迭戈·里维拉的蓝房子举行,大厅内可容纳近 50 人(同年 9 月举行了第二次会议)。在纽约、巴黎或其他地方开展工作很困难,除了经济上的问题外,也有安全方面的考虑。托洛茨基已经料到,其实墨西哥也有内务人民委员部的"团队"。

在第一次会议的开幕式上,杜威教授声明:"如果列夫·托洛茨基在有刑事责任能力的活动中被认定有罪,那么在委员会眼中任何惩罚都无足轻重。对托洛茨基进行审判却不给他发言权,这件事让全世界都觉得良心上

---

[1] Архив ИНО ОГПУ—НКВД, ф.31 660, д.9067, т.1, л.16.
[2] Serge V. Vie et le mort de Leon Trotsky.
[3] Архив ИНО ОГПУ—НКВД, ф.17 548, д.0292, т.2, л.131.
[4] Int Instituut Soc Geschiedenis. Amsterdam. № 137, 330/50.

过不去。"[1]

在被反复交叉询问中,托洛茨基坚决否认所有对自己在政治、刑事和意识形态方面的指控,并当场出示了证明自己无罪的文件和实物证据。例如,哥尔茨曼说自己1932年11月在哥本哈根见过他,托洛茨基对这一指证坚决予以否认;指出1933年7月底他同弗拉基米尔·罗姆在布洛涅森林见面一事完全是捏造的;指证皮达可夫1935年12月不可能飞去挪威,等等。托洛茨基提供的文件材料证明,那段时间他住在其他地方,一些单据、车票、公证过的证词都彻底否定了莫斯科审判上的伪证。就像"马克"向莫斯科报告的,从谢多夫那里得知"1931年5月1日他在柏林菩提树下大街见到了皮达可夫,皮达可夫认出了他,转身便走,不想和他说话。皮达可夫当时还有个同行的人,好像是舍斯托夫。"[2]

托洛茨基下面的声明给所有人留下了深刻印象:"我可以事先保证,如果委员会判定斯大林给我定的罪名中哪怕有一点点是成立的,我将自愿去国家政治保卫局的刽子手那儿自首。"托洛茨基请求将他说的话刊登在各大报纸上。这是一个勇敢的声明,要知道委员会中也并不都是他的支持者。不过在委员会能对托洛茨基作出怎样的判决这个问题上没有任何疑问。他声称,如果无法证明斯大林的指控,那么"这将成为对克里姆林宫领导永久的诅咒"。

在闭幕会上托洛茨基长达几个小时的讲话激昂慷慨,否认所有对自己的指控,在他的结束语中充满了对十月革命和"世界共产主义"理想将取得最终胜利的信心。

所有人都被托洛茨基的能言善辩、口若悬河,以及他对维辛斯基破绽百出的证据缜密的论证所折服。1937年12月12日在纽约的集会上,约翰·杜威宣读了委员会的裁决:莫斯科审判是在捏造事实,托洛茨基和谢多夫无罪。[3]委员会裁决书的全文共617页,托洛茨基非常希望能有出版社愿意出版揭露斯大林和斯大林主义的这份内容丰富的材料。他相信反审判材料和自己的发言编在一起就是一本现成的书……很可惜,书并没有出版。欧美各大报社对反审判的消息只字未提,他们觉得没有必要因托洛茨基而搞

---

[1] Бюллетень оппозиции. 1937. Июль-август. № 56-57. С.17.

[2] Архив ИНО ОГПУ, ф.31 660, д.9067, т.1, л.79.

[3] Бюллетень оппозиции. 1938. Февраль. № 62-63. С.2.

僵西方同斯大林之间的关系。

流亡者希望反审判能够让全世界的人听见,但当时反审判的影响只是局部小范围的。甚至连世界著名的文化工作者萧伯纳都对反审判持怀疑态度。委员会300多天的工作成果仅能抚慰托洛茨基愤怒的良知,反审判还不足以对莫斯科和世界造成影响。

经历了这场持续数月的力证无罪和揭露伪造的事件后,托洛茨基除了感到精神的空虚外,还有深深的孤独。除了一小部分他的支持者、个别文化工作者和知识分子外,全世界都表现冷漠,对流亡者的命运更是毫不关心。正是这种冷漠,而不是斯大林让托洛茨基精神颓废、意志消沉。为了讨回公道,他可谓是殚精竭虑,但真理却未能丝毫撼动邪恶。尽管托洛茨基在评论委员会的决定时曾引用过埃米尔·左拉的话:"没有什么能够阻止真理的步伐",但他明白,即便是那些无可争辩的伟大真理,也只有到最后才会在我们的意识中占有一席之地。要认识真理是需要时间的。何况全世界早已开始逐渐明白,很可能比托洛茨基更早意识到,不能指望新革命会带来什么好结果。

尼古拉·别尔嘉耶夫在《对俄国革命的思考》中写道,"俄国革命是最大的不幸。任何革命都是不幸,从来就不存在幸福的革命……任何革命都是不成功的。"别尔嘉耶夫提到了陀思妥耶夫斯基,后者认为"俄国的革命知识分子……不是在搞政治,而是打算不用上帝就能拯救人类"。[1]托洛茨基也希望"不用上帝就能拯救人类",但世人并不接受这种意图。俄国思想家继续写道,"布尔什维克身上总是有某种超越尘世的、彼岸的东西……每一个布尔什维克身后都有一片磁化了的集体介质,它使俄国人民昏昏入梦,让他们沉沦在魔法阵中。将俄国从巫术中解救出来,这才是主要任务。"[2]

托洛茨基却永远留在了革命的"魔法阵"里,正因为如此,世人对反审判表现冷漠。人们一如既往地对革命者的悲惨命运保持着浓厚的兴趣,但却对他那种哪怕是将世界翻个底朝天也要为之奋斗的革命幻想并不热衷。

克里姆林宫严密监视着托洛茨基在墨西哥的一言一行。苏联驻华盛顿、墨西哥城使馆以及苏联情报机构经常向莫斯科报告托洛茨基发表声明、各刊物对身在海外的托洛茨基的评论等情况。外交官和情报人员的情报不

---

〔1〕 Бердяев Н. Новое средневековье(《新的中世纪》)//Обелиск. Берлин, 1924. C.59, 84。

〔2〕 Бердяев Н. Новое средневековье//Обелиск. Берлин, 1924. C.59, 84. л.89.

仅报送给最高层——斯大林、莫洛托夫、叶若夫,还提供给宣传机构,以便苏联各思想中心做出相应的回应。例如,一封密码电报向它们分发了 1937 年 4 月刊登在美国和墨西哥各大报纸上的约瑟夫·弗里曼的长文:"致联共(布)中央委员会斯捷茨基同志、艺术处安加罗夫同志、《真理报》科利佐夫同志、作家协会斯塔夫斯基同志、中央委员会报刊处尤金同志。"文章题目为《托洛茨基在科约阿坎》。

材料带有明显的倾向性。例如,文中提到:"托洛茨基刚到科约阿坎就接见了一批资产阶级新闻记者,被问到他和斯大林的分歧以及他同盖世太保的关系时,托洛茨基言辞激烈,咒骂了苏联和斯大林,却只字不提希特勒和墨索里尼……"文章详细描述了,"托洛茨基日夜都受到警察的保护。没有人打算伤害他,尽管他自己不断声称自己的人身安全受到威胁……托洛茨基的声明就是猛烈抨击他的国家和与他一度有过联系的事业。"[1]

托洛茨基在墨西哥做了什么? 他有何打算? 人家怎样评论他? 海外的苏联外交官和情报人员要读几十份报纸和杂志,进行概括,得出结论并作出预测,然后写出大量文字。在我面前放着厚厚的一卷报告,这仅是 1937 年头三个月从美国送到政治局委员、国防人民委员克·叶·伏罗希洛夫那里的情报。看来,苏联最高政治领导集团在莫斯科组织对老布尔什维克审判闹剧的同时,也在关注美国社会舆论和托洛茨基本人对审判的反应。有关托洛茨基在墨西哥的内容分别摘自下列杂志和报纸:《纽约时报》《纽约先驱论坛报》《国家报》《芝加哥论坛报》《商务报》《华盛顿明星报》《社会主义大厅》《华盛顿邮报》《新共和》《丹佛邮报》《巴尔的摩太阳报》等。

尽管外交官和情报人员非常希望能找到对莫斯科审判正面的回应,但却事与愿违,于是他们只好将一些批判的言论报告莫斯科。情报人员报告称"托洛茨基移居(没用"驱逐"一词——作者注)墨西哥后,托派在美国的出版活动也活跃起来。最近就有消息称要出版和准备出版一批托洛茨基主义书籍。例如,沙赫特曼已经出了一本书:《莫斯科审判幕后》;托洛茨基的《革命被背叛了》(原文如此——作者注)和《斯大林的罪行》也即将出版。"[2]

这些材料被送到斯大林的办公桌上,再次"激起"斯大林对托洛茨基无尽的憎恨,即便在极端复杂的形势下,托洛茨基仍能刺到这位苏联领导人敏

---

[1] ЦГАОР, ф.5143, оп.4, д.14, л.15-27.

[2] ЦГАСА, ф.33 978, оп.3, д.987, л.170.

感的痛处，贬斥他的政策，而最主要的是把他描述得不堪入目。斯大林一次又一次地确认，内务人民委员部机要政治处和外国处的"工作"很糟糕，远远落后于时代的要求。叶若夫显然不能胜任自己"使命"的国际部分。

为了迎合斯大林，情报人员经常歪曲事实，制造同托洛茨基相关的假文件。1938 年一份来自苏联驻华盛顿使馆的消息称，托洛茨基在自己的演讲中说，"在党内斯大林对一切批评都置若罔闻，并将自己凌驾于国家之上。除非杀了他，不然根本没有别的办法推倒他。"[1]托洛茨基从来就不曾说过"杀了斯大林"之类的话，但在 1938 年 2—3 月对"右派托派联盟"审判时，这份"证词"却成了加重量刑的依据。

根据斯大林的指示，华盛顿的苏联外交官，尤其是大使特罗雅诺夫斯基和全权代表处参赞乌曼斯基多次发表文章，接受美国媒体采访，就是为了改变美国公众对莫斯科审判的否定态度。特罗雅诺夫斯基一篇关于莫斯科审判的文章的节选片段就能说明这些讲话的性质："对这些人（被告——作者注）很宽容，苏联领导人，尤其是斯大林表示愿意帮助他们，并拯救他们，以免跌入反革命的深渊，没有一个知情者会相信，不经过前期仔细调查就给这些人定了罪……斯大林对皮达可夫、索柯里尼柯夫、拉狄克和其他人态度随和，这是我在很多场合的亲眼所见。任何出于卑劣动机，有关个人恩怨和镇压的指责都不值得回应……即便知道被告之前都曾是托派积极分子，斯大林还是对他们**真诚相待**（黑体是我加的——作者注），并给予信任。"[2]

1938 年 2 月 13 日，乌曼斯基在接受《纽约先驱论坛报》采访时说：托洛茨基要求对他的指控进行公正审理，"这是多么荒唐可笑！根本不值得讨论……托派分子在积极推动战争，他们是想夺权以达到复辟的目的……这两个事实本身足以说明：一边是苏联人民对新宪法的全力支持，而另一边是托洛茨基和法西斯的狼狈为奸。"[3]

特罗雅诺夫斯基和乌曼斯基的观点显然站不住脚，这些观点，用乌曼斯基自己的话来说，"根本不值得讨论"。这些人，还有其他许多人，以至全国人民，已经沦为"官僚专制主义"的组成部分，他们没有权利，而且身不由己。从某种意义上讲，托洛茨基和全体苏联人民都是斯大林体制的牺牲品。

---

〔1〕 ЦГАСА, ф.33 987, оп.3, д.989, л.260.

〔2〕 ЦГАСА, ф.33 987, оп.3, д.989, л.253, 304.

〔3〕 ЦГАСА, ф.33 987, оп.3, д.989, л.308.

是的，人民成了牺牲品。《布尔什维克》中那些奇谈怪论恰恰表明人民受到了迷惑，而且短时间内（幸好不是永远）失去了良知、记忆和思考能力。《法庭的判决就是人民的判决》一文中提到："苏联最高法院军事审判庭对'反苏托派中心案'的判决得到了苏联人民的一致拥护。在工厂、集体农庄、全市劳动者集会随处可见人们反对无耻叛徒、卖国贼、杀害工人和红军战士的刽子手、德日间谍、世界大战煽动者的那种汹涌澎湃的浪潮。这些坏人都是在托洛茨基这个人民的凶恶敌人的直接授意下开展活动的……人民公敌列夫·托洛茨基向德国法西斯保证一旦掌权，就撤销国营农场，解散集体农庄，不实行国家工业化政策，并在苏联复辟资本主义……托洛茨基匪帮急于向自己的法西斯主子支付人民最凶恶的敌人列夫·托洛茨基开出的血腥期票……"〔1〕

最可悲的是，人们长期而且真诚地相信了这些胡言乱语，也同样相信了维辛斯基在这场可怕审判中的说辞：

"不是我一个人在这里进行控诉！法官同志们，我感觉，和我站在一起的仿佛还有这些罪行和罪犯的受害者，他们拄着拐杖，被折磨得半死，甚至失去了双腿，就像丘索夫斯卡娅站的女扳道员纳戈维岑娜同志那样。她今天通过《真理报》向我控诉，她20岁时因为要制止这些人制造的颠覆列车事件而失去了双腿……"〔2〕

这种骇人听闻、无穷无尽的蛊惑宣传达到了目的：越来越多的人开始相信关于托洛茨基"恐怖分子"、"间谍"、"杀人犯"种种行径的那些凭空捏造的臆想。流亡者在遥远的科约阿坎翻看这些材料时，也震惊于短短十年间，社会、政党和人民居然蜕化到如此程度。既然数以百万的人民群众都相信了那些可怕的谎言，各种堕落和犯罪的万恶之源，又能拿他们怎么办？这个问题深深地刺痛了托洛茨基的心。也不禁让人惊讶于托洛茨基超强的自制力和斗争意志。

当然，在这场力量悬殊的斗争中托洛茨基犯了一些严重错误：发表有关西班牙人民阵线作用的负面评论，采取了一些举动使得西班牙革命的捍卫者原本就严峻的处境更加艰难，明确否定未被"纳入"自己体系的那些共产党的活动……托洛茨基接受过很多采访，但并不是每次都能选择合适的表

---

〔1〕 Большевик. 1937. No 3. C.1-2.
〔2〕 Большевик. 1937. No 3. C.2.

述,结果不仅斯大林和他那些妄自尊大的官僚受到责难,连同苏联人民和整个国家也被波及。托洛茨基似乎忘记了,他当时也参与了现在正被自己猛烈抨击的国家的建设。这一点是不会被人遗忘的。

1938年初,托洛茨基从前的支持者伊斯特曼、谢尔什、苏瓦林公开提出,托洛茨基应该对残酷镇压1921年喀琅施塔得叛乱一事负责。维·谢尔什直截了当而又合情合理地宣称:这种使用武力打压异己的恐怖行为不正是列宁和托洛茨基时期苏维埃共和国转向执行镇压政策的表现吗? 难道托洛茨基没有领导对这场叛乱的镇压? 他比斯大林好在哪儿呢?

托洛茨基确实从未详细描述过喀琅施塔得叛乱。我认为,多年之后,当初决定对这场叛乱进行残酷镇压的人中,没有人愿意再提这段往事。但从前的拥护者对他的批评是直接的、坦率的,也是基本公正的。应该作出回答。

在《再谈喀琅施塔得镇压事件》一文中,托洛茨基以其与生俱来的气度回答了那些批评:"苏瓦林这个萎靡不振的马克思主义者,摇身一变成了狂热的告密诽谤者,他在自己一本关于斯大林的书中说,我在自传中故意回避了喀琅施塔得起义这个问题;他讽刺道,有些功劳是不能引以自豪的……问题在于,我并没有亲自参与对喀琅施塔得起义的镇压,也未参与之后的迫害……至于镇压,我记得是由捷尔任斯基直接领导的,而他是不允许别人插手自己的工作的(这样做是对的)……但是我认为,国内战争并不是一所人道主义学校……谁要是愿意,就让他据此(在文章中)去否定革命吧。我是不会反对革命的。从这个意义上讲,我可以对镇压喀琅施塔得叛乱承担全部责任。"[1]

托洛茨基对那些弃他而去的人是不能妥协的。例如,他这样评价波里斯·苏瓦林:"前和平主义者、前共产党人、前托洛茨基主义者、前民主共产党人、前马克思主义者……几乎可称之为前苏瓦林,越来越肆无忌惮地攻击无产阶级革命……他笔锋犀利,他曾经认为,这足以保障他终生享用,可是后来他应该明白了,还需要善于思考……尽管在他关于斯大林的书中有很多有趣的引文和事实,但是他还是自己给自己颁发了一张理性贫乏的证书。"[2]

---

〔1〕 Бюллетень оппозиции. 1938. Октябрь. № 70. С. 10.

〔2〕 Бюллетень оппозиции. 1939. Май-июнь-июль. № 77-78. С. 16, 17.

　　生活对托洛茨基是残酷的,而他对待那些让自己原本就不幸的生活变得更令人难以承受的人也绝不手下留情。从这个角度讲,他在面对自己和历史时,并不是那么诚实正直。经列宁认可,他也是当年残酷镇压暴乱的组织者之一。早先的朋友苏瓦林和伊斯特曼的批评深深刺痛了托洛茨基,他决定给出尖锐的反应。1937 年末至 1938 年初,托洛茨基写了一篇 15 页的大文章,题目为《围绕喀琅施塔得事件的喧闹》,马·兹博罗夫斯基很快就拿到了这篇文章,经他之手文章被送到内务人民委员部国家安全总局七处副处长 C.施皮格尔格拉斯那里,后又被报送叶若夫、莫洛托夫,直至放到斯大林的案头上。[1]是什么让这篇冗长的文章引起了苏联情报人员的注意,他们是如何向最高统帅报告的?

　　我想,将这篇文章报送"最高层"的那些人明白,当时的苏联领导层完全认同托洛茨基在文章中阐述的观点。翻阅内务人民委员部档案馆里久置变黄的文件时,我不禁在想,也许文章后面本来应当有斯大林的署名,因为文章中论述的是典型的布尔什维主义思想。不过,读者最好自己来判断一下:

　　"喀琅施塔得起义是小资产阶级对社会主义革命和严厉的无产阶级专政遭遇的种种困难做出的一种武装反应……"

　　"他们(喀琅施塔得叛乱的参与者——作者注)想要的是不会导致专政的革命,或者无需强制的专政。"[2]

　　这两处片段都使用了斯大林式的,确切地说是布尔什维克的语言。就个体而言,托洛茨基和斯大林截然相反,但同时他们俩又都是典型的布尔什维克,痴迷于使用暴力、搞专政和采取强制措施。也正是由于这个原因,别尔嘉耶夫才说,"两个人同样可憎"。[3]

　　即使身处海外,托洛茨基也不得不抵挡斯大林的诽谤、离他而去的拥护者的批评,以及墨西哥各种共产主义和工人团体的攻击,他们一直要求将托洛茨基驱逐出境。虽说处在各种事件的漩涡之中,在激愤情绪的汹涌之中,流亡者却依旧感到自己仿佛是被拒于革命之外,被置于各种世界重大事件的边缘地带。托洛茨基内心的孤独感与日俱增,这种孤独感令他非常痛苦。但托洛茨基没有屈服,他试图保持自己革命者的面貌,并提醒国际社会自己

---

〔1〕 Архив ИНО ОГПУ—НКВД, ф.17 548, д.0292, т.2, л.190.

〔2〕 Архив ИНО ОГПУ—НКВД, ф.17 548, д.0292, т.2, л.202-218.

〔3〕 Бердяев Н. Новое средневековье. С.89.

的存在：他还活着，他希望自己还没有盖棺论定……只有娜塔莉娅·伊万诺夫娜理解他刻意掩饰的那份深深的沮丧心情。

托洛茨基和妻子在迭戈·里维拉家生活了将近两年，生活起居还算平静舒适。但却突然间闹僵了，墨西哥总统卡德纳斯成了那个"引起纠纷的金苹果"。托洛茨基非常敬重总统先生：是他大胆为自己提供了庇护。但里维拉却突然发表抨击总统的言论，说他是"莫斯科制度的帮凶"。托洛茨基和里维拉曾尝试和解，但分歧却越来越大。于是，托洛茨基提出，不能再住在里维拉家里。

几乎在同一时间，托洛茨基家里也发生了一些事情。关于这些事他的传记作者们，除伊·多伊彻外，都只字未提。

托洛茨基刚到墨西哥时，迎接队伍中除了总统派来的人、第四国际领导人的支持者外，还有一位个子不高，身材纤细的漂亮女士弗里达·卡洛。她是演员、画家，也是迭戈·里维拉的朋友兼秘书。住在蓝房子期间，托洛茨基不仅常和房主人见面，也经常同弗里达保持联系。没想到的是，57岁的托洛茨基居然对这个聪明迷人的女士心生爱慕。这件事很不寻常，因为托洛茨基本人是个很守规矩的人，也非常看重家庭关系。他对娜塔莉娅·伊万诺夫娜是真爱，但这次却差点忘乎所以地投入情海。托洛茨基是个有教养的人，可他却突然公开表现出对弗里达的特殊关切，称赞她的聪明才干。1937年7月，托洛茨基接受迭戈的建议，一个人去戈麦斯·兰杰洛庄园休养三个星期，在那里骑马、钓鱼和写作。几天后弗里达去看望托洛茨基，并在那里待了一天。没人知道两人之间究竟是什么关系，关系有多深：一个是不再年轻、备受生活折磨的革命者，一个是28岁的漂亮女人。托洛茨基确实爱上了这个姑娘，有他写给弗里达·卡洛的书信为证。这些信件是墨西哥记者泽维尔·古斯曼·乌尔比欧拉不久前在弗里达一个已故的朋友德勒萨·普罗恩扎那里找到的。[1]

信件向我们展示了，在布满荆棘的道路上托洛茨基对偶遇的这位女士内心深处的悸动和迷恋。后来娜塔莉娅·伊万诺夫娜和迭戈也知道了这件事。然后是艰难的解释。托洛茨基保持着理智，没闹到和妻子破裂的地步。托洛茨基最终摆脱了这位墨西哥女郎魔法般的诱惑，并对妻子开诚布公地谈了一切。他的秘书让·王·海恩诺特在《和托洛茨基一起流放——从普

---

〔1〕 Silturas, Sabado, 8 de september de 1990，No 268（星期六，1990年9月8日，第268期）。

林吉坡岛到科约阿坎》一书中写道,他的领导人在些许的"精神恍惚"后,最终理智战胜了情感。

但同迭戈·里维拉的关系却没能维持好,在写给卡洛的最后一封信中托洛茨基称:"我希望还能和他(迭戈·里维拉——作者注)重建友谊:无论是政治友谊,还是私人情谊,我希望在这件事情上你能支持我。我和娜塔莉娅祝你身体健康,艺术之路一片坦途,拥抱你,我们善良的挚友。你永远的朋友,列夫·托洛茨基。"〔1〕就如晚秋的一场暴雨,爱情在革命者的内心爆发后……又回归革命的怀抱。

在美国朋友的帮助下,1939年春托洛茨基在墨西哥城近郊的科约阿坎郊区维也纳街上找到一处住所,房子虽然很大,但并不舒适。买房让托洛茨基立即在经济上变得很拮据,于是他到处发表文章,并从几家出版社拿到了还没写完的《斯大林》一书的预付款。他还准备将自己以前的旧书重新出版。由于要承担请两三个秘书、保镖、女管家和打字员的费用,托洛茨基不得不将自己的档案资料以1.5万美金的超低价格卖给哈佛大学霍顿图书馆(经热情的馆长同意我也使用过该馆资料)!在艰难时刻一如既往总会有朋友帮助他,其中就包括阿尔伯特·戈尔德曼。在他的帮助下,流亡者得以在这尘世上的最后一个栖身之所料理好自己的生活。

托洛茨基的朋友和警卫人员的首要任务就是加固高高的围栏、房门和院落入口。他们修建了带探照灯的专用塔楼,为屋子配备了报警装置。房子越来越像是一座碉堡。托洛茨基的书房和卧室的房门都包上了铁皮。几个警察一天24小时在房子外面巡逻,而秘书和保镖在里面负责保护。所有到访者都受到监视。陌生人接近托洛茨基时,不得携带任何东西,而且要在保镖的陪同下。和过去一样,有记者和各国的支持者求见托洛茨基,出版商和各托派组织的代表也来拜访他。通过托洛茨基的秘书,马·兹博罗夫斯基得知托洛茨基"特别愿意接待来自苏联和西班牙的访客。"〔2〕莫斯科也准备利用流亡者的这个偏好。

托洛茨基每天的活动都有严格的安排。他习惯早起,经常在早饭前伏案工作两小时左右,早饭后到午饭前这段时间进行写作,有时口授,有时编辑校订,有时亲笔写作或在自己的档案资料中翻看查找。他的助手——秘

---

〔1〕 Op. cit. p.3.

〔2〕 **Архив ИНО ОГПУ—НКВД**, ф.31 660, д.9067, т.1, л.163.

书们负责拆阅所有信件,进行剪辑、摘录,为他的著作和新文章挑选必要的材料,起草数量繁多的各种回信草稿。

小碉堡中的生活充满紧张和忐忑。他们是在为生存而斗争。托洛茨基身边的人早就发现,他居所周围越来越经常地出现各种各样的陌生人。隔壁的一幢房子一度成了一个地地道道的监视站。一些人好像在挖什么东西,后来很快查明,那只是为了掩人耳目。他们轮班,每拨大约三四个人,与其说是在挖沟,倒不如说是监视托洛茨基的居所:谁来了,谁走了,什么时间等等。毫无疑问,西班牙革命失败后,被迫放弃比利牛斯山的内务人民委员部的间谍中有不少人转移到了这里。

托洛茨基被院落和房子的墙壁紧紧捆住了。他一般会在傍晚时分从书房走进院子,先朝一边走 30 步,然后再向另一边走 30 步,边走边沉思。正如他对娜塔莉娅·伊万诺夫娜说的那样,他的思想总是回到过去,回到世纪之初,回到那个十月,回到他的军用装甲列车上,反思他和列宁当年犯下的错误,他们居然没有识破斯大林这个令人恐怖的该隐的真面目。在这个石头围墙的院子里,托洛茨基经常想起那个"克里姆林宫的高加索山民"还有一个原因——近一年半的时间里,他一直致力于创作自己这个死敌的政治传记,用他自己在这部传记里话来说,斯大林一直沉浸在"俄国革命后的醉酒状态中"。

托洛茨基在 3 月(1938 年)给《反对派公报》编辑部的信中写道:"我保证在接下来 18 个月里写完斯大林一书,并完成列宁一书的写作。我的全部时间,至少这个月会全部用于上述工作……在斯大林一书的写作上我需要你们的帮助,后天为你们寄去一份手头已有的关于斯大林文献的清单,现在能确定的是,我没有巴比塞的书。不知道在列夫(谢多夫——作者注)的档案资料中是否有关于斯大林的专门卷宗……"[1]

托洛茨基还不知道,在列夫·谢多夫死后就留在《反对派公报》的马克·兹博罗夫斯基将这封信的内容告诉了苏联情报机构的负责人,又过了一段时间,斯大林也看到了这封信。不难想象,独裁者看到信时会作何感想,18 个月后托洛茨基就要推出一本关于他的书! 这绝对不行! 斯大林明白,对自己"内心深处"的了解,流亡者要比别人深得多,他也会按这样的见解来介绍"人民领袖"……正是在 1938 年末至 1939 年初,斯大林本人一再

---

〔1〕　The Houghton Library. Trotskii coll. bMS, Russ 13.1.(7710—7740), folder 1 of 2. p.2.

下达口头命令,要除掉这个早就被他宣布为不受法律保护的人。

托洛茨基还在继续给万茨列尔、科甘、韦贝尔和其他支持者写信,托他们帮忙查找新的关于斯大林的材料和文件。在 1938 年 5 月写给科甘的信中托洛茨基称:"要是您能从斯大林政策的变化,确切些说就是从对付反对派的曲折路线和方法的视角去读一读《红色处女地》杂志合订本,那就再好不过了。如果您能提供这类参考资料,将不胜感激,我手头的文献太少,而未来五个月内我必须完成斯大林一书的写作。"[1]

托洛茨基有时也会不顾危险,一大早就在一两个人的陪伴下,紧靠在车厢的角落里,离开自己的碉堡,乔装出行,去二三十公里外的山区或田野,在那里溜达溜达,寻找特殊的仙人掌品种,也会去一些村子,在那里吃午饭,然后天黑前迅速返回住所。每次被托洛茨基称为"远征"的这种出行都伴随着风险。

有几次,根据"警备队"的观察,托洛茨基有遭到直接袭击的危险,他就到远处的村子待两三个礼拜,那里已经为他秘密租下了农民的房子,于是他就乔装化名,带上两个随从出去住一阵。托洛茨基在这些出行中写给娜塔莉娅·伊万诺夫娜的大量信件被保存了下来。给妻子的信是很私密的,还有些私房话和甜言蜜语。信中托洛茨基几乎从不谈论政治和意识形态问题,不过从中能看出流亡者与日俱增的孤独感,对他而言,这个世界上亲密的人只剩下妻子了。

在一封信中托洛茨基写道:"读着你的信,我哭了……你对我讲的所有关于我们过去的事都是对的,我也成百上千次地这样对自己说。现在去为二十多年前的往昔、为那些琐事而苦恼,是不是太荒谬了?然而甚至一些无足轻重的问题也强烈地浮现在眼前,仿佛怎样回答它们将决定我们的整个生活……于是我拿起笔来,记录下问题……"[2]在最后一个儿子去世后,精神上的空虚逐渐吞噬着流亡者的内心,那里满是伤心和无法摆脱的悲哀。托洛茨基本人看来已经认识到,目前付出的种种努力都不过是一场春梦。他唯一能做的就是保住作为一名革命者的声誉。那么历史将会为他留下一个永不坍塌的小阁子。

阿尔弗雷德·罗斯默和玛格丽特·罗斯默是这对患难夫妻的至交。在

---

〔1〕 The Houghton Library. Trotskii coll. bMS, Russ 13.1.(8699—8702), p.1.

〔2〕 The Houghton Library. Trotskii coll. bMS, Russ 13.1.(10598—10631), folder 1 of 10. p.2.

最后这段日子里,是他们冲淡了托洛茨基夫妇的孤寂。罗斯默夫妇1939年10月来到科约阿坎,在这个舒适的碉堡里住了8个月,最重要的是他们终于带来了托洛茨基的外孙谢瓦。这为托洛茨基夫妇带来了无尽的喜悦。尽管这个被命运从俄国抛到土耳其、德国、奥地利、瑞士、法国,最终到了墨西哥的男孩对很多事情都不明白。这些年来,男孩身边的人频频更换,不知道为什么,大家总是把他藏起来,也总是有人开导他,劝说他。他曾在一所学校用德语学习,而近段时间又开始用法语上课。列夫·谢多夫死后就没有人和他说俄语了,谢瓦讲起母语就像个初学俄语的外国人……托洛茨基一家人的悲剧在男孩意识中所留下的印记就像一个奇怪的万花筒,里面有各种人物、地点,还有很多人争夺他的抚养权。折射出托洛茨基命运的男孩子,他的到来减轻了叛逆的流亡者在生命最后几个月的孤独感。

对国际的幻想

还在普林吉坡岛时,随着重返莫斯科希望的破灭,托洛茨基终于明白:需要在共产主义运动内部建立一个组织同斯大林和斯大林主义抗衡。他清楚,未来的这个组织必须有同资产阶级体制、改良主义和斯大林主义的歪曲作斗争的明确纲领、目标和路线才能生存下去。托洛茨基主义作为政治和意识形态的一个流派,从一开始就将自己置于非常不利的位置:它不仅要同资本主义、资产阶级政党和政府作斗争,还要反对被托洛茨基认为背叛了马克思主义和列宁主义的所有人。被托洛茨基划入这类人的包括所有参加了第三国际并承认其纲领的共产党和工人党。

20世纪30年代初在欧洲、北美和南美的一些国家开始出现一些政党和团体,它们赞成"布尔什维克-列宁主义者"的思想和被摧毁了的联共(布)"左翼"反对派的观点。托洛茨基与这些党派进行了广泛的书信交流,他们也有代表来拜访流亡者。托洛茨基倾听这些支持者的意见,给他们提出建议和劝告,对他们进行说服和教导,介绍情况,鼓励他们。但很快托洛茨基就发觉,这些党派、团体的人数很少,不过几十人,充其量也就是三四百人。

不错,1937年3月,在接受季坦因女士采访,谈到全世界自己的支持者数量时,托洛茨基说:"很难给出准确数字,何况在工人阶级中经常出现转移流动,还有人是半个支持者,有人是四分之一个支持者等等,我认为,现在的支持者大概有几万人。"[1]显然,托洛茨基是夸大其词。

让托洛茨基感到不快和震惊的是,这些党派内讧不断,还有人搞分裂和煽动敌对情绪。许多党派常带有明显的左倾宗派主义团体性质,很多成员都是被共产党和工党开除的。而"布尔什维克-列宁主义者"中也不乏国家政治保卫总局的奸细和间谍,还有一些人怀着远非革命的目的而靠拢这些党派。

查阅了许多苏联档案后,可以得出一个结论:国家政治保卫总局-内务人民委员部对托洛茨基支持者的很多活动、措施和会议安排都了如指掌。有很多托派组织和第四国际书记处文件的复制件和原件为证。当时的莫斯科就收到了很多像下面这样的报告。

> 绝密
>
> ### 致联共(布)中央委员会书记斯大林同志
>
> 呈上谢多夫3月3日(1937年——作者注)写给托洛茨基的信的后续部分。信中提到的有关苏联的信息,谢多夫好像是经孟什维克之手,从一家法国报纸或哈瓦斯通讯社代表那里获得的,这个人不久前刚离开莫斯科,已经采取措施在查这个人的底细。
>
> 信是在窃听口授时记录下来的,难免有一些遗漏和不清楚的地方。
>
> 苏联内务人民委员叶若夫[2]

凡是在托洛茨基的信件中被提到姓名的苏联支持者都一定会被逮捕。

1939年6月莫斯科在发给"赛艇"的一份命令中指示:"'郁金香'(兹博罗夫斯基——作者注)的首要任务是查清苏联境内的各间谍中心和恐怖暗杀中心,反革命联系以及他们向苏联的渗透情况等。"[3]这绝非偶然。在很大程度上,这正是那些托洛茨基的支持者,以及与托洛茨基主义有间接关系

---

[1] Quatrieme Internationale(《第四国际》).No 3, mars-avril 1937. p.12。

[2] Архив ИНО ОГПУ—НКВД, ф.17 548, д.0292, т.1, л.61.

[3] Архив ИНО ОГПУ—НКВД, ф.31 660, д.9067, т.2, л.251.

的人遭到残酷迫害、拘捕和杀戮的原因。短期内，托洛茨基的亲密助手鲁道夫·克列门特死了，他在挪威时的秘书埃尔温·沃尔夫也死了。这个忠诚于托洛茨基的可爱的捷克人，在托洛茨基乘坐空空的邮轮驶向大洋彼岸的墨西哥时，被当局驱逐出挪威。沃尔夫和年轻的妻子（他刚娶了托洛茨基在挪威房东的女儿）去了西班牙，在那里很快就消失得无影无踪。后来，通过一些间接的证据可以判断，沃尔夫是被追捕托洛茨基的那伙人杀害的。还有很多被派往国外公干的苏联人也死了。等他们回到国内时，人们已经视他们为间谍了。

在苏联各档案馆里有很多写于 20 世纪 30 年代的托洛茨基文件。一部分来自"斯内夫利特藏书"，另一部分主要通过潜入托派组织的马克·兹博罗夫斯基和内务人民委员部其他间谍获取。在内务人民委员部档案卷宗里明确记载着："'郁金香'负责收集国际书记处成员的情况，提供国际书记处各种资料信息，报告法国托洛茨基分子和谢多夫的活动。在他的协助下，我们抄录了国际书记处、谢多夫本人以及部分托洛茨基的档案资料。"〔1〕莫斯科认为这样做可以制止托洛茨基派的"破坏活动"。具体做法都有哪些呢？

1935 年 7 月托洛茨基写信，建议波兰"布尔什维克-列宁主义者"组织领导人在社会民主党内部成立反对团体。托洛茨基写道，"要不声不响地渗透到社民党之中，并秘密在共产党内工作。还要渗入'崩得'内部。要停止徒劳无益的争论，并积极同波兰社会民主党的左翼分子建立联系。"〔2〕当然，托洛茨基并没有提到有人竭尽全力对他进行指控的"恐怖行动"，不过托洛茨基分子的领导人周密地介绍了如何利用非法手段及其他方法提高自己在各社会主义政党和共产党队伍中的影响力。莫斯科很快就知道了这些指示。而且材料不仅向内务人民委员部国家安全总局报送：最重要的文件直接送到联共（布）中央委员会。〔3〕

很长一段时间里，托洛茨基都没能下定决心从组织上正式建立第四国际，尽管成立计划他早在 1933 年就写好了。后来当他想做这件事时，却已经错过了时机。尽管过去托派获得巨大成功的机会也不多，但 20 世纪 30 年代初他们的处境还是比较好的。到了 1938 年在巴黎举行成立大会时，原

〔1〕 Архив ИНО ОГПУ—НКВД, ф.31 660, д.9067, т.1, л.312.

〔2〕 ЦПА, ф.552, оп.2, д.1, л.2-3.

〔3〕 Архив ИНО ОГПУ—НКВД, ф.31 660, д.9067, т.1, л.141.

本就波澜不惊的托派浪潮,几乎就同革命后的平静水面融为一体了。托洛茨基在苏联的最后一批支持者或者被无情地杀戮,或者死在斯大林的集中营里。希特勒在德国对付各色马克思主义者的手段如出一辙。在奥地利、捷克斯洛伐克和意大利,法西斯压倒了一切。建立人民阵线的时机已经丧失。托洛茨基主义本来就不太突出,而在西班牙共和派失败后,托洛茨基主义就仅是其伟大领袖的一个象征符号而已。如果不是像托洛茨基这样一个世界知名的人物在领导这场运动,无论过去还是今天,都未必有人知道作为马克思主义本体一个分支的托洛茨基主义。

托洛茨基尽自己最大努力支持召开第四国际成立大会。作为第四国际无可争议的领袖,他曾给国际书记处写了一封专函,建议把这个由自己支持者组成的国际主义联合组织称作"世界社会革命党"。[1]托洛茨基仍旧相信国际马克思主义左翼阵营和自己的命运都可能出现重大变化,因此他积极投入到新联盟的筹备工作中。他的名字应该成为这个"世界政党"的旗帜。托洛茨基的主旨思想是"哪怕支持者之间存在严重分歧,也要将他们全部聚在第四国际周围"。[2]

但事实上,这次成立大会最终只是一个来自 11 个国家共 21 名代表参加的小型秘密会议。大会于 1938 年 9 月 3 日在托洛茨基的友人阿尔弗雷德·罗斯默巴黎郊区的别墅内举行。大家都担心法国右翼势力或国家政治保卫总局会寻衅闹事。与会者聚集在别墅的一个大房间内,几乎没经过讨论,在玛格丽特·罗斯默为大家换了一杯咖啡后,就仓促通过了会前准备的文件,就这样,他们倡议在新革命的阵痛中唤起世界……仅仅举行了一次会议,开了整整一天。为掩人耳目,公报称大会在洛桑举行。

会上散发了托洛茨基准备的一些材料:《第四国际的任务》《向斯大林主义发起国际攻击的时候了!》[3]《关于战争和第四国际问题致青年社会主义者和共产党人书》[4]和其他文件。大会通过了《致全世界工人》宣言,其中提到,第四国际"自豪地宣布以继承者身份继续马克思第一国际、俄国革命和列宁共产国际的事业"。[5]

〔1〕 ЦПА, ф.552, оп.2, д.1, л.1.

〔2〕 ЦПА, ф.552, оп.1-2, п.1, л.199-200.

〔3〕 这份材料早在 1937 年 12 月就公布了(见:Бюллетень оппозиции. 1937. № 60-61. C.2-4.)。

〔4〕 ЦПА, ф.552, оп.2, л.1, 115.

〔5〕 Бюллетень оппозиции. 1938. Декабрь. № 72. C.4.

经托洛茨基校订的新国际宣言再次指出了世界社会主义革命的不可避免性。文件主要反对法西斯主义，以及"建立了可恨的极权主义制度"的"莫斯科官僚集团"，这个制度"损害了社会主义的声誉"。宣言号召劳动者向"资本主义堡垒发起冲击"，用"我们伟大导师马克思、恩格斯、列宁和托洛茨基锻造的"不可战胜的武器来武装自己……[1]流亡者始终执迷于取代1934年出现的"四套马车"（马克思、恩格斯、列宁、斯大林）中的一个人……托洛茨基就是这样一个人——洞察力强、不屈不挠、坚毅果断，但又爱慕虚荣。

在陷入世界革命思想不能自拔后，托洛茨基又成了自己的新产物"世界社会革命党"的俘虏。

在这个没有间歇的长会上，与会者审议了关于现阶段工人阶级斗争方式、苏联国内形势、第四国际在迫在眉睫的战争问题上的立场等问题，还通过了关于远东战争、阶级斗争牺牲者、国际大团结问题的专题决议。几乎未经讨论就通过了第四国际章程。

决议中在提到苏联国内形势时有这样的表述："随着十月革命成果被摧毁的威胁不断加剧，第四国际俄国支部的主要任务是号召发起新的社会革命。"[2]

大会的所有保密工作都是徒劳的。为什么？因为苏联"代表团"只有一个人……就是马克·兹博罗夫斯基，他在列夫·谢多夫去世后，代表托洛茨基在巴黎的"利益"……这个苏联间谍向内务人民委员部国家安全总局机要政治处报告："'老头子'吩咐让我进入书记处，并出席国际书记处的所有会议。"[3]他立刻向莫斯科报告了参加托派秘密会议的人员情况和会议决议内容。他当然也报告了与会者的另一项决议：为扩大自身影响，特别是在青年和大学生中的影响，要积极推动托洛茨基主义者参与到各种群众组织中去。其实，之前托洛茨基就曾说过："第四国际是青年的国际。"[4]"世界党"领袖还是一如既往主要寄希望于年轻人。值得一提的是，成立大会上有一位女翻译叫西尔维娅·阿格洛芙，她在托洛茨基的命运中间接扮演了一个悲情的角色。马克·兹博罗夫斯基在国际书记处工作时认识了她，她当时

〔1〕　Бюллетень оппозиции. 1938. Декабрь. № 72. C.3-4.

〔2〕　Quatrieme Internationale，№ 12-13，septembre-octobre 1938. pp.172-181.

〔3〕　Архив ИНО ОГПУ—НКВД，ф.31 660，д.9067，т.1，л.262.

〔4〕　ЦПА，ф.552，оп.2，д.1，л.1.

仅仅是一名托派工作人员。后来兹博罗夫斯基被授意给她介绍一个年轻人。这件事很快就有了进展,成立大会结束后,有一个西班牙小伙子在阿尔弗雷德·罗斯默家门口等她。这个人自称叫雅克·莫尔纳……后来证实,他不仅仅是西尔维娅的恋人……托洛茨基政治新产物的诞生全程都有内务人民委员部国家安全总局机要政治处的间谍参与。

成为俄国支部的"代表"后,兹博罗夫斯基定期向莫斯科报告托派国际书记处的每一步行动、决定和意向。例如,1938 年 6 月 20 日,在成立大会召开之前,兹博罗夫斯基就曾报告:"国际书记处会议于 6 月 18 日举行,议事日程如下:1.有关《唯一的道路》问题;2.比利时问题;3.墨西哥问题。"[1]后来又介绍了各种争论、斗争和困难的细节,并报告称,"书记处成立了反警察和国家政治保卫局委员会"。当然,这名苏联间谍还详细介绍了巴黎成立大会的准备、过程和决议。

为表现自己的勤奋,兹博罗夫斯基偷拍了第四国际文件和托洛茨基个人档案资料,并列出清单。[2]在莫斯科看来,出自兹博罗夫斯基之手的这份清单甚至比这些文件的主人及其秘书做得还要细致详尽。

在科约阿坎等待巴黎方面消息的托洛茨基以为,大会将完成一项主要任务:宣布建立人们不得不刮目相看的一支新的政治力量——"世界社会革命党"。但就像之前屡次失误一样,在这个政治问题上托洛茨基将又一次失误。第四国际尽管没什么成就,但却有着极其强大的生命力。几十年后它作为一个派系还会继续存在,但在政治方面无论过去,还是未来都鲜为人知,尤其在其创始人、领袖离开世界舞台之后。

1938 年 9 月 3 日至 4 日,托洛茨基紧张地等待着欧洲的报道,但资产阶级报刊却集体沉默了。广播里面在讲西班牙共和国的拼死挣扎,播报经济新闻和音乐节目。托洛茨基工作室的电话一直没有响过。直到 9 月 5 日他才收到了一份约定的电报:"新生儿有望成为勇士。"托洛茨基、娜塔莉娅·伊万诺夫娜和秘书的内心充满了喜悦,他们希望这份自己为之做出了巨大付出和牺牲的事业能够取得胜利。

大约两周后,托洛茨基收到了大会通过的所有文件,共 200 余页。还有托派分子在论坛结束时写给他的一封信,这让他的心情久久不能平静:"第

〔1〕 Архив ИНО ОГПУ—НКВД, ф.31 660, д.9067, т.1, л.184, 186.
〔2〕 Архив ИНО ОГПУ—НКВД, ф.17 548, д.0292, т.2, л.159-165.

四国际成立大会向您致以诚挚热烈的问候，由于对我们运动，尤其对您本人的野蛮镇压，您无法来到我们中间，也无法以十月起义组织者、不断革命理论家和列宁学说的直接继承者的身份参与我们的讨论，并作出自己的重要贡献。我们这些斯大林、法西斯和帝国主义反对者经受了巨大考验……您本人也常成为暗杀的目标。

尽管这些追捕迫害很残酷，但却使我们对马克思主义纲领正确性的信心更加坚定，对我们而言，列宁去世后，您成了纲领的主要阐释者。我们的敬意中饱含了对现代伟大革命马克思主义理论家的感激……正如您在长期斗争中与我们共患难一样，我们希望您也能一直分享所有胜利果实……"[1]

据苏联特工部门记载，托洛茨基在一份美国报纸上声明，"为了扼杀布尔什维克政党，将第一个工人国家变成一幅阴暗的讽刺画，克里姆林宫集团至少用去了十年时间。而再过十年，第三国际就会让自己的纲领陷入泥潭，并变成一具散发着恶臭的尸体。十年！只要十年！请允许我用预言结束自己的讲话：未来十年内，第四国际纲领将成为千百万人的纲领，使他们能够用冲击占领天空和大地！"[2]

成立大会闭幕两个月后，托洛茨基会见了当时的大会主席马克斯·沙赫特曼。通过与他的谈话，以及陆续通过的会议文件和会议各组代表的反应来看，托洛茨基明白了"世界党"不过是个伟大的幻想而已。大会网罗了形形色色规模不大又自称是"政党"的组织，其成员总数充其量也就万把人。托洛茨基被选为荣誉主席和执委会成员，但他感觉到，工人运动的热情正在减退，德国、意大利和苏联的极权主义不断加强，新的世界大战已经逼近。在这样的背景下，很难指望这份政治事业能取得成功。第四国际，或者说是"世界社会革命党"，就像恍恍惚惚的海市蜃楼，它未必能被正在演出世界悲剧中的战前序幕的各种主要政治力量所察觉。

托洛茨基指望借用第一次世界大战时提出的口号："对马克思主义者而言，反战斗争同时也是反帝斗争。其手段是武装无产阶级，以求推翻资产阶级和建立工人国家，而不是'裁减军备'。不是国际联盟，而是欧洲和全世界合众国……真正想反对战争的人应当站到第四国际的旗帜下来……"[3]

---

〔1〕 Quatrieme Internationale, № 12-13, septembre-octobre, 1938. p.218.
〔2〕 Архив ИНО ОГПУ—НКВД, ф.17 548, д.0292, т.2, л.257.
〔3〕 ЦПА, ф.552, оп.2, д.1, л.115.

这不过是又一个幻想而已。托洛茨基仍寄希望于世界革命，或者至少是革命运动的蓬勃兴起，因为只有这样才能阻止由利益冲突的两极蔓延而来的世界大战的冰川继续扩张。

有托洛茨基这样的人物领导，第四国际还可以让人感知其存在。"世界党"领袖一个严重失误在于，在"莫斯科"第三国际已经衰落的时候，他却仍旧指望自己的第四国际能够取而代之。已经没有人怀疑，"莫斯科"共产国际早已变成斯大林手中的一个对克里姆林宫领导俯首帖耳，碌碌无为的机构。

为让共产国际名声扫地，托洛茨基发表了大量反共产国际的辛辣文章。但仅有一篇为世人所知，而且还是在他死后。文章的题目意味深长：《共产国际和国家政治保卫局》，文中科约阿坎的隐士揭露了共产国际、许多共产党的领导及相关工作人员同联共（布）中央的经济依附关系。要知道共产国际的预算是由中央委员会，也经常由国家政治保卫局划拨的。不难想象，托洛茨基会如何概括这个已经蜕化的组织的"独立性"。[1]文章于1940年8月17日，也就是在那场致命凶杀的前三天写成……托洛茨基知道，斯大林会用共产国际来掩盖他对不顺从、执拗、任性而为的人和可疑人士采取的恐怖行动。在斯大林的卷宗中，不止一份文件证实，他企图打着共产国际的旗号，在共产主义运动中干自己的勾当，从1931年5月起便一直在这样做。[2]

事实上，第三国际在成立之初就被掌握在一个政党的手中。布尔什维克领袖想借共产国际之手加速世界革命的到来。托洛茨基也清楚这一点。在列宁不曾发表过的"秘密"文件中，有许多证据表明，给外国共产党拨款是指望挑动新的革命进程。不妨看看这些文件的节选：

分裂分子写给托洛茨基的信："请求您对在波斯下一步的政策作出指示。如果波斯发生政变，新政府呼吁援助，我是否可以放手去做，推进在波斯的工作？"[3]托洛茨基发去了赞许和鼓励……

卡尔梅克共产党中央执行委员会主席 A.察普恰耶夫写给列宁的信："1.要将部队武装起来，并经蒙古和西藏派往印度。2.应给部队发放武器、军

---

〔1〕 Бюллетень оппозиции. 1941. Июнь. № 86.

〔2〕 ЦПА, ф.558, оп.2, д.6118, л.35.

〔3〕 Троцкий Л. Дневники и письма. С.160-162.

用物资和弹药,以便分送给居民。3.要发动信奉佛教的东方人民参加世界革命……"列宁的批示虽只寥寥数句,却铿锵有力:"发给契切林筹划对策。列宁 1919 年 8 月 16 日"。[1]

埃·拉希亚以芬兰共产党中央委员会名义写给列宁的信中请求他拨款1 000 万芬兰马克。考虑到这是共产国际的任务和需要,列宁没有反对。他写信给克列斯廷斯基:"完全同意申请事项,请批准,如果需要,今天即可电话联系。列宁。"[2]

托洛茨基希望第四国际拥有一支纯洁的、没有受到斯大林主义污染的无产阶级政治力量。但新成立的"世界党"创始人明白,只要苏联国内形势得不到扭转,他在科约阿坎制定再多的计划和纲领也只不过是纸上谈兵。第四国际的影响无法传达到苏联劳动者。我想,除了党的高层领导和内务人民委员部工作人员,苏联国内很少有人知道,这位被驱逐的同胞在尝试成立一个可替代"莫斯科"共产国际的组织。正如丘吉尔在富尔顿发表的著名演说中谈到的,苏联和欧洲以及整个世界之间的铁幕已经缓缓落下,但并不是始于二战结束后,而是早很多:在 1930 年代初。所以,托洛茨基对苏联政治和社会进程的影响即使不是零,也微乎其微。有时只能迂回曲折地,通过对其他党派和组织施加影响的办法,才能让托洛茨基各种讲话、声明和文章的回声,尽管不很清晰,传到第一个社会主义国家。"官僚专制主义"在他和祖国之间竖起了一堵高高的混凝土墙,它厚厚的,看不见,但却无法翻越。流亡者希望拥有一部大功率独立电台的愿望没能实现。这不仅是技术和资金方面的原因,更是政治的原因。托洛茨基想从国外向苏联发送广播,没有哪个国家愿意为他提供这样的机会。

经过长时间思考,1940 年 4 月托洛茨基决定发表致苏联工人的公开信。他还是有所期望,希望一定数量的公开信文本能够送到苏联境内进行秘密复制,然后辗转传递。

与通常准备类似文件的"工艺手法"不同,托洛茨基对文章进行了逐字逐句的推敲润饰,并同时草拟几个版本的公开信。最后选中的这份文件既像个人宣言,又像新国际的呼吁。不得不承认,这是一封非常激进的公开信,具有强大的揭发力。托洛茨基将历史、政治、道德、哲学和心理等话题压

---

[1] ЦПА, ф.2, оп.2, д.293, л.3.
[2] ЦПА, ф.2, оп.2, д.183, л.74.

缩在短短的三页纸上,其中有对形势的研判,对苏联体制蜕化堕落的原因分析,并指明了道路。托洛茨基认为,只有沿着这条道路国家才能摆脱因斯大林而陷入的绝境。不妨在这里摘录公开信的部分片段。

公开信的题目是《你们受骗了!》。信一开始便提到:"我从遥远的墨西哥向苏联工人、集体农庄庄员、红军战士和红海军战士们致敬! 我来到这里是因为斯大林集团将我驱逐到土耳其,而后资产阶级又把我从一个国家赶到另一个国家!

······一切敢于反对可恨的官僚制度的人,都被叫作'托洛茨基分子'、外国间谍、特务;昨天叫德国特务,今天叫英国和法国特务——并且一律遭到枪决。在苏联,成千上万革命战士牺牲了。"托洛茨基不知道的是,实际牺牲的人数不是成千上万,而是数以百万计。据我掌握的数据(我有幸在斯大林的个人档案文献和原苏共中央档案材料中找到了一些档案资料、内务人民委员部的统计报告和单独的汇报材料):在托洛茨基给苏联工人写公开信时,更确切地说,在 1937 年(不含全年)至 1939 年间共有 500 万到 550 万人遭到镇压和清洗,其中,三分之一以上的人被枪决,而剩下的大多数人都永远消失在数不尽的集中营里。所以,托洛茨基有关斯大林清洗的消息显然是不准确的。

最后,托洛茨基提到了最主要的一点:"正直的、先进的革命者在国外组建了第四国际,它在世界上多数国家已有了自己的支部······从事这项工作时,我举着的依然是过去的那面旗帜,就是 1917 年和国内战争年代,我曾同你们的父兄一起举着的那面旗帜;也是我同列宁一起举着它建立了苏维埃国家和红军的那面旗帜。

第四国际的目标,是把十月革命传播到全世界,同时清洗苏联那一帮官僚寄生虫,使苏联获得新生。只有通过工人、农民、红军战士和红海军战士们**起义**(黑体是我加的——作者注),反对新的压迫者和寄生虫集团,才能达到这个目标。为了准备这样的起义,应该有一个新的党······学习在斯大林的地下建立紧密团结的可靠的革命小组吧······目前的战争······将在全世界导致新的革命爆发。"

公开信的落款日期为 1940 年 4 月 25 日,结尾处号召要巩固"劳动者的堡垒"苏联和准备"世界社会主义革命",而要达成这个目标必须"打倒该隐斯大林及其佞党"。[1]

---

〔1〕 ЦПА,ф.2,оп.2,д.1299,л.1.

这应该是托洛茨基最激进的一篇讨伐斯大林的檄文，发表于 1940 年 5 月 11 日，莫斯科也很快就得到了相关消息。

这种对发动起义、成立反对斯大林体制的秘密地下组织和打倒"人民领袖"的直接号召既表明了托洛茨基的义无反顾，也体现了他的悲观绝望。通过地下工作和发动起义推翻斯大林是不现实的，甚至可以说是天方夜谭。国内反对派都已遭到镇压，任何反对斯大林的企图都不可能成功。不仅因为实行了残酷的惩罚制度，还有一个原因：当时受蒙蔽的人民还没有认识到自己无权和被奴役的地位。被意识形态化了的人民争先恐后地给自己戴上了枷锁。他们建造了无数个监狱和古拉格集中营，然后自己又成了这些臭名昭著的群岛的惩罚对象。这是人类历史上最大的一个悲惨悖论。

托洛茨基迫使自己相信神话。因为第四国际仅仅是"未来"世界革命的海市蜃楼而已。

我更倾向于认为，托洛茨基在生命的最后几年始终在尝试建立一个有影响力的庞大国际组织，这是他骨子里就有的世界以我为中心的思想的最后一次体现。他怎么也不明白，自己青云直上的那个时期和目前自己这个孱弱、毫无前途的新产物所处的时期已经截然不同，它们在时间轨道上永远错开了。成立第四国际是托洛茨基旅居国外最后一个时期巨大的冒险。身处不断内讧的支持者中间，托洛茨基就像在小人国里的格列佛。第四国际的运动在政治斗争史上可谓昙花一现，这还要得益于其创建者的威望和世界知名度，第四国际从一开始就没有赶上合适的历史机遇。

为了激励萎靡不振的组织，托洛茨基不止一次想重新启用那些在斯大林实践中就已经表现出局限性和历史脆弱性的马克思主义教条，主要是阶级斗争理论和无产阶级专政，一党专制和将社会民主党革出教门。托洛茨基希望开辟两条战线：反对帝国主义资产阶级和反对斯大林的"官僚专制主义"。而且这将是一场没有盟友的斗争，托洛茨基坚持认为，社会民主党是一个为资产阶级服务的"意识形态阶层"。但这项任务不仅托洛茨基和他的"世界社会革命党"无力完成，当时世界上没有任何一种政治力量能够实现这一目标。建立第四国际的想法鲜明地反衬出了托洛茨基注定失败的堂吉诃德式幻想。

他经常把想象当作现实（例如他一直反复重申，第四国际中最强大和最具影响力的小组是苏联的"布尔什维克-列宁主义者"）。如果不算内务人民委员部的秘密间谍马克·兹博罗夫斯基,出席成立大会的代表中没有一个来自苏联。托洛茨基在《第四国际的苏联支部》(尽管当时,就是 1936 年,第四国际还没有成立——作者注)一文中写道,"左翼"反对派的思想正在向苏联渗透,"特别是通过我们的《公报》浸入苏联。"这显然是言过其实。1933年后《反对派公报》都被送到国家政治保卫总局-内务人民委员部的人手里。在这篇文章中托洛茨基还断言:"第四国际目前在苏联已经有着自己最强有力的,人数最多的和经受了考验的支部。"[1]这不过是新国际的领袖愿意相信的神话而已。

但是有一个不容忽略的重要政治问题:在为成立新政党而奋斗的过程中,托洛茨基对策划战争的政治势力进行了揭发。早在 1937 年他就准确地预言,再过两三年就会爆发新的大战、第二次世界大战。托洛茨基比很多政治家都更早看清了一个事实——德国法西斯上台迟早会导致战争爆发。他有几篇著作,如《国际形势的钥匙在德国》(1931 年)、《唯一的道路》(1932年)、《什么是民族社会主义》(1933 年)都预见性地指出了纳粹主义这一祸患。[2]托洛茨基可能是第一个深刻定义法西斯主义,并指出它是战争根源的人。早在 1933 年他就写到:"希特勒以其无法抑制的热情,高亢的嗓音,高傲和自信,以及时而像祷告,时而像命令的演讲赢得了出人头地的机会。不学无术和民族主义得到了那些生活极端贫困、到处受挫、濒临绝望的人的回应,希特勒向他们承诺会给予更好的生活,共铸辉煌。他出乎意料地得到了大众的支持。"[3]1938 年秋托洛茨基就预见到,"斯大林很快就会和阿道夫·希特勒结成同盟"。[4]大家知道,流亡者的预言以悲剧的方式应验了。

托洛茨基看到战争的罪恶幽灵的迫近,它的轮廓变得越来越清晰、可怕。可惜这位国际左翼运动的领袖试图……在新的革命中寻找避免世界大战的方法:"如果革命没有发展到战争的程度,那么战争本身也能引发革命,到那时,无论斯大林体制还是法西斯体制都将垮台。"[5]流亡者在用陈旧的教条式的标准思考问题,他甚至削足适履,试图将各种各样的社会现实都硬塞进世界革命的纲领中去。即便是在世界大战已经开始的 1940 年(他生命

---

〔1〕 Бюллетень оппозиции. 1936. Февраль. No 48. C.4.

〔2〕 Howe I. Leon Trotsky(《列夫·托洛茨基》).N. Y. 1978. p.136。

〔3〕 Howe I. Leon Trotsky. N. Y. 1978. pp.138-139.

〔4〕 Архив ИНО ОГПУ—НКВД, ф.17 548, д.292, т.2, л.258.

〔5〕 Бюллетень оппозиции. 1937. Сентябнь-октябрь. No 58-59. C.5.

的最后一年)2月,托洛茨基仍然在写给美国的挚友威尔施的信中这样说:
"在世界沙文主义肆虐的这个可怕时期……人类得以生存的唯一途径就是
进行社会主义革命。"〔1〕

　　在由各种政治力量组成的世界合唱团中,最震耳欲聋的当属军国主义
的金属调子。也只有远在美洲大陆的流亡者发出了孤独的声音,试图压过
坦克履带发出的铿锵之音,但一切都是徒劳。在隆隆的坦克声中,根本没有
人能听见老式的革命祷告。托洛茨基望着遥远的未来,继续生活在那个一
去不复返时代的虚幻世界里。

---

〔1〕 The Houghton Library. Trotskii coll. bMS, Russ,13.1.(10788). p.2.

第三章
时代的"弃儿"

一个最积极的革命家却在革命的时代
成了多余的、用不着的人。
这就是个人的悲惨命运。

尼·别尔嘉耶夫

在生命的最后一两年中,托洛茨基往往在晚上和娜塔莉娅·伊万诺夫娜一起走到自己小碉堡的院子里。两人就在一条木质长椅(类似俄国农村中放在房子墙边的木质长椅)上坐下来,看着迅速落下的南国夜幕。他们一声不响。偶尔交谈几句。然后又是沉默不语。

他们在想什么,又谈了些什么?现在恐怕没有人能说清楚了。即便是一个注定的失败者,也保留着一种重大的,也许是最重要的享受:自由自在地思考,让思想在过去和未来的天空里随意翱翔。这就是自由的唯一标志,它是任何人,无论是专制者,还是悲惨的境遇都无法剥夺的。尽管这种享受可能是难以承受的痛苦,刻骨铭心的悲哀⋯⋯也许流亡者想起了遥远的雅诺夫卡?可是随着岁月的流逝,要想起那些早已消失了的童年,以及早已离开了人世的母亲和亲人们的温情是越来越困难了。或许他想起了自己从流放中果断的逃跑、革命的凯旋仪式和浪迹天涯?托洛茨基的生命有三分之一以上是在远离祖国的地方度过的⋯⋯他今后还会再见到祖国吗?现在托洛茨基毫不怀疑,他同祖国的联系是永远被割断了。这种无可奈何的念头像火红的炭块烧灼着他的头脑,扼住了他的咽喉。他究竟在哪儿犯下了不可饶恕的过错?他怎么会忽略了斯大林?

无论托洛茨基想到了什么,他的思绪都会时不时回到许多年前几乎将他绊倒的、难以察觉的那些"疙疙瘩瘩"。1940 年 2 月,托洛茨基这样写道:"倘若我能够从头开始,我⋯⋯会尽量避免这样或那样的错误⋯⋯"[1]不

---

〔1〕 〔波〕伊·多伊彻:《流亡的先知》,施用勤等译,中央编译出版社 2013 年版,第 429 页。

过,他还没有认识到自己对革命的狂热和对布尔什维克的痴迷本身就是有问题的。

的确,有时会想起一些仿佛同革命毫无关系的小事情。托洛茨基不知怎么会想起由政治局委员们批准而被处死的沙皇一家人,以及与之相关的人民委员会副特派员巴季列维奇 1922 年 3 月的报告:

> 致共和国革命军事委员会主席托洛茨基同志
>
> 兹报告如下:3 月 8 日,在兵器署内打开前皇后的珠宝箱(没有任何记录清单)时,发现了按照国家储备署代表齐纳列夫的估价为 3 亿金卢布的珠宝。邀请了珠宝商科特里亚尔和弗兰茨,他们的估价如下:如果能找到有能力购买这批珠宝现货的人,则价格应为 45 870 万金卢布……而单独储存的加冕典礼使用的珠宝(共两箱)价值是 700 多万卢布……[1]

托洛茨基记得,这份文件作为日常工作报告了列宁,而列宁大约是吩咐将珠宝用于世界革命……一年以后,托洛茨基得知了结果,国家储备署署长阿·阿尔斯基报告称,已向共产国际拨付补充经费 220 万金卢布。[2]天哪!既然不能点燃世界革命的熊熊烈火,又何苦去花费皇后、达官显贵和教会的珍宝!

娜塔莉娅·伊万诺夫娜轻轻地将手放在正在思考的丈夫的膝上,而且一如既往,尽力使丈夫摆脱那些痛苦的想法:还有机会,并不是一败涂地了,我们还要斗争下去,我和你在一起……托洛茨基紧紧捏了捏妻子的手。应当考虑考虑未来。

伊萨克·多伊彻在讲述托洛茨基的那本著名的书里,称他为先知。给这名被驱逐者加上这个"头衔"是有充分根据的。然而托洛茨基并不仅仅是先知。他的一些预见更像是从意大利人康帕内拉、法国人圣西门和马布利、英国人欧文那里借来的乌托邦梦想。在托洛茨基的时代,还没有人写一些针对空想主义的作品,如奥·赫胥黎的《美丽新世界》、乔治·奥威尔的《1984 年》,或者是尤·艾亨瓦尔德的《罗托党》。它们实际上是否定了托洛

---

[1] ЦПА, ф.2, оп.2, д.1165, л.1.

[2] ЦПА, ф.2, оп.2, д.621, л.1-3.

茨基的乌托邦预言,更确切些说,也许不是这些独具特色的艺术家而是生活本身否定的?

1920 年 11 月 24 日,托洛茨基在共产国际执行委员会上和荷兰共产党员赫尔特争论时,自称是"东欧的弃儿"之一。[1]他当时还不曾料到自己会成为自己时代的"弃儿"。因为他还满怀伟大的希望称这个时代为"最后冲击的时代"![2]

先 知 和 预 见

托洛茨基对宗教是很冷漠的。但是别尔嘉耶夫却错误地断言,"托洛茨基因此才仅仅是平淡地声称自己不可能同那些居然同时信仰达尔文和三位一体的人有什么精神上的共同之处"。[3]不是的,这个革命者在自己的演讲和文章中谈到过(而且不止一次)宗教,不过从来不曾对圣经中那些伟大的先知以赛亚、耶利米、以西结、但以理表示过兴趣。这些先知都是天神旨意的预告者。只是至高无上的神已经在圣书中保证了自己的安全:"如果先知以天主的名义所说的话并没有实现,那这些话就不是天主说的,而是先知自己出于大胆而说的。"

托洛茨基是以革命的名义作出的预言,他为了自己的大胆,就只能祈求马克思主义的赦罪符。如果说在第一次俄国革命中托洛茨基的思想和行动都局限于一个国家的范围内,那么从十月革命获胜后的最初几个月起,他就在号召欧洲的无产阶级"在和平和社会革命的旗帜下紧密地团结起来!"[4]1919 年初,第三国际建立之后,托洛茨基就不断地说服自己,下一次代表大会和整个世界就是"无产阶级胜利的伟大开端"。在一篇文章《关于无产阶级革命的进程(途径)的思考》中,这名为伟大变革而奋斗的战士秉承自己一贯的风格,形象地写道:"历史开始沿着阻力最小的路线前进。革命的时代

---

[1] Троцкий Л. Соч. Т. XIII. С.101.

[2] Троцкий Л. Соч. Т. XIII. С.342.

[3] Новый град(《新城》).1931. No 1. С.93。

[4] Троцкий Л. Соч. Т. III. Ч. 2, С.209.

经过障碍最少的门闯了进来……如果说今天第三国际的中心是莫斯科，那么，我们相信，明天这个中心就将向西转移：转到柏林、巴黎、伦敦……在柏林或者巴黎召开的国际共产党代表大会将标志着无产阶级革命在欧洲，乃至在全世界取得了彻底胜利。"[1]

托洛茨基对自己所写的和所说的都深信不疑。他的言辞极具煽动性，因此相信的不仅有工人、士兵、大学生，而且还有前来参加代表大会的革命家。人们相信是因为大家都满腔热忱地希望托洛茨基的预言能够实现。大家都觉得，这位先知比大家更有远见，能体察到被琐碎的日常生活遮挡住了视线的其他人看不到的事情。作为伟大的先知，托洛茨基在向全球男女工人祝贺五一节时高呼："共产国际和世界革命的红军万岁！世界革命和无产阶级苏维埃共和国国际联盟万岁！"[2]托洛茨基谈到世界革命时，认为它已经是铁定的、不可避免的、不可能逆转的事情。甚至在革命的退潮已经开始，革命的波涛开始消退，暴露出无数谬误的沼泽的时候，他依然这样说，并不感到有什么尴尬之处。

1923年，莫斯科成立了卡尔·李卜克内西研究所。托洛茨基应邀在研究所成立的隆重大会上发表演讲。人们和往常一样，用欢呼迎接了他。他在群众中仍然享有盛誉。即使在这里，俄国革命领袖之一的演讲主题听起来也是气势恢宏。那么，托洛茨基在1923年6月24日究竟说了些什么呢？我来引一段他的演讲："德国工人阶级现在是在沥青马路上前进，可是却被阶级的奴役制度捆住了手脚。而我们是在坎坷不平的路上，在山谷中，在坑坑洼洼间，在泥沼中行进，但我们的脚是自由的。同志们，这就是我们和欧洲无产阶级的区别……包围我们的世界比我们强大，而资产阶级不经过残酷战斗是不会交出自己的阵地的。共产党越是壮大，战斗就越是猛烈，可是共产党正在不断壮大……世界共产主义革命日益临近就意味着我们还要经历重大的战斗……"[3]

退潮来临了，而托洛茨基却在谈论世界革命日益临近。他根据共产党的日益壮大来预测阶级博斗的尖锐化这个思想，在许多方面都是同他的死敌在20世纪30年代凶险地发挥的那个可悲的著名命题遥相呼应的。托洛

[1] Троцкий Л. Соч. Т. XIII. С.27-28.

[2] Правда(《真理报》).1921. 21 апреля。

[3] ЦГАСА, ф.4, оп.14, д.32, л.121-124.

茨基的预言含义十分明确：世界革命是不可避免的，它正在迫近，它必将爆发。共产主义先知的这种自信有什么根据呢？

首先，托洛茨基也同其他正统的俄国革命者一样，轻率而狂热地相信了马克思主义。两个伟大的德国人所说的一切都不曾受到怀疑。我认为，马克思和恩格斯本人从未想到过，他们的学说、著作和书信会被奉为经典。在布尔什维克眼中，他们的每个思想都是深刻的预言。正如《以赛亚书》中说的那样："所有的默示，你们看如封住的书卷，人将这书卷交给识字的，说：'请念吧'！他说：'我不能念，因为是封住了'。"〔1〕尽管俄国的革命者"大量解封了"马克思的书籍，它们的含义，也像《以赛亚书》说的那样，对他们也仍然是神圣的。托洛茨基和他的同一信仰者可以怀疑一切，除了马克思主义。托洛茨基信仰马克思主义，也就信仰了它死板的、教条主义的公设。这就是悖论之所在：一个拥有强大智力的人却成了一个虚无缥缈的理念的俘虏，而对它狂热地崇拜。

可是成了这种俘虏的难道只是托洛茨基一个人吗？1919年3月2日，在共产国际第一次代表大会的开幕式上，列宁在演讲中就直截了当地宣称："胜利是属于我们的，世界共产主义革命的胜利是有保证的。"〔2〕四天以后，在共产国际代表大会闭幕时，俄国革命的领袖说得就更加肯定了："全世界无产阶级革命的胜利是有保证的。国际苏维埃共和国的建立为期不远了。"〔3〕他的话被雷鸣般的掌声淹没了。大家都相信，全世界的幸福已经临近。它就在我们身边。

托洛茨基相信世界革命必然实现，这种信念也基于实践的经验。布尔什维克轻而易举就夺取了政权，这就造成一种幻觉，似乎这种历史的实验可以在任何国家中复制。而且何止是国家，可以在全世界复制！起初这种信念仿佛为各大陆迅速兴起的革命浪潮所肯定。出现了共产党。匈牙利、德国和中国都爆发了革命。列宁共产国际的乐观主义感染了千百万人。这一切都鼓舞了托洛茨基，增强了他化不可能为可能的信心。他认为，与共产国际开展最积极的思想工作同时，还应当有具体的组织步骤来对世界大家庭进行革命的"摇撼"。他建议派一个骑兵军到印度去煽起革命，击溃波兰白

---

〔1〕《以赛亚书》，第29章，第11句。
〔2〕《列宁全集》第35卷，中文第2版，第484页。
〔3〕《列宁全集》第35卷，中文第2版，第503页。

卫部队,打开通往欧洲的革命道路。他并不认为这些建议是一种冒险。

布尔什维克企图在西方、南方和东方展开行动。托洛茨基还记得,共产国际第一次代表大会闭幕后不久,列宁给土耳其斯坦的埃利亚瓦写了信,认为必须紧急设立一个独立的革命基地:"我们绝不吝惜金钱,会给你寄去足够的黄金和外国金币……事情当然要做得绝对秘密(就像在沙皇时期那样……)。致敬礼! 列宁。"[1]然后事情就开始了。卡拉汉甚至计算出,向中国北方和朝鲜派出一名鼓动员的费用是 10 000 金卢布。[2]为了保卫苏维埃俄国和援助世界无产阶级,还缺少武器。1921 年 10 月,托洛茨基建议增拨 1 000 万金卢布去美国购买武器。列宁同意了。[3]托洛茨基相信,将掀起更高的革命浪潮……

最让人吃惊的是,尽管岁月在流逝,托洛茨基却依旧执着于自己可能爆发共产主义世界革命的预见。1938 年 5 月,在第四国际成立大会召开前不久,托洛茨基在科约阿坎起草了一个庞大的行动纲领,建议由国际书记处和各国的支部加以讨论。在这份被辞藻华丽地称为《资本主义的垂死挣扎和第四国际的任务》的纲领中,他断言"第四国际的战略任务不是对资本主义进行改良,而是推翻它"[4]。托洛茨基仍旧指责社会民主派是"资本主义的帮凶",不承认工会的革命作用,号召建立第四国际的政党并武装无产阶级。他相信,完成这些要求将为世界无产阶级革命创造一切必要条件。"关于为社会主义所需要的历史条件'尚未成熟'的种种议论都是无知或者蓄意欺骗的产物。无产阶级革命的客观前提不仅'成熟了',而且已经开始腐烂了。如果没有社会主义革命,而且是在最近期内,人类的整个文化就有彻底崩溃的危险。"[5]托洛茨基宣称,群众已经做好了革命的准备,只差先锋队的准备了……

第四国际正式成立后,托洛茨基立即在 1938 年 10 月 18 日给托洛茨基分子("布尔什维克-列宁主义者")的美国党发贺电,预言新的国际组织对世界革命的执着追求必将在 10 年内……成为千百万人的纲领,而"使他们能够用冲击占领天空和大地!"[6]托洛茨基在这里已经是给清洗星球的革命

---

[1] ЦПА, ф.2, оп.2, д.202, л.1.

[2] ЦПА, ф.2, оп.2, д.1318, л.1-3.

[3] ЦПА, ф.2, оп.2, д.914, л.1.

[4][5] Бюллетень оппозиции. 1938. Май-июнь. No 66-67, C.3.

[6] Бюллетень оппозиции. 1938. Ноябрь. No 71, C.16.

划定具体的时间界限了。

不过他也和列宁一样，不止一次试图划定光辉灿烂的未来到来的期限。可是，也和列宁一样，屡屡严重地失误了。在全苏图书馆馆员代表大会上讲话时，托洛茨基在一片欢笑和掌声中说，由于文化的迅速发展，法国和英国的无产阶级"经过 10 年、15 年、20 年后……你再一看，它在社会主义建设方面，跑到我们前头去了。我们当然不会感到有丝毫难堪。好的，请便吧。跑到前头去吧。我们早就盼望着这一天了……"[1]他这样说是在 1924 年，给完成共产主义规定了时限。而 15 年后，托洛茨基谈的实际上还是这个时限……

第二次世界大战开始了。人们被欧洲坦克发动机的轰隆声震颤了，理性的声音被履带的嘎吱声淹没了。而托洛茨基在这样的情况下，依旧认为革命才是唯一的出路……1940 年 2 月，他在"遗嘱"中为历史记录下自己对革命理念的执着，他说："与我的青年时代相比，我对人类共产主义前途的信念同样炽烈，而且更加坚定。"[2]

列宁、托洛茨基和其他革命者在这个完成了社会主义革命的国家中，70 年内集中了自己的全部力量，在自己的道路上留下无数牺牲者，向共产主义目标前进。20 世纪的革命是运动的一种重大的社会变态……"我们所称为共产主义的是那种消灭现存状况的现实的运动。"[3]如果这个空洞无物的论点是正确的，那我们就已经在共产主义的实验中生活了 70 年。我们生活了，而且……走到了重大的历史失败，这一点未必有人能够争辩。马克思曾经断言，共产主义的"基本原则"是"每个人的全面而自由的发展"。[4]以这个论断为准，进行了这种社会实验的国家给出的却是历史上闻所未闻的对"个人"实施精神和身体凌辱的令人不寒而栗的画面。

推翻伟大的先知及其预言的不是理论，也不是逻辑，而是生活本身。不过，这并不表示作为一种社会思想的共产主义不会继续存在下去。无论是加·马布利、让·梅叶、托·康帕内拉，还是托·莫尔、泰·德萨米，以及后来的伟大思想家卡·马克思和弗·恩格斯都为探索真正的人民掌权、人道主义和公正奠定了精神基础。因此，对人道主义和民主社会主义较为实际

---

〔1〕 ЦГАСА, ф.4, оп.14, д.32, л.34.

〔2〕 ［波］伊·多伊彻：《流亡的先知》，施用勤等译，中央编译出版社 2013 年版，第 429 页。

〔3〕 《马克思恩格斯全集》第 3 卷，人民出版社 1960 年版，第 40 页。

〔4〕 《马克思恩格斯全集》第 23 卷，人民出版社 1972 年版，第 649 页。

的纲领而言,可能仍旧保留着历史的机遇。托洛茨基(还有我们大家在几十年内)信仰过的乌托邦社会主义没有能够实现,不仅因为达到目标的方法和方式是错误的,而在斯大林手里简直就是罪恶的,而且首先就是由于占据整个学说中心的不是作为社会、经济和精神主要价值的自由。把托洛茨基一生都崇拜的无产阶级专政作为共产主义学说的出发点和根本原则,从一开始就决定了"果敢"先知的预言是严重错误的。

托洛茨基对自己祖国的命运、苏联的社会主义、斯大林的未来作出的预测是最多的。应当指出,他这方面的预测在很大程度上都是正确的,而对苏联独裁者的历史命运他看得更为深邃透彻。

托洛茨基在《苏联是什么国家,它又向何处去?》,修订后更名为《被背叛的革命》一书中对自己祖国的发展进程作了最大胆、最深刻的预测。被驱逐者在议论中作出了许多匪夷所思的结论:"权力无限的官僚镇压苏维埃民主,也和法西斯主义摧毁资产阶级民主一样,都是出于同样的原因:世界无产阶级解决历史向他们提出的任务进展缓慢。斯大林主义和法西斯主义虽然社会基础截然不同,却是两个对称的现象。两者有许多特点极为相似。"〔1〕真是精辟透彻的观察!"对称的现象"……

托洛茨基反复指出,国内现行制度是没有前途的。"是官僚吃掉工人国家,还是工人阶级战胜官僚? 这就是目前的问题。苏联的命运就取决于这一问题的解决。"〔2〕托洛茨基认为,在苏联,"一次政治革命(不是社会革命)是不可避免的",它将改变管理的方式,消除党的和国家的官僚制度。托洛茨基写道,应当"恢复批评的自由和真正的选举自由","恢复各苏维埃政党的自由",压缩"高价的玩具(苏维埃宫、新剧院等)",而去"建筑工人住宅"。革命的未来学家还预言,"官僚制将立即取消,叮当作响的勋章应当被送进熔炉。青年将有可能自由呼吸,批评,犯错误和成长。科学和艺术将摆脱桎梏。最后,对外政策将回到革命的国际主义传统上来。"〔3〕

这些预言中有许多——消除官僚主义的独裁体制、人民表述自己意志的自由、公开性(按托洛茨基的说法是"批评的自由")——几十年后都成了对苏维埃国家进行艰难革新的纲领。托洛茨基站在世界革命的崇高神话之

---

〔1〕 Троцкий Л. Что такое СССР и куда он идет?(《苏联是什么国家,它又向何处去?》),Париж,1936. С.229。

〔2〕 Троцкий Л. Что такое СССР и куда он идет? С.234.

〔3〕 Троцкий Л. Что такое СССР и куда он идет? С.237.

上，清晰而敏锐地看到，在斯大林及其亲信领导下建设起来的那个社会只能走进死胡同。对历史前景的感觉、社会本能的感觉这一次也没有背弃他："对于苏联主要危险就是斯大林主义。"〔1〕在《向斯大林主义发起国际攻击的时候到了》一文中，托洛茨基令人信服的预言："我们满怀信心地在全人类面前向斯大林匪帮发出挑战……我们中的个别人可能在这场斗争中牺牲。可是斗争的总结局是确定无疑的。斯大林主义将被击溃，被摧毁，而且永远蒙上耻辱。"〔2〕

我想，托洛茨基对斯大林和斯大林主义的预言是他的主要历史功绩之一。尽管他本人从未提到过自己对铁板一块的那样一种体制的贡献，而这份贡献是巨大的，是继列宁之后的第二份价值重大的贡献。然而，当坚如磐石的帝国似乎不可战胜，而其领袖的地位十分巩固的时候，托洛茨基却成了揭露者……一个遥远的被驱逐者却在不停地搅动世界舆论，吸引人们注意斯大林独裁制度的危险，预示它的必然崩溃。这里当然有相互的敌视，甚至是仇恨。不过着力点仍然是对苏联的实际情况、苏联的国际地位，以及党和国家的蜕化变质引起的各种深刻矛盾的分析。

托洛茨基有时是靠理性，有时则仅仅凭直觉得出了"官僚专制制度"靠武力得以暂时巩固的结论。在这样一种由"战争危险"和"惩罚机关"的皮带紧紧捆绑着的制度中，体制不可能长期存在。独裁者的"紧箍"稍一松弛就必然使社会、人民和党想起那些在苏联早已失去踪影的、永恒的价值观：自由、人民执掌权力、尊重不同意见。托洛茨基就斯大林和斯大林主义所作的预言震动人心，不仅是由于它的内容和干净利落的结论，也在于它的发布时间。1926、1927、1928 年和之后的年代里，托洛茨基一而再，再而三地谈到斯大林主义的穷途末路。不屈不挠地谴责斯大林主义，加上真实地反映现实，可能就是托洛茨基对历史的最大贡献。

红军的组织者之一、科约阿坎的一个离群索居者密切关注着战争前夕各国之间政治上的纵横捭阖。早在 20 世纪 30 年代初，托洛茨基就预言第二次世界大战不可避免。也许，最令人震撼的，关于迫在眉睫的战争及其各种数据的预告见于托洛茨基的一篇文章《斯大林是希特勒的军需官》。

他写道，"本文作者有权引用自己自 1933 年起在世界报刊连续发表的

---

〔1〕 Бюллетень оппозиции. 1935. Февраль. № 42. С.4.

〔2〕 Бюллетень оппозиции. 1937. Декабрь. № 60-61. С.4.

许多公告,其主题是:斯大林外交的主要任务就是同希特勒达成妥协……"托洛茨基指出,"战争的一般起因在于帝国主义不可调和的种种矛盾。但是公开的战争行动的直接推动力则是签订苏德和约……斯大林畏惧希特勒。而且并非出于偶然。军队失去了领导人。这不是一句空话,而是悲惨的事实。伏罗希洛夫只是一个幻影。他的名气是专制制度的宣传机构人为制造的。他虽然爬到了令人头晕目眩的高位上,却仍旧是昔日的那副模样:智力贫乏的乡巴佬、目光短浅、没有受过教育、缺少军事才能,甚至行政能力。"托洛茨基接着说,"(互不侵犯)和约保证让希特勒获得利用苏联资源的可能性。"结果就是,文章作者辛辣地指出,"希特勒进行战争,而斯大林则成了他的军需官。"

托洛茨基引用了早些时候季米特洛夫关于柏林正在策划进攻行动的声明,宣称:"1941年秋季,德国将展开对苏联的进攻。"很可能是在占领波兰两年之后,"德国将进攻苏联。作为占领波兰的交换条件,希特勒向莫斯科提供了对波罗的海沿岸的边境缓冲国[1]采取行动的自由。可是无论这些'利益'有多大,它们充其量也只是权宜之计,何况它们的唯一保证就是里宾特洛甫在一小片纸上的签字。"[2]

无论我们怎样看待托洛茨基,同意或者怀疑他的预测,但不能不指出:这些预测是早在1939年夏季作出的!

托洛茨基在讨论战前年代的许多文章,尤其是在写于1939年,但发表却在去世之后的一份材料《两面派的明星:希特勒和斯大林》中,准确地描述了围绕苏联—德国—西方民主主义大三角的那场角逐。每一方都企图用牺牲别人的办法来保障自身的安全。用庄严的宣言掩饰着的恬不知耻的交易、欺骗、划分"利益地区"、对真实目的避而不谈或者巧为掩饰——这一切都充斥着当时的外交活动。托洛茨基在战前所作的预测,很像是研究那些已经离我们十分遥远的战前年代的当代历史学家和政治学者写的一份分析报告。可是他们之间相隔了好几十年!

革命后托洛茨基的命运是和军队紧密地联系在一起的。因此他才并非偶然地常常拿起军事的题目。在前面已经讲到过的书《苏联是什么国

---

〔1〕 边境缓冲国是二十世纪二三十年代对1917年后在俄国的西部边境地区成立的资产阶级国家(立陶宛、拉脱维亚、爱沙尼亚、波兰、芬兰)的总称。

〔2〕 Бюллетень оппозиции. 1939. Август—сентябрь—октябрь. № 79-80. C.14-16.

家,它又向何处去?》里,托洛茨基在《红军及其信条》一章中多次提到米·尼·图哈切夫斯基在苏联高级指挥员中突出他的地位。作者回忆起 1921 年,图哈切夫斯基曾向共产国际提出一项建议:在共产国际执行委员会下面设立一个"国际总参谋部"。后来年轻的统帅将这封信收入有一个夸张名称的文集《阶级之间的战争》。革命军事委员会前主席将图哈切夫斯基描述为一个"有天分,但太急于求成的统帅"。[1]托洛茨基当时还不知道,大体上就在这个时候,这名苏联最年轻的元帅(43 岁)已经受到监视,他被怀疑有某种秘密图谋,虽然机关并不清楚图哈切夫斯基究竟犯了什么罪。有的只是一些"信息"。1936 年初,图哈切夫斯基到伦敦和巴黎出差,工农红军侦察总局一处处长、军级政委施泰因布吕克就定期向伏罗希洛夫报告,资产阶级报刊关于苏联元帅写了些什么。我在这里说一点离题的话。

整个说来,巴黎的报刊对这位英姿飒爽、思维灵活、彬彬有礼的统帅表示了很多善意。伏罗希洛夫的红铅笔意味深长地划出了图哈切夫斯基对第一次大战期间一起被德国俘虏过的法国军官们说的话:

"我永远也不会忘记我们的友谊。我们就像大仲马说的那样,20 年后又见面了……"

共过患难的伙伴回忆了逃跑的一些细节,然后图哈切夫斯基对对方说:

"您到莫斯科来吧……现在我们不会再分开 20 年了:我们可以经常见面了。"[2]

接下来,在殷勤地呈放在人民委员办公桌上的这份法国报纸译文摘编中有这样的话:"图哈切夫斯基元帅曾经是沙皇近卫军的中尉,现在他当之无愧地是苏联最杰出的军人……他 26 岁时就担任过向华沙进军的总司令……"[3]伏罗希洛夫显然对自己的副手获得这样的评价很不高兴,他用红色的粗笔将这些话也画了出来。日后他还会让他想起这些话的。1936 年末,伏罗希洛夫还得知了托洛茨基对图哈切夫斯基的著名好评。

托洛茨基永远也不会知道 1937 年 6 月 11 日对米·尼·图哈切夫斯

---

〔1〕 Троцкий Л. Что такое СССР и куда он идет? C.173.

〔2〕 ЦГАСА, ф.33 987, оп.3, д.864, л.241.

〔3〕 ЦГАСА, ф.33 987, оп.3, д.864, л.248.

基、约·埃·亚基尔、叶·彼·乌博列维奇、奥·伊·科尔克、罗·彼·埃德曼、Б.М.费尔德曼、维·马·普里马科夫、维·卡·普特纳仓促审判的细节了。不过,就整体而言,他是正确的,他认为失去了领导人的红军对于同希特勒作战的准备极差。我只引苏联元帅谢·米·布琼尼向国防人民委员克·叶·伏罗希洛夫提出的报告中的几段话。布琼尼是审判图哈切夫斯基及其"同案犯"的法庭的审判员,在报告中讲述了"自己对审判反革命的法西斯军事组织的印象"。布琼尼写道,"阴谋分子指望托洛茨基和他的集团"。报告充斥着这样的描述,例如,"普特纳是一个地道的间谍、现代型的坚定托派分子,跟着法西斯主义的旗帜走"。布琼尼说,他自己宣称,国内战争后"就成了托洛茨基坚定的拥护者",而且认为,"托洛茨基说什么都是正确的"。报告还说,原来普里马科夫"接受了托洛茨基一项更为重要的任务:在列宁格勒发动武装起义……由于托洛茨基的这项专门任务,普里马科夫去'劝说'由师长济宾率领的第二十五骑兵师。据他说,济宾应当在起义者占领了列宁格勒后,到国境线上去迎接托洛茨基。为此准备了一个步兵师和一个机械化军。"[1]

布琼尼给伏罗希洛夫长达 20 页的报告几乎全篇都是这种调门。"传奇的红色骑兵"对遭到诽谤的同志们,尤其是图哈切夫斯基,毫不吝惜谩骂的字眼。不过这名斯大林的元帅看来是偶然地在报告中为未来的历史学家留下了一个很有意思的心理细节。布琼尼写道,"图哈切夫斯基从开庭起,无论是宣读起诉书,还是所有被告的供认过程中,一直在摇头,以此强调,这一切统统是谎言,完全与事实不符。"[2]

托洛茨基是正确的:失去了领导人的军队要对抗德国国防军将是极其困难的。因为托洛茨基从国内战争时起就非常了解的伏罗希洛夫之流和布琼尼之流,在伟大的卫国战争中将充分显示自己的一筹莫展。

我稍稍脱离了托洛茨基的预见,但我想,我引用的一些文件即使不是直接,也能间接地肯定托洛茨基对苏联军事局面的估计是正确的,尽管他并不知道 20 世纪 30 年代末国内发生的许多事情。例如,他难道能够知道苏联内务人民委员、国家安全总政委尼·伊·叶若夫给苏联元帅克·叶·伏罗希洛夫的这份报告吗:

---

〔1〕 ЦГАСА, ф.33 987, оп.3, д.828, л.56-57.
〔2〕 ЦГАСА, ф.33 987, оп.3, д.828, л.58-59.

军长卡普洛夫斯基同志从基辅给我来了一封信，请求接见他。我将他召到莫斯科。在同我谈话时，他讲了许多事情，我建议他写下来。

随报告附上他两份报告的复制件。

叶若夫[1]

军长伊万·德米特里耶维奇·卡普洛夫斯基，沙皇军队中的中尉，一个勇敢的军官，遭到怀疑，而且即将被逮捕。他就亚基尔、图罗夫斯基、施米特、加里卡维、布拉夫斯基、普里马科夫等人写下了简直就是天方夜谭似的故事。如果人们开始彼此告密，他们就堕落到了何等程度！顺便说说，军长卡普洛夫斯基虽然给叶若夫写了长篇报告，而且附上了20多人的名单，却没能挽救自己的生命。他就在那个1937年被捕，而且被枪决了。

托洛茨基对红军状态的评价是准确的。譬如说，既然只消被派往远东的内务人民委员部政治保卫总局第三处处长米罗诺夫一封电报，电报中列举的普特纳、卡佩尔、卡谢耶夫、沃尔斯基、科缅丹托夫、叶夫列莫夫、弗鲁姆金、马克西莫夫、图里科、戈尔什科夫、阿托、约诺夫就会被逮捕，难道军事系统还能稳定吗？米罗诺夫的电报最后还有一句凶险的话："我们正在准备对其他人的逮捕！"[2]

托洛茨基甚至并不知道国内、党内、军队内发生的这些日常生活中的琐事，他仅仅凭报刊的零星报道就能够相当准确地设想苏联正在发生的事情。如果说托洛茨基的世界性思维在世界革命的问题上狠狠地欺骗了他，那么对自己祖国的预测，在主要方面是准确的：斯大林主义没有前途，苏联不可能避开同希特勒的战争，将斯大林推下历史的宝座将是很艰难的。

被驱逐者在自己凄凉的栖身之处的小院子里快步走着，他不能不想到自己的种种预测的命运。它们会实现吗？因为它们在多大程度上接近未来的真实情况就决定了今天的命运……看来，尼采的这个悖论里也包含着理性的思想："我们的未来给我们的今天发出指令。"[3]它是发给始终在不停流逝着的今天，其中生活着一大群被历史风暴驱赶着的人。而托洛茨基在自己的文字肖像画中为后世保存了其中许多人的面貌。

---

[1] ЦГАСА, ф.3, оп.2, д.1006, л.3.

[2] ЦГАСА, ф.33 987, оп.3, д.1006, л.30.

[3] Ницше Фр. Человеческое, слишком человеческое(《人性的，太人性的》).СПб, 1908. С.19.

肖像画家的笔触

大约很难找到另一个政治、社会和国务活动家,能像托洛茨基那样,给后人留下如此之多的杰出人物的文字肖像画。据我计算,托洛茨基写出了100多人。这些作品发表在苏联和资产阶级的报刊上,由俄国和外国的出版社出版。给历史留下了自己足迹的这些人的肖像画发表在《基辅思想报》《新世界报》《我们的言论报》《开端报》《光线报》《斗争》杂志、《共产国际》杂志、《真理报》《消息报》《反对派公报》《战争和革命》丛书,以及各种文集和西方的许多大报刊上。

娜塔莉娅·伊万诺夫娜特别崇拜丈夫的文学天赋。据罗斯默夫妇回忆,1934年在巴黎,娜塔莉娅·伊万诺夫娜读完了托洛茨基写的一篇关于安纳托里·瓦西里耶维奇·卢那察尔斯基的随笔,她轻声感叹说:

"天哪,想不到人们尽管外貌相似,却会有这么大的差别!……"

"如果人们都过分相同,"列夫·达维多维奇也轻声回答说,"人类早就该消亡了。"

我想,这不经意间的三言两语透露了托洛茨基创造的形象具有"生命力"的一个谜底。许多人没有消失在历史的黑暗中,仅仅是由于托洛茨基出色的文笔。例如,要不是托洛茨基的文字触及了他们的命运,未必会有人记得爱德华·大卫、谷戈·加阿兹、格奥尔基·扎梅斯洛夫斯基、沙皇的将军亚历山大·尼古拉耶夫、谢苗·克里亚奇科和其他一些人。我绝对不是想冒犯这些业已逝去的人,只是时间是毫不留情的,它过于迅速地将那些在我们这个罪过的星球上行走过的人从人们的记忆中带走了。你们信不信?请你们扪心自问一下:你还能说出曾祖父和曾祖母的名字和父名吗?我敢打赌,如果他们在世时并不是知名人物,或者你们的"家谱"里没有记载,你们未必能说得出来。

在我们这个星球上行走过,而且永远消失了的超过700亿人。其中的绝大多数我们是完全陌生的。历史的层次越深,它就越是不为人知。在我们的时代人们往往只能滞留在历史的表层,不单是因为他们留下了自己活动和思想的痕迹,也因为他们的形象被成功地记录下来了。

托洛茨基恰恰就是政治肖像画的一名大画师。虽然在托洛茨基文集第八卷《政治剪影》的前言中说,这"主要是关于人物的文章和随笔,时代只是顺便被涉及。"[1]很难同意这个看法。我认为,托洛茨基所作的肖像画,其最大价值正在于他令人惊喜地通过个人的命运,成功地深入观察了这样或那样的历史事态、具体的时代戏剧以及时代本身。托洛茨基自称是时代的"弃儿",却能够像为数不多的其他人那样,对时代作极为透彻的观察。

政治的、历史的和文学的肖像画中,有许多是托洛茨基在国外完成的。给人们造成一种印象,托洛茨基一旦离开了祖国,他就能聚精会神地,有时甚至是紧追不舍地审视那些曾经和他待在一起,为了一个革命的理念而并肩奋斗过,或者是誓不两立的人们的面貌。不妨这样说,他在异国他乡有更多的时间来描绘那些令他心动的人物。不过,我想这并不是主要的。处于流放之中的托洛茨基,给某一幅肖像描上几笔的时候,仿佛是在问自己,也在问这个人:俄国革命、布尔什维克党、列宁,最后还有他自己,究竟是在哪儿"绊倒的"?每一幅肖像画都带着这个不清晰的,即使到了今天也没有人能够做出让人满意回答的,"内心的"问题。

托洛茨基究竟创作了哪些人的肖像画?其中有没有主次之分呢?我来尝试着回答这些问题。托洛茨基关注的不仅是那些在历史的大潮中处于风口浪尖的人,还有那些半途中和他分道扬镳的人。他同样仔细地注视着那些他珍惜的人和他鄙视的人。肖像画家的习惯是即使对那些已经走完了自己人生之路的人,也要做一些艺术的、诗意的描绘。在他的《文集》第八卷里,在各种选集、单行本和札记里有许许多多人的"剪影"。这首先就是参加了革命的人:维克托·阿德勒、弗里德里希·阿德勒、弗里茨·阿德勒、让·饶勒斯、卡尔·考茨基、弗里茨·舒迈耶、格奥尔基·普列汉诺夫、尔·马尔托夫、卡尔·李卜克内西、罗莎·卢森堡、雅科夫·斯维尔德洛夫、维克托·诺根、弗兰茨·梅林、米哈伊尔·伏龙芝……统统列举出来是不可能的。

托洛茨基也没有忽略那些他并不欣赏,并无好感的人。这些人中有:卡尔·考茨基(他给他画的像不止一幅)、尼古拉二世、部长赫沃斯托夫和苏霍姆利诺夫、杜马的代表普利什凯维奇、古契科夫和米留可夫。希特勒的肖像

---

〔1〕 Троцкий Л. Соч. Т. VIII. С. VI.

占有特殊的位置,托洛茨基在许多文章和随笔中都给他画了像。

类似农村中的教堂一样,站在高处的是艺术家、作家和学者的肖像。这些肖像画流传得并不很广泛,却写得绘声绘色。这里有瓦西里·茹科夫斯基、尼古拉·果戈理、亚历山大·赫尔岑、尼古拉·杜勃罗留波夫、格列布·乌斯宾斯基、彼得·博博雷金、康斯坦丁·巴尔蒙特、亨利·易卜生、彼得·司徒卢威、列昂尼德·安德列耶夫、马克西姆·高尔基、阿纳托利·卢那察尔斯基、列夫·托尔斯泰、德米特里·梅列日科夫斯基、科尔奈·丘科夫斯基,真是数不胜数。

最后一次被放逐时,托洛茨基完成了不少肖像画,悼念那些由于别人的意志而离我们远去的人们。最令人震撼,最使人激动,也最让人痛苦的一幅肖像就是他自己的长子列夫·谢多夫。读他的这篇特写会得到一个印象:托洛茨基是用他的心,用他的血在写。他对杀害儿子的凶手满怀仇恨,也毫不掩饰为自己的"疏忽",为最后的希望被切断而深感痛苦。这幅肖像中也包含着他对青年人的请求——别忘记你们的同伴。(我还会回到这幅画上来)。伊格纳齐·赖斯、鲁道夫·克列缅特、雅科夫·布柳姆金、妮娜·沃罗夫斯卡娅、安德列斯·尼恩和其他许多人的肖像画则是悲伤的。

不过我并没有列出托洛茨基始终未能完成的两幅最重要的肖像画。这就是列宁和斯大林的政治画像。两部巨著都不曾完成。托洛茨基为什么没有写完这两部书,尽管他断断续续地写了许多年?什么事情耽误了他的写作?

列宁还在世时,托洛茨基就计划写一本讲述列宁的书。他决定后不久,就嘱咐布托夫和谢尔姆克思,让他们将说明列宁同托洛茨基关系的所有文件都"收集到专门的文件夹里"。我在前面已经说过,自从十月革命前夕,托洛茨基加入了布尔什维克之后,他同列宁之间的重大分歧就不是很多了。

列宁去世后不久,托洛茨基就写出了这本书的初稿。起初他打算只是将它作为一本回忆列宁的书来发表。在托洛茨基的藏品中,保存着大量打字的手稿(超过200页),其中有发表过的和不曾发表过的文章(《在国内战争年代》《围绕着1905年》《零散的札记》《关于列宁的真相和伪造》《小人物谈列宁》等),关于革命领袖的一些草稿、片段、思考。这些材料中,有些以单独发表的形式(有所删节)组成一本书《关于列宁。提供给传记作者的资料》,于1924年问世。这本书的讲述是残缺而不连贯的。倒是附录:"列宁遇刺""列宁患病""列宁逝世"给人的印象更为深刻。而且,正如托洛茨基自己写的那样,"有许多情况被我有意略去了,因为它们太靠近大家今天关注的问题"。[1]看来,托洛茨基最初打算迅速出版这本书,因为在手稿的第一页上印着:

> 经国家出版社同意,本书的纯收入将用于救济经受了水灾之苦的列宁格勒男女工人。
>
> 1924 年 10 月 16 日[2]

这些藏品中有"领袖们"之间的来往书信。它们都经过托洛茨基的秘书精心整理,校订了时间顺序。托洛茨基写道:"开会时,交谈时,列宁常常通过简短的字条,查证一些情况,了解某人的见解,从而节约时间……有时候这些纸条就像是耳边的一声枪响……"[3]托洛茨基写道,"同许多人的这种交往方式要求消耗非常多的精力。"列宁还经常亲自写信,写信封,而且亲自封上。

列宁多次对托洛茨基说过,他不喜欢同速记员一起工作:

"不顺当。觉得别扭。你刚开始一个句子,又不能立刻结束它。可是速记员在等着,这就让我感到别扭……"

托洛茨基写道,列宁的这些纸条"就像是随时产生的一封封信,一件件磨得十分尖利的武器……"[4]

在保存关于列宁的这本书的资料的文件夹中,托洛茨基的一些观察包含了很深刻的心理成分,自成一格地反映出列宁智力的方方面面:

"1905 年彼得堡苏维埃的一次会议上,列宁坐在会议大厅中自由经济协会不高的楼座中。我至今记得列宁用手遮住光线,揣摩和权衡着每一个发言者的目光;那是一种特殊的目光,极其关注,能够看透讲话人的底细,直到他思想和感情的深刻根源,同时又能让他自己保持清醒的目光……"[5]

---

〔1〕 Троцкий Л.Д. О Ленине. Материалы для биографа(《关于列宁,为传记作者提供的材料》).М.;Государственное Издательство, 1924. C.VI。

〔2〕 ЦПА, ф.325, оп.1, д.347, л.2。

〔3〕 ЦПА, ф.325, оп.1, д.347, л.5。

〔4〕 ЦПА, ф.325, оп.1, д.347, л.6-8。

〔5〕 ЦПА, ф.325, оп.1, д.365, л.59。

　　或者再看他未完成手稿的另一个片段："代表大会(指共产国际第四次代表大会——作者注)后,到一月份之前,列宁还有将近三个月参加了工作。在这最后的几个月里,即使血管向大脑的供血由于栓塞和痉挛而受阻,列宁思想的搏动依旧像他在最佳创作时期一样有力而清晰。后来,在列宁失语后,我们还对医生说,他在这几个星期中写成的最后几篇文章仍然以思想的深刻而令人吃惊。可以这样说,即便在病情最沉重的时期,列宁笔下也不曾出现过一行表现列宁的思想或者意志稍有衰退的征兆,或者说低于列宁水平的文字。"[1]

　　在描绘列宁的肖像时,托洛茨基试图特别突出他的精神品质。例如,他试图将列宁和马克思做一个比较。我不知道别人怎么看,不过我觉得,在这番比较中列宁明显处于下风。在1920年4月为《真理报》撰写的《列宁身上的民族因素》一文的手稿中有这样的文字:"马克思的文风是丰富而优雅的,是力量和灵活性、愤怒和揶揄,严峻和细腻的结合,它包含了之前,从宗教革命开始,甚至更早的全部德国社会-政治文学中的各种文学和审美流派的痕迹。

　　列宁的文字和讲话风格正如他的整个特征一样,却是出奇的简单、讲究实惠和清淡平和。不过这种强劲的清淡平和中丝毫没有道德说教。这不是原则,不是凭空捏造的体系,当然,也不是炫耀自己。它无非是内心贯注于行动的外部表现。它是一个一家之主的农夫的精明能干,只是在庞大的范围内而已。"[2]为什么会是这样?就在这段文字的前面几行,托洛茨基一再重复了自己的老想法:"我国的历史不曾提供过无论是路德、闵采尔,还是米拉波、丹东、罗伯斯庇尔。正因如此,俄国的无产阶级才拥有了自己的列宁。"托洛茨基仿佛是想说,可是又不敢说,由于没有其他的泰斗巨擘,列宁的身影才显得较为突出。

　　托洛茨基就列宁的政治和意志品质谈了很多。例如,在根据苏维埃人民委员会主席的提议,通过下述决议:"将来自对我国进行敌对和军事行动的那些国家的资产阶级,居住在俄联邦的领土上,年龄在17岁至55岁之间的外国公民,全部关入集中营……弗·乌里扬诺夫(列宁)"时,[3]他并没有

---

〔1〕　ЦПА, ф.325, оп.1, д.347, л.14.
〔2〕　ЦПА, ф.325, оп.1, д.347, д.282, л.3.
〔3〕　ЦПА, ф.2, оп.2, д.171, л.1.

表示反对。

有一次列宁向革命军事委员会主席出示了一本拉·莱维在巴黎出版的书《托洛茨基》。晚上托洛茨基在翻阅时，看到第 160 页上列宁的一个标注。书里是这样写的："2 月 20 日和 21 日无休无止的会议上，托洛茨基的拥护者和列宁的拥护者都提出了互相对立的策略。前者鼓吹神圣的战争；而后者只是希望保住他已经夺得的政权……"列宁的手恶狠狠而又懒洋洋地在"只是"下面画了一道线，又在页边写上："真是笨蛋！！！"[1]列宁的一个特征就是毫不宽容，可是托洛茨基并没有涉及这一点……

我想，托洛茨基比其他人有更多的权利和根据来写一本最可信、最有才情、非同一般的关于列宁的书。关于在整整四分之一个世纪中斗争、分歧、尖锐的争论、令人难堪的相互伤害、合作、信任、相互尊重和精神上的接近将他与之紧紧联系在一起的一个人，他是有许多话可以说的。也许，是托洛茨基最先谈到了将列宁神化的巨大危险，因为这种神化在俄国革命的领袖去世后不久，就表现为，用他最亲近的战友的话来说，"将对列宁及其学说的尊重和自然的态度官僚化了"。[2]唉，警示的声音没有被听进去。一个声望卓著的革命家，列宁无疑是这样的人，一个常常犯错误，感受到痛苦，经历过折磨而仍旧保持着希望，但绝不是人间尊神的人，却被官僚专制主义的意志变成了一尊神像，而他的学说也成了世俗的宗教。

托洛茨基的文件中常常会见到一些信件，表示他打算"写出关于列宁的书"，"加快对手稿的整理"，"最终写完这本书"等等。栖身普林吉坡岛后，托洛茨基给罗斯默写信，说打算到秋季写完《列宁及其追随者》一书。[3]他在这封信里还说，也在考虑准备另一本书《个人的评价（朋友和敌人）》，其中列宁的肖像应当占据主要地位。

他给巴黎的出版社写信："我有关列宁的工作不顺手，走出准备阶段不会很快。我未必能够早于 7 月拿出最初的几章，供翻译之用……1934 年 2 月 20 日。"[4]

可叹的是，他在法国的停留时间并不很有利于创作。一个月前，他给

---

〔1〕 ЦПА，ф.2，оп.2，д.493，л.1.

〔2〕 ЦПА，ф.2，оп.2，д.365，л.79.

〔3〕 Архив ИНО ОГПУ，ф.17548，д.0292，т.1，л.2.

〔4〕 The Houghton Library. Trotsky coll. bMS, Russ, 13.1.(9452-9457)，p.1.

在美国的萨拉·韦贝尔写信还说:"我们转往法国的时间恰好同手头拮据相重合……最近几个月内,我的时间有十分之九将用于关于列宁的书稿。"[1]

后来,在挪威,在墨西哥情况也是如此。妨碍了托洛茨基的是日常的政治事件和环境:迫害、放逐、莫斯科审判和反审判、成立第四国际,后来又是关于斯大林的书。托洛茨基不想让关于列宁的书匆匆写成。他对这本书的期望值太高了。我想,经过了普林吉坡之后,托洛茨基明白了,他将在放逐中度过一生。在自己的国家中发生某种意外变化的希望是越来越渺茫了。他指望借助这本关于列宁的书向历史做一个"交待",并向后世证明自己的正确。列宁现时无论在苏联,还是在其余世界,都仍旧是一个历史性的人物、划时代的人物。这本书在他心目中是一本特殊的书,因此它不可能像《被背叛的革命》那样,用三四个月写成。从手稿的一些片段,以及已经发表的作品看,托洛茨基最主要的是想展示,他和列宁怎样试图挽救革命。就是列宁和他,托洛茨基。这应当是一本讲述俄国革命"两位领袖"的书。

可能有人会反对说:他不是已经写了一本讲自己的书《我的生平》吗?对,他是写了这本书。不过,看来写得匆匆忙忙。这样的书通常是在生命之路的终点,要给生命做总结的时候才写的。他知道大艺术家们对他的自画像颇为克制的评价。尼古拉·别尔嘉耶夫对《我的生平》有这样的评价:"写这本书是为了歌颂作为伟大革命家的列夫·托洛茨基,更是为了贬低他的死敌斯大林,把他说成一个微不足道的小人物、可怜的鹦鹉学舌者……毫无疑问,列夫·托洛茨基比起其他布尔什维克来,如果不算列宁的话,在各方面都比他们高出远远不止一头。当然,列宁是革命的领袖,更为高大而坚强有力,不过托洛茨基更有天赋,而且灿烂夺目。"[2]这就是杰出的俄国思想家的评论。尼古拉·瓦连廷诺夫在他几乎不为苏联读者所知的书《鲜为人知的列宁》中对十月的领袖们有另一种说法:"列宁的独特之处是他在对自己的评价中没有在许多大人物中常见的那种浅薄的自我欣赏、自爱自怜。而这一切,譬如说,在继列宁之后十月革命的最知名人物托洛茨基身上,却屡见不鲜。托洛茨基还不到 48 岁,就着手写自传了,夸耀自己的生活,以及

---

[1] The Houghton Library. Trotsky coll. bMS, Russ, 13.1.(10793-10805).

[2] Новый град(《新城》).Париж. 1931. № 1. C.92。

一生中完成的革命功绩。"〔1〕我想,托洛茨基的自画像展现的他不是一名革命家,而是有才华的作家。看来他自己也明白这一点,因此想在为列宁描绘肖像时,也将自己展示得更深刻,更全面一些。可惜他终于未能如愿……

命运(确切地说是克里姆林宫的独裁者)留给托洛茨基的最后岁月里,被驱逐者都拼尽全力反抗迫害、诬陷、驱逐、威胁、诽谤。他不能不对斯大林做出回答,就被排挤出生活。不错,托洛茨基写了大量能将克里姆林宫的领导者置于死地的文章。他的重要政论文章中,没有一篇不包含揭露斯大林的,尖锐刻薄的嘲讽的段落。他对将克里姆林宫变成了自己卫城的莫斯科暴君发表了许多愤怒的、毁灭性的演讲! 但是这还不够。托洛茨基早就开始酝酿评论俄国热月政变的化身,又在自己国内实施了史无前例的恐怖活动,摧残了他托洛茨基的生活,又实际上夺走了他所有亲人和至交的这个人的一部极有价值的巨著。

早在 1936 年 1 月,他就给自己的支持者们写信:"恺撒主义(如果不害怕使用落后于时代的语言)是古代的波拿巴主义。历史的发展表明,(这是无论马克思,还是列宁都不知道的)波拿巴主义也可能在无产阶级革命的社会基础上产生……这一切都说明,无产阶级最后还是不得不经过革命推翻斯大林的官僚主义体制。"〔2〕而在 1930 年 8 月,托洛茨基就发表了一篇长文《谈斯大林的政治传记》〔3〕,它实际上就是未来的这本书的摘要。应当为托洛茨基说句公道话:他不打算仅仅将斯大林说成是该隐,而且想阐明作为体现了"官僚主义专制制度"的斯大林主义的历史根源。

这部著作的进展很不顺利(写完了 11 章,而下卷始终未能完成);在许多地方,托洛茨基所独具的政论作家、历史学家和思想家的天赋仿佛都已经抛弃了他。这可能是托洛茨基最不成功的著作之一。如果作家的笔每分钟都要去蘸仇恨的墨水,我想读者也会认为,他不可能平心静气地写作。再者,还有一点也应当说清楚,托洛茨基准确地指出了斯大林主义的许多根源:将国家的和党的机关捏合在一起、迅速强化权力无边的官僚主义体制的权力、消灭社会对政治的、精神的和思想的选择权。但是托洛茨基完全没有自我批评精神,他不打算,也不会谈论自身的失误。托洛茨基从 1923 年 10

---

〔1〕 Валентинов Н. Малознакомый Ленин(《鲜为人知的列宁》).Париж, 1972. C.184。

〔2〕 The Houghton Library. Trotsky coll. bMS, Russ, 13.1.(7581-7584).

〔3〕 Бюллетень оппозиции. 1930. Август. № 14. C.6-12.

月后开始批评的许多体制上的过错是他和列宁一起犯下的。是的,就是他们两个人,还有俄国革命的雅各宾派。他有不少极权主义的观念都在新国家中被物质化了。他是"官僚主义专制制度"的主要建筑师之一。托洛茨基从来就不谈他自己生涯中最脆弱的这一点。

当然,托洛茨基始终认为自己被驱逐出境是非法的。他的长子还在普林吉坡时就确实对父母亲说过:驱逐出境归根到底挽救了(我要补充一句,只是暂时!)他们全家人的性命。可是,驱逐出境的做法还在托洛茨基时期就已经产生了,而他并没有表示反对,反而赞成这种做法。

在列宁的"秘密"卷宗里,有 3 724 份不曾发表过的文件,其中有一份是用变色铅笔书写的。

斯大林同志

关于将孟什维克分子、人民社会党人、立宪民主党人等驱逐出俄国的问题,我还想提几个问题,因为开始于我休假之前的这个行动现在也并没有结束。

是否已经决定"铲除"全部人民社会党人?波格列霍诺夫、梅科廷、戈恩菲尔德、彼得里舍夫等?

我认为,全都驱逐出去。比社会革命党人还要坏,因为更狡猾。

亚·尼·波特列索夫、伊兹哥耶夫,还有《经济学家》杂志的全部工作人员(奥泽罗夫和其他许多人)也一样。孟什维克分子罗扎诺夫(医生,狡猾)、维格多尔齐克(米古洛,或者别的什么姓名)。柳波芙·尼古拉耶夫娜·罗琴科和她年轻的女儿(听说是布尔什维主义的最凶恶敌人);尼·亚·罗日科夫(应当将他赶出去,不可救药)、谢·路·弗兰克(《方法论》作者)。受曼采夫、梅辛等监督的委员会应当提出一份名单,应当将几百个像这样的老爷们毫不怜惜地赶到国外。将俄国长期清洗干净。

致共产主义敬礼,列宁

1922 年 7 月 17 日,戈尔基[1]

列宁这段并不连贯,但却满含绝不宽容思想的文字传达了主要领袖向

---

[1] ЦПА, ф.2, оп.2, д.1338, л.1-2.

自己未来的继承人叮嘱的思路。托洛茨基当时认为,这不过是普普通通的"革命实践"。即使是列宁仅仅"听说",也应当"毫不怜惜地赶到国外"。

在写于1924年,但没有立即发表的一篇文章《我们之间的分歧》中,托洛茨基宣称,革命就必须有革命的激进主义:"由于劳动群众的心慈手软、犹豫不决和善良,革命已经一再遭到失败……革命只有改造自己的性质,采用另一种更为严厉的方式,用红色恐怖的利剑武装起来,才能得到挽救……红色恐怖是革命不可或缺的武器。"[1]

可是被驱逐之后,托洛茨基却公正地痛斥斯大林的恐怖主义,仿佛是将自己过去对暴力在对社会进行革命改造中的作用的观点置之度外了。同时,托洛茨基还想说,他使用暴力仅仅是在为了对付敌人的内战年代,同20世纪30年代的和平环境,就政治内涵而言已经相去甚远了。真相就是真相。但托洛茨基甚至在许多年之后,依旧继续认为1918年关于人质的法令是正确的。例如,他在一篇著名的文章《他们的道德和我们的道德》中声称,"该法令是对抗压迫者的必要措施"。[2]

托洛茨基记得,列宁曾经向他出示过无政府主义的导师彼得·克鲁泡特金的一封信:

尊敬的弗拉基米尔·伊里奇!

《消息报》和《真理报》发表了一份公告,宣布苏维埃政权将把萨温科夫和切尔诺夫小组的社会革命党人作为人质……一旦发生对苏维埃领袖的袭击,决定"毫不留情地消灭这些人质"。

难道你们之中就没有人来提醒并说服自己的同志们,这些措施是退回到中世纪和宗教战争时期最恶劣的年代,它们是有损于那些着手创建未来的人们的声誉的……[3]

托洛茨基看了看列宁的批示:"归档……1920年12月21日。"在这个问题上,列宁的战友同他是一致的。

托洛茨基顽强地试图捍卫"自己的"暴力,同时谴责斯大林的暴力,这显

---

〔1〕 Архив Льва Троцкого(《托洛茨基档案》).Т. 1, С.135-136。

〔2〕 Бюллетень оппозиции. 1938. Август—сентябрь. No 68-69. С.14.

〔3〕 ЦПА, ф.2, оп.2, д.478, л.3.

然是这名斯大林的猛烈批评者的不一致之处。不过我要再次说明,采用惩罚力量的历史环境和条件确实相去甚远。

托洛茨基撰写关于斯大林的这本书是极其困难的。他不能如实地分析,比较,客观地审视,确定这幅凶恶的肖像画的颜色、色调和线条的各种因素和变数。他向娜塔莉娅·伊万诺夫娜诉苦:

"太难了。要想平心静气地写这个坏蛋简直让人无法承受。把一大瓶黑墨水泼到一张纸上都要容易一些。我只能把这个该隐写成这副模样。"他拿出了他已经写好的文章的一些片段。那里用清晰而流畅的笔迹画出了一些词句:"斯大林主义的方法能将一切阶级社会中组成管理机制的种种撒谎、残忍和卑鄙的手段发挥到终极,发挥到淋漓尽致,同时也就是发挥到荒谬绝伦的地步……斯大林主义是浓缩了历史国家的全部畸形和变态,是它凶恶的讽刺画和令人憎恶的面具。"〔1〕

托洛茨基关于斯大林和斯大林主义所说的话都是正确的。可是如果仅限于指出,"斯大林主义是政治的坏疽","斯大林是革命的醉酒状态",而"斯大林主义是反革命的强盗主义",那就会使读者越来越感到厌烦。仇恨并不是艺术家和大师最优秀的伙伴。

托洛茨基痛苦地想起自己在中央委员会的最后时日。历历往事再一次映衬出斯大林是整治他的主要组织者。他仔细回忆了种种细节:"1927年,中央委员会正式会议的场面实在让人恶心。实际上并没有讨论过任何问题……两次正式会议的目的就是按照事先分配好的角色和讲话来整治反对派。这次整治的调门越来越肆无忌惮。最高机关中最粗野的成员没完没了地打断有经验的人的讲话,他们起初用毫无意义的重复那些指控,大喊大叫,后来就是谩骂,用最不堪入耳的污秽辱骂。这一切的导演就是斯大林。他隐身在主席团后面,注视着那些被指定发言的人,当对反对派分子的辱骂达到了不知羞耻的程度时,他并不掩饰自己的高兴。"〔2〕托洛茨基在撰写这本书的时候,在记忆中搜索着能够更沉重的刺痛苏联独裁者的那些事件和事实。他经常突出这个人的凶狠和报复心理,却忽略了重要的,本质的东西。然后仿佛忽然醒悟过来,于是再回到对斯大林主义的社会-政治分析。

托洛茨基在主要方面是正确的:实际上,他得出的结论早于时间本身作

〔1〕 ЦПА, ф.2, оп.2, д.478, л.3. С.13.

〔2〕 Троцкий Л. Сталин(《斯大林传》).Т. II. С.246。

出的结论,也就是:在试图坚决实现历史性超越的过程中诞生的斯大林主义最终变成了巨大的历史性落后的现实。托洛茨基将斯大林同其他政治活动家作了比较,认为他不过是一个平淡无奇的配角:"现在官方企图将斯大林与列宁并列实在是丢人现眼。如果从个性的角度看,斯大林甚至不能同墨索里尼或者希特勒相提并论。无论法西斯主义的'理念'有多么贫乏简陋,反动派的两名战无不胜的领袖,意大利的和德国的,都是从头做起,都表现了主动精神,让群众挺直了身躯,开辟了新的道路。这些事情都和斯大林毫不沾边。创建布尔什维克党的是列宁。斯大林是在党的机关里成长起来,而且和党的机关不可分割……"[1]

斯大林的画像是托洛茨基打算完成的最后一幅作品,不过正如我在前面提到过的那样,并没有写完。画像的原型对远方的革命大师的画笔制作的这件自己的复制品害怕得要死。这或许是历史上唯一的一次:"模特儿"在画家完成作品之前就杀害了他。可是很有象征意义的是,托洛茨基是在撰写关于斯大林的书时,走完了自己人世的旅途,也摘下了最凶狠的暴君头上的桂冠。而在时代制作的那副画像中,托洛茨基的描绘则是最耀眼、最自信、最尖锐的笔触之一。

托洛茨基的文学-政治肖像画读起来是令人兴致盎然的。他的历史评价往往如格言一般准确:"普列汉诺夫的不幸也和他的不朽功绩一样,来自同一个根源:他是一名先行者,不是一名行动中的无产阶级的领袖,而仅仅是它的理论预言家。他为捍卫马克思主义的方法而进行争辩,可是却没有机会在行动中使用这些方法。他在瑞士生活了几十年,却始终是一个俄国侨民。"在这篇随笔的结尾处,托洛茨基呼吁:"是时候了,该写一本关于普列汉诺夫的优秀书籍了。"[2]

托洛茨基在评价个人时,能够正确地反映他的主要思想,可是却往往会玩弄词句,炫耀自己炉火纯青的文字技巧。不妨看看这个例子,看他在1919年为《共产国际》杂志(他有一段时间积极为该杂志撰稿)写的一篇文章中将让·龙格描绘成什么模样:"现在,当一个阶级公开同另一个阶级对抗,当历史的理念武装到牙齿,而且用钢铁来解决争端的时候,龙格一类的'社会主义者',对于我们的时代是一个多大的羞辱和嘲弄啊。我们刚刚领

〔1〕 Троцкий Л. Сталин. Т. II. С.145.

〔2〕 Троцкий Л. Соч. Т. VIII. С.59.

教过他的表演:向右鞠个躬,向左行个礼;朝欺骗了爱尔兰的、伟大的格莱斯顿膜拜,又向与自己有血缘关系的外公、蔑视而且仇视伪君子格莱斯顿的马克思屈膝;称赞皇帝的宠信、帝国主义大战总统的首席部长维维安尼,将勒南和俄国革命、威尔逊和列宁、王德威尔得和李卜克内西扯在一起,把俄国的煤炭和突尼斯的象牙作为'各族人民权利'的基础,而且在玩弄与之相比吞咽燃烧的麻团只能算是哄孩子的小把戏的这一套完全不可能的伎俩时,龙格居然一如既往,仍旧是官方社会主义彬彬有礼的代表和法国议会制度的桂冠。"[1]这么冗长的一段文字,却总共只有两句话!托洛茨基想要展示龙格社会主义的"资产阶级性质",实际上却变成了炫耀作者本人的学识渊博。在他的目录里还有这样的画像:与其说它们是在描述具体的人物,毋宁说是为了夸耀自己的文学技巧和造诣。

作为肖像画家的托洛茨基,其语言极具形象性,而且色彩鲜艳。不过在他眼里,最重要的是主人公的政治立场。下面的文字引自他1909年谈彼得·司徒卢威的一篇随笔:"司徒卢威的主要天赋,如果你愿意,也不妨说是大自然给他的最令人憎恶之处,就在于他一贯是'奉命行事'。他从不承认主宰一切的理念,可是却随时准备伺候正在上升的阶级,聆听其思想指示……将来能成为笑料的,恐怕只有新版《布罗克豪斯辞典》中他将获得的那一长串政治头衔:起初是马克思主义者,然后是自由派唯心主义者,再往后是斯拉夫派-反犹太主义者和大俄罗斯帝国主义者……出自戈尔德施泰因家族。"[2]

他的大部分肖像画要么只用阴暗的色调,要么只用明亮的色调。他也和狂热的布尔什维克一样,持这样的立场:要么是同盟者,要么是反对者;要么是朋友,要么是敌人。而如果是敌人,画面上就不能有任何闪光点。托洛茨基在《沙皇军队的出猎》一文的草稿中是这样描写尼古拉二世的:"愚钝而又惊慌失措,渺小却又权力无边,满脑袋都是只有爱斯基摩人才有的偏见,血液被历代沙皇家族的种种罪恶所毒害……"[3]托洛茨基在这里完全丧失了分寸感。是否就从那时开始,我国就将俄国皇帝说得微不足道呢?托洛茨基不打算看到最后一位沙皇强势的一面:在最危急的时刻仍然从容不迫、

---

〔1〕 ЦПА, ф.325, оп.1, д.279, л.6.

〔2〕 Троцкий Л. Соч. Т. VII. С.241, 246.

〔3〕 ЦПА, ф.325, оп.1, д.196, л.7-8.

勇敢、保持最高统治者的尊严等等。不过按托洛茨基的想法:既然是皇帝,那就是集一切罪恶和卑鄙之大成……

托洛茨基明白,历史并非时间和时代的简单交替。历史是一条没有尽头的画廊,里面陈列着在大地上留下了自己足迹的各种人物。1901—1902年间,托洛茨基为瓦·安·茹科夫斯基、尼·瓦·果戈理、亚·伊·赫尔岑、尼·亚·杜勃罗留波夫,还有他非常喜爱的格·伊·乌斯宾斯基的画像打了一些草稿。他们共同的特点是色彩的多样性,色调的各式各样,同时智力上摇摆而不稳定,可是托洛茨基的注意力仅仅集中在他们性格和命运中的一些细节。在这些作品种,勃朗施坦(他当时还不是托洛茨基)作为一名初出茅庐的印象派作者,只是迅速地用色彩在画布上记录下自己的印象。

例如,在关于茹科夫斯基的随笔中,年轻的文学家"着重于"他的浪漫主义:作家使德国的和英国的一些特点"适应了俄国的气候,从而在俄国栽培了浪漫主义"。茹科夫斯基的浪漫主义究竟是怎么回事呢?"这是期望,追求,爆发,激动,叹息,呻吟,对不曾实现的、难以名状的希望的抱怨,为失去了的、上帝才知道的幸福而伤心……而在他的一生中,在他漫长的一生中,农奴制的噩梦从未惊扰过他诗意的半睡眠状态。"[1]

有时候年轻的政论家能够用一两句话来表述其他人要用上百句话才能说明的思想:"深知人心的果戈理、幽默作家理戈理、现实主义者果戈理将全俄国的庸俗、狭隘、无所事事、马尼洛夫习气[2]……推上了宣谕台。谁还敢向这个奋力追寻真理,却以如此巨大的痛苦为代价换来了迷惘的,良心的伟大蒙难者投掷谴责的石块?"[3]非常年轻的托洛茨基用这种怪诞的格言形式鲜明地刻画了个性的主要特点,他创作的这幅画像是:"良心的伟大蒙难者"。

托洛茨基就赫尔岑写下的话,今天也可以在某种程度上运用于他自己:"看来,我们正在进入一个赫尔岑复辟,或者说,使赫尔岑合法化的时代,这自然就会树立,或者说更新对他的某种个人崇拜。我们真诚地深信,赫尔岑的个性是如此高大、突出,他对俄国社会自我认识的历史发展的功绩是如此巨大,因此不存在,也不可能对他的评价过高或者过分。"[4]托洛茨基不可

[1] Троцкий Л. Соч. Т. XX. С.4, 6.
[2] 马尼洛夫是果戈理《死魂灵》中的人物,马尼洛夫习气指好幻想,夸夸其谈,而不务实际的风气。
[3] Троцкий Л. Соч. Т. XX. С.16, 20.
[4] Троцкий Л. Соч. Т. XX. С.27.

能料到,他在某种意义上,在某些地方会再现赫尔岑的社会命运。他的《反对派公报》当然不像赫尔岑的《钟声》杂志那样崇高,可是它们有共同之处:叛逆精神和对祖国自由的向往。虽然对20世纪的革命者而言,自由已经被阶级的"紧箍"锁住了,而在赫尔岑的时代,它还是高高悬挂在各个社会团体世代相传的自我中心主义之上的云端里。

托洛茨基的目光囊括了文学大师们的整个时代,他显然并不赞同颓废派、神秘主义,还有许多俄国文学家在20世纪初主张的极其主观的哲学。特别遭到他驳斥的是康斯坦丁·巴尔蒙特和德米特里·梅列日科夫斯基。托洛茨基在随笔《谈巴尔蒙特》中和这名诗人开了一个恶意的玩笑:他在文章的开头举出了巴尔蒙特的十六行诗;而且把最后的四行放在最前面,倒数第二段的四行放在第二位等等。换句话说,就是"重新组装"了这首诗。然后他问道,读者是否发现了这点。确实,不懂诗的人是不会发现的。于是托洛茨基高兴了,因为他"证明"巴尔蒙特忠实地代表了企图使诗句完全"摆脱"健全思维的颓废派理念……[1]

将自成一格的诗人挖苦了一番之后,托洛茨基公开嘲笑巴尔蒙特对形式的追求,说他"漫不经心地跟着诗歌的节拍跳舞,而在韵脚处行一个屈膝礼"。读着评论这名也和托洛茨基一样,在放逐中结束了生命的诗人的随笔,让人不禁相信:与众不同的、非标准的、不寻常的人和独具特色的天才历来是很难生存的。一般化、千篇一律、随大流就不会招致如此之多恶意的喋喋不休。然而,这样的人很难有自己的画像。

托洛茨基早就为德米特里·梅列日科夫斯基和他妻子季娜伊达·吉皮乌斯的作品所吸引。而她之所以吸引了托洛茨基并不是作为诗人(他对她的诗作一贯持嘲讽态度),而是作为一名诗人兼肖像画家。被放逐到普林吉坡后,托洛茨基兴致勃勃地阅读她对自己结识的同时代的伟大人士——亚·勃洛克、安·别雷、费·索洛古布、瓦·罗扎诺夫、列·托尔斯泰、安·契诃夫等人的回忆录。这本书的名称是《活生生的人物。一本蓝皮书:1914—1918年彼得堡日记》(柏林出版)。托洛茨基不能不对女作家的技巧和观察力表示敬佩,不过同时也没有忘记嘲弄她的神秘主义,因为彼得堡的知识界早在世纪之交时,就已经对她的神秘主义讲了些笑话。许多人知道,在吉皮乌斯眼里,数字"9"就是一场噩梦。据作家自己说,这个数字紧紧盯

---

[1] Троцкий Л. Соч. Т. ХХ. С.167-168.

住了她一生。她在这个数字中看到了天意。事情有可能真是这样。托洛茨基不可能知道,她丈夫德米特里·梅列日科夫斯基会在 1941 年 12 月 9 日去世,而她自己则是在 1945 年 9 月 9 日辞世。

她是参政院厅务总管、来自梅克伦堡的尼古拉·罗曼诺维奇·吉皮乌斯的女儿,热情地迎接了 1917 年二月革命,却满怀惊吓和恐惧逃离了十月革命:

> 遭到唾骂,受到束缚,
>
> 我们蜷缩在各个角落。
>
> 水兵们的唾骂,
>
> 涂满我们的额头。
>
> 中坚分子、热心人、军人
>
> 早已忙得脚步匆匆。
>
> 只有妥协分子
>
> 在自己的中央[1]里团团转。
>
> 我们成了流浪的丧家狗
>
> 无处可逃!
>
> 铁工[2]在用一双双黑手
>
> 整理着线路……[3]

这篇诗注明的日期是 1917 年 11 月 7 日。托洛茨基很不满意,在诗集中标出了这一篇。他是俄国革命的建筑师,难以理解当时的这幅可怕的场景……

他显然是不能接受梅列日科夫斯基夫妇的,可是,又经常同他来往。被驱逐后,托洛茨基在流浪中到了法国,他几次询问长子:

"关于梅列日科夫斯基夫妇有什么消息吗?还是在写囚室小说和诗歌吗?还在使用反苏维埃的腔调吗?"

谢多夫回答不了这类问题:他顾不上梅列日科夫斯基和吉皮乌斯……

---

〔1〕 这里用的是缩写词,全称是中央委员会,而且是复数。

〔2〕 这里用的是缩写词,全称是俄国铁路工会执行委员会。

〔3〕 Гиппиус З. Стихотворения(《诗集》). Берлин. 1921. C.27。

说到梅列日科夫斯基夫妇,托洛茨基对他们不太有兴趣。他是几乎剥夺了他们的一切的人中的一个。我在把一些素洁的鲜花放到俄国人的墓园圣热涅维耶夫中林荫路上永远留在了这里的季·吉皮乌斯和德·梅列日科夫的荒冢上时,不禁想到,我们的这些同胞始终不能接受我们大家都赞同的事物。他们不承认正在形成的不自由的现实,最终却发现,他们在历史上是正确的。托洛茨基不想理解标新立异的艺术家和思想家、断言没有上帝,每个人都只是一具空壳的梅列日科夫斯基。肖像画家对此的回答是:

"按他的说法,在文化的地基和'救世的真理'本应置身其上的穹顶之间存在着一片毫不掩饰的空虚,而想要一劳永逸地填补这个空虚,他是心有余而力不足。"[1]

托洛茨基对待梅列日科夫斯基是不公平的。他一贯是坚定果断的,他的评价里没有丝毫怀疑的影子。因为他不是批评家,而是革命家!

托洛茨基所画的肖像都是鲜明、写实的。其中有许多是积极乐观的,更多的是尖刻嘲讽。还有不少就像一首首安魂曲。我在前面已经说过,最让人震撼的就是长子列夫·利沃维奇·谢多夫的画像。这篇随笔的名称是打动人心的:《列夫·谢多夫、儿子、朋友、战士》。我想,儿子的这幅画像是托洛茨基建立的文字形象的延绵长廊中最优秀的作品之一。

当读到关于他青少年时期生活的貌似平淡的文字时,眼前会闪过记录当年革命大事的一个个无声的黑白镜头:"他的少年时代是在沉重的压力下度过的。他给自己虚报了年龄,为的是尽快加入洋溢着年轻人的种种激情的共青团。他在其中开展宣传活动的年轻面包师傅们送给他一个新出炉的小面包,于是他兴高采烈地将它裹在肘弯已经磨破了的旧外套里带回家来。这是火热而又寒冷,伟大而又饥饿的年代。列夫自愿搬出克里姆林宫,住进无产阶级的学生宿舍,避免与众不同。他不肯和我们一起乘坐小汽车,不愿利用官僚们的这种特权。可是却满腔热情地参加各种义务劳动和其他'劳动动员',清扫莫斯科街上的积雪,'消灭'文盲,从车厢里卸下粮食和木材,后来还作为学生—技术员修理过火车头……"这篇随笔以下面的文字结束:"我们不相信他已经不在人世,我们痛哭,因为不能不相信……随着我们孩子的离去,我们心中还剩下的一点青春之气也逝去了……"[2]

---

〔1〕 Троцкий Л. Соч. Т.XX. С.320.

〔2〕 Бюллетень оппозиции. 1938. Март. № 64. С.2.

阅读托洛茨基的肖像画随笔，不可能无动于衷。大师手中的笔迫使读者吃惊、愤怒、痛苦、兴奋、惊奇、同作者争辩、同意，然后再次坚决地争论。大自然对他是慷慨的：赋予他不单是深刻、灵活、思路开阔的才气，而且有最积极地实现自己思想的能力。托洛茨基喜欢写议论人们的随笔，他这样做是出于某种内心的召唤。肖像画各不相同，不仅是因为"模特儿"是不同的人，而且由于托洛茨基每次都采取新的、独特的立场，改变文学"照明"的角度。

经常有人建议托洛茨基写具体的人物。例如，1924 年春季，Л.Л.阿韦尔巴赫请他写一篇关于雅·米·斯维尔德洛夫的随笔，顺便谈一些作家和文学的问题。托洛茨基拒绝了。最可能是因为他将不得不写一篇歌功颂德的赞词，而在俄国中央执行委员会中大家都知道，斯维尔德洛夫作为一名革命家在日常事务中是毫不留情，令人生畏的。在决定许许多多人的命运的大量文件上都有他的签名。

正是根据他的签名，才向顿河地区发出了 1919 年 1 月 24 日中央委员会关于取消哥萨克制度的著名悲惨指令，要求从肉体上消灭几千名哥萨克。在他的"命令"之后，才出现了下面这样令人发指的官方文件：

莫斯科，叶努基泽
今日从奥廖尔到达格罗兹尼的是 403 名哥萨克男女，年龄为 14—17 岁，将关入集中营，没有任何证明暴动的文件……[1]

即使在 70 年后，读这样的文件也还是让人胆战心惊……

斯维尔德洛夫这个来自下新城的雅各宾派，是一名雕刻工兼印刷工的儿子，认为革命的含义就是对自己，也对别人毫不留情。

阿韦尔巴赫收到了回信。托洛茨基答复批评家说："文学首先就是要扩展人们的视野，而只是部分地，不是一贯地要影响人们的视角……文学不是微观世界，而仅仅是宏观世界的一部分。"

托洛茨基用这些并非无可争论，但却是深刻的文字表达了自己对政治肖像画和文学肖像画的态度。顺便说说，托洛茨基在同一封信中非常独特而又坦率地评论了高尔基(被放逐后，他还将写关于高尔基的随笔)："高尔基作品

---

[1] ЦПА, ф.2. оп.14, д.463, л.1.

的共产主义性质是极为可疑的。作品包含许多无政府-自我中心主义、小市民的狭隘和隐蔽的神秘主义的成分。如果对无产阶级的教育完全或者主要决定于文学,那将是很危险的,而且将迫使我们永远封杀高尔基……"[1]

在托洛茨基看来,历史人物的肖像画就是对他的社会评价和历史评价,是很少对道德期票发出延期支付书的永恒做出的某种"判决"。实际上,托洛茨基在创作肖像画时,仿佛是在校正(而且往往是重新审查)"人民群众起决定性作用"的马克思主义提纲,逐渐将在地球上生活过,而且留下了自己足迹的那些人"植入"历史。托洛茨基打算将文明的殿堂建成共产主义的殿堂,其中,按他的见解,也应当有个人的一席之地。尽管随笔作家多次批评过米哈伊洛夫斯基和卡莱尔,认为他们夸大了个人在历史中的作用,可是他用自己的政治和文学实践表明的却在很大程度上是另一回事。

无论我们怎样看待托洛茨基的肖像画和他本人,我们都不能不承认:这不是木头做的人体模型,也不是影子,不是宣传画上的人形。他肖像画的主要优点很可能就是他能够反映出难以描述的东西:他"模特儿"的思想活动。托洛茨基懂得,每一个个性都是思想的无穷无尽的迷宫,不过始终可以看出它完整的"体系"。托洛茨基本人就在一出历史大戏中扮演了既是英雄,又是失败者,既是导演,又是编剧的角色;他笔下的人物就是这出历史剧中的各种角色。被驱逐者早就在历史的镜子中审视自己。他的目光敏锐而深刻,虽然他对自己的描述往往掩盖,甚至扭曲了他曾经参与其中的这出戏剧的情节。

革命的记事者

被西方史家誉为"历史之父"的希罗多德认为,编年史编撰者的任务就在于"为了保存人类的功业,使之不致由于年深日久而被人们遗忘,为了那些值得赞叹的丰功伟绩不致失去它们的光彩。"[2]希罗多德观察了希腊波

---

[1] ЦГАСА, ф.4, оп.14, д.30, л.40.

[2] Геродот. История(《历史》). М., 1972. С.469。

斯战争(公元前500—前449年),着手书写《历史》。托洛茨基完全能够被认为是杰出的历史学家,他不仅观察了,而且创造了他后来急于想让人们知道的一切。

这位革命家的所有历史描述都包含着他本人的经历。或许正因如此,我们才在阅读托洛茨基的历史著作时,不仅是干巴巴地注意人类进化的"阶段""时期""时代",就像阅读普通的历史著作那样,而是感受到在生存的舞台上走过的人们的激情、意志、智力的搏击。托洛茨基眼中的历史是一条望不到尽头的画廊,陈列着战斗着的、激情满怀的、狂热而执着的、按照发展的客观规律而行动的那些人物。托洛茨基用他的全部创作力求表明,历史"按照马克思的意见"发展并非是宿命论,而是根据历史规律自身的"工艺流程"。托洛茨基不同于写历次俄国革命的许多作者,他从不局限于仅仅写各种事件的年代先后。他总是试图登上历史哲学的高度。在他看来,既往始终是理念的戏剧和人的戏剧。

我不知道有哪一位马克思主义者像他这样详详细细,波澜壮阔而又孜孜以求地描述过俄国的全部三次革命。对它们可以有不同的看法,但是不能不承认,托洛茨基的书中叙述了布尔什维克对革命的说法。不明白这种说法,就很难理解苏联的过去。关于第一次革命托洛茨基写了很多文章。也许,这还不是真正意义上的"历史",而只是发自战场的最新"战报",但却在几十年后成了第一次冲击君主专制制度的编年史。托洛茨基写道,"革命来临并结束了我们的政治童年。它将我们传统的自由主义及其唯一的优点:对政府人物可以顺利更换的信念,送进了档案馆。"[1]托洛茨基是一个革命的激进主义者,他认为,存在过举行全国起义的机会,可是受到许多情况,尤其是民主自由派的犹豫不决的阻碍。托洛茨基在《今后怎么办?》一文中强调说,因此"我们的革命斗争,我们对革命的准备工作将是……开展同自由主义的无情斗争,以争取群众……"[2]

托洛茨基的文章向后世展示了各种事态、过程、人物和对抗最完整的全景画面。这里有:关于布里根杜马[3]的、关于帕·尼·米留可夫教授的、关

---

〔1〕 Троцкий Л. Соч. Т.II. Ч.I. С.56.

〔2〕 Троцкий Л. Соч. Т.II. Ч.I. С.57.

〔3〕 布里根杜马是策划中的俄罗斯帝国讨论法律草案的高级代议机构。1905年7月由内务大臣亚·格·布里根拟订关于召开国家杜马的法律及其选举条例。由于1905年10—12月的革命事件这届杜马未能召开。

于十月罢工的文章:工人代表苏维埃历次会议上的发言,维特的答复;对《祖国之子报》[1]、《新时报》[2]、格奥尔基·普列汉诺夫、彼·司徒卢威的评论……革命的编年史眼下还是不系统的、零散的、顺其自然的片段。我再说一遍:这还不是一部"成文的"历史,而只是它搏动的反映。不过,对于一个对当时的历史断面有兴趣的人,托洛茨基谈论第一次俄国革命的众多文章依然能够提供丰富的思考资料。1921年8月,在世纪之初的革命事件已经过去15年后,托洛茨基在致党史委员会的一封信中对过去的事件作了重要补充和评价。[3]他似乎是想给自己穿上编年史作者的长袍。不过,在这些历史札记中,托洛茨基本人几乎没有露面。他只是偶尔提到他自己。后来受到传记作者不无根据地诟病的、这位革命家的历史自我中心主义,当时还并不存在。

俄历1917年10月25日至26日深夜值得纪念的事件发生后几个月,托洛茨基就首次尝试认真地讲述十月革命。他在布列斯特-里托夫斯克参加谈判时,晚上就起草一份论纲。后来出了一本小书,在俄国和国外再版过好几次。

直到50岁,托洛茨基才成了一名名副其实的历史学家。这时变幻莫测的命运正在考验他精神的坚定性。据托洛茨基生平和著作的大多数认真研究者的看法,他的全部创作中,最优秀的书籍就是两卷本的《俄国革命史》和上下两册的自传体书籍《我的生平》。即便他除了这两部作品之外,没有任何其他著作,他也能永远被列入最有才华的历史作家之列。托洛茨基在关于十月革命的将近50章和附录的鸿篇巨制中,展示了二月和十月两幕气势磅礴的场景。现在这部巨著的唯一一份手稿收藏在斯坦福大学战争、革命与和平问题胡佛研究所的档案馆中。为什么托洛茨基的文件会落到了那儿呢?

事情是这样的。鲍里斯·尼古拉耶夫斯基大战前就辗转来到了美国,1963年他将一些"自己的"档案卖给了这个研究所。托洛茨基的手稿是怎样到了尼古拉耶夫斯基手里的,我们不完全清楚。我在前面已经说过,托洛茨基在移居挪威之前,将部分档案移交给了巴黎米施勒街7号的历史研究

---

[1] 俄国自由派报纸。1905年11月5日起是社会革命党的机关报。

[2] 曾经是反动贵族和官僚集团的机关报。1905年起是黑帮的机关报。

[3] Сверчков Д. Ф. На заре революции(《革命的萌芽时期》). М., 1922. C.5-9。

所。尼古拉耶夫斯基就在这个研究所工作。这个研究所的档案于 1936 年
11 月 6 日至 7 日深夜被抢劫一空。许多手稿、文章、信件（据列夫·谢多夫
说，"有 80 公斤重"）流落到哪里去了呢？现在我们知道了。它们全部（原件
或复制件）被分批送到了莫斯科。许多文件是向斯大林本人报告过的。我
们对这次长时间的行动中马·兹博罗夫斯基的角色是了解的。在波斯克列
贝舍夫每天向领袖呈送的邮件中，多次出现这样的报告：

绝密

呈联共（布）中央书记斯大林同志

送上从托洛茨基在巴黎的档案中取出的 103 封信。

信件中包括 1929—1933 年间托洛茨基同美国的托派分子伊斯特
曼及其妻子叶连娜·瓦西里耶夫娜·克雷连柯的来往信件。

苏联内务人民委员

尼·伊·叶若夫[1]

那么，有些材料是怎样落入尼古拉耶夫斯基手里的呢？

鲍里斯·尼古拉耶夫斯基比托洛茨基多活了 26 年，他专注于收集那些
关于俄国革命运动的罕见文件、照片、信件。他到达美国时恰好是托洛茨基
去世那一年，他和妻子安娜·布尔金娜一起，仔细整理了后来出售给了胡佛
研究所的档案。这主要是最后一次被放逐的前半段他写的书籍和书信的手
稿。关于尼古拉耶夫斯基的收藏，美国学者德·里德和麦·雅科布松写了
一本很有意思的书。[2]

反正是没有材料表明，托洛茨基曾经亲手将文件交给尼古拉耶夫斯基。
我想，"文件的保管者"为自己的收藏拿走了一些东西。这些文件在转给胡
佛研究所时，发现共有 400 多份，而且主要是在普林吉坡时写的。《俄国革
命史》就是这批收藏中的珍品。

不过，兹博罗夫斯基 1936 年 11 月 7 日发给莫斯科的一份长篇报告透
露了档案的下落和事情的经过。下面就是保存在内务人民委员部档案馆里

---

〔1〕 Архив ИНО ОГУ—НКВД, ф.17548, д.0292, т.1, л.193.

〔2〕 Reed D. and Jakobson M. Trotsky Papers at the Hoover Institution（《胡佛研究所中的托洛茨基
文件》）. N.Y. 1982.

的这份报告的摘要：

> 正午12点，我被"儿子"（列·谢多夫——作者注）叫到了咖啡店。来咖啡店的还有"女邻居"（Л.埃斯特林——作者注）。"儿子"声称，夜里格伯乌从研究所窃走了"老头子"的文件。"儿子"当即说明，知道档案存放地点的总共只有四个人：他、"女邻居"、尼古拉耶夫斯基和我。前面的三个人是无可怀疑的。剩下的就只有"马克"（兹博罗夫斯基——作者注）了。我们认识他才两年……但是，"儿子"停了停，又说他本人对"马克"百分之百的信任。应当检查一下，保存在秘密地点的第二份档案是否还在。（在这里的空白处有"马克"写的注："这份档案我们已经摄了影。"——作者注）警察署的侦查部门对它们很不放心，可是未必能够找到它们，不过可能查到其他的东西。
>
> 我得知，我不在场时，尼古拉耶夫斯基、"儿子"和"女邻居"讨论过"马克"窃走档案的可能性。但是最后否定了这种假设，而且大家一致对警察署宣称："这是格伯乌干的。"当别人暗示"马克"时，"女邻居"声称："绝对不可能。要想这样扮演整整两年，除非是一个天才。我非常清楚他对莫斯科枪杀的反应。"[1]

通过内务人民委员部的间谍机构，用这样的办法将档案的主要部分送到了莫斯科。（我已经从这批档案中引用了一些文件）。此外，托洛茨基的部分文件就留在谢多夫和巴黎研究所之间的中介人尼古拉耶夫斯基手中了。托洛茨基去世后，看来尼古拉耶夫斯基认为自己可以随心所欲地处置这些文件了。尽管法国警方首先怀疑的是被它认为是"危险的共产党人"的苏瓦林。[2]于是，胡佛的藏品中就有了经过尼古拉耶夫斯基得到的《俄国革命史》的手稿。

关于托洛茨基的这部主要历史著作能够说些什么呢？它言简意赅的各个标题都是很确切的："二月革命的悖论""沙皇和皇后""君主制的垂死挣扎"……二月（还有十月也一样）革命史的哲学被托洛茨基强行塞入了马克思主义理论的规范框架。因此托洛茨基的《历史》从一开始就受到限制和收

---

〔1〕 Архив ИНО ОГУ—НКВД, ф.31660, д.9067, т.1, л.60-67.

〔2〕 Архив ИНО ОГУ—НКВД, ф.31660, д.9067, т.1, л.73.

缩。它按照自己的规定性事先就认为，其他任何诠释都是错误的。1930 年托洛茨基在普林吉坡就写道："全部实质在于二月革命仅仅是一个外壳，其中隐藏着十月革命的核心。二月革命的历史就是十月的核心怎样摆脱了自己的妥协派的罪过的历史。即便庸俗的民主派敢于客观地叙述事件的过程，他们也未必敢号召别人回到二月去，犹如不可能呼吁谷穗回到它赖以出生的种子去一样。"〔1〕

托洛茨基作为一名马克思主义者所具备的这种对历史的武断态度，今天看来至少是值得怀疑的。他力求将自己的中心思想突出地展示在资产阶级作家在他看来是错误的探索之中。这是他惯用的方法。他在"序言"中向读者介绍自己的二月革命史时，提醒读者还有立宪民主党人的前领袖帕维尔·尼古拉耶维奇·米留可夫同一题材的一本大部头著作。托洛茨基明确地评价说，不过他"关于二月革命的著作无论如何都不能被认为是科学的创作。自由派的领袖在自己的《历史》中是以受害人，以原告的身份，而不是以历史学家的身份讲话的。他的三本书被认为是在科尔尼洛夫叛乱溃败时期《言语报》〔2〕的一篇臃肿庞杂的社论。"托洛茨基写道，米留可夫"最后没有别的办法，只好指责俄国人民，说他犯下了被称为革命的罪行"。〔3〕

托洛茨基评价和结论的先定性往往引起公正读者的强烈反对。政治的规定性、阶级的局限性、绝对相信自己武断的历史正确性——这就是这部杰出的历史著作的软肋。作者根据值得纪念的时间顺序，机智而别出心裁地描述 1917 年各种事件的千变万化，全是为了固执，明确，反反复复地灌输一个非常可疑的观点：二月革命是注定要失败的。托洛茨基断定，"到第四个月结束时，二月革命已经耗尽了自己的政治能量"。〔4〕

一个受自己的观点和世界观钳制的革命者—历史学者并不想看到：二月只是为通往民主的殿堂稍稍打开了门。他不希望认识到：制造十月革命的并不是布尔什维克，而首先是帝国主义大战、软弱的政权、社会最深刻的危机，"底层"的愤怒。列宁和托洛茨基率领的布尔什维克是利用了这些机遇的最有积极进取心，思想激进的一股势力。可是托洛茨基既不打算理解，也不想承认"跨越"民主阶段这种行动本身就蕴含着推崇暴力这种最大的危

---

〔1〕 Троцкий Л. История русской революции(《俄国革命史》). Берлин. Гранат, 1931. Т.I. С.6.

〔2〕 立宪民主党的机关报。

〔3〕 Троцкий Л. История русской революции. С.7.

〔4〕 Троцкий Л. История русской революции. С.501.

险。革命,而不是改革;专政,而不是民主;不容反驳的历史正确性,而不是
怀疑——这就是很快就毫不犹豫地同自己的盟友左派社会革命党人分手的
布尔什维克信仰的特点。

托洛茨基视暴力为革命最深刻的动力。既然这种动力被无产阶级发动
起来了,它就能做出公正的事情。这就是为革命做历史辩护的简单主题。

当托洛茨基对考茨基就他论恐怖主义的小册子作出答复后,萧伯纳也
认为需要就这个问题说说自己的见解。这位伟大的英国作家的文章《托洛
茨基是抨击文章之王》于 1922 年 1 月末被译成俄文,并提供给革命军事委
员会主席参阅时,托洛茨基在文章的许多地方画了线,可是不敢公开同萧伯
纳"作战"。

"托洛茨基陶醉于自己的成就之中(这是连马克思都从未有幸体验过
的),他在斗争中将高尔察克、邓尼金、弗兰格尔像三粒烂核桃一样压得粉
碎,又成功地将欧洲置于前所未见的惊悸和恐慌之中……"萧伯纳接着写
道,"历史的浪漫主义传统要求,革命的最见效时刻是杀死皇帝。为什么苏
维埃政权要恢复这种传统? 为什么苏维埃政权不但回到了已经过时的杀死
沙皇的传统,而且不经审判就径直消灭了沙皇全家,直接损害了这个家庭的
成员作为共和国公民所拥有的权利? ……

托洛茨基应当回答这个问题……无论怎么说,相互射击的时间已经过
去,托洛茨基却认为,虽然取得了胜利,他的困难却刚刚开始。他可以枪杀
整个人类,除了共产党和拥护它的统治的人之外,可是拯救俄国的任务并不
会因此而稍有减轻……"[1]

萧伯纳这篇文章的译文就这样留在了托洛茨基的文件中。无论内务人
民委员部的人怎样在这里翻找,它也不能用作从精神上消灭托洛茨基的
借口。

托洛茨基能够只用强劲的几笔就不仅恢复革命的外貌,而且还有它的
内部机制。他说,"政变具有短促突击的性质,而且只付出了最小的代价,其
原因就是将革命的图谋、无产阶级的起义和农民卫戍队的斗争结合起来
了……"托洛茨基作出结论:"领导政变的是党;主要的动力是无产阶级;武
装的工人赤卫队是起义的拳头;而决定斗争结局的则是笨重的农民卫戍

---

〔1〕 ЦГАСА, ф.33 987, оп.1, д.485, л.612-616.

部队。"〔1〕

作者力求做到历史的准确,他说,"十月政变"仅仅用了一昼夜,参与其事的"未必超过 30 000 人",〔2〕这怎么能同日后官方史学关于"人民革命"的断言相一致呢!

托洛茨基非常熟悉西方的民主制度,对它很是推崇。他说,"同君主制,以及其他人相为食和穴居时期的后果比起来,民主制当然是很巨大的成就。"借用人们的口头语,谢天谢地,他总算承认了显而易见的事情。可是就在这里,他又意味深长地补上一句:民主制"并未触动在人们的社会关系中盲目地玩弄力量的问题"。因此,"十月政变首次对这个无意识领域动了手"。〔3〕先破坏,后建设。这个公式隐藏着布尔什维克的社会主义实验最终走到历史性失败的根源。社会的方法论是这样的:只有破坏旧制度和建立新制度同时进行时,改革才能够取得成绩。十月革命却一味称赞扫荡,消灭旧事物。可能会有人立即指责我,说我忘了列宁和科学共产主义奠基人关于不能容许"徒劳无功的否定"的相应言论。可是我现在谈的是不仅仅毫无人道的激烈,而且极端残忍的社会实践。起初将一切都变成灰烬,然后再按照领袖们抽象的结论来构建兵营式的社会主义。

对此托洛茨基是否认真思考过?是的,他无疑思考过。在回答"革命的后果总体说来能不能证明它所造成的牺牲是正确的"这个问题时,托洛茨基说,"这个问题自有其目的,因而也是徒劳无益的。"接着他又补充说:"如果说贵族文化将沙皇、掠夺、手枪这样的外来词语带入了世界日常生活,那么十月革命则将布尔什维克、苏维埃、五年计划变成了国际词汇。仅仅这一点就足以为无产阶级革命作证了,假如它一般说来还需要证明的话。"〔4〕可是,难道能够将贵族文化归纳为"沙皇"和"手枪"吗?革命的破坏性,按托洛茨基的说法,就是"无产阶级的节日"。但是,这个"节日"却病态地延续下去了。上面这些话是托洛茨基在 1932 年写下的,因此他还不可能知道,十月革命过去许多年后,准确地说,是同它的孩子联系在一起的,还有另一些词语:古拉格、全面的官僚制度、粗俗的教条主义。

不过即便托洛茨基当时就得知了"热月政变已经完成",这名革命家一

---

〔1〕 Троцкий Л. История русской революции. Т. II. Ч. 2. С. 6.

〔2〕 Троцкий Л. История русской революции. Т. II. Ч. 2. С. 319.

〔3〕 Троцкий Л. История русской революции. Т. II. Ч. 2. С. 375.

〔4〕 Троцкий Л. История русской революции. Т. II. Ч. 2. С. 376-377.

历史学家也不会放弃对未来的乐观预测。他已经到了墨西哥之后,在 1937 年 2 月 3 日给自己的支持者安捷琳娜·巴拉巴诺娃的信中还写道:"什么叫悲观主义? 消极地,哭丧着脸抱怨历史。难道可以抱怨历史吗? 应当按照历史的现状来接受它,而如果它是用龌龊下流的办法来解决的,那就用拳头去搅拌它。只有这样才能在世上活下去。"〔1〕托洛茨基别无选择(甚至在他的失败已经很明显的时候),只能"用拳头"去"搅动"历史,指望历史有朝一日会将一切都放置在它们应有的位置上。

托洛茨基的评价带有革命的激进主义和狂热地信仰俄国革命的前提正确的痕迹。但是,《俄国革命史》依然是他最优秀的著作之一。托洛茨基作为一名历史学家,是否符合实际呢? 是否可以相信呢? 他知道,后人会向他提出这些有刺激性的问题。革命的记事者从已经过去的几十年的深处回答"一名作家是否需要所谓的历史公正"的问题时,写道:"一个有批评能力的认真读者所需要的,并不是那种背信弃义的不偏不倚,能够给他带来一个和解的奖杯,杯底上沉淀着反作用的仇恨的难以觉察的毒药;而是在老老实实地研究事实,探索它们的运动规律过程中,为自己坦率的,毫不掩饰的爱和恨寻找根据的那种科学的严谨。"〔2〕我们则应当知道,托洛茨基并不是一个公正的人。在他描述革命时,他仿佛是在讲他自己。在他眼里,革命和他本人是统一的。我想,这就足以解释许多事情。但对于我们重要的是他对历次俄国革命的完整的观点。

看看托洛茨基怎样进行历史创作是很有意思的。历史学家研究了大量各种文献之后,就开始收集最典型的段落、表述和文件。然后将它们按照一定的逻辑顺序,根据文章、章节和书籍等的写作计划,分别粘贴在单页纸张上。得到一个独特的"手稿长卷",在各段引文之间"配上"托洛茨基的想法、评论和结论。这就是一个章节的初稿。他通常还要写下第二份手稿,给拟定的历史主题补充新的资料和概括。按他的意见,只有第三稿才可以作为定稿。托洛茨基的工作能力实在让人吃惊:《革命史》的一些片段只是在经过多次修改之后,才成为手稿的定稿。在纸张的空白处还有供自己参考的各种统计数字、资料、引用的文件和备注。

在胡佛研究所保存的手稿中发现了不曾收入该书的几个章节。例如,

---

〔1〕 The Houghton Library. Trotskii coll. bMS, Russ. 13.1(7314—7318).

〔2〕 Троцкий Л. История русской революции. Т.II. Ч.2. С.16.

《妥协派》一章在很大程度上是谈克伦斯基在 1917 年 11 月企图利用克拉斯诺夫来反对布尔什维克的。可是后来托洛茨基没有将这一章收入书里，只是把部分材料放进了其他章节。

托洛茨基在撰写《俄国革命史》时（在革命已经顺利完成之后过了将近 15 年），作为它的积极参加者之一，既是作为回忆录，也是作为一部永志不忘的历史。融入了文学技巧的这种综合性质使作者得以创作出一部杰出的著作。

后来，在遇害前不久，托洛茨基已经不能像早先那样写作了。实际上以他为主要被告的几次莫斯科审判打乱了他的生活。所以，他对苏联现实做历史的和逻辑的综合分析的《被背叛的革命》一书写得就比他早年的作品差了许多。1937 年 6 月，维克托·谢尔什在致谢多夫的信中说，他在编辑《被背叛的革命》时，遇到了许多困难："书没有写完，没有经过整理，而是匆匆忙忙地将各种材料拼凑在一起……有许多几乎是逐字逐句的重复，而且冗长……不应当用累赘来毁了一本书。"〔1〕可是这本书托洛茨基是在挪威写的，"惩罚机关"之手已经高高举起在他头上了。而在普林吉坡，创作的环境要优越多了。

尽管托洛茨基在分析事态时，没能摆脱作家的自我中心意识，但是应当承认，《革命史》仍然深邃而恢宏地证明了这出磅礴的俄国戏剧。虽然作者在描述他亲自行动过、痛苦过、希望过的那个时代断面时，难以摆脱以自我为中心的一些叙述，但《革命史》的风格主要还是平静、持重而客观的。我想，托洛茨基做到这点是很不容易的，因为这本革命的编年史是他在遭到斯大林毁灭性的打击之后写成的。

这部书在哲学上是深刻的，有心理—精神的描述，而且极具尖锐的争辩性。这是因为在他写作《革命史》的时候，几乎同时在莫斯科全速开始了伪造自 1917 年以来的历史的过程。在一篇谈对《俄国革命史》的反应的文章中，托洛茨基写道："正如一个发了财的小店主要造一本与自己匹配的家谱一样，从革命中成长起来的官僚阶层也要造一部他们自己的历史。为它服务的有好几百台转轮印刷机。但是数量并不能弥补它的科学质量。"〔2〕

〔1〕 Архив ИНО ОГПУ—НКВД, ф.17 548, д.0292, т.2, л.127-128.

〔2〕 Бюллетень оппозиции. 1933. Июль. № 35. C.20-21.

实际上,他在与《革命史》几乎同时问世的《斯大林伪造学派》一书的序言中,也写了相同的话。这本书由许多真实的文件、三篇不曾发表过的他的讲话和所谓《致党史委员会的一封信》组成。这封信包含了托洛茨基早在1927年对党史委员会一份调查表的回答。(这我在上卷中已经谈过)这封信很长,将近100页,70个(!)主题。托洛茨基引用了大量文件,极具说服力地展现了莫斯科"改写"历史的过程。除了斯大林外,托洛茨基还直接指控季诺维也夫、布哈林、雅罗斯拉夫斯基给历史的织品"改头换面"。托洛茨基为最后那一个"改头换面者",同时也为奥里明斯基和卢那察尔斯基写了专门的一段……托洛茨基写道:"这些人可以这样,也可以那样来履行自己的社会,啊,不对,是完成书记的订货!"[1]

在回答对他的孟什维主义的指责时,托洛茨基写道,他早在1904年就同孟什维主义在组织上和政治上决裂了。他说,"我从不以孟什维克自称和自命。"还自我批评地补充说,"正如我一再声明的那样,在我同布尔什维主义的许多原则性分歧中,**错误在我这一边**。"[2](黑体是我加的——作者注)

关于布列斯特-里托夫斯克和约,托洛茨基指出,拖延"向霍亨索伦王朝投降的时间"是经中央委员会的多数和全俄中央执行委员会的多数批准的……他接着说,"在布列斯特和谈时期,全部问题在于,1918年初时,德国的革命形势是否已经成熟到我们可以不再继续进行战争(我们没有军队了),但又可以不签订合约的程度。经验证明,当时还不存在这样的形势。"[3]

托洛茨基已经知道(写这本书是在1931—1932年),莫斯科已经采取坚决措施,要彻底搞臭1918年初他在和谈时期的立场。为此还制造了一种假象,仿佛列宁在决定这个问题时,仅仅同斯大林有过商量。

所以,托洛茨基在出版《斯大林伪造学派》时,就已经看到有人企图歪曲不久前的历史。这种为了政治,为了克里姆林宫的恺撒而改变真相的"传统"将维持好几十年。可以作为证明的是我在前面已经提到过的斯塔索娃和索林1938年5月给斯大林的报告。他们在这份报告中实际上是建议对

---

〔1〕 Троцкий Л. Сталинская школа фальсификации(《斯大林伪造学派》). Берлин; Гранат, 1932. C.38.

〔2〕 Троцкий Л. Сталинская школа фальсификации. C.96-97.

〔3〕 Троцкий Л. Сталинская школа фальсификации. C.38.

涉及斯大林 1918 年初的立场的列宁札记作出"修正"。[1]

在撰写《俄国革命史》时，托洛茨基非常惋惜的是他没能把革命时期之前和苏维埃政权最初几年，还有他被发送去流放时的许多材料带出莫斯科。这里指的是革命军事委员会记录的复制件、他作为三个部门(外交、陆海军、铁道)的人民委员发出的命令和指令、大量来往书信。例如，他非常希望使用前政治苦役犯和流放移民协会的档案，可是他没有这些文件。

他是在 1924 年 6 月被接受加入这个协会的，当时他的星光已经逐渐暗淡。在一份包括 43 项的大表格中，托洛茨基如实地填写了：居住地——"克里姆林宫"，职业——"文学家-革命家"，教育程度——"中等"，出身——"移民-土地占有者之子"，在何处监狱关押过——"尼古拉耶夫斯克、敖德萨、莫斯科、伊尔库茨克、亚历山德罗夫斯克、'十字架'"……[2]协会中有许多经历丰富的长者，他们对全部三次革命的了解程度足以大大丰富未来的《革命史》。协会从一开始就出版了一份杂志《苦役和流放》，收集回忆录、文件和各种证明材料。协会的这名新会员打算利用它的档案。

托洛茨基完成自己的《革命史》时，还不知道前政治苦役犯和流放移民协会的生存只剩下几个月了。党委委员雅·彼得斯和彼·波斯佩洛夫对协会"检查和审查"后，向中央监察委员会主席尼·伊·叶若夫和副主席马·费·施基里亚托夫报告说："截至 1935 年 4 月 1 日，协会成员中：联共(布)党员 1 307 人、党外人士 1 494 人。其他党派成员占百分之五十七。"彼得斯和波斯佩洛夫在报告中称，协会中占多数的是"依靠旧关系紧密抱成团的"原社会革命党人和孟什维克分子。基洛夫被暗杀后，"已经逮捕了 40—50 名协会会员"。整篇报告是一份长长的政治罪犯名单："社会革命党人安德烈耶夫，孟什维克德里克尔、吉普尔科夫、费尔德曼，以及其他被内务人民委员部机关称为暗探的人。"党的监察官员在报告中声称，"协会特别看重巴枯宁、拉甫罗夫、特卡乔夫、拉吉舍夫、奥格廖夫、卢宁等人"。杂志的半数以上作者是民粹派分子、社会革命党人、孟什维克分子。"杂志上发表过谈论尼采的，还有谈论克伦斯基的文章……"彼得斯和波斯佩洛夫报告说，有一篇文章声称，"假如没有二月革命，也就不会有十月革命"，将哥萨克制度理想化，对"斯大林同志的一些经典原理"间接表示了怀疑。事情发展到在部分

---

〔1〕 ЦГАСА, ф.33 987, оп.3, д.1075, л.42.

〔2〕 ЦГАСА, ф.4, оп.14, д.49, л.3-4.

前苦役犯中出现了这样的意见："协会有责任保护自己的成员,如果他们也被苏维埃政权抓起来的话。"

报告最后实际上提出了撤销协会的问题。[1]斯大林自然同意了这个建议。由于托洛茨基已经"脱离了"协会,他当然不会知道。插一句题外的话,协会刚被撤销,高尔基就经斯大林允许,为作家协会没收了政治苦役犯的许多图书,伏罗希洛夫则为自己的人民委员部没收了索契的疗养院。[2]一个极权社会是不需要那些知道得太多,因而能够给官方的历史投上阴影的人物、文件和档案的。

托洛茨基同意许多协会成员对革命的起因和根源的见解:不仅是旧世界的深刻危机,还有历史的急躁加速了社会的爆炸。任何灾难、动荡和政治变乱都会以令人难以置信的速度促成革命的成熟。托洛茨基写道,这种加速器就是帝国主义大战。如果粗略地浏览一下托洛茨基的《革命史》,可能得到一种印象,认为它仅仅是中央委员会、各种苏维埃和人民委员会活动的大事记。可是,不对了。托洛茨基是在喋喋不休地灌输群众、阶级和各族人民的情绪同现实情况之间的深刻联系的思想。然而托洛茨基作为一个正统的马克思主义者,任何时候都不会怀疑,共产党人拥有"历史的权利"对世界进行强制改造。

托洛茨基知识渊博,在描述俄国革命时,经常思考着法国大革命的种种冲突和矛盾。这算不上新奇独特。俄国革命的许多领导人是雅各宾派,往往用罗伯斯庇尔、马拉、丹东、圣茹斯特……的尺度来衡量自己的想法。在1918—1919年的危急时刻,托洛茨基内心里就觉得自己仿佛是国民公会的委员和社会拯救委员会的头目。他大约感到自己有时扮演的是法国革命的最大军事家和组织者拉扎尔·卡诺的角色。

可是,在进行历史分析时,托洛茨基最完整而且经常使用的却是热月政变现象。托洛茨基认为,斯大林主义是在真正的革命力量丧失了警惕,而在转变的肥沃土壤中长出了新的特权阶层时出现的,是热月政变规律性的表现。他指出,这是在革命的节日逐渐结束,开始了灰暗的、寒冷的、饥饿的平淡岁月时。当时并非所有的人都懂得,"贫困不是革命的结果,而仅仅是走向光辉未来的一个阶段"。托洛茨基痛心地指出,然而这种平淡岁月却使革

[1]　ЦГАОР, ф.3316, оп.14, д.49, л.3-4.

[2]　ЦГАСА, ф.33 987, оп.3, д.773, л.297.

命精神冷却下来了。这就是热月政变的一个原因。

这位历史学家将法国的热月政变和俄国的热月政变作了历史的类比，分析了两者的差异，探索这种历史过程的内在规律性。"由左翼雅各宾派发动的热月政变最终变成了针对整个雅各宾派的一次反动行动。革命政府的支持者、山岳派、雅各宾派这些名称成了骂人的粗话。在外地，人们砍倒了自由之树，践踏三色帽徽……"在俄国则有许多不同之处。"极权主义的党吸收了为反动所必需的各种人物，在官方的革命旗帜下将他们发动起来。党即便在自己同敌人的斗争中也绝不容忍任何竞争者。反对托洛茨基的斗争并没有转变成反对布尔什维克的斗争，因为党包揽了整个斗争，给它规定了一定的界限，而且仿佛是以布尔什维主义的名义在进行斗争。"〔1〕

托洛茨基翻来覆去地试图搞清楚"领袖—政党—阶级—群众"之间的关系。他实际上是认为，这个系统中平衡是罕见的。领袖的任务是不要脱离群众。为了解决这个任务，就有了从无产阶级中征集人员而组成的党。但是，这名历史学家认为，如果能够用机关来取代党，领袖就变成了恺撒，而群众则成了可供操纵的一群松松垮垮的对象。

托洛茨基作为一名历史学家，非同寻常地喜欢争论。不过，这正是俄国革命者的传统。十月革命的敌人被托洛茨基描绘得轮廓清晰而鲜明，但往往都很可憎。无论是罗曼诺夫、克伦斯基或者普罗科波维奇，以及阿夫克森齐耶夫，托洛茨基都一视同仁，毫不吝惜颜色和色调，使身影在历史的背景上显得更加清晰、明确而突出。托洛茨基在评论时，往往不仅对敌人，而且对自己阵营中的人也毫不留情。比如说，他读完军事理论家 Ф.赫歇尔曼的文章《在未来战争是可能的吗》后，决定对他做出公开回答。可是这篇回答的标题本身就很让人难堪：《思想深刻的废话》。它的批评部分是斩钉截铁，不容辩驳的："作者就像冬烘先生那样，从遥远处开始，也就是说，从对历史问题束手无策的繁琐哲学家列耶尔（插一句题外话，列耶尔是 20 世纪初俄国最重要、最有独到见解的军事理论家之一，著有《彼得大帝以来的俄国战争概论》（四卷），以及许多战略和军事史方面的著作——作者注）开始，从他那里取出一些平庸至极的议论：'斗争是一切生物的基础'作为大前提。"托洛茨基在文章中讲了一些很有意思的观点，顺便就"灭了"落在他手下，不

---

〔1〕 Троцкий Л. Сталин. Т.2. С.218.

对,是笔下的赫歇尔曼。[1]斥责、粗暴的批评是布尔什维克革命领导人的风格。这样进行批评的在革命后有列宁、斯大林和其他领袖。他们知道:反对者是不能这样回敬他们的,因为将立即被指控为反革命。随着不受监督的权力一起到来的是绝对正确和不受惩罚的感觉。

托洛茨基的这种批评有时是很委婉的。例如,谈到马尔托夫在第二次苏维埃代表大会上的角色时,托洛茨基称他是"民主社会主义的哈姆雷特"。"7月,当革命退去时,马尔托夫前进了一步;而现在,当革命准备来一次雄狮般的飞跃时,马尔托夫却后退了。右派的离去使他失去了在议会中周旋的机会……他急急忙忙离开了代表大会,为的是摆脱与起义的关系。"[2]托洛茨基的政治批评始终是鲜明而确定的,但往往令人难堪。在他看来,马尔托夫、苏汉诺夫、阿布拉莫维奇,其他任何一个政治反对派都只不过是历史舞台上"演员"中的一个,每个人都在台上扮演自己的角色。而他也一样。

至于革命的领袖们,托洛茨基关于列宁自然写得非常多。不能不指出,历史学家在描述无需争论的领袖时,表现了智力的优雅和心理的细腻。可是,在合上这本关于俄国革命的书时,总感到无论是列宁,还是托洛茨基都似乎反对过的那种歌颂偶像,正是由于后者的努力才诞生的。很难相信,列宁作为一个人能拥有那么多"绝对"正面的品质。托洛茨基在革命前曾经毫不吝惜地使用过那么多羞辱的字眼,而在十月革命后却换了完全不同的另一种调子,极为美妙的调子。

尼古拉·弗拉季斯拉沃维奇·沃尔斯基(瓦连廷诺夫)早在1904年就同列宁非常熟悉,他指出:"要透彻地了解列宁绝不是那么简单的事情。他远比在辱骂他的传记中,更不消说在官方的歌颂中显示的形象要复杂得多,矛盾得多。"[3]也许,托洛茨基同列宁的关系并不像他自己所写的那样亲近,因为他看到的仅仅是革命领袖的一个侧面?据瓦连廷诺夫证实,列宁"一生中……关系不错的至少有上百人,但是只同两个人,马尔托夫和克尔日扎诺夫斯基,在很短时期内非常亲近。"[4]也许,正因如此托洛茨基才仅仅看到了列宁被历史的阳光照亮的一面?我并不认为,托洛茨基早就将自己摆在和列宁比肩而立(只是略低一点)的地位,这在同斯大林的斗争中是

---

〔1〕　Военное дело(《军事杂志》). 1919. No 23-24. С.1.
〔2〕　Троцкий Л. История русской революции. Т.II. Ч.2. С.337.
〔3〕　Валентинов Н. Малознакомый Ленин. С.193.
〔4〕　Валентинов Н. Малознакомый Ленин. С.189.

一个不错的位置。对于历史中的痕迹也是这样。托洛茨基没有想到,列宁也有很强烈的虚荣心,不过善于掩饰罢了。他在别人身上看重的首先就是能够赞同他的观点,而且能将它们具体化、物质化。安杰利卡·巴拉巴诺娃早就结识了列宁,一度是齐美尔瓦尔德运动的领导者之一,后来(1919 年)担任过共产国际的书记。她写了一本在俄国很少为人所知的书《对列宁的印象》,其中有几行值得一读的文字:"列宁需要的是同谋者,而不是战友。在他眼中,忠诚就是绝对相信一个人能执行所有的命令,甚至是那些违背人类良心的命令。"[1]

不过这不是主要的。托洛茨基没有看到布尔什维主义许多与生俱来的缺陷。颂扬无产阶级专政、将阶级斗争的作用绝对化、对社会民主主义的根本残缺深信不疑,等等,都被托洛茨基认为是神圣学说的公式。托洛茨基坚信,没有列宁,十月革命就不可能完成。因此,列宁就被托洛茨基描绘成不仅仅是救世主,而且是为这次革命的迸发而对历史负责的人。

我认为,托洛茨基在自己的历史著作中对列宁的评价如此之高,不单是由于这位革命家的实际品质。将列宁举到被颂扬的高度,托洛茨基也就不动声色地把自己紧随其后也置于历史的宝座之上。因为他可是革命和国内战争中的二号人物呀!当然,给列宁唱赞歌也是托洛茨基同党和国家的新领袖进行政治和思想斗争的一种手段。因此托洛茨基对苏联报刊将斯大林和列宁并列的企图特别不能容忍。

1935 年 8 月 5 日,《真理报》发表了纪念恩格斯逝世 40 周年的文章。托洛茨基也发表了一篇文章《他们是怎样书写历史和传记的》作为回应。他引用了达·扎斯拉夫斯基关于恩格斯的话:"马克思和恩格斯之间出众的、值得研究的友谊并非偶然地在列宁和斯大林之间的出众的和谐和伟大的友谊中得到了再现。"托洛茨基立即引用不朽的俄国讽刺作家的话,对文章作者作出了致命的结论:"从今而后,这个狗崽子就会蹲在那里,等候领赏了。"[2]

托洛茨基不仅是一名革命史学者,而且在某种意义上也是一名军事史学者。根据他的创议,1923 年至 1924 年出版了革命军事委员会主席的命令、指令和讲话。这五卷出版物的总名称是《革命是如何战斗的》。早在

---

〔1〕 Balabanoff A.Impression of Lenin(《对列宁的印象》). University of Michigan Press,1984. P.82。

〔2〕 Бюллетень оппозиции. 1935. Сентябрь. № 45. C.16.

1920 年 2 月，托洛茨基就给野战司令部司令、红军政治部、军史委员会发出了指示信。他写道："我认为，毫无疑问必须在最近几个月内写出一本哪怕是红军简史。这样一本历史书首先就是西欧和美洲所必须……对于已经或者正在进入革命时代的其他国家，这部历史应当成为许多教训的源泉。"[1]在信中托洛茨基还指出：《红军史》应当反映它发展中的游击队、民兵和正规军时期，军事委员的作用，国内战争的战略特点以及其他问题。

在托洛茨基的文字遗产中，国内战争占有特殊地位。例如，他《文集》的第 17 卷全部是讲述俄国的旺代叛乱的大事记、历史，分析它的各个方面。1918 年 11 月，在第六次苏维埃代表大会上作《关于战争局势》的报告时，陆海军人民委员宣称，"世界上第一支共产主义军队"已经建成，而且正在胜利前进。[2]尽管共和国的处境凶险，托洛茨基的报告依然是乐观的，他相信红军必胜。

描述各条战线、各次战役和战斗的场面时，托洛茨基相信，被人格化了的偶像作为革命的象征，依旧可以敲击出革命激情的火花，鼓动疲惫已极的人民继续旷日持久的自相残杀的战争。

托洛茨基有关战争问题的几百篇文章中大多是战争的大事记，它们将已经永远消失了的往昔凝聚在无穷无尽的长卷上，成了一部编年史。

如果将托洛茨基的无数文章、命令、对红军战士的呼吁、在各条战线上的讲话按时间和主题加以排列，就可以得到一部多卷本的国内战争史。它不像经典作品那样完整，逻辑上也不那么严谨，但这样一本《历史》仍然能够传递那个艰难而残忍的时代的气息。

他国内战争史的许多作品不仅让我们想起往昔，而且也证明了托洛茨基在创建一支新军队时，为解决许多复杂问题作出的巨大贡献。1920 年 11 月，在利用国内战争经验委员会上讲话时，托洛茨基还在 1925 年的军事改革之前，就提出了以民警为基础，建立一支正规军的思想。[3]战争结束后，托洛茨基按照他自己"世界革命不可避免"的主要思想，一再提出要总结胜利了的无产阶级的战争经验。1924 年夏季，召开了军事科学协会理事会会议，讨论在俄国传播国内战争的历史知识问题。托洛茨基的报告，还有

---

〔1〕 ЦГАСА, ф.33 987, оп.2, д.113, л.209.

〔2〕 Троцкий Л. Соч. Т.XVII. Ч.2. С.31.

〔3〕 ЦГАСА, ф.33 987, оп.2, д.192, л.237.

Я.M.日古尔、约·斯·温什利赫特、克·格·拉柯夫斯基、米·尼·图哈切夫斯基、卡·伯·拉狄克、奥·伊·科尔克、阿·阿·越飞、罗·阿·穆克列维奇、瓦·彼·柯拉罗夫和理事会的其他成员的讲话,都遵循一个相当实用的目的:让群众了解俄国革命的战争史,因为这种知识作为一种战略、一种教导、一种章程是其他国家起义和未来的国内战争所不可缺少的。

军事家们希望在地平线以外看到新的革命闪光,那就需要他们的经验、他们的建议、他们的方法。在托洛茨基看来,十月革命的战争史具有并非转眼即逝的理论和实践意义:"应当写出十月革命的战略和策略日程表。应当说明事态是怎样一浪高过一浪地发展的,它们在党、苏维埃、中央委员会和军事组织内又是怎样反映的。"托洛茨基认为,这一切都将被我们的"阶级弟兄"所利用。

托洛茨基还在报告中强调说,问题还有它的另一面:"我们应当善于将强加于我们红军的防御战同我们敌人营垒中的国内战争结合起来。"[1]从这个意义上说,历史经验就是具体的武器。当《军事通报》杂志的责任编辑Д.彼得罗夫斯基将鲍·米·沙波什尼科夫就米·尼·图哈切夫斯基的讲座《越过维斯瓦河的进军》而写的一篇文章《谈谈 1920 年夏季的一次进军》寄给托洛茨基,请他作评论时,评论者划去了原战线司令的文字:"由于我们的战局失利,连接俄国革命同西欧革命的环节被割断了"。[2]托洛茨基不想在 1924 年公开谈论这件事,虽然他无疑是赞同图哈切夫斯基的观点的。

说实话,托洛茨基是苏联战争史学的鼻祖之一。正是由于他的嘱咐、建议和倡议召开的会议,我国才在 20 世纪 20 年代初出版了许多巨著:A.阿尼舍夫的《国内战争史札记》、尼·卡库林的《国内战争战略概述》,由安·布勃诺夫、谢·加米涅夫、米·图哈切夫斯基和罗·埃德曼编辑的三卷本《国内战争 1918—1921 年》,以及其他著作。不过,到了 20 年代末,托洛茨基已经不在其中占有什么位置了。到那时,被废黜的领袖仿佛是被甩出了他曾经是主要人物之一的历史。直到今天,他还有许多文件是读者和历史学家们不知道,或者知之甚少的。

例如,按照他的命令,第三骑兵军原军长加·加伊给他写了一份职务报告,叙述了 1920 年一些部队被消灭和越过德国边境的情况。在波兰经历了

---

〔1〕 ЦГАСА, ф.4, оп.14, д.32, л.187.
〔2〕 ЦГАСА, ф.33 987, оп.3, д.80, л.319.

惨烈战斗和失败后,该军被切断了同战线主力的联系,不得不向德国方向突围,于是在德国被扣留了。对部队被消灭的描述有助于深入了解"越过维斯瓦河的进军"失利的原因。[1]托洛茨基也知道(不过这在任何历史记载中都没有反映),谢·米·布琼尼指挥下的第一骑兵军卷起了一阵抢劫犹太人的风暴。据特派员季里斯特向列宁的报告,"第一骑兵军和第六师一路上消灭犹太居民,不停地抢劫和杀戮……第四十四师也不甘落后……"[2]列宁的批示简单明了:"归档"。而关于这件事连托洛茨基也无权提及。

托洛茨基要求战争史不能仅限于列举战绩和凯旋仪式,而要不加删节地审视武装斗争的全过程。

托洛茨基当时还不可能料到,20世纪20年代末战争史也将开始"改头换面"。当被驱逐者得知伏罗希洛夫为祝贺"领袖"五十诞辰而写的一篇文章《斯大林和红军》后,他长时间义愤填膺。这篇无耻的颂词声称:在国内战争的年代拯救了苏维埃政权的是……斯大林。伏罗希洛夫早在1929年就谈过他的"钢铁意志和战略天才",极其高超的领导能力。而关于他这个被驱逐者,则是完全相反的说法:"由于托洛茨基及其红军总司令部中的支持者的背叛性命令,我军在华沙遭遇了失败,破坏了骑兵军团准备攻击相距只有10公里的利沃夫的计划……"[3]

托洛茨基火冒三丈。列宁不让他彻底摘去桂冠并从军事领域中赶出去的这个伏罗希洛夫,居然秋后算账,向自己原先的领导人进行报复,捏造了一个又一个荒诞不经的鬼话。稍稍平静之后,托洛茨基立即着手写一篇大文章《斯大林和红军,或者说,怎样杜撰历史》。上面已经说过,伏罗希洛夫的文章发表在《真理报》上,而且出了单行本,有四个小标题:"察里津""彼尔姆""彼得格勒""南部战线"。托洛茨基几乎重复了这个结构,凭着手中的文件,一步一步,逐段逐段地揭露了斯大林亲信的捏造,而且前言中着重指出:伏罗希洛夫的文章中"没有一句真话,一句也没有"。[4]文章发表时署名 H.马尔金;后来这个笔名也被列夫·谢多夫使用过。

托洛茨基明白,能读到伏罗希洛夫文章的有千百万苏联公民。而他这篇饱含激情、证据确凿的回答,在他的祖国没有人能见到。除了格伯乌人

---

[1] ЦГАСА, ф.33 987, оп.1, д.573, л.238-265.

[2] ЦПА, ф.2, оп.2, д.454.

[3] Ворошилов К. Сталин и Красная армия(《斯大林和红军》). М.1929。

[4] Троцкий Л. Сталинская школа фальсификации. С.201.

员、极少数外交官和斯大林本人之外……被驱逐者还不知道,在他从阿拉木图前往敖德萨途中,根据伏罗希洛夫的建议,对亚·伊·叶戈罗夫的《利沃夫——华沙》一书作了删节。在删去的段落中包括对斯大林的指责,因为他发出了不同意调骑兵军团去支援图哈切夫斯基的电报。

伏罗希洛夫给斯大林写一封十分亲昵而不拘礼节的信:

> 亲爱的科巴!
>
> 我读了你就叶戈罗夫在《利沃夫——华沙》一书中发表 1920 年 8 月 13 日电报一事写的信。我实际上完全同意你的信……但是,可惜叶戈罗夫同志却按自己的见解来评论这封电报。恳请你看一眼几页文字:《利沃夫——华沙》(127—130 页),你就会明白我的担心了。如果你仍旧认为对别尔津和托洛茨基之间的来往电报,以及叶戈罗夫的评论是正确的,那就请你叫托尔斯图哈同志给我打个电话,或者你就自己拨个电话。至于我嘛,我非常反对发表这封电报,而且附有叶戈罗夫同志这样奇怪的评论……
>
> 1928 年 12 月 28 日
>
> 握手。你的伏罗希洛夫[1]

革命军事委员会委员兼白俄罗斯军区司令亚·伊·叶戈罗夫给出版社写信,试图提出抗议:"书是我的专著,不经我同意就擅自改动,那就不知道是谁写的了……我是作者,不能对社会舆论承担其他人所做改动的责任……"[2]

不过,当然是斯大林和伏罗希洛夫,而不是作者的愿望得到了满足。将种种过失,过去的和现在的,将一切失败都归罪于主要的反对派,远在天边的被驱逐者,即将成为一种规则。很快伏罗希洛夫就将对托洛茨基说出一些更厉害的话来。继托洛茨基和伏龙芝之后当上了国防人民委员的那个人于 1937 年 6 月 7 日发出第 72 号命令:"苏联法院已经不止一次公正地惩罚了托洛茨基-季诺维也夫集团中业已查明的恐怖分子、破坏分子、间谍和杀人犯,他们用德国、日本及其他国家间谍机关的钱,在残暴的法西斯分子、出卖了工人和农民的变节者和叛徒托洛茨基的指挥下,干自己的叛徒勾

---

[1] ЦАМО, ф.112, оп.1269, д.7, л.8.
[2] ЦАМО, ф.112, оп.1269, д.7, л.9.

当……日本—德国法西斯主义的代理人托洛茨基这一次也将知道,他忠实的亲信、卑躬屈膝地为资本主义效劳的加马尔尼克之辈和图哈切夫斯基之辈、亚基尔之辈、乌博列维奇之辈等等混蛋将被从地面上清除掉,而他们的名字也将遭到诅咒而被遗忘。"〔1〕

这一切对于作为科学的历史学而言都只有间接关系。顺带着说一句,托洛茨基从20世纪30年代初起,就已经不能再写出有分量的历史著作了。历史学者的道路上出现了政治。托洛茨基顾不上历史了。他已经被为了生存而拼尽全力的斗争吞噬了。

历史的戏剧不仅存在于研究者的鸿篇巨制中。历史学者自身的戏剧也可能上升为最高程度的悲剧。托洛茨基个人的命运就是鲜明的证明。

墨西哥的四十三个月

托洛茨基已经是无处可逃了。他被驱赶到墨西哥不过是获得了43个月的"缓刑",因为他的命运在克里姆林宫早已决定了。斯大林的法庭没有给托洛茨基正式判处死刑,因为被驱逐者的全家人早在1932年就根据斯大林的提议被剥夺了苏联的公民权。要对一名非苏联公民进行公开的缺席审判,而且作出判决,这是斯大林也不敢做的事情。

不过,终究还是有一份公开宣布的法律文件,它毫无疑问显示了苏联领导对托洛茨基的意图。在1937年1月23日至30日进行的审判所谓"托洛茨基反苏中心"案件中,托洛茨基不仅在庭审过程中作为不可救药的罪犯一再被提及,判决书的最后部分还全是谈他的。被告席上坐着各式各样的人:格·列·皮达可夫、列·彼·谢列布里亚科夫、尼·伊·穆拉洛夫、雅·纳·德罗布尼斯、Я.А.利夫希茨、米·索·博古斯拉夫斯基、И.А.克尼亚泽夫、С.А.拉塔伊契克、Б.О.诺尔金、А.А.舍斯托夫、И.Д.图罗克、Г.Е.普辛、И.И.格拉舍、格·亚·索柯里尼柯夫、卡·伯·拉狄克、В.В.阿诺尔德、М.С.

---

〔1〕 Приказы Наркома обороны Союза ССР(1937—1941)[《苏联国防人民委员命令汇编(1937—1941年)》]. М., 1941. С.18-19。

斯特罗伊洛夫,主要的位置是留给托洛茨基的。列·达·托洛茨基的影子飘荡在法庭上空。在法庭书记员 A.Ф.科斯丘什科宣读的起诉书中,在最高法院军事审判庭庭长 B.B.乌尔里希、苏联检察长安·亚·维辛斯基的讲话中,以及各被告的供词中,对托洛茨基及其"匪帮"提出了举不胜举、粗暴无礼、充满了强烈仇恨的指控,足以对几十名怙恶不悛的罪犯提起诉讼。就看看国家起诉人的用语有多么凶狠吧:"托洛茨基匪徒的愚蠢顽抗和毒蛇般的冷血""反革命的托洛茨基主义是国际法西斯主义最凶恶的支队""托洛茨基喷射出毒蛇的唾沫""托洛茨基先后为经济主义、孟什维主义、取消派、考茨基主义、社会民主主义、民族沙文主义、法西斯主义效劳""托洛茨基和托洛茨基分子是工人运动中的资本主义代理人""这是一伙强盗、抢劫犯、伪造文件者、破坏分子、间谍、杀人犯",等等。我大概让读者感到厌烦了。我只是想请你们回想一下斯大林宗教裁判所的气氛,其中乌尔里希和维辛斯基企图一劳永逸地从道义上和政治上消灭这个远在国外的被驱逐者。维辛斯基用下面的话结束了自己长达三小时的讲话:"我和全体我国人民一起指控这些最凶恶的罪犯,对他们只能采用一种量刑:枪决、死刑!"这些话在法庭上引起了一片经久不息的掌声。

1937 年 1 月 30 日 19 时 15 分,斯大林的法庭宣布退庭,讨论判决,尽管判决早在开庭之前就已经得到斯大林批准而决定了。可是,在乌尔里希和维辛斯基向"领袖"汇报庭审已经结束,幕后在喝茶休息的时候,法庭上一干人众并未散去。被告足足等了八个小时,心灵深处怀着一丝微弱的希望。然而只有四个人(暂时)保全了性命。军法官乌尔里希宣读的判决书是这样结束的:

"1929 年被驱逐到国外,并根据苏联中央执行委员会 1932 年 2 月 20 日的决定被剥夺了苏联公民权的人民公敌托洛茨基,列夫·达维多维奇(原文如此——作者注)及其子谢多夫,列夫·利沃维奇,经被告格·列·皮达可夫、卡·伯·拉狄克、A.A.舍斯托夫和尼·伊·穆拉洛夫的供词,经法庭传讯的证人 B.Г.罗姆和 Д.П.布哈尔采夫的证词,以及本案的材料所证实,直接领导了托洛茨基反苏中心的背叛活动,一旦他们在苏联领土上被发现,应立即予以逮捕,并交付苏联最高法院军事法庭审判。"[1]

---

〔1〕 Судебный отчет по делу антисоветского троцкистского центра(《审判托洛茨基反苏维埃中心一案的总结报告》). C.258。

乌尔里希也可能不知道,斯大林早已发出了从肉体上消灭托洛茨基的命令。

我在前面已经谈到,最初的两三年里托洛茨基还怀着返回祖国的某种虚幻的期望。他明白,只有在斯大林被排除出领导层,或者党最高层的内外政策发生某种戏剧性改变时,这种情况才可能出现。总而言之,托洛茨基曾经两次从科约阿坎发出过可能和解,而不包含任何先决条件的"信号"。按托洛茨基的想法,这种和解的基础有可能是国际的革命运动。被驱逐者并没有失去对国际革命运动高潮的期望,这不仅符合一个革命者的信仰,而且也可以在莫斯科领导的眼中证明他是正确的。

每天写下几页文字后,托洛茨基就转而拆阅邮件:信函、电报、报纸、杂志。1931 年,他在西班牙的支持者不停地向自己的保护人报告:国内的革命"正在步步临近"。可是工人运动和共产主义运动中缺乏团结一致。共产国际人士拒绝同真正的"布尔什维克-列宁主义者"进行任何合作。

1931 年 2 月,托洛茨基经过长时间考虑,着手给莫斯科写一封信。他试图说服斯大林一伙必须推动西班牙各种革命力量的联合。在这种情况下,比利牛斯就可能成为没能在德国燃烧起来的欧洲的火炬。托洛茨基自己心底里希望,就他的这封信莫斯科会谨慎地提出"和解"的建议,哪怕是仅仅在国际问题上也好。可是托洛茨基是坚定地反斯大林分子,他知道,能决定一切的只有一个人,而他并不想,也不可能向他祈求什么。经过多少次将一团团反复修改过的、揉皱的纸张扔进字纸篓之后,终于写成了这样一封信:

　　　　　　　致联共(布)政治局

　　　西班牙革命今后的命运充分或者说完全决定于,最近几个月内是否能在西班牙形成一个有战斗力的、有权威的共产党。在人为的、从外部强加给运动的分裂状态下,这是不可能实现的……

接着,托洛茨基引用了俄国革命的经验并呼吁团结,有远见地提醒说:"西班牙革命的失败几乎将自动导致在西班牙确立墨索里尼式的、真正的法西斯主义。无需多说,这将为欧洲和苏联带来怎样的后果。"

托洛茨基还在希特勒在德国获胜前很久,就看到了法西斯主义给文明带来的深刻危险。可是他立即想吸引远方的政治局(尽管实际上是向斯大林呼吁)注意世界革命烈火的新历史机遇:"另一方面,在世界危机远未成熟的条件下,西班牙革命的顺利发展将开启巨大的机遇。涉及苏联和世界工人运动的许多问题上的深刻分歧不应当妨碍在西班牙革命的舞台上就统一战线作出诚恳的尝试。现在还为时未晚!"

看来,托洛茨基提出"诚恳的尝试"是克服了巨大困难的。因为他知道,从斯大林那里是不能期待什么诚恳的。他自己最近5—7年的遭遇就是明证。托洛茨基建议,正如他自己所写下的那样,"认真地尝试将共产主义队伍联合起来",因为分歧"的百分之九十都和西班牙革命无关"。接着,托洛茨基建议并提醒说:

> 为了避免造成哪怕是外部的困难,我的建议不公开发表,而仅仅通过这封信。西班牙事态的进程,对此不应有任何怀疑,将每日每时证明共产主义队伍必须团结。在这种情况下,分裂的责任将是极为巨大的历史责任。
>
> 1931 年 2 月 15 日
> 列·托洛茨基[1]

托洛茨基写完了致党的最高评议机构的呼吁书后,看来是陷入了反复的斟酌。这封信会不会被认为是投降的信息,或者干脆就是一种政治勾当呢? 对于被驱逐者而言,这种想法是折磨人的。信就放在抽屉里。然而到4月末,托洛茨基拿出信来,又补充了下面的忠告:

> 采取我在信中提到的种种措施,现在是更为必要,更加刻不容缓了。
>
> 1931 年 4 月 27 日
> 列·托·[2]

他将呼吁书放进一个普通信封里封上,然后用拉丁字母写上:"苏联,莫

---

〔1〕 ЦПА, ф.558, оп.2, д.6118, л.35-36.
〔2〕 ЦПА, ф.558, оп.2, д.6118, л.36.

斯科,致联共(布)政治局"。

从那以后,这封信就安安静静地躺在党务档案馆的秘密文件卷宗里。

托洛茨基当然没有得到答复,于是在一个月后将这封信发表在《反对派公报》上,不过略去了最后的补充,而且不知什么原因将日期改为 4 月 24 日。[1]

他不知道,他的这封信政治局委员们(首先就是斯大林本人)确实都看过。总书记的批示是毫不掩饰的,而且不是私人的批示。实际上,早在 1931 年 5 月,斯大林就暗示:托洛茨基应当从政治舞台上彻底清除。他那些日后逐渐变成了国家主要法律的指示通常在文件上是用蓝色,较少用红色铅笔书写的。有时是用普通铅笔,极少用墨水。而这个批示却是用红墨水书写的。

致莫洛托夫、卡冈诺维奇、谢尔戈、安德烈耶夫、古比雪夫、加里宁、伏罗希洛夫、鲁祖塔克。

我想,托洛茨基先生,这个臭不可闻的家伙和孟什维克的招摇撞骗分子,应当通过共产国际**狠狠地给他当头一棒**(黑体是我加的——作者注)。让他知道自己的位置。

约·斯大林[2]

这里有政治局各委员献媚邀宠的附言:"对。奥尔忠尼启则。""伏罗希洛夫""古比雪夫"。莫洛托夫还要添上几句:"我建议不做答复。如果托洛茨基要登报,那就按斯大林同志的精神回答。"

值得想一想,莫洛托夫说,"按斯大林同志的精神回答",指的是什么。因为斯大林除了"狠狠地给他当头一棒"之外,什么也没有说。引人注目的是总书记将文件不是分送给所有政治局委员:没有谢·米·基洛夫的名字。也不是所有政治局候补委员,没有阿·伊·米高扬、格·伊·彼得罗夫斯基、费·雅·丘巴尔的名字,可是却有已被解除了政治局候补委员职务,而被任命为联共(布)中央监察委员会主席的安·安·安德烈耶夫的名字。斯大林的思路并非始终能被人识透的。可是如此坦率的指示性批示明白无误

---

[1] Бюллетень оппозиции. 1931. Май—июнь. No 21-21 C.17.

[2] ЦПА, ф.558, оп.2, д.6118, л.35.

地表达了总书记对被驱逐者今后命运的态度。

知道斯大林当时在党内和国内的分量,就可以有把握地认为,这就是从肉体上消灭托洛茨基的实际指示。处决的命令斯大林通常是口头或者隐晦地发出的:"按一类判决"(即判处枪决)。可是这一次要"判决"是不行的,所以总书记才赤裸裸地吩咐:"给他当头一棒。"我为斯大林作政治画像花了许多时间,我有绝对的把握说:批示发出了从肉体上消灭托洛茨基的信号。结果也的确完全相符。九年之后(仅仅因为未能更早得逞),托洛茨基就径直挨到了"狠狠的当头一棒"。

为什么斯大林要建议通过共产国际呢?乍一看可能会以为,这样的行动应当通过共产国际执行委员会的某种宣传决议,或者是西班牙共产党相应的政治行动来实施。可是,不对了。事情要复杂得多,也严重得多。

早在20世纪20年代末,就在政治保卫总局局长明仁斯基之下设置了一个特别小组,负责在国外对俄国的反革命分子实施特殊行动,包括消灭斯大林体制的政治反对派。他们在国外与恐怖行动有关的活动都被领导认为是一种特殊的爱国行动,意味着对社会主义的敌人执行最高级的阶级复仇。恐怖活动的参加者受到高额的奖励,得到迅速提升职务的保证。后来成立了内务人民委员部国家政治保卫总局的外国处和机要政治处。吸收了一些为莫斯科获取重要情报的、最能干的苏联谍报人员参加工作。其中应当首先指出的就是:祖博夫、谢列布良斯基、苏多普拉托夫、斯卢茨基、科列斯尼科夫、埃廷贡、施皮格尔格拉斯和菲廷。

苏联的重要谍报人员帕维尔·阿纳托里耶维奇·苏多普拉托夫本人的证词对揭露这项工作的实质具有不可估量的价值。我曾经同他有过多次长时间的交谈。他是不仅从事谍报活动的那些人中的一个。这些人往往还接到从肉体上消灭前同胞、白卫军官、反对派中的政治敌人的任务。从事这件工作的我国谍报人员也可能被投进监狱,死亡(往往是在苏联的牢房里,因为受到某种怀疑)。例如,谍报员谢列布良斯基就是自杀身亡的。内务人民委员部外国处和机要政治处的工作人员都相信自己是处在为共产主义而斗争的最前线,是"看不见的战线的英勇战士"。而实际上,他们却是制度的斗士[1],一个将暴力作为达到自己目的的主要方法的制度不可能不用这种20世纪的斗士。明仁斯基、亚戈达、叶若夫,后来还有贝利亚将这些间谍-

---

〔1〕 斗士是古代罗马经过专门训练,在竞技场上同其他斗士或野兽进行角斗的奴隶或战俘。

斗士"军团"的活动置于自己的直接监控之下,而且定期(我根据档案馆的案卷而对此深信不疑)直接向斯大林禀报他们在国外的活动。[1]

战前政治保卫总局-内务人民委员部外国处执行最高领导布置的任务。例如,帕·阿·苏多普拉托夫于 1989 年给苏联总检察长是这样写的:"在谍报部门工作的 30 多年中,我参与过的一切活动都要么来自贝利亚,要么来自党中央……在国外,以及德国法西斯军队的后方,谍报-破坏活动都遵循党中央的直接指示。(苏多普拉托夫和其他人自然不仅仅收到来自中央相应部门的任务,而且直接向它报告[2]——作者注)我执行的所有专项任务的总结报告都保存在苏共中央总务处里,其中有一份是我手写在一页纸上的。"[3](我要立即说明,这是在墨西哥消灭列·达·托洛茨基的行动总结——作者注)。

在致苏共中央政治局的另一封信中,帕·阿·苏多普拉托夫请求恢复名誉。信中指出内务人民委员部外国处的干部都有谁。外国处的成员除了苏联的谍报员之外,还有"经季米特洛夫、曼努伊尔斯基、伊巴露丽派遣到特别小组的、共产国际中的政治流亡者"。[4]该小组的前成员科列斯尼科夫致苏共中央的信中也指出,"特别小组是一支英勇的小分队,参加的有共产国际的著名干部……"[5]

总之,从苏多普拉托夫、科列斯尼科夫、埃廷贡等人的回忆中可以看出,外国处不仅有苏联的谍报人员-地下工作者,而且有由于政治和思想的原因流亡到苏联,经共产国际领导介绍参加谍报工作的人士。同外国处合作的(不是参加行动,而是获取情报)有不少共产国际的知名人士,甚至是外交官。例如,据帕维尔·阿纳托里耶维奇说,与苏联谍报机构积极合作的有1944 年 9 月以前领导保加利亚使馆的保加利亚驻莫斯科大使伊万·托多罗夫·斯塔缅诺夫。苏多普拉托夫记得,根据斯塔缅诺夫的建议,内务人民委员部外国处以苏联领导的名义向鲍里斯国王赠送了礼品:一架无线电收

〔1〕 Архив ИНО ОГПУ—НКВД, ф.17 548, д.0292, л.190, 193.

〔2〕 Архив ИНО ОГПУ—НКВД, ф.31 660, д.9067, т.1, л.141.

〔3〕 Копия заявления Судоплатова от 27 июня 1989 г. Генеральному прокурору СССР Сухареву.(苏多普拉托夫向苏联总检察长苏哈列夫提交的声明的复印件)。(私人收藏——作者注)

〔4〕 Копия письма Судоплатова в Комиссию Политбюро ЦК КПСС по рассмотрению заявлений о необоснованных репрессиях от 1 июня 1988 г.(苏多普拉托夫致苏共中央政治局信的复印件)。(私人收藏——作者注)

〔5〕 Копия письма Колесникова в Комиссию Политбюро ЦК КПСС от 1 июня 1988 г.(科列斯尼科夫致苏共中央政治局信的复印件)。(私人收藏——作者注)

音机和一双绘有彩画的俄罗斯毡靴。为苏联谍报机构工作的当然不只是斯塔缅诺夫一个人。

自从斯大林作了前面提到的必须"通过共产国际给托洛茨基当头一棒"的批示后,明仁斯基和亚戈达就试图在普林吉坡实施这项行动。为此就在共产党员掌握的报刊上大肆散布白卫流亡分子准备暗杀托洛茨基的谣言。而亲共产国际的报刊和一些特殊人士则挑动白卫分子采取行动,同时也让他们从政治上制造自己不在现场的证据。可是当行动的准备阶段接近完成,也可能已经进入完成阶段的时候,被驱逐者却转移到法国去了。这是第一次实现克里姆林宫领袖彻底排除自己主要对手的愿望"无果而终"的阶段。政治保卫总局的领导者企图将白卫分子的仇恨转移到托洛茨基身上。可是没能得逞。被驱逐者处处小心翼翼。

当托洛茨基踏上法国的土地时,他不可能不知道,这里不仅有许多说俄语的居民,而且格伯乌也拥有比土耳其更多的机会。苏联的谍报人员迅速确认了他的地址。托洛茨基正如我们知道的那样,很快就感觉到了这一点,所以一再改变自己的住所。有时简直就像一名真正的地下工作者那样生活。尽管托洛茨基的住地是严格保密的,但被驱逐者还是未能完全"消失"得无影无踪,因为在谢多夫的助理中有一名格伯乌的间谍。

1935年初,著名的苏联谍报员谢尔盖·米哈伊洛维奇·施皮格尔格拉斯,像我从一些文件中得到证实的那样,从亚戈达处(他是从克里姆林宫的主人处得到的)接受了口头任务:"加紧消灭托洛茨基。"施皮格尔格拉斯是一名经验丰富的谍报员,也是内务人民委员部外国处的主要专家之一,为了执行"旨意",发动了在法国的全部间谍机构,其中就有波兰共产党员伊格纳季·赖斯。他于1925年至1937年间为苏联的间谍机关工作,先后待在德国、法国、奥地利和瑞士。

可是,托洛茨基却极为谨慎小心。有根据认为,有人及时向他发出了警告:正在对他展开"围猎"。这极有可能就是赖斯干的。我们知道,他于1937年同自己的老板彻底决裂时,毫不含糊地表示了对托洛茨基的支持。他在《致联共(布)中央的信》中写道:"我同你们一起走到今天,但是再往前就一步都不想走了。我们只能分道扬镳了!今天谁要是还保持沉默,他就是斯大林的同谋,就是工人阶级和社会主义事业的叛徒……1928年,由于对无产阶级革命作出的贡献,我曾经被授予一枚红旗勋章。现将勋章随信奉还给你们。和屠杀俄国工人阶级最优秀代表的刽子手一起佩戴这枚勋章，简直就丧失了人格。"[1]

这封信在卢比扬卡，然后在克里姆林宫引起了一阵惊惶不安。赖斯知道的事情太多了。

在他走出自己勇敢的一步之后，过了一个半月，1937年9月4日，伊格纳季·赖斯在洛桑附近被杀害。在他的遗体上发现了6处弹伤。为了掩盖痕迹，凶手在死者的口袋里塞了一本用另一个姓名的护照，但是死者还是被辨认出来了。列夫·谢多夫（化名"马尔金"）在《反对派公报》上发表了悼词。这次暗杀是提醒托洛茨基和他的家人：追杀的围猎还在继续。

显然，谍报员同斯大林主义决裂的想法并非产生于断然决裂的1937年，而是更早一些。我有一种设想：赖斯在1935年春夏之际，找到了向托洛茨基发出近在眼前的危险的警告，并告诉他离开法国的办法，而且很快就这样做了。所以被驱逐者这时并非偶然地采取了特殊的、高度警惕的措施：经常改变自己的住地，身边经常有好几名秘书兼警卫，几乎放弃了一切公开的演讲和会见记者，改变自己的外貌，有时完全转入地下状态。

施皮格尔格拉斯的人有几次嗅到了托洛茨基的足迹，安排了对他的监视，等待采取行动的恰当时机，但是……托洛茨基又消失了。莫斯科坐立不安，一再催促，表示了强烈的不满。1935年6月得知，托洛茨基已经转移到了挪威，于是施皮格尔格拉斯被召回莫斯科。这时莫斯科的气氛同他离开前往法国执行任务时，已经完全不一样了。国内已经开始"追捕异端分子"。施皮格尔格拉斯也受到怀疑。

一年半以后，1937年，在联共（布）中央2—3月全会上，斯大林宣称："我们缺少一种东西：准备消除自身的粗心大意、自身的宽宏大量、自身的目光短浅……"[2]斯大林指责特务机关犹豫不决，心慈手软。无怪乎在就叶若夫（他已经取代了亚戈达）的报告通过的决议中断定，内务人民委员部政治保卫总局早在1932年至1933年就本应揭露托派分子的阴谋并将他们彻底解决。实际上这是一个暗藏杀机的指责，说"主要的敌人"还活着。决议中提到，在柏林的一些苏联公职人员"并未割断同谢多夫的联系"，提到内务人民委员部政治保卫总局机要政治处处长莫尔恰诺夫同托洛茨基分子弗勒

---

〔1〕　Бюллетень оппозиции. 1937. Сентябрь—октябрь. № 58-59. С.23.

〔2〕　ЦПА, ф.17, оп.2, д.612, в.111, л.10.

尔的"罪恶"关系等等。顺便说一句,这样一来就清楚了,亚戈达,后来则是叶若夫的手下监视着苏联所有高级职员在国外的行踪。这一点也可以从内务人民委员部的谍报人员从巴黎发回的报告中得到证实。[1]

中央全会的决议还为内务人民委员部规定了"将揭露和粉碎托派和其他间谍的工作进行到底,为的是镇压他们反苏活动即使是最轻微的表现"。"到底"一词,了解斯大林的人都会从字面上理解,也就是从肉体上。还建议"用新人来加强内务人民委员部政治保卫总局的干部队伍"。亚戈达没有执行领袖在法国清除托洛茨基的意志,已经注定不会有好结果。他很快就被逮捕,并于1938年被枪决了。这就是一种信号:斯大林容不得那些不能执行他的命令的领导人。亚戈达有责任保证消灭托洛茨基。当然,在庭审过程中维辛斯基和乌尔里希没有问过政治保卫总局的前局长,为什么他"没有及时消灭托洛茨基"。不管怎么说吧,就在克里姆林宫阅读了国家起诉人的发言后,发言中添加了一段意味深长的话:亚戈达是"最大的阴谋家之一,是苏维埃政权最著名的敌人之一,最恬不知耻的叛徒之一,他企图在内务人民委员部内部成立小组,并且已经由叛徒波克、沃洛维奇、加伊、维涅茨基和已经成了波兰和德国间谍的其他人部分地组成了小组。亚戈达自己也是这样的间谍,他不想让我们光荣的谍报机构为苏联人民,为社会主义建设而工作,却企图将它转向反对我国人民,反对我国的革命,反对社会主义……亚戈达被揭露了,从我们的国家机关中被扔出去了,被押上了被告席,被解除了武装,现在还将彻底从生活中被抛弃,被抹掉。"[2](我当然不是说,亚戈达被送上被告席仅仅是因为他未能消灭托洛茨基。)

他明白威胁他的是什么:"我知道对我的判决,我等了已经一年了。"[3]维辛斯基的讲话中包含着深刻的暗示:"亚戈达和他卑鄙的罪行被揭露了,揭露他们的不是由叛徒亚戈达组织起来并用来反对苏维埃国家和我国革命的那个叛徒间谍机构,而是在斯大林最杰出的战友之一尼古拉·伊万诺维奇·叶若夫领导下的那个名副其实的布尔什维克谍报部门。"[4]当托洛茨基于1933年7月下旬乘"保加利亚号"顺利离开土耳其时,政治保卫总局局

〔1〕 Архив ИНО ОГПУ—НКВД, ф.31 660, д.9067, т.1, л.79, 83.

〔2〕 Судебный отчет по антисоветского "правотроцкистското блока". М., 1938. С.343.

〔3〕 Судебный отчет по антисоветского "правотроцкистското блока". М., 1938. С.343, 375.

〔4〕 Судебный отчет по антисоветского "правотроцкистското блока". М., 1938. С.331-332.

长明仁斯基和他的副职亚戈达就知道：斯大林永远也不会忘记他不想忘记的事情。明仁斯基得救于他自己在家里自然死亡，而亚戈达则被"牵扯"进了托洛茨基右派集团。亚戈达没有执行斯大林的命令，这就是处置他的主要理由。这些人都应当将自己在政治保卫总局中的领导位置让给更有执行能力的其他干部。2月至3月全会就叶若夫的报告通过的决议第6条并非偶然地宣称："保证国内和**国外**（黑体是我加的——作者注）可靠的代表机构从组织上得到巩固。"[1]

这就是说，从联共（布）中央的决议来看，不仅是亚戈达和他的手下人，而且还有类似施皮格尔格拉斯及其小组这样的人，"作为托洛茨基的帮凶，混进了内务人民委员部机关"。[2]现在没有人还愿意听取这名谍报人员的解释了。他很危险了：因为出发之前就向他暗示过，这项委派是上面批准的。不错，施皮格尔格拉斯还在内务人民委员部政治保卫总局第七处处长的位置上待了一段时间，分析兹博罗夫斯基从巴黎发给莫斯科的情报，并按照命令向上报告。可是对他已经不再信任了。[3]斯皮格尔格拉斯很快就被捕了，被判了刑，然后就被处决了。

帕维尔·阿纳托利耶维奇·苏多普拉托夫和斯皮格尔格拉斯私交很深，他是这样评论后者的命运的："他没有完成清除托洛茨基的任务。在当时这是不能饶恕的。"为了更好地理解苏多普拉托夫的回忆和他手里的文件（我在后面将引用其中的一些片段），我简单介绍一下这名谍报员本人的遭遇。

外国处副处长苏多普拉托夫接受过领导的许多委派。后来他从弗拉基米尔监狱向政治局申述说："作为一名年轻的苏联谍报员，我曾经非法穿越过与我们为敌的邻国的边境线，手里拿着护照，或者没有什么文件，穿越过芬兰的森林和沼泽地；曾经在一年半时间里潜入敌人的巢穴，在柏林、维也纳、布鲁塞尔、巴黎、赫尔辛基、爱沙尼亚、荷兰的德国法西斯恐怖主义团体——乌克兰民族主义组织领导层的总部和住宅中周旋和生活，我在工作中从未吝惜过精力，只要有利于事业。在党任命我为对付希特勒主义和美国在苏联周边的军事-战略基地的侦查-破坏活动的领导者时，我的表现

---

〔1〕 ЦПА，ф.17，оп.2，д.577，л.39.

〔2〕 ЦПА，ф.17，оп.2，д.577，л.37.

〔3〕 Архив ИНО ОГПУ—НКВД，ф.17 548，д.0292，т.III，л.218.

也是这样的。我和纳·伊·埃廷贡同志实施的战斗行动,于 1938 年 5 月消灭了法西斯团体乌克兰民族主义组织的领导者,导致了该组织分裂成三部分,在 1939 年至 1943 年间相互厮杀。还有所谓的托洛茨基第四国际也遭到了彻底失败。我曾被法西斯主义的乌克兰民族主义组织判处死刑。"[1]第十八次党代会(1939 年 3 月)后,外国处改为内务人民委员部一局,局长是 П.М.菲廷,帕·阿·苏多普拉托夫任副局长。但由著名的侦查员、原社会革命党人雅科夫·伊萨科维奇·谢列布良斯基领导的特别小组仍旧保留在局内。后来,1941 年 6 月以后,特别小组被分离出来,成了一支庞大的独立部队。

苏德战争开始后,苏联成立了专门小组,负责在法西斯分子后方开展破坏活动。内务人民委员 1941 年 7 月 5 日第 00882 号命令中说:

"1. 为了执行专门任务设立特别小组。

2. 特别小组直属于人民委员……"[2]

随着敌占区中破坏活动的范围不断扩大,人民委员下属特别小组改组为内务人民委员会独立的第二处。可是改组并没有到此为止。1942 年 1 月 18 日,内务人民委员第 145 号命令将该处改组为苏联内务人民委员部第四局。[3]人民委员下属特别小组组长苏多普拉托夫于 1945 年 7 月 9 日被授予中将军衔,副组长纳乌姆·伊萨科维奇·埃廷贡也按照政府的同一份决定被授予少将军衔。顺便说说,两人都获得了许多战斗勋章,而且还各有一枚统帅级的勋章,苏沃洛夫勋章。

从特别小组和归内务人民委员部二处,以及后来的四局领导的部队中,走出了 22 名苏联英雄,其中许多是闻名全国的。这就是德·尼·梅德韦杰夫、尼·阿·普罗科皮尤克、斯·阿·沃普沙索夫、基·普·奥尔洛夫斯基、尼·伊·库兹涅佐夫、B.A.卡拉谢夫、A.H.希霍夫、E.И.米尔科夫斯基等。苏多普拉托夫的部下在敌占区内积极开展游击运动,组织了消灭叛徒和德国领导者的暗杀活动等等。在四局军官的直接参与下消灭了乌克兰民族主义运动的领导者科诺瓦列茨、舒霍维奇,纳粹将军伊利根,希特勒的法官丰克,希特勒的区长库贝等人。

---

[1] Копия письма Судоплатова в Комиссию Политбюро ЦК КПСС по рассмотрению заявлений о необоснованных репрессиях.(私人收藏——作者注)

[2] ЦОА КГБ, ф.6, оп.1-Т, д.161, л.88.

[3] ЦОА КГБ, ф.6, оп.1-Т, д.161, л.105.

苏多普拉托夫在致政治局的信中谈到了一些事情。这些事直到不久前还是最高级别的机密，只是在事过将近半个世纪之后，人们才开始谈论它们。侦查员在苏联监狱中向最高领导发出呼吁时，提到："1944年至1946年间我还同时领导过苏联人民委员会原子能专门委员会的侦查局。积极利用了一条有关原子武器研究的信息渠道。这份材料曾经被库尔恰托夫院士、基科因院士、阿里汗诺夫院士、亚历山德罗夫院士，工业领导人万尼科夫和扎韦尼亚金使用过。在内务人民委员部-国家安全人民委员部系统内，我领导的这支小分队的名称是'C处'。我们工作的成果定期向中央委员会报告。"〔1〕所以说，体制的"斗士们"处理的问题是很广泛的……

为什么苏多普拉托夫、埃廷贡、谢列布良斯基和特别小组的其他侦查员会被投入监狱呢？

1953年夏季贝利亚被捕后不久，这些人也被逮捕了。主要指控他们是"前内务人民委员特别信任的人"。苏多普拉托夫和埃廷贡领导的小分队直属内务人民委员起了致命的作用。苏多普拉托夫在监狱里蹲了整整15年。他被剥夺了中将军衔和所有勋章。埃廷贡比他少蹲了3年，谢列布良斯基则困死狱中。尽管他们和其他人在完成最重要的任务时所做的一切都是根据中央的决定，得到中央批准，而且他们（他们的领导也同样）正是向中央定期报告"工作"的进展情况。中央的特殊部门对这些谍报和暗杀机构的全部活动实行直接领导。为违反法律规范和全人类道德规则的许许多多"行动"应当承担全部责任的是布尔什维克党的司令部。1917年十月革命后，暴力的、非人性的、恐怖主义的倾向伴随着权力无边的惩罚体制的壮大而逐渐加强。

例如，"老头子（托洛茨基）案件"的每一个重要步骤都是经中央批准的。下面是"1938年3月5日联共（布）中央通报摘录"。其中说，2月21日在巴黎，"由克列曼、鲁斯和兹博罗夫斯基组成的小组开会。让娜·马丁在莱蒙·莫利尼耶（她丈夫——作者注）陪伴下也出席了。她对小组人员宣称完全同意送走托洛茨基文件的建议，可是她对小组不信任，也不希望她不信任的克列曼、鲁斯和兹博罗夫斯基参与这件事……"〔2〕连这样的日常小事都

---

〔1〕　Письмо Судоплатова в Комиссию Политбюро ЦК КПСС по рассмотрению заявлений о необоснованных репрессиях.（私人收藏——作者注）

〔2〕　Архив ИНО ОГПУ—НКВД, ф.31 660, д.9067, т.I, л.158.

必须听取中央相应干部的意见，而涉及的不过是可能获得又一批托洛茨基的文件。因此，今天对苏多普拉托夫及其"同案犯"罪责的看法就完全不同于1953年……如今，读者对这些人物已经有了足够的了解，所以我可以转而叙述他们对远在他乡的被驱逐者的命运所起的作用了。

当在土耳其和法国（在挪威由于托洛茨基停留的时间太短，甚至来不及做认真的准备工作）消灭托洛茨基的企图失败后，斯大林并没有放弃排除自己坚定不移的揭露者的打算。1936年末，"苏联人民的领袖"从法国获得一条消息：托洛茨基准备出版一本书《被背叛的革命》，此后这种打算就更为坚定了。斯大林从报告中，后来又在从谢多夫那里偷出的手稿的复制件中得知，这本书打击的主要对象就是他本人。更有甚者，托洛茨基在接受记者采访时表示，"近期内"自己即将着手写一本关于斯大林的专著。这个想法本身在克里姆林宫的独裁者看来就是不能忍受的。

谢多夫被害后，机要政治处就必须确定兹博罗夫斯基今后的行动。1938年4月，中央的一名特派代表（不消说，用的是外交护照，而且经过可靠的包装）抵达巴黎，以便就地确定今后如何使用"郁金香"（即兹博罗夫斯基——作者注）。第一件事就是向莫斯科发密码电报："道格拉斯大夫已抵达，安顿完毕。一切顺利……"〔1〕

代码为"西方"的莫斯科代表报告说，"儿子"死亡后，"郁金香"的处境很困难。密码电报中说，对他们间谍的最大危险来自"女邻居"（Л.埃斯特林），可是"郁金香"对这种危险"很不重视"。此外，他"本性就极其懒惰"。"西方"请求中央批准让兹博罗夫斯基集中精力于获取托洛茨基的情报，继续对《反对派公报》的工作，对"第四国际的俄国支部"施加影响。可是机要政治处企图将自己无所事事的间谍主要用于向"老头子"（托洛茨基）身边渗透。

为此建议要"混进'老头子'的警卫人员中"。"可是王（托洛茨基的秘书——作者注）没有对'郁金香'的信作出答复。下一趟班轮将继续向王寄出一封信……"接下来，"西方"提到了"索菲亚方法"（内务人民委员部的人企图炸毁在索菲亚的住宅），提到了如果能够将兹博罗夫斯基安插进托洛茨基的警卫人员中，则必须通过国际书记处派出"两三名德国的托派分子"。这些人"将来还可以在其他方面对我们大有裨益。"〔2〕

---

〔1〕 Архив ИНО ОГПУ—НКВД, ф.31 660, д.9067, т.I, л.159.

〔2〕 Архив ИНО ОГПУ—НКВД, ф.31 660, д.9067, т.I, л.163-164.

"西方"的建议被采纳了,于是一些新人——准备执行任何命令的"托派分子"分别从西班牙和苏联前往墨西哥。当托洛茨基在科约阿坎忙于写作,逐渐忘记了弗利达·卡洛,进行反诉讼,加固自己的碉堡时,在墨西哥万里无云的晴空中,一团团看不见的乌云正在被驱逐者的头顶聚拢。

很快从巴黎又发出了一封密电:"应当使'郁金香'靠近'老头子'。请发来一份'郁金香'致'老头子'的信的草稿,只有在经我们批准后,信件才可以寄出。"[1]正如我们看到的,中央在权衡向托洛茨基身边渗透的几种方案。

这时托洛茨基已经在墨西哥安顿下来,他并没有放松自己同独裁者之间的思想和道义斗争。我已经查明,1939年初,斯大林召开了一次小范围的会议,议题只有一个:必须加紧消灭托洛茨基。欧洲弥漫着战争的气氛,我国并没有做好战争的准备,而几乎每天给领袖送上的都有来自国外的外交官和谍报人员的报告,谈托洛茨基新的揭露、声明、预言和号召。不久前的那篇文章《极权主义的失败者》就够烦人的! 托洛茨基指出,斯大林通过梅赫利斯之辈和叶若夫之辈整垮了军队,这可能使我国在未来的战争中遭到失败。看看他那篇文章的结束语吧:"失败主义、消极怠工和叛变,其根源都在斯大林的特辖区[2]内。头号失败主义者就是'各族人民的父亲',他也是各族人民的刽子手。除了粉碎消极怠工者和失败主义者的专制集团,没有其他办法能够巩固国防。苏联爱国主义的口号应当是:打倒极权主义的失败者! 让斯大林和他的特辖区滚蛋!"[3]

再看关于托洛茨基的一篇新文章《在克里姆林宫墙后面》。被驱逐者在文章中用熟悉内情的语调谈到了领袖的亲信之一阿·叶努基泽的命运。作者断定,叶努基泽被枪杀是在他试图"阻止高举在老布尔什维克头上的那只手臂之后"。[4]就在1939年1月的那一期上,本来还应当有一篇纪念列夫·谢多夫遇害一周年的文章。可是托洛茨基已经没有精力写了。在给埃季延(兹博罗夫斯基——作者注)的答复中,科约阿坎的隐居者写道:

亲爱的朋友!
……我现在未必还能就这个题目拿出点什么来。我希望您自己哪

---

[1] Архив ИНО ОГПУ—НКВД, ф.31 660, д.9067, т.I, л.216.
[2] 特辖区是伊凡四世采用的制度,该区直属于沙皇。
[3] Бюллетень оппозиции. 1938. Август—сентябрь. № 68-69. С.4.
[4] Бюллетень оппозиции. 1939. Январь. № 73. С.15.

怕用几行文字做一个周年祭……您如此认真而精心地出版《公报》是您的重大贡献。这将为您记录在案……

紧紧地握手。

您的列·达·[1]

克里姆林宫的领导人不想再容忍这样的揭露和恶语中伤。斯大林等得不耐烦了,他的斯库拉托夫[2]们——起初是明仁斯基,后来是亚戈达,再后来是叶若夫——将托洛茨基从政治舞台上清除掉的企图始终劳而无功,还要等多久啊。斯大林对新的部门领导人贝利亚作了必要的指示,决定亲自向执行者交代任务。1939年3月,他召见了国家安全三级政委帕·阿·苏多普拉托夫。苏多普拉托夫在其回忆录里讲述了这次召见。

斯大林打了个招呼,让苏多普拉托夫坐下,他自己则一声不响,继续在宽敞的办公室里来回踱步。他终于开口谈托洛茨基和托洛茨基主义给国家和共产主义运动带来的巨大危害了。

"您当然熟悉公开审判的材料。那里很有说服力地揭露了托派强盗的行径。他们都受到了罪有应得的惩罚。可是主要的挑动者却还在继续自己见不得人的勾当。您当然知道,他已被我们宣布为不受法律保护的人。"

斯大林意味深长地看了苏多普拉托夫一眼,继续不紧不慢地来回踱步。

"这条法西斯走狗应当被消灭。不能老是拖着。我想,您能处置好。为此必须带一些靠得住的人到墨西哥去。您准备好了吗?"

苏多普拉托夫在回忆那次遥远的谈话时说,外国处的干部准备竭尽全力来执行他斯大林的指示。不过同时指出,他本人对墨西哥很不了解,而且不懂西班牙语。

"那埃廷贡呢?"斯大林很了解情况,打断他说。"您愿意带谁就带谁。别吝惜钱。还要吸收当地的力量。您仔细想想再向我报告。再见。"

很快苏多普拉托夫就再次见到了斯大林,向他口头报告了可能采取的几种行动方案,至于一些细节就只能就地安排了。局里认为,这次行动最好由纳乌姆·伊萨科维奇·埃廷贡领导,他是一名经验丰富的40岁侦查员。

---

[1] Архив ИНО ОГПУ—НКВД, ф.31 166, д.9067, т.I, л.232.
[2] 斯库拉托夫是杜马贵族,伊凡四世的亲信,直接听命于皇帝,从事恐怖活动,多次参与谋杀行动。

斯大林要求介绍一下他的情况。

苏多普拉托夫心情激动,对侦查员的肖像做了一番勾勒:1919 年入党,懂得多种语言。在捷尔任斯基手下工作过,很受他的赏识。在军事学院学习过。对远东和美洲事务了如指掌。他的履历中有许多情节是和中国的"张作霖案件"和在中国拯救瓦·布柳赫尔有关联的。在西班牙表现优异,熟练地掌握了西班牙语。可靠、机灵、坚定不移。

"好吧,那就这样决定了。开始行动吧。"斯大林不想继续听下去了。临别时强调说,消灭托洛茨基的任务是中央的委派……"用不着我来告诉您,这是什么意思,"办公室的主人意味深长地甩出这么一句话。

顺便说说,纳·伊·埃廷贡在 1963 年 9 月,从著名的弗拉基米尔第二监狱发出的、致尼基塔·谢尔盖耶维奇·赫鲁晓夫的申述信中写道:"从1925 年我在伏龙芝军事学院毕业时起,直到卫国战争开始,我一直待在国外,以……身份进行工作。"(在公开信中不便多说的地方,埃廷贡就使用删节号——作者注)被判处 12 年监禁的侦查员在申述书中历数了他在不同时期完成的任务。其中就包括"在美洲进行的工作。中央很满意。以上级的名义对我正式宣布,对我的工作很满意,我永远也不会被遗忘,正如那些参加了这件工作的人一样。当时授予我一枚列宁勋章……不过这仅仅是我按照党的指示所做的工作的一部分。"信中还强调,前人民委员委派的个人任务我一件都没有执行过……[1]

纳乌姆·伊萨科维奇·埃廷贡的儿子弗拉基米尔·纳乌莫维奇·埃廷贡在同我谈话时说:"我仍然是我父亲的儿子,他是一个不同凡响的人,有时我会将自己放在一个局外人的地位来审视他。父亲很有天赋。假如他是化学家,他就能成为一名院士;如果是物理学家,也可以成为院士。我想,无论在什么领域,他都能取得突出的成绩。父亲靠自学掌握了四种语言:法语、英语、德语和西班牙语。他忠诚于那个理念,并相信他为之服务的事业能加速崇高理想的实现。被生活欺骗了的不仅是纳乌姆·埃廷贡,让他在国外处于非法状态下过了 17 年,长期在伟大卫国战争的游击队中生活,又在苏联的监狱里蹲了 12 年。他是制度的牺牲品。"

我想,弗·纳·埃廷贡教授在很大程度上是正确的。制度的"斗士们"

---

〔1〕 Копия письма Эйтингона Первому секретарю ЦК КПСС Хрущеву(《埃廷贡致苏共中央第一书记赫鲁晓夫信的复印件》). личный архив Д. В。(作者的个人收藏)

在看不见的舞台上活动,他们相信自己是在建立功勋……悲剧可能有各种各样的原因。在"看不见的战线上的战士"活动的舞台上,大家都是一种虚假的理念和激进的制度的牺牲品。关于埃廷贡还应当指出,他和其他侦查员一起大大帮助了我国的物理学家-原子能学家加快解决了当时的秘密文件所说的"一号问题"。特别是在谍报人员的帮助下,避免了重复美国人在原子弹设计中的一些错误……我说这些不是为了替某人辩解,而首先是为了搞清楚真相。

不过,假如托洛茨基知道了内务人民委员部的人领受的任务,他就会回想起早在他还是国家和党的最高层领导的时候,这种排除不顺眼的政治人物的做法就已经开始了。在德国的档案中发现了一些很有意思的文件(逃脱者、不归者,还有赤裸裸的变节者是历来就有的),证明政治保卫总局外国处早就在干这种事情。下面是政治保卫总局外国处处长特里利谢尔发给驻德国的一名间谍的文件摘录:

> 莫斯科。5 月 24 日 19:20
>
> 绝密
>
> 尊敬的同志!
>
> 1. 亚瑟·科赫、温克勒、库斯菲尔德、本茨曼、施潘格、埃尔扎·施久茨、马德克勒布什和琴格尔都有关于使用注射的详尽指示,应当都充分掌握了这些指示。
>
> 2. 无论如何都必须消灭萨恩、凯泽、施久特尔和诺依曼。
>
> 3. 同被捕的人无论如何都应当保持接触和联系,并向他们传达应当怎样做的指示……
>
> 7. ……绝不允许把我们扯进去……[1]

再者,斯大林的亲信也承认该机构在消灭不顺眼的人物,不过只是由于另一起"案件"。1938 年 3 月 11 日,维辛斯基在起诉书中宣称:"亚戈达是用最狡猾的办法置人于死地的技术高手。他是强盗'科学'的最高权威……"[2]

---

〔1〕 Politisches Archiv. Geheim Akten(《政治档案》《秘密档案》). R—31514. Russland. Pol. 2, adh II。

〔2〕 Судебный отчет по делу антисоветского "правотроцкистского блока". С.332.

说实话：亚戈达创建了政治保卫总局将那些人从生活中彻底排除出去的更为完善的手段。

所以说，消灭政治对手的罪恶勾当，无论在托洛茨基手握重权的时候，还是在之后都一直存在。不过它也在其他国家存在过（可能现在也还存在）……野蛮让位于文明的步伐是极其缓慢的，特别是在政治领域。

关于自己怎样参与消灭托洛茨基的行动，苏多普拉托夫在致苏共中央政治局，请求恢复名誉的信中写道："1938 年末，由于新被任命为外国处处长的杰卡佐诺夫和贝利亚的诡计，我被指控同施皮格尔格拉斯有'罪恶联系'。我有被捕的危险。而且埃廷贡也一样。直到 1939 年 3 月至 4 月为止，我都处于惶惶不安之中。这时来了一项联共（布）中央委派给我和埃廷贡的新战斗任务；我们身边就安静下来了，于是我们就积极准备去墨西哥开展行动。并于 1940 年 8 月完成了行动。"[1]

苏多普拉托夫留在莫斯科"保障和协调"正在准备的行动，而埃廷贡和一批谍报员，主要是经历过西班牙考验的，去了墨西哥。这批人中有西班牙人（军事学院学员）马丁内斯、阿瓦列斯、西梅内斯，还有肃反干部拉比诺维奇、格里古列维奇和熟悉拉丁美洲的其他干部。新的墨西哥"团队"本来还应当有"郁金香"，可是等他抵达美洲大陆时，被驱逐者已经毙命。消灭托洛茨基已经不需要他的直接帮助了。[2]兹博罗夫斯基后来试图退出这场博弈，从事学术工作，并与玛格丽特·米德合作，于 1952 年出版了一部著作《为人们留下了生命》，探讨东欧犹太人的命运。他被怀疑从事间谍活动，于 1956 年被捕，旋即开释。后来，在 1962 年再次被捕，并被判处四年监禁。他后来又写了一本人类学方面的书《受苦的人们》。不过在从事文学创作时，他并不曾提及自己作为内务人民委员部谍报员的间谍活动。[3]而他本来是有话可说的。何况在科约阿坎对托洛茨基的"围猎"中，他的间接帮助曾经起过作用。这一点我后面再谈。

一些可以被使用于行动的人，化妆成西班牙的难民，陆陆续续在墨西哥首都定居下来。但是起初，按照早已听命于克里姆林宫的共产国际领导的指示，在墨西哥城组织了轰轰烈烈的游行示威，要求将托洛茨基赶出国外。

[1] Письмо Судоплатова в Комиссию Политбюро ЦК КПСС по рассмотрению заявлений о необоснованных репрессиях.（私人收藏——作者注）

[2] Архив ИНО ОГПУ—НКВД, ф.31 660, д.9067, т.I, л.312.

[3] New York Times（《纽约时报》）. 1958. November 6, 21；1962. November 30, Decaber 14.

墨西哥共产党发行了许多莫斯科准备的材料，宣称托洛茨基"出卖了工人阶级的事业"，他同德国和英国间谍机关有联系，他参与针对苏联领导人的恐怖活动。墨西哥城的大街上贴满了传单，从中可以看出，托洛茨基准备在墨西哥"掀起革命"，为的是建立法西斯专政……而实际上只不过是莫斯科那些骇人听闻的政治审判的"改头换面"而已。

同时，莫斯科的内务人民委员部还在寻找证明托洛茨基"间谍活动"的补充材料。1938 年末，政治局收到一份由叶若夫（这好像是血腥的人民委员签署的最后一份文件）和内务人民委员部政治保卫总局贝利亚签署的绝密报告，其中说，已经找到托洛茨基早在十月革命前就同德国间谍机关合作的补充证据。[1]可是伪造的痕迹太明显而不曾引起注意。

托洛茨基和他的妻子已经感觉到，对他们这处最后的避难所的包围圈正在收紧。警卫和秘书都越来越经常地发现，有人和汽车慢腾腾地从维也纳街的这座房子边上经过，仔细观察这幢别墅。托洛茨基身边的人对他说，房子已经被"瞄准"了。对每一个进出的人都安排了"盯梢"。根据托洛茨基向首都当局提出的请求，加强了警察对别墅的保卫。就在这时，托洛茨基收到一名不认识的好心人的警告，告诉被驱逐者一场巨大的危险正在迫近。现在我们得知，这份警告是政治保卫总局原高级干部、曾经和埃廷贡一起在西班牙工作过的亚历山大·奥尔洛夫发往科约阿坎的。奥尔洛夫没有返回莫斯科的原因是他的亲属卡茨涅尔松在基辅被捕了。他明白，怀疑的阴影也落在他身上。他取出了 6 万美元公款，带着妻子和女儿逃到国外去了。

可是托洛茨基对具体的警告，特别是关于取代儿子编辑《公报》的兹博罗夫斯基的警告，表示怀疑。被驱逐者感到到处都是挑拨离间。奥尔洛夫的警告没有起到这位前驻西班牙苏联间谍所期望的作用。应当说，处于被围困状态的不仅仅是托洛茨基。他的许多最亲近的支持者也受到往往是从共产国际的人员中招募来的秘密间谍的监视。仍旧是那个"郁金香"（兹博罗夫斯基）帮助探听到了托洛茨基的许多追随者的地址。1937 年 8 月，他向莫斯科报告，"儿子"已经离开巴黎，并委托他办理各种事务：邮件往来、日常通讯、同各种人物的联系、向"老头子"转寄邮件和文件，等等。报告接着说，为了使"马克"能够独立进行联络，"儿子"将自己的"小本子"交给他了，"小本子"里有"儿子"使用的全部通信地址。"我们知道，拿到这个小本子我

---

〔1〕 ЦГАСА，ф.33 987，оп.3，д.1103，л.149.

们期待了整整一年，可是一直没有拿到，因为'儿子'绝不将它交给任何人，而始终自己带在身边。我这次先给您发去这些地址的照片。仔细处理之后，近期再发去详尽的资料。有许多很有意思的地址……"[1]其中有托洛茨基在墨西哥最接近的人的地址。

内务人民委员部对托洛茨基已经了如指掌了，他未必还能有保全性命的机会。

按照第四国际领袖的指示，发表了一篇短文《列·达·托洛茨基处境危殆》，向公众说明，被驱逐者知道正在策划对他的暗杀。文章也明确指出危险来自何处：来自斯大林、莫斯科、内务人民委员部。文章强调："只要列·达·托洛茨基还活着，斯大林作为布尔什维克老近卫军的清除者的角色就还没有完成。仅仅将托洛茨基同志同季诺维也夫、加米涅夫、布哈林及其他恐怖制度的牺牲者判处死刑是不够的。必须将判决付诸实施。"文章还谈到，在科约阿坎已经"有过一次暗杀托洛茨基同志的举动。一个可疑的人装扮成礼品的送货人企图混进住宅。因为行动可疑，他并未得逞。他趁机逃走了，将一包炸药扔在附近"。[2]文章还点出了从西班牙来到墨西哥参与行动的斯大林间谍的姓名。其中有些姓名是正确的。可是名单中既没有埃廷贡，也没有梅尔卡德尔、格里古列维奇，以及行动小组的其他主要成员。当然，这些人在其行动生涯中都使用不同的姓名。

这时托洛茨基正在写致《公报》编辑部的两封信。信中说，"最近两三个月内，你们不能指望我写出新的大块文章。我已经答应在 18 个月内写出关于斯大林的书，而且完成关于列宁的书……"两天后，他又写了一封信："至于巴尔明[3]同志的几篇文章，它们送来时，正赶上我们这里很紧张的时刻（企图采用在保加利亚对付索洛涅维奇分子的暗杀办法）。我只好出去躲一段时间，不带手稿和文件……"[4]将准备好的材料寄给《公报》后，托洛茨基就躲藏到墨西哥的一个村子里。而他为《公报》撰写的文章的复制件已经在送往莫斯科的途中了。斯大林间谍的魔爪仍然紧紧地抓住被驱逐者。"西方"向外国处报告："《公报》将于 4 月 15 日发行。几乎全都是'老头子'的文

---

[1] Архив ИНО ОГПУ—НКВД, ф.31 660, д.9067, т.I, л.128-129.

[2] Бюллетень оппозиции. 1938. Май—июнь. № 66-67. С.32.

[3] 亚历山大·巴尔明是苏联驻雅典使馆临时代办，后来没有回国。

[4] The Houghton Library. Trotskii coll. bMS, Russ. 13. 1(7710—7740). Folder 1 of 4.

章,其中的一部分你们即将收到,或者已经随最近一次邮件收到了。"〔1〕

莫斯科知道托洛茨基已经得悉正在策划针对他的行动。苏联重要的侦查员之一雅科夫·伊萨科维奇·谢列布良斯基在同一个兹博罗夫斯基的协助下,于20世纪30年代末在巴黎盗窃了托洛茨基分子的国际书记处的部分档案。其中有一些文件表明,书记处知道可能对托洛茨基采取暗杀行动,以示"对恐怖分子的报复"。例如,注明为1935年11月19日的一份文件记载,有马丁、柳兰、杜布瓦、克拉特、梅叶、科林参加的一次会议讨论了访问了苏联,然后又去挪威探望了被驱逐者的弗雷德·泽勒尔的一封信。泽勒尔在信中建议"杀死斯大林"。泽勒尔的信被书记处认为是明显的"挑拨离间"。〔2〕"托派分子要实施暗杀"的神话只会对斯大林有利,因为那样一来不仅是国内的惩罚措施,而且内务人民委员部外国处在国外对托洛茨基广泛展开的围猎行动看起来都更为有理。

被内务人民委员部搞到手的"斯内夫利特藏书"中有不少文件证实,托洛茨基身边的人都感觉到了,正在加紧准备从肉体上消灭不断发出反对斯大林的声音的托洛茨基。被驱逐者的亲信之一克鲁克斯给自己的同伙克勒尔写信说:"'Ц'(托洛茨基——作者注)同志头顶上游弋着来自格伯乌的死亡危险;必须采取一切措施来拯救'Ц'同志。"〔3〕

纳乌姆·伊萨科维奇·埃廷贡直接领导这次行动。在准备时,他按照在莫斯科已经定下的原则,采用两种方案:使用墨西哥共产党的力量,或者使用勇猛的单个斗士。

著名的墨西哥画家大卫·阿尔法罗·西凯罗斯很详细地描述了认为"必须消灭托洛茨基在墨西哥的总部,哪怕不得不使用暴力"〔4〕的自己同伙的动机和打算。但是西凯罗斯不可能说出全部真情。关于墨西哥共产党参与行动,关于那些策划行动的非墨西哥人,他都只字未提。为了作出历史性的辩解,西凯罗斯试图将行动说成仅仅是出于墨西哥人-国际主义者对托洛茨基分子在西班牙的所作所为不满意。他关于"坡乌姆"〔5〕的作用,以及

〔1〕 Архив ИНО ОГПУ—НКВД, ф.31 660, д.9067, т.I, л.166.

〔2〕 ЦПА, ф.552, оп.2, д.1, л.174.

〔3〕 ЦПА, ф.552, оп.2, д.1, л.18.

〔4〕 Сикейрос Д. А. Меня называли лихим полковником. Воспоминания(《回忆录:我曾被称为彪悍的上校》). М., 1986. C.220.

〔5〕 "坡乌姆"是受托派分子控制的马克思主义工人党的简称。

托派分子在国内战争时期的"叛变行为"的议论,客气一点说,是很牵强的,也是一种历史上的失算。不可能让人相信一大群人这样的打算:"我们的主要目的,或者说整个行动的世界性任务如下:尽可能夺取所有文件,但不惜任何代价避免流血。"[1]难道正是为此才携带了机关枪?

我想,这些话都是说给法庭,说给公众听的,为的是给莫斯科指挥的那次残忍行动披上一件迷彩服。据回忆录作者的见解,西凯罗斯几乎将一切都说成是在西班牙战斗过的墨西哥人——国际主义者为了仿佛是在战斗的共和主义者中制造了分裂的"坡乌姆"行为,而向托洛茨基寻求报复的一种本能的、自发的爆发。赫泽斯·费尔南德斯·托马斯在《西班牙共产党人》一书中写道,作为"坡乌姆"的领导人,安德烈斯·尼恩和豪金·毛林的全部错误就在于他们不想盲目地照搬苏联的经验。早在1932年,豪·毛林就这样写道:"苏维埃是俄国的创造,它不可能适用于其他任何一个国家……事先就拘泥于某些具体形式就注定要使自己走向失败。"安·尼恩赞成这种观点,这就注定了,按赫·费尔南德斯的说法,"坡乌姆"领导人的失败。领导清除安·尼恩的是奥尔洛夫(也就是后来那个提醒托洛茨基警惕来自内务人民委员部间谍危险的人)。从那时起就有了关于托派分子在西班牙的阴谋和起义的神话。[2]总之,如果相信西凯罗斯的说法,事情就仅仅是一次革命的报复。西凯罗斯以中校的军衔在西班牙指挥过第八十二旅,在特鲁埃尔城下表现优异,在墨西哥组织了一个战斗小组,从事恐怖活动。

在埃廷贡的领导下,不过他本人没有在小组中公开露面,战斗小组加紧准备采取行动。一切都作了仔细的安排:怎样化解别墅周边负责保卫的警察力量,对内部警卫实施缴械,切断电话联系,掩护小组和夺取小组的行动方式,烧毁和消灭档案,等等。但主要任务是两项:消灭房屋的主人和销毁他的文件(斯大林一刻也不会忘记托洛茨基正在夜以继日地撰写的那本书)。好像是一切都准备就绪了。可是,事有凑巧,偶然性阁下偏偏闯了进来。

1940年5月1日,墨西哥城的各个广场上集聚了好几千工人。他们举着共产党员们准备好的宣传牌和标语,不单是呼吁被压迫者的阶级团结,而且要求拉萨罗·卡德纳斯总统立即将托洛茨基驱逐出境。被驱逐者虽说似

---

〔1〕 Сикейрос Д. А. Меня называли лихим полковником. Воспоминания. С. 223.

〔2〕 Espanoles el Comunismo(《西班牙的共产主义》). Madrid. P. 191-194。

乎已经习惯于没完没了的诽谤和咒骂了,但在心底依然对他在墨西哥的活动引起的这种敌视感到难过。

整个 5 月他都在奋力撰写关于斯大林的书的章节、几篇文章:《克里姆林宫在欧洲大悲剧中扮演的角色》《波拿巴主义、法西斯主义和战争》,回复各种来信。在 5 月暗杀之前,托洛茨基给承担在美国发行《公报》的萨拉·韦贝尔写了封信。他安慰她说,不值得因为缺乏资金而垂头丧气。"一旦有了资金,我们就出一期。"[1]他还给自己的反对者维斯博德写了一封争论的信。他批评他的小组对"左翼"反对派的著作评价过低,阐述了一些理论问题。特别是他说:"您在列宁那里当然找不到关于民主集中制的任何论述,因为斯大林宗派是在列宁去世后才形成的。"[2]

5 月中旬,他还会在两三名警卫的保护下,冒险走出碉堡大门,到外面去待上一两个小时。据他的一名工作人员 K.M.(他希望只用他姓名的缩写来称呼他)后来回忆,"每次出行往往就是一次小型的军事远征。必须事先拟定计划并确定准确的时间表。有时他会说,'你们把我看成了一个无生物,'然后微微一笑,掩饰自己的焦虑。"[3]

在那个温暖的夜间,当时针显示已经进入了新的一天,5 月 24 日,托洛茨基还在工作。妻子早已就寝,他们的外孙谢瓦也在隔壁房间里入睡了。托洛茨基的书房从里面安装了金属护窗板,半开着的窗子里灯光一直亮到深夜两点半。托洛茨基辗转反侧,久久不能入眠,最后服用了安眠药,才沉沉入梦……

关于后来发生的事情,我想,最好是听听娜塔莉娅·伊万诺夫娜在她鲜为人知的一篇著作《托洛茨基的生和死》中的叙述。清晨 4 点左右,熟睡的人们被住宅四周一阵激烈而凌乱的枪声惊醒。这时,所有警察都已经被逼近的一大群武装人员,在一名壮实的"少校"指挥下解除了武装。娜塔莉娅·伊万诺夫娜回忆说,我们感觉到了,可是还没有认识到究竟发生了什么事情,就看到墙上的混凝土块纷纷崩落。房间里满是火药味。从敞开的窗口不断射进来一阵阵子弹。谢多娃将托洛茨基推到房角里的床后面,用自己的身体掩护着他。射击持续了大约 20 分钟。从隔壁传来了被吓坏了的

〔1〕 The Houghton Library. Trotskii coll. bMS, Russ. 13. 1(10806—10848). Folder 3 of 4.

〔2〕 The Houghton Library. Trotskii coll. bMS, Russ. 13. 1(10806—10849). Folder 2 of 5.

〔3〕 Бюллетень оппозиции. 1941. Август. № 87. С.11.

外孙尖锐而恐惧的喊声："外公!"夫妻两人惊呆了:难道谢瓦也遇难了吗?托洛茨基后来回忆说,"孩子的喊声是那天夜里最沉重的时刻。"一片静寂中听得见这个被抛弃的人的低语:

"他们劫持了他……他们劫持了他……劫持了……"

闻得到一股焦糊味儿,房间里着火了。可是突然间一切都安静下来了,就像突然开始那样。托洛茨基和妻子飞奔着去寻找外孙。幸好他只是被反跳的子弹擦破了一点皮,并无大碍。

激动不已的警卫人员,其中也没有人受到伤害,争先恐后地对托洛茨基讲述发生的种种事情。倾听着的也有他们的客人、惶惶然的玛格丽塔·罗斯默和阿尔弗雷德·罗斯默夫妇。我在前面已经说过,他们在托洛茨基夫妇这里住过几个星期,为他们惨淡而惊悸不安的生活抹上了一些色彩。罗斯默夫妇为两个孤独的人带来了大量邮件:书籍、信件、一部分档案。罗斯默抵达后不久的一次谈话中,就讲了会见伊格纳季·赖斯的妻子艾丽萨、会见 Л.埃斯特林、埃季延的情况,讲到"他们大家都对他,新国际公认的领袖,十分忠诚"。关于埃季延(我们知道,他就是兹博罗夫斯基),罗斯默说,"他敢用脑袋担保他绝对可靠,而且对他有最好的评价。"[1]现在惊恐不安,侥幸存活下来而站在托洛茨基面前的他们是否知道,刚刚来过这里的正是受同一个中央指挥的那些"埃季延们"。

怀着激动而热烈的心情,大家一起恢复了这次夜袭的画面。

20 多个身着警服和军服的人,手执武器(甚至还有一挺机枪)突然抵近房屋并迅速解除了卫士的武装。站在大门旁的罗伯特·舍尔东·哈尔特按照"少校"的要求,立即打开了大门。冲进来的人解除了内卫的武装,同时疯狂地朝托洛茨基的卧室和书房的门窗扫射。机枪对准卧室的窗口不断射击。让人感到屋子里似乎再也不可能存在任何生命。令人难以置信的是托洛茨基夫妇居然活了下来。他们可能只有百分之一的机会。可是机会就落在他们头上。原来屋子里仅仅在墙角里,窗户下面形成了一个很小的死角,就是它拯救了夫妇俩,而无数反跳的子弹纷纷落在遮挡着他们的床上。他们俩大约是处在这一阵弹雨中唯一安全的地点。命运再一次眷顾了被驱逐者。

清晨在钢筋混凝土的围墙里迎接了心情激动的人们,他们不停地打着

---

〔1〕 Архив ИНО ОГПУ—НКВД, ф.31 660, д.9067, т.I, л.270.

手势,滔滔不绝地说着,为死亡擦肩而过而惊奇,兴奋。连抢劫者开走了托洛茨基的两辆汽车:"福特"和"道奇"同存活下来相比,也似乎只是小事一桩了。火焰很快就被扑灭了:档案完好无损。后来投入房屋的炸弹幸好没有爆炸。

当天早晨,约定的电话就从墨西哥城打到纽约。电话立即在莫斯科被解密并报告了斯大林:"行动已完成。结果稍后才能查明。"

赶到现场的秘密警察由莱昂纳多·桑切斯·萨拉萨尔率领,他们惊奇地指出,向卧室射出的子弹有 200 多发,而房主却安然无恙。这个情况很快就被报刊作为根据,提出一种说法:托洛茨基安排了这次自我暗杀,以便借此在世界舆论面前给斯大林抹黑。何况记者们得知了奇迹般活下来的被驱逐者当天早晨对萨拉萨尔说过的话:

"攻击是约瑟夫·斯大林借助格伯乌搞的……就是斯大林干的!"

托洛茨基不曾料到会有人指责他撒谎,于是给总统卡德纳斯写了一封信。他断定,"住处遭到了格伯乌匪徒的攻击。"但是,托洛茨基写道,"侦查走上了错误的路径。我不怕这样说,因为新的每一天都会推翻自我暗杀的可耻假设,并使这种假设的直接和间接鼓吹者名声扫地。"[1]信起到了作用。何况不久以后就在房屋附近找到了被带走的卫士罗伯特·舍尔东·哈尔特的尸体。这就让托洛茨基有根据断定,杀害这件事本身就驳斥了自我暗杀的谎言。不过随着岁月的流逝,事情显得并不是那么简单。也许,进攻者是按照埃廷贡的指示清除了哈尔特,因为他不加抵抗就打开了大门,而且跟随着攻击者走了。也可能是斗士们担心哈尔特在接受调查时,坏了他们的大事。可是,托洛茨基坚持认为,他的助手是一个忠诚的人,所以成了斯大林暗杀的受害者。

或许,还有一个秘密需要揭开。苏多普拉托夫对这件事只字未提。他仅仅记得,在托洛茨基家中"有一名我们的妇女",她向苏联情报机构提供信息。她的帮助是非常重要的。这名肃反工作人员还参与了其他行动。这名妇女,苏多普拉托夫始终没有提到她的姓氏,已经于 20 世纪 80 年代在莫斯科去世。

在这里还必须说说。据托洛茨基在英国的支持者告诉我,在杀害被驱逐者一案中,介入的还有美国的特务机构联邦调查局。两卷本的《格尔方德

─────────────

〔1〕 Троцкий Л. Дневники и письма. С.163,164.

案件》(其中有大量庭审材料、信件、审讯速记记录和证人的证词)断定,内务人民委员部同联邦调查局有间接联系。书中说,至少参与过消灭托洛茨基行动的某些苏联间谍是"两面人"。对 20 世纪 30 年代各种事件的文件分析和对事件目击者的询问可以对这种联系提出一种假设。1975 年 5 月,第四国际的国际书记处着手调查这种状况。特别是格尔方德指控托洛茨基的前私人秘书,后来领导过社会主义工党的约瑟夫·汉森包庇西尔维娅·富兰克林这名内务人民委员部谍报员,同时又是联邦调查局间谍。[1]

今天很难对这段历史作出明确的结论。主要的执行者来自斯大林的特辖军团,这是显而易见的。但是并不排除美国特务机构关注,而且可能通过某种途径影响了在遥远的科约阿坎展开的这幕悲剧的进程。

托洛茨基碉堡中的纷乱归于平静后,科约阿坎的所有人都强烈地感觉到:托洛茨基危在旦夕了。斯大林不会半途而废,他必然将事情引到可怕的结局。第四国际领袖的亲信和支持者试图竭尽全力来保护自己的领袖,向他建议转移到另一个国家并转入地下状态,如法国、某些拉美国家的首都。托洛茨基听了这些建议后,立即否定了这种想法。他已经上了年纪,疲于被莫斯科的特务追赶着浪迹天涯了。主要是他不能沉默不语。而只要他一如既往地揭露斯大林,他很快就会被发现,在哪儿都是一样。不,他哪儿也不去。就这样决定了……

据乔治·坎农后来说,许多托派组织的领导人都去过科约阿坎。"这就是我们最后一次出行……同列夫·达维多维奇商量后,采取新举动来加强保卫工作。我们筹集了……几千美元来保护住地;全体党员和同情者都慷慨解囊,响应号召。"[2]

失利的报告传到莫斯科,据我确认(也为苏多普拉托夫所证实),引起斯大林暴怒。贝利亚不得不忍受许多愤怒的责骂,而直接的组织者则遭受了和被逮捕的谢·米·施皮格尔格拉斯相同的命运。现在能指望的只有勇猛斗士的单独行动了,而这个人早已抵达墨西哥,正在准备履行自己可怕的使命。

几十年后,在了解案件的各种情况时,在极其困难地深入到各种专门档案时,在寻找那幕悲剧现存的最后见证人时,在分析其他研究者的见解时,

---

〔1〕 The Gelfand Case(《格尔方德案件》).Labor Publications. London, 1985. Vol.II, p.256。

〔2〕 Бюллетень оппозиции. 1940. Август—сентябрь—октябрь. № 84. С.8.

我经常痛苦地探寻对一个问题的答案：为什么斯大林非得要置遥远的被驱逐者于死地？难道他仅仅是出于报仇的心理吗？为什么他需要将千百万同胞的生命按照他的意志，或按照党所创建的体制的命令投入死亡？对这个问题，我尝试着在我讨论斯大林、托洛茨基和列宁的几本书里作出回答。在反复考虑的过程中，我每次都能找到新的论据来理解那场令人发指的，最终演变成"官僚专制体制"的荒唐事态。

俄国和苏联的所有雅各宾派都努力追求提前冲进未来，却对它并不理解。他们中没有一个人会料到，几十年后他们的思想和行为方式将同全人类的价值观背道而驰。托洛茨基接近了理解的入口，尽管依然是业已诞生的畸形体制的建筑师之一。早在1927年9月，他就有勇气当面对党的最高层说出自己的远见卓识："斯大林个人的不幸正在日益变成党的不幸，其原因在于这个人的思想资源同党国机关集中在自己手中的强大权力之间的巨大不相适应。"[1]这种不适应仿佛是一条荒诞不经的、凶险的历史沟堑，要成年累月地用被当时的各种事件不幸抓住的千百万人的尸骨来充填。托洛茨基暂时还没有落入这条让人毛骨悚然的沟堑，虽然5月24日让人感到他似乎已经跌入了无底深渊。不过那只是一次偶然的缓刑。

三个半月后，当不可避免的事情终于发生了时，失去世上所有亲人的娜塔莉亚·伊万诺夫娜·谢多娃给共和国总统、拉萨罗·卡德纳斯将军写了一封信："您使列夫·托洛茨基的生命延长了43个月。为这43个月，我对您永远心存感激……"

1940 年 8 月 20 日

每天清晨，托洛茨基喂完他的兔子后，就会坐下来写书。评论斯大林的书进展很困难。最近10年里他就这个人写了那么多文章，因而感到一种创作上的空虚。他有时也会觉得自己不过是在往纸张上泼墨水，然后痛苦地长久涂涂抹抹，只是为了不留下一点干净的地方。托洛茨基明白，这是他最

---

〔1〕 ЦПА, ф.505, оп.1, д.65, л.10.

蹩脚的一本书。只要他一拿起笔，仇恨就捆住了他的思想。可是他必须写完，因为出版商已经不愿意一再提醒他，而且威胁要收回预付款了。

有时会觉得，托洛茨基是在用最不生动的笔触描绘斯大林，就像盖伊·斯维托尼描写罗马帝国第二位皇帝提比略的生平一样。斯维托尼写道："如果一件一件历数他的恶行需要花太多时间：只消举出最普通的凶残暴虐的一些实例就足够了。他没有一天不杀人，无论是节日或是禁忌日；哪怕是新年，也要杀人。和许多人一起受到指控和审判的还有他们的孩子和孩子的孩子。亲属不得为被处死者哭丧。对控告者，往往还连同证人在内，给予各种奖励。无论什么样的告密都不会得不到信任。一切罪行都被认为是刑事犯罪，哪怕是几个无辜的字眼。一位诗人被审判是因为他胆敢在一出悲剧里辱骂阿伽门农，而一位历史学者则仅仅因为他说卡西乌和布鲁图是最后的罗马人；两人都立即被处死，他们的作品也被销毁……"[1]20世纪中叶，又一个狂热的提比略将"没有一天不杀人"变成了规则。这个提比略就在克里姆林宫里。

斯大林催促贝利亚执行他的指示。他不想再等下去了。

在西凯罗斯领导的行动失败后，再次使用共产党员是不明智的。在这次暗杀之后，西凯罗斯本人不得不长期躲藏起来，蹲监狱，被驱逐。不过他还有勇气在多年以后承认："1940年5月24日，我参与对托洛茨基住处的袭击是犯罪行为。"[2]不用说，继续执行党中央的意志的政治保卫总局—内务人民委员部那些人是永远都不会这样说的。甚至在布尔什维主义崩溃的前夕，这个修会的领导人还装腔作势地宣称，关于这个案件他们一无所知，也没有任何文件。至于我怎样搞到有关托洛茨基"案件"的文件和证据，足足可以写一本书。有些人直到今天还依旧认为自己有权垄断历史的证据。他们这样做，无论是否出自本意，都是在祖护已经逝去的那些年代的罪恶。为了给我今天的观点寻找根据，我确实做了很多努力，而且我引用的材料有许多没有注明出处，因为我是用非正规的方法获得的。不错，当本书已经付印后，1991年8月的那些日子，苏联行将解体的日子，来临了。可能到再版时，我能够根据我现在拥有的新文件作出一些补充和修正。不过这是将来的事情了。

在苏联党的领导眼中，西凯罗斯不单单是一名杰出的画家，创作了著名

---

〔1〕　Гай Светоний Транквилл. Жизнь двенадцати цезарей（《十二位恺撒传记》）.М.1988. С.132。

〔2〕　Сикейрос Д. А. Меня называли лихим полковником. Воспоминания. С.225.

的《罢工》《多样论坛》等壁画,而且首先是能够开展"革命行动"的正统共产党人。这是否就是 1966 年授予他列宁国际和平奖的原因之一呢?也许,还考虑了他 1940 年 5 月的自我牺牲精神?

5 月的暗杀失败后,埃廷贡不能再指望这些人的效力了。

埃廷贡现在指望的就是拉蒙·梅尔卡德尔了。梅尔卡德尔还记得:他是被委派"执行处决"。埃廷贡对他说的是,他仅仅是莫斯科作出的"公正判决的执行者";这是莫大的荣幸,足以让他成为永垂不朽的英雄。梅尔卡德尔不会听错。在西班牙时他就知道,不听话的或者受到怀疑的人是什么下场。当他认识的一名共和主义者在加泰罗尼亚事件中被怀疑同"坡乌姆"有联系后,很快就消失得无影无踪了。梅尔卡德尔受到暗示,这就是革命的法规:软弱的和不可靠的都要被清除。

埃廷贡在 5 月失利后酝酿新的行动方案时,小碉堡中的生活逐渐恢复了常态。警察终于不再打搅被怀疑伪造袭击事件的那些托洛茨基的下属,房主人和来探望他的朋友们加固了围墙,在凉台上用砖砌了一道隔断,给警卫修了一座小塔,安装了补充报警设施,增加了道路照明。不过这些事情带来了工作的噪声,也增加了托洛茨基夫妇的忧伤和孤独感。亲爱的罗斯梅尔夫妇已经去巴黎了,今后再也见不到他们了。不仅隔壁房间显得空空荡荡,托洛茨基心里也恍恍惚惚。

友人们告诫他必须提高警惕,杜绝同陌生人的一切接触,对此托洛茨基表面上处之泰然。因为"好心人"(亚历山大·奥尔洛夫)警告他身边有杀手,就没有得到证实。袭击是整整一队外来的恐怖分子,而不是内部人干的。托洛茨基还记得,在革命最初的日子里,他和列宁就收到过说他们有生命危险的许多警告。

例如,1919 年,托洛茨基有一次去莫斯科中央开会,讨论过程中列宁捅给他一张纸条:

> 莫斯科,人民委员会主席,列宁同志
>
> 　　列宁同志,请立即给我机会向您报告反对苏维埃政权的作战行动计划。我认识的所有你们的敌人都想杀害您和托洛茨基同志……
>
> 　　　　　　　　第十二红库特铁路团红军战士叶柯维斯库
>
> 　　　　　　　　萨拉托夫省军委索科洛夫转发[1]

---

〔1〕 ЦГАСА, ф.33987, оп.2, д.60, л.15.

托洛茨基只是淡淡一笑,将电报又捅回给了列宁。后来革命军事委员会主席还多次收到这种天真的警告。就像1921年4月收到的这份一样。

致共产主义敬礼,列夫·达维多维奇·托洛茨基!

作为无产阶级世界革命领袖的您受到我的尊重,请您在彼得堡要多加小心。我听说,而且不能不信,军运处处长德米特里耶夫同志对您心怀恶意。

俄共党员斯捷潘·瓦西里耶维奇·兹凡诺夫。

我本人您是认识的。一起在美国工作过。

再见。[1]

现在任何警告都无济于事了。大家都明白,斯大林的利剑已经高悬在经过加固而变得畸形的这幢房屋之上。可是这将是一次怎样的打击? 是爆炸? 机枪扫射? 还是毒药? 谁也不知道。就连斯大林自己也不知道。他关心的不是刑事犯罪的细节。他要的是最终的结果。

据苏多普拉托夫回忆,就在我前面提到过的1939年春天那一次被斯大林召见时,领袖说了一句坦率又极其明白无误的话:

"战争逼近了。托洛茨基主义成了法西斯主义的帮凶。必须对第四国际实施打击。怎么打击? 让它失去头领……"

"实施打击"……"让它失去头领"……5月实施了打击,可是"世界社会革命党"的领袖却奇迹般活了下来。埃廷贡知道,不能再有什么闪失了。被置于赌台上的不仅是维也纳街上被加固了的房屋中独居者的生命,也有他自己,还有他一家人的性命。读者可能会想:那法制呢? 要知道托洛茨基并不是苏联公民,也没有法庭的判决,等等。"官僚主义专制制度"早已让政权"摆脱了"法律和道德那种不切实际的幻想。还在托洛茨基担任国家领导人之一的时候,就经过他批准广泛采用了不经审判的判决。例如,1922年3月9日,有革命军事委员会主席出席的政治局会议就根据温什利赫特的提议,通过了"授予格伯乌不经审判就处决的权力"的决议。[2]后来就更为简单了。例如,只要政治保卫总局副局长叶若夫、政治保卫总局处长杰里巴

---

〔1〕 ЦГАСА, ф.33 987, оп.2, д.426, л.218.

〔2〕 ЦГАОР, ф.7523, оп.65, д.239, л.12.

斯,或者某个同一级别的执行者给苏联中央执行委员会秘书叶努基泽写个报告,请求批准不经审判的判决。后者签个字,事情就成了。[1]10 个、20个、30 个嫌疑人不经审判就被处决了。而托洛茨基是知道的。所以对当时的苏联特务机构谈不到,也不可能谈到什么"道德";当时觉得,刚开始的时候,暴力是不可避免的,但仅仅是刚开始的时候。可是,唉……专政毫无怜悯之心的碾压机后来也继续碾压,将人的生命碾成齑粉。

埃廷贡必须找到让自己的人混进托洛茨基家里的办法,因为被驱逐者在 5 月袭击之后几乎不再走出家门去山里寻找仙人掌了。多日的监视得到的结论并不乐观:托洛茨基采取了特殊的严谨预防措施。埃廷贡之前就曾经试图从巴黎通过兹博罗夫斯基将自己人塞入托洛茨基的卫士中。兹博罗夫斯基给"老头子",后来又给托洛茨基的秘书写了信。可是托洛茨基非常小心谨慎,不想扩大自己身边的人数。[2]

埃廷贡没有别的办法,只好启动第二套方案。从纽约寄给"佩德罗·冈萨雷斯"的好几份伪装成信件的密码情报催促说:"对象"可能会消失,改变住处,转入地下状态,等等。梅尔卡德尔 1939 年初就到了美洲,起初在美国,随后到墨西哥,但用的是弗兰克·杰克逊的姓名。不错,当梅尔卡德尔从西班牙转移去法国时,他用的是比利时人雅克·莫尔纳的护照。我在前面已经说过,莫尔纳正是在法国通过兹博罗夫斯基结识了西尔维娅·阿格洛芙,来自一个美洲组织"布尔什维克-列宁主义者"的托洛茨基分子。西尔维娅的母亲是俄罗斯人,所以她除了英语、法语、西班牙语之外,还会俄语。1938 年 9 月,她参加了第四国际成立大会。就在那时结识了雅克·莫尔纳。

两个年轻人陷入了热恋。莫尔纳带着 28 岁(插一句,并无姿色)的女人出入饭店、剧院,向她求婚。他们就这样无忧无虑地度过了幸福的三个月,因为莫尔纳不仅帅气、温柔,而且并不贫困。当西尔维娅在 1939 年 2 月返回祖国,即美国后,过了三四个月,莫尔纳也到了美国,说是由于商业事务。不过他现在已经成了……加拿大人弗兰克·杰克逊。他对西尔维娅解释说,改头换面是为了避免被征召入伍。实际上,西尔维娅扮演了玛塔·哈莉的角色,只是恰好相反而已。不是她去勾引所需要的人,而是她被别人"勾

---

〔1〕 ЦГАОР, ф.567, оп.1, д.89, л.17.

〔2〕 Архив ИНО ОГПУ—НКВД, ф.31 660, д.9067, т.I, л.163.

引"。正是借助这名被从天而降的幸福冲昏了头脑的女人,雅·莫尔纳-弗·杰克逊才终于混进了托洛茨基家里。

拉蒙·梅尔卡德尔从青年时代起就出于革命激情而落入苏联特务机构手中,而且至死都没有摆脱它的铁钳。对于这个注定要用最令人憎恶的方式砍断托洛茨基生命之路的人,我很有些了解。讲述海姆·拉蒙·梅尔卡德尔·德·里奥·埃尔南德斯(这是他的全称)的最具吸引力的书中,有一本是伊萨克·列文写的。书名是《杀害托洛茨基的那个人》[1]。关于拉蒙·梅尔卡德尔,大卫·谢苗诺维奇·兹拉托波利斯基也向我谈了许多事,他和自己的妻子、西班牙人康契塔·布鲁法乌同梅尔卡德尔在他生命中的"莫斯科时期"来往密切。拉蒙的兄弟路易斯·梅尔卡德尔的介绍也很有意思。[2]不过,关于斯大林机器的牺牲品、杀害托洛茨基的凶手最完整的材料,我是从苏多普拉托夫(又名:马特维耶夫、雅琴科、安德列、奥托)处,以及政治保卫总局外国处档案馆的秘密档案中获得的。

这名老侦查员说,拉蒙·梅尔卡德尔是非常聪明,而且意志坚定的人,狂热地相信他献身的事业具有历史的公正性。据帕维尔·阿纳托里耶维奇说,梅尔卡德尔的祖父,也许曾祖父是驻彼得堡的西班牙大使,而外祖父当过古巴的总督。拉蒙的母亲奥斯塔西娅·玛利亚·卡利达德·德·里奥是一个容易冲动,精力充沛而果断的妇女。作为五个孩子:霍尔赫、帕布洛、拉蒙、蒙谢拉特和路易斯的年轻母亲,卡利达德在西班牙内战时期和信教的丈夫离了婚,参加了共产党,同内务人民委员部的间谍机关密切合作。仅仅这件事就足以说明她的许多特点。当时苏联在西班牙间谍机关的头目是前面提到过的亚历山大·奥尔洛夫,而他的副手就是纳乌姆·埃廷贡。正是从那时起,埃廷贡就同母亲及其儿子拉蒙有密切交往。纳乌姆·伊萨科维奇·埃廷贡(又名:纳乌莫夫、科托夫、列昂尼德·亚历山德罗维奇)还在西班牙时就确认共和军的这名年轻军官为人可靠,意志坚强,行动果敢。正是从那时起,这个人就成了内务人民委员部的秘密间谍。姓氏莫尔纳、杰克逊都是间谍代号。例如,当莫斯科内务人民委员部的专门实验室为他准备护照时,利用一名在西班牙牺牲的加拿大志愿者的文件,梅尔卡德尔就成了弗兰克·杰克逊。

---

[1] Issac Don Levin. L'homme qui a tue Trotsky. Paris,1960.

[2] El Mundo(《世界报》).Martes 31 de Julio de 1990。

梅尔卡德尔的弟弟路易斯日后成了马德里大学的教授,认为拉蒙悲剧性的命运是自己母亲,一名美丽,迷人,喜欢冒险,而且准备面对吉凶难测的命运的妇女的性格使然。她对儿子有巨大影响。埃廷贡正是打算同日益临近的悲剧中的这些主要角色一起演出托洛茨基生命中的最后一幕。

墨西哥行动的领导者为完成行动不怕花钱。如果他空手返回莫斯科,就意味着和谢·米·施皮格尔格拉斯同命运。像奥尔洛夫那样躲起来,消失掉,埃廷贡又办不到。他的责任感不允许他这样做。因此他坚定地对拉蒙说:"你必须去执行判决。"我再说一遍,准备工作不怕花钱。路易斯·梅尔卡德尔将近 70 年的生涯中有 40 年在苏联度过,认识加里宁、贝利亚、科布洛夫、苏多普拉托夫、埃廷贡,他指出:"从头到尾,他们在行动上的花费不少于 500 万。"

拉蒙·梅尔卡德尔在墨西哥城安顿下来后,立即将西尔维娅召到身边。她于 1940 年初很快就被安排做托洛茨基的秘书。很快是因为早先她的亲姊妹露丝·阿格洛芙就在托洛茨基身边工作过。托洛茨基很喜欢这个腼腆、不声不响、容貌平平的年轻妇女,她随时都愿意帮助他:做速记,打字,挑选材料,剪贴报纸,做各种各样的小事情。当埃廷贡得知西尔维娅将在托洛茨基家里工作时,他感到非常满意:极为重要的"输入"已经奠定了基础。

由于西尔维娅和拉蒙一起住在"蒙特科"旅馆里,他很快就开始用自己豪华的别克车送她来上班。衣着考究的商界人士走下车来,打开车门,帮助西尔维娅下车,吻了她的面颊,然后挥手告别。他也经常开车来接她。在托洛茨基的"碉堡"门口站岗的警卫对西尔维娅身材魁梧、面带微笑的"未婚夫"逐渐习惯了。他一步一步,神不知鬼不觉地和警卫成了"自己人"。有一次他甚至将罗斯梅尔夫妇送到了墨西哥城中心,后来夫妇俩对托洛茨基说,西尔维娅有一个"招人喜欢的、可爱的未婚夫"。在玛格丽塔·罗斯梅尔的帮助下,拉蒙终于几次进入了"碉堡"内部:法国来的女客人逛了首都的商店后,请"可爱的年轻人"将购买的物品送到屋里。梅尔卡德尔走进屋子后,确认了苏联女间谍关于房间、门窗的位置,外部的警报系统,门栓插销等的资料准确无误。

1940 年 5 月 24 日以前,年轻的西班牙人还以为,他自己的双手无需沾染俄国革命者的鲜血。然而仅仅过了两三天,5 月 26 日或 27 日,列昂尼德·科托夫(埃廷贡)就锁上房门,同年轻的西班牙人做了一次长谈。现在没有人能够准确地说出,他是怎样向拉蒙解释"突然出现的任务"的。据苏多普拉托夫日后回忆,埃廷贡本人和血腥行动的其余参加者全都相信,这次行动最终一定能够成功。埃廷贡是一个很聪明,而且意志坚定的人,他不断对勇猛的斗士进行心理鼓动。他不仅说服他相信行动确实能够顺利完成,而且顺手给他扔下了让他放心的话:

"墨西哥是一个实现复仇行动的最理想的国家。这个国家的法律中甚至没有死刑……不过你必须记住,如果你来不及逃脱,我们会援救你。一定会援救的!"

拉蒙听着,当"列昂尼德"说到死刑时,他心头大约会感到凉飕飕的。但是心理按摩还是收到了成效:经过短暂的沮丧之后,拉蒙到 6 月精神又振作起来,积极准备"举事"(这是埃廷贡对"行动"的称呼)。

埃廷贡、拉比诺维奇和梅尔卡德尔按约定的时间见面,好几次详尽地研究了行动的各种细节,实施行动的各种方案和方法。今天已经没有人能够恢复他们当年说过的、仔细考虑过的和建议过的内容了。这出悲剧最后一幕的直接参加者全都去了另一个世界。不过得知了事件最后的进程,还是可以设想参加者们首先就反复讨论过万无一失的方案的各种细节。

纳乌姆·伊萨科维奇·埃廷贡的经历十分丰富。我已经提到过他经历中的几个里程碑。很少有人知道,"列昂尼德"(我国报刊上是将它作为正式名字的)在上海曾经和里哈尔德·佐尔格一起工作过,领导过著名间谍金费比和苏联其他地下工作者。正是埃廷贡谋划了行动的各种方案和可能性。

眼下风险最大的是埃廷贡:再有一次失败,他就会被召回莫斯科,而等待他的是无法逃避的命运。而最痛苦的则是拉蒙:他已经见过托洛茨基,和他谈过话,认识了罗斯梅尔夫妇、娜塔莉娅·伊万诺夫娜,大家对他都很热情,友好,亲切。而他作为回报的却应当是枪击,或者刀劈,也许是其他凶器?拉蒙对西班牙的经典作家、浪漫主义者和梦想家安格尔·萨维德拉很熟悉,也很喜欢。作家在长诗《荣誉的所作所为》中向西班牙和西班牙公民提出了按照良心的召唤作出道德选择的问题。而现在,他却面临着执行别人的意志,而不能作任何选择……也许这种规定性正是任何极权意识的最可怕之处?它扼杀了人身上的人性,把人变成了理念和"来自上面的"命令的没有灵魂的工具。

托洛茨基还在见到自己未来的杀手之前,就常常会想到日益临近的死亡。5 月末,还在袭击之前,他就决定留下遗嘱。他最可能是希望不仅给自己的支持者和朋友留下身后的嘱咐,还要昭示后人,他终生都忠诚于自己的理念。遗嘱的一半是献给自己的妻子娜塔莉娅·伊万诺夫娜的,他一生都对她怀着脉脉温情。另一半则谈他的政治斗争。

在他最后的遗愿里既没有提到祖国,也没有谈他的国际,甚至没有提就在身边的外孙谢瓦。只有两个名字:娜塔莉娅·伊万诺夫娜·谢多娃和斯大林。

首先在报刊上公布列夫·达维多维奇·托洛茨基遗嘱的是为整理这位革命家的文字遗产做了许多工作的尤·费尔施经斯基。[1] 从文字上看,科约阿坎的孤独者的遗嘱是分三次写成的,而且前两部分完成于 1940 年 2 月 27 日一天之内。另一部分,私人部分则书写于 1940 年 3 月 3 日。

假如托洛茨基没有重申自己对革命最高纲领的忠诚,他也就不成其为托洛茨基了。我们在他的遗嘱中读到:"在我 43 年的自觉生命中,我始终是一个革命者;其中我在马克思主义的旗帜下战斗了整整 42 年。倘若生命能够从头开始,我自然会尽量避免重犯这样或那样的错误,但我的基本生活目标不会改变。我将作为无产阶级革命家、马克思主义者、辩证唯物论者,因而也是不妥协的无神论者而死去。与我的青年时代相比,我对人类共产主义前途的信念同样炽烈,而且更加坚定。"3 月 3 日,他再一次表示了自己对理念的忠诚:"但是,无论我怎样死去,我对共产主义前途的信念至死也不会动摇,对人类及其前途的这种信念,即使是现在也给了我强大的抵抗力,这是任何宗教都无法给予我的。"[2]

托洛茨基自然还不可能知道自己将怎样死去,可是在他表述自己对终生信奉的理想的忠诚的字里行间,也最深刻地体现了一个革命家的本质。不错,这些理想只不过是一个伟大的空想、一座海市蜃楼、一幅幻景,然而正是对某些价值观的这种忠诚造就了历史人物。这些人可能忠诚到狂热,幼稚到盲目,甚至极其残忍。信仰是随处都需要的。可是信仰如果不同真理结合,它就可能产生错觉、狂热、教条主义。托洛茨基是一个世界革命和"人

---

〔1〕 Новый журнал(《新杂志》).Нью-Йорк. 1984. № 155. С.231-233。

〔2〕 托洛茨基:《我的生平》,赵泓、田娟玉译,郑异凡校,上海人民出版社 2014 年版,第 526、527 页。

类共产主义前途"的浪漫主义者。我想,遗嘱的这一部分对于认识托洛茨基现象是很重要的。

托洛茨基非常爱自己的第二个妻子。我反复阅读了哈佛档案馆收藏的托洛茨基给娜塔莉娅·伊万诺夫娜的 40 封信,极其强烈地感觉到,他对与自己分享了荣耀,也共同经历了无数灾难的伴侣怀着多么深沉,多么真挚的感情。弗利达·卡洛的一段插曲只是证明了爱情专一的人的缠绵眷恋。托洛茨基在信中对妻子常常以"娜塔洛奇卡"相称,对儿子廖瓦则称"廖伍夏特卡",外孙则是"谢伍什卡"。我特别明显感到的是,这都纯属私人信件。其中几乎不谈政治、斗争和哲学思考。托洛茨基在进入家庭亲情的领域时,仿佛将其余的一切都留在了革命的镜头之外。

不过,信件中还是有一些深刻的精神分析。例如,1933 年 9 月,当托洛茨基在巴黎进行半合法的治疗时给妻子写的信件就更为显著地映衬出他的形象。他写道:"亲爱的娜塔洛奇卡,我记忆中的人物逐渐消退(过去也很微弱),这很让我感到担心。青春早已逝去……可是我却突然发现,对青春的回忆,那些对人物的活生生的回忆,也离我而去了……你的形象,娜塔洛奇卡,年轻的形象,还在闪烁,但也在逐渐消退,我没有力量把它固定下来,将它留住……显然,遭到诽谤的年代还是对神经系统和记忆力产生了巨大影响……然而与此同时,我并没有感到自己在智力上困倦了或是削弱了。显然,大脑为了应对当前的任务,变得吝啬而节约了,于是将过去排挤出去。"〔1〕

遗嘱中关于娜塔莉娅·伊万诺夫娜的言辞是温婉、饱含情义而感人至深的。他从对那些在生命中最困难的时刻始终忠诚的朋友表示感激开始,可是并不打算突出某个人,也不提他们的姓名。"然而,我认为有权将我的伴侣娜塔莉娅·伊万诺夫娜·谢多娃作为例外。在我作为社会主义事业斗争的幸福之上,命运又额外给予我作为她丈夫的幸福。在我们将近 40 年的共同生活中,她始终是无限的爱、宽宏与温柔的永不枯竭的源泉。她承受了巨大的痛苦,特别是我们生活的最后时期。但是,让我略感欣慰的是,她毕竟也体验了幸福的日子……"〔2〕就在当天,托洛茨基还写下了将出版他的著作的版权全部遗留给妻子。

---

〔1〕　The Houghton Library. Trotskii coll. bMS, Russ 13.1(10598—10631), folder 1 of 10.

〔2〕　托洛茨基:《我的生平》,赵泓、田娟玉译,郑异凡校,上海人民出版社 2014 年版,第 526 页。

在遗嘱的开头,托洛茨基指出折磨他的疾病"高血压(而且还在上升)"。他写道,从种种迹象来看,"末日已经临近了"。托洛茨基设想,很可能由于脑溢血而突然死亡。但是,托洛茨基写道,如果这个过程拖延下去的话,"我将保留自己决定死亡时间的权利。"但是,"这种自杀从任何方面来说都不是失望或绝望的表现。"他和妻子最坦诚地谈到内心最深沉的想法,当一个人的身体状况到了无可挽救的程度时,"最好是缩短自己的生命,加速这种过于缓慢的死亡过程……"[1]到那时,也许一切就会像托洛茨基很熟悉的 B.Ф.霍达谢维奇所说的那样:

折磨着灵魂的梦想中断了,
将要开始我所希望的一切,
于是天使熄灭了阳光
正如清晨熄灭多余的烛光一样。[2]

他希望革命的黑夜将过去,可是并不希望出现新的失望。最好在死去时怀着这样的希望:"将要开始我所希望的一切……"

有象征意义的是:托洛茨基关于妻子的思考和他对于死亡的思考并列在一起。他并不知道,尼·别尔嘉耶夫对爱情和死亡的题目从哲学上谈得更为深刻。按这位俄国思想家的看法,"在同死的王国的搏斗中,爱情是主要的精神武器。爱情和死亡这相反的两极彼此之间是联系着的。当死亡近在咫尺的时候,爱情就展现出最大的力量。"[3]托洛茨基在思考他认为已经临近的死亡时,同时也就想到了永恒,想到了通过个人的终结而建立起来的人类的不朽那种生存状态。

遗嘱就放在书桌里。生活就在既定的河床里流淌着。甚至在5月的袭击之后,托洛茨基仍然通过自己用砖墙围着的碉堡的"射击孔",仔细观察着五光十色的世界。最近几个月里他写了许多文章,谈日益逼近的战争。以种族为基础建立起自己国家的希特勒同以阶级为基础的斯大林必然要投入不可避免的搏杀。1940年时已经看得很清楚,西方的民主主义将反抗纳粹

〔1〕 托洛茨基:《我的生平》,赵泓、田娟玉译,郑异凡校,上海人民出版社2014年版,第527页。

〔2〕 Поэзия Ходасевича(《霍达谢维奇诗选》).Париж. 1928. C.69.

〔3〕 Бердяев Н. Экзистенциальная диалектика божественного и человеческого(《神与人之间的生存辩证法》).Париж;ИМКА-пресс. 1952. C.200.

分子。托洛茨基大约一再给自己提出一个问题：鼓吹"最优秀种族"的希特勒和始终坚持马克思主义关于"垄断阶级"公式的斯大林之间究竟有什么区别？但是将两个邻国的两个领袖相提并论时，托洛茨基却不敢指责无产阶级专政。不仅如此，在托洛茨基起草，并经托派国际组织的非常代表会议于1940年5月26日，即他们的领袖被袭击之后的第三天批准的第四国际宣言中，还明确地指出："我们的纲领在许多文件中都作了表述，大家都能够读到。纲领的实质可以概括为两个词：无产阶级专政。"[1]

托洛茨基在生命的最后一年里是否考虑过这些事情？现在谁也说不清楚了。即使他对走过的道路是否正确有过怀疑，他也仔细地将它们掩盖起来。表面上一如既往。托洛茨基不断地书写，让秘书录下音来，然后经过打字，不停地修改，编辑，转抄。正是在这段时期，1940年4月，托洛茨基写下了自己著名的呼吁书《致苏联工人》，宣称："你们受骗了"，"早先的布尔什维克党已经沦为莫斯科寡头政治的驯服工具"。在这份最激进的"反苏"呼吁书中，托洛茨基确认共产党员的迫切任务就是推翻斯大林集团及其官僚主义的奸党。为此他号召建立地下的"可靠的团结革命小组"，以便"将十月革命传播到全世界，同时使苏维埃制度获得新生……"[2]

他的通讯联络还像过去一样广泛。托洛茨基都写了什么，又是给谁写的呢？

"世界社会革命党的领袖"每天都要收到二三十封信件。他都亲自阅读。有些信由秘书作复，有些则由托洛茨基亲自回答。给他写信的有支持者，征询他的意见，请求对争议作出仲裁；还有编辑和出版商，要求和他见面，商谈书籍的出版问题；还有朋友的来信。

下面是托洛茨基在1940年写的一些信和摘录：

亲爱的威尔施同志！

衷心感谢您的亲切来信，还有您的支持。我特别高兴在世界沙文主义猖獗一时，很难见到为社会主义而真诚，一贯奋斗的战士的可怕时刻，收到这样的信件。我坚信，这样的人数目将会逐月增加。世界局势用它自身的错误和牺牲教育无产阶级，人类生存下去的唯一途径就是

---

[1]　Бюллетень оппозиции. 1940. Август—сентябрь—октябрь. № 84. С.25.

[2]　The Houghton Library. Trotskii coll. bMS, Russ 13.1(10790).

走社会主义革命的道路。

1940 年 2 月 19 日

科约阿坎

永远属于您的列夫·托洛茨基〔1〕

托洛茨基在给自己的老支持者的信中不仅要说服自己的志同道合者，而且试图进一步肯定自己对命中注定，而且永不改变的理念的忠诚。下面是给托洛茨基书籍和《公报》的编辑、他们家的老朋友萨拉·韦贝尔的信。

亲爱的萨拉！

我收到了印刷的传单。我想，还应该使用微缩照片。据我所知，这很便宜，而且可以印到纸上，将传单的面积缩小到四分之一，如果双面印刷的话，甚至是八分之一。巴黎一度发行过两种版本的《公报》：一种是普通的印刷版，供在国外出售；另一种是影印版，供寄往苏联……应当搞清楚印刷的技术问题，特别注意直接发往苏联的版本。不应当怀疑，苏联迟早会被卷入战争。那时会立即出现取得联系的许多机会……我们应当逐渐制作这样的文件，其中的一部分立即投入运作，另一部分则保存在仓库里……

1924 年 5 月 15 日（原文如此——译注）

科约阿坎

紧紧地握手。列〔2〕

这封信值得注意就在于一个处于重重包围之中的被驱逐者，却继续考虑着怎样将自己反斯大林的思想、理念和号召传达给苏联人。我们知道，曾经做过许多这样的尝试，尽管几乎全都无果而终。不过立即就会产生一个问题：难道托洛茨基希望苏联在战争中失败吗？也许对他而言，清除斯大林高于民族利益？这一切都不是那么简单。

托洛茨基起草的第四国际纲领性宣言对这个问题的立场阐述得极为明确："在我们看来，保卫苏联原则上是同准备国际无产阶级革命相吻合的。

---

〔1〕 The Houghton Library. Trotskii coll. bMS, Russ 13.1(10788).

〔2〕 The Houghton Library. Trotskii coll. bMS, Russ 13.1(10806—10848)，folder 3 of 4.

我们彻底否定单个国家建成社会主义的理论,它是斯大林主义愚昧而反动的产儿。能够为了社会主义而拯救苏联的只有国际革命。然而国际革命将带来克里姆林宫寡头统治不可避免的死亡。"[1]托洛茨基的思路是清晰的:必须保卫苏联来唤起国际革命。而国际革命则将清除斯大林及其制度。他希望将这些思想灌输到苏联人的社会意识中去。而目前,正如独居者写的那样,托派出版的部分文字应当"保存在仓库里……"托洛茨基并不明白,自己的想法:在希特勒进犯的浪潮上完成反斯大林的革命,不过是一种幻想。

我再从托洛茨基在致命的袭击前一天半发出的一封信摘录几段。我不能确定,"P.同志"指的是谁。最有可能是美国社会主义工人党中在很大程度上赞同托洛茨基观点的一名领导人。

> 1940 年 8 月 18 日
>
> 尊敬的 P.同志!
>
> 　　最近两年中我们多次讨论过您来此地一行的问题。前一次您女儿和女婿来时,我们期待过您。后来,在乔治·坎农、弗莱尔·多布斯和约·汉森来此研究遭到突袭后的形势时,我们又期待过您的到来……
>
> 　　我只能说说我个人的,纯属"乡巴佬"的看法,在不同时期几度商定过的您的造访还是应当完成。我相信,您在这里哪怕仅仅是小住两个星期对于我们人数不多的警卫都十分重要,何况我们还衷心希望和您见面。
>
> 　　毫无疑问,您的食宿都是有保证的。
>
> 　　致衷心的祝福。[2]

托洛茨基大约是打算再次讨论加强自己的安全工作,同时也讨论社会主义工人党内的形势。因为社会主义工人党发生了分裂。以坎农为首的多数人继续站在托洛茨基这边,而以托洛茨基的老朋友沙赫特曼和伯纳姆为首的少数派实际上不仅同托洛茨基主义,而且同传统的马克思主义也决裂了。让托洛茨基特别难受的是他认为是自己最忠实的学生沙赫特曼也置身其中。

---

[1]　Бюллетень оппозиции. 1940. Август—сентябрь—октябрь. No 84. С.18.
[2]　The Houghton Library. Trotskii coll. bMS, Russ 13.1(9763).

顺便说一下，分裂、派系纠纷、相互指责、思想争论从一开始就是托派运动的一个特点。这种彼此的互不宽容，其原因在于运动本身内在的深刻矛盾。托洛茨基实际上是向所有人，既包括资产阶级，也有社会民主派和斯大林主义，宣布了思想战争。托洛茨基并没有改变自己在20世纪30年代初表述的观点："同社会民主派的斗争也就是同帝国主义民主派的斗争"。[1]他的许多支持者都认为，托洛茨基战略的要点是同斯大林主义的斗争，而其余的都从属于这个方针。

儿子去世以后，同巴黎的联系削弱了。他依旧收到Л.埃斯特林和埃季延的来信；还是按时给他寄来所需要的书籍和杂志。可是，随着廖瓦的去世，科约阿坎这座小碉堡的主人的某种东西被割断了。尽管当Л.埃斯特林来到时，他们会整个晚上一声不响地听着儿子的下属和亲密女友的讲述，一再体验着这出无法慰藉的悲剧。[2]

而"郁金香"在来信中依旧请求托洛茨基准许他来墨西哥。[3]可是被驱逐者恰好不打算再见到新人、新面孔。他已经对来访者，对危险，对斗争感到厌倦了。

在处理完日常事务之后，托洛茨基几乎每天都要坐下来，取过一叠纸张，痛苦地试图写一点有关斯大林的新东西。然而他在彼此相似的众多文章中关于斯大林已经写得够多了，所以他的努力收效甚微。这本书的进展非常缓慢。原因之一就是缺乏来自苏联的信息。除了晚到一个月的、弄虚作假的《真理报》和好不容易才收听到的广播，就几乎没有其他资料来源。

总而言之，在致命的事态发生前夕，托洛茨基无论在个人处境上，还是在政治上都没有值得乐观的因由。就在第四国际的领袖试图团结自己的运动，并将其引导至正确方向时，墨西哥城里的莫斯科肃反小组并没有浪费时间。

帕·阿·苏多普拉托夫的材料，对莫尔纳-杰克逊-梅尔卡德尔的审讯记录，娜塔莉娅·伊万诺夫娜·谢多娃的回忆录（《真相》），墨西哥秘密警察头目莱·萨拉萨尔、托洛茨基的秘书约·汉森的证词，拉蒙·梅尔卡德尔的弟弟路易斯的讲述，伊·多伊彻、伊·列文、约·卡尔迈克尔、尤·帕博罗夫

〔1〕　Бюллетень оппозиции. 1931. Май—июнь. No 21-22. С.7, 35.

〔2〕　Архив ИНО ОГПУ—НКВД, ф.31 660, д.9067, л.143, 159, 215.

〔3〕　Архив ИНО ОГПУ—НКВД, ф.31 660, д.9067, л.216.

等人的著作,还包括直到不久前还属于保密的资料——这一切都使我们得以追寻梅尔卡德尔渗入托洛茨基的"自己人"的日程。这是埃廷贡必须完成的首要任务。而消灭一个令克里姆林宫的领导人恨之入骨的人只不过是一项刑事技术而已。下面是拉蒙·梅尔卡德尔(杰克逊-梅尔卡德尔)拜访"对象"的大事记。它是根据内务人民委员部档案中的许多文件编制而成的。

梅尔卡德尔初次跨入室内是在 1940 年 4 月末。他当时刚带着罗斯梅尔夫妇从城里返回,帮助玛格丽塔将旅行袋送回房间,然后就立即回到车里。

5 月 28 日,罗斯梅尔夫妇离开的前夕,梅尔卡德尔被邀请到托洛茨基家午餐。他被介绍为"西尔维娅的朋友",将用自己的汽车送玛格丽塔和阿尔弗雷德夫妇去港口。应罗斯梅尔夫妇的请求,按托洛茨基的吩咐,由警卫队长哈罗德·罗宾斯带梅尔卡德尔进入餐厅。

6 月 12 日,梅尔卡德尔在应"公司老板之召"去纽约前,进屋请求托洛茨基允许在他离开期间,将"别克"停放在院子里。

7 月 29 日,娜塔莉娅·伊万诺夫娜·谢多娃邀请西尔维娅和拉蒙喝茶。主要是谈"两个年轻人"的未来。娜塔莉娅·伊万诺夫娜相信他们会结婚,所以巧妙而诙谐地谈到家庭生活极其变化无常。

8 月 1 日,拉蒙带着西尔维娅和娜塔莉娅·伊万诺夫娜去中心商店采购日常用品。他认真地将大包小包按谢多娃的指点拎进屋里。然后杰克逊借口有急事,迅速离去。

8 月 8 日,梅尔卡德尔不打招呼就来到托洛茨基家里,带来一束鲜花和一盒糖果。不过在和托洛茨基谈话时,他声称愿意陪房主人去山里游逛。托洛茨基表示感谢,但并没有做肯定回答。

8 月 11 日,午饭后拉蒙来接西尔维娅,可是他并不在路边车旁等候,而是径直走进屋里。警卫认为这是理所当然的;他已经习以为常了。很快仪表堂堂的"商界人士"就带着"未婚妻"走了。

8 月 17 日,这家人的"新朋友"不请自来。他请托洛茨基给他几分钟时间:杰克逊希望托洛茨基看看他写的一篇文章,其中批评了对托洛茨基主义的攻击,首先是伯纳姆的那些人。谈话时间不长,梅尔卡德尔就离去了。这一次尽管天气很热,不知为什么他却身着深色服装,手上还搭着一件斗篷。

据我确认,杰克逊-梅尔卡德尔到托洛茨基家里总共去过十来次。看来,他仔细观察了房屋内部的配置(尽管房屋的配置已经由为这次行动工作的、我们今天已经知道了的一名女间谍报告过了),暂时还没有明确的行动计划。

还将有一次访问,致命的访问……在8月20日,下午5时。娜塔莉娅·伊万诺夫娜·谢多娃在一篇震撼人心的短文《真相》里有最完整的讲述。[1]

根据这篇最重要的资料,还有被告在法庭上的供词,路易斯·梅尔卡德尔、约瑟夫·汉森和警察上校莱昂纳多·萨拉萨尔的讲述,我来恢复一下列·达·托洛茨基生命的最后时刻。我认为,苏多普拉托夫和埃廷贡的材料让我们看到这次斯大林行动结束阶段的着重点。纳·伊·埃廷贡在1963年从弗拉基米尔监狱致尼·谢·赫鲁晓夫的信中称这次行动是"根据党中央的任务,而在墨西哥完成的一件工作"。[2]特别重要的任务都是以中央委员会的名义向侦查员们交代的,机要政治处和外国处的领导也是向中央委员会报告执行情况,以及各种值得注意的信息的。[3]

据娜塔莉娅·伊万诺夫娜后来回忆,5月24日以后,托洛茨基早晨醒来后,好几次说:

"你看,命运又让我们多活了一天。他们没有来……"

这个挥之不去的念头再也不曾离开过他。就在那个可怕的日子之前不久,托洛茨基又一次低声说:

"是的,娜塔莎,我们又得到了一次缓刑……"

这些人就这样生活着,待在自己的屋子里,仿佛待在死牢里一样。这一切他们都知道,可是心底里却像在监狱里一样,并不希望在某个时刻门栓一响,就把他们提出去,而且是一去不返……

娜塔莉娅·伊万诺夫娜在回忆托洛茨基生命中致命的最后一天时,不知什么原因记得最清楚的是那一天很安静,而且阳光明亮。"没有一点不祥的征兆。就像这里一贯的那样,从大清早就阳光灿烂。鲜花绽放,青草闪闪发亮,仿佛刷了一层漆……没有人,我们之中没有人,连他本人在内,会想到死亡已经近在咫尺。"上午的邮件终于带来一条信息:波士顿哈佛大学霍顿

〔1〕 Бюллетень оппозиции. 1941. Март. № 85. C.1-5.

〔2〕 Копия письма Н. И. Эйтингона Первому секретарю ЦК КПСС Н. С. Хрущеву.(личный архив Д. В.).

〔3〕 Архив ИНО ОГПУ—НКВД, ф.31660, д.9067, т.1, л.141, 158.

图书馆已经收到了交付保存和使用的托洛茨基手稿。被驱逐者曾经为这些手稿的命运而忧心忡忡。寄往美国仿佛是一次秘密行动:托洛茨基非常担心自己的文稿会被窃走。现在他可以放心了,此外,还得到了 15 000 美元(对于几千份文件,这是一笔可笑的数目!)。

通常早晨七点多钟时,托洛茨基要喂自己的兔子和鸡。娜塔莉娅·伊万诺夫娜在屋里做自己的事情,从窗口观察着丈夫。她一直是这样做的,甚至在他坐下来写作的时候。谢多娃回忆道:"为了不打搅他,我偶尔把他的房门打开一点缝,看看他平常的姿态:手里握着笔,俯身在书桌上。"娜塔莉娅·伊万诺夫娜原本有一个大家庭,现在只剩下了丈夫和外孙,她害怕失去自己生命中最后的依傍。托洛茨基承认,当他知道娜塔莉娅·伊万诺夫娜就在身边不远处时,他工作起来就分外顺当。甚至在遗嘱里,他也要用非同寻常的方式来谈到她:"娜塔莎刚刚从院子里走到窗户跟前,她把窗户开得更大,以便让空气更自由地流进我的房间。我能看到墙边青草的一抹翠绿、围墙上方湛蓝的天空和洒向四处的阳光。"[1]

喂完小动物后,托洛茨基就在书桌旁坐下。那一天是 8 月 20 日,星期二,他打算写一篇对《人民报》的回答,然后继续写关于斯大林的书。娜塔莉娅·伊万诺夫娜回忆说,"午饭后,列·达·口授了谈战争的文章的一些'片段',然后像通常那样,在五点半时,又去喂他的兔子。"这时,"我走到阳台上,看见列·达·身边站着一个外人,我没有立即认出他是谁,等他脱下帽子并朝阳台走来时,我才认出他是'雅松'(这是托洛茨基一家人对弗兰克·杰克逊,实际上就是拉蒙·梅尔卡德尔的称呼)。"

"我渴坏了,想喝杯水","雅松"说,一面问候娜塔莉娅·伊万诺夫娜。

"要不,给您来杯茶?"

"不用,不用了,我午饭吃晚了,直到现在还噎在这儿呢。"他指了指喉头,"让我吐气都困难……"他脸色死灰。

经过 8 月 17 日的排练,当时他手臂上搭着一件斗篷,还单独和托洛茨基待了几分钟,今天他要干最可怕的事了:杀死一个对他心怀善意,而且不曾料到他会有这种险恶居心的人。尽管埃廷贡为了这最后一分钟对执行者做了长期而仔细地训练,杰克逊—梅尔卡德尔终究不是机器人。他心里强烈地升起了一股最基本的感情。在火线上剥夺一个人的生命是一回事,因

---

〔1〕 托洛茨基:《我的生平》,赵泓、田娟玉译,郑异凡校,上海人民出版社 2014 年版,第 526 页。

为不是你杀死他，就是他杀死你。可是在这里呢？作为恐怖行动的工具、镇压工具的一个人必须要么完全"摆脱了"道德的羁绊，要么是被狂热的理念武装起来，才能走出这令人憎恨的一步。杀人犯的弟弟路易斯·梅尔卡德尔在那致命的一天过去50年之后断言："哥哥不是简单的杀人犯，而是一个对共产主义事业满怀信心的人。"是的，一个共和军的原军官，而现在是内务人民委员部的间谍，他是忠诚于斯大林的刻板公式："托洛茨基是世界帝国主义的间谍和共产主义的死敌"。

不过我想，不仅仅是精神动机使一个西班牙青年从埃廷贡的下属变成了他的同谋犯。他是不得不这样做。拉蒙知道，他的母亲就在这里，在墨西哥城。她就在距住宅100米处，和"列昂尼德"一起待在汽车里等着他。应当明白，他们承受着多大的压力。假如他稍有胆怯，不仅是他，还有他的母亲都没有活下去的机会。他们都是人质、作为斗士的人质。不过他不是死在公正的角斗场上，而是悄无声息的死去。和他们一起死去的还有按照埃廷贡的坚决要求从巴黎被送到莫斯科的他的弟弟路易斯。都是人质……"脸色死灰"——这是面对生与死之间那条看不见的细线时，内心的最后搏斗。而他为了那条只要跨过就不能再返回的生命之线，现在就必须将一个人送往……

"雅松"还像上次一样，手臂上搭着一件斗篷，戴着帽子。

"为什么您还戴着帽子，拿着斗篷？今天阳光多好啊……"

"是的。不过您知道，这不会持久的，可能下雨……"

娜塔莉娅·伊万诺夫娜回忆说："我这样一问，'雅松'显得有些慌乱，就朝列·达·所在的兔子笼边走去。

'您的文章写完了吗？'娜塔莉娅·伊万诺夫娜追着问了一句。

'是的，写完了，''雅松'一只手困难地抽出几张纸，可是手臂却紧紧贴住身体，又压住斗篷。后来查明，斗篷里藏着一把斧头和一把匕首。"[1]（原件如此——作者注）

托洛茨基并不想回屋里去，不过他关上兔笼的门，脱下工作手套后，还是抛出一句：

"那好吧，您是想读一下您的文章吗？"把身上的蓝色上装拍打干净后，托洛茨基一声不响，和"雅松"一起慢慢地走向他工作室的房门。

---

[1] Бюллетень оппозиции. 1941. Март. No 85. C. 2-3.

以下是执行者本人在墨西哥城法庭上的陈述：

"我把斗篷放到桌子上，但要便于我从中取出放在口袋里的冰镐。我决定不错过对我十分有利的机会。当托洛茨基开始读我用做借口的文章时，我从斗篷下抽出冰镐，紧紧抓在手里，闭着眼睛，朝他的头上狠狠地砍下去……

托洛茨基发出一声令我终生都不会忘记的叫喊。这是一声长久不停的'啊—啊—啊'，长得没有尽头，直到今天我都觉得这声叫喊还震得我头疼。托洛茨基一再跳起来，扑到我身上，咬住我的手。请你们看看：还看得出他的牙印。我把他推开，他跌倒在地上。后来又站起身来，跟跟跄跄地跑出去了……"〔1〕

娜塔莉娅·伊万诺夫娜记忆中的这出悲剧的高潮是这样的：

"刚过了3—4分钟，我就听到一声可怕的，让人心惊肉跳的叫声……我还弄不清楚是谁的叫声，就朝喊声奔去……列夫·达维多维奇站在那儿……满脸鲜血，没有了眼镜的蓝色眼睛显得非常突出，双手下垂……"〔2〕

苏多普拉托夫和我谈话时，是这样讲述1940年8月20日的高潮时刻的：

"任何事情都有偶然性。它在这里也表现出来。在遭受了体格强健的梅尔卡德尔用登山手杖如此沉重的一击之后，托洛茨基居然还有力量同他搏斗，而且发出凄厉的叫喊。如果他当场就被击毙，梅尔卡德尔也许就跑掉了。"

家里已经是一片混乱了。警卫们抓住杰克逊-梅尔卡德尔，并狠狠地揍他。娜塔莉娅·伊万诺夫娜回忆说，"我听到一阵阵哀嚎……"

"对这个人怎么办？他们会杀了他的……"

"不行……不能杀，要逼他开口"，列·达·艰难地慢慢回答说。

以罗宾斯为首的警卫们正在用拳头和手枪柄殴打无力自卫的杰克逊。他满脸是血，终于打破沉默，嚷道：

"我只能这样做！他们扣着我母亲呢！我是被逼的！你们要么打死我，要么停止殴打！"

这是这名间谍唯一的一次表现出软弱。后来，在长达几个月的侦查和

---

〔1〕 Isaac Don Levin. L'homme qui a tue Trotsky. P.10.

〔2〕 Бюллетень оппозиции. 1941. Март. № 85. C.4.

庭审过程中，他再也不曾说过这样的话。一切都是他自己决定的，都是他自己干的。没有什么格伯乌，也没有什么同谋和帮凶。这是他自己的决定。只有他一个人。

据苏多普拉托夫说，判决（20 年监禁，墨西哥法律的最高刑）之后最初的一年半，梅尔卡德尔在监狱里经常遭到殴打，企图搞清楚他究竟是什么人？整整 5 年他被关在没有窗户的单人囚室里，但是埃廷贡的角斗士保持了镇定，长期没有改变自己最初的供词，尽管法庭用文件揭露了他并不是他自称的那个人。按路易斯·梅尔卡德尔的说法，他"在最初的精神压抑之后，清醒过来了，并一直认为自己做了一件应当做的事情"。拉蒙 20 年后到了苏联，有一次在评论哥伦比亚事件时，他说："在为共产主义的斗争中恐怖主义是必不可少的。"[1]不过，他实际上只是在重复托洛茨基的一篇著作《恐怖主义和共产主义》中的词句而已。被拉蒙·梅尔卡德尔杀害的革命家写道："对付那个不想走下舞台的反动阶级，恐怖行动或许是非常切实可行的。"[2]这些议论凸显出被害人和凶手之间的亲缘关系。托洛茨基在俄国革命中大肆鼓吹的布尔什维克雅各宾派的理念仿佛是一个暴力的政治飞旋镖，最终返回来砸在他自己头上。

在梅尔卡德尔口袋里找到了一封信，说他对托洛茨基主义和托洛茨基本人失望了。促使他走出这一步的原因仿佛是托洛茨基建议他到苏联去，完成消灭斯大林的革命行动。这封信显而易见是别人书写和打字的。可是法庭当即查明，托洛茨基和梅尔卡德尔只在 8 月 17 日单独在一起待过 5—7 分钟，而在暗杀当天待的时间更短。托洛茨基不可能向一个很不熟悉的人提出这样的建议。杰克逊则肯定，"去苏联消灭斯大林"的建议是被害人当面口头向他提出的。可惜法庭并不知道，这是格伯乌—内务人民委员部惯用的伎俩！此前就在托洛茨基被害的秘书鲁道夫·克列门特，以及似乎在死后指控托洛茨基和托洛茨基主义搞间谍及恐怖活动的几名被消灭的去国者身上，找到过类似的信件等等。很可能这封短信里说到的动机是受到 1938 年 2 月兹博罗夫斯基给莫斯科的一份报告（如果它不是内务人民委员部的伪造）的启发，他在报告中声称，谢多夫明白寻找一名恐怖分子的问题，

---

〔1〕 El Mundo. Martes 31 de Julio de 1990.

〔2〕 Троцкий Л. Соч., Т. XII. C.59.

因为"只要杀死了斯大林，就什么都崩溃了……"[1]这一次埃廷贡小组的伪造是毋庸置疑的。

不过我们走得太远了。那些组织了这次暗杀的人似乎并不注意是否在现场的证据。因为1940年8月24日，《真理报》就彻底揭穿了暗杀的组织者们。许多事情世界还并不知道，而党报却说，"托洛茨基因为在暗杀时被自己的一个亲信打碎了颅骨而在医院中去世。"[2]杰克逊-梅尔卡德尔口袋里的信和这篇报道是同一个来源……只是世界报刊从来不曾怀疑过，究竟谁是主要的凶手。残忍行动的执行人逃走了。所有的人全都逃走了，除了莫尔纳-杰克逊-梅尔卡德尔之外。当大门边开始有人来去匆匆地奔跑，警报器也响了的时候，停在托洛茨基家远处的一辆发动机没有熄火的小汽车猛然启动，一溜烟消失在拐角处。埃廷贡、梅尔卡德尔的母亲卡利达德，还有几名行动保障人员当天用各种办法逃离了首都，融化在人类的"蚁穴"中。埃廷贡和卡利达德在加利福尼亚躲过了搜捕期。他们在等待莫斯科的命令。一天之后，他们从广播和报纸上得知：打击达到了目的。完成了斯大林的任务："打击第四国际……让它失去首领。"

埃廷贡担心，好冲动的卡利达德失去了儿子，一旦情绪失控，可能做出什么蠢事来。过了一个月，莫斯科通过自己专门的途径传来了信息：表彰完成任务；希望通过留在墨西哥城里的人确定"患者"的状况，查明还需要什么帮助。允许他们在完成这项补充任务后回国。1941年5月，战争开始前一个月，纳·伊·埃廷贡和奥斯塔西亚·玛利亚·卡利达德经过中国返回莫斯科。路上走了一个多月。

被袭击后托洛茨基在医院里还活了26小时。稍稍长于一昼夜。市医院竭尽全力，虽说知道凶手的一击已经伤及大脑的生命中枢。据娜塔莉娅·伊万诺夫娜回忆，受伤后两小时，托洛茨基就陷入昏迷。

俄国革命的领袖之一在意识完全丧失之前不久，还悲伤但清晰地说：

"我感到在这里……结束了，这次他们得逞了……"

手术前，护士给他更衣，用剪刀剪开血迹斑斑的衣裳。他用尽气力，对俯着身子的娜塔莉娅·伊万诺夫娜艰难地低声说：

"我不想让他们给我脱衣裳……我希望你来脱……"

---

[1]　Архив ИНО ОГПУ—НКВД, ф.31 660, д.9067, т.1, л.140.

[2]　Правда. 1940. 24 августа.

这就是他最后的几句话……

在结束伤心欲绝的短文《真相》时,娜塔莉娅·伊万诺夫娜写道,做完手术后,"稍稍抬起他的身子,他的头耷拉在肩上。双手下垂,就像提香的画作《哀悼基督》上受尽苦难的基督那样。逝者头上的荆冠换成了包扎的纱布。面部的轮廓保持着纯洁和自豪。让人觉得他马上就会挺身而起,亲自料理一切。可是,大脑的伤太深了……一切都结束了。世上再也没有他了。"[1]

托洛茨基的"各各他"就在墨西哥城的维也纳街上。传说各各他是亚当的颅骨,按天意被置于基督蒙难的十字架下。基督身上流出的血,按《马太福音》的说法,不仅洗净了亚当的颅骨,也洗去了人间的黑暗和罪恶。

可是托洛茨基是坚定的无神论者。他始终没能写完的那本书的主角之手终于在这个院落里追上了他,院子里没有立起十字架,只是竖起了一块简陋的墓碑。托洛茨基的鲜血不可能洗净虔诚而天真地相信借助暴力就能为全人类带来幸福的那千百万人的罪过和迷惘。托洛茨基曾经是这些人的鼓动者之一,而自己也成了他们的牺牲品。一个革命者命运的悲剧为不断审视无济于事的暴力和无穷无尽的创作提供了取之不尽的源泉。现在,能评说既往的就只有历史了。

异国他乡的一块墓碑

墨西哥城托洛茨基的葬礼演变成了一场规模巨大的反斯大林游行。之后托洛茨基的骨灰就留在了科约阿坎一条偏僻而狭窄的胡同中他最后居住的石头房子里。这是娜塔莉娅·伊万诺夫娜坚决要求的。现在,失去了丈夫的她只剩下了外孙谢瓦和这座同她的一切密不可分的坟墓:世纪初在巴黎的结识,革命前在欧洲长时间相对平静的生活,1917 年 5 月回到俄国,然后是丈夫整整五年辉煌的平步青云,再往后就是斗争,流放,被驱逐出国,两个儿子的死亡……这座坟墓里压缩了他们跌宕起伏的命运。从今而后,无论是他,还是她就再也见不到祖国了。娜塔莉娅·谢多娃首先就是托洛茨

---

[1] Бюллетень оппозиции. 1941. Март. № 85. C.5.

基的妻子,是她孩子的母亲;她从来不曾在他的斗争中扮演过积极的政治角色。她的爱、关怀和令人吃惊的安于平淡在被驱逐者生命的最困难时期滋润了他的精神力量。

安葬之后不久,第四国际美国支部的领导人会议就决定在托洛茨基的墓上竖一块墓碑,并研究了将来再建一座纪念馆的问题。墓碑很快就竖立起来了,而纪念馆直到托洛茨基去世后整整50年才揭幕。在一块一人半高的混凝土板上压出一把大镰刀和一把锤子,在这个革命标志的上方装配了碑铭:"Leon Trotsky"。后来又在简陋墓碑后面竖了一根旗杆,挂一面略微降下的红旗。娜塔莉娅·伊万诺夫娜在世的时候,一直照料着这座纪念碑,保证它始终处于鲜花之中。直到今天这块由革命家的外孙埃斯特班·沃尔科夫照料着的墓碑依然耸立在南国的树丛中。这块墓碑主要纪念的仿佛不仅是托洛茨基,而且还有世界革命那个虚无缥缈的理念……

据我所知,这是这位俄国革命家保存至今的唯一一座纪念碑。在俄国革命的"三巨头"中,托洛茨基在"广泛而高深的宣传"方面,是最不走运的一个。斯大林的纪念碑、半身像、雕塑,仿佛是一些混凝土的、大理石的、石膏的神像,是伟大,然而沉默不语的人民的虎视眈眈的监督者。后来,在暴君去世后,各种神像不知不觉地消失了,仅仅留下了一座,在哥里。而更多的雕塑作品(大多是畸形的)是为"头号领袖"列宁建造的。"十月政变"之后过了70年,这些雕塑开始被公开拆除,象征着一个伟大民族的历史性失败是同列宁的名字联系在一起的。假如托洛茨基,比方说,1918年牺牲在喀山,或者1919年在南部战线,他的纪念碑至今还会耸立在历经沧桑的这个国家的许多广场上。谁知道呢,也许是被驱逐,以及死于斯大林的杀手保护了他免于死后被彻底否定? 也许,托洛茨基的悲惨命运为历史保存了对他,远比对他的"战友们"更为完整的怀念? 谁知道呢……

革命领袖们推倒了沙皇的塑像,仅仅过了几年就开始用自己的塑像填满城市的广场。托洛茨基也不例外。

1920年9月,托洛茨基收到敖德萨的老同学、艺术家尼古拉·伊万诺维奇·斯科列茨基的一封信。信中说:"禀赋极高的雕刻家格林什普恩非常想见你,以便顺利地完成他按照罗丹的《思想者》的风格制作的你的半身像……"[1]我不知道,"罗丹式的"雕像是否完成了。可是却有幸结识了一

---

[1]　ЦГАСА, ф.33987, оп.3, д.60, л.55.

位 90 高龄的退役上校、乔治十字勋章的获得者。据他自己介绍，"曾经 5 次受伤,5 次宣誓",不过有趣的是他曾经受政治处的委派,为列·达·托洛茨基做过一座大塑像。这个人名叫菲利普·米哈伊洛维奇·纳扎罗夫。菲利普·米哈伊洛维奇回忆说,"那座塑像相当大,大约有 3 米高。我是用石膏做的,'加了铁支撑',涂成了绿色。头颅是单做的。托洛茨基身着军大衣,敞开了胸怀,双手背在身后。"

我问他,托洛茨基是否知道这座塑像。这名业余雕塑家回答说:

"这座塑像竖立在莫斯科州莫扎伊斯克区克列门季耶沃村,一片很大的炮兵营地里。塑像竖起来后不久,在队列前宣读了革命军事委员会主席的命令,表扬我完成的工作……"

"后来这座塑像怎么样了?"

"大概在 1927 年或是 1928 年拆除了……我在 30 年代还一直担心:要是忽然想起了塑像的作者呢。塑像的照片、草图、托洛茨基的表扬命令,我当然全都提前销毁了……"

不管怎么说吧,反正托洛茨基的塑像在距莫斯科不远的地方耸立了好几年。

1923 年 11 月,托洛茨基的助手谢尔姆克斯将一封短信放在军事人民委员的书桌上,内容如下:

> 亲爱的托洛茨基同志
>
> 　　雕刻家乔·达维德松,您或许知道他,现在莫斯科……他塑造了西方几乎所有的名人,还是协约国世界大战英雄的官方雕塑者,可是他本人是一名激进分子,而且是我的至交。他已经为加里宁、拉狄克、契切林、拉科夫斯基、李维诺夫、越飞、克拉辛等做了半身像。
>
> 　　您无需为他摆姿势,他能够在 3—4 个小时内,乘您工作的时候就做完,而且是一气呵成……
>
> 1923 年 9 月 18 日
> 致敬礼。马克斯·伊斯特曼[1]

再看一封知名艺术家维·尼·杰尼的来信:

---

〔1〕 ЦГАСА, ф.4, оп.14, д.17, л.217.

深受尊敬的列夫·达维多维奇！（原件如此——作者注）

您是否认为在彼得格勒的艺术家布罗茨基和沃希洛夫到来之前，现在可以给通俗艺术家安德列耶夫一个小时，为您用彩色铅笔画一幅像（顺便说一下，安德列耶夫是果戈理独具一格的画像的作者）。

如果您允许，我就为您介绍他。劳驾做个回答。

1921 年 7 月 25 日

尊敬您的杰尼[1]

既然布尔什维克的一大批领袖如此迅速地让一位欧洲闻名的人为自己做了足以永垂不朽的雕像，托洛茨基当然也不会拒绝。可是今天很难猜测，由达维德松，后来还有安德列耶夫创作的这名革命家的石膏像，在他失宠和被驱逐以后，消失到哪儿去了。

对历史中的这些微不足道的小事，我之所以用了这么多笔墨，并不是偶然的。任何时代的革命胜利者都经受不住荣誉的诱惑，而跌入历史的陷阱。生前（而且不仅在生前）建造的纪念碑从来就不是为人类的纪念，而历来是为虚荣心服务的。布尔什维克不仅昧着良心要使自己的领袖们扬名后世，而且还长期地，顽固地，纠缠不休地，欺骗地，愚蠢地企图让自己的主要口号永久化："光荣归于俄国共产党！""光荣归于联共（布）！""光荣归于苏共！"。结果如何，大家都知道了。权力历来就是罪恶的，如果它缺乏民主的保险装置，就会直接导向极权制度，而随处可见的领袖纪念碑就是偶像崇拜的可耻里程碑。

托洛茨基避开了"收获纪念碑"的瘟疫，并不是因为他比其他领导人较为谦逊，而仅仅是因为在祖国的田野上还没有来得及长出他石膏的、青铜的和大理石的浓密"秧苗"。托洛茨基在这方面是幸运的。他混凝土的墓碑确实是一座纪念碑。而且是唯一的一座。无论我们怎样看待参与过我国历史中戏剧性和悲剧性的一些场景的这个人，他的墓碑在今天不是服务于政治，而是服务于人们的记忆。

记忆中和现实中究竟留下了什么呢？为什么托洛茨基的名字几十年来始终吸引着历史学家、哲学家、作家、电影工作者的关注？异国他乡的这座孤零零的墓碑究竟向世界警示着什么？问题有许多。对其中的某些问题生

---

[1] ЦГАСА, ф.33 987, оп.1, д.467, л.56.

活已经作出了回答,其余的则还在等待。

历史的深渊对所有的人都是同样深沉的。覆盖在历史上方的那张网,其巨大的网眼只能拦住一些大人物。托洛茨基就是其中之一。斯大林主义向苏联人深刻地灌输了一种观念:托洛茨基是一个彻头彻尾的反面人物,他给人民带来的只有痛苦、恐怖和兄弟相残。并非所有的人都明白,托洛茨基不过是认为只要完善了无产阶级专政,就能够解决社会生存的所有问题的俄国雅各宾派之一。例如,1927年6月,托洛茨基还是党中央委员时,他就在关于民族问题的随笔(顺便提一下,不曾发表过)中写道,"阻碍不同的族群共同生活并合作,平衡他们的经济及文化发展水平的是**中央的暴力**(黑体是我加的——作者注)。"托洛茨基写道,很可能"正是在民族问题上我们的主要矛盾会得到最鲜明的表现"。很难不同意被罢黜领袖的这个观点。今天我们直接碰上了这些民族矛盾。可是他提出了什么建议呢? 托洛茨基回答说,"所有这些问题只有从保持并加强集中制的工人国家的无产阶级专政和计划经济的角度才能得到解决。"[1]依然是专政……

崇尚暴力只能在自己身后留下一片空白,这并没有让被抛弃的革命家,正如千百万其他人一样,感到难堪。而俄国的雅各宾派只顾急急忙忙地向前冲,冲向"光辉灿烂的未来",冲向"不可避免的世界革命",冲向"共产主义理想在世界范围的胜利"……对一切非共产主义事物气势汹汹的不妥协、精神上的攻击性、对自己正确的不容置疑的信念是所有布尔什维克领导人的共同特点。托洛茨基也不是例外。

异国他乡的这座墓碑告诉人们,托洛茨基是第一个从内部看透了斯大林和斯大林主义的人,第一个看到了热月政变的轮廓,第一个察觉了布尔什维主义蜕变的征候的人。先知者命运的伤痛和悲惨使他的生命在人们眼中变成了永恒。因为人们早已发现,灰色的、日常的、普通的、平凡的事物很少有机会在人类的记忆中保存下来。墨西哥的这座坟墓证明,随着时间的流逝而日益清晰、鲜明的一个革命者的个性化面貌对于历史的记忆有巨大作用。

托洛茨基不是一个意识形态的偶像,而是一个人,他拥有广泛而强劲的智力和道德品质,掺杂着不容反驳的毫不妥协和虚荣心。科约阿坎的那座墓碑让我们想起的并不是一个可怕的暴君,或者是一个"不可逾越的天才",

---

〔1〕 ЦГАСА, ф.33 987, оп.1, д.467, л.156.

而是一个革命的歌手,他成了革命的牺牲品、革命的蒙难者,同时又代表着这场革命所制造的畸形暴力。尼·亚·别尔嘉耶夫在描绘托洛茨基的肖像时指出,"他是红军的组织者,也是世界革命的拥护者,但恰恰是他并不像一个个人意识、个人思想、个人良心完全泯灭,而彻底融入了集体的真正共产党人那样,引起人们的恐怖感……"别尔嘉耶夫写道,他是"和列宁同一类型的人,但是不那么凶狠而好争论。"[1]感染了革命狂热的那些人可能很伟大,但他们仿佛是一些反常的人。他们同普通人的区别,犹如进步和改良同革命和爆炸的区别一样。不过,嗯,两者在人类历史中都是很自然的。

不过,在遥远的墨西哥首都的这座墓碑不仅让我们想起镌刻着姓名的墓主,而且让我们想起托洛茨基从一开始就参与了的那场运动和那个国际组织。当他的论敌玩弄"托洛茨基主义"的概念时,这位革命者长期表示了反对,提出了抗议,甚至非常愤怒。还在托洛茨基被开除出共产国际执行委员会,失宠的领袖被逼到了墙角,遭到库西宁、多列士、墨菲、佩佩尔、布哈林、片山潜、斯大林和共产党人的这个国际组织的其他人劈头盖脸的痛斥,更像是破口大骂时,他就否认存在什么特殊的流派"托洛茨基主义",而只承认有一个"左翼"反对派。[2]即使在20世纪30年代初,托洛茨基也持同样的观点。

1932年12月末,托洛茨基还待在普林吉坡时,他给自己书籍的译者亚历山德拉·伊利伊尼契娜·拉姆写了一封信,说给她寄去一篇长文章《列宁的遗嘱》的手稿。[3]托洛茨基的信里还附有按照同斯大林争论的惯常风格写的一篇大文章,其中有专门的一节《关于"托洛茨基主义"的神话》。作者写道,制造神话的是季诺维也夫和加米涅夫。正是他们和斯大林商定,给党内的"左翼"反对派扣上了"托洛茨基主义"。不过,准确地说,率先在正式文件中使用"托洛茨基主义"的是斯大林,他在《托洛茨基主义还是列宁主义》一文中宣称,应当将"托洛茨基主义"视为一种"同列宁主义不相容的特殊思想体系"。[4]

从那时起,凡是赞同托洛茨基政治观点(不提支持马克思主义的公式)的共产党员,都被称为"托洛茨基分子"。在苏联,从20世纪30年代初开始

---

〔1〕　Новый город. Париж, 1931. № 1. C.93-94.

〔2〕　ЦПА, ф.505, оп.1, д.65, л.1-32.

〔3〕　The Houghton Library. Trotskii coll. bMS, Russ 13.1(9508—9678), folder 13 of 14.

〔4〕　《斯大林全集》第6卷,人民出版社1956年版,第281页。

这顶帽子就等于死刑判决书。

托洛茨基宣称,实际上这些人才是真正的"布尔什维克-列宁主义者"。对此很难提出反驳:所有"真正的"布尔什维克-列宁主义者都是相同的。他们全都支持无产阶级专政的纲领,而且坚信在共产主义的基础上改造世界的合理性和可能性。无论是托洛茨基、斯大林,还是跟着他们走的那些人,都是如此。例如,季诺维也夫曾经断言,"托洛茨基主义曾经(而且至今仍然在某种程度上)是从根本上敌视布尔什维主义的'欧洲'(即机会主义的)伪马克思主义,不过稍稍带有一点'左倾的'差异而已。"[1]可是到了1926年,季诺维也夫却说,他同托洛茨基主义的斗争是他一生中最大的错误,"比1917年的错误更危险"。而且,天哪,这还不是季诺维也夫最后的态度。又过了一年,季诺维也夫在乞求斯大林宽恕时,再一次谈到作为伪马克思主义表现之一的"托洛茨基主义的危险性"。[2]

我并不是否认托洛茨基主义的出现和存在。我已经说过,马克思主义的本体在俄国分离出三个主要流派:列宁主义、托洛茨基主义和斯大林主义。列宁看待马克思主义,首先就是要利用它的思想来组织革命运动。斯大林主义不过是列宁主义的一种变形。托洛茨基主义则可以被认为(在理论范围内)是不仅在俄国,而且在整个"世界共产主义革命"中运用马克思主义的最激进形式。因此,也许可以这样说,托洛茨基主义是在俄国"运用"欧洲马克思主义的最鲜明尝试,是它极其激进的方案。另一些细致观察的研究者也指出了这一点。例如,牛津大学教授巴鲁赫·克奈-帕茨在他的专著《列夫·托洛茨基的社会政治思想》中写道:"这位领袖的俄国革命理论是最坚定地将马克思主义运用于20世纪初的俄国的一种尝试……托洛茨基很快就宣称,马克思主义的理论已经为俄国革命的事态所证实。"[3]

托洛茨基主义是马克思主义的过激形式,其中有许多东西后来都被斯大林在自己的实践中借用了,当然并没有说明它们来自自己的先行者。只有重视了他对阶级公式和革命暴力的崇高公正性,以及对全世界共产主义未来必然到来的信念,才能理解托洛茨基主义。1921年7月23日,托洛茨

〔1〕 Зиновьев Г. Ленинизм (《列宁主义》). Введение в изучение ленинизма. Ленинград: Государственное издательство. 1925. С.160。

〔2〕 The Houghton Library. Trotskii coll. bMS, Russ 13.1(9508—9675), folder 13 of 14.

〔3〕 Baruch Knei-Paz. The Social Political Thought of Leon Tpotsky. Oxford University Press, 1978. P.5.

基在共产国际第三次代表大会上发言时,声称:"只有危机才是革命的生父,而繁荣时期却是它的掘墓人。"〔1〕

我想,托洛茨基主义体现了列宁关于经过不受限制的暴力可能"鞭策"历史前进,而且在最短期内达到对社会进行根本改造的信念。据孟什维克的一名领袖拉·阿布拉莫维奇回忆,在实行"军事共产主义"政策后,列宁起初宣布,革命的战略目的已经就在眼前了。阿布拉莫维奇写道,"1918 年初,列宁几乎在人民委员会的每次会议上都坚持认为,社会主义在俄国可能在 6 个月内实现。托洛茨基说,当他最初听到这个期限时,不禁大吃一惊,6个月,而不是 60 年,或者至少是 6 年? 可是,不对,列宁就是坚持 6 个月。"〔2〕托洛茨基震惊了,可是并没有反对。据我所知,他给世界革命规定的期限起初也就是十月革命后的 5—8 年之间,虽说后来他避免谈论全球烽火的时间坐标,或者将它们向前推移了几十年。〔3〕插一句,俄国革命者中的社会民主分支信奉较为平静的社会进化之路,担心在俄国掀起动乱。可是十月革命后,这些人在俄国失去了地位。然而到了国外,他们也并没有感到绝对安全。内务人民委员部机要政治处的间谍定期向莫斯科报告,唐恩、阿布拉莫维奇、罗森菲尔德和其他孟什维克都在干什么。〔4〕

托洛茨基主义对马克思主义的公式表述得最细致。不过,和斯大林相对立,托洛茨基主义形式上拒绝了极权主义体制,尽管非常不明确,在这种情况下将怎样"运用"被驱逐的革命家终生都在祈祷的无产阶级专政。因此,托洛茨基主义不过是企图将专政和民主、一党大权独揽和政治多元化综合起来的一种不切实际的幻想。实际上托洛茨基主义就是俄国激进马克思主义的一种空想。墨西哥首都的这座墓碑仿佛是托洛茨基最初曾经参与过的这出戏剧的终结。然而,不对。事情远非如此简单。托洛茨基主义还活着。为什么? 是什么让它的支持者们仍旧怀着希望? 难道苏联和东欧各国的历史性失败还不能令他们失望和深思吗?

托洛茨基主义是对于今天存在的现实,无论是经典的资本主义,还是我们所说的"发达社会主义"的一种宗派主义观点。今天的托洛茨基分子依旧

〔1〕 Троцкий Л. Мировой хозяйственный кризис и новые задачи Коминтерна(《世界经济危机和共产国际的新任务》).M., 1921. C.26。

〔2〕 Абрамович Р.А. Мартов и его близкие(《马尔托夫及其亲信》).Нью-Йорк. 1959. C.77。

〔3〕 Троцкий Л. Запад и Восток(《西方和东方》).M., 1924. C.120。

〔4〕 Архив НКВД, ф.31660, д.9067, т.1, л.60。

认为,对世界实行革命的更新不仅完全必要,而且是可能的。只需翻阅一下第四国际的国际委员会出版的《国际马克思主义杂志》的合订本就明白了。

为纪念第四国际成立 50 周年,该委员会通过决议,声称世界现在处在新的革命震荡的门槛上,而托洛茨基的不断革命论"业已被全部生活所证实"。在《杂志》看来,既然"戈尔巴乔夫对华尔街卑躬屈节",那在苏联内部资本主义就在迅速复辟。第四国际委员会断言,"保卫十月革命的成果要求经过一场政治革命推翻官僚主义制度,这是历史的必然。"真是令人吃惊,可是对于托洛茨基分子时间仿佛是停顿了;托洛茨基 1936 年在《被背叛的革命》中对斯大林和斯大林主义提出的要求,半个世纪之后居然会由他的追随者对戈尔巴乔夫再度提了出来! 不过,重弹早已遭到历史贬斥的、不断革命的老一套陈腐观点也表明,依旧认为通过无产阶级在全球范围的骑兵冲击可以改变世界的左翼激进主义还有生命力。

阅读托洛茨基分子的《杂志》会产生一种幻觉,仿佛时光倒退了几十年。请读者自己想一想,现在第四国际的委员会号召劳动群众去做什么。

"伟大的历史目标:将国际无产阶级的各个民族支队团结成一支军队,今天有可能实现了。革命马克思主义的战斗号召:'全世界无产者联合起来',将成为每个国家阶级斗争的基础。斯大林的和社会民主主义的各种旧政党、早已死亡的第二和第三国际腐朽的残余越来越使劲地抓住已经过时的民族-国家制度和资产阶级老爷们。总之,第四国际的时代到来了。国际委员会的任务就是聚集愿意按照这种前景坚决行动的骨干力量,在第四国际的旗帜下团结工人阶级,准备迎接即将到来的世界社会主义革命的胜利。"[1]读者千万别认为这洋洋洒洒的引文选自 20 世纪 30 年代。不是的。这是第四国际委员会于 1988 年 8 月,托洛茨基分子的组织成立 50 周年前夕,通过的决议的片段。

过去的半个世纪中,许多团体、政党,甚至整个国家都从政治生活中消失了,可是托洛茨基分子的国际政党却依然存在。其原因之一,我想就在于它的创建者稳定的历史威望。

因此,他乡的这座墓碑不仅证明了"世界社会革命党"领导者的去世,而且也表现了历史革命化的"经典"形式的生命力。革命化之于托洛茨基,犹

---

〔1〕 Четвертый Интернационал. Журнал интернационального марксизма(《国际马克思主义杂志》). 1989. C.1-63。

如圣经之于信徒。即便是一切都表明世界革命处于,用托洛茨基的话来说,"退潮",他仍旧会预告即将开始的"涨潮"。1924 年 6 月 21 日,在医疗工作者第五次全苏代表大会上,托洛茨基用下面的话结束了演讲:"共产党员对欧洲的工人说:如果你掌握了政权,建立了苏维埃合众国,你就立即将两块强大的大陆团结在一起了。你就能获得杰出的技术、辽阔无垠的空间和自然财富,还有夺取了政权的革命阶级最伟大的热忱。如果你必须面对武装的世界反革命势力,这是不得不面对的呀,你就建立自己的红军,而你也无需从头开始,因为可以有幸得到经过战争考验,受到胜利鼓舞的苏联红军。"〔1〕

有一个问题:托洛茨基在被驱逐期间,是否为在苏联及其他共产党内传布"左翼"反对派的思想做过些什么事情? 它的斗争是否仅限于思想斗争? 分析"斯内夫利特藏书"、托洛茨基的遗产,以及内务人民委员部的一些材料使我们得以确认,曾经有过恢复并积极开展反对斯大林体制的尝试。例如,1932 年秋季,列夫·谢多夫从柏林给父亲寄去自己同托洛茨基的支持者,曾经帮助过向苏联发送托洛茨基派的资料,并在苏联为被驱逐者收集社会-政治信息的戈尔茨曼的谈话记录。儿子写道,不能指望建立季诺维也夫-加米涅夫-洛米纳泽集团。他们"都被整垮了"。谢多夫说,目前他寄往莫斯科和列宁格勒的"包裹"还能送交收件人。〔2〕

我们看到,直到 1932 年,托洛茨基还同自己支持者日渐稀疏的队伍保持着微弱的联系。例如,谢多夫的邮件中说,乌克兰有好几千人因饥饿而浮肿。人们纷纷逃离农村。乌克兰检察官下令将没有完成粮食采购指标的集体农庄主席赤裸裸地扔在冰面上。人们私下传递据说是布哈林写的反对斯大林的文件。洛米纳泽小组多少开展一点活动,不过很谨慎。盗窃很猖獗。已经开始为党的机关设立配给供应商店。在修建工厂,还没有建成,又去修建另一个工厂。右派并不甘于失败……〔3〕

谢多夫传给父亲的这些零零星星的材料表明,反对派的斗争虽然极大地削弱了,但整体上并没有停止。这些材料让托洛茨基认为,无论是"右翼的",还是"左翼的"反对派人物在 20 世纪 30 年代初都小心翼翼地试图再度

〔1〕 Троцкий Л. Пять лет Коминтерна(《共产国际五周年》). М.-Л., 1925. С.604。

〔2〕 The Houghton Library. Trotskii coll. bMS, Russ 13.1(1882).

〔3〕 The Houghton Library. Trotskii coll. bMS, Russ 13.1(13-205).

煽起对斯大林政策不满的火焰。托洛茨基虽然待在欧洲,却向支持者的组织发出指示,号召加强反对共产国际和斯大林的斗争。[1]而且,"左翼"反对派的领袖并不局限于思想训导,还建议"完全转入地下活动"。[2]内务人民委员部的档案里,按字母顺序编排的卷宗《出版物》中有托洛茨基派团体发出的几百份反对苏联,反对斯大林的文件、印刷品和传单。向苏联散发这类文字的效果是很差的,但是仍然有个别文件传到了国内。[3]

这些文件都证明,托洛茨基曾经试图掀起反对斯大林的共产党和联共(布)本身的不仅是思想斗争,还有政治斗争。尽管做出了这些努力,托洛茨基还是明白了:革命浪潮已经退去。左派的运动不会成为群众性运动。但革命家不打算就此罢手,而是继续敲响革命的钟声,这就是《公报》……但它的声音喑哑而不清晰。

然而即便是托洛茨基这些希望鼓动苏联反对派行动和提高欧洲各个托派小组积极性的微弱尝试也立即为格伯乌和内务人民委员部所察觉。几次"运输件"(寄送文件的包裹)的失误,手头有《反对派公报》的一些人被捕使镇压措施变得更为严厉。苏联人同任何被怀疑有托派倾向的人接触都立即被记录在案。被苏联间谍机关跟踪的一个人巴尔多尼,在莫斯科会见了波多·姆季瓦尼、弗拉索娃大夫、普列奥布拉任斯基一家、多纳特等等。一经核实,"西方"就立即报告格伯乌-内务人民委员部机要政治处。[4]同"估计是托洛茨基分子"巴尔多尼有过接触的所有人都被逮捕了。那真是可怕的时代。

根据叶若夫的资料,1936 年末到 1937 年初,仅莫斯科各个中央部门就逮捕了几千名"托洛茨基破坏分子"。例如,按叶若夫的资料,各人民委员部的情况如下:

1936 年 10 月至 1937 年 2 月,被逮捕和判刑的托洛茨基分子人数:

铁道人民委员部　　　——141 人
食品工业人民委员部　　——100 人
地方工业人民委员部　　——60 人
国内贸易人民委员部　　——82 人

---

[1]　ЦПА ИМЛ, ф.552, оп.2, д.1, л.1.
[2]　ЦПА ИМЛ, ф.552, оп.2, д.1, л.113.
[3]　Архив ИНО ОГПУ—НКВД, ф.17 548, д.0292, т.1-2.
[4]　Архив ИНО ОГПУ—НКВД, ф.31 660, д.9067, т.1, л.164.

农业人民委员部　　　——102 人

财政人民委员部　　　——35 人

教育人民委员部　　　——228 人

等等……〔1〕

不仅认识"左翼"反对派的领袖,而且国内战争年代在他领导下工作都被认为是国家级的罪行,甚至只是提到托洛茨基的姓名、私人藏书中有他的著作、任何间接证据表明同这名主要异教徒有过"交往"都可能被关进监狱,甚至受到更严厉的惩罚。到处都在实行清洗,到处都在搜索托洛茨基分子。开展了一场悄悄的竞赛。揭发托洛茨基分子最少的财政人民委员部党委被摧毁了。就像在战场上那样,必须向上级报告:查明了多少,揭发了多少,逮捕了多少。

看看红色教授学院历史系是怎样同托洛茨基分子作斗争的吧。全体大会听了 A.B.舍斯塔科夫教授的报告《在历史系搞破坏活动的方法和手段》。我只引报告的个别片段:"斯大林同志在给《无产阶级革命》杂志编辑部的信中指出,托洛茨基分子用歪曲历史实际情况的办法进行破坏活动……例如,德罗兹多夫讲述在潘蒂卡派希腊殖民地的暴政时……败坏民主思想的声誉,将它同法西斯暴政相提并论。"〔2〕

报告和发言中都讲到"托洛茨基分子对沙米尔专政的界定";讲到"违背斯大林、基洛夫和日丹诺夫诸同志的指示,断定亚历山大一世在对外政策中采取两面派立场";还有"皮翁特科夫斯基教授掩盖自己破坏分子的嘴脸,企图在苏联复辟资本主义……"〔3〕

而这些胡说八道的人全都拥有学位和学衔。精神的暴虐扭曲了人们,教他们"识别敌人",对一切被视为可疑的事物表现出残酷的毫不留情。然而,事情难道仅限于这种可耻的公众审判吗?当然不是。

1937 年 12 月 27 日红色教授学院代理("代理"更换得极为迅速,因为院长一个接一个被投入了监狱)院长的一份报告中说,1931 年至 1937 年间,学院共接受了 408 人,其中有 296 人被清除。只消看看学院教师的遭遇,就能明白"清除"是怎么回事了。"作为人民公敌被揭露并逮捕的教师有:瓦纳

〔1〕 ЦПА ИМЛ, ф.17, оп.2, д.577, л.25.

〔2〕 ЦГАОР, ф.5143, оп.1, д.614, л.21.

〔3〕 ЦГАОР, ф.5143, оп.1, д.615, л.18-35.

格、皮翁特科夫斯基、盖斯特、谢夫、托姆辛斯基、涅夫斯基、多林、措贝尔、马佳尔、雷斯涅尔、萨法罗夫、斯米尔诺夫、德罗兹多夫、杜布罗夫斯基、杜贝尼亚、弗里德良德、弗罗洛夫、金、布津斯基、泽马尔"[1]等人(和当时通行的一样,名单中没有名字和父名的缩写)。

在托洛茨基急切地写自己的呼吁书,出版《公报》,寻找向苏联传递文字材料的途径时,斯大林采用了另一种行动方法。当时国内真正的托洛茨基分子最多不过 300 至 400 人。而为了消灭他们,斯大林却杀了几十万人。托洛茨基还在继续谈论世界革命,而他的主要对手却"在一国内建设社会主义",将牺牲品源源不断地送往冥界。

因此我觉得,科约阿坎的墓碑纪念的不仅是"左翼"反对派的领袖,还包括在那些年代里保持着对他的忠诚和对斯大林主义毫不妥协的那些人。换句话说,这座墓碑让我们不仅记住托洛茨基的革命功绩,还有他那些幸而不曾实现的梦想。这里指的自然还是世界革命。

关于革命,关于近在咫尺的全球烽火,托洛茨基写了许多文章。人们十分认真地反复阅读他有关"十月政变"的著作,不仅因为它们写得引人入胜,而且由于托洛茨基是这些事件的直接创造者和参与者。早在 1921 年,Г.А.季夫在关于托洛茨基的书中就指出:"公正地说,布尔什维主义载入史册是以列宁作为它的父亲和先知;而在同时代的广大群众眼中,节节胜利的(只要它眼下还在取得胜利)布尔什维主义自然是同托洛茨基的名字联系在一起的。列宁代表着布尔什维主义的理论和理念(连布尔什维主义也有自己的理念),托洛茨基则是它的实践。"[2]

我想,对托洛茨基的这个评价是过于简单了。他既代表了布尔什维主义的理论和实践,又在很大程度上体现了它的空幻性。在理论方面托洛茨基的名字始终是同不断革命论联系在一起的,而在实践领域则是同世界革命联系在一起的。这都是一些伟大的幻想,其象征就是被斯大林的杀手夺去了生命的这位革命者。

托洛茨基生命中的最后一年,在前来造访的友人罗斯默的帮助下整理自己的档案时,大约会经常回想起自己风云际会的往昔。它也有助于我们认识,托洛茨基主义究竟给我们今天留下了什么。整整一个文件夹里面保

---

〔1〕 ЦГАОР, ф.5143, оп.4, д.2, л.6, 26.

〔2〕 Зив Г.А. Троцкий. Характеристика(По личным воспоминаниям). Нью-Йорк, 1921. C.95.

存的全是苏联中央执行委员会和人民委员会的文件。托洛茨基记得,阿·伊·李可夫在克里姆林宫的长条桌顶端入座,桌旁就座的还有格·瓦·契切林、列·波·克拉辛、扬·埃·鲁祖塔克、伊·尼·斯米尔诺夫、瓦·弗·古比雪夫、瓦·弗·施米特、尼·巴·布留哈诺夫、格·亚·索柯里尼柯夫、费·埃·捷尔任斯基。和他们一起入座的还有托洛茨基。他常常由于疾病,或者写作,更多的是由于不想干这些"例行公事"而缺席这种会议。通常出席会议的还有苏联劳动和国防委员会主席列·波·加米涅夫、国家计委主席亚·德·瞿鲁巴、人民委员会副主席伊·德·奥拉赫拉什维利和弗·雅·丘巴尔。[1]如果说托洛茨基在革命和国内战争中的作用在布尔什维克国家的编年史中是应当大书特书的话,那么在和平的日常岁月里,群众心目中的偶像不知怎么一来就迅速消失了,而且连他也找不到用武之地。只有在让他到各种各样的集会、会议、代表大会等等去发表演讲时,他才会一展风采。不过,生活中的"和平"领袖托洛茨基默默无闻,仅仅到他还没有卷入党内搏杀为止。

　　准备移交给哈佛大学的众多文件中有共产国际第一、二、三、四次代表大会的材料,托洛茨基给加香、弗罗萨尔、科尔、特伦、莫诺特和该国际共产主义组织的其他几十名工作人员的信件。托洛茨基已经料到,该组织的高级运作人员会逐渐失去自己的独立性,而许多人则沦为内务人民委员部的秘密干部。然而他会不会想到,甚至是他认识的一些共产国际领袖,如格·季米特洛夫、M.埃尔科利、贝拉·库恩、瓦·柯拉罗夫,居然也会彻底丧失了独立性,而向叶若夫这样的败类、小人摇尾乞怜,请求批准在莫斯科福金胡同6号设立一个政治流亡者俱乐部![2]还有政治苦役犯协会,尽管形式上它的领导人中也包括"无产阶级革命的领袖"约·维·斯大林、米·伊·加里宁、克·叶·伏罗希洛夫、格·伊·彼得罗夫斯基、巴·彼·波斯特舍夫,老布尔什维克罗·萨·捷姆利亚奇卡、格·马·克尔日扎诺夫斯基、娜·康·克鲁普斯卡娅、潘·尼·勒柏辛斯基、马·尼·利亚多夫、弗·威·林格尼克等,也要定期向同一个叶若夫"报告工作"。[3]连马·高尔基,应维·费格涅尔之请同斯大林谈过话之后,也得向叶若夫通报。[4]有备无

---

〔1〕　ЦГАОР, ф.3316, оп.2, д.41, л.1-2.

〔2〕　ЦГАОР, ф.3316, оп.2, д.1613, л.33.

〔3〕　ЦГАОР, ф.3316, оп.2, д.1613, л.102-108.

〔4〕　ЦГАОР, ф.3316, оп.2, д.1613, л.131-132.

患嘛······

托洛茨基一面整理文件，一面沉入回忆，仿佛是在为即将来临的终结做准备。不过即使他知道苏联的"官僚主义制"已经达到了何种程度，他也未必能够设想，秘密警察在他的国家里，在"社会主义取得了完全胜利"的条件下拥有多大的权力。托洛茨基在生命的最后一两年中感到自己已经"精疲力竭"，他明白，即便不被斯大林的间谍所清除，他的日子也是屈指可数了：同克里姆林宫独裁者的长期斗争耗尽了他强健的身体。罗斯默夫妇记得，档案整理完后，托洛茨基说过：

"准备工作完成了。我准备接受最坏的结果······"

被驱逐者明白，墨西哥是他最后一个避难所。托洛茨基继续揭露斯大林及其体制，向世界各地自己的支持者发出指示，同时越来越多地回首往事。这也是因为他在为《公报》、报纸和杂志准备新材料时，越来越感到缺乏有关苏联的信息。所以在他讨论当前紧迫问题的许多文章中，往往可以见到取自遥远过去的论据。托洛茨基越是仔细地注视着未来的幻影时，就越是经常地看到昔日的轮廓：同列宁的谈话、群众大会上欢欣鼓舞的人群、头戴布琼尼式军帽的骑兵队伍、自己的专列、驶向异乡的"伊里奇"号昏暗的船舷。所有这些全都一去而不复返了。

如果翻看一下托洛茨基在普林吉坡、法国、挪威、墨西哥所写的各种文字，就会突然发现一个令人吃惊的特点：托洛茨基几乎没有留下一行怀念祖国，自己先辈的土地，自己的双亲、妮娜、谢尔盖和其他亲属安息的土地的文字。这是怎么回事？是冷酷无情吗？也许，季夫是正确的，他说，"托洛茨基是道德上的盲人"？[1]

我想，这里别有隐情。托洛茨基在两次流亡和被驱逐中度过了二十多年。他实质上是一个世界公民，全身心地投入政治斗争和思想斗争之中。托洛茨基有忧虑，但忧虑的是······革命。革命甚至没有在他心底为祖国留下足够的位置。

他热爱布尔什维克社会诞生的初年（1917—1924），而敌视致命的20世纪30年代。革命后起初的几年他受到喜爱和尊重，而被驱逐后，传到他那儿的是受到斯大林的执行者们巧妙地操纵的千百万愚民吵吵嚷嚷的鄙视和仇恨的回声。

---

〔1〕 Зив Г.А. Троцкий. С.93.

要想知道人民的社会认知变成了什么样子,只需翻阅一下 20 世纪 30 年代苏联报纸的合订本,或者看看那些年里的出版物就够了。当年的一名劳动英雄阿列克塞·斯塔汉诺夫在一本小册子《我的故事》(实际上是 И. 赫尔什贝格奉莫斯科之命写的)中回忆说,"在莫斯科起初对季诺维也夫和加米涅夫,后来对皮达可夫及其匪帮进行审判时,我们立即要求将他们枪毙……我们村里连那些素来不问政治的妇女,当听到报纸上说的事情后,也捏紧了拳头。老老少少全都要求消灭这群匪徒。当法庭作出了判决,而且以我们的名义宣布托洛茨基分子-间谍应当枪毙后,我就等着看登着他们已经被枪毙消息的报纸。等听到广播说判决已经执行时,我心头就轻松了。"斯大林运动的先锋人物也没有忘记被驱逐者,写了(准确地说,是有人代他写了):"假如这些坏蛋落到我们手里,每个人都会枪毙他们。可是老混蛋托洛茨基还活着。我想,他的时辰也该到了,我们会跟他彻底清算。"〔1〕

难道托洛茨基能够爱自己这样的祖国吗? 想一想,传到墨西哥这座地下掩体里的没完没了的诅咒、谩骂、威胁给他的心灵造成了多大的伤痛啊。祖国抛弃了他,将他彻底变成了一个"没有护照和签证"的人。我不知道,托洛茨基是否感觉到了,这种盲目的仇恨、无法无天、随心所欲的原始根源就产生在革命的火山口上? 他是否明白,他咽下的正是他自己也曾经为之播下了种子的那棵畸形树的果实? 要回答这个问题是很困难的。可是,1924 年 4 月,当亚戈达和杰里巴斯向苏联中央执行委员会提出申请,要求批准不经审判就对"孟什维克分子 М.И. 巴宾集团"的成员,"阿布里科索娃一案的被告和被控为间谍的 56 个人进行判决"(枪决)时〔2〕,无论是托洛茨基,还是他的"战友们"都没有表示反对……无法无天的种子很快就发出了凶险的秧苗。不错,照料并维护这些秧苗的已经是其他人了。

托洛茨基及其派别是从"经典布尔什维主义"上长出的一个分支("经典布尔什维主义"的"延续"权已经被斯大林篡夺了),它也应当对打着社会主义旗号歪曲社会公正的理念承担责任。斯大林主义和新斯大林主义几乎扼杀了这个理念,但是它永远也不会消失。它在人们头脑中不仅体现了社会的梦想,而且还有在某个地方,在模模糊糊的将来可能实现这个理念的希望。而托洛茨基却常年反对他自己早先创建的事物。他的主要功绩在于对

---

〔1〕 Стаханов А. Рассказ о моей жизни(《我的故事》).М., 1937. C.126, 125。

〔2〕 ЦГАОР, ф.567, оп.1, д.89, л.1.

斯大林主义进行决不妥协的斗争。

在几十年的时期里,托洛茨基的形象和托洛茨基主义在我们的意识中都同背叛、出卖等联系在一起。这种成见至今还存在。我讨论列·达·托洛茨基的最初几篇文章发表后,收到了几千封来信,其中将近一半是抨击我企图复活"杀人犯和叛徒"。连平静而客观地直面历史的真实,在许多人眼中也属于离经叛道。

不过这也不值得惊奇,在被不恰当地称为"改革"的前夕出版的苏联《简明政治词典》,依旧将托洛茨基主义界定为"敌视马克思主义-列宁主义和国际共产主义运动的、用'左的词句'掩盖自己机会主义本质的、小资产阶级反革命思想-政治潮流⋯⋯托洛茨基主义用自己在工人运动及民族解放运动中的分裂行动,向帝国主义反动派提供支持"。[1]

在为共同的共产主义目标而奋斗中出现的最初的分歧、最初的反抗、最初的敌视造成了布尔什维主义中的左翼。托洛茨基在 1927 年 9 月写成,但不曾发表过的文章《关于托洛茨基主义神话的缘起》中写道:"关于托洛茨基主义的神话是机关制造的一个反对托洛茨基的阴谋。"他这样说当然是明显地缩小了问题。可是他的正确之处恰恰在于:他站在左的、激进的、国际主义的立场上为实现共产主义的标志而进行的顽强斗争创造了一个至今还具有活力的流派。托洛茨基指出,"跟理念是不能闹着玩儿的。它们的特点是紧紧抓住阶级的现实,而继续独立地生存下去。"[2]

列夫·达维多维奇·托洛茨基去世已经半个多世纪了。他那些过去和现在都没有机会抓住千百万人思想的理念至今依然活着。它们表现了狂热的叛逆精神,对革命传统的崇拜和仿佛足以创建另一个世界的全球社会大动荡的并不牢靠的希望。托洛茨基墓地上的那块墓碑不仅是对曾经行走在这片土地上的一个人的悲惨命运的一块令人痛心的标记,而且提醒人们,那个曾经推动过这名俄国革命者的理念今天仍旧是一个幻影。

围栏中的一块墓碑⋯⋯关于给童年留下模糊记忆的、遥远的雅诺夫卡,还有克里姆林宫中的条石道路和广阔无垠的俄国平原的面貌,托洛茨基没有留下点滴文字。我不知道,托洛茨基是否读过吉皮乌斯在 1929 年,也就是他被驱逐出国那一年,写下的几行诗句:

---

〔1〕 Краткий политический словарь(《简明政治词典》).М.,1983. С.331。

〔2〕 ЦПА ИМЛ,ф.325,оп.1,д.361,л.5。

上帝啊,让我再看一看!

在这夜深的时刻,我祈求

让我再看一眼

我亲爱的俄罗斯……〔1〕

托洛茨基经受了痛苦。可是在他的痛苦中,未竟事业的宇宙范畴连他自己的祖国也吞噬了。他心中早已潜伏着的不再是希望,而是渴望革命的惆怅。是今后再也无法满足的渴望……

---

〔1〕 Зинаида Гиппиус. Стихотворения(《诗集》).Париж,1931. С.126。

代结束语
理念的俘虏

革命者崇拜的是明天，可是
他们却生活在昨天……

尼·别尔嘉耶夫

托洛茨基终生都在用时代、大陆、革命这样的范畴来思考。当他向千万个工人、农民和红军士兵发表演讲，慷慨激昂地说着的时候，给人一种印象，仿佛他是在用自己的讲话呼唤着未来。这位革命者并不是装腔作势，他真诚地相信他所说的一切。

1918年10月24日，在卡梅申市的公园里，革命军事委员会主席向蜂拥而至的大批居民和红军战士发表演说。他站在一辆沙皇的小轿车上[1]，起劲地挥舞着双手，向听众投去激动人心的讲话："我们要建成自己的劳动王国，就让资本家和地主去他们想去的地方吧，哪怕是另一个星球，哪怕是另一个世界都行……一条新的世界革命战线正在形成，战线的一边是各国的压迫者，而另一边是工人阶级……这就是为世界帝国主义敲响丧钟的时刻……到那时我们就走进了自由和公正的王国……"[2]城市居民、工人和身穿军大衣的农民兴奋地看着演讲人，使劲鼓掌。这个幸福王国仿佛指日可待！

托洛茨基相信他自己所说的。他坚信，在历史的回顾中，一切牺牲都将被这个"自由王国"的到来证明是正确的。托洛茨基狂热地沉湎于他为之毫无保留地奉献了终生的这个理念之中，有时会说出一些让人心惊胆战的话来。就在去卡梅申之前的几个星期，在喀山话剧院会见党员和苏维埃机关

---

[1] 托洛茨基的专列上通常备有3—5辆从沙皇的汽车库中没收来的小轿车。革命军事委员会主席乘车出行时，有两卡车精锐警卫护送。

[2] ЦГАСА, ф.33 987, оп.2, д.16, л.198.

的工作人员时，革命军事委员会主席宣称：

"我们重视科学、文化、艺术，希望艺术、科学，还有中学和大学都能被人民所享用。但是如果我们的阶级敌人想要再次向我们展示，这一切都是为他们而存在的，那我们就要说：让剧院、科学、艺术统统去死吧。"（鼓掌。喊声："正确，说得对！"）

托洛茨基接着说："同志们，我们热爱照耀着我们的太阳，可是如果富人们和暴虐者想要垄断太阳，那我们就要说：让太阳失去光辉吧，让黑暗、永恒的黑暗笼罩一切吧！"[1]

充满了革命的烟味的大厅里响起了雷鸣般的掌声，让人觉得真是一切都将被投入"黑暗"了。这个身穿皮上衣的人似乎是一个可以随心所欲，能够变神奇为现实的人。理念那令人陶醉的权力不仅俘虏了托洛茨基，而且也抓住了千百万人。一些人是因为习惯于人云亦云，另一些则是在革命的偶像中看到了改善世界的机会。还有些人认为无非是剧烈转折这种历史惯性而已。

托洛茨基的强大智力依靠的不单是渊博的知识，而且有坚定的信仰。这个革命者从一开始就拒绝了宗教的信仰。他只信仰革命，仅仅是革命。

他写过许许多多书籍和文章，可是其中并没有说明他为什么会狂热地信仰马克思主义，信仰革命。别尔嘉耶夫提出了一个问题："为什么托洛茨基成了一名革命者，为什么他会将自己的一生都献给了社会革命？"[2]这一点在他的著作中从来不曾揭示过。不过可以设想，信仰一旦"越过了"理性论证的某种界限，就距狂热不远了。一个人的种种追求，他的思想、意志、情感都灌注于一个方面，在这里就是灌注于革命。这样的专心致志必然产生巨大的精神力量，但也包含着巨大的弱点。力量在于恰恰是这样的人能够影响人们的存在，而弱点在于他们全都是这个"理念的俘虏。"他们没有能力改变自己，也不能适应新的条件。

受这种精神控制的不仅托洛茨基一个人。整个布尔什维克党也没有完全摆脱这些教条的束缚。这个进程是很缓慢的，而且还有反复和曲折。托洛茨基和布尔什维主义的其他领袖首先就是革命者-空想家，这不仅是他们永远的弱点，而且是后来失败的起点之一。

---

〔1〕　ЦГАСА, ф. 33 987, оп.2, д.18, л.309.

〔2〕　Новый град. 1931. № 1. С.92.

我再说一遍,托洛茨基是理念的俘虏。1940 年 2 月 27 日,这位革命家在他的遗嘱中写下的那些话并非出于礼仪的需要:"与我的青年时代相比,我对人类共产主义前途的信念同样炽烈,而且更加坚定。"〔1〕这样被"俘虏"的后果是什么呢?为什么盲目的、狂热的追求理念导致了失败?这在托洛茨基身上又是怎样表现的呢?

首先,托洛茨基只承认社会革命,而否定改良主义。他从未怀疑过列宁这些话的正确性:"无论从革命这一概念的严格科学意义来讲,或是从实际政治意义来讲,国家政权从一个阶级手里转到另一个阶级手里,都是革命的首要的基本的特征。"〔2〕这个论断的历史缺陷在于谈的仅仅是一个阶级的统治,而不是人民的统治。而在一个阶级对其他各个阶级进行统治的道路上,要想达到公正是不可能的。各种革命的时代都在流逝,尽管看起来它们还将存留在各种社会,尤其是处于社会-经济发展低水平的社会的生活中。在新千年的前夕已经看得很清楚,通过社会改革可以取得不可估量的成就。而且 20 世纪末的革命自身也日益转向非暴力的改革,这就使记者们能够称其为"温柔的""温和的"等等。托洛茨基是"传统的"、暴力解决世界问题的最始终如一的拥护者之一。直到去世前不久,他依然断言:"人类发展的唯一正确途径就是进行社会主义革命。"〔3〕是的,他直到生命的终结都是这个理念的俘虏。不过,当这个俘虏也是他的自由……是他自己选择了这条道路。

其次,托洛茨基和那些布尔什维克领导人所处的意识形态俘虏的地位是同将暴力、军事化、武装力量的作用绝对化联系在一起的。当然,可以说过去的革命全都是流血的。布尔什维克常常不得不用暴力来回答反革命势力的挑战。1918 年 9 月 5 日人民委员会通过的"关于红色恐怖行动"的决定是同一系列针对布尔什维克党著名活动家的恐怖行动相关联的。暴力被提高为苏维埃生活的一种可怕的准则和不可或缺的标志。连生产也不能脱离暴力。

在向党的第九次代表大会提出的提纲"经济建设目前的任务"的草稿中,托洛茨基写道:必须"同逃避劳动的行为开展有计划的、系统的、顽强而

〔1〕 托洛茨基:《我的生平》,赵泓、田娟玉译,郑异凡校,上海人民出版社 2014 年版,第 526 页。
〔2〕《列宁全集》第 29 卷,中文第 2 版,第 137 页。
〔3〕 The Houghton Library. Trotskii coll. bMS, Russ 13. 1.(10788).

严厉的斗争，特别是采用公布受惩罚的逃避劳动者的名单，成立惩罚工作队，还有将他们关进集中营等办法。"[1]我们很难证明其正确，但可以理解的一些做法逐渐变成了习以为常的"建设社会主义的方法"。下面是1947年3月，内务部长克鲁格洛夫向贝利亚报告的集中营的事情："第二季度各处建设工程的需求还要增加40万人。必须拨给远东建筑公司——5万人，贝阿大铁路——6万人，特种建筑公司——5万人，林业营——5万人，沃尔库塔-乌赫塔-诺里尔斯克——4万人，以及补缺[2]10万人。请在近期内不要将提供劳动力的补充请求转发给苏联内务部。"[3]虽然镇压的规模和幅度大得惊人，"奴隶"还是不足。这就是暴力的逻辑：从劳动军事化、"惩罚工作队"转向古拉格的工业。

再次，托洛茨基对无产阶级政党在社会主义革命中的作用的阐释，和其他的布尔什维克领袖的阐释略有不同。托洛茨基在这里也遵循列宁的路线。列宁不隐瞒自己对工人阶级先锋队的作用的观点："有人指责我们是一党专政……我们说：是的，是一党专政！我们就是坚持一党专政，而且我们绝不能离开这个基地。"[4]谢·伊·古谢夫曾经担任过第二集团军，后来是东部、东南部、南部、高加索和土耳其斯坦战线的革命军事委员会委员，还担任过共和国革命军事委员会野战司令部政委和工农红军政治部主任。他在第十四次联共（布）代表大会上说出了让人不寒而栗的话："既然这些思想是背着党的，是必须隐瞒的，因而一旦有人报告了中央，人们就立即大喊大叫，说这是告密。那还叫什么真心的思想……列宁一贯教导我们，每个党员都应当是肃反委员会的情报员，也就是说，应当注意观察并且告发……我们有中央监察委员会，有中央委员会，我想，每一名党员都应当告发。如果说我们吃了苦头，那不是由于告密，而是由于没有人告密……"[5]还能有比这更坦率的说法吗？

1922年7月23日，在共产国际第二次代表大会上，格·叶·季诺维也夫作了共产党在无产阶级革命时代作用的报告。26日，托洛茨基就这个问题

〔1〕　ЦГАСА, ф.33 987, оп.3, д.2, л.60.

〔2〕　补缺是向远东建筑公司、特种建筑公司等提供劳动力，填补集中营中大量死亡的囚犯。

〔3〕　ЦГАОР, ф.9401, оп.2, д.176, т.2, л.361.

〔4〕　《列宁全集》第37卷，中文第2版，第125—126页。

〔5〕　XIV съезд Всесоюзной коммунистической партии(большевиков). Стенографический отчет(《联共（布）第十四次代表大会速记记录》).M.-Л.：Государственное издательство, 1926. С.600-601.

发了言。他举例说明俄国共产党起什么样的作用：

"今天我们收到一份波兰政府关于签订合约的建议。由谁来决定这个问题呢？我们有人民委员会，可是它也要受到一定的监督。受谁的监督呢？是受没有固定形态的、乱哄哄的工人阶级的监督吗？不是。召开党的中央委员会，讨论这项建议并决定，是否对它做出答复以及怎样答复。如果我们应当进行战争，创建新的师团，并为它们找到最优秀的人员，我们去问谁呢？"托洛茨基问道，并回答说："问党。问中央委员会……处理农业问题，粮食问题，以及一切问题都用这个办法。"〔1〕

在解释怎样领导农民时，托洛茨基用政治上相当蛮横的态度宣称：

"我们在农民的各个阶层中随机应变，拉拢一些人，使另一些人保持中立，还有些人则用铁拳镇压。这是一个革命阶级的手段。它执掌着政权，所以也可能犯错误，但是这些错误也都可以列入党的资产……"〔2〕

错误可以成为党的"资产"，因为没有人对党进行监督。党在夺得政权后，自然不打算和其他人分享权力。实际上，在列宁、托洛茨基、斯大林以及其余"领袖"的心目中，苏维埃政权就等同于党的政权。而且他们并不讳言。1919年12月7日，在第七次全俄苏维埃代表大会上作关于军队建设的报告时，托洛茨基宣称：

"我要说，通过我们的政委和先进战士-共产党员，我们得到了一个新的、共产主义的武士修会，它并没有种姓的特权，但能够为了工人阶级的事业而慷慨赴死，并且教会其他人也这样做。"〔3〕

四年之后，托洛茨基的立场稍有改变。他反对"党的机关官僚化"，反对"中央委员会虚伪的党内路线"，反对"书记大权独揽"。〔4〕可是他从来就不曾怀疑过一个政党可以拥有完全的权力来主宰一个大国中千百万人的命运。他只是希望使"工人阶级的组织民主化"，却不想明白，一个处于垄断而孤独地位的党将不可避免地沦为极权主义的工具。托洛茨基勇往直前，然而党垄断地位的极权主义目标却迫使他面对过去。

托洛茨基是被一个乌托邦的理念俘虏了，不过他为之而奋斗过。他满怀乌托邦的理想，在取得空前的成就之后，踏上了反抗斯大林体制的道路。

---

〔1〕 Троцкий Л. Пять лет Коминтерна. С.71.

〔2〕 Троцкий Л. Пять лет Коминтерна. С.72.

〔3〕 Троцкий Л. Соч. Т. XVII. Ч.2. С.326.

〔4〕 ЦПА ИМЛ, ф.17, оп.2, д.685, л.54-68.

但他是一个奇怪的异端分子：托洛茨基一面向马克思和列宁祈祷，企图重振"真正的布尔什维主义"，同时又奋不顾身地反对体制的恺撒主义，反对体制的官僚化。

1926 年以后，托洛茨基就不再有战胜政治局及其新领袖的机会了。不过，让我们想一想，假如他获胜了呢？会不会发生重大的改变呢？在我看来，只可能有很小的改变。

的确，我并不认为托洛茨基会在和平时期对自己的同胞采取那么骇人听闻的镇压手段。他比斯大林聪明得多，能够预见到长远的后果。那为什么直到今天俄国革命的一位领袖的悲惨命运还是那么令人难以释怀？为什么尽管他是一个思想上的俘虏，却并没有动摇人们对这个怪诞而悲剧性的历史人物的不断关注呢？在我看来，这里有一些客观原因。

无论托洛茨基是否愿意，他都是一名反对一个巨大谎言的勇敢战士。他对斯大林的实际情况的批判、揭露和分析在当时是最深刻的。他不停地撕下斯大林给"民主""繁荣""对敌人的审判"披上的迷彩服。在一本猛烈抨击的书《被背叛的革命》中，托洛茨基写道："官僚制度的领袖们，首先就是斯大林，其道德威信在很大程度上取决于在 13 年内建成的诽谤和谎言的巴比伦塔……这座甚至令它的建造者们都胆战心惊的巴比伦塔之所以得以维持，在苏联境内是凭借镇压，而在苏联境外则是依靠谎言、伪造和讹诈来毒害世界舆论……巴比伦塔上的第一条大裂痕就会让它彻底坍塌，而在自己的废墟中埋葬热月政变领袖们的威信。"[1]在苏共第二十次代表大会之前 20 年，托洛茨基就预见到了斯大林的谎言之塔必然坍塌。他为这个坍塌做了许多事情，尽管他本人，可惜并非无可指责。

无论托洛茨基是否希望，他确实以自己的行动帮助人们认识他为之奉献了生命的那个主要理念只是一种虚无缥缈的幻想。他越是肯定地预言世界革命必然发生，这个革命的前景就越是显得虚无缥缈。还在托洛茨基生前，相信这种在世界社会大动荡中洗涤心灵和拯救灵魂的神秘宗教仪式的人就日益减少了。在苏联，托洛茨基的对立面展示的是，布尔什维克的激进主义仅仅在一国之内会导向什么结局。不难设想，假如整个地球都被一场世界性的烈火所吞噬，将发生什么事情。这名革命者将"十月政变"，也就是自己命运中星光灿烂的时刻，奉若神明，可是连他自己有时也认为，这场政变

---

〔1〕　Троцкий Л. Преданная революция（《被背叛的革命》）.С.53。

在世界历史中的意义和作用将来会被重新审视。在他自传的结尾处，托洛茨基写下了有关新社会制度尝试的意味深长的观点。他指出，"它是新的社会制度的一种尝试。这个尝试会出现变异，可能还要**从根本上**（黑体是我加的——作者注）从头做起。"〔1〕不过，像这样透出一股怀疑意味的坦率陈词是罕见的。托洛茨基的革命活动、他在被驱逐后的斗争归根结底也是违反他的意愿，而有利于认识作为一种政治纲领的共产主义理念的历史局限性。

对托洛茨基的关注并没有消失，而且我认为，永远也不会消失。这首先就是因为他个人非同一般的命运。他生命中跌宕起伏的幅度之大、革命交往的范围之广、具有划时代意义的事件之多、卷帙浩繁的著作、对他生活道路的种种完全对立的评价、既有广泛的才智，又有强烈的虚荣心、一个革命者及其家庭令人震撼的悲惨结局——这一切都使这个人的经历独具一格。譬如说，未必还有人承受过几乎所有亲人的死亡：托洛茨基的近亲（兄弟、姊妹、孩子、侄子、孙子）中天折的就超过十个人。例如，两个外甥（妹妹奥丽加的儿子亚历山大和尤利）早在 1936 年就被枪决了，而尤利当时还不到 18 岁……托洛茨基的父母大卫·勃朗施坦和安娜·勃朗施坦的四个子女中，只有长女伊丽莎白是在 1924 年自然死亡的。其余的全都是被斯大林的恐怖制度消灭的。

人们始终在探求这个人精神上坚贞不屈的根源、他对共产主义理念必将获胜的坚定信心的原因，以及他的远见卓识同他的迷途歧路之间的相互关系。托洛茨基个人的命运令人信服地展示了布尔什维主义中左翼激进主义的命运。

托洛茨基是一个没有人能够对之视若无睹，而漠然置之的人：要么是喜爱他，要么是敌视他。1924 年之前主要是喜爱他。托洛茨基的档案中有许多这样的信件，我来引用其中的一段。

> 敬爱的列夫·达维多维奇同志！
> 　　整整三年前您任命我为共和国军事运输处处长……在这个值得我永记的日子里，我冒昧地向您提出一个请求，如果您不认为我的请求过于大胆的话，请您别拒绝给我一张有您签名的您的照片……我请求一张照片仅仅因为我希望在我的眼前永远都存在那个代表革命和苏维埃

---

〔1〕 托洛茨基：《我的生平》，赵泓、田娟玉译，郑异凡校，上海人民出版社 2014 年版，第 508 页。

政权将一个莫斯科—布列斯特铁路上的车号员变成了工农红军军事运输处处长的人的形象。

您的 M.阿尔扎诺夫[1]

"莫要说我们一钱不值,我们要做天下的主人……"这些从社会底层上来的人在剧烈的变化中看到了自己上升的罕见机会。而且往往有这样的情形:"车号员"开始领导一个国家,将自己的意志强加于千百万人。

人们喜爱托洛茨基是将他看作革命领袖。可是到了 20 世纪 20 年代末,只要一提他的名字,在绝大多数情况下都会招来恶狠狠的,而且往往是粗野的谩骂。斯大林只用了五年时间,就将一名革命的英雄变成了彻头彻尾的弃儿。不过托洛茨基自己的政策也给总书记帮了不少忙。

看来,托洛茨基的悲剧还在于他用没完没了的、猛烈的反对斯大林的斗争推动了总书记攫取党和国家的权力。"多亏了"托洛茨基,斯大林才得以披上反对分裂分子、变节分子、托洛茨基分子和其他"内部敌人"的主要战士的光环。尽管难以置信,但的确是托洛茨基狂热的反对斯大林在客观上帮助后者成了冷酷的独裁者。

党的新领袖将托洛茨基的种种声明都视为新的"倾向"而扔在一边,同时却又从反对派的思想中接过了许多东西来武装自己。托洛茨基在《论一国建成社会主义》的草稿中,认为在一个国家内存在进行广泛的社会改革的可能性本身就是"社会民主主义倾向"。他推动斯大林去追求"革命的速度"。托洛茨基写道,我们"被认为是悲观派,而且信心不足,因为我们认为乌龟的步伐是不够的。"[2]

在致联共(布)第十五次代表大会的《布尔什维克-列宁主义者的纲领》草稿中,托洛茨基不经意间迫使斯大林采取激进的左倾行动。草稿中断定,"斯大林集团无力防止那些企图将我国转上资本主义轨道,削弱工人阶级和最贫困农民阵地的力量的增长,无力抵抗富农、耐普曼、官僚分子日益壮大的力量……作为农村中日渐成长的农场经济的对立面,应当树立更快成长的集体经济……借贷关系逐渐受到富农的控制。"[3]从这类声明来看,可以

---

[1] ЦГАСА, ф.33 987, оп.2, д.141, л.94-96об.

[2] ЦПА ИМЛ, ф.325, оп.1, д.355, л.15.

[3] ЦПА ИМЛ, ф.325, оп.1, д.167, л.7, 24-25.

假设如果托洛茨基执政了，他看来会积极地贯彻自己的纲领。可是历史却偏偏让布尔什维克党的总书记来进行反对"富农、耐普曼和官僚分子"的残酷斗争。为苏联人民即将到来的、新的沉重灾难，联共（布）、斯大林及其亲信首先应当承担历史责任，同时左倾反对派也对自上而下的革命、使用暴力和加紧社会转变在思想上有过错。

消灭了托洛茨基之后，内务人民委员部机要政治处和外国处很快就对托洛茨基主义失去了兴趣。第四国际没有了领导人，就对谁也不能构成危险。由此可见，世界知名的坚不可摧的人物和他虚弱的思想后继者之间是多么奇怪的不相称。这一点很快就被内务人民委员部察觉到了。1941 年 7 月 1 日，当希特勒的军队用它坦克的履带碾压托洛茨基的祖国大地整整一个星期之后，苏联国家安全人民委员部第四处工作人员阿戈扬茨和克雷科夫起草了《关于终止（涉及托洛茨基及其国外出版物的）间谍案件》的决定草稿。后来通过的正式文件中说，"所有这些材料都不再具有任何行动意义"。[1]

贝利亚部门的官员们在草拟又一份"绝密"决定时，很可能是正确的：托洛茨基已经不再具有"行动意义"了，因为他已经被他们消灭了。可是历史对他长期的关注却永远被保存下来了。我们眼前是一幅个人的肖像画，这个人物即使到了下个世纪也依然会引起人们的惊喜和悲伤，感慨和真诚的关注。这是一个永远受到历史"喜爱的人"。

只用一种色彩是绝不能绘出托洛茨基的肖像来的。他身上糅合了俄国革命者的叛逆精神，他们的激进主义，献身精神和极端的雅各宾主义，以及为理念而奋不顾身的狂热。我再引用别尔嘉耶夫对托洛茨基的最后一次评价，它将作为我试图描绘的这位俄国革命家的肖像画上最后的一笔。别尔嘉耶夫敏锐地指出："托洛茨基是一个典型的革命者，而且是有气魄的革命者，但不是标准的共产党人。他不懂得最重要的事情，就是我称之为团体的奥秘……共产党这个团体和它的总路线就仿佛是高级神职人员的会议，所以每一个希望保持自己正统身份的人都应当服从团体的良心和意识……托洛茨基却很看重个性，他以为个人的意见、个人的批评、个人的主动精神都是可以存在的，他相信英雄的、革命的个性的作用，他蔑视平庸，看不上碌碌

---

〔1〕 Архив ИНО ОГПУ—НКВД, ф.17548, д.0292, т.2, л.468.

无为。"〔1〕

托洛茨基的这种个性首先就是他对理念的执着。理念之于他仿佛就是一座哲学的圣殿,他所创造的一切在那里都属于永恒。这位革命者认为,最大的精神享受就是能够自由地思想,琢磨,思索。尽管这种智力的盛宴是虚幻的,转眼即逝的,它却能够在无边无涯的意识宇宙中从早已逝去的和燃尽的事物中创作出一幅幅图画。我们永远也不能完整地认识这个人的一切,因为越是非同一般的个性,他的难解之谜也就越多。

生命就像是一盏在时间中闪烁的灯火,时间的洪流已经永远吞噬了它在墨西哥灰色墓碑上最后的余晖。

<hr>

〔1〕 Новый град.1931. № 1. C.93.

托洛茨基年谱

1923 年 10 月 8 日	托洛茨基致俄共(布)中央委员和中央监察委员的信。
1923 年 10 月 15 日	托洛茨基的 46 名支持者致俄共(布)中央政治局的声明。
1924 年 1 月	在高加索治疗,没有出席列宁的葬礼。
1924 年	姐姐伊丽莎白·勃朗施坦去世。
1925 年 1 月	被解除革命军事委员会主席和军事人民委员的职务。
1925 年 5 月	被任命为租让委员会主席。
1926 年 3 月	去柏林治病。
1926 年 7 月	《13 人声明》和《83 人政纲》。
1926 年 10 月	托洛茨基的 16 名支持者的反对派声明。
1926 年 10 月	被开除出政治局。
1927 年 9 月	被开除出共产国际执行委员会。
1927 年 10 月	被开除出党中央委员会。
1927 年 11 月	被开除出党。
1928 年 1 月	被流放到阿拉木图。
1928 年 6 月	次女尼娜·涅维尔松患肺结核在莫斯科去世。
1929 年 2 月	被驱逐出苏联,到土耳其。
1929 年 7 月	托洛茨基的杂志《反对派公报》开始出版。
1930 年	自传《我的生平》(两卷)在柏林出版。
1931 年	托洛茨基的《俄国革命史》第一卷在柏林出版。

1932 年	托洛茨基的《斯大林伪造学派》在柏林出版。
1932 年 2 月	托洛茨基、他的妻子和儿子列夫被剥夺了苏联国籍。
1932 年 11 月	短期去哥本哈根讲课。
1933 年 1 月	长女季娜伊达·沃尔科娃因过度忧郁在柏林自杀。
1933 年 7 月	和妻子从土耳其迁居到法国。
1934 年	筹备创建新的、第四("马克思主义")国际。
1934 年	开始撰写关于列宁的书,但最终未能完成。
1935 年 6 月	移居挪威。
1935 年	第一个妻子亚历山德拉·索科洛夫斯卡娅被流放到西伯利亚,几年以后死去。
1935 年	托洛茨基的部分档案(书信)由他的长子列夫·谢多夫出售给阿姆斯特丹的社会史研究所。
1936 年	外甥亚历山大·加米涅夫和尤利·加米涅夫被捕,不久即被枪决。
1936 年	写完《被背叛的革命》一书。
1936 年 11 月	内务人民委员部的间谍窃取了保存在巴黎历史研究所的部分托洛茨基档案。
1936 年 12 月	和妻子娜塔莉娅·谢多娃被驱逐到墨西哥。
1937 年 1 月	抵达墨西哥,获得政治避难权。
1937 年	参加认为莫斯科政治审判伪造证据的国际委员会。
1937 年	着手撰写关于斯大林的书(未完成)。
1937 年	侄子鲍里斯·勃朗施坦在苏联被处决。
1938 年 2 月	长子列夫·谢多夫在巴黎暴卒,死因不明。
1938 年 4 月	哥哥亚历山大·勃朗施坦在莫斯科被枪决。
1938 年 9 月	第四国际成立大会在巴黎举行。
1939 年	在许多文章中预言即将发生世界大战。
1940 年 2—3 月	写下个人遗嘱。
1940 年 5 月 24 日	内务人民委员部组织的一次对托洛茨基的暗杀,未能得逞。
1940 年 8 月 20 日	遭到一次新暗杀,头部受致命伤。

1940 年 8 月 21 日　　　去世。

1940 年 12 月　　　娜塔莉娅·谢多娃将托洛茨基档案的剩余部分出售给哈佛大学(波士顿)。

1941 年 8 月　　　《反对派公报》出最后一期。

1941 年 10 月　　　妹妹奥丽加·加米涅娃被枪决。

图书在版编目(CIP)数据

托洛茨基传/(苏)德·安·沃尔科戈诺夫著;赵
永穆,张琳娜,徐燕霞译.—上海:上海人民出版社,
2023
ISBN 978 - 7 - 208 - 18565 - 4

Ⅰ.①托… Ⅱ.①德… ②赵… ③张… ④徐… Ⅲ.
①托洛茨基(Trotsky,Leon 1879 - 1940)-传记 Ⅳ.
①K835.127＝5

中国国家版本馆 CIP 数据核字(2023)第 185483 号

责任编辑 郭敬文
封面设计 夏艺堂设计

托洛茨基传
[苏]德·安·沃尔科戈诺夫 著
赵永穆 张琳娜 徐燕霞 译

出 版 上海人民出版社
    (201101 上海市闵行区号景路 159 弄 C 座)
发 行 上海人民出版社发行中心
印 刷 苏州工业园区美柯乐制版印务有限责任公司
开 本 720×1000 1/16
印 张 44
插 页 4
字 数 678,000
版 次 2023 年 11 月第 1 版
印 次 2023 年 11 月第 1 次印刷
ISBN 978 - 7 - 208 - 18565 - 4/K·3329
定 价 198.00 元(全二册)